HISTOIRE DE LA IVe RÉPUBLIQUE

DE GAULLE À MATIGNON

Du même auteur

À LA LIBRAIRIE ARTHÈME FAYARD :

La Fenêtre ouverte, récit, 1973.

Histoire de la IVe République :

* *La République des Illusions (1945-1951)*, 1965, édition refondue et augmentée, 1993.

** *La République des Contradictions (1951-1954)*, 1968, édition revue et augmentée, 1993.

*** *La République des Tourmentes (1954-1959)*, tome I, *Métamorphoses et mutations*, 1992.

**** *La République des Tourmentes (1954-1959)*, tome II, *Malentendu et passion*, 1997.

***** *La République des Tourmentes (1954-1959)*, tome III, *La fin*, 2008.

La Cinquième ou la République des phratries, en collaboration avec Jean-Marie Colombani, 1999.

À paraître

Toutes fenêtres ouvertes, récit.

CHEZ D'AUTRES ÉDITEURS :

Anonymes, portraits, Grasset, 1980.

Les « Archives orales », rôle et statut, Les Éditions des Journaux officiels, 2001.

HISTOIRE DE LA IVe RÉPUBLIQUE

Georgette Elgey

avec la collaboration de Marie-Caroline Boussard et de Matthieu Rey pour ce dernier volume

De Gaulle à Matignon

(Juin 1958-janvier 1959)

La République des Tourmentes (1954-1959)

tome quatrième

Fayard

Couverture Josseline Rivière

ISBN : 978-2-213-64305-2

À
Fabien de Castilla et Marion Laporte,
François Robin-Champigneul,
mes arrière-petits-neveux et arrière-petites-nièces
François et Violaine Lacour-Gayet,
Charlotte Jeannin et Benoît Poletto
Thomas et Florence Gorin
Arthur Jeannin et Annabelle Prévost
Laurent et Florence Gorin
Claire Gorin et Clément Bourgeois,
Mes petits-neveux et petites-nièces.

Sixième partie

UNE RÉSURRECTION ?
(juin 1958-janvier 1959)

*« "*Stirb und werde*", disait Goethe. Il faut mourir pour renaître »* (Jean d'Ormesson, *Le Figaro*, 12 juillet 2004).

Est-il convenable d'avoir recours à un terme à forte connotation religieuse pour désigner les six derniers mois de la vie d'un régime politique ?

N'est-ce pas risquer un contresens que de les qualifier du nom de code de l'opération conçue par les « comploteurs » : le parachutage à Paris de militaires décidés à imposer leur volonté à la IVe République ?

Quelle que soit la valeur de ces objections, elles s'effacent devant la réalité : ce second semestre de 1958 démontre que cette République, dont tous s'accordent à reconnaître la disparition, peut faire preuve d'une prodigieuse efficacité. Paradoxalement, c'est en effet sous ce régime, si décrié par lui, que le général de Gaulle met en place les innombrables réformes – constitutionnelles, économiques, sociales – qui ouvrent un nouveau chapitre de l'histoire de France*.

---

* Puisqu'il s'agit de l'année 1958, et bien que cela puisse paraître saugrenu, je ne résiste pas au plaisir de citer le *Dictionnaire des symboles* (Alain Gheerbrant, Jean Chevalier, Paris, 1997, Robert Laffont). Il nous apprend que le chiffre 8 est le « nombre de l'équilibre cosmique », et le « huitième jour » un symbole de résurrection...

CHAPITRE PREMIER

Une crise sans précédent

> « *Aimez ce que jamais on ne verra deux fois.* » Qu'Alfred de Vigny ait eu raison ou non, son conseil pourrait s'appliquer aux événements qui se déroulent en France entre le 28 mai et le 3 juin 1958. Jamais une telle conjoncture n'avait figuré dans notre histoire, jamais sans doute elle ne se reproduira...

28 mai

Colombey-les-Deux-Églises. À 10 heures du matin, arrivée du général Dulac, chef de cabinet du général Salan, chargé d'informer le général de Gaulle de l'état des forces armées*. L'entretien dure près d'une heure. Après avoir reçu l'assurance que le commandant en chef en Algérie y conserve toute son autorité** et affirmé que les socialistes

* La veille, le général de Gaulle, dans un télégramme transmis avec l'accord du ministre de la Défense nationale, avait donné instruction au général Salan de lui envoyer « dès que possible un mandataire militaire » (*cf. La République des Tourmentes*, t. III, p. 821). En civil, comme les quatre officiers qui l'accompagnent, le général Dulac a atterri à 6 heures du matin sur l'aérodrome militaire de Villacoublay, où le lieutenant-colonel de Bonneval les attend. En deux voitures, la délégation gagne Colombey-les-Deux-Églises. À l'entrée de la Boisserie, le visage du général Dulac étant dissimulé derrière un journal, les journalistes croient reconnaître... le général Catroux !

** Les premiers mots du général de Gaulle sont pour s'inquiéter de la situation du général Salan : *« Comment va le général Salan ? Est-il vraiment maître de la situation ? Est-il parfaitement obéi ? »* Cette préoccupation est, sans nul doute, renforcée par le télégramme reçu la veille de Robert Lacoste, l'informant que *« le général Salan et les patriotes non politiciens d'Algérie sont maintenant*

« ne veulent pas de De Gaulle », le Général interroge tout de go son visiteur : « Alors, que comptez-vous faire ? » En guise de seul commentaire sur le plan « Résurrection » que son interlocuteur lui expose en détail, il constate la faiblesse des moyens prévus et exprime sa volonté d'apparaître, en tout état de cause, *« comme l'homme de la réconciliation et non comme le champion d'une des factions en train de s'affronter »*. Les derniers mots qu'entend de sa part le général Dulac, lorsque leur tête-à-tête prend fin, laissent cependant la porte ouverte à toutes les interprétations : *« ...Il conclut assez solennellement : "Il eût été immensément préférable que mon retour aux affaires s'effectue par la voie du processus." Il se leva alors et me dit devant la porte : "Il faut sauver la baraque ! Vous direz au général Salan que ce qu'il a fait et ce qu'il fera, c'est pour le bien de la France*[1]*." »*

En continuant, après la démission de Pierre Pflimlin*, à s'interdire toute approbation ou toute condamnation de

---

dépassés par des aventuriers et certains capitaines à la tête brûlée », et lui lançant un appel pour qu'il donne son *« avis sur les entreprises irresponsables* [qu'il] *n'hésite pas à dénoncer »*. Bien que ce texte, publié dans *Le Monde* daté du 28 mai, et jamais démenti, ait été selon toute vraisemblance communiqué au quotidien par ses soins, Robert Lacoste ne cache pas son exaspération contre le chef du service politique de ce journal, Pierre Viansson-Ponté : *« Il raconte à qui veut l'entendre que j'ai dit en tout et pour tout à Chevigné : "Mon cul." Enfin, quand même ! En fait, voilà ce qui s'est passé : je rencontre dans les couloirs le ministre de la Défense nationale. Il s'étonne que j'aie pu quitter l'Algérie. Je lui réponds : "Cela fait quatre mois que je suis là-bas laissé à moi-même, quatre mois de crises ministérielles. Je fais tout ce que je peux. Que voulez-vous d'autre... Mon cul !" Il n'y avait vraiment pas de quoi s'indigner, surtout en parlant à un colonel de marsouins... »* (Robert Lacoste, 10 décembre 1970).

* On sait la fureur du président du Conseil à la lecture du communiqué par lequel le général de Gaulle annonçait avoir *« entamé le processus régulier nécessaire à l'établissement d'un gouvernement républicain capable d'assurer l'unité et l'indépendance du pays »*. Selon Pierre Pflimlin, cette déclaration ne correspondait en rien à la réalité de leur long entretien dans la nuit du 26 au 27 mai ; on sait que le président de la République et différents ministres, dont Jules Moch, sont convaincus que la déclaration du général de Gaulle est dictée par la volonté d'empêcher un coup d'État militaire (*cf. La République des Tourmentes*, t. III, pp. 822-824).

l'opération « Résurrection », le général de Gaulle garde la maîtrise de la situation : *« Il ne reste plus au régime qu'à se démettre entre mes mains*[2]. *»*

Dans les heures qui suivent le départ du général Dulac, deux autres visiteurs franchissent les grilles de la Boisserie. Prié à déjeuner, Georges Pompidou fait le point sur la mission qui lui a été confiée la semaine précédente*. Venu de sa propre initiative, le maréchal Juin croit opportun d'encourager le maître des lieux, son condisciple de Saint-Cyr : *« Tu peux y aller... Les carottes sont cuites... »*, et aussi de l'interroger : *« Si les paras débarquent, que fais-tu ? »*, ce qui lui vaut une réplique indignée : *« Pas de 18 Brumaire avec les parachutistes. Je ne serai jamais mis en place par Massu*[3]. *»*

Sous une autre forme, de Gaulle exprime la même volonté dans sa réponse à la lettre de Vincent Auriol reçue la veille**. Il ne saurait *« consentir à recevoir le pouvoir*

---

* Le 24 mai, le Général l'a chargé de *« préparer son cabinet et les textes pour sa prise de pouvoir légale »* (*cf. La République des Tourmentes*, t. III, p. 808). Olivier Guichard se félicite que Georges Pompidou joue à nouveau un rôle actif auprès du Général : *« Pompidou reprenant les rênes du cabinet, les choses redevenaient normales. »* Sa satisfaction est d'autant plus grande que, durant le mois d'avril, il a reçu de sa part maintes exhortations à la prudence, tant *« il craignait que notre activisme (...) n'entraînât le Général dans quelque méchante aventure, et il me le reprocha même un jour sur le trottoir de l'avenue Marigny – j'en ai un souvenir très précis – avec deux vers du* Horace *de Corneille que je n'ai pas oubliés :*

Et quand la Renommée a passé l'ordinaire
Si l'on n'en veut déchoir, il ne faut plus rien faire... »

(*Georges Pompidou, hier et aujourd'hui*, Colloque, 30 novembre-1er décembre 1989, Paris, 1990, Éd. Breet, pp. 31-32).

** Depuis le 13 mai, Vincent Auriol, qui, sous son septennat, avait vu dans le mouvement gaulliste (le Rassemblement du peuple français) une menace pour la République, est arrivé à la conclusion que le recours à de Gaulle est nécessaire à celle-ci. Il le lui écrit le 27 mai : *« Il est (...) urgent de rétablir l'unité nationale, et cela dépend maintenant de vous. (...) Si vous rompez toute solidarité avec ceux qui ont créé un mouvement séditieux, vous retrouverez la confiance de la Nation tout entière. (...) Il vous sera* [alors] *possible d'obtenir des hommes responsables de la République un accord rapide et un concours loyal pour réaliser avec pleins pouvoirs un programme limité dans un temps limité. »*

d'une autre source que le peuple, ou tout au moins ses représentants ». Sa crainte est que *« l'opposition déterminée* [à laquelle il se heurte] *du côté de la représentation nationale* [ne précipite la France dans] *l'anarchie et la guerre civile ».* D'où sa conclusion pour le moins désenchantée : *« Quant à moi, je n'aurais plus, jusqu'à la mort, qu'à rester dans mon chagrin. »*

Alger. Dans le bureau du général Salan, en présence des généraux Massu et Jouhaud, Jacques Soustelle lit une lettre que Michel Debré vient de lui faire parvenir. Dans cette missive, le sénateur gaulliste envisage les trois éventualités où l'opération « Résurrection » serait nécessaire :

• De Gaulle n'obtient pas l'investiture de l'Assemblée nationale,

• De Gaulle est investi, mais, pour se maintenir au pouvoir, il a besoin d'un soutien militaire,

• Un coup de force communiste met la République en danger, seule l'armée est en mesure de le juguler.

Sans le moindre commentaire, le général Salan se lève, se dirige vers son coffre-fort, en extirpe un document : c'est le plan « Résurrection », mis au point par l'état-major du général Massu. Il ne cache pas qu'il l'a trouvé *« un peu léger et incomplètement étudié ».* Bien qu'il n'ait aucune envie de se livrer à *« pareille aventure*[4] *»*, il demande au général Jouhaud, qui n'en avait jamais entendu parler, de revoir ce plan, de *« préparer un ordre d'opérations toujours appelé "Résurrection", mais permettant une action sur Paris dans des conditions raisonnables*[5] *».*

Paris, rue de Solférino. Envoyé par le général Miquel qui se désespère de savoir si, oui ou non, de Gaulle accepte l'opération « Résurrection », le capitaine de Saint-Romain est reçu par Olivier Guichard. En dépit de la conclusion précise qui s'en dégage – *« Rien ne doit être relâché des pressions actuelles et des dispositions prises qui ne peuvent que favoriser son accession au pouvoir dans la légalité »* –, cet entretien ne clarifie guère la situation. L'affirmation catégorique que le général de Gaulle

« tient essentiellement à rester dans la légalité » est en effet suivie d'une assertion pour le moins ambiguë : *« M. Guichard répète que le Général tient à venir au pouvoir dans la légalité, mais qu'il a la ferme intention d'"aller jusqu'au bout" et qu'en cas d'événement dépassant le cadre de la légalité, "il prendra la situation telle qu'elle se présentera[6]". »*

Paris, 17 heures. Sur un des itinéraires traditionnels des manifestations républicaines, de la Nation à la République, le « peuple de Paris » défile aux cris de « Nous défendons la République ! », « À bas le fascisme ! ». À l'exception de Maurice Thorez*, tous les dirigeants des partis de gauche marchent fraternellement réunis aux côtés des responsables des grandes organisations syndicales. *« Derrière vient une foule sur l'ampleur de laquelle les estimations ont naturellement divergé, mais qui n'a sans doute pas été inférieure à deux cent mille, peut-être a-t-elle même approché du double[7]. »* C'est assurément un rassemblement impressionnant. Ses organisateurs et ses participants croient vivre un moment d'histoire susceptible de changer le cours des événements. Mais la totalité des quatre-vingt-dix-huit manifestations analogues qui se déroulent simultanément à travers le territoire national réunit en tout et pour tout, selon *« l'estimation la plus vraisemblable[8] »,* 1 % seulement de la population. Voilà qui démontre une fois encore que les Français, dans leur immense majorité, ne sont pas disposés à se battre pour la IVe République.

Château de Saint-Cloud, 22 h 30. Arrivée des présidents de l'Assemblée nationale et du Conseil de la République, André Le Troquer et Gaston Monnerville, venus, à la demande du président de la République, s'entretenir avec le général de Gaulle.

---

* Bien qu'il exerce à nouveau depuis 1955, après une interruption de quelques années, la totalité de ses fonctions de secrétaire général du parti communiste, les séquelles de son hémiplégie, ses difficultés à marcher l'empêchent de prendre part à un tel défilé.

Gardien de la Constitution, René Coty entend que le retour au pouvoir du général de Gaulle s'accomplisse dans le respect des institutions, ou tout au moins de leur apparence*. Fidèle au rituel républicain, il a donc, dès la démission de Pierre Pflimlin, consulté le président de l'Assemblée nationale, le socialiste André Le Troquer, et celui du Conseil de la République, le radical-socialiste Gaston Monnerville, qui, en l'absence de gouvernement, sont, après lui, les plus hautes autorités de l'État. Ses relations avec l'un et l'autre ne sont pas de même nature. René Coty descend d'une lignée d'instituteurs catholiques du pays de Caux ; Gaston Monnerville, natif de Guyane, compte des esclaves parmi ses aïeux et n'a d'autre religion que la franc-maçonnerie. Il existe néanmoins entre eux une connivence réelle : tous deux sont convaincus de la nécessité d'une réforme constitutionnelle, et ils ont l'habitude de travailler ensemble**. En revanche, il n'y a guère d'affinités entre le président de la République et celui de l'Assemblée nationale. Leurs relations sont assurément courtoises : la compagne attitrée d'André Le Troquer, la prétendue comtesse Élisabeth de Pinajeff, qui se targue de talents artistiques, a peint le portrait de Germaine Coty, l'épouse du Président, disparue deux ans plus tôt, et René Coty l'en a

* Cela fait des mois, sinon des années, qu'il le croit inéluctable et nécessaire. N'avait-il pas envisagé, en novembre 1956, le recours à un *coup d'État légal* pour l'imposer ? (*Cf. La République des Tourmentes*, t. III, pp. 615-616.)

** Depuis mars 1947, Gaston Monnerville préside le Conseil de la République, dont René Coty devint vice-président en 1948. Nés tous les deux à la fin du XIXe siècle, ils ont choisi le métier d'avocat, et aussi d'embrasser la carrière politique. Ils ont siégé au Palais-Bourbon sous la IIIe République, l'un dans les rangs de la droite, l'autre avec les radicaux-socialistes. Tous deux, honnêtes hommes, cultivés, ayant le souci de l'intérêt général, n'ont jamais soutenu le gouvernement de Vichy. Mais en 1953, lorsque René Coty est élu président de la République, Gaston Monnerville confie sa tristesse à son ami le préfet Génébrier : « *Tout à coup, je vois des larmes dans ses yeux. Il me dit : "Enfin, toi, Roger, qui me connais depuis vingt-cinq ans, tu ne trouves pas affreux de penser (il me met sa main sous les yeux) que je n'ai pas été élu parce que j'ai le sang comme cela ?" Et c'est vrai, il aurait été président de la République, s'il avait été blanc* » (*La République des Contradictions*, pp. 219-220).

chaleureusement remerciée*. Mais ces deux responsables politiques n'appartiennent pas au même univers**. Et puis, André Le Troquer se rêve à la place de René Coty. Ne lui revient-il pas, en tant que président de l'Assemblée nationale, d'assurer l'intérim des fonctions du président de la République, si celui-ci ne peut mener son mandat à son terme*** ? Depuis le 13 mai, chaque jour qui passe lui rend cette hypothèse plus vraisemblable. Et il est bien déterminé à ce que de Gaulle ne puisse pas lui barrer la route de l'Élysée...

---

* *« Chère Madame et cher Maître, (...) Grâce à vous, je reverrai chaque jour les traits que je n'oublie pas. Je vous en remercie bien vivement et je vous remercie peut-être encore davantage de la pensée qui vous a inspirée et de la fidélité de votre souvenir »* (Benoît Duteurtre, *Ballets roses*, Paris, 2009, Grasset, p. 80. Cet auteur, arrière-petit-fils du président Coty, possède le tableau de la « comtesse de Pinajeff » avec la correspondance y ayant trait).

** Quoi de commun entre ce parangon des vertus bourgeoises qu'est René Coty et André Le Troquer dont la vie agitée, les multiples aventures féminines (une par jour, à l'en croire), les fréquentations douteuses ne sont un secret pour personne ? Son addiction sexuelle devait le conduire, quelques années plus tard, à une fin pitoyable dans une affaire de mœurs : les « ballets roses » (*cf.* Benoît Duteurtre, *Ballets roses*, *op. cit.*). À différents titres, pourtant, la vie d'André Le Troquer mériterait de figurer dans un palmarès républicain : fils illégitime d'une femme de ménage, manutentionnaire aux Halles dès sa sortie du collège, il réussit à s'inscrire au barreau de Paris en 1913 ; il a alors vingt-neuf ans. En 1936, il est élu député socialiste de Paris. Durant les deux guerres mondiales, son attitude est exemplaire. En 1918, il est couvert de décorations, et a perdu un bras. En 1942, au procès de Riom, avocat de Léon Blum, il prononce une plaidoirie qui est un réquisitoire contre le gouvernement de Vichy. Il réussit à échapper à l'arrestation et à gagner la France libre ; de Gaulle, en novembre 1943, en fait un membre du Comité français de Libération nationale. Il est commissaire à la Défense, poste que de Gaulle lui retire à la veille du débarquement, lui laissant miroiter une nouvelle affectation encore plus prestigieuse, mais qui ne vient pas... En 1954, député socialiste, ancien ministre, André Le Troquer réalise l'ambition qui était la sienne depuis des années : il est élu à la présidence de l'Assemblée nationale. Conscient de l'importance de ses nouvelles fonctions, soucieux de tous leurs signes extérieurs, sa première décision est d'imposer le port de l'habit pour les présidents de séance... Mais, dans les milieux politiques, il est doté d'un surnom d'une rare cruauté : « le seul manchot qui touche des deux mains ».

*** *« En cas d'empêchement dûment constaté par un vote du Parlement, en cas de vacance par décès, démission ou toute autre cause, le président de l'Assemblée nationale assume provisoirement les fonctions du président de la République »* (Constitution du 27 octobre 1946, titre V, *Du président de la République*, article 41).

René Coty se garde donc, lorsqu'il le reçoit dans la nuit, tout de suite après la démission de Pierre Pflimlin, de lui dévoiler sa conviction : il faut confier la formation du nouveau gouvernement au général de Gaulle, le seul à pouvoir éloigner le spectre de la guerre civile. En revanche, quelques heures plus tard, le président de la République parle net et franc à Gaston Monnerville ; il lui précise même qu'il voit en de Gaulle son successeur désigné à la présidence de la République, une fois que, chef du gouvernement, il aura rétabli l'ordre et le calme en Algérie, et que lui-même aura achevé son septennat. Il est sûr que de Gaulle ne fera rien pour l'abréger : *« J'en ai reçu la promesse*[*]*... »*

Chez René Coty, la naïveté n'est pas incompatible avec l'art de la tactique. Pour mettre en route le « processus régulier » annoncé par de Gaulle, la rencontre de celui-ci avec les plus hautes autorités de l'État s'impose. Si le président de la République le lui demande, il lui sera impossible de lui opposer un refus, qui démentirait sa volonté d'accéder légalement au pouvoir. Effectivement, à 16 heures, René Coty reçoit l'acceptation du général de Gaulle[**]. Celui-ci quittera Colombey-les-Deux-Églises en fin de journée. Il est entendu que la réunion se tiendra le soir même, dans le lieu fixé par le Général, le château de Saint-Cloud, où il aura, dès son arrivée, un entretien préalable avec le secrétaire général de la Présidence, Charles Merveilleux du Vignaux.

---

* On sait ce qu'il en fut ! Et l'on comprend que Gaston Monnerville soit resté *« sans voix devant cette confiance qui, visiblement, ne discernait pas que de Gaulle n'était pas homme à accepter d'être le second de quiconque »* (Gaston Monnerville, *Vingt-deux ans de présidence*, Paris, 1980, Plon, pp. 74-75).

** À 15 heures, Charles Merveilleux du Vignaux a téléphoné à Olivier Guichard pour l'informer du souhait de René Coty que le général de Gaulle accepte de s'entretenir avec les présidents des Assemblées parlementaires, qui seraient accompagnés de Vincent Auriol. C'est Jules Moch qui a suggéré à René Coty de faire appel au premier président de la République pour *« étudier avec* [de Gaulle] *les moyens de préserver l'unité nationale et de résoudre la crise »* (Note remise par Jules Moch à René Coty, le 28 mai à midi, *in* Jules Moch, *Rencontres avec Charles de Gaulle*, Paris, 1971, Plon, p. 380).

À 21 h 30, celui-ci rend compte à René Coty de son entretien : *« Froidement courtois, le Général (seul, le visage fermé, grave) me fait asseoir et me dit : "Je vous écoute." La position assise n'est pas favorable au dialogue quand l'interlocuteur est aussi grand et qu'il marche de long en large, surtout quand il tourne le dos... Je me surprends à lui parler à la troisième personne : "Le président de la République est décidé à faire appel au général de Gaulle, parce qu'il sait que, seul, le général de Gaulle peut résoudre le problème algérien." Il est à l'autre bout de la pièce et se retourne brusquement vers moi : "On ne résout pas un problème comme celui-là, on vit avec lui !" »* À l'énoncé des deux points sur lesquels René Coty ne pourrait transiger – sa venue « en consultation » à l'Élysée, sa présence à l'Assemblée nationale lors de la séance d'investiture –, le Général s'est exclamé : *« Vous savez bien qu'*ils *ne veulent pas de moi ! »* Mais il s'est abstenu de tout commentaire lorsque le messager élyséen lui a, en guise de réponse, affirmé la conviction du président de la République, après pointages minutieux*, de l'existence à l'Assemblée nationale d'une majorité en sa faveur. Les derniers mots du général de Gaulle à Charles Merveilleux du Vignaux semblent prometteurs : *« Dites au président Coty que je le remercie de son message... Dites aussi au président Coty qu'il faut qu'ensemble nous sauvions le pays[9]. »*

Il est donc temps, pour le président de la République, d'organiser la rencontre dont il a eu l'initiative. Afin de s'assurer que nul ne pourra la saboter, voire la rendre impossible, il a veillé à ce que le secret en soit soigneusement gardé. En effet, durant près de six heures, aucun des interlocuteurs éventuels du Général, pas plus Vincent Auriol qu'André Le Troquer ou Gaston Monnerville, n'est informé que de Gaulle a quitté Colombey-les-Deux-Églises pour s'entretenir avec lui...

* Le président Coty est un expert ès votes parlementaires. Dans ses papiers personnels se trouve en effet une note manuscrite, écrite au crayon bleu, où il prévoit 222 votes contre l'investiture du général de Gaulle. En fait, il y en aura 224 au soir du 1er juin (*cf. infra*, p. 62).

Autour de 22 heures, trois visiteurs, qui viennent d'être prévenus que le chef de l'État désire les voir de toute urgence, se succèdent dans le bureau présidentiel. Chaque audience est courte : quelques minutes. Vincent Auriol oppose une fin de non-recevoir immédiate et catégorique à la demande de René Coty*. André Le Troquer souhaiterait en faire autant. Mais la forte pression conjointe du chef de l'État et du général de Gaulle l'en empêche. *« Il n'accepte de venir qu'à la menace du Général de rentrer à Colombey si, dans une demi-heure, il n'est pas là »*, note le lieutenant-colonel de Bonneval**. Avec Gaston Monnerville, le climat est tout autre. Dans la proposition de René Coty d'associer les présidents des Assemblées au règlement de la crise, il voit *« la preuve de son attachement et de son respect pour* [les institutions] *»*. Le mécontentement d'André Le Troquer était visible à l'œil nu, sa propre satisfaction l'est tout autant. Le président de l'Assemblée nationale se veut le défenseur acharné d'une République menacée. Celui du Conseil de la République est acquis à l'idée que de Gaulle assume le gouvernement – c'est tout au moins le sentiment qu'il lui donne lors de leur rencontre.

En présence du seul Georges Pompidou, l'entretien du Général et des présidents dure une heure.

* En dehors du fait qu'il juge déplacée la présence d'un ancien président de la République dans une action menée par les présidents des Assemblées parlementaires, Vincent Auriol ne conçoit pas d'intervenir dans la crise tant que de Gaulle n'aura pas répondu à sa lettre. Il reçoit la réponse du Général le lendemain matin (*cf. infra*, p. 32).

** Dans ses souvenirs (*La parole est à André Le Troquer*, Paris, 1962, Table ronde, p. 190), André Le Troquer donne une version légèrement différente : *« Un collaborateur de René Coty entre pour nous dire que de Gaulle venait de téléphoner, avertissant "qu'il s'apprêtait à repartir pour Colombey si une réponse affirmative ne lui était pas donnée dans dix minutes par Le Troquer et Monnerville". »* En fait, il est exclu que le général de Gaulle ait téléphoné lui-même à « un collaborateur de René Coty ». En revanche, de tels contacts relèvent de son aide de camp, le lieutenant-colonel de Bonneval. Et l'on ne voit pas pourquoi, dans ses notes écrites le jour même, il aurait modifié la teneur du message que le Général adressait à l'Élysée.

C'est une « entrevue orageuse », note le lieutenant-colonel de Bonneval, qui n'y assiste pas*.

Lorsque, plus tôt dans la soirée, il avait reçu l'envoyé du président Coty, de Gaulle n'avait émis aucune exigence qui eût pu se révéler inacceptable pour le chef de l'État. Avec les présidents des Assemblées, il emploie un tout autre langage, comme s'il n'avait aucun intérêt à les ménager. Est-ce qu'il n'attend rien d'eux ? Est-ce qu'il n'a pas pour eux une grande considération** ? Est-ce qu'il refuse que son retour au pouvoir puisse être porté à leur crédit ?

Conscient de l'extrême gravité de la situation « où le régime a conduit le pays*** », et sans répondre à André Le Troquer pour qui la guerre d'Algérie est le fait du « communisme international », de Gaulle expose tout de go qu'il refuse

---

* Pas plus qu'Olivier Guichard et Jacques Foccart, pourtant présents au château de Saint-Cloud : ce sont eux en effet qui ont été chargés d'y conduire, au volant de leur voiture personnelle, les présidents des Assemblées parlementaires. C'est seulement après le démarrage du véhicule que ceux-ci ont appris sa destination. Cette entorse au protocole est liée à la volonté que le secret du lieu de la rencontre soit préservé (le communiqué de la présidence de la République qui l'annonce à 22 h 30 ne le mentionne pas), ce qui doit éviter à ses participants d'être assaillis, à son issue, par les journalistes. Durant tout le trajet, André Le Troquer ne prononce pas un mot. En revanche, Gaston Monnerville et Jacques Foccart, conseiller de l'Union française, échangent des propos courtois, bien que le président du Conseil de la République ait été fort mécontent que Foccart interdise à son chauffeur personnel de l'accompagner…

** Leurs relations passées, qui sont inexistantes, font que de Gaulle ne ressent alors nulle animosité particulière envers Gaston Monnerville. En revanche, André Le Troquer a été son ministre et il semble bien qu'il n'ait pas conçu à son égard une grande estime : *« Ce n'est pas qu'il soit méchant ; c'est essentiellement un paon et un vaniteux… »* (propos rapporté par Claude Guy, *En écoutant de Gaulle*, Paris, 1996, Grasset, p. 79). Il a été choqué qu'à Alger son commissaire à la Défense lui ait présenté comme sa femme sa compagne de l'époque, alors que son épouse légitime, la mère de ses enfants, s'est suicidée peu avant la guerre. *« Je ne lui pardonnerai jamais de m'avoir fait recevoir à ma droite sa poule… »* (Benoît Duteurtre, *Ballets roses*, *op. cit.*, p. 39).

*** Cette constatation, qui a trait à l'Algérie, provoque une interruption indignée d'André Le Troquer : *« Vous ne pouvez pas dire cela, monsieur le Président* [ses premiers mots ont été pour informer de Gaulle qu'il continuerait à l'appeler ainsi, comme il le faisait à Alger, lorsqu'il appartenait à son gouvernement], *le "régime" ne doit pas être mis en cause. Les affaires de Corée et d'Indochine étaient, comme l'Algérie, des problèmes de caractère international, vous le savez bien… »* (André Le Troquer, *La parole est à André Le Troquer*, *op. cit.*, p. 193).

de se soumettre à certaines « procédures périmées » telles que sa présence au Palais-Bourbon pour solliciter l'investiture des députés… Il sait pourtant – Charles Merveilleux du Vignaux le lui a dit – que le président de la République juge indispensable qu'il s'exprime en personne devant la représentation nationale. Comment les présidents des Assemblées parlementaires pourraient-ils admettre qu'il n'en fasse rien ? Indifférent aux protestations d'André Le Troquer devant sa première exigence, de Gaulle énumère les conditions auxquelles il accepterait la mission qui lui serait confiée, encore qu'il ne soit pas sûr d'y réussir : les pleins pouvoirs pour un an, la mise en congé du Parlement pour la même durée, ce qui lui permettrait de préparer une nouvelle Constitution et de la soumettre par référendum aux Français. *« C'est un plébiscite !* s'indigne André Le Troquer. *Je vous connais bien. Je me souviens d'Alger. Vous avez l'esprit d'être un dictateur. Si vous revenez au pouvoir, ce sera l'ère du pouvoir personnel*[*]. »

Dans un esprit de conciliation, Gaston Monnerville suggère que les pleins pouvoirs soient accordés à de Gaulle non pour un an, comme il l'a demandé, mais pour six mois ; à son tour, André Le Troquer accepte d'envisager trois mois, éventuellement renouvelables. Ce qui permet à l'intéressé d'ironiser sur les divergences entre les présidents, l'un offrant un semestre, l'autre un trimestre, puis de railler la demande qu'ils lui font de ramener l'armée à la discipline : au nom de qui, et à quel titre, un militaire à la retraite et d'ailleurs « sans retraite[**] », un

* L'assimilation du général de Gaulle à un dictateur figure dans le compte rendu que, dès le lendemain matin, Gaston Monnerville (*Vingt-deux ans de présidence, op. cit.*, p. 79) fait porter à André Le Troquer et que celui-ci approuve. Il est amusant de noter que de Gaulle ne la reproduit pas telle quelle. Il en donne une version nettement édulcorée, écrivant que le président de l'Assemblée nationale *« ne va pas jusqu'à m'imputer la volonté d'être dictateur. Mais il déclare que je ne pourrai pas éviter de le devenir étant donné les conditions de mon accession au pouvoir. "C'est pourquoi, ajoute-t-il avec passion, je m'y oppose" »* (Charles de Gaulle, *Mémoires d'espoir*, t. I, *Le Renouveau, 1958-1962*, Paris, 1970, Plon, p. 30).

** À l'époque, le général de Gaulle ne touche aucune retraite, ayant refusé celle de colonel qui lui avait été proposée dans les débuts de la IVe République sous prétexte qu'il n'était que général de brigade à titre temporaire (Alain de Boissieu, *Pour servir le Général, 1946-1970*, Paris, 1990, Plon, p. 96).

chef politique « sans troupes et d'ailleurs interdit sur les antennes de télévision et de radio », pourrait-il le faire ?

Dans leurs récits, les trois hommes s'accordent sur l'« émotion silencieuse » qui marque la fin de leur rencontre. Les deux présidents évoquent la vision que de Gaulle donne de son avenir, « retiré dans son village avec son chagrin », mais, curieusement, ni André Le Troquer ni Gaston Monnerville ne font état de la menace que le Général, selon son propre témoignage, agite : *« Si le Parlement vous suit, je n'aurai pas autre chose à faire qu'à vous laisser vous expliquer avec les parachutistes*[10]*... »*

Il paraît impossible, si cet avertissement a bien été proféré, que ni André Le Troquer ni Gaston Monnerville ne le mentionnent dans leurs comptes rendus rédigés quelques heures après l'entretien. Il est en particulier impossible qu'André Le Troquer, farouchement opposé au retour du Général, n'ait pas vu, dans cette notification, la preuve que de Gaulle utilise les « militaires factieux » contre le gouvernement de la République. Il semble donc quasi certain que ni Gaston Monnerville ni André Le Troquer n'ont entendu le Général leur prédire un tête-à-tête avec les parachutistes.

Mais, s'il n'a pas envisagé devant ces deux interlocuteurs une telle éventualité, pourquoi le Général s'en targue-t-il dans ses souvenirs ? Ce n'est pas son intérêt de montrer qu'il menace les parlementaires de l'arrivée des parachutistes. Banale erreur de sa part ? Peu vraisemblable, quand on connaît son extraordinaire mémoire, qui lui permet de se rappeler, des années après l'avoir vu, sa première conversation avec un interlocuteur de la présence duquel on ne l'a pas averti*. Alors ?

---

* Le 9 juin 1959, je constate cette exceptionnelle faculté. Le général de Gaulle, qui doit s'adresser aux élèves de l'École polytechnique, a accepté de participer à une réception chez « son compagnon », le général de Guillebon, qui commande l'École. J'y suis invitée. La présidence de la République ayant fait savoir le matin même que le Général n'entendait pas participer à « un thé de dames », les invités ont été priés de venir sans leur épouse. Je ne risque donc pas de passer inaperçue. Il m'est d'ailleurs conseillé de faire en sorte que le

L'explication la plus vraisemblable de la distorsion entre ces témoignages, encore qu'elle appartienne au domaine de l'hypothèse, tient aux dates auxquelles sont rédigés les souvenirs des uns et des autres. Dès le matin du

---

Général ne me voie pas. Mais, à ma terreur, il fonce sur moi. J'ai retrouvé récemment les notes rédigées le soir même et complétées vingt-quatre heures plus tard. Les voici : *« Le général de Guillebon me présente : "Très honoré", répond de Gaulle sur un ton légèrement narquois. Pour justifier ma présence, le général de Guillebon poursuit : "Elle est, vous le savez, mon général, la fille d'un de nos plus éminents professeurs d'histoire. Combien d'années, mademoiselle, votre père a-t-il enseigné à l'École ? – C'était avant ma naissance, général, je n'en sais rien..." De Gaulle sourit, lève la main : "Ah, ces familles bourgeoises !" Un silence, puis : "Mais j'ai déjà eu l'honneur de vous être présenté. Nous sommes de vieilles connaissances. Oui, la première fois que vous êtes venue me voir, c'était avec Robert Aron, lorsque vous veniez de terminer votre très beau livre sur Vichy." À nouveau, un silence, puis : "Son livre suivant, Aron l'a écrit sans vous, il a certainement eu tort..." Je deviens de plus en plus écarlate. De Gaulle : "Mais vous, mademoiselle, vous n'avez pas mené à bien votre projet d'écrire une histoire de la Résistance. Pourquoi ?" Abasourdie qu'il se rappelle cette intention, rapidement abandonnée et dont je lui avais fait part lors de notre audience du 27 juillet 1955, je balbutie bêtement : "Général, je me suis rendu compte qu'il était impossible d'écrire sur un tel sujet sans votre talent." De toute évidence, de Gaulle a envie de rire : "Je suis très honoré que vous ayez une bonne idée de mes qualités d'écrivain. Mais, vous savez, je n'ai plus le temps d'écrire, je suis maintenant un vieil homme, je n'ai qu'une activité limitée..." Brusquement, il change de ton, élève la voix, martèle ses syllabes : "Cependant, je vous lis, n'est-ce pas, mademoiselle Elgey, dans* Paris-Presse*." Il se tait. Prise de panique, j'envisage un instant de m'en aller, mais je me borne, de plus en plus écarlate, à bredouiller : "C'est bien pour cela, général, que je suis confuse d'avoir à nouveau l'honneur de vous être présentée. Je crains que cette lecture..." Il m'interrompt : "Non, je vous lis toujours avec intérêt. Et je dois dire que votre journal parfois m'aide à comprendre ma propre pensée..." Il sourit. Après cette allusion tant soit peu ironique aux articles publiés sous ma signature avant le 13 mai, prétendant révéler ses intentions cachées, je tente une diversion désespérée : "Enfin, général, il était temps que vous reveniez au pouvoir. Comme vous vous refusiez à parler, nous ne savions vraiment plus que dire sur votre pensée..." De Gaulle sourit : "Vous avez raison, depuis que je suis au pouvoir, je ne pense plus !" L'assistance éclate de rire. "Général, je vous en prie..." Il ôte ses lunettes, me regarde des pieds à la tête et laisse tomber : "Vous avez une robe charmante, estivale. Revenez me voir." C'est le mot de la fin. Le lendemain, lors d'une réception à l'Élysée, le président de la République me présente avec une grande gentillesse à son épouse : "Rappelez-vous, elle était la seule, à une époque, à parler de De Gaulle", et le lieutenant-colonel de Bonneval, évoquant la rencontre de la veille, me félicite de ma parfaite bonne éducation, de mon embarras si visible à la couleur de mes joues : "Les jeunes filles, c'est fait pour rougir..." »* Une telle constatation, banale alors en 1959, est inimaginable aujourd'hui. Un monde a bel et bien disparu...

29 mai, André Le Troquer et Gaston Monnerville se communiquent leurs comptes rendus de leur réunion nocturne avec le Général. Parce qu'ils les ont rédigés dans les heures qui ont suivi, ils sont convaincus de n'avoir rien oublié. C'est dans le second semestre de 1969 que de Gaulle, après sa démission de la présidence de la République, le 28 avril 1969, commence à écrire ses Mémoires. Il n'a aucun document en sa possession pour étayer ses souvenirs de la réunion du 28 mai 1958. Et si, onze ans plus tard, il écrit avoir prédit à ses interlocuteurs une « rencontre » avec les parachutistes au cas où le Parlement ne lui accorderait pas l'investiture, c'est sans doute que toute son analyse de la crise repose sur cette certitude, à tel point qu'il pense la leur avoir exprimée, tant elle lui paraît évidente*. Autrement dit, sa mémoire aurait enregistré l'essentiel, la réalité de la situation, et non l'accessoire, le détail d'une conversation qui constitue sans doute une étape obligatoire vers sa prise de pouvoir dans la légalité, mais qui n'en est pas moins dépourvue d'intérêt à ses yeux.

« Je regrette de m'être déplacé pour rien », dit-il d'ailleurs dans la nuit du 28 mai, alors qu'il s'apprête à repartir pour Colombey-les-Deux-Églises.

29 mai

Alger. Tôt dans la matinée, avec l'accord « cette fois de Massu et de Salan** », Léon Delbecque lance lui-même le message : *« Les carottes sont cuites »*, ce qui signifie que l'armée d'Algérie sera à Paris le lendemain matin[11]. Une

---

* Peut-être l'a-t-il dit après le départ de ses visiteurs ; il fait d'ailleurs part de cette analyse, dès le lendemain matin, à son fils (*cf. infra*, p. 28).

** Selon le général Salan, son adhésion, ce matin-là, au plan « Résurrection » est la conséquence d'un coup de téléphone d'Olivier Guichard qui, vers 9 heures du matin, l'aurait averti : *« Nos affaires se présentent mal ! À vous de jouer maintenant. Tenez-vous prêt »* (Raoul Salan, *Mémoires*, *Fin d'un empire*, t. III, Paris, 1972, Presses de la Cité, p. 354). Olivier Guichard m'a affirmé n'avoir gardé aucun souvenir de cette communication. Quoi qu'il en soit, d'une façon ou d'une autre, le général Salan a été averti du fiasco que fut dans la nuit la rencontre du général de Gaulle et des présidents des Assemblées parlementaires.

heure plus tard, le général Salan n'en affirme pas moins au Comité de salut public que *« le mécanisme permettant une sortie légale de la crise lui paraît en marche et qu'il estime ne pas devoir en interdire le fonctionnement*[12] *»*. En toute occasion, la prudence, la volonté de garder deux fers au feu restent la marque du général Salan…

Colombey-les-Deux-Églises. Pour le général de Gaulle, rentré tard dans la nuit, « de fort mauvaise humeur », le processus régulier qu'il avait annoncé semble condamné. Il l'écrit à son fils, le capitaine de corvette Philippe de Gaulle : *« D'après mes informations, l'action serait imminente du sud vers le nord. (…) Il est infiniment probable que rien ne se fera plus dans le régime qui ne peut même plus vouloir quoi que ce soit*[13]*. »*

Paris, palais de l'Élysée. Tard dans la nuit, conduits jusqu'au perron par Jacques Foccart*, les présidents des Assemblées parlementaires rendent compte à René Coty de leur entretien avec le général de Gaulle. Le président de la République *« marque son étonnement de certaines réponses du Général : elles ne semblent pas correspondre à ce qu'il attendait*[14] *»*. Elles contredisent en effet les propos conciliants qui lui ont été rapportés quelques heures plus tôt par Charles Merveilleux du Vignaux. Mais René Coty s'abstient

---

Et il télégraphie au général Miquel : *« L'opération "Résurrection" est parée et se déclenchera sur mon ordre dans les cas suivants : sur appel personnel du général de Gaulle ; au cas où le Général ne pourrait former un gouvernement de salut public républicain ; en cas d'urgence devant une insurrection communiste. Maintenez la cohésion de l'armée et des organisations patriotiques, et gardez le contact radio. »*

* Chargé de ramener à Paris les présidents des Assemblées, Jacques Foccart leur suggère – ce qu'ils acceptent immédiatement – de les conduire à l'Élysée afin qu'ils puissent rendre compte au président Coty de leur rencontre. *« Les quelques journalistes en faction, un peu somnolents, ne prêtent pas attention à ma voiture, qui n'a rien d'une voiture officielle. Nous entrons dans la cour* [ce qui, à l'époque, est permis à tout visiteur]. *Je prends congé, mais Le Troquer se fâche : "Vous n'allez pas nous laisser là. Attendez-nous." J'objecte que je ne suis pas chauffeur de profession. (…) Monnerville le calme. Je sors sous les flashes des photographes, réveillés entre-temps et se demandant qui pouvait bien être ce personnage qui avait amené les deux présidents chez le chef de l'État en pleine nuit. »* (*Foccart parle. Entretiens avec Philippe Gaillard*, Paris, 1995, Fayard/Jeune Afrique, p. 146).

de tout commentaire. Lorsqu'il raccompagne ses visiteurs, il se borne à leur annoncer qu'il réfléchira... En fait, dès les premières heures de la matinée, sa conduite est fixée. Il demande qu'une chambre lui soit retenue dans un hôtel parisien pour le soir même. Au cas où le Parlement ne le suivrait pas, il pourrait bien être amené à démissionner. Car il entend user de la prérogative que lui reconnaît la Constitution : l'envoi d'un message à l'Assemblée, comme jamais aucun de ses successeurs ne l'a fait*.

Extrait de l'éphéméride du lieutenant-colonel de Bonneval : « *Le matin, téléphone de Merveilleux du Vignaux disant que Coty doit faire une déclaration aux Chambres.* "(B.) *: À quelle heure ?* (M. du V.) *: En fin de soirée.* (B.) *: Si cette déclaration n'est pas publique à 15 heures, je crains fort qu'il ne soit trop tard, car les dés seront jetés." Trente minutes plus tard, Merveilleux du Vignaux me téléphone pour dire que la déclaration sera publiée à 15 heures*[15]. »

Rue de Solférino. Le général Nicot et le commandant Vitasse se concertent avec plusieurs collaborateurs du général de Gaulle : Olivier Guichard, Jacques Foccart et Pierre Lefranc. Comme lors de leurs précédents entretiens, le commandant Vitasse plaide pour que l'opération « Résurrection » soit engagée sans plus tarder. Il est de ces jeunes officiers qui rêvent d'en découdre avec une République qui les a abandonnés en Indochine, à Suez, et qui s'apprête, selon eux, à en faire autant en Algérie. Très proche de Michel Debré, le général Jean-Louis Nicot (cet aviateur a remplacé le général Martin à l'état-major général des armées) veut s'assurer que l'opération « Résurrection » a bien l'accord du général de Gaulle. De cette réunion, nous

* Sous la IVe République, les deux messages précédents, envoyés par Vincent Auriol et René Coty lors de leurs prises de fonction, en remerciement de leur élection, s'inscrivent dans la tradition du protocole républicain. Sous la IIIe République, en revanche, les messages présidentiels jouent leur rôle dans des crises importantes. C'est ainsi que le maréchal de Mac-Mahon en 1877 annonce au Parlement la dissolution de la Chambre des députés ; c'est également par un message que son successeur, Jules Grévy, l'informe de son intention de ne jamais entrer en conflit avec le Parlement, et donc de se limiter pour l'essentiel à un rôle protocolaire.

possédons deux versions inconciliables. Selon les collaborateurs de De Gaulle, leurs propos ont pour seul objet de dissuader leurs interlocuteurs de toute action, tout en veillant à ce qu'ils restent mobilisés : le maintien de la pression militaire est indispensable tant que le processus constitutionnel n'est pas engagé. En revanche, le général Nicot et le commandant Vitasse affirment qu'il leur a été ordonné de lancer sans plus tarder « Résurrection », ce feu vert étant même donné, en leur présence, au téléphone par le général de Gaulle à Pierre Lefranc. Si cette dernière précision est peu vraisemblable*, rien ne nous permet de rejeter purement et simplement leur version. Nous savons combien, en ces jours, les propos des collaborateurs du Général sont ambigus, permettant toutes les interprétations. Et les militaires, en toute bonne foi, peuvent comprendre ce qu'ils souhaitent entendre.

Alger. Au même moment, le général Dulac doit écouter *« les supplications de quelques jeunes officiers (...) qui avaient pris une grande part à la préparation de "Résurrection" et ne veulent pas se résigner à mettre leurs plans en sommeil*[16] *»*.

Depuis le matin, l'opération « Résurrection », demeurée jusque-là une vue de l'esprit, tant ses plans péchaient par

---

* Jacques Foccart note qu'il est impossible que, quelques heures avant d'être reçu par le président Coty, le général de Gaulle ait donné un tel ordre. En outre, compte tenu des règles tacites de l'entourage, il est impossible qu'en présence d'Olivier Guichard et de Jacques Foccart, ce soit Pierre Lefranc qui ait téléphoné au général de Gaulle. C'est avec les deux premiers, et non avec lui, que le Général est en relations constantes depuis le 13 mai. Et puis le témoignage écrit du général Nicot date de décembre 1978 (Edmond Jouhaud, *Serons-nous enfin compris ?*, Paris, 1984, Albin Michel, p. 61). Or on sait que plus un témoignage est proche des faits qu'il relate, plus il est crédible. On sait aussi que, au cours des années, il arrive qu'inconsciemment on reconstruise le passé. Dans le cas du général Nicot, il n'est pas exclu que ses quatre années à la prison de Tulle aient pu le conduire, sans qu'il s'en rende compte, à de telles altérations. Il a en effet été condamné en 1961 à douze ans de détention par le Haut Tribunal militaire pour « intelligence avec les chefs d'un mouvement insurrectionnel ». Lors du « putsch des généraux », directeur du cabinet militaire du Premier ministre Michel Debré, il a refusé d'organiser la protection de la métropole contre une possible opération aéroportée des putschistes. Il a été libéré en 1965.

l'imprécision*, est devenue une réalité possible. En effet, ses plans, revus par l'état-major du général Jouhaud selon les instructions du général Salan, définissent maintenant ses effectifs, leur transport et leurs objectifs. De 50 à 60 000 hommes doivent y participer**. Près d'une cinquantaine d'avions – dont certains, qui appartiennent à l'aviation civile, ont été réquisitionnés – leur sont affectés. Les horaires de décollage ont été fixés dans la nuit du 29 au 30 mai ; ont été organisés les convois de camions qui doivent conduire les militaires, dès leur atterrissage, sur les lieux dont il leur faut s'emparer : l'Assemblée nationale, l'Élysée, Matignon, les principaux ministères, l'Hôtel de Ville, la Préfecture de police, les grands centres de communication parisiens et régionaux, les sièges de la C.G.T. et du P.C. Au petit matin, l'arrivée en métropole du général Salan est prévue : il doit prendre le commandement militaire en France et lancer un appel au général de Gaulle[17].

Fort du télégramme du commandant Vitasse, signé de son pseudonyme « Grand-père », qui annonce « le feu vert formel du Grand Charles*** », le général de Rancourt, à

---

* Son premier nom était « Grenade ». Elle est appelée « Résurrection » lorsque ses auteurs ont jugé utile de reprendre le terme employé le 19 mai par le général de Gaulle, lors de sa conférence de presse : *« Ce qui se passe en ce moment (...) peut être le début d'une sorte de résurrection. »* Sur le papier, « Résurrection » prévoit que quatre régiments de parachutistes, deux d'Algérie et deux du Sud-Ouest, doivent prendre le contrôle des points stratégiques à Paris, mais leur transport n'est pas même étudié !

** Il s'agit des régiments parachutistes de Pau et de Mont-de-Marsan, de deux autres régiments parachutistes d'Algérie, des groupements blindés de Rambouillet et de Saint-Germain-en-Laye, de l'infanterie mécanisée de Pontoise, des spahis de Senlis, de l'artillerie de Vernon, auxquels doivent se joindre quatre compagnies de C.R.S., de gendarmes et de gardes républicains, ainsi que 20 000 agents de la police parisienne.

*** *« Pour le général JOUHAUD Stop Vous confirme mon entretien téléphonique interrompu Stop Informer généraux SALAN et MASSU que GRAND CHARLES est entièrement d'accord Stop Votre venue est attendue le vendredi 30 mai à partir deux heures trente (...) VOTRE GRAND-PÈRE »* (Christophe Nick, *Résurrection*, Paris, 1998, Fayard, p. 32 du *« rapport du chef d'escadron Vitasse chargé de mission pour l'organisation en France de l'opération "Résurrection" ».* Cet auteur, qui est le seul à avoir révélé l'intégralité de ce document, a constaté que, par erreur, le commandant Vitasse avait classé ce télégramme parmi ceux envoyés le 27 mai...).

15 heures, ordonne à six Dakota du Bourget de décoller en direction du Sud-Ouest.

La France est-elle à la veille d'une guerre civile ? À en croire les rapports des préfets, unanimes à évoquer « leur très vive inquiétude » à ce sujet, les Français le redoutent. Pour autant, le coup d'État militaire est-il possible ? Sur le papier, assurément. Dans la réalité, nous ne le saurons jamais, puisqu'il n'a pas eu lieu. Aurait-il triomphé aisément ou la prise par les militaires de l'Élysée et autres sites républicains symboliques aurait-elle déclenché une guerre civile, à la durée et à l'issue incertaines ? Le contingent aurait-il suivi l'armée de métier ? L'armée dispose-t-elle des moyens matériels indispensables à sa réalisation ? Là encore, nous ne le saurons jamais…

En vérité, l'opération « Résurrection » a été d'autant plus efficace qu'elle n'a pas eu lieu. Était-ce sa vocation ?…

Palais-Bourbon. Convaincu de la démission imminente de René Coty, André Le Troquer se voit déjà président de la République par intérim. Il propose au socialiste Marcel-Edmond Naegelen de former le nouveau gouvernement. Il n'y a pas d'autre solution, puisque de Gaulle leur a révélé, à lui et à Gaston Monnerville, son véritable dessein : tuer le Parlement, doter la France d'un régime qui serait en fait une « dictature bottée ». Par l'intermédiaire de Pierre Lazareff, le tout-puissant directeur du quotidien le plus lu, *France-Soir*, les propos du président Le Troquer sont connus de Vincent Auriol. L'ancien président de la République s'en étonne. Il connaît de Gaulle, il est sûr que la lettre qu'il vient de recevoir de lui est sincère. Or, elle ne correspond en rien à ce que relate Le Troquer. De Gaulle, en effet, lui écrit son refus de *« consentir à recevoir le pouvoir d'une autre source que le peuple, ou tout au moins ses représentants* * *»*. Comme

* De Gaulle commence sa lettre par l'affirmation qu'il n'est pour rien dans les événements d'Algérie ; il la termine par sa crainte que *« nous n'allions à l'anarchie et à la guerre civile »*, compte tenu de *« l'opposition déterminée de la représentation nationale* [à sa proposition de former un gouvernement qui *"pourrait refaire l'unité, rétablir la discipline dans l'État, notamment du côté militaire, et promouvoir l'adoption par le pays d'une Constitution renouvelée"*] *»*.

ses visiteurs le pressent de publier ce courrier, Vincent Auriol s'y refuse sans l'accord du général de Gaulle. Il est vite obtenu[18]. Dans un premier temps, le ministre de l'Information en charge de la censure interdit la publication d'extraits de cette correspondance, redoutant qu'ils n'en dénaturent le contenu, mais, après quelques tergiversations, il autorise sa reproduction intégrale ; ce faisant, il donne – ce qui est loin de correspondre à sa volonté – le maximum de publicité à un document en faveur du Général.

Palais de l'Élysée. Dans son bureau, le président Coty a sorti une chemise intitulée « Messages mars 1958[19] ». On y trouve quelques notes prises après ses entretiens avec les responsables politiques à l'occasion de la crise ministérielle. Elles nous apprennent par exemple qu'au cours de leur conversation, René Coty et Georges Bidault constatent : « Mitterrand, danger national... » Les nombreuses pages manuscrites, difficilement lisibles, qui constituent l'essentiel de ce dossier, sont les brouillons du discours que, depuis trois mois, le chef de l'État prépare à l'intention du Parlement. Dans la première mouture, on sent l'auteur gêné de son audace ; il s'adresse aux parlementaires *« avec la déférence qui est due à l'Assemblée dépositaire de la souveraineté nationale ».* Puis il en vient aux motifs de son intervention : *« Parmi toutes les démocraties, la France est celle où les gouvernements sont le plus fragiles et le plus débiles. Et pourtant elle est aussi celle qui dans le temps présent doit faire face aux plus grandes difficultés. »* Et il termine par un appel à l'union. Dans les versions suivantes, il plaide pour un gouvernement de salut public, *« une évidence pour tous »*, et *« une prompte et profonde réforme de nos institutions ».* Au fil des jours, le ton change, de plus en plus assuré. Il ne commence plus en rendant hommage à l'Assemblée, mais en faisant état de son rôle personnel : *« Le jour même où le Parlement m'a fait assez inopinément l'honneur de m'appeler à la magistrature suprême de la République, j'ai pris l'engagement solennel – je le tiendrai jusqu'au bout – d'obéir à la Constitution de la République. J'ai tenu à ajouter que nous ne saurions défendre nos libres institutions que si nous savions les réformer.* » Après une vingtaine de pages couvertes de ratures vient le nom du général de Gaulle : c'est le texte définitif.

À la lecture de la lettre* que lui envoie le président Coty, stupeur et indignation s'emparent d'André Le Troquer. Loin de démissionner, comme il s'y attendait, René Coty a décidé de s'adresser aux députés et il lui incombe de leur communiquer son message. Il s'insurge : *« Je ne permettrai pas qu'on porte atteinte à la République.* » Il ne participera en aucune façon à cet appel au général de Gaulle. Mais Guy Mollet lui démontre qu'en refusant de lire le texte du président de la République, il viole son devoir constitutionnel… Et, à 15 heures, devant une Assemblée debout – comme le veut l'usage en une telle circonstance –, André Le Troquer, blême, donne lecture du texte présidentiel. Il est court et digne. Après avoir rappelé l'état de la France, René Coty en vient à l'essentiel :

« Il ne saurait être évidemment question, cette fois, que je multiplie les désignations. Le choix qui m'incombe est donc lourd de conséquences. Il fait peser sur moi une exceptionnelle responsabilité. (…)

« Dans le péril de la patrie et de la République, je me suis tourné vers le plus illustre des Français, vers celui qui, aux années les plus sombres de notre histoire, fut notre chef pour la reconquête de la liberté et qui, ayant

* Elle lui est remise au début de l'après-midi : quelques lignes dactylographiées, auxquelles est joint le message. Conformément à l'article 37 de la Constitution, il le prie *« de bien vouloir faire la lecture à l'Assemblée nationale de* [ce message] *et de la lettre de transmission »*. Il lui précise que les clauses de la Constitution sont scrupuleusement respectées, puisque le message *« est revêtu du contreseing de Monsieur le Président du Conseil des ministres* [Pierre Pflimlin] *et de Monsieur le Garde des Sceaux, ministre de la Justice* [Robert Lecourt] *». « À titre confidentiel et afin de vous permettre d'en prendre connaissance avant qu'il en soit donné lecture au Parlement »*, René Coty communique à 13 heures le texte de son message à Albert Sarraut, président de l'Assemblée de l'Union française, et à Émile Roche, président du Conseil économique (Archives nationales, 4/AG/57).

réalisé autour de lui l'unanimité nationale, refusa la dictature pour rétablir la République. (...)

« Je demande au général de Gaulle de bien vouloir venir conférer avec le chef de l'État et d'examiner avec lui ce qui, dans le cadre de la légalité républicaine, est immédiatement nécessaire à un gouvernement de salut public et ce qui pourra, à échéance plus ou moins proche, être fait ensuite pour une réforme profonde de nos institutions. »

Alors, en guise de protestation, les adversaires les plus déterminés du général de Gaulle se rassoient. La droite proteste contre une telle attitude. André Le Troquer rappelle que tout message du chef de l'État doit être écouté debout. Nul ne tient compte de ce rappel à l'ordre. Et la fin du message est lue dans une sorte de brouhaha : c'est l'annonce par René Coty de sa démission si la solution qu'il préconise n'est pas acceptée, c'est enfin l'appel aux *« représentants de la Nation : le destin de ce peuple est entre vos mains »*.

Jamais encore un président de la République n'avait usé d'un message au Parlement pour lui désigner le futur président du Conseil.

Dans l'heure qui suit, l'opération « Résurrection » est annulée. Le général de Rancourt ordonne aux Dakota partis chercher les parachutistes de regagner immédiatement Paris.

Colombey-les-Deux-Églises. À 17 h 30, le général de Gaulle part pour Paris afin de voir le président de la République. Ce trajet, si souvent accompli, revêt ce jour-là un caractère inhabituel.

À une centaine de kilomètres de Colombey-les-Deux-Églises, sa voiture s'arrête ; celle du commissaire de police qui le suit, chargé par Jules Moch de sa protection, en fait autant. Le lieutenant-colonel de Bonneval va quérir le fonctionnaire : le Général désire le voir. *« Il y a quelque chose de changé maintenant dans votre ministère, puisque,* *maintenant, je ne peux plus vous distancer**. *Cela n'a pas d'importance... Cela va très bien. Il n'y a plus que M. Le Troquer qui me fait des entourloupettes. Mais je sais que je vais être désigné, puis investi... »* Ainsi de Gaulle s'amuse, il se joue d'adversaires dans une partie qu'il sait déjà gagnée. Comment pourrait-il perdre contre les responsables faibles de la IVe République alors qu'il a affronté victorieusement des hommes de la trempe de Churchill ou de Roosevelt ?

Cinquante kilomètres plus loin, nouvel arrêt, d'une tout autre motivation et d'une tout autre portée. Une voiture fait des appels de phare. C'est le code convenu avec Georges Pompidou. Le futur directeur de cabinet est accompagné d'Olivier Guichard et de Raymond Janot, un de ses collègues du Conseil d'État. Il croit important que le Général écoute ce spécialiste en droit constitutionnel avant de s'entretenir avec le président de la République**. Une fois Raymond Janot installé dans sa voiture, de Gaulle l'interroge : *« Il paraît que vous avez quelque chose à me dire, allez-y. »* Le verdict est net : *« Excellente idée. Si les choses vont comme je l'espère, vous viendrez à mon cabinet et vous occuperez de ces questions. »* En quelques minutes, sur une route déserte, de Gaulle a ainsi adopté la procédure constitutionnelle de son choix...

* Durant plusieurs jours, le policier avait roulé à bord d'une Peugeot 203 incapable de suivre la 15 CV Citroën à moteur poussé du général de Gaulle. En relatant cet épisode (*Rencontres avec de Gaulle*, *op. cit.*, p. 287), le ministre de l'Intérieur envisage deux hypothèses qui nous paraissent également inexactes : de Gaulle voudrait soit l'informer de son peu de considération pour André Le Troquer, soit lui faire connaître sa certitude de son retour au pouvoir.

** Au début de l'année, Raymond Janot, beaucoup plus assuré que Georges Pompidou du retour au pouvoir du Général, lui fait part de son inquiétude sur la période de transition. Il sait que certains préconisent une délégation du pouvoir constituant au général de Gaulle. Une telle formule rappellerait fâcheusement le précédent de 1940. Il suggère d'inventer un mode de révision de la Constitution qui s'accomplirait dans le respect du Parlement, mais en veillant à éviter tout enlisement. Or, à sa grande surprise, dans l'après-midi du 29 mai, Raymond Janot, qui ne l'a jamais vu, apprend qu'il lui faut de toute urgence expliquer lui-même au Général sa position sur la réforme constitutionnelle. (*Georges Pompidou, hier et aujourd'hui*, colloque déjà cité, témoignage de Raymond Janot, pp. 38-39.)

Paris, peu avant 20 heures. Le général de Gaulle arrive à l'Élysée. Son entretien avec le président de la République, qui ne cache pas son émotion, est bref. L'accord est vite constaté. Comment en serait-il autrement, puisque les deux hommes sont animés par la même conviction, à savoir l'absolue nécessité d'un gouvernement de Gaulle, si l'on veut éviter à la France de sombrer dans l'anarchie ou le totalitarisme ? Dans ses *Mémoires*, de Gaulle écrit : *« René Coty se range à mon plan : pleins pouvoirs, puis congé donné au Parlement, enfin Constitution nouvelle à préparer par mon gouvernement et à soumettre au référendum. J'accepte d'être "investi" le 1er juin*[20]. » La relation, parfois surprenante, que le président de la République fait le lendemain aux représentants des partis politiques ne contredit en rien ce témoignage. Mais, pour lui, les réticences du général de Gaulle à se présenter devant l'Assemblée nationale tiennent à une sorte d'*« agoraphobie »*. Et il explique aux parlementaires à qui il rend compte de son entretien que les idées constitutionnelles du président désigné lui paraissent *« un peu nébuleuses »*, ce qu'il trouve normal : *« Il n'est pas juriste. D'ailleurs, s'il l'avait été, il n'aurait pas été l'homme du 18 Juin... »*

Sous les acclamations de ses partisans, massés autour du palais présidentiel, de Gaulle prend congé du président de la République.

Avant de quitter la rue de Solférino – où il n'est jamais revenu – et de repartir dans la nuit pour Colombey-les-Deux-Églises, de Gaulle publie un communiqué : *« Je ne saurais entreprendre la tâche de conduire l'État et la Nation que si ces conditions indispensables* [l'octroi des pleins pouvoirs et le mandat de réformer la Constitution] *m'étaient consenties avec la large et grande confiance qu'exige le salut de la France, de l'État et de la République. »*

Extrait du télégramme confidentiel envoyé dans la nuit par Sir Gladwyn Jebb, ambassadeur de Grande-Bretagne :

« Comme toutes les déclarations du Général, son communiqué hier soir était tant soit peu sibyllin[21]*... »*

30 mai

Aux yeux de l'opinion, la désignation par le président de la République d'un président du Conseil rétablit le cours normal d'une crise ministérielle. Exprimant le même point de vue que la grande majorité de ses collègues métropolitains, le préfet de l'Isère écrit : *« À partir du jeudi 29 mai, le message de M. le Président de la République et la publication de l'échange de lettres du président Auriol et du général de Gaulle éclaircirent l'atmosphère, on aurait dit qu'une grande partie de l'opinion publique n'attendait que cela pour se rallier à la solution que l'on espérait sans l'avouer depuis longtemps*[22]*. »*

Les communistes, qui ne désarment pas, sont chaque jour plus isolés. Le défilé du 28 mai leur avait donné l'illusion de revivre les grandes heures du Front populaire. Dans la moitié des départements, leurs tentatives de former des comités de « défense de la République » ou de « lutte contre le fascisme » tournent court. Et lorsqu'ils y parviennent, ces organisations ont une existence éphémère. La dénonciation du fascisme, qui est leur marque, n'est plus un facteur de rassemblement. Ainsi, dans la Sarthe, ils étaient, le 28 mai, 2 000 à se ranger derrière les dirigeants communistes locaux pour la « défense de la République » ; à présent, ils ne sont plus que 500. Ainsi, dans le Jura, les comités de « défense républicaine » ne résistent pas aux divergences entre communistes et socialistes[23]. Les exemples de ce genre, qui abondent, conduisent le ministre de l'Intérieur à constater *« l'atonie de l'immense majorité de la population métropolitaine »*, laquelle lui prouve, si besoin était, que les Français ne sont pas prêts à se battre pour la IVe République. Et Jules Moch qui, moins de deux semaines auparavant, envisageait de faire appel aux communistes pour défendre le régime, *« se résigne à voter l'investiture* [du Général], *dans le seul intérêt de la paix intérieure*[24] ».

Au sein du parti socialiste, où Vincent Auriol jouit d'une réelle autorité morale, la publication de sa correspondance avec le général de Gaulle provoque d'ailleurs une petite onde de choc. L'unanimité apparente contre de Gaulle qui y régnait parmi ses dirigeants appartient désormais au passé : ils étaient 117 députés à rejeter un gouvernement de Gaulle, 3 seulement y étant favorables ; maintenant, un tiers approuve la lettre de Vincent Auriol, qui est une sorte d'appel sous conditions...

Colombey-les-Deux-Églises. Le président du Conseil désigné entame, en diverses directions, son opération « séduction ». À 11 heures, il appelle le général Salan et lui dit exactement ce que celui-ci souhaite entendre : *« Ce que l'Algérie a fait, elle l'a bien fait. Dites mon salut aux Algériens. Dites-leur que je serai bientôt parmi eux. Dites-leur que, tous unis, nous aurons le succès*[25]. » À midi, si l'on en croit l'éphéméride du lieutenant-colonel de Bonneval, il donne une instruction téléphonique à Olivier Guichard : *« Envoyez-moi Vincent Auriol ! »* L'invitation transmise, certainement dans des termes plus protocolaires, est aussitôt acceptée par l'ancien président de la République, que Gaston de Bonneval va attendre à Saint-Dizier. Dans l'après-midi lui succèdent à la Boisserie les représentants du parti socialiste, Guy Mollet, son secrétaire général, et Maurice Deixonne, président du groupe parlementaire*.

Au cours de ces différents entretiens, de Gaulle aborde tous les sujets : la réforme constitutionnelle, la nécessité de ramener les militaires à l'obéissance, l'obligation d'imaginer une solution originale pour l'Algérie – une sorte de

* Le matin même, le président de la République avait demandé à Guy Mollet d'obtenir de son parti un vote favorable à l'investiture du général de Gaulle. Il lui avait affirmé qu'il n'aurait jamais pressenti un candidat susceptible de ne pas respecter la Constitution. Et il lui avait suggéré de s'assurer par lui-même des intentions du général de Gaulle afin qu'il puisse faire part de ses conclusions à son groupe, avant que ce dernier n'arrête son attitude définitive.

« fédéralisme interne* » –, la gravité des problèmes économiques et sociaux, d'où sa volonté d'associer les syndicats à son gouvernement. Dans le style propre aux notations d'un pédagogue, Guy Mollet rend son verdict : de Gaulle *« manque de connaissances détaillées, mais couvre parfaitement l'ensemble »*. Cette appréciation inattendue ne l'empêche pas d'être subjugué : *« Cette rencontre est un des très grands moments que j'ai vécus. C'est un grand, un très grand monsieur (...). Même lui, de Gaulle, considère comme très difficile une tentative de remise en ordre. Tout cela ne l'incite pas à souhaiter le pouvoir. Il se résigne à l'accepter, malgré un état de santé déficient et une grande fatigue. Il s'engage dans l'épreuve avec héroïsme. (...) Ce n'est plus l'homme d'autrefois, tel qu'on l'a représenté**. Il est beaucoup mieux. Mais il a vieilli. Il faudra l'aider. (...) C'est vraiment une chance à ne pas laisser échapper... »*

S'il a fait avec Vincent Auriol un tour d'horizon analogue à celui auquel Guy Mollet a eu droit, lui affirmant une fois encore sa fidélité à la République, de Gaulle emploie avec lui un tout autre ton. Sans doute leur combat commun du temps de la France libre, ses liens anciens avec cet interlocuteur dont il estime la finesse, le dissuadent de se dépeindre en « vieil homme fatigué ». Il se garde bien de lui dire qu'il ne désire pas le pouvoir. Il sait qu'une telle contre-vérité serait perçue par Vincent Auriol comme une insulte. Il ne lui cache pas qu'il lui en veut de ne pas avoir accepté de participer à sa rencontre avec les présidents des Assemblées parlementaires, qu'il n'a pas oublié ses attaques, à ses yeux injustifiées, contre le Rassemblement du peuple français.

---

* *« Je songe,* lui dit-il, *à une Algérie, fédération de communautés appuyées sur des notions ethniques : Kabyles, Arabes, Mozabites, Berbères, Européens, Juifs, le tout de telle sorte que jamais une majorité ne puisse imposer ses volontés à une minorité dans une des communautés »* (*cf.* Jules Moch, *Rencontres avec de Gaulle*, *op. cit.*, pp. 296-309. Le ministre de l'Intérieur reproduisant intégralement les notes prises lors des comptes rendus faits par Guy Mollet, et aussi Vincent Auriol, de leur visite à la Boisserie, c'est à lui que nous empruntons les citations des uns et des autres).

** Du temps du Rassemblement du peuple français, les socialistes voyaient en son fondateur un apprenti dictateur.

Mais il sait trouver les mots qui touchent l'ancien président de la République : *« Ce qui me peine le plus, c'est qu'on n'a pas confiance en moi. Pourquoi ? Vous savez bien qu'en 1944, j'aurais pu prendre tout le pouvoir. J'ai travaillé loyalement avec vous. Puis je suis parti, sans rien dire. Ensuite, j'ai créé le R.P.F. Mais je m'en suis vite retiré. Suis-je un factieux ? Il est temps de me faire confiance. Sinon, il sera trop tard. Je mourrai alors dans ma retraite. »* Et Vincent Auriol de conclure : *« Je le connais. Il était sincère. Et, croyez-moi, je ne suis pas son agent ! »*

Comment, après avoir entendu de telles relations, le comité directeur socialiste pourrait-il continuer à s'opposer au candidat désigné par le président de la République ? Deux jours plus tôt, une écrasante majorité y avait pris position contre de Gaulle. Aujourd'hui, après une très longue délibération, il décide la liberté de vote, ce qui est exceptionnel dans l'histoire de ce parti*. Un suffrage indicatif fait connaître que, parmi les députés, 50 sont résolus à voter contre le général de Gaulle, et 41 pour. Or il suffit d'une vingtaine de voix socialistes pour que l'investiture soit votée…

Les ralliements au général de Gaulle sont de plus en plus nombreux** ; les opposants, de plus en plus rares. Hormis le groupe communiste, qui reste uni « contre le

---

* En deux circonstances seulement, la discipline de vote n'a pas été imposée à ses parlementaires par le parti socialiste : en 1940, à Vichy, lors du vote des pouvoirs constituants au maréchal Pétain, et en 1954, lors du vote sur le projet de Communauté européenne de défense.

** Les lettres et télégrammes en faveur du général de Gaulle affluent à l'Élysée, la plupart émanant de simples particuliers, mais les responsables de l'administration d'outre-mer sont nombreux à suivre l'exemple de Pierre Messmer, gouverneur général de l'Afrique équatoriale française, qui, le 30 mai, télégraphie au président Coty : *« L'Afrique équatoriale française ressent douloureusement le drame qui déchire la patrie. Forte de sa fidélité à la France et à la République, elle réclame aujourd'hui que soit constitué, par les voies légales et sans plus attendre, un gouvernement dirigé par le général de Gaulle pour sauver l'unité de la patrie »* (A.N., 4/AG/53). Ce témoignage d'allégeance, contraire aux usages de la fonction publique, reçoit une réponse à sa hauteur : *« Président République (…) remercie population Afrique équatoriale française pour leur fidélité à la France et à la République »* (télégramme de Francis de Baecque, A.N., 4/AG/466).

fascisme », ils ne sont pas majoritaires au sein des autres partis. Mais ils comptent parmi eux des personnalités de premier plan qui sont des gaullistes de la première heure : au parti radical, Pierre Mendès France ; au Mouvement républicain populaire, François de Menthon. L'ancien président du Conseil ne cache pas sa tristesse. Il ne peut pas tolérer que de Gaulle, l'homme sans doute qu'il a le plus admiré et respecté, devienne l'otage d'un groupe de militaires « putschistes » – car c'est ainsi qu'il voit la situation. Il est sûr que de Gaulle ne sera pas maître de ses mouvements et que tout cela se terminera dans le sang. L'ancien ministre de la Justice du Gouvernement provisoire de la République française ne se lance pas dans de telles prévisions. Son opposition n'en est pas moins irréductible. Compagnon de la Libération, professeur de droit, lui que la Milice en 1942 a attiré à la mairie d'Annecy pour lui infliger un bain forcé dans le bassin extérieur, il déclare à ses amis : *« L'honneur nous commande de ne pas céder. La République ne peut pas capituler*[26]. *»*

À l'U.D.S.R., le désaccord constant entre René Pleven et François Mitterrand devient conflit ouvert*. Le premier a choisi de voter l'investiture du général de Gaulle, le second de la refuser, *« s'expliquant* [à lui-même] *les raisons de* [son] *choix »* : *« Ainsi, cet après-midi du 29 mai où j'ai marché, seul, de longues heures sur les quais de la rive gauche. C'était un jour de soleil clair et fragile.*

* Le 30 mai, le ministre des Affaires étrangères du gouvernement démissionnaire prévient son *« cher Mitterrand* [qu'il s'abstiendra] *volontairement d'assister à la réunion de ce jour de la délégation exécutive de l'U.D.S.R. (...)*

« Vous m'aviez indiqué que cette réunion vous paraissait inutile. Or, j'ai appris ce matin, par la radio, que, sans consultation préalable des parlementaires et des organismes directeurs de l'U.D.S.R., des positions ont été arrêtées en commun entre vous et le président Mendès France. Alors, à mon tour, je demande : à quoi bon réunir la délégation exécutive puisqu'elle se trouve en présence de décisions que vous avez prises hier et qui ont été rendues publiques ce matin ?

« Je trouve cette procédure également incorrecte à l'égard de M. Houphouët-Boigny, ainsi que du groupe présidé par M. Edgar Faure. Je vous serais reconnaissant de donner connaissance de cette lettre à mes collègues de la délégation exécutive » (archives personnelles).

L'eau du fleuve scintillait sous les lumières changeantes du ciel. Je m'interrogeais, angoissé. Fallait-il défendre un système politique incapable de rendre à la France son rang ou fallait-il prêter la main à la conspiration qui allait le détruire ? Tout m'invitait à consentir à la liquidation de la IVe République, de ses rois fainéants, de ses maires du palais, de cette grisaille à l'agonie. Tout m'éloignait aussi de cette dictature visible à l'œil nu sous son masque bonasse. (...) Quand je rentrai au Palais-Bourbon, ma décision était prise. Garder l'honneur était le seul moyen d'attendre en paix avec soi-même la fin des contradictions[27]*...* » Il importe dès à présent à François Mitterrand d'apparaître comme le chef de l'opposition à de Gaulle. Roland Dumas, qui avait pourtant plaidé auprès de René Coty, en 1956, pour un appel au général de Gaulle, partage son analyse, jugeant intolérable le processus engagé depuis le 13 mai.

À l'extrême droite, les nostalgiques du régime de Vichy, les défenseurs inconditionnels de Philippe Pétain, s'indignent que le « traître de Gaulle » puisse à nouveau sévir...

Toute cette agitation pèse peu sur le déroulement des événements.

Alors que, dans la nuit, la voiture du candidat désigné roule vers Paris, la « ronde des klaxons », scandant « Al-gé-rie fran-çaise », se fait entendre dans les artères de la capitale. La veille, le tintamarre a duré jusqu'à 4 heures du matin ; ce soir, il s'arrête rapidement. Mais sous l'œil bienveillant de la police, durant une heure, au cri de « Vive de Gaulle ! », des manifestants s'agitent sur les Champs-Élysées.

À Alger, plus de 200 000 personnes ne cessent de défiler dans les rues. La manifestation, organisée par les services d'action psychologique, se veut triomphale : *« Les femmes et les enfants portent des lampions et des lanternes rondes aux multiples couleurs. Cela ressemble étonnamment à la retraite aux flambeaux, en France, une veille de nos 14 juillet des années heureuses »*, se félicite le général Salan, qui harangue la foule : *« Crions tous ensemble : Vive la France, vive le général de Gaulle, vive l'Algérie française*[28] *! »*

Cette crise inhabituelle n'en reprend pas moins le cours de ses devancières : consultation par le candidat désigné des différentes formations, composition de son gouvernement.

Il me semble donc opportun maintenant d'essayer de définir en quelle catégorie peuvent être classées ces journées étranges ; j'ai déjà tenté de répondre aux questions posées par ce mois de mai*.

Qu'il y ait eu des menées militaires ayant pour but le renversement du régime, cela paraît indiscutable. Cependant, le chef désigné de l'opération, le général Salan, se montre pour le moins ambivalent. S'il accepte de la préparer, il n'a nulle envie de la lancer ; il n'a rien d'un général putschiste et se réserve un second rôle : lancer un appel au général de Gaulle. Cela étant, que de Gaulle ait été au courant de ces préparatifs militaires, la chose paraît aussi indiscutable**. Qu'il n'ait pas souhaité leur mise en œuvre, cela paraît tout autant indiscutable. Mais qu'il se soit servi d'eux pour arriver à ses fins, c'est aussi et encore plus indiscutable. De Gaulle s'est bien gardé de s'opposer à des passions qu'il ne partage pas forcément, mais qui donnent le dernier coup de boutoir à un régime qu'il a toujours condamné. Ainsi, le 13 mai m'apparaît comme un modèle d'ambiguïté : le recours à des procédés non démocratiques pour établir un régime démocratique stable.

---

* *« Y a-t-il eu complot ? Quel fut le rôle du général de Gaulle dans les événements de mai 1958 ? Pourquoi la IVe République est-elle morte et quelles sont les véritables raisons qui font de Charles de Gaulle le dernier président du Conseil des ministres de cette Quatrième qu'il a honnie ? »* (*cf. La République des Tourmentes*, t. III, p. 743 et pp. 826-841).

** Le « lobby gaulliste » s'est bien servi du « lobby militaire » pour imposer sa volonté aux responsables politiques. Mais de Gaulle est conscient que ces événements ont fait sortir l'armée de son rôle et qu'il lui faut maintenant faire en sorte qu'elle retrouve l'obéissance due au pouvoir politique. Et il sait que ce ne sera pas facile, ce sera une des préoccupations majeures de sa politique algérienne, (*cf. infra*, chapitre 3).

Jamais encore un président du Conseil désigné ne s'est livré aux différentes consultations préalables à la constitution de son gouvernement ailleurs que dans un bâtiment officiel ou, beaucoup plus rarement, dans son appartement personnel. Or c'est dans un salon de l'hôtel La Pérouse, son pied-à-terre parisien depuis 1947, que de Gaulle réunit le 31 mai, à 11 heures, les principaux responsables politiques. Seuls les communistes sont absents. Dès les premiers mots, il entre dans le vif du sujet : *« Sur toutes les questions qui dominent la politique de la France, je suis d'accord avec la plupart d'entre vous... Alors, laissez-moi faire. Bien entendu, je compte avoir demain une large majorité d'investiture. Si je ne l'avais pas, je retournerais dans mon Colombey et alors je ne répondrais plus de rien. »* Il désire leur réponse avant 17 heures. La réunion est rapide ; de Gaulle répond aux questions par une boutade qui met fin au débat : comme Antoine Pinay lui demande dans quel sens il entend remanier les traités européens, il réplique : *« Dans le sens de l'amélioration ! »* ; comme Guy Mollet l'interroge sur le Marché commun, il rétorque : *« C'est une excellente chose, mais je le trouve un peu étriqué. Nous verrons ! »* ; comme Pierre-Henri Teitgen évoque *« la parenthèse du R.P.F. »*, de Gaulle le coupe : *« La parenthèse est fermée »* ; comme Paul Ramadier lui demande s'il entend associer les hommes d'Alger à son gouvernement, il s'étonne : *« Me voyez-vous présider le Comité de salut public ? »* ; et il clôt la discussion que François Mitterrand tente d'entamer sur la situation de la France, entrée dans *« la vie insolite et périlleuse des* pronunciamientos *réservés jusqu'ici aux républiques sud-américaines* [où elle n'a plus qu'un] *seul recours : vous-même, mon général. Mais vous êtes mortel... »*, par cette constatation amusée : *« Je vois où vous voulez en venir. Vous voulez ma mort ! Mais j'y suis prêt... »* L'échange s'arrête là[29] .

En fin d'après-midi, les groupes parlementaires apportent leurs réponses : elles sont positives. De Gaulle se rend donc à l'Élysée ; il informe le président de la République qu'il accepte de former le gouvernement.

Il a une idée très précise de sa composition ; il sera restreint : cinq ou six politiques et les portefeuilles techniques confiés à de hauts fonctionnaires. Il l'a expliqué à Vincent Auriol, mais sans lui indiquer qu'il range parmi ceux-ci les domaines en principe régaliens : Affaires étrangères, Défense nationale, Intérieur et Finances. Il entend ne laisser aucun responsable politique empiéter sur ces ministères clés...

Mais, toujours à l'hôtel La Pérouse, dans le petit appartement de deux pièces où de Gaulle reçoit ses visiteurs, la constitution de son ministère ne se déroule pas selon ses souhaits, ce qui, selon Olivier Guichard, ne semble guère l'affecter : *« Il fabriqua un gouvernement (...) mais sans avoir l'air d'y apporter un intérêt extrême. Il y avait la Constitution, l'Algérie, la monnaie. Il était déjà habité par sa tâche*[30]. »

Les deux premiers fonctionnaires pressentis, Wilfrid Baumgartner, directeur de la Banque de France, et François Bloch-Lainé, directeur de la Caisse des dépôts et consignations, lui opposent un refus. L'un se croit plus utile au poste privilégié qui est le sien* ; l'autre, qui fut sous l'Occupation trésorier du Comité financier de la Résistance, est animé d'une très haute idée de la fonction publique. Il ne croit pas qu'un fonctionnaire puisse se substituer à un ministre : « [En outre], *à moins d'un régime présidentiel, ce qui n'est pas le cas, tout membre du gouvernement partage la responsabilité des actes de son chef : je ne me voyais pas demandant au Général de*

* Inspecteur des finances à vingt-trois ans, directeur du Mouvement général des fonds à trente-trois ans en 1935, déporté en Allemagne en 1943, Wilfrid Baumgartner, nommé gouverneur de la Banque de France en janvier 1949, se trouve depuis *« à l'intersection des pouvoirs techniques et politiques, des logiques privées et publiques, mais aussi au point de contact des contraintes nationales et internationales »* (Olivier Feiertag, *Wilfrid Baumgartner, un grand commis des finances à la croisée des pouvoirs (1902-1978)*, Paris, 2006, Comité pour l'histoire économique et financière de la France, p. 26).

m'indiquer tout de suite et clairement ses desseins, concernant l'Algérie que je souhaitais indépendante ou l'Europe que je souhaitais supranationale[31]. » Et il suggère à de Gaulle de prendre comme ministre des Finances Edgar Faure – ce nom provoque une grimace... Alors il pense au grand argentier le plus populaire de toute la IVe République, Antoine Pinay : « *Je crois même avoir dit* [au Général] *que, puisqu'il revenait au pouvoir sous une poussée de droite, il devait profiter de tout ce qui se trouvait le plus utile dans ce coin-là... J'ai eu droit encore à une grimace, sans réponse**... » Le soir même, Antoine Pinay accepte le ministère des Finances. Sa nomination est liée à sa popularité** : « *Sa présence à mes côtés doit renforcer la confiance qui, seule, nous évitera peut-être la catastrophe imminente*[32]. »

Avec les représentants du monde du travail qu'il aurait voulu associer à son action, de Gaulle n'a guère de succès. Bien que la C.F.T.C. ait, comme les autres syndicats, participé au défilé du 28 mai pour la « défense de la République », Yvon Morandat*** parvient à persuader ses dirigeants de se rendre au La Pérouse. Dès qu'il apprend

* Venant de François Bloch-Lainé, qui a désapprouvé en 1952 la politique menée par Antoine Pinay – ce qui lui a valu de perdre la direction du Trésor, poste prestigieux auquel il avait été nommé en 1947 à trente-cinq ans –, la suggestion ne risque pas de passer inaperçue. Et puis, de Gaulle n'a jamais caché son estime pour François Bloch-Lainé : « *Il est des miens* », dit-il. Il lui proposa à nouveau, et sans plus de succès, le ministère des Finances en 1962.

** Acquise lors de son passage à la présidence du Conseil en 1952, elle ne s'est pas estompée au cours des années. Il est indéniablement, avec Pierre Mendès France, le seul chef du gouvernement de ce régime qui demeure dans la mémoire collective des Français (*cf. La République des Contradictions*, pp. 51-57 et p. 71).

*** Avant guerre, militant syndicaliste chrétien, Yvon Morandat est, à Londres, un des premiers soldats du général de Gaulle. Parachuté en France à plusieurs reprises, il est un des artisans de l'unification des mouvements de Résistance. Dès sa création en 1947, il rejoint le Rassemblement du peuple français du général de Gaulle. Après une expérience professionnelle dans le monde de la presse et de l'édition, il est devenu président des Houillères du bassin de Provence, poste qu'il occupe en 1958. Dans ses différentes fonctions, ce Compagnon de la Libération reste fidèle à son engagement initial.

d'Olivier Guichard que le général de Gaulle voudrait lui proposer un portefeuille, Maurice Bouladoux, président du syndicat et l'un des douze signataires en novembre 1940 du Manifeste pour la liberté syndicale, lui oppose, sans l'ombre d'une hésitation, un refus catégorique[33]. Est-ce alors que le Général a souhaité que l'ancien dirigeant communiste, Auguste Lecœur, en rupture depuis quatre ans avec son parti, prenne place parmi ses ministres ? Nous ne savons pas, en effet, à quelle date l'ancien bras droit de Maurice Thorez reçut cette proposition. Nous savons seulement qu'il la refusa : si de Gaulle voulait réaliser l'unanimité nationale, il lui paraissait préférable de ne pas provoquer le P.C.F. en mêlant à son entreprise un « renégat », un « traître » comme lui*. Avec le socialiste Gaston Defferre, le général de Gaulle n'a pas plus de succès : le maire de Marseille refuse le ministère qu'il lui propose, lui laissant le choix entre les Travaux publics et la Reconstruction.

Mais la majorité des fonctionnaires sollicités ne font aucune difficulté pour changer de statut, quand ils ne sont pas mis devant le fait accompli.

* Exclu pour un an du parti communiste en 1953, refusant de faire son autocritique, il en démissionne l'année suivante. Il reste député du Pas-de-Calais jusqu'à la fin de la législature. Son prestige est considérable dans sa région : il a été l'initiateur, sous l'Occupation, de la grande grève des mineurs. En 1956, privé de ressources, il lance – il n'est pas exclu qu'il ait bénéficié d'une aide du parti socialiste, alors au pouvoir – une revue, *La Nation socialiste*, dont le premier numéro paraît en mai, avec pour sous-titre *Les cahiers du communisme démocratique et national. « C'est un mélange d'attaques contre le P.C. et d'appels à l'unité ouvrière, sans que les conditions permettant de réaliser cette unité apparaissent bien clairement. Il est difficile, après avoir lu ce premier numéro, de penser que* La Nation socialiste *puisse être appelée à une large influence »*, écrit le politologue Jean Touchard (« De l'affaire Lecœur à l'affaire Hervé », *Revue française de sciences politiques*, 1956, n° 2, p. 392). Le sous-titre de *La Nation socialiste* subit bien des évolutions : en octobre 1957, il devient *L'organe du mouvement communiste international*, puis, en octobre 1958, après l'adhésion du petit groupe de la Nation socialiste à la S.F.I.O., *La tribune du communisme démocratique et français*. Auguste Lecœur ne cesse d'affirmer sa croyance en la mort du mouvement communiste français : *« Le P.C. continuera à reculer parce qu'il en est resté au manœuvre-balai... »* (*Paris-Presse l'Intransigeant*, 28 octobre 1958). Le témoignage d'Auguste Lecœur

C'est le cas du nouveau ministre de la France d'outre-mer, Bernard Cornut-Gentille. Ambassadeur en Argentine, il apprend « avec la plus complète stupeur » sa nomination*.

« Trouvez-moi, dit de Gaulle à ses collaborateurs, le préfet le plus ancien et le plus élevé dans son grade... » C'est ainsi que le préfet de la Seine, Émile Pelletier, devient ministre de l'Intérieur Tout aussi naturellement, Pierre Guillaumat, administrateur général du haut-commissariat à l'Énergie atomique, se voit confier le ministère des Armées, de Gaulle cumulant la présidence du Conseil et la Défense nationale. Les mérites du nouveau responsable des armées sont nombreux : fils d'un des rares généraux que de Gaulle admire, frère de l'ophtalmologue qui l'a opéré de la cataracte, il a aussi et surtout pour lui sa connaissance des questions nucléaires. Or doter la France de l'arme atomique est une des préoccupations majeures du nouveau président du Conseil**.

Pour les Affaires étrangères, de Gaulle a fait son choix depuis longtemps. Lorsque notre ambassadeur à Bonn,

---

sur le ministère qui lui fut offert en 1958, recueilli par Jean Lacouture (*De Gaulle*, t. II, *Le Politique, 1944-1959*, Paris, 1985, Seuil, p. 541), m'a été confirmé par Olivier Guichard. De Gaulle, d'ailleurs, avait souhaité voir Auguste Lecœur peu avant son retour au pouvoir ; il l'avait reçu le 17 avril 1958. Lecœur l'avait quitté, très impressionné : *« C'est le seul qui a pu comprendre l'importance que pouvait avoir la grève des mineurs de mai à juin 1941 pour le mouvement de la Résistance... Et de Gaulle m'a parlé de la situation passée, de l'avenir, avec vraiment une précision... En matière politique, de Gaulle, c'était à mes yeux l'homme le plus remarquable qui a existé »* (*Mémoires d'ex*, une série documentaire de Mosco Boucault, Paris, 1991, La Sept, Ima Productions et les Films d'ici, p. 370). Mais il n'est aucune trace d'une nouvelle rencontre entre les deux hommes, pas plus à l'hôtel La Pérouse qu'à Matignon. Il est donc vraisemblable que l'offre du général de Gaulle a été transmise par Guy Mollet ou son bras droit, Georges Brutelle, dont Auguste Lecœur, qui va adhérer au parti socialiste, est déjà très proche.

* Il le dit au correspondant à Buenos Aires du journal *Le Monde*. Appartenant à l'administration préfectorale, dont il a démissionné en 1943 pour devenir résistant à temps plein, Bernard Cornut-Gentille a été, de 1948 à 1956, successivement haut-commissaire en Afrique équatoriale française, puis en Afrique occidentale française.

** *Cf. infra*, pp. 262-264.

Maurice Couve de Murville, convoqué téléphoniquement la veille, arrive le 1er juin au La Pérouse, après une nuit blanche passée dans le train de Cologne à Paris, il a le temps de manger une tranche de jambon assis sur un lit avec Pierre Lefranc, dans la chambre à deux lits qui sert de bureau aux collaborateurs du Général et de salon d'attente. Premier visiteur de la journée, il s'attend à sortir de son audience ministre des Finances. Sa formation initiale n'est-elle pas celle d'un inspecteur des finances et n'est-ce pas pour son rôle de premier commissaire aux Finances en 1943 dans le Comité français de la Libération nationale que de Gaulle l'a apprécié, lui a su gré d'avoir réglé aussi rapidement le problème de la dette de la France libre envers le Trésor britannique ? De Gaulle, d'ailleurs, en septembre 1945, l'a imposé à Georges Bidault, alors ministre des Affaires étrangères, comme directeur des Affaires politiques – nomination qui a suscité un recours en Conseil d'État du syndicat des personnels et agents du corps diplomatique : en effet, le nouveau promu n'appartient pas à la « Carrière ». Élevé à la dignité d'ambassadeur de France en 1950 – une compensation à la fin de ses fonctions parisiennes à la direction des Affaires politiques au Quai d'Orsay –, il représente la France au Caire. En 1954, Pierre Mendès France le rappelle à Paris : il y rédige en grande partie le traité instituant l'Union de l'Europe occidentale, qui a pour objet d'éviter la dislocation de l'Alliance atlantique après le rejet par le Parlement français de la Communauté européenne de défense*. En bonne logique, il est nommé à Washington, où ses critiques de la politique américaine à l'égard de l'Égypte ne sont guère appréciées du tout-puissant secrétaire d'État, John Foster Dulles. Muté à Bonn, il se pose en pionnier d'une entente franco-allemande et gagne rapidement la confiance du chancelier Adenauer.

Il est aussi et surtout l'un des rares hauts fonctionnaires, et surtout diplomates, qui, durant toute sa traversée du

* *Cf. La République des Tourmentes*, t. I, pp. 239-255.

désert, n'ont cessé de demander audience au général de Gaulle. Il se souvient de s'être entretenu avec lui en moyenne deux fois par an*.

* Ses cinq visites mentionnées dans l'agenda du général de Gaulle (19 novembre 1947, 11 mars 1948, 31 mars 1950, 24 juillet 1952, 19 décembre 1957) concernent les seules entrevues qui ont lieu rue de Solférino. Or, la plupart du temps, Maurice Couve de Murville voit le Général à l'hôtel La Pérouse, où se déroulent les entretiens qui ne doivent pas être connus. Dès son entrée au Quai d'Orsay, Maurice Couve de Murville y passe pour la « voix du Général ». Plus que réservé à l'égard de chacun de ses deux ministres successifs, le très européen Robert Schuman et Georges Bidault, qu'il doit souvent suppléer dans les conférences à Quatre, les critiques ouvertes qu'il formule en 1948 à l'encontre de sa politique (*cf. La République des Illusions*, p. 480), son refus d'être commissaire du gouvernement à l'Assemblée nationale lors des débats sur les accords de Londres lui valent de perdre la direction des Affaires politiques.

Parce que, en 1943, il a été nommé par le général Giraud, qui assume alors les pleins pouvoirs civils et militaires en Algérie, secrétaire général du Comité de guerre, l'étiquette « giraudiste » reste collée à Maurice Couve de Murville. En 1940, il n'a certes pas l'idée de contester le gouvernement de Vichy (directeur des Finances extérieures, il est vice-président de la délégation française auprès de la commission allemande d'armistice de Wiesbaden), mais, selon l'amiral Leahy, ambassadeur des États-Unis à Vichy, il ne cache pas ses sentiments : *« Il nous a donné des informations extrêmement intéressantes, qui ont été vérifiées à partir d'autres sources (...). Il est fortement anticollaborationniste, mais il est de ceux qui pensent qu'ils peuvent rendre de plus grands services à la France en restant ici et en y travaillant plutôt qu'en rejoignant de Gaulle. En fait, il pense que sur le plan politique le gaullisme est une tragédie »* (Washington, Library of Congress, *Leahy Diary*, 6 octobre 1941, extrait d'une lettre au président Roosevelt, datée du 28 juillet 1941, cité par Éric Roussel, *Charles de Gaulle*, Paris, 2002, Gallimard, p. 257). L'occupation totale de la France en novembre 1942 convainc Maurice Couve de Murville que la France n'a plus aucune carte pour se défendre seule et que toute lutte valable contre les Allemands se situe désormais aux côtés des Alliés. Il décide de les rejoindre. En compagnie d'un de ses collègues de l'Inspection des finances, Paul Leroy-Beaulieu, il gagne Madrid en train, franchissant la frontière en toute légalité, muni d'un passeport en bonne et due forme. Dès leur arrivée dans la capitale espagnole, ils font acte d'allégeance au général de Gaulle, mais décident de rejoindre Alger, *« où ils pensent que leurs services techniques seront plus utiles. Auparavant, ils désirent aller à Londres pour voir le général de Gaulle. Si c'est impossible, ils désirent que le général de Gaulle leur accorde un entretien dès son arrivée. Ils estiment nécessaire l'union de la France derrière le général de Gaulle »* (tels sont les termes dans lesquels le général de Gaulle informe, le 24 mars 1943, le général Catroux de leur ralliement (*Mémoires de guerre*, t. II, *L'Unité 1942-1944*, Paris, 1956, Plon, p. 457). C'est ainsi que, le 20 mai 1943, Maurice Couve de Murville participe au premier déjeuner à Alger du général de Gaulle et du général Giraud. Protestant austère, non dépourvu d'humour, Couve de Murville a le culte de l'intelligence ; de Gaulle le subjugue. Ni à Paris avant la guerre, ni à Vichy,

Lorsque le général de Gaulle lui apprend le poste qui lui est réservé, il veut, avant toute réponse, s'assurer qu'il ne se trompe pas sur la pensée du futur président du Conseil, autrement dit que celui-ci partage son opinion sur les deux points qui lui paraissent devoir être les fondements de notre politique étrangère : l'indépendance de l'Algérie est inéluctable, et même souhaitable ; le redressement économique de la France n'a pas d'autre voie que la mise en vigueur du Marché commun, que l'Europe et les règles du traité de Rome. Sans nul doute Maurice Couve de Murville reçoit-il les réponses qu'il attend. Il repart en effet sans tarder pour Bonn afin de prévenir le chancelier Adenauer de ses nouvelles responsabilités, et surtout de le rassurer sur la politique européenne que de Gaulle est décidé à mener[34].

Avec les responsables politiques dont la présence doit attester sa volonté de rassembler tous les Français, de Gaulle n'a guère de difficulté. Sans la moindre réserve, Félix Houphouët-Boigny accepte de conserver le titre (aux fonctions mal définies) de ministre d'État qui était déjà le sien dans le gouvernement Pflimlin. Avec empressement, l'indépendant Louis Jacquinot, un des rares parlementaires de la IIIe République à avoir été souvent ministre de la IVe République, se retrouve ministre d'État tout comme il l'avait été sous le gouvernement de Gaulle en 1945. Quant à ses deux prédécesseurs à la présidence du Conseil, de Gaulle ne leur laisse guère le choix. Pierre Pflimlin ayant commencé par décliner le portefeuille qui lui est offert, de Gaulle élève la voix : *« Voyons, vous ne pouvez pas dire non à de Gaulle*[35] *! »* Après consultation de son groupe, le président du Conseil démissionnaire accepte. Avec Guy Mollet, le Général use de la menace : *« Si vous refusez,* lui dit-il, *je n'accepterai pas de former le gouvernement*[36]*... »* Deux autres députés figurent parmi les ministres : le M.R.P. Paul Bacon (au Travail) et le socialiste Max

---

il n'a jamais rencontré une telle organisation mentale, un tel sens de l'État. Dès cette date, son gaullisme est incontestable.

Lejeune, dont les affectations ne sont pas définies, mais de Gaulle le juge « gentil » et estime qu'il a de l'autorité sur les généraux d'Algérie...

Michel Debré redoute alors que de Gaulle ne « rate son ministère » avec tous ces hommes issus des partis. *« Il avait promis de ne prendre que quatre politiques, quatre ministres d'État : Houphouët, ce nègre ; Mollet, ce primaire ; Pflimlin, ce fourbe, et Pinay, ce sot*[37] *! »* Et, reçu par de Gaulle, le sénateur Debré, pour la première fois de sa vie, *« demande quelque chose au Général. Alors qu'il hésitait à me proposer tel ou tel ministère, me confiant que l'important était que je puisse pendant quelques semaines préparer la réforme des institutions (...), j'ai demandé à être garde des Sceaux. (...) Comme cette fonction n'était aucunement incompatible avec la préparation d'une réforme des institutions, le général de Gaulle a bien voulu considérer que je pouvais occuper ce poste*[38] *»*. Un autre gaulliste historique, l'écrivain André Malraux, entre au gouvernement sans que ses fonctions y soient très nettes. Mais, depuis leur première rencontre en 1945, de Gaulle ne peut concevoir que Malraux ne soit pas associé à son action, et l'auteur de *La Condition humaine* ne supporterait guère qu'il en soit autrement* : *« À ma droite, j'ai et j'aurai toujours André Malraux. La présence à mes*

* Durant la « traversée du désert », André Malraux voyage (en Grèce, en Égypte, en Iran et à New York) et écrit : il continue sa trilogie sur l'art qu'il réunit sous le titre *Les Voix du silence*, publie *La Métamorphose des dieux*. En avril 1958, après la saisie du livre d'Henri Alleg, *La Question*, il signe, avec François Mauriac, Roger Martin du Gard et Jean-Paul Sartre, *« une adresse solennelle à M. le Président de la République »*, qui est publiée dans *L'Express*. C'est une protestation contre *« toutes les atteintes à la liberté d'opinion (...)* [une sommation aux] *pouvoirs publics de condamner sans équivoque l'usage de la torture... »*. André Malraux pense-t-il que le général de Gaulle puisse revenir un jour au pouvoir ? À l'en croire, bien avant Dien Bien Phu, il aurait été convaincu que ce retour ne serait rendu possible que *« par un complot de l'armée d'Indochine qui croira se servir de lui et s'en mordra les doigts... »*. Le 15 mai 1958, alors qu'il était reçu à l'hôtel La Pérouse, le Général lui aurait confié l'essentiel de son programme. Sur les relations étonnantes du général de Gaulle et d'André Malraux, *cf.* Alexandre Duval-Stella, *André Malraux / Charles de Gaulle, une histoire, deux légendes*, préface de Daniel Rondeau, Paris, 2008, Gallimard).

côtés de cet ami génial, fervent des hautes destinées, me donne l'impression que, par là, je suis couvert du terre-à-terre. L'idée que se fait de moi cet incomparable témoin contribue à m'affermir[39]. »

Reste le problème de l'Éducation nationale. « Trouvez-moi un normalien », ordonne de Gaulle. Georges Pompidou pense à son condisciple de la rue d'Ulm, René Billières, qui a été justement en charge de ce portefeuille, sans interruption, de 1956 à avril 1958, dans les gouvernements Mollet, Bourgès-Maunoury et Gaillard. Il a fallu toute l'insistance de Georges Pompidou pour qu'il vienne à l'hôtel La Pérouse : *« "Tu ne peux tout de même pas refuser de rencontrer le général de Gaulle !" Non, je ne pouvais pas*[*]. » Dès son arrivée, si l'on en croit Pierre Lefranc, René Billières, qui avait été profondément choqué par les conditions du retour au pouvoir du Général, tente d'expliquer ses réserves. Georges Pompidou n'a pas le temps de l'écouter : *« Le Général t'attend. »* De Gaulle *« se montre résolument bienveillant : "Tout le monde vous estime", puis, plus grave, à voix basse, presque pathétique : "J'ai peu de temps. Il faut m'aider." »* Et après que René Billières a refusé le ministère de l'Éducation nationale, à nouveau le Général répète : *« J'ai peu de temps. Il faut m'aider. »* Mais, comme son visiteur l'assure qu'il votera son investiture à l'Assemblée nationale, de Gaulle admet implicitement son refus et lui demande des noms pour l'Éducation nationale : *« Je suggère d'abord Michel*

* Ce sont les termes de René Billières, dans la lettre qu'il adresse le 18 juin 1998 aux organisateurs de l'exposition et du colloque de Reims, *D'une République à l'autre* (catalogue de l'exposition, p. 144). Il y relate comment, « pour le jauger », de Gaulle l'interroge d'abord sur les motifs pour lesquels il a refusé en 1957 la présidence du Conseil (*cf. La République des Tourmentes*, t. III, p. 745) : *« L'Algérie, c'était des montagnes pour moi. Et je n'avais pas la foi. Il s'enquiert alors de "mes convictions religieuses". Je précise : "Ma profession est laïque, ma confession est ce qu'elle est." Mes réponses l'ayant sans doute satisfait, il me propose de revenir à l'Éducation nationale. "Très honoré", je décline poliment son offre. »*

Grâce à l'éphéméride du lieutenant-colonel de Bonneval, nous savons que René Billières est le quatrième des cinq visiteurs reçus le 1er juin après 21 heures.

Soulié, député radical de la Loire : "Un fils du pasteur Soulier ? – Non, monsieur le Président", puis Jean Berthoin, mon prédécesseur à l'Éducation nationale. »*

Ce dernier nom s'impose. Sénateur radical-socialiste, Jean Berthoin a déjà été nommé rue de Grenelle successivement par Pierre Mendès France et Edgar Faure. Le lendemain matin, le général de Gaulle lui annonce sa nomination comme ministre de l'Éducation nationale. Mais les radicaux-socialistes méritent mieux qu'un seul portefeuille. Olivier Guichard prend le trombinoscope de l'Assemblée nationale. Son attention se fixe sur Édouard Ramonet, secrétaire d'État à l'Énergie dans le gouvernement Bourgès-Maunoury. Il sait la réputation de sérieux de cet agrégé d'histoire, révoqué par Vichy en 1942, député depuis 1946 et maire de la ville de Châteauroux, qui a aussi pour lui d'être « un radical dissident** ». Ainsi, avec Jean Berthoin, resté fidèle à la direction du parti, les deux tendances du radicalisme seraient présentes dans le gouvernement. Et puis, son patronyme semble plaisant : Ramonet, ramoneur, ramenez-moi... Olivier Guichard propose donc ce nom au Général. « Convoquez-le ! » Le lendemain, à la stupéfaction générale et à son propre étonnement, Édouard Ramonet est le seul secrétaire d'État du premier gouvernement de Gaulle, à l'Industrie et au Commerce ; huit jours plus tard, il en devient le ministre.

Car le gouvernement de Gaulle a tôt fait de subir deux remaniements : le second, en juillet, avec l'arrivée de trois nouveaux ministres, dont Jacques Soustelle*** ; le premier,

---

* De Gaulle pense au pasteur Soulier, qui fut un député de droite, très combatif, dans les dernières années de la IIIe République.

** On appelle ainsi les quatorze députés qui, hostiles à la politique de Pierre Mendès France, alors premier vice-président du parti radical-socialiste, ont opéré une scission au sein du mouvement lors du congrès de Lyon en octobre 1956.

*** Les deux autres sont de hauts fonctionnaires : André Boulloche, socialiste, ingénieur général des Ponts et Chaussées, ancien déporté, Compagnon de la Libération, devient ministre délégué à la présidence du Conseil ; le conseiller d'État Bernard Chenot reçoit le portefeuille de la Santé publique. Quant à Jacques Soustelle, il obtient le portefeuille de l'Information (sur cette dernière nomination, *cf. infra*, pp. 193-195).

le 9 juin, avec la nomination de cinq nouveaux ministres : quatre sont des hommes politiques, députés ou sénateurs* ; le cinquième est le premier fonctionnaire doté d'une compétence régionale puisqu'il a été nommé en 1955 commissaire à la construction et à l'urbanisme de la région parisienne : Pierre Sudreau. Lorsque, le 6 juin, il apprend, par un coup de téléphone de Georges Pompidou, que le président du Conseil l'attend le lendemain à 15 heures, Pierre Sudreau n'en mène pas large. Il n'a vu de Gaulle qu'en une seule occasion : lors d'une réunion de résistants à leur retour de déportation en mai 1945, son état de faiblesse était tel qu'il n'en a guère gardé souvenir. Il ne sait pas que son avenir s'est joué alors : Geoffroy de Courcel le lui a appris treize ans plus tard**. Mais il se rappelle avec horreur qu'il

* Il s'agit du gaulliste Edmond Michelet (aux Anciens Combattants), du républicain populaire Robert Buron (Travaux publics, Transports et Tourisme). Ce dernier a tenu à rappeler au général de Gaulle son tout récent article dans *Témoignage chrétien* où il exprime son inquiétude sur la politique algérienne du nouveau gouvernement : *« Je sais, je sais ! mais que vous représentiez ce que vous appelez la gauche, la gauche du M.R.P. en tout cas, ne me gêne pas... au contraire ! Et puis, je suis heureux de témoigner, à travers vous, de l'intérêt au petit groupe qu'animent Roland Pré, Grandval et quelques autres... »* (De Gaulle fait allusion aux personnalités variées qui, depuis octobre 1957, condamnant la politique algérienne, se réunissent autour de Gilbert Grandval : *cf. La République des Tourmentes*, t. III, p. 704.) Et Robert Buron quitte Matignon, *« ministre une fois de plus, abasourdi et comme tant d'autres séduit... »* (Robert Buron, *Carnets politiques de la guerre d'Algérie*, Paris, 1965, Plon, p. 99). L'indépendant Roger Houdet (nommé à l'Agriculture) et le socialiste Eugène Thomas (aux Postes, Télégraphes et Téléphones) rejoignent aussi le nouveau ministère.

** Les cheveux ras, pesant moins de 40 kilos, Pierre Sudreau est loin de paraître ses vingt-six ans. Après le départ des anciens déportés qu'il avait voulu recevoir, de Gaulle s'étonne de sa présence : *« Que faisait là ce gosse ? »* Mais, prenant connaissance du CV de Pierre Sudreau, que lui remet Geoffroy de Courcel, découvrant que le « gosse » est licencié en droit, a exercé des responsabilités importantes dans la Résistance au sein du réseau Brutus, de Gaulle s'écrie : *« Il faut qu'il serve l'État comme Jean Moulin. »* Trois mois plus tard, invité à déjeuner par Adrien Tixier, ministre de l'Intérieur, Pierre Sudreau quitte la place Beauvau, ayant été « bombardé » sous-préfet hors classe, sous-directeur de l'administration de la Sûreté nationale, dont il devient directeur en 1947 : c'est un poste de fin de carrière ; il a pour collaborateurs des contemporains de son père. En 1955, le plus jeune préfet de France (à Blois), il est à l'origine du premier spectacle « Son et Lumière » au château de Chambord.

n'a pas répondu depuis le mois de janvier à l'invitation qui lui avait été faite de voir le général de Gaulle. Lorsque son supérieur, le préfet de la Seine, Émile Pelletier, le nouveau ministre, la lui avait transmise*, il avait été très honoré, mais, faute de temps… En ce début de juin, lorsqu'il se présente à l'hôtel Matignon, il est sûr que sa désinvolture va lui valoir d'être révoqué**. Au fil des minutes, sa certitude se renforce. De Gaulle, toujours d'une exactitude scrupuleuse, le fait attendre une demi-heure. Finalement, le voici dans le bureau du président du Conseil. De Gaulle lui pose quelques questions banales sur ses fonctions, puis il élève la voix : *« Alors, cette fois, Pierre Sudreau, vous avez accepté de venir me voir ? »* L'interpellé bafouille : *« Mon général, je suis préfet, aux ordres du gouvernement… »* De Gaulle :

Lors de son arrestation le 10 novembre 1943, après quarante-huit heures de tortures par la Gestapo, Pierre Sudreau s'était vu offrir un marché par un officier de l'Abwehr : *« Si vous nous donnez votre parole d'honneur que vous ne direz à personne que vous avez été arrêté, nous vous relâchons, vous n'entendrez plus jamais parler de nous. Si vous refusez, je vous remets entre les mains de la Gestapo. Et vous ne résisterez pas à la torture. Vous parlerez et vous serez fusillé. Vous avez vingt-quatre heures pour prendre votre décision. »* Reconduit dans sa cellule, Pierre Sudreau est tenté d'accepter l'offre : il pense pouvoir échapper à la filature, avertir ses amis. *« Il s'en est fallu de peu,* m'a-t-il dit, *que je ne sois un nouveau René Hardy* [le résistant soupçonné d'avoir trahi Jean Moulin]. *»* Alors Jean-Maurice Hermann, un des responsables du réseau Brutus, dont il partage la cellule, lui dit simplement : *« Au point où nous en sommes, ce qui compte, c'est de mourir dans la dignité. »* Et Pierre Sudreau refuse la proposition de l'Abwehr. Il est atrocement torturé et ne parle pas. Mais, dans ses vieux jours (il est aujourd'hui, 2 novembre 2009, le seul survivant des ministres du gouvernement de Gaulle de juin 1958), il doit à sa détention des souffrances physiques et des cauchemars également intolérables : il lui arrive de se croire à nouveau torturé par la Gestapo et de ressentir les douleurs atroces alors éprouvées. Son récit du marché qui lui fut offert, du mot admirable de Jean-Maurice Hermann, dont il décide immédiatement de faire sa ligne de conduite, constitue l'un des témoignages les plus bouleversants qu'il m'ait été donné d'entendre.

* L'affirmation que le général de Gaulle souhaite s'entretenir avec Pierre Sudreau, le préfet Pelletier ne la tient pas du Général : il ne l'a pas vu depuis le 1er février 1956… C'est sûrement Olivier Guichard qui, s'efforçant de remplir l'agenda de son patron, l'en a informé.

** Les années passant, Pierre Sudreau lui attribue sa nomination : *« Aussi surprenant que cela paraisse, je crois avoir été distingué parce que je ne me suis pas rendu à Colombey. De Gaulle n'aimait pas les courtisans »* (*Au-delà de toutes les frontières*, Paris, 1991, Odile Jacob, pp. 98-99).

« Alors, me feriez-vous l'honneur (il appuie sur ce mot) *d'accepter d'entrer dans mon gouvernement ? »* Ahuri, Pierre Sudreau interroge : *« À quel titre ? »* De Gaulle trouve que la question n'a pas de sens : *« Au titre de la Reconstruction, c'est évident. »* À sa stupéfaction, Sudreau s'entend répondre : *« Non, mon général, la Reconstruction, c'est le passé ; la Construction, c'est l'avenir. » « Très bien »,* dit de Gaulle, qui se lève. L'audience est terminée. Sur le pas de la porte : *« Au revoir, monsieur le Ministre. »* Ainsi devient-on ministre du général de Gaulle.

Le dimanche 1er juin, à 15 heures, s'ouvre au Palais-Bourbon la séance d'investiture du président du Conseil désigné. Rarement on y a vu une telle affluence : le corps diplomatique au grand complet, avec son doyen, et les représentants des Trois Grands, États-Unis, Union soviétique, Grande-Bretagne ; au premier rang de la tribune des sénateurs, le président Monnerville et Jean Berthoin, nouveau ministre de l'Éducation nationale. Parmi le public, on remarque le prince Napoléon.

Quand « M. Charles de Gaulle » (ainsi le désigne le compte rendu du *Journal officiel*) fait son entrée, au centre, à droite, à l'extrême droite et sur certains bancs de la gauche, on se lève et on applaudit longuement, ce qui ne le laisse pas indifférent : *« Je sens aujourd'hui l'hémicycle débordant à mon égard d'une curiosité intense et, à tout prendre, sympathique*[40]*. »*

« Ému, très ému », si l'on se fie au journal *Le Monde*, le candidat à l'investiture monte à la tribune, lit un texte très court. Après l'énoncé de la composition de son gouvernement, il demande les pleins pouvoirs pour une durée de six mois, et la possibilité pour le gouvernement d'élaborer un projet de réforme de l'article 90 de la Constitution* qui sera soumis au pays par voie de référendum. *« À partir de ce*

* C'est l'article de la Constitution de 1946 qui définit la procédure de révision, toujours en vigueur, bien que le Parlement ait décidé en 1955 sa modification.

double mandat, à lui conféré par l'Assemblée nationale, le gouvernement pourra entreprendre la tâche immense qui lui sera ainsi fixée. Quant à moi, pour l'assumer, il me faut, assurément et d'abord, votre confiance. Il faut, ensuite, que sans aucun délai – car les événements ne nous en accordent pas – le Parlement vote les projets de loi qui lui seront soumis. Ce vote acquis, les Assemblées se mettront en congé jusqu'à la date prévue pour l'ouverture de leur prochaine session ordinaire[*]*. Ainsi le gouvernement de la République, investi par la représentation nationale et pourvu, d'extrême urgence, des moyens de l'action, pourra répondre de l'unité, de l'intégrité, de l'indépendance de la France. »*

Tels sont les derniers mots du président du Conseil désigné, qui descend de la tribune – il y est resté sept minutes et demie, selon Albert Gazier qui a chronométré sa prestation[41]. Jamais une déclaration d'investiture n'a été aussi brève, jamais non plus le débat qui la suit n'a ressemblé à celui-ci : le président désigné quitte le Palais-Bourbon à peine son allocution terminée, et le banc du gouvernement reste vide…

Durant près de quatre heures et demie (de 16 h 10 à 20 h 35), onze députés se succèdent à la tribune[**]. La première intervention, la plus courte, celle d'un adversaire, le député de droite Jacques Isorni, élu en 1951 à Paris avec pour seul objectif la défense du gouvernement de Vichy[***], se

---

* Aux termes de la Constitution de 1946, modifiée en 1954, cette session devait s'ouvrir le mardi 7 octobre 1958. Il n'en fut rien. La promulgation de la Constitution de la Ve République, le 4 octobre, entraîne *ipso facto* sa dissolution et de nouvelles élections législatives en novembre (*cf. infra,* p. 310).

** Six prônent le non, cinq le oui. Deux radicaux-socialistes (Pierre Mendès France et Jean Masson), deux socialistes (Maurice Deixonne et François Tanguy-Prigent) soutiennent des thèses opposées. Les autres orateurs sont Jacques Isorni, Jacques Duclos, François Mitterrand, Pierre Cot, Pierre Clostermann, Georges Bonnet, Pierre Courant.

*** Lorsqu'il décide de se présenter aux élections législatives, Jacques Isorni crée hâtivement un parti, l'Union des nationaux et indépendants républicains, *« dont le sens ne vaut que par l'adjonction de ses initiales : UNIR ».* Ses principaux membres sont tous d'anciens collaborateurs du maréchal Pétain. L'Unir obtient au total 5 sièges dans la nouvelle Assemblée. Paul Reynaud s'étant opposé à son rattachement aux indépendants, le nouveau député de Paris s'apparente aux indépendants paysans (assemblee-nationale.fr, *Biographie des députés de la IVe République*).

termine par un souhait surprenant à l'intention du général de Gaulle : *« Et que Dieu le garde de lui-même ! »* Après la religion invoquée ainsi par le défenseur du maréchal Pétain, voici la science : c'est à elle que le socialiste François Tanguy-Prigent, député du Finistère depuis 1936, un des quatre-vingts parlementaires à avoir voté « non » le 10 juillet 1940, a recours pour justifier son vote : *« Si nous représentons un parti certes humaniste, dont les adhérents ne sont pas, bien sûr, dépourvus de sensibilité, il s'agit aussi d'un parti scientifique, qui a un programme sérieusement étudié, une mission historique. Nous ne pouvons donc pas apporter notre caution du socialisme démocratique (...) au culte et à la reconnaissance d'un homme providentiel, d'un homme-miracle, quel qu'il soit, malgré le respect, l'admiration, l'affection qu'on puisse avoir pour lui. »*

Il appartient au gaulliste et mendésiste Pierre Clostermann d'user d'un argument bien différent, mais tout aussi étonnant. Son vote, explique-t-il, est politique et non sentimental. « [Si cela avait été le cas, s'il avait été fidèle à son affection pour le général de Gaulle, il aurait] *voté contre son retour à la vie politique, afin qu'il puisse retourner à son calme, à sa méditation, à son repos... ce repos auquel la tâche surhumaine de la Libération lui avait donné droit. »*

La séance est surtout marquée par trois longs réquisitoires contre le général de Gaulle. Celui de Jacques Duclos, au nom du parti communiste unanime contre les « factieux », est particulièrement violent. Il se voit d'ailleurs rappelé à l'ordre par le président Le Troquer parce qu'il déplore *« l'inadmissible pression* [exercée par le président de la République sur les députés*] *»*.

Celui de Pierre Mendès France est de loin le plus émouvant. L'ancien président du Conseil ne dissimule guère sa peine. Depuis plusieurs jours, ils sont nombreux à l'avoir vu les larmes aux yeux lorsqu'il évoque son déchirement

* *« Vous savez qu'il est interdit de mettre en cause la personne et la fonction du président de la République »*, ce à quoi l'orateur réplique : *« Eh bien, j'efface le nom, mais je laisse le fait... »*

de devoir s'opposer à de Gaulle*, le seul homme qui l'ait jamais « épaté[42] ». Et s'il ne peut voter son investiture, il ne veut pas croire que leur rupture, *« ce divorce – ce divorce contre nature – soit irrémédiable** ».*

Celui de François Mitterrand, enfin, est le plus travaillé, le plus structuré. C'est une critique impitoyable de l'action du Général et de ses partisans. L'orateur, qui, dès ce jour, a décidé de prendre la tête de l'opposition au président du Conseil désigné, a le sens des formules : « [En 1944] *le général de Gaulle avait auprès de lui deux compagnons qui s'appelaient l'honneur et la patrie. Ses compagnons aujourd'hui (...) se nomment le coup de force et la*

---

* À Pierre Clostermann qui, la veille, l'adjure de ne pas isoler de Gaulle de la gauche, il a répondu : *« Il y a un an, six semaines, trois mois encore, je pensais que de Gaulle pouvait être la chance de la France, (...) le salut de la patrie... Mais, Clostermann, il s'est produit un événement : la sédition à Alger. Le Général a nettement donné sa caution, qu'il le veuille ou non (...). J'en suis déchiré... »* (Jean Lacouture, *De Gaulle*, 2. *Le Politique*, Paris, 1985, Seuil, p. 494). Ce témoignage corrobore les propos que Pierre Mendès France m'a tenus le 18 mai alors qu'il vient d'apprendre la présence de Jacques Soustelle à Alger. Il ne peut retenir ses larmes : *« C'est un chapitre de près de vingt années de ma vie qui se termine. En dépit de tout cela* [il énumère leurs conflits, sa démission de son gouvernement, son hostilité au Rassemblement du peuple français], *de Gaulle restait de Gaulle. Maintenant qu'il a choisi les factieux contre la République, c'est fini »* (*La République des Tourmentes*, t. I, p. 62).

** Moins de quarante-huit heures plus tard, le 3 juin, Pierre Mendès France tient à exprimer au général de Gaulle son *« fidèle et respectueux attachement »* :

« Mon Général,

« Les paroles que vous avez prononcées hier soir au début de votre intervention [*cf. infra*, p. 71] *ne pouvaient que me toucher profondément.*

« Au moment où vous entreprenez une démarche capitale, je tiens à ce que vous sachiez combien je voudrais que son succès, mettant fin aux menaces, dissipant les inquiétudes, soit le prélude, en Afrique, à d'autres réussites ardemment souhaitées.

« Je vous prie de croire, mon Général, à mon fidèle et respectueux attachement. »

Le jour même où il reçoit cette lettre – c'est le jour de son installation à Matignon, le général de Gaulle lui répond :

« Merci, mon cher Président, de votre mot et des sentiments qu'il m'exprime.

« Croyez-moi votre bien cordialement dévoué » (Pierre Mendès France, *Œuvres complètes*, t. IV, *Pour une République moderne 1955-1962*, Paris, 1987, Gallimard, p. 426).

sédition... En droit, le général de Gaulle tiendra ce soir ses pouvoirs de la représentation nationale ; en fait, il les détient déjà du coup de force. »

À 21 h 20, le président Le Troquer proclame les résultats du scrutin. Par 329 voix pour et 224 contre, la confiance est votée*. La IVe République a son vingt-deuxième gouvernement ; le général de Gaulle est le seizième président du Conseil des ministres, certains de ses prédécesseurs ayant occupé à deux reprises ces fonctions.

À 22 heures se réunit, sous la présidence de René Coty, le premier Conseil des ministres du nouveau gouvernement. Il est bref : un quart d'heure, le temps d'adopter trois projets de loi ayant trait à la réforme constitutionnelle, aux pleins pouvoirs et à la reconduction des pouvoirs spéciaux en Algérie. Les ministres d'État, Guy Mollet et Pierre Pflimlin, ainsi que le garde des Sceaux, Michel Debré, sont chargés de les défendre devant l'Assemblée nationale et le Conseil de la République. Quand le président du Conseil sort de l'Élysée, la foudre vient de tomber, une pluie torrentielle se déverse sur la cour – rarement Paris a connu un orage d'une telle violence. Un huissier se précipite avec un parapluie. De Gaulle lui fait signe de s'écarter et s'élance vers la voiture...

À 22 h 30, l'Assemblée nationale se réunit à nouveau. Les ministres sont au banc du gouvernement. Contre Pierre Cot, Guy Mollet obtient que la discussion en séance publique des projets de loi ait lieu dès le lendemain.

---

* Les communistes ont été unanimes à voter contre l'investiture (141 sur 142) ; les poujadistes (30 sur 30), les indépendants (86 sur 89), les républicains sociaux (15 sur 20 ; trois n'ont pas pris part au vote, deux étant absents et l'arrivée de Raymond Dronne, de retour d'Alger, a déclenché un tel charivari qu'il a jugé préférable de quitter l'hémicycle sans avoir voté), la gauche démocratique et le R.G.R. (26 sur 27) ont été tout aussi unis pour la voter. Mais, dans les autres formations, l'unanimité n'est pas la règle : chez les socialistes, 42 pour, 49 contre ; chez les radicaux-socialistes, 24 pour, 18 contre ; à l'U.D.S.R., 10 pour, 4 contre.

Mais, devant la commission du Suffrage universel, des Lois constitutionnelles, du Règlement et des Pétitions de l'Assemblée nationale, les deux ministres d'État se heurtent à une très vive opposition qui n'est pas seulement le fait des parlementaires ayant voté contre l'investiture. Aux réquisitoires des communistes et de leurs alliés qui dénoncent le retour à la monarchie s'ajoutent les réserves de nombre de partisans du nouveau gouvernement. Dans un esprit de conciliation, le jeune député Valéry Giscard d'Estaing propose que le projet constitutionnel soit soumis au Parlement, mais qu'en cas de rejet le gouvernement puisse prononcer sa dissolution. Une telle suggestion est rejetée aussi bien par les ministres d'État que par les membres de la commission*. En fait, ils sont nombreux à juger inacceptable le projet de loi constitutionnelle tel qu'il a été déposé quelques heures plus tôt, à s'indigner que l'exposé des motifs énumère les principes de la réforme, et surtout que le Conseil des ministres puisse, pour l'élaborer, se borner à consulter des personnalités qualifiées. À la suite d'une longue discussion, un compromis se dégage : la création d'un Comité consultatif constitutionnel où seraient représentées les commissions des Lois de l'Assemblée nationale et du Conseil de la République. Il faut donc que le gouvernement dépose d'urgence une lettre rectificative qui modifiera l'exposé des motifs du projet de loi constitutionnelle.

De retour à l'hôtel La Pérouse, où campent les collaborateurs du Général – celui-ci s'est retiré dans son appartement, il est exclu de le déranger –, Guy Mollet et Pierre Pflimlin exposent la situation, le compromis auquel ils sont arrivés. « C'est une solution équilibrée », juge Raymond Janot, qui rédige immédiatement la lettre

* Alors que seuls sont conservés les relevés de décision de la commission, il existe, pour la séance du 1er juin 1958, un compte rendu sténographié de plus de cent pages (A.N., C 15774). On y trouve de très nombreuses informations, entre autres pourquoi le général de Gaulle rejette l'élection du président de la République au suffrage universel (*cf. infra*, p. 101).

rectificative*. Comme nul des proches du Général n'envisage de le réveiller, Raymond Janot suggère au ministre d'État, Pierre Pflimlin, de signer le nouveau texte. Celui-ci refuse. Il se tourne alors vers le garde des Sceaux, Michel Debré, qui lui oppose un nouveau refus : *« C'est le Général qui doit décider, ou son cabinet. »* Il s'adresse au directeur de cabinet, Georges Pompidou : *« La décision vous appartient. – Il n'en est pas question,* lui répond celui-ci *; l'affaire constitutionnelle vous ayant été confiée, c'est à vous de décider ! »* Le temps presse. Roger Belin, secrétaire général du gouvernement, harcèle Raymond Janot : si la lettre rectificative ne lui est pas remise au plus tôt, elle ne pourra pas figurer dans le *Journal officiel* du lendemain**. Ce serait alors la crise, puisque le projet de réforme constitutionnelle, s'il n'est pas modifié, pourrait bien être rejeté par l'Assemblée nationale. Alors Raymond Janot se jette à l'eau, remettant la

* Dans cette nouvelle version, l'exposé des motifs, considérablement raccourci, ne mentionne plus les principes de la réforme. L'article unique énumère les dispositions qui remplacent l'article 90 de la Constitution : *« Le gouvernement de la République établit un projet de loi constitutionnelle mettant en œuvre les principes ci-après : 1° Seul le suffrage universel est la source du pouvoir (...), 2° Le pouvoir exécutif et le pouvoir législatif doivent être effectivement séparés (...), 3° Le gouvernement doit être responsable devant le Parlement, 4° L'autorité judiciaire doit demeurer indépendante pour être à même d'assurer le respect des libertés essentielles telles qu'elles sont définies par le préambule de la Constitution de 1946 et par la Déclaration des droits de l'homme à laquelle il se réfère, 5° La Constitution doit permettre d'organiser les rapports de la République avec les peuples qui lui sont associés. Pour établir le projet, le gouvernement de la République recueille l'avis d'un comité consultatif où siègent notamment les membres du Parlement, désignés par les commissions compétentes de l'Assemblée nationale et du Conseil de la République (...). Le nombre total des membres du comité consultatif désignés par les commissions est égal aux deux tiers des membres du comité. Le projet de loi arrêté en Conseil des ministres, après avis du Conseil d'État, est soumis au référendum. La loi constitutionnelle portant révision de la Constitution est promulguée par le président de la République dans les huit jours de son adoption... »* (*Documents pour servir à l'histoire de l'élaboration de la Constitution du 4 octobre 1958*, vol. I, Paris, 1987, La Documentation française, pp. 165-166).

** En principe, le *Journal officiel* ne paraît pas le lundi, mais sa parution a été décidée à titre exceptionnel afin de publier le décret portant nomination du président du Conseil des ministres et des membres de son gouvernement.

lettre rectificative à Roger Belin pour qu'elle puisse paraître au *Journal officiel* sous la signature de Charles de Gaulle…

Lorsque le lendemain, lundi 2 juin, à 8 heures du matin, Raymond Janot arrive à l'hôtel La Pérouse, l'huissier le prévient que le Général l'a déjà demandé à trois reprises. De Gaulle est hors de lui : *« "C'est scandaleux ! Vous n'aviez pas le droit d'utiliser mon nom sans mon accord !" Il trouvait insensé de prendre ainsi connaissance d'un texte qu'il ignorait. Je lui dis qu'il avait entièrement raison, mais que je lui demandais l'autorisation de lui expliquer ce qui s'était passé la nuit précédente. Je lui dis, en conclusion, que le procédé était effectivement détestable, mais que j'avais eu la conviction d'éviter une détérioration de la situation politique. J'ajoutai que s'il pensait que j'avais eu tort, il était simple de me sanctionner. Il comprit très bien la difficulté du choix qui m'avait été imposé et, finalement, approuva mon attitude*[*]. »

À peine la composition du nouveau gouvernement connue, désenchantement et fureur s'emparent de bien des acteurs du 13 mai. *« C'est pire que tout ce qu'on pouvait craindre »*, confie le fidèle Roger Frey[**]. Mais, comme bien d'autres gaullistes, il ne peut pas envisager de ne plus faire confiance au Général.

Ce n'est pas le cas à Alger, surtout dans les Comités de salut public, et même en métropole, chez les partisans de « Résurrection ». Que des « pourris », des « traîtres » comme Pierre Pflimlin ou Guy Mollet soient toujours

---

* Dans une version antérieure à celle-ci (*Épisodes peu connus ou inconnus du passage de la IV*[e] *à la V*[e] *République*, La Revue de la Fondation et de l'Institut Charles de Gaulle, *Espoir*, mars 1999, n° 118, pp. 47-50), Raymond Janot attribue à Georges Pompidou le dénouement de cette affaire : *« Si tout s'est bien terminé, c'est d'abord grâce à la compréhension du Général, c'est largement aussi grâce à l'effort qu'a fait Georges Pompidou pour que cela se termine bien »* (*Georges Pompidou, hier et aujourd'hui*, *op. cit.*, p. 41).

** Il le dit à Jacques Soustelle lorsqu'il revient à Alger après un bref aller retour à Paris (Bernard Ullmann, *Jacques Soustelle*, Paris, 1995, Plon, pp. 257-258).

ministres, et que Jacques Soustelle, « le héros de l'Algérie française », ne le soit pas, voilà qui leur est odieux. L'ancien gouverneur général de l'Algérie se montre particulièrement amer, mais affirme ne pas être étonné. Il croit que sa présence à Alger a joué un rôle déterminant dans le retour du Général au pouvoir et il est convaincu que de Gaulle n'a jamais accepté d'être le débiteur de personne. Il n'en est pas moins indigné*. Léon Delbecque décide de partir pour Paris. Il veut comprendre ce qui s'est passé : comment de Gaulle a-t-il pu tomber dans les mains des hommes de la IVe République** ? Le général Miquel, quant à lui, veut relancer l'opération « Résurrection ». Il prend l'avion pour Alger afin d'obtenir l'accord du commandant en chef. Plus que jamais soucieux de la légalité, d'autant plus qu'il attend beaucoup de son entretien avec le président du Conseil – il est convoqué à Paris le lendemain –, le général Salan refuse de se prêter à une telle aventure : *« Il n'y a aucune raison pour ne pas lui*

* D'ailleurs tout l'indigne, spécialement Mgr Duval, l'archevêque d'Alger, qui a refusé, comme le lui a demandé le général Massu, d'apporter son soutien au Comité de salut public, redoutant que la « fraternisation » ne soit qu'une mystification de l'action psychologique (Léon-Étienne Duval, archevêque d'Alger, *Au nom de la vérité. Algérie 1954-1962*, préface de Jean Offredo, Paris, 2001, Albin Michel, pp. 85-86). C'est, juge-t-il, *« un homme buté dans sa méfiance et dans son hostilité envers l'armée »* (Jacques Soustelle, *La page n'est pas tournée*, Paris, 1965, La Table ronde, p. 81).

** Il y atterrit en fin d'après-midi. Il harcèle alors Jacques Foccart d'appels téléphoniques. Celui-ci arrive à le dissuader de se rendre au La Pérouse : les journalistes ne doivent surtout pas le voir avant le vote des pleins pouvoirs et de la réforme constitutionnelle. « Dans ces conditions, dit Léon Delbecque, il faut absolument que je puisse parler à Olivier Guichard. » Celui-ci décide alors d'aller à un dîner amical prévu de longue date chez moi et demande au représentant du Comité de salut public de l'y rejoindre. Dès son arrivée, les deux hommes s'isolent dans une pièce, puis partent rapidement, Olivier Guichard étant pressé de regagner l'hôtel La Pérouse. Selon Léon Delbecque, il se serait montré brutal : *« "Cette histoire d'intégration ne tient pas debout. Laisse tomber les C.S.P., ces gens-là n'ont rien de commun avec nous." (...) Et à Pierre Jeancard* [journaliste à l'hebdomadaire de Marcel Dassault, *Jours de France*] *qui m'en informa aussitôt, Guichard confie : "Delbecque, on va lui donner une ambassade. Le plus loin possible !" »* Dans ce témoignage, *Mon 13 mai* (publié par Gilbert Guilleminaut, *Le Roman vrai de la IVe République : de Bardot à de Gaulle, 1954-1958*, Paris, 1972, Denoël, p. 396), Léon Delbecque date par erreur sa visite au général de Gaulle au matin du 2 juin : en fait, c'est le 3 juin qu'il est reçu au La Pérouse (*cf. infra*, p. 160).

faire confiance (...). Nous ne saurions soupçonner le Général d'infidélité dans ses promesses[43]. » Car Raoul Salan considère comme des « promesses » les propos ambigus tenus par de Gaulle au général Dulac*... Et le colonel Lacheroy, porte-parole officiel de l'état-major, s'évertue à calmer les esprits : *« Quand on a choisi un médecin, on ne va pas discuter avec lui de la thérapeutique qu'il a décidé d'appliquer. »*

À Paris, dans le milieu politique, à l'exception du parti communiste unanime dans son hostilité au général de Gaulle, l'atmosphère n'est guère plus sereine. Partisans et adversaires du nouveau gouvernement se reprochent leurs votes. Souvent, les uns et les autres tentent d'obtenir de nouveaux ralliements à leur camp. La démarche la plus inattendue dans ce domaine concerne François Mitterrand, puisqu'elle émane d'un de ses détracteurs les plus constants, un neveu du général de Gaulle, Michel Cailliau. Sa farouche animosité envers François Mitterrand à contester l'action de ce dernier dans la Résistance**. Or, le 2 juin, Michel Cailliau lui envoie une longue lettre manuscrite, où il rappelle leur combat commun contre l'Occupant. Cette missive est restée sans réponse ; son destinataire n'y avait guère attaché d'importance, et en avait même oublié l'existence :

« Nous n'avons pas toujours été d'accord sous l'Occupation sur des méthodes, mais nous l'étions par notre

---

* *Cf. supra*, p. 14.

** Tous deux, prisonniers de guerre évadés, se sont efforcés de regrouper les fugitifs, Michel Cailliau en fondant très tôt un mouvement de résistance, « Charrette », François Mitterrand en créant plus tard le Rassemblement national des prisonniers de guerre. En 1943, lorsque la fusion des deux mouvements est décidée, François Mitterrand, soutenu par Henri Frenay, Compagnon de la Libération, alors commissaire aux prisonniers de guerre, déportés et réfugiés dans le Comité français de la Libération nationale, fait valoir que les anciens prisonniers sont plus nombreux dans son organisation que dans celle de Michel Cailliau. De Gaulle ne voulant pas se prononcer en faveur d'un membre de sa famille, François Mitterrand l'emporte et devient président de ce qui devient le Mouvement national des prisonniers de guerre et déportés. Michel Cailliau n'a jamais admis cette décision, y voyant une victoire de ceux qui furent, en 1940, pour le maréchal Pétain contre les « vrais » gaullistes. (*Cf.* Michel Cailliau, *Histoire du MRPGD ou d'un vrai mouvement de résistance (1941-1945)*, 1987, Presses bretonnes.

idéal de libérer la France et de reconstruire nos institutions républicaines.

« L'U.D.S.R. m'avait paru l'un de ces partis qui correspondaient le mieux à cet idéal de reconstruction sans exclusive.

« Ton refus, hier, de voter l'investiture du général de Gaulle et ta méfiance à l'égard de cet homme qui a donné toutes les preuves dans le passé, toutes les garanties pour l'avenir, de son républicanisme et de son esprit démocratique, sont donc inadmissibles (...).

« Tu as commis une erreur et une faute (...). De nouveaux votes de ta part et ton attitude générale te permettent de te joindre encore au sursaut national dont Alger n'a pas été la cause, mais une manifestation et l'occasion qui seraient arrivées tôt ou tard. (...)

« Crois que nous attachons du prix, parce que tu fus l'un des nôtres, à ton changement d'attitude[44]*. »*

Le lundi 2 juin, le débat parlementaire s'ouvre à 10 h 30. La première séance est brève (soixante minutes) ; la reconduction des pouvoirs spéciaux en Algérie ne pose pas de problèmes : 337 voix pour, 199 contre. Il n'en va pas de même des deux autres projets de loi déposés par le gouvernement. Le ministre d'État, Louis Jacquinot, se voit d'ailleurs taxé de « cruauté », parce qu'il tente en vain d'obtenir que la commission du Suffrage universel, des Lois constitutionnelles, du Règlement et des Pétitions délibère immédiatement sur la lettre rectificative que le gouvernement vient de déposer, son vice-président, le député communiste André Mercier, ayant demandé un délai, compte tenu de la grande fatigue de ses collègues qui ont travaillé toute la nuit.

C'est donc à 15 heures que l'Assemblée nationale discute des pleins pouvoirs à accorder au gouvernement pour une durée de six mois. Ils sont finalement votés par 322 voix pour, 232 contre, le ministre d'État, Pierre Pflimlin, ayant été, au cours du débat, qualifié de « ministre de la Parole » et de

« premier chambellan de Sa Majesté ». La séance, suspendue à 17 h 5, est reprise à 21 h 25*.

À l'hôtel La Pérouse, le général de Gaulle est informé de ce qui lui semble un « enlisement ». En fait, la commission du Suffrage universel a adopté par 24 voix contre 17 un amendement du député radical-socialiste Patrice Brocas qui supprime purement et simplement le conseil consultatif, et oblige à un passage devant le Parlement : *« Le projet doit être examiné par le Parlement dans un délai de trois mois suivant son dépôt sur le bureau de l'Assemblée nationale. Il est adopté à la majorité absolue des membres composant les deux Assemblées. Si le projet n'est pas adopté dans le délai fixé ci-dessus, et s'il n'obtient pas les majorités requises, le gouvernement peut le soumettre au référendum, soit en reprenant son projet initial, soit en retenant les propositions qui auront été adoptées par le Parlement. »*

Mais, lorsque les députés se retrouvent dans l'hémicycle, à 21 h 25, le banc du gouvernement n'est plus occupé, comme il l'était au cours des précédents débats, par un seul ministre d'État : le président du Conseil y siège, entouré des membres de son gouvernement.

La commission du Suffrage universel a adopté par 21 voix pour, 11 voix contre et 9 abstentions une nouvelle version du projet de loi constitutionnelle qui tient compte de l'amendement Brocas. Son rapporteur Albert de Bailliencourt en informe l'Assemblée. Il lui fait aussi part de la question que lui pose l'intégration de l'Algérie : *« Allons-nous être colonisés par nos colonies ? C'est pourtant ainsi que Rome a décliné**. »*

---

* Elle devait l'être à 18 h 15, mais, à plusieurs reprises, la commission du Suffrage universel demande et obtient de nouveaux délais.

** En 1956, ce polytechnicien brillant, ancien résistant, décide de se présenter aux élections législatives. Il est mendésiste, sa profession de foi indique son ambition : *« Unir la volonté de Jaurès, l'énergie de Clemenceau, le sens de la grandeur de De Gaulle, le réalisme de Pierre Mendès France, telle est la tradition du Salut public. »* L'année suivante, il rejoint les radicaux dissidents hostiles à Pierre Mendès France. En juin 1958, malgré toutes ses réserves exprimées à la tribune de l'Assemblée nationale, il vote la réforme constitutionnelle.

Rapidement, une sorte de stupeur, souvent émerveillée, s'empare de l'Assemblée. La veille, à la tribune, de Gaulle avait lu d'une voix monocorde, *« chevrotante par instant** », les 633 mots de sa déclaration d'investiture. Or, aujourd'hui, c'est un orateur brillant, expert dans l'usage des imparfaits du subjonctif, qui du banc du gouvernement prend la parole, parle sans aucune note, expose longuement son point de vue ou intervient à brûle-pourpoint dans le débat, rappelant ainsi à Jacques Duclos qu'il avait, *« avec nous, préparé les référendums d'où est sortie la IVe République... Nous avons fait ensemble ces référendums. La République a-t-elle disparu ? »* À Maurice Kriegel-Valrimont qui plaide pour que le projet constitutionnel soit soumis aux Assemblées avant tout référendum, il réplique : *« Si elle repousse le projet de réforme, nous voici dans le cas de dresser le suffrage universel contre l'Assemblée : je m'y refuse absolument ! »*

La carotte et le bâton ont leur place dès sa première intervention :

« Bien que je ne fusse pas présent dans cette enceinte, j'ai suivi néanmoins avec beaucoup d'attention le débat que vous avez engagé à la suite de l'exposé de mon programme devant l'Assemblée.

« J'ai constaté, c'est la chose qui m'a le plus frappé, que personne dans cette Assemblée n'a proposé que fussent maintenues, telles quelles, les actuelles institutions.

« (...) Enfin – c'est là une considération personnelle, mais dont vous apprécierez peut-être l'importance –, j'ai constaté aussi que parmi les voix qui se sont élevées pour critiquer ce que le gouvernement proposait, peut-être même pour évoquer ce que personnellement je puis faire dans cette grave affaire, certaines étaient celles d'hommes auxquels, je l'avoue, j'étais, je demeure, à tous égards, profondément attaché pour toutes sortes de raisons qui tiennent

---

* C'est l'avis du ministre Albert Gazier, un de ses adversaires les plus déterminés au sein du parti socialiste, qui constatait ainsi les effets de l'âge : *« Le Général a beaucoup vieilli. C'est maintenant un vieillard »* (Albert Gazier, *Autour d'une vie de militant*, *op. cit.*, p. 254).

au passé et dont j'espère qu'elles tiennent aussi à l'avenir, car je suis convaincu que si nous aboutissons, à partir de l'Assemblée nationale, à modifier, grâce au peuple, les institutions de la République, nous serons bien nombreux, peut-être unanimes, à nous retrouver de nouveau.*

« *Mais* [de Gaulle change de ton, sa voix devient plus forte] *nous devons en prendre les moyens.*

« *(...) Mesdames, Messieurs – je le dis en pesant mes termes –, le gouvernement ne peut pas accepter ce qui vous est proposé par votre commission du Suffrage universel.*

« *Un amendement a été déposé par plusieurs d'entre vous (...).*

« *Cet amendement rappelle ce que le gouvernement propose**. Le gouvernement se rallie à cet amendement, il vous demande de l'adopter. Il vous demande de n'en adopter aucun autre.*

« *Les circonstances sont telles qu'il ne lui serait pas possible de porter ses responsabilités au-delà de la nuit présente s'il devait en être autrement. Il en tirerait alors toutes les conséquences.* »

L'essentiel étant dit, de Gaulle peut s'amuser. Lorsque le député d'extrême droite, le brillant avocat qu'est Jean-Louis Tixier-Vignancour, rappelle que, la veille, il a voté son investiture, le président du Conseil, d'un air accablé, lève les bras. Mais aux autres propos de cet orateur, qui constituent un morceau d'éloquence

---

* Sur les bancs du centre, de la droite, de l'extrême droite, et aussi sur de nombreux bancs à gauche, les applaudissements fusent. C'est d'ailleurs pour le remercier de ce rappel que Pierre Mendès France écrit le lendemain au général de Gaulle (*cf. supra*, p. 61).

** En fait, l'amendement déposé par le député du Dahomey, Joseph Apithy, inscrit au groupe des indépendants et paysans d'action sociale, reprend mot pour mot l'article unique du projet de loi constitutionnelle tel qu'il figure dans la lettre rectificative rédigée dans la nuit du 1er au 2 juin (*cf. supra*, p. 63). Il est cosigné par le président du groupe socialiste, Maurice Deixonne, par le vice-président du Mouvement républicain populaire, Robert Bichet, et par un vice-président de l'Assemblée nationale, l'indépendant paysan Marcel Roclore. Il n'existe malheureusement, dans le carton qui les concerne aux Archives nationales (C 15774), aucune trace des délibérations de la commission, le 2 juin 1958. Nous ne savons donc pas comment cet amendement y fut accueilli.

parlementaire*, il oppose une impassibilité totale, un mépris de fer.

Ayant brandi la menace de sa démission, le président du Conseil s'efforce maintenant d'apporter aux députés tous les apaisements demandés.

L'ancien président du Conseil, Paul Ramadier, Pierre-Henri Teitgen, qui fit partie en 1945 du Gouvernement provisoire de la République française – tous deux ont voté la veille son investiture –, lui font part de leurs appréhensions. Une Assemblée élue au suffrage universel sera-t-elle assurée de son existence ? Les fonctions de président du Conseil et de président de la République seront-elles bien distinctes ?

De Gaulle se dit « un peu étonné » de telles interrogations : *« Ce qu'il y aura, ce sera la continuation de la République, car vous entendez bien que si j'ai fait le gouvernement que j'ai fait, c'est pour que la République continue !*

« Enfin, en ce qui concerne mon opinion quant à l'existence nécessaire d'une assemblée élue au suffrage universel qui soit du reste l'assemblée principale dans le Parlement de demain, je vous en apporterai une dernière preuve : c'est le plaisir et l'honneur que j'ai de me trouver au milieu de vous. »

À nouveau, les applaudissements jaillissent au centre, à droite, à l'extrême droite et sur de nombreux bancs à gauche.

---

* *« Monsieur le Président du Conseil, hier, au cours du débat d'investiture, mon collègue et ami, Me Isorni, est monté à cette tribune pour dire, tout à la fois avec son cœur et son talent, les raisons pour lesquelles l'avocat de Louis XVI ne pouvait pas accorder les pleins pouvoirs à Robespierre. Je suis monté à cette tribune pour vous dire, monsieur le Président du Conseil, que la séance de ce soir m'en rappelle une autre (...).* [Parce qu'il a été frappé d'inéligibilité nationale pour avoir voté les pleins pouvoirs au maréchal Pétain le 10 juillet 1940, il ne veut pas encourir la même peine pour les voter maintenant au général de Gaulle.] *Les conditions sont les mêmes (...) à ceci près que le vote du 10 juillet 1940 succédait à une défaite militaire. Le vote de ce soir succède – et, sans cela, il n'aurait pas lieu, vous en êtes d'accord certainement – à de multiples et successives défaites politiques qui finissent par équivaloir, hélas ! aux plus grands de tous les revers... »*

Juste avant le vote des amendements de Robert Ballanger* et de Joseph Apithy, le président du Conseil demande à nouveau la parole : « *Au cas où le vote* [quelques secondes plus tôt, il l'a qualifié de *"capital"*] *marquerait votre confiance au gouvernement pour promouvoir et obtenir du suffrage universel le changement nécessaire à nos institutions, l'homme qui vous parle considère qu'il en portera, tout le reste de sa vie, l'honneur.* » Ce sont ses derniers mots à l'Assemblée nationale.

Pendant le vote, de Gaulle reste assis, imperturbable, au banc du gouvernement. De toutes les travées de l'Assemblée, des députés viennent le saluer, il serre les mains. Lorsque Paul Reynaud arrive devant lui, en témoignage du respect qu'il doit au président du Conseil qui, au début de juin 1940, l'a nommé sous-secrétaire d'État à la Guerre, le général de Gaulle se lève.

Le président de l'Assemblée nationale proclame les résultats : le sous-amendement Ballanger est rejeté (172 pour, 399 contre) ; l'amendement Apithy, qui rétablit le projet de réforme voulu par le gouvernement, est adopté (350 pour, 163 contre, 67 députés, dont Jean-Marie Le Pen, n'ont pas pris part au vote. Parmi eux : quatre anciens présidents du Conseil : trois de la IVe République, Pierre Mendès France, Maurice Bourgès-Maunoury, Félix Gaillard ; un de la IIIe République, Édouard Daladier).

À 0 h 25, la séance est levée. De nombreux députés se lèvent pour applaudir le nouveau président du Conseil qui part sans mot dire.

« *Après l'opération sédition, on nous a fait ce soir l'opération séduction* », commente le communiste Maurice Kriegel-Valrimont. Et Georges Bidault regrette que le Général n'ait pas été plus bref : « *À sa place, j'aurais dit simplement : Messieurs, entre la Seine et vous, il y a moi.* » Sans préciser sa pensée, l'ancien président du

---

* Ce député communiste, qui appartient à la commission du Suffrage universel, s'efforce d'obtenir que le projet de réforme constitutionnelle soit soumis au Parlement. D'où le sous-amendement qu'il dépose à l'amendement Apithy.

Conseil ajoute : « *Ce soir, musique de chambre ; demain, musique militaire*[45]. »

Au matin du 3 juin, le général de Gaulle se rend devant le Conseil de la République, qui doit à son tour se prononcer sur les projets de loi adoptés la veille par l'Assemblée nationale. Cela va très vite. De Gaulle prononce une fort brève allocution : « [Le projet de loi constitutionnelle] *offre à la République la possibilité de se réformer elle-même par une voie entièrement démocratique... Il faut qu'il n'y ait aucune discontinuité dans les institutions de la France. Il faut que, demain comme aujourd'hui et comme hier, ce soit la République qui soit le régime national.* » Peu après, le président Monnerville proclame les résultats du scrutin : par 236 voix contre 30, le Conseil de la République a ratifié le projet de révision constitutionnelle voté par l'Assemblée nationale*.

À présent qu'il est muni des pouvoirs demandés, le général de Gaulle considère qu'il peut exercer ses fonctions. Quittant le palais du Luxembourg, il se fait conduire à l'hôtel Matignon, où il s'installe. Mme de Gaulle l'y rejoint.

Ce même jour, à 15 heures, l'Assemblée nationale est réunie pour une séance publique qui dure un quart d'heure. « *Prochaine séance à une date indéterminée* » : tels sont les derniers mots que le président de l'Assemblée prononce, ce 3 juin, avant de quitter son perchoir.

La veille, dans la nuit, escortant, comme le veut le protocole, le général de Gaulle jusqu'à la sortie du Palais-Bourbon, il lui avait déclaré : « *L'Assemblée compte un grand parlementaire de plus*[46]. » Ce compliment a-t-il été apprécié par son destinataire ? André Le Troquer en doute. A-t-il raison ? Ce n'est pas sûr.

* Les deux autres projets gouvernementaux, la reconduction des pouvoirs spéciaux en Algérie et les pleins pouvoirs pour une durée de six mois, y ont été votés respectivement par 269 voix contre 28 et 260 voix contre 48.

Regagnant l'hôtel La Pérouse, de Gaulle confie en effet à Olivier Guichard que finalement le métier parlementaire *« ne manque pas de ragoût*[47] ». Dans l'ascenseur, s'adressant au liftier qu'il connaît depuis des années, il n'use pas de la litote : *« Albert, j'ai gagné ! »*

Au même moment, François Mitterrand rentre à pied chez lui, accompagné de Roland Dumas. Au coin de la rue de Vaugirard et de la rue Guynemer, il s'arrête : *« On va en prendre pour dix ans. Il va falloir s'occuper. On lira de la belle poésie, on écoutera de la belle musique. En un mot, on va vivre*[48] *! »*

CHAPITRE II

C'était possible

« Ce n'est pas possible, m'écrivez-vous : cela n'est pas français. »

Réponse de Napoléon
au général comte Le Marois,
9 juillet 1813.

Est-ce toujours la IVe République ?

Avec l'installation du général de Gaulle à l'hôtel Matignon, la présidence du Conseil entre dans une ère nouvelle. Jusque-là, les relations – souvent difficiles – avec les différents partis politiques constituaient une des principales activités des collaborateurs du chef du gouvernement. En fonction des débats parlementaires, l'agitation s'emparait de la maison. Il y règne maintenant un calme qui semble indestructible, un ordre quasi militaire, le nouveau président du Conseil ayant, dès son arrivée rue de Varenne, exigé qu'une permanence y soit constamment assurée par un membre de son cabinet, que dirige Georges Pompidou, ce professeur de lettres nommé en 1946 maître des requêtes au Conseil d'État.

Le nouveau directeur de cabinet occupe une place à part dans l'entourage du Général. Il n'a pas été résistant, ce qui ne l'a pas empêché d'être chargé de mission à son cabinet de 1944 à 1946*. Lorsque le général de Gaulle quitte le

* Normalien, professeur à Paris au lycée Henri-IV, il formule, dès la Libération, une requête auprès de son ami René Brouillet, proche collaborateur du général de Gaulle : *« J'aimerais que tu me trouves quelque chose. Dans les circonstances actuelles, je me résigne mal à décliner* rosa *la rose. Il me semble que je puis faire – momentanément au moins – autre chose. Non pour moi : tu sais*

pouvoir, des relations particulières se créent entre lui et Georges Pompidou*. Olivier Guichard : *« Il n'y a que deux personnes que le Général n'a jamais maltraitées : Malraux et Pompidou***. *»*

---

sais que je n'ai pas d'ambition et que je ne demande rien d'important ni de lucratif. Mais ce pays aura besoin de tout le monde et je me sentirais diminué de ne rien faire. Tu connais mes opinions, ma conviction qu'il n'y a que par l'effort de tous, sans distinction aucune de partis, que l'on peut espérer refaire une France. Si tu estimes que je peux tenir un emploi, pense à moi. » Le 1er octobre 1944, Georges Pompidou est nommé chargé de mission auprès du président du Gouvernement provisoire de la République française. *« Qui n'a pas connu cette époque ne peut imaginer ce qu'était le général de Gaulle aux yeux de ceux qui l'approchaient pour la première fois. (...) Il apparaissait comme un être de légende, un héros mythique, un personnage hors de l'ordre commun. (...) J'étais béat d'admiration et enivré à l'idée de participer modestement à l'action d'un surhomme »* (Georges Pompidou, *Pour rétablir une vérité*, Paris, 1982, Flammarion, p. 32). Après la démission du Général le 20 janvier 1946, il ne cache pas sa volonté de continuer à « servir l'homme du 18 Juin ».

* Elles sont attachées à la Fondation de Gaulle, dont Mme de Gaulle, *« avec l'approbation sans réserve »* de son mari a voulu la création dès 1944. Son objet est de *« recueillir les jeunes filles arriérées, imperfectibles, mais valides, dont les familles ne peuvent assurer la charge »*. Le 30 mai 1945, cette fondation, qui deviendra en 1948, après la mort de leur fille, la Fondation Anne de Gaulle, est reconnue d'utilité publique. En septembre 1945, elle acquiert une grande bâtisse de la vallée de Chevreuse, qui a été dévastée sous l'Occupation, le château de Vertcœur. Mme de Gaulle en confie l'administration à des religieuses ; elle en préside le conseil d'administration ; le professeur Edmond Lévy-Solal, lui aussi père d'une fille trisomique et intimement lié aux de Gaulle (*cf. infra*, p. 97), en est vice-président (Frédérique Neau-Dufour, *Yvonne de Gaulle*, Paris, 2010, Fayard, pp. 274-280). En 1946, Jean Donnedieu de Vabres, nommé conseiller juridique et de législation du gouvernement tunisien, ne peut plus assumer à la Fondation de Gaulle, dont il a rédigé les statuts, la fonction de trésorier. Il suggère que Georges Pompidou le remplace. En avril 1946, ce dernier sort « ébloui » d'un premier entretien d'une heure avec Mme de Gaulle (lettre à Jean Donnedieu de Vabres, dans Éric Roussel, *Pompidou, 1911-1974*, Paris, 1994, Jean-Claude Lattès, p. 77). L'efficacité de Georges Pompidou fait merveille à la Fondation de Gaulle. En novembre 1947, aux vœux qu'il lui a adressés pour son anniversaire, le Général répond en l'assurant *« combien profonde est mon estime pour vous. L'avenir ne nous appartient pas. Mais s'il s'y prête, sachez que je compte sur vous et avec une entière confiance »*.

** Cette constatation est antérieure de plusieurs années à l'« incompréhension » qui, au cours du deuxième septennat du général de Gaulle, s'installe progressivement entre les deux hommes. (Olivier Guichard, 20 octobre 1963, interview recueillie par Odile Rudelle, Archives d'histoire contemporaine, Centre d'histoire de Sciences Po.)

Pompidou n'a jamais adhéré au Rassemblement du peuple français, et s'il y est chef de cabinet du général de Gaulle de 1948 à 1953, il est *« lié à la personne même du général de Gaulle »*. Il sait comment lui parler, ce qui n'est pas le moindre de ses mérites : *« On est tenté de penser : il faut dire comme lui. Erreur. (...) Le Général apprécie qu'on lui pose des questions, qu'on évoque les oppositions qu'il pourrait rencontrer, qu'on lui suggère les dangers. (...) Il aime trouver, parmi ceux qui le secondent, autre chose que des exécutants, à condition qu'ils soient sur le fond d'accord avec lui et cherchent avec lui les meilleures modalités*[1]. *»*

En 1953, avec son entrée à la banque Rothschild, son amitié avec Guy de Rothschild, un monde nouveau s'ouvre à Georges Pompidou et à sa femme. Désormais, ils peuvent acheter des toiles d'artistes contemporains qu'ils admirent. La poésie et l'art moderne sont les passions du nouveau banquier. Il commence à préparer son anthologie de la poésie. S'il demeure fidèle au Général*, il n'en est pas moins convaincu que son retour aux affaires est exclu : *« S'il y a deux personnes assurées que le général de Gaulle ne reviendra pas au pouvoir, ce sont le général de Gaulle et moi »*, dit-il encore, au printemps 1958, à l'historien Charles Morazé[2]. Vers le 22 mai 1958, cette certitude vacille. Il demande à être reçu à Colombey-les-Deux-Églises**. Lorsque de Gaulle lui propose de diriger son cabinet si le président Coty fait appel à lui, Georges Pompidou n'envisage pas de refuser. Mais il entend bien ne pas quitter le monde des affaires. Il le dit au Général : *« Je puis me dégager de la banque pour six*

---

* Durant cette période, il vient, par ses vingt audiences, en quatrième position sur la liste des visiteurs reçus par le général de Gaulle rue de Solférino, lors de sa venue hebdomadaire à Paris, contre soixante-neuf à Jacques Foccart, soixante-sept à Olivier Guichard et quarante-cinq à Xavier de Beaulaincourt qui dirige le secrétariat particulier (agenda du général de Gaulle, Institut Charles de Gaulle).

** Il y est invité à déjeuner le 24 mai, *cf. La République des Tourmentes*, t. III, p. 808.

mois. Une période militaire, en somme. » En 1958, Georges Pompidou n'a nulle ambition politique.

Sous son autorité, le nouveau cabinet se met rapidement en état de marche : tous les matins, Georges Pompidou réunit conseillers techniques et chargés de mission. Il excelle dans l'art de présider, faisant avec les responsables le tour des questions à l'ordre du jour, puis annonçant ses décisions. Souvent, en fin de journée, les plus anciens collaborateurs du Général – Olivier Guichard, Jacques Foccart, Pierre Lefranc – se retrouvent dans son bureau. De Gaulle ne participe à aucune réunion de cabinet, il reçoit régulièrement les cinq conseillers techniques : Raymond Janot, en charge des problèmes constitutionnels ; Roger Goetze, des affaires économiques et financières ; Jean-Marc Boegner, de l'international ; Jacques Foccart, dont les attributions imprécises comprennent, entre autres, l'Union française ; et aussi l'historien Charles Morazé, son éphémère *« figure de proue*[*] *»*. Il est exceptionnel que le président du Conseil demande à s'entretenir avec les chargés de mission. Mais lorsque ceux-ci assurent la permanence, ils sont le plus souvent invités à déjeuner par le Général, qui veille à ne leur poser aucune question sur le secteur dont ils s'occupent : *« Que pensez-vous du mode de scrutin ? »* demande-t-il ainsi à l'inspecteur des finances Antoine Dupont-Fauville. *« Mon général, je connais mal le sujet. – C'est justement pour cela que votre avis m'intéresse*[3]*... »*

Dans la vie quotidienne, de Gaulle observe un respect minutieux de l'ordre établi. Il ne supporte pas l'imprécision[**], il ne tolère pas plus l'inexactitude. Lorsque Roger Goetze, invité à déjeuner, arrive avec trois minutes de

* *Cf. infra*, pp. 87-90.

** En 1959, président de la République, doté de pouvoirs exceptionnels, auréolé d'un prestige aussi exceptionnel, il pique une colère mémorable, une des plus violentes que son entourage ait eu à subir : le papier à lettres personnel dont il veut se servir pour féliciter l'épouse du délégué général en Algérie, Paul Delouvrier, à l'occasion de la naissance de son cinquième enfant et quatrième fils, manque. Et, en plus, nul n'est capable de lui indiquer le prénom du nouveau-né : Mathieu...

retard, le lieutenant-colonel de Bonneval coupe court à ses excuses : *« À 13 heures, le Général est passé à table et a fait retirer votre couvert. »*

De Gaulle, qui, au nom de la France, a violé toutes les règles de la discipline militaire, n'admet pas, une fois au pouvoir, la moindre infraction aux règlements militaires. Lorsque le Premier ministre, Georges Pompidou, et le ministre des Armées, Pierre Messmer, lui proposent de nommer le colonel de Bonneval, son aide de camp depuis la Libération, général de brigade à titre temporaire, autrement dit « général quart de place* », il refuse *« sèchement :*

---

* Ainsi sont « appelés » les généraux promus en de telles circonstances, car ils bénéficient d'une réduction de 75 % sur les tarifs de la S.N.C.F... Le passé exemplaire de Gaston de Bonneval, son attitude pendant la guerre, sa fidélité et son dévouement semblaient justifier une telle promotion, d'autant qu'il est fréquent d'accorder un grade supérieur à ceux que l'âge conduit dans le cadre de réserve.

Sorti de Saint-Cyr en 1933 – à vingt-deux ans –, Gaston de Bonneval sert dans la Légion étrangère. Dès 1940, il refuse l'armistice. Au sein de l'O.R.A. – Organisation de résistance de l'armée –, il devient responsable du contre-espionnage pour le Sud-Ouest. Arrêté par la Gestapo en octobre 1943, il est déporté au camp de Mauthausen. (Trente ans plus tard, il évoque, dans quelques très beaux poèmes, son calvaire et comment il fut miraculeusement sauvé par le dévouement de ses amis : s'étant évanoui lors d'un appel, il fut piétiné par les S.S. et ramassé par ses camarades qui le tinrent debout et le portèrent jusqu'à leur baraque.) En 1945, de Gaulle, qui veut pour aide de camp « un résistant authentique », l'accueille dans son bureau : *« Je marchais encore avec des cannes, j'étais habillé un peu comme un épouvantail parce qu'il avait fallu que je trouve un képi et un uniforme de fortune, en 1945 cela ne se trouvait pas facilement. De plus, je rentrais de déportation et, pour un homme de 1,80 mètre qui pèse moins de 50 kilos, les vêtements devaient être un peu flottants. Le Général était assis à son bureau, profondément absorbé par la rédaction d'un texte. Il leva enfin la tête, retira ses grosses lunettes d'écaille et, faisant le tour de son bureau, vint très vivement vers moi, demeuré figé sur mes cannes, livide d'émotion en voyant enfin de près celui que je ne connaissais que par des photographies et qui, depuis quatre ou cinq ans, nous soutenait dans notre résistance. Il me prit très gentiment par le bras, m'accompagna, me fit asseoir dans un des deux fauteuils, puis regagna le sien. Pendant quelques instants, il me contempla en silence et je sentis dans son regard une sincère pitié pour l'individu ravagé que j'étais ; puis il me dit avec une très grande bonté : "Alors, Bonneval, vous voulez bien venir avec moi ?" Je ne sais pas trop ce que je lui ai répondu, mais probablement ai-je dû exprimer ma crainte de ne pas pouvoir assurer convenablement mon service, car il m'a dit en levant les épaules : "On verra bien." Il se leva, m'aida à me relever et me reconduisit à la porte : "Au revoir, Bonneval, soyez là demain matin à 9 heures." J'y étais*

“Bonneval n’a pas les deux ans de commandement exigés d’un colonel. Vous devriez le savoir[4] *” »*.

Les vingt-deux membres du nouveau cabinet présidentiel dont la nomination est parue au *Journal officiel** ne sont pas des novices en politique** : sept ont participé au Rassemblement du peuple français et conservent à la présidence du Conseil les mêmes fonctions ; Olivier Guichard, son directeur-adjoint, reste chargé des relations avec les partis et organisations politiques ; Jacques Foccart, conseiller technique, de l’Union française ; d’autres ont appartenu à des équipes ministérielles sous la IVe République. Tous ont en commun leur engagement aux côtés du général de Gaulle pendant et après la guerre (trois sont Compagnons de la Libération, huit sont médaillés de la Résistance). Ils forment une équipe extraordinairement homogène ; des liens amicaux existent entre nombre d’entre eux. Certains sont tout étonnés d’avoir été choisis. Ils doivent leur pré-

---

J’y suis resté vingt ans » (récit fait par le colonel de Bonneval, qui, pour la première et seule fois de sa vie, au lendemain de la mort du général de Gaulle, évoque ses souvenirs au micro de Radio-Luxembourg, *Journal du Dimanche*, 13 novembre 1970). Le 19 octobre 1954, de Gaulle, qu’il a suivi dans sa « traversée du désert », lui dédicace sa photographie : *« Au commandant de Bonneval, mon compagnon lointain des premières heures, mon collaborateur direct d’aujourd’hui, mon ami jusqu’à la fin. »* Le 23 novembre 1964, quatre jours seulement après la parution au *Journal officiel* de sa promotion, le général de Gaulle remet au colonel de Bonneval la cravate de commandeur de la Légion d’honneur. La cérémonie a lieu à Strasbourg, sur le front des troupes. Gaston de Bonneval, si maître de lui et si réservé, ne peut retenir ses larmes. De Gaulle, lui aussi, est visiblement ému lorsqu’il donne l’accolade à son aide de camp (Archives départementales du Cher, Fonds de Bonneval, 102 J[1]).

* Le cabinet compte aussi un certain nombre d’officieux. Parmi eux figure Arlette de La Loyère, qui assura une liaison entre l’entourage du général de Gaulle et Alger durant le mois de mai (*cf. La République des Tourmentes*, t. III, p. 791). Directement rattachée à Olivier Guichard, elle est chargée de rédiger tous les matins une revue de presse destinée au général de Gaulle.

** Quinze d’entre eux, soit une très forte majorité, ont déjà appartenu à des cabinets, à celui du général de Gaulle à la Libération, mais aussi, sous la IVe République, à ceux de ministres socialistes, républicains-populaires ou radicaux-socialistes (Bernard Lachaise, Gilles Le Béguec et Frédéric Turpin, *Georges Pompidou, directeur de cabinet du général de Gaulle, juin 1958-janvier 1959*, Bruxelles, 2006, Presses interuniversitaires européennes, pp. 68-70).

sence à leurs compétences, à leurs collaborations passées avec l'homme du 18 Juin, à leurs relations avec tel ou tel membre de l'équipe gaulliste, ou… à leur taille*. Un même enthousiasme les anime tous : la conscience de participer, aux côtés du Général, au « renouveau » de la France.

Lorsqu'il s'agit de la France et des Français, de Gaulle est habité par des certitudes qui, à première vue, semblent antinomiques. Comment concilier son regard désabusé et sévère sur les Français avec son amour quasi mystique de la France ? Il lui arrive de qualifier les premiers de « veaux », de constater avec une sorte de fureur contenue qu'ils sont ingouvernables : *« Le désir du privilège et le goût de l'égalité, passions dominantes et contradictoires des Français de toute époque*[5]*… »* En revanche, il voit dans la France *« la princesse des contes ou la madone aux fresques des murs, comme vouée à une destinée éminente et exceptionnelle. J'ai, d'instinct, l'impression que la Providence l'a créée pour des succès achevés ou des malheurs exemplaires. S'il advient que la médiocrité marque, pourtant, ses faits et gestes, j'en éprouve la sensation d'une absurde anomalie, imputable aux faits des Français, non au génie de la France*[6] *».*

---

* Roger Goetze, inspecteur des finances et Français libre, a dirigé les Finances en Algérie de 1942 à 1949. Jean-Marc Boegner, attaché d'ambassade en 1939, a appartenu au cabinet civil du général de Gaulle au temps du Gouvernement provisoire de la République française. En 1945, il y a même assuré l'intérim d'Étienne Burin des Roziers, chargé de mission en charge des affaires internationales, parti à la conférence de San Francisco où est créée l'O.N.U. On sait comment Raymond Janot a été choisi (*cf. supra*, p. 36).

De Gaulle n'a pas voulu de cabinet militaire. Mais trois militaires ont été nommés chargés de mission : le colonel Branet, ancien collaborateur de Robert Lacoste à Alger, est préposé à l'armée de terre et au conflit algérien ; le lieutenant-colonel de Bordas, à l'armée de l'air et aux questions nucléaires ; le capitaine de corvette Daille, à la marine. Ils occupent le même bureau à l'hôtel Matignon. Ce sont tous trois des anciens de la France libre, les deux premiers étant Compagnons de la Libération.

Né en 1926, le capitaine de l'armée de l'air Philippe Archambeaud n'a pas de tels états de service. Prié de recruter un second aide de camp, le lieutenant-colonel de Bonneval a effectué une première sélection en fonction de la stature des éventuels candidats. La vue du Général escorté d'un aide de camp lui arrivant au coude aurait donné à rire…

Et après ? Il lui faut bien s'accommoder des Français. S'il ne les confond certes pas avec la France, il sait que la nation et ses habitants sont indissociables. Car la France a été bâtie par des générations de Français. Et c'est à eux qu'appartient finalement le sort de la France. Sans *« le souverain qui est le peuple français*[7] *»*, que serait la France ? *« Les régimes, nous savons ce que c'est : des choses qui passent. Mais les peuples ne passent pas*[8]*. »*

En fait, à l'égard de ses compatriotes et de leurs faiblesses, de Gaulle fait preuve non d'indulgence, certes, mais d'une sorte de compassion. Ainsi, le plus souvent, lorsqu'il évoque le maréchal Pétain ou son dauphin, l'amiral Darlan, coupables à ses yeux du *« pire crime »*, à savoir l'abandon de l'indépendance nationale, il précède leur patronyme d'un adjectif significatif : *« le malheureux maréchal »*, *« le lamentable* [ou *pitoyable*] *Darlan »*. Et il explique : *« Le drame, voyez-vous, c'est que les Français ont perdu le sens de leur destin depuis cinq cents ans*[*]*. Les Français avaient l'habitude d'être la nation dirigeante du monde et ils ne peuvent pas s'habituer à ne plus l'être. Alors ils s'abandonnent. Ils avaient l'habitude que le moindre de leurs actes ait des conséquences universelles. Ils ont cru, pour la dernière fois, en 1914-1918, qu'il en était toujours ainsi : ils se sont battus parce qu'ils vivaient dans l'illusion de gagner seuls la guerre, les alliés se bornant à les aider. Mais maintenant qu'ils sont forcés de reconnaître la réalité, qu'ils ne peuvent plus s'imaginer qu'ils sont la nation dirigeante, ils se désolidarisent du destin de la France. Pétain n'a fait que traduire cet état d'esprit… »*

---

* Ces propos étant tenus le 27 juillet 1955 (à Robert Aron et à l'auteur de ce livre, archives personnelles), le général de Gaulle, selon toute vraisemblance, fait allusion à l'état de la France dans la première moitié du XVe siècle. Après la signature en 1420 du traité de Troyes qui a suivi le désastre d'Azincourt, Charles VI, reniant son fils, fait du roi d'Angleterre Henry V l'héritier du royaume de France. Mais, en 1422, le dauphin se proclame roi à Bourges ; la même année, Henry V étant mort, son fils Henry VI devient roi de France et d'Angleterre. La France est alors divisée entre les possessions anglaises, les fiefs du duc de Bourgogne, la province du Berry et les quelques régions du sud de la Loire fidèles au petit roi de Bourges.

Sa pratique assidue et discrète de la religion catholique*, ses références à Dieu dans sa correspondance, une déclaration publique – *« "Je suis un Français libre. Je crois en Dieu et en ma patrie", écrit-il en 1940 dans une profession de foi peu connue et qui pourtant fait date*[9] *»* –, tout permet de penser que de Gaulle est profondément croyant. Il a donc foi en la rédemption, et tout être humain lui semble perfectible. Rendre les Français dignes de la France, y a-t-il plus noble ambition ? La politique, *« quand elle est un art et un service,* [autrement dit] *une action pour un idéal à travers des réalités*[10] *»*, ne saurait se concevoir sans l'adhésion profonde du peuple souverain. Et celle-ci ne peut être obtenue que par la parole : *« Je parle. Il le faut bien. L'action met les ardeurs en œuvre, mais c'est la parole qui les suscite*[11]. *»* Dès le 13 juin 1958, dans une allocution radiodiffusée, il rend hommage à *« la France, ce pays merveilleux qui, en dépit de ses épreuves passées et du désordre de ses affaires d'État, trouve moyen d'avoir dans son jeu tous les éléments d'un extraordinaire renouveau »*. Et il exhorte les Français : *« Pour commencer, je vous demande, oui ! je vous demande instamment d'assurer un succès triomphal à l'emprunt que nous allons ouvrir. Première étape de notre redressement. Première preuve de confiance nationale que vous vous donnerez à vous-mêmes, et, permettez-moi de le dire, que vous m'accorderez à moi qui en ai tant et tant besoin*[12] *! »* Ce discours fort peu conventionnel convainc les Français** et étonne les spécialistes de la chose politique : *« C'est sans doute la première fois qu'un chef du gouvernement lance du trois et demi pour cent comme on parle d'amour*[13]*... »*

---

* Durant l'été 1958, lorsque son emploi du temps l'oblige à rester à Paris le dimanche, un père blanc vient dans la plus grande discrétion à l'hôtel Matignon dire la messe pour le général et Mme de Gaulle. C'est le cas les 13 et 20 juillet, le 31 août et le 9 novembre. À Colombey-les-Deux-Églises, le Général est toujours présent à l'église le dimanche. Sauf les jours de consultation électorale. Ainsi, lors du référendum constitutionnel ou des élections législatives, un prêtre célèbre l'office à la Boisserie...

** Sur le succès de cet emprunt, *cf. infra*, p. 328.

L'efficacité de la parole ne tient pas seulement au talent de l'orateur : son influence dépend, cela va de soi, de sa diffusion. Là encore, de Gaulle se montre novateur. Sans doute en raison de sa faible audience (7 % des foyers français sont équipés de téléviseurs, alors que 80 % ont un poste de radio), on ne se soucie guère alors de la télévision*. Et les interventions des présidents du Conseil ont toujours été radiophoniques, à six exceptions près**. De Gaulle, lui, dès son retour au pouvoir, perçoit l'arme nouvelle que lui offre *« la combinaison du micro et de l'écran (...) au moment même où l'innovation commence son foudroyant développement*[14] ». Ainsi les partis politiques, une fois *« débarrassés de l'affaire algérienne »*, ne pourront peut-être pas le forcer à partir comme ils le firent douze ans plus tôt : *« En 1946, je n'avais pas la télévision*[15]*... »* Sa première apparition sur le petit écran, le 27 juin, se termine par un appel tant soit peu lyrique aux Français : *« J'en appelle à l'Unité ! Ce qui signifie que j'en appelle à tout le monde. Il faisait bien sombre, hier ! Mais, ce soir, il y a de la lumière. Françaises, Français, aidez-moi*[16] *! »* À l'issue de sa prestation, de Gaulle s'exaspère des félicitations que certains lui prodiguent : *« Vous n'y êtes pas du tout. C'était très mauvais*[17]*... »* Il a raison : durant dix-sept minutes, de grosses lunettes sur le nez,

* Ainsi, en septembre 1958, lorsque Raymond Janot réunit, à neuf reprises, des représentants de la presse afin de leur expliquer le contenu et la signification du projet constitutionnel, aucun journaliste de télévision ne figure jamais parmi ses interlocuteurs. À ces entretiens discrets, tenus bien évidemment avec l'accord du général de Gaulle, participent des journalistes de la presse nationale et régionale comme des organes étrangers ainsi que des grandes chaînes de radio (Didier Maus, *Documents pour servir à l'histoire de l'élaboration de la Constitution du 4 octobre 1958*, vol. IV, Paris, 2001, La Documentation française, p. 2).

** Aucun des deux présidents de la République, pas plus que les deux présidents du Conseil les plus populaires, Pierre Mendès France et Antoine Pinay, n'ont jamais eu recours à la télévision. Le 12 juillet 1953, Joseph Laniel est le premier chef de gouvernement à accorder une interview au journal télévisé. En avril et en mai 1956, Guy Mollet apparaît à deux reprises sur le petit écran. Ce « record » est battu par Félix Gaillard : trois passages à la télévision, deux en décembre 1957, un le 25 janvier 1958 (Jérôme Boudon, *Haute fidélité : pouvoir et télévision*, Paris, 1994, Seuil, pp. 30-35).

devant une forêt de micros, le visage tourné de trois quarts, il a lu son texte comme s'il s'était trouvé dans un studio de radiodiffusion : *« J'ai compris la leçon. Je saurai en tirer les conséquences »*, dit-il dès le lendemain*. Et, un mois plus tard, lors de sa deuxième prestation à la télévision, de Gaulle, parfaitement détendu, sans lunettes, ayant accepté, non sans quelque mauvaise humeur, d'être maquillé, se révèle un virtuose du petit écran. Il sait son texte par cœur. Il le dit avec un tel naturel que tous croient à une improvisation. Sa satisfaction de cette performance est sans réserve : *« Pour ce septuagénaire, assis seul derrière une table sous d'implacables lumières, il s'agit qu'il paraisse assez animé et spontané pour saisir et retenir l'attention sans se commettre en gestes excessifs et en mimiques déplacées*[18]. »

Il y a en de Gaulle du *« professeur qui entend faire la classe lui-même à la France*[19] »...

Dans son effort pédagogique, le président du Conseil s'adjoint, dès les premiers jours de son gouvernement, les services d'un universitaire hors norme, qui *« sut rompre avec l'européocentrisme, sortir des prisons disciplinaires, effacer les frontières qui séparent les sciences – de la*

---

* Marcel Bleustein-Blanchet, s'étant indigné auprès du lieutenant-colonel de Bonneval de l'image donnée par le Général à la télévision, est convoqué à l'hôtel Matignon : *« Mon général, vous avez peut-être cru parler à trois millions de Français. Pas du tout. Vous vous adressiez à un million de fois trois Français. La télévision, c'est un cercle familial. Avec elle, on pénètre au domicile des gens. Eh bien ! mon général, on n'entre pas chez les gens avec son képi sur la tête, ni ses lunettes sur le nez et en lisant son texte, quand on s'appelle le général de Gaulle ! »* (Marcel Bleustein-Blanchet, *Mémoires d'un lion*, Paris, 1988, Plon. En dépit d'une inexactitude – de Gaulle n'est jamais apparu à la télévision képi sur la tête –, ce témoignage s'impose : l'agenda du colonel de Bonneval mentionne l'audience).

En outre, à la même époque, le conseil du publicitaire est aussi adressé au général de Gaulle, par écrit et à peu près dans les mêmes termes, par le présentateur du journal télévisé : *« Quand on parle devant des caméras de télévision, on parle x millions de fois à un seul spectateur »* (Pierre Sabbagh, *Encore vous, Sabbagh !*, Paris, 1984, Stock, p. 39). De son côté, Jacques Anjubault, rédacteur en chef du journal télévisé, m'a souvent raconté comment, après sa première intervention télévisée, il avait exposé au Général une sorte de mode d'emploi de l'outil télévisuel...

matière, de l'esprit, du vivant – pour associer, avec fougue et sagesse, le destin du monde à celui de la pensée[20] *»* : l'historien Charles Morazé*. Convoqué à Matignon par Georges Pompidou – *« Le Général veut vous voir dès son retour d'Algérie »* –, le professeur quitte « éberlué » la présidence du Conseil : de Gaulle l'a chargé de parler en son nom à la radio et à la télévision, quand, pourquoi et comment il lui paraîtra bon de le faire : *« Vous serez notre figure de proue ! »*

L'ambition de Charles Morazé n'a rien de politique ; *« elle est,* selon ses propres termes, *plus haute : repartir à la découverte de l'histoire*** ». Il n'en accepte pas moins de faire partie du cabinet du Général : *« Un prédicateur*

---

* Reçu à vingt-trois ans en 1936 premier à l'agrégation d'histoire et de géographie, Charles Morazé enseigne d'abord l'histoire économique et sociale à l'École libre des sciences politiques. Conscient bien avant guerre de la réalité du national-socialisme, cité à l'ordre des armées en juin 1940, il est convoqué à Vichy au printemps 1942 pour devenir directeur de cabinet du chef de l'État français. Il conseille alors au maréchal Pétain de partir immédiatement pour Alger et d'y lancer un appel au général de Gaulle... Devenu, à la Libération, directeur d'études à l'École pratique des hautes études, Charles Morazé découvre la linguistique, se passionne pour l'histoire des sciences et aussi la statistique, écrit près de mille pages sur l'évolution industrielle du nord de la France, qu'il abandonne pour se consacrer à des recherches théoriques fondées sur l'identité des structures de la raison scientifique, de la langue et de la société. Son *Introduction à l'histoire économique*, publié en 1941, est suivi en 1946 par *La France bourgeoise*. *« Un des esprits les plus indépendants de ce temps »* (c'est ainsi qu'en 1948, dans un discours solennel pour l'anniversaire de la révolution de 1848, Léon Blum définit Charles Morazé) est chargé, dans le cadre de l'U.N.E.S.C.O., du secrétariat d'une commission dont l'objet est *L'Histoire internationale des hommes* (six volumes sont publiés). Il s'efforce de faire prévaloir une manière nouvelle de concevoir l'histoire universelle, parcourant le monde – États-Unis, Brésil, Pologne, Union soviétique... – et poursuivant son œuvre personnelle. En 1957 paraît *Les Bourgeois conquérants* : *« L'heure des bourgeois est passée ; le prolétariat a manqué la sienne, sonne celle des savants : où nous conduiront-ils ? »* lui écrit le général de Gaulle. *« Le visionnaire avait rencontré un autre visionnaire »*, constate l'historien Marc Ferro.

** À la Libération, il refuse de devenir éditorialiste du journal *L'Aube*, car il ne veut pas adhérer au M.R.P. En 1947, il décline sans la moindre hésitation le poste de conseiller économique du général de Gaulle que lui offre son ami Christian Fouchet : *« Vous allez entrer dans l'Histoire ! – Comment entrerais-je dans l'Histoire, alors que je la comprends encore si mal ! »*

*parlant de Dieu à mon enfance avait dit que l'adoration associe l'admiration à l'amour. Je n'ai pas adoré de Gaulle, mais l'ai assurément admiré et aimé**. »*

Dans l'univers feutré, réglé à la baguette, qu'est devenu l'hôtel Matignon, le nouveau conseiller reste fidèle à lui-même, agissant comme bon lui semble, s'efforçant ainsi de rapprocher le général de Gaulle et Pierre Mendès France, *« ce vainqueur, enfant chéri de la gloire »*, et *« ce messie souffrant, ce Français, fils des déchirements de l'Histoire »*. Mais leurs deux entretiens à l'hôtel Matignon, en juillet et en août**, n'aboutissent pas au rapprochement souhaité par leur instigateur : *« Tout se serait bien passé, me raconte de Gaulle, si, au moment de sortir, votre ami*** ne m'avait à brûle-pourpoint reproché ma politique intérieure*[21] *! »*

La présence parmi les collaborateurs du Général de ce conseiller est loin de provoquer un assentiment général. L'agacement que Georges Pompidou ne dissimule guère devant certaines de ses interventions radiophoniques est pour Charles Morazé une source de perplexité : *« Me traversa parfois la tête que de Gaulle – avec toujours plu-*

---

* Il s'émerveille de sa modestie, dont il affirme qu'elle n'est pas feinte, de son affabilité, de sa simplicité : *« Comme moi, ce grand acteur de l'Histoire redoute l'Histoire et ses caprices : "L'Histoire se joue de nous." "Le peuple,* ajoute-t-il, *est un grand fauve* quaerens quem devoret." » Il se réjouit de retrouver chez lui certains tics de langage de son père, magistrat militaire : *« Au lieu de dire : "Ça fera le compte", le Général disait parfois : "Ça fera la rue Michel", à cause de la rue Michel-le-Comte. De telles ressemblances transformaient les heures ou minutes passées en compagnie de l'homme superbe en un retour dans mon chez-moi d'enfance »* (Charles Morazé, *Un historien engagé. Mémoires, op. cit.*, pp. 271 et 277).

** La France et la Chine n'ayant aucune relation diplomatique, Pierre Mendès France, qui est invité par le gouvernement chinois, juge normal de s'entretenir avec le chef du gouvernement avant son départ pour Pékin. *« De Gaulle se dit fort intéressé par ce contact et demande à son ancien ministre de venir le voir à son retour pour l'informer »* (Jean Lacouture, *Pierre Mendès France*, Paris, 1981, Seuil, p. 444).

*** Charles Morazé n'a jamais caché ses sentiments de respect et d'amitié à l'égard de Pierre Mendès France. Il a d'ailleurs, en 1954, incité le gaulliste Christian Fouchet, son ami de toujours, à entrer dans le gouvernement Mendès France comme ministre des Affaires marocaines et tunisiennes. Il appartient alors à son cabinet.

sieurs fers au feu – n'eût peut-être pas été mécontent de disposer d'un professeur de plus, ajouté, voire opposé à Georges Pompidou[22]*.* »

Chargé d'être la voix du Général et de la France, l'historien n'en garde pas moins sa spécificité propre. Il critique la IVe République, tout en louant certaines de ses réalisations et certains de ses responsables. Il rend hommage à l'armée, mais s'indigne que certains de ses membres puissent recourir à la torture. Il affirme que la guerre d'Algérie n'a pas de solution militaire. Il se rend à Alger et se retrouve à la table du général Salan avec Guy Mollet ; au cours du repas, il préconise une révolution agraire, ce qui provoque la joie du général Massu et l'indignation du ministre d'État : « *C'est du socialisme ! – Monsieur le Président, ce n'est pas une raison de plus pour que vous n'en soyez pas partisan !* » rétorque-t-il. D'où cette réponse étonnante : « *Nous voulons faire la France de Dunkerque à Tamanrasset. Or nous ne pouvons pas appliquer en Algérie des mesures qui ne le seraient pas en France, et la réforme agraire y est impossible*[23]... » Bientôt, chiffres à l'appui, Charles Morazé est convaincu que la France ne peut rendre le niveau de vie de l'Algérie équivalant à celui de la métropole. Il n'est pas possible de le dire actuellement, tranche Georges Pompidou. En fait, l'historien est certain que, tôt ou tard, l'Algérie sera indépendante. Et il décide de mettre fin à ses fonctions : « *À quoi bon parler,* dit-il au général de Gaulle, *puisque je ne peux pas dire ce que je crois être la vérité**... » Ainsi cessent, en septembre, les fonctions au cabinet du général de Gaulle de « *l'élément irrationnel dans une structure parfaitement rationnelle*[24] ».

Avec une rapidité et une efficacité qui tranchent sur les usages politiques, le vingt-deuxième gouvernement de la

* Contrairement aux prévisions de Georges Pompidou – « *Le Général ne vous pardonnera pas votre départ !* » –, jusqu'à la fin de sa vie de Gaulle a témoigné estime et affection à Charles Morazé.

IVe République met « en place les instruments » qui doivent lui permettre de mener à bien la révision de la Constitution. Pour de Gaulle, c'est une tâche prioritaire. Seules de nouvelles institutions et la restauration de l'État peuvent permettre à la France d'assurer à nouveau son rang.

Depuis les débuts de la IVe République, la réforme constitutionnelle est en quelque sorte le serpent de mer de la vie politique : *« Sur les cent six articles de la Constitution de 1946, deux seulement* [l'article 26 relatif aux traités diplomatiques, et l'article 95 qui interdit de réviser la forme républicaine du gouvernement] *n'ont fait l'objet d'aucune proposition de réforme*[25]. *»* Ils sont nombreux dans les allées du pouvoir, qu'ils appartiennent à des partis de droite ou de gauche, à déplorer l'instabilité ministérielle et à souhaiter une réforme des institutions. Mais leurs avis, opposés sur bien des points, et surtout la procédure prévue par la Constitution en empêchent toute modification*. C'est d'ailleurs *« par dérogation aux dispositions prévues par l'article 90* [De la révision de la Constitution] *»* que la loi du 3 juin a confié au gouvernement de Gaulle le soin de la réviser.

Les travaux constitutionnels qu'il entreprend alors ne connaissent aucun précédent. Jusque-là, de telles actions avaient toujours été le fait d'Assemblées constituantes dont les débats publics se prolongeaient durant des mois. Maintenant que le général de Gaulle est président du Conseil, la révision constitutionnelle relève d'instances non parlementaires créées à cet effet : une discrétion de

* Elle est prévue en trois étapes. Il convient d'abord de décider le principe de la révision et d'en préciser l'objet. Cette résolution doit être adoptée à la majorité absolue des députés, puis confirmée soit par le Conseil de la République à une majorité identique, soit par une deuxième lecture de l'Assemblée nationale dans un délai minimum de trois mois à la même majorité. Il appartient ensuite à l'Assemblée nationale d'élaborer un projet de loi portant révision de la Constitution, qui est soumis au Parlement et voté à la majorité. La troisième et dernière phase, la ratification, a lieu par référendum, sauf si des majorités substantielles (les deux tiers des députés ou les trois cinquièmes des deux Assemblées) adoptent le même texte.

rigueur entoure leurs délibérations. Tous ont conscience de participer à une course contre la montre : le Général entend que l'affaire constitutionnelle soit réglée dans les trois mois… Il précise entre autres à Michel Debré, à Raymond Janot et aussi au professeur de droit François Luchaire ses idées en la matière[26] : nécessité de nouvelles prérogatives pour le chef de l'État, qui doit disposer du droit de dissoudre l'Assemblée nationale et de saisir le peuple par voie de référendum ; incompatibilité absolue entre les fonctions ministérielles et parlementaires ; limitation des pouvoirs du Parlement, dont les sessions devraient être raccourcies : « Le gouvernement ne doit en aucun cas procéder du Parlement » ; division du Sénat en trois sections, politique, économique et outre-mer ; disparition de l'assemblée de l'Union française, du Conseil économique et social ; fin de la représentation des territoires d'outre-mer à l'Assemblée nationale*.

Il est prévu qu'un Conseil interministériel présidé par le général de Gaulle sera chargé de préparer les modifications constitutionnelles. Cinq membres du gouvernement (les quatre ministres d'État, Guy Mollet, Pierre Pflimlin, Louis Jacquinot, Félix Houphouët-Boigny**, et le garde des Sceaux, Michel Debré), le vice-président du Conseil

---

* Les conceptions constitutionnelles du général de Gaulle reposent sur quelques certitudes. *« La démocratie se confond exactement, pour moi, avec la souveraineté nationale. La démocratie, c'est le gouvernement du peuple par le peuple, et la souveraineté nationale, c'est le peuple exerçant sa souveraineté sans entrave »* (Londres, 27 mai 1942, Charles de Gaulle, *Discours et Messages*, t. I, *Pendant la guerre, 1940-1946*, Paris, 1970, Plon, p. 194). Un bon fonctionnement de la démocratie exige la séparation des pouvoirs, l'autorité du chef de l'État *« qui en soit un »*, et le recours au référendum pour consulter le peuple. Sa méfiance est grande à l'égard du Parlement qui, en proie aux divisions, a tendance à paralyser l'action gouvernementale. Il est donc proche des thèses de René Capitant, défenseur de la démocratie directe. Mais, en 1958, René Capitant, en poste au Japon (*cf. La République des Tourmentes*, t. III, p. 444), ne participe pas au débat constitutionnel, ce qui évite un affrontement entre lui et Michel Debré, partisan de la démocratie parlementaire.

** Il fut de 1960 à 1993 l'inamovible président de la Côte-d'Ivoire indépendante. Ainsi, à travers lui, c'est l'Afrique francophone qui prend part à l'élaboration de la Constitution de 1958.

d'État, René Cassin*, le secrétaire général du gouvernement, Roger Belin, et deux collaborateurs du président du Conseil, Georges Pompidou et Raymond Janot, y participent. La IVe République y est donc représentée en force. Michel Debré : *« Les anciens présidents du Conseil dont tout hier me séparait* [et qu'il n'a cessé de fustiger] *m'accueillent avec des sentiments mélangés, c'est le moins que je puisse dire. Mais le Général est au centre. Il*

---

* René Cassin, Compagnon de la Libération – un des quatre à être enterrés aujourd'hui au Panthéon –, n'est pas seulement un des principaux personnages de l'État. Grand mutilé de la Grande Guerre, professeur de droit, président de l'Union fédérale des mutilés et veuves de guerre, membre de la délégation française à la Société des Nations Unies, il entend le 18 juin 1940 l'appel du général de Gaulle et décide de le rejoindre si le gouvernement français ne se résout pas à organiser la résistance sur le sol français d'Afrique du Nord. Le 29 juin, à Londres, il se présente au général de Gaulle : *« Je m'excusai de n'être ni officier valide, ni ingénieur d'armement, et demandai au Général si le concours d'un juriste (...) pouvait lui être utile. Il me répondit : "Vous tombez à pic. Aucun comité national composé d'hommes politiques, de diplomates ou de chefs militaires français n'a encore pu être créé. Hier, Churchill m'a donc reconnu tout seul comme chef des Français libres. Je voudrais au plus tôt fonder notre force militaire sur un accord écrit avec lui. Ne pouvez-vous me préparer un projet à cet effet ? – Il n'y a pas de précédent à notre situation. Mais ce sera fait quand même. Un seul mot d'instruction m'est nécessaire. Nous ne sommes pas une Légion étrangère dans l'armée française alliée ? Nous sommes bien l'armée française ? – Nous sommes la France !" me dit une voix ferme »* (revue *La France libre*, juin 1950, n° 29). Dialogue insensé et admirable *« Quiconque nous aurait alors entendus aurait été convaincu d'écouter deux fous »*, aimait à raconter René Cassin.
L'un des principaux auteurs de la Déclaration universelle des droits de l'homme, votée à Paris le 10 décembre 1948 par l'Assemblée générale des Nations Unies, René Cassin préside aussi depuis 1943 l'Alliance israélite universelle.

En mai 1958, il ne met pas en doute sa confiance en de Gaulle. Le 18 mai, à la veille de sa conférence de presse, il lui exprime un souhait : *« Puisse votre interview de demain compléter votre déclaration de jeudi* [où de Gaulle se déclarait prêt à assumer les pouvoirs de la République] *(...) spécialement en dissipant la crainte de vous voir "démarrer" prisonnier de l'illégalité... Le point capital est d'éviter la guerre civile souhaitée aux deux extrémités : un de vos plus beaux titres est de l'avoir épargnée à la France libérée en 1944. »* Et, le 29 mai, il lui écrit : *« Tout ce que je peux avoir de force et d'ingéniosité pour aboutir à un résultat positif, je le mets au service de la République que vous devez restaurer une seconde fois. Avec tout mon dévouement anxieux et confiant. »* En juin, il soutient, entre autres, auprès de Daniel Mayer, président de la Ligue des droits de l'homme, qui a voté contre l'investiture du Général, *« la nécessité d'aider de Gaulle du dedans »* (A.N. 382 AP).

commande, et tout est changé. Me voir à ses côtés en de telles circonstances ! Hier, je menais une lutte ingrate, aléatoire. Aujourd'hui, je bâtis[27]. »

Au ministère de la Justice, le nouveau garde des Sceaux décide de former un groupe de travail qui sera chargé de « préparer le texte de la nouvelle Constitution ». Il en confie l'organisation à un jeune auditeur au Conseil d'État, Jean Mamert. Si la nouvelle instance comprend, sur le papier, vingt et un membres*, une dizaine seulement d'entre eux participent en fait régulièrement à ses travaux que préside le garde des Sceaux. Parmi eux, Raymond Janot, le conseiller du Général pour les affaires constitutionnelles, et Jérôme Solal-Céligny, maître des requêtes au Conseil d'État.

Dès le 12 juin, dix jours exactement après la prise de fonction du général de Gaulle, la réforme constitutionnelle entre en chantier. « *Il ne s'agit pas de réformer la Constitution de 1946, il faut préparer un texte nouveau (...), l'avant-projet devant être rédigé le 17 juillet au plus tard*[28] ». Telles sont les instructions que, le 12 juin, donne Michel Debré au groupe de travail. Dès lors, ses membres se réunissent à intervalles irréguliers, plusieurs fois par semaine. Le 13, à l'hôtel Matignon, sous la présidence du général de Gaulle, le Conseil interministériel participe « à un premier échange de vues sur la réforme constitutionnelle ». À l'issue de chacune de ses sept réunions ultérieures, Michel Debré, souvent très agacé par les critiques des « hommes de la Quatrième », remet ses notes à Jean Mamert : « Voyez ce que l'on peut garder, remettez-moi cela au point... » Le jeune auditeur au Conseil d'État s'enferme dans son bureau et, jusqu'à une heure avancée de la nuit, s'efforce de rédiger une nouvelle version des articles discutés par le Conseil interministériel. Il est seul au ministère de la Justice : deux agents de police en faction place Vendôme et le concierge dans sa loge suffisent

* Ce sont pour l'essentiel des professeurs de droit, des membres du Conseil d'État et aussi les représentants des quatre anciens présidents du Conseil qui appartiennent au gouvernement de Gaulle.

alors à assurer la protection d'un bâtiment officiel. Sa secrétaire, qui a quitté son poste à 16 heures, doit l'appeler le lendemain matin à 7 heures chez lui : ainsi, il peut lui dicter son travail nocturne que le ministre doit trouver sur son bureau à son arrivée*. Le groupe de travail agit donc en amont et en aval du Conseil interministériel.

Trois hommes, qui ne sont pas sur le devant de la scène, jouent un rôle essentiel dans l'élaboration de la Constitution : Raymond Janot, Jérôme Solal-Céligny et Jean Mamert. Leur appartenance commune au Conseil d'État témoigne de la diversité et de l'homogénéité de la société française en ce milieu du XXe siècle. Chacun à sa manière en donne un éclairage particulier.

Raymond Janot, le plus âgé – il est né en 1917 –, est le fils d'un expert auprès des tribunaux. Jusqu'à la guerre, son parcours est celui en vigueur dans la bonne bourgeoisie : études dans les meilleurs lycées parisiens, puis à la Faculté de droit et à l'École libre des sciences politiques, où il rencontre sa future femme, Catherine de Brunel de Serbonnes. Cette jeune aristocrate, issue d'une famille très proche de l'extrême droite, n'admet pas la défaite. Parmi les rares Français à avoir entendu l'appel du 18 Juin, elle prend très vite une part active à la Résistance, abritant entre autres dans son appartement parisien des aviateurs anglais et participant aussi à l'évasion de son mari, prisonnier de guerre en Prusse orientale. Dans les colis qu'elle peut lui envoyer, elle dissimule des billets de banque en usage en Allemagne, une boussole, des vêtements civils

* Un soir, vers 22 heures, la porte du bureau de Jean Mamert s'ouvre. À sa stupeur, il voit apparaître Jérôme Solal-Céligny : *« Avez-vous dîné ? – Non. – C'est bien ce que je pensais ! Je l'ai dit à ma femme et j'ai pris ma voiture : il faut qu'il dîne... »* Et, après avoir aidé son jeune collègue du Conseil d'État à mener à bien son travail, il l'emmène dans un restaurant proche de la place Vendôme où il a déjà prévenu de cette arrivée fort tardive. *« Jamais,* dit Jean Mamert, *je n'avais imaginé que l'on puisse être à ce point attentif aux autres. Ce soir-là, Jérôme a changé ma vision de l'humanité. »*

camouflés en tenues militaires. Ainsi, bénéficiant de faux papiers fournis par une filière d'évasion qui existe dans son camp, parlant couramment l'allemand, Raymond Janot parvient, en août 1943, à traverser le IIIe Reich. Il a pu se joindre à un groupe de travailleurs civils en permission, monter dans le train qui les ramène à Paris. En avril 1944, sa femme, qu'un tribunal militaire allemand a condamnée à mort par contumace, et lui traversent les Pyrénées, l'Espagne, arrivent en Algérie, s'engagent tous les deux dans l'armée française. Raymond Janot, qui appartient aux commandos de France, est blessé devant Belfort. Catherine Janot, conductrice d'ambulance, est démobilisée en janvier 1946.

Sous la IVe République, Raymond Janot, croix de guerre, médaille des évadés, nommé au Conseil d'État en 1946, a la carrière classique d'un haut fonctionnaire*. Son physique de colosse à la voix si forte qu'elle lui épargne les permanences à l'hôtel Matignon**, son allure parfois cassante occultent souvent ses réelles qualités.

De trois ans son cadet, Jérôme Solal-Céligny, le véritable « rapporteur général » du projet de Constitution durant l'été 1958***, a vu le jour sous le signe d'une ascendance pour le moins exceptionnelle. Il porte en effet le prénom d'un de ses arrière-grands-pères, le prince Jérôme Bonaparte, frère de Napoléon ; sur la même ligne de l'arbre généalogique de cet arrière-petit-neveu, par la main gauche, de l'Empereur, figure aussi un rabbin d'Algérie : Moïse Lévy…

---

* Successivement conseiller juridique de la présidence de la République, puis aux Affaires économiques du haut-commissariat de France en Indochine, et, à partir de 1956, secrétaire général du Conseil d'État.

** L'appartement réservé à la permanence étant contigu de celui du général de Gaulle, Mme de Gaulle supportait mal les éclats de rire tonitruants du conseiller en charge des Affaires constitutionnelles.

*** C'est ce que constate Didier Maus et que reconnaissent tous les participants à l'élaboration de la Constitution. Jérôme Solal-Céligny intervient, en effet, à toutes ses étapes, au groupe de travail, au Comité consultatif constitutionnel, au Conseil d'État. Ses connaissances juridiques, l'estime des milieux politiques de la IVe République, ses relations privilégiées avec Michel Debré font qu'il y joue un rôle fondamental.

À l'image de son père, le professeur Edmond Lévy-Solal, membre de l'Académie de médecine, et de sa mère, Catherine de Céligny*, Jérôme Solal-Céligny pratique

* Né à Alger en 1882, venu en métropole faire ses études de médecine, étudiant pauvre et sans relations, Edmond Lévy, devenu Lévy-Solal, est, dans les dernières années de la IIIe République, un gynécologue réputé, médecin des hôpitaux de Paris, titulaire de la principale chaire d'obstétrique de la capitale, celle de l'hôpital Baudelocque. Pendant la Première Guerre, il est affecté, en tant que médecin-major, à l'hôpital militaire de Calais. Il y fait la connaissance d'une bénévole de la Croix-Rouge, Catherine de Céligny, à qui sa taille et son autorité naturelle valent le surnom de la « Grande Demoiselle ». Elle est de cinq ans son aînée. Ils se marient en décembre 1917. L'acte de naissance de Catherine de Céligny, établi à Paris, porte la mention : « père et mère inconnus », tout comme celui de son frère. Et c'est pour se donner un patronyme qu'ils décident de s'appeler de Céligny, en souvenir du village suisse où ils ont passé une partie de leur enfance. Leur père, le prince Napoléon, chef de la maison impériale, a toujours veillé sur eux ; leur mère, Charlotte de Canisy, demoiselle de compagnie de la duchesse de Savoie, ne s'est jamais occupée d'eux. Sur une suggestion de sa femme, le docteur Edmond Lévy se fait désormais appeler Lévy-Solal : le trait d'union, symbole de l'appartenance à l'aristocratie bourgeoise ! Leurs deux enfants reçoivent des prénoms napoléoniens : Laetitia, morte en 1937, et Jérôme. Catherine Lévy-Solal tient d'ailleurs à ce qu'ils perpétuent l'identité qu'elle s'est forgée. Au lieu de s'appeler Lévy-Solal, ils seront donc Solal-Céligny, et non Solal de Céligny, comme elle l'aurait souhaité, puisque le Conseil d'État a autorisé la modification d'état civil demandée, mais sans la particule… À l'hôpital militaire de Calais, Catherine de Céligny s'est liée d'une profonde amitié avec Marguerite Vendroux, qui y exerce bénévolement les fonctions d'infirmière-major et dont la fille Yvonne devait épouser en 1920 le capitaine de Gaulle. Une fois la paix revenue, les Vendroux et les Lévy-Solal restent très proches ; Jérôme Solal-Céligny passe souvent ses vacances dans la propriété des Vendroux, avec, entre autres, les enfants de Charles et d'Yvonne de Gaulle. Le professeur Lévy-Solal les a mis au monde. La présence au foyer des Lévy-Solal, comme à celui des de Gaulle, d'une fille trisomique crée entre eux des liens particulièrement étroits, d'autant que les deux couples ont à l'égard de cette enfant la même attitude : loin de la dissimuler, ils montrent à tous l'amour qu'ils lui portent. En 1948, lors de l'enterrement d'Anne de Gaulle, alors que ses parents n'avaient *« voulu absolument* [y voir] *que leur famille et les bonnes gens de Colombey »*, les Lévy-Solal sont présents : *« Ils avaient tellement tenu à venir – par amitié et aussi par souvenir de leur pauvre fille Lélette – que nous les avions naturellement reçus »* (Charles de Gaulle, *Lettres, notes et carnets*, t. II, *1942-1958*, Paris, 2010, Robert Laffont, « Bouquins », p. 837, lettre à Élisabeth de Boissieu, 10 février 1948). En 1955, alors que de Gaulle, après une opération de la cataracte, est victime d'un grave malaise, le professeur Paul Milliez, appelé à son chevet, l'entend lui faire *« un grand éloge de Lévy-Solal : "Nous l'avons intimement fréquenté autrefois" »* (Alain Larcan et Jean-François Lemaire [dir.], *De Gaulle et la médecine*, Paris, 1995, Les Empêcheurs de penser en rond, p. 242). En décembre 1943, à Alger où il vient d'arriver, Jérôme Solal-Céligny est invité

l'acharnement au travail, veille à ne jamais peiner quiconque, à se montrer toujours disponible pour autrui. Sa vie durant, il nourrit la même ambition : « réaliser ma vie, *c'est-à-dire accomplir au maximum de mes possibilités ce que j'ose appeler "ma mission sur terre". (...) Il faut être un* militant de la vie [souligné dans le texte], *et, lorsqu'on agit dans la voie choisie, on ne peut pas le faire à moitié, avec des restrictions** ».

La guerre terminée, Jérôme Solal-Céligny met en application cette règle au secrétariat général du gouvernement, qu'il intègre dès 1946, d'abord comme chargé de mission, puis comme chef de cabinet du secrétaire général. Sa connaissance approfondie des lois, sa mémoire – il sait par cœur les textes législatifs les plus importants –, sa présence constante, son efficacité et son humanité l'y rendent indispensable. Au moindre problème juridique, le gouvernement en place, qu'il soit de droite ou de gauche, a recours à lui. Déplorant l'instabilité ministérielle et le dysfonctionnement politique, Jérôme Solal-Céligny rédige au début de 1956 une note intitulée : *Catalogue sommaire des mesures destinées à renforcer l'exécutif.* En octobre de la même année, André Chandernagor, le conseiller de Guy Mollet, en reprend l'essentiel dans un document por-

---

à déjeuner par le général de Gaulle. « *Aimablement, de G. s'adresse à moi à plusieurs reprises pour me demander quelques nouvelles personnelles. (...) Une fois tous les invités partis, Mme de G. me dit, en quelques mots gentils, que son mari tient à ce que j'aie recours à lui en cas de besoin* » (*Paris-Espagne-Alger-France, septembre 1943-septembre 1944*, manuscrit de Jérôme Solal-Céligny, dactylographié après sa mort en 1974 par son épouse, archives personnelles).

* Ces lignes sont écrites au début de 1944 à Alger alors qu'il s'apprête à être parachuté en France occupée (les mots soulignés le sont par lui) : « *Oui, j'ai librement et joyeusement choisi de me battre pour mon pays à un poste particulièrement dangereux. Un an plus tôt, pendant ma retraite de Pâques 1943, j'avais déjà fait d'avance le sacrifice de ma vie. (...) Je n'aurai droit à une existence heureuse et fière que si j'ai apporté ma petite pierre dans l'édifice nouveau que l'on bâtit. (...) Je le redis nettement, pour moi-même comme pour les miens, j'ai fait en pleine conscience le sacrifice de ma vie, je l'ai fait parce que j'aime prodigieusement la vie et que je la veux belle. L'amour comporte toujours un don joyeux de soi-même pour réaliser la communion avec l'objet aimé. Pour vivre, il faut communier avec la vie. Quand je parle de la Vie, je la comprends en Français et en chrétien.* »

tant le même titre, les deux hommes étudiant ensemble la réforme institutionnelle que les socialistes souhaitent mettre en place : *« Entre les ambitions réformatrices des gouvernements de la IVᵉ République, de leurs collaborateurs, et l'écriture des dispositions de la Constitution de 1958 relatives au "parlementarisme rationalisé", il n'existe pas de fossé, mais au contraire une réelle continuité*[29]*. »*

En dehors du secrétariat général du gouvernement, Jérôme Solal-Céligny, nommé maître des requêtes au Conseil d'État en 1957, n'est pas dépourvu, à titre personnel, de relations dans le milieu politique. Depuis son enfance, il connaît Michel Debré, qui le considère comme son « jeune frère[30] ». Entre eux, le tutoiement est de rigueur.

L'univers de Jean Mamert n'a rien de commun avec ceux de Raymond Janot ou de Jérôme Solal-Céligny. Son premier contact avec un étudiant parisien lui laisse un souvenir amer. Dans le hall de Sciences Po où ce boursier est venu s'inscrire pour préparer l'École nationale d'administration, il interroge un de ses futurs condisciples sur l'heure d'ouverture du secrétariat. Arrivé le matin même de Montpellier, arborant avec fierté un blouson taillé par sa grand-mère dans une couverture, il se voit toisé par son interlocuteur qui, loin de lui donner le renseignement demandé, laisse tomber, méprisant : « Vous ne m'avez pas été présenté, monsieur… »

Dans la bordure de Montpellier où il naît en 1928, les quelques arpents de vigne que possède sa famille ne sauraient la faire vivre. Son père travaille donc aussi chez les autres comme ouvrier agricole. *« L'admiration sans bornes – je n'ai jamais rencontré un homme aussi admirable »* – que Jean Mamert éprouve à son égard s'accompagne d'une infinie reconnaissance et affection pour son instituteur : *« Je lui dois tout*[*]*… »*

---

* Jean Mamert : *« Il m'a permis d'obtenir une bourse – tous les jeudis, il me faisait préparer ce concours – et surtout il a persuadé mon père que je devais aller au lycée, ce qu'il n'avait jamais imaginé : "Le lycée, ce n'est pas pour nous" »*, s'était-il écrié lorsque l'instituteur était venu l'informer que son fils devait intégrer l'enseignement secondaire.

Ce parfait produit de la promotion républicaine, élevé dans l'amour de la France et de la République, nourrit une ambition : devenir administrateur colonial ; il se voit responsable d'un vaste territoire et de ses habitants, quelque part en Afrique. Sous l'Occupation, ne supportant pas une présence étrangère sur le sol français, il ne tarde pas à choisir son camp : *« Ma seule crainte est que Papa ait des ennuis à cause de moi... »* Après la guerre (sa mention au baccalauréat lui assure automatiquement une bourse pour la suite de ses études), il milite dans les mouvements de jeunesse chrétienne ; par fidélité envers son père, il s'est inscrit dans les Jeunesses ouvrières, mais l'évêque le prie de rejoindre les étudiants, puisque tel est son statut. Il s'exaspère des résistants de la vingt-cinquième heure, particulièrement nombreux, selon lui, dans le sud de la France, et prépare avec passion « Colo* », jusqu'au jour où le proviseur de son lycée lui inflige une « douche glacée » : *« J'ai bien peur que, compte tenu de l'évolution du monde, le métier admirable d'administrateur colonial ne devienne une carrière très précaire. C'est mon devoir de vous le dire... »* N'ayant pas l'idée de contester cet avertissement, Jean Mamert décide de faire son droit, ce qui le conduit tout naturellement à préparer le concours d'entrée à l'École nationale d'administration, puisqu'il n'envisage pas un métier qui ne soit de service public.

Son passage à l'E.N.A. est brillant : il en sort auditeur au Conseil d'État. La politique le passionne. Il n'a pas grande admiration pour le général de Gaulle (auquel, curieusement, il fait alors grief de ne pas avoir partagé les souffrances des Français sous l'occupation ennemie) ; il s'exaspère du mauvais fonctionnement de la IVe République, s'indigne qu'au fil des années l'empire colonial français ait subi maintes amputations. Il ne peut tolérer l'idée qu'il en aille de même avec l'Algérie. Il rejoint

* C'est le surnom toujours donné à l'École coloniale, bien qu'elle soit devenue, en 1934, École nationale de la France d'outre-mer.

donc tout naturellement l'U.S.R.A.F.*. Il y fait la connaissance de Jacques Soustelle et celui-ci, au hasard d'une rencontre, le présente à Michel Debré. Resté seul avec le sénateur, Jean Mamert lui dit son admiration pour ses philippiques contre le « régime des partis », pour sa défense de l'Algérie française, mais s'étonne de son « aveuglement » à l'égard du général de Gaulle, ce qui lui vaut cette réponse : *« J'aurais préféré avoir Richelieu, je n'ai que Louis XIV. »* Un échange aussi inhabituel crée des liens... Au cours des mois qui suivent, les deux hommes deviennent très proches. Et quelques jours après la formation du gouvernement de Gaulle, le jeune auditeur au Conseil d'État reçoit un appel téléphonique du ministre de la Justice : *« Vous allez préparer le texte de la nouvelle Constitution. Il faut aller vite*[31]. »

Le 13 juin, lors de la première réunion constitutionnelle à l'hôtel Matignon dans le bureau du président du Conseil, la plupart des participants s'attendent à ce que le général de Gaulle sorte de sa poche un projet de Constitution tout élaboré**. Il n'en fait rien. Très détendu, sans aucune note, semblant improviser, il rappelle les principes inscrits dans la loi constitutionnelle du 3 juin*** et précise ses propres conceptions. Il les passe en revue :

• La séparation des pouvoirs : elle veut que le gouvernement ne procède pas du Parlement, mais du chef de

* L'Union pour le salut et le renouveau de l'Algérie française a été fondée en avril 1956 par Jacques Soustelle (*cf. La République des Tourmentes*, t. III, pp. 645-646).

** L'éditorialiste Pierre Viansson-Ponté l'écrit dans *Le Monde* du 30 juillet 1958 : *« Récit des premiers pas de la Constitution »* (*cf.* aussi Pierre Pflimlin, *Mémoires d'un Européen. De la IVe à la Ve République*, *op. cit.*, p. 147).

*** Ils sont au nombre de cinq : seul le suffrage universel est la source du pouvoir ; le pouvoir exécutif et le pouvoir législatif doivent être séparés ; le gouvernement doit être responsable devant le Parlement ; l'autorité judiciaire doit demeurer indépendante ; la Constitution doit permettre d'organiser les rapports de la République avec les peuples qui lui sont associés.

l'État, et que toute fonction ministérielle soit incompatible avec un mandat parlementaire, et même avec l'appartenance à un parti politique. *« Il faudra trouver le moyen de dégager les membres du gouvernement de leurs attaches partisanes. »*

• La responsabilité du gouvernement devant le Parlement : elle doit être *« organisée de telle sorte qu'elle ne joue pas sur tous les sujets, (...) qu'elle n'intervienne pas à chaque instant »*.

• Le rôle *« essentiel du président de la République dans les nouvelles institutions »* : *« source de l'exécutif »*, il doit disposer seul du droit de dissoudre le Parlement et d'en appeler au peuple par référendum. Son élection par un collège très large lui assurera *« une autorité réelle »* ; il n'est pas souhaitable que sa désignation incombe au suffrage universel*.

• La composition du Parlement : « [Il] *l'envisage avec une Assemblée à qui le dernier mot doit rester en matière législative, et un Sénat fédéral. L'Assemblée serait naturellement issue du suffrage universel direct. Le Sénat serait divisé en trois sections, l'une traditionnelle, la seconde à représentation économique, sociale, la troisième permettrait la représentation des pays d'outre-mer de telle sorte que l'ensemble de ce Sénat puisse avoir un caractère véritablement fédéral. »*

L'exposé présidentiel se termine par l'évocation de la *« véritable fédération »* de la République française avec *« les peuples qui lui sont associés »*, dont la nouvelle

* De Gaulle sait que le moment n'est pas venu de se prononcer en faveur d'une telle procédure, à laquelle il est loin d'être hostile. Il ne paraît pas possible que le futur président de la République soit élu, dans des conditions analogues, par la France métropolitaine et l'ensemble des territoires et départements d'outre-mer. Et puis, plus d'un siècle après qu'il s'est proclamé empereur, l'ombre du prince-président pèse sur le débat constitutionnel de 1958 : *« Afin de ne pas contrarier le mouvement presque unanime de l'adhésion nationale, je jugeai bon de tenir compte des préventions passionnées que, depuis Louis Napoléon, l'idée de plébiscite soulevait dans maints secteurs de l'opinion »* (Charles de Gaulle, *Mémoires d'espoir*, t. II, *L'Effort*, Paris, 1971, Plon, p. 19).

Constitution devra permettre l'organisation. De Gaulle a parlé une vingtaine de minutes. Le débat est ouvert. Il est on ne peut plus détendu. Les anciens présidents du Conseil, approuvés par Michel Debré, ne cachent pas leur inquiétude devant la transformation du Sénat que propose le Général. Et de Gaulle se résout à ne plus soulever ce problème*. En revanche, comme il le fit au cours de plusieurs séances ultérieures, il revient avec force sur ce qui lui paraît essentiel, le rôle du président de la République : *« Il doit désigner le gouvernement ; il doit pouvoir dissoudre l'Assemblée ou le gouvernement si l'un ou l'autre excède les limites de sa compétence ; il doit, en cas de péril national, pouvoir prendre les mesures nécessaires à la continuité nationale. Le président de la République est le garant de l'indépendance nationale, de l'intégrité du territoire et du respect des traités. Il est essentiel que le pays le sache... »* Il ne veut pas risquer de se trouver dans la position du dernier président de la IIIe République qui, *« tout Albert et tout Lebrun qu'il était*[32] *»*, n'aurait pas laissé le maréchal Pétain prendre le pouvoir si la Constitution lui avait donné mandat d'intervenir pour sauver l'indépendance nationale ; si tel avait été le cas, il serait parti pour Alger et l'armistice n'aurait pas été demandé. Sur les pouvoirs du président de la République, de Gaulle n'envisage pas de céder d'un iota. Il veille cependant à ne pas heurter de front les ministres d'État qui s'inquiètent du rôle qu'il entend lui donner. Il affirme ainsi à Guy Mollet qu'il ne voit pas d'inconvénient à ce que la dissolution ne puisse être décidée qu'à la demande du gouvernement ou du Parlement... *« à condition que* [le chef de l'État] *soit seul maître de la décision »*. Il lui dit aussi son complet accord pour être *« vraiment un arbitre, et non le chef de l'exécutif »*, mais il se garde bien de lui préciser sa conception personnelle de l'arbitrage : dans un match de

---

* Lorsque, onze ans plus tard, il reprend cette idée, elle prend part à sa chute : elle figure en effet dans le référendum que les Français rejettent le 27 avril 1969.

football, devait-il dire par la suite, c'est l'arbitre qui confisque le ballon et choisit d'en faire ce qui lui semble préférable. *« Pour Charles de Gaulle, arbitrer, c'est décider à tout moment*[*]*. »*

En fait, finalement assez ignorant des mécanismes constitutionnels, de Gaulle fait confiance à Michel Debré[**]. De toute évidence, il entend signifier que c'en est bien fini de la IVe République. Les Conseils des ministres à l'Élysée deviennent ainsi de simples formalités, n'étant là que pour entériner les décisions déjà prises en conseil de cabinet à Matignon, et ils ne durent guère plus d'une heure. S'ils sont toujours, comme le veut la Constitution, présidés par le président de la République, la disposition même des ministres autour de la table a changé, et ce changement a valeur symbolique : on ne sait plus qui préside... Alors que l'usage voulait que le président de la République et le président du Conseil soient assis l'un en face de l'autre, René Coty et Charles de Gaulle siègent côte à côte, les ministres étant placés de part et d'autre[***]. La politesse raffinée que le général de Gaulle témoigne au

---

* Cette constatation d'André Chandernagor, qui représente Guy Mollet au groupe de travail, rejoint la définition donnée ultérieurement dans une étude sur *La Pensée constitutionnelle du général de Gaulle à l'épreuve des circonstances* : *« Le concept d'arbitrage, dans l'esprit du Général, est synonyme de commandement et non d'effacement, de décision et non de ratification »* (Véronique Alibert-Fabre, *Revue française de sciences politiques*, 1990, n° 5, p. 705).

** *« M. Debré me disait que c'était très bien ainsi »*, ou *« Vos collègues du Conseil d'État me juraient qu'on ne pouvait pas faire mieux »*, répond-il lorsque certains, par la suite, s'étonnent qu'il ait accepté une Constitution plus traditionnellement parlementaire que celles qu'il avait dépeintes antérieurement (Bernard Tricot, « Le processus de prise des décisions », dans *De Gaulle et le service de l'État*, Paris, 1977, Plon, p. 148).

*** Dès le premier Conseil des ministres de la Ve République, le 13 janvier 1959, le plan de table est redevenu celui en vigueur depuis les débuts de la IIIe République : le Premier ministre, Michel Debré, est assis en face du président de la République (*cf.* Comité national chargé de la publication des travaux préparatoires des institutions de la Ve République, *Documents pour servir à l'histoire de l'élaboration de la Constitution du 4 octobre 1958*, vol. I : *Des origines de la loi constitutionnelle du 3 juin 1958 à l'avant-projet du 29 juillet 1958*, p. 824.)

président de la République est toute d'apparence*. Dans l'ordre du jour, fixé par lui, ne figurent désormais que les nominations ou textes qui, juridiquement, doivent y être délibérés ; toutes les communications sont supprimées. René Coty est profondément blessé d'une telle mesure qui l'empêche d'être informé de l'activité gouvernementale. Son collaborateur Francis de Baecque exprime son indignation à Georges Pompidou. Finalement, de Gaulle accepte que le ministre des Affaires étrangères fasse, à chaque Conseil, l'exposé rituel sur la politique internationale. C'est la seule concession que, toute la durée de son gouvernement, le président du Conseil accorde au président de la République.

Les limites de l'esprit de conciliation du Général sont vite atteintes : parce que, dès l'ouverture du deuxième Conseil interministériel, le 23 juin, Guy Mollet, avec l'approbation générale, signale une erreur dans le compte rendu de la première séance, de Gaulle décide – mais il ne l'annonce pas – qu'il n'y aura plus de compte rendu...

L'exceptionnelle rapidité (moins d'un mois !) de la rédaction d'un premier projet de Constitution tient à différents facteurs. La volonté du président du Conseil d'aboutir très vite rejoint celle, unanime, de tous les participants du débat constitutionnel. L'impossibilité pour le général de Gaulle de soumettre au peuple un projet constitutionnel dans les délais prévus par la loi du 3 juin risquerait en effet de précipiter la France dans une crise plus grave encore que celle du mois de mai. En outre, il existe entre tous les membres du Conseil interministériel un accord profond sur deux points : l'un est lié à la conjoncture – seul de Gaulle peut trouver une issue au

* Parmi les *« assauts de courtoisie »* du président du Conseil, le ministre de l'Intérieur, Émile Pelletier, cite *« l'un des plus touchants : le président Coty était grand fumeur et les cigarettes se succédaient à sa bouche les unes aux autres. Le général de Gaulle, qui avait depuis onze ans renoncé au tabac, avait toujours cependant dans sa poche une boîte d'allumettes qu'il sortait à temps pour assurer le feu, salutaire, ou non, de la prochaine cigarette du président Coty »* (Émile Pelletier, *Traversée d'une époque*, Toulouse, 1974, Imprimerie Maurice Espic, p. 235).

drame algérien –, l'autre concerne la nécessité de la stabilité gouvernementale* et le maintien d'un régime parlementaire. Au sein du groupe de travail mis en place au ministère de la Justice, André Chandernagor, le conseiller de Guy Mollet pour les affaires constitutionnelles, découvre un Michel Debré qu'il ignorait, profondément attaché au système parlementaire, ne concevant pas un instant que la future Constitution puisse le rejeter**. Le garde des Sceaux aime les débats parlementaires ; le palais du Luxembourg – il a été élu sénateur en 1948 à trente-six ans – est le théâtre où il peut dénoncer les méfaits de la IVe République, fustiger la Constitution de 1946 qui a distillé dans leur toute-puissance les *« délices et poisons du régime des partis ».* À ses yeux, le Parlement est indispensable au bon fonctionnement de la démocratie, puisqu'il lui revient de *« légitimer le pouvoir de l'État, défendre les libertés individuelles et l'intérêt général, et fournir au pays une élite politique*[33] *».*

Le premier écrit constitutionnel du ministre de la Justice date de l'Occupation. D'emblée, il y soutient que la grandeur de la France et la réforme de la démocratie sont indissolublement liées. Les idées qu'il défend alors*** et

---

* Le républicain populaire Robert Buron, ministre des Travaux publics, note que le projet constitutionnel *« reprend toutes les idées à la mode en 1956 et 1957 pour assurer la stabilité gouvernementale ».* Lui-même, à la fin de 1957, a déposé une proposition de loi tendant à obliger tout ministre à démissionner de son mandat parlementaire (Robert Buron, *Le plus beau des métiers*, Paris, 1963, Plon, pp. 157 et 135).

** Cinquante ans plus tard, André Chandernagor constate que, dans leur défense du régime parlementaire, les socialistes ont eu *« une chance : c'est que Debré est parlementaire et parlementariste ! Heureusement ! Cela facilite les choses… »* (Denis Lefebvre, « Garder un caractère parlementaire au nouveau régime », entretien avec André Chandernagor, conseiller de Guy Mollet sur les questions institutionnelles (1956-1958), *L'Ours*, hors-série n° 43-44, juin-septembre 2008, p. 30).

*** *« Refaire la France »*, tel est le titre du programme de réformes qu'il rédige en 1943 avec Emmanuel Monick, qui fut, à la Libération, secrétaire général aux Finances dans le Gouvernement provisoire de la République française, et qu'il signe de son nom de résistant (Jacquier, le coauteur s'appelant alors Bruière). En 1945, *Refaire la France : l'effort d'une génération* paraît aux éditions Plon sous la véritable identité de ses auteurs : Michel Debré et Emmanuel Monick.

qui sont toujours les siennes en 1958, quand le retour au pouvoir du général de Gaulle lui offre la possibilité de les mettre en œuvre, ne sont pas nouvelles. Dans les dernières années de la IIIe République, la « réforme de l'État » ne manquait pas de partisans, et leurs suggestions allaient toujours dans le même sens : une plus grande autorité pour le chef de l'État, un gouvernement assuré de la stabilité, un Parlement qui n'outrepasse pas son rôle*.

Pour Michel Debré, le modèle constitutionnel idéal est le Parlement de Westminster qui, depuis deux siècles, assure la stabilité du pouvoir exécutif britannique. Son objectif est donc de « rationaliser » le fonctionnement du

---

* René Coty a pris part à ce mouvement. Dès 1929, il dénonçait le mauvais fonctionnement de nos institutions et, en 1934, après les émeutes antiparlementaires du 6 février, il est à l'origine de la création, à la Chambre des députés, d'une commission chargée de réformer l'État (*cf. La République des Tourmentes*, t. III, p. 335). Mais c'est indéniablement André Tardieu qui propose alors une réforme institutionnelle dont la Constitution de 1958 semble la plus proche. Dans ses deux ouvrages, *La Réforme de l'État* (Paris, 1934, Flammarion) et *La Révolution à refaire* (deux tomes, en 1936 et 1937, chez le même éditeur), l'ancien président du Conseil préconise le recours à la dissolution, au référendum, et aussi l'élection du président de la République par un collège élargi. La rationalisation du parlementarisme, qu'il juge indispensable, *« c'est aussi "protéger l'exécutif contre les empiétements du législatif", "rééquilibrer les pouvoirs entre les deux Chambres" et "supprimer les commissions permanentes des assemblées" : tous ces choix de Tardieu seront ceux des auteurs de la Constitution de 1958 »* (Olivier Passelocq, « De Tardieu à de Gaulle », *Revue française de droit constitutionnel*, 1990, n° 3, pp. 387-407). Comme le remarque Jean Lacouture (*De Gaulle*, 2. *Le Politique*, Paris, 1985, Seuil, p. 185), il est peu vraisemblable que de Gaulle, qui se tenait au courant de la vie politique, ait ignoré les propositions d'André Tardieu, d'autant qu'il le connaissait personnellement, ayant travaillé avec lui au secrétariat général de la Défense. Et Nicolas Wahl note que la similitude entre « les remèdes de Tardieu et ceux de la Constitution de 1958 » n'a rien d'étonnant, car dans les deux cas le diagnostic sur le dysfonctionnement de l'État et la nécessité absolue d'y remédier est le même.

Dans le mouvement révisionniste des dernières années de la IIIe République, Léon Blum fait entendre, avec *La Réforme gouvernementale* (Paris, 1936, Grasset), une voix très différente. Pour lui, les mesures proposées afin d'assurer un meilleur fonctionnement de la République se traduisent par une atteinte à la démocratie lorsqu'elles entendent restreindre, par la volonté du gouvernement, les pouvoirs du Parlement. Il ne nie pas qu'il est nécessaire de « rationaliser » le parlementarisme, mais il fait confiance aux partis politiques, dont il souhaite l'institutionnalisation, pour y parvenir.

Parlement français*. En cela, il répond aux préoccupations des anciens présidents du Conseil de la IVe République qui tiennent à limiter les pouvoirs du Parlement : *« Pour tenir son rôle avec efficacité, le gouvernement doit avoir la durée et les moyens d'agir : chercher à obtenir l'un sans l'autre est illusoire**. »*

Qu'il s'agisse du gouvernement, du Parlement ou des rapports entre gouvernement et Parlement, les principales dispositions sont donc adoptées par le Conseil interministériel sans soulever de débats passionnés. C'est en vain que Guy Mollet plaide pour que le Parlement reste maître de son ordre du jour, mais c'est avec succès que Pierre Pflimlin et lui obtiennent que les pouvoirs du gouvernement soient définis comme ils ne l'ont jamais été : *« Le gouvernement détermine et conduit la politique de la Nation... »* Aucune Constitution française n'avait jamais consacré un titre au gouvernement : c'est le cas en 1958. Jusqu'à présent, le chef du gouvernement était toujours appelé président du Conseil ; sur une suggestion socialiste, il devient le Premier ministre***. C'est aussi sur une suggestion de Pierre Pflimlin approuvée par Guy Mollet qu'est introduit le fameux article 49, alinéa 3, qui permet le vote bloqué****.

---

* Il avait d'abord parlé de l'« assainir », mais avait vite renoncé à ce terme jugé péjoratif (*cf.* André Chandernagor, entretien déjà cité). Il lui avait paru raisonnable d'avoir recours à la formule classique du sociologue Boris Mirkine-Guetzevitch qui voyait dans le « parlementarisme rationalisé » un ensemble de mesures destinées à assurer, avec la séparation des pouvoirs, un travail parlementaire efficace.

** Cette affirmation est d'André Chandernagor qui, à la demande de Guy Mollet, met au point, dès octobre 1956, un projet de réforme profonde des procédures parlementaires (Didier Maus, « Guy Mollet et l'élaboration de la Constitution de 1958 », dans *Guy Mollet. Un camarade en République*, Lille 1987, Presses univesistaires de Lille, pp. 352-354).

*** *« Il y a intérêt à substituer l'appellation de Premier ministre à celle de président du Conseil, qui est usée. Cette novation aurait une grande importance psychologique. »* Ainsi Francis Leenhardt rend-il compte à Guy Mollet, le 22 mars 1958, du souhait qu'il a exprimé au ministre de la Justice, le républicain populaire Robert Lecourt, avec qui il est chargé d'étudier un projet de réforme constitutionnelle (O.U.R.S., AGM 102).

**** En juillet 1953, les républicains populaires ont proposé le recensement des « seules voix contre » en cas de vote de confiance, celle-ci ne peut

Un incident violent éclate le 7 juillet. Pour le général de Gaulle, l'incompatibilité entre fonction ministérielle et mandat parlementaire est une des conditions *sine qua non* de la séparation des pouvoirs. C'est, avec les pouvoirs du président de la République, le point sur lequel il refuse toute discussion. Les membres du Conseil interministériel, y compris ceux qui y sont hostiles, l'ont donc admise. Partisan du mandat unique, Michel Debré veut aller plus loin : il demande qu'il soit interdit aux ministres de conserver la mairie d'une ville importante ou la présidence d'un conseil général. Inamovible maire d'Arras depuis 1945 et passionnément attaché à sa ville, Guy Mollet s'indigne. Avec véhémence et une fureur mal contenue, il voit dans cette proposition du garde des Sceaux la négation de tous leurs accords tacites. De Gaulle pâlit. Après un quart d'heure de discussion où il ne dit mot, il lève la séance. Quelques minutes plus tard, de retour dans son bureau, il donne libre cours à sa colère : *« Les partis politiques ne comprennent rien à la situation présente ; ils n'ont pas d'autre but que de revenir à la IVe République : il ne se prêtera pas à leur jeu, il partira plutôt, les laissant se débrouiller avec l'Algérie et le reste*[34]. » Une fois encore, la menace fait son effet. Comprenant que Guy Mollet ne cédera pas, Michel Debré se résigne à l'abandon de cette mesure qui lui était chère* : il n'en sera plus question. L'adhésion des responsables de la IVe République au

être rejetée qu'à la majorité des parlementaires. La proposition stipule que *« si la confiance n'est pas refusée, la décision sur le texte en cause est de ce fait acquise »*. Elle date de juillet 1953 et elle est reprise pour l'essentiel en janvier 1958 sous le gouvernement Félix Gaillard, par le ministre M.R.P. de la Justice, Robert Lecourt, dans son projet de révision constitutionnelle qui reçoit l'adhésion des socialistes. (Robert Lecourt, « L'origine mouvementée de l'article 49-3 », dans la revue *France-Forum*, janvier-mars 1990, pp. 25-30).

* À l'en croire, le refus de cette réforme est pour Michel Debré l'un de ses trois principaux insuccès dans la Constitution de 1958, les deux autres étant de n'avoir pu obtenir que la Constitution stipule le caractère obligatoirement majoritaire de tout scrutin, et que le vote personnel des parlementaires, pourtant mentionné dans le texte, ne soit pas, sous la Ve République, devenu une réalité (Michel Debré, *Trois Républiques pour une France. Mémoires*, t. II, *1946-1958*, *op. cit.*, pp. 390-398).

projet constitutionnel, qui lui évite d'encourir le reproche de bonapartisme, est indispensable au général de Gaulle.

Les 10 et 11 juillet, au Conseil interministériel, on discute à nouveau de la nécessaire stabilité gouvernementale. Pas plus que dans les réunions précédentes, il n'y est question de l'Algérie. D'un commun et tacite accord, nul n'évoque son avenir. Tous s'en remettent à de Gaulle pour mettre fin à la guerre, et il faut que la Constitution lui en donne les moyens : un point, c'est tout. Certains soutiendront que, lors des discussions sur les rapports futurs entre la France et les territoires d'outre-mer, l'Algérie était présente dans leur esprit, mais, fidèles à l'embargo mis sur ce sujet dramatique, ils n'en disent mot.

Le général de Gaulle trouve que les débats s'éternisent. Il en a assez de ces réunions où l'on passe en revue l'un après l'autre les différents articles de la future Constitution. Il est temps d'embrasser le projet dans son ensemble : *« Vous allez,* enjoint-il à Michel Debré, *vous retirer dans une thébaïde. Vous emmènerez avec vous deux ou trois de vos collaborateurs en qui vous avez confiance. Pas plus : quand on est plus nombreux, on ne travaille pas, on cause... Et vous reviendrez avec un texte complet*[35]. »

Ainsi, durant trois jours, du 11 au 14 juillet, au château de La Celle-Saint-Cloud, le ministre de la Justice, Raymond Janot, Jérôme Solal-Céligny et Jean Mamert rédigent le projet constitutionnel*. Dès son arrivée, Michel Debré rappelle à ses collaborateurs qu'ils sont réunis dans la salle qui vit en 1955 l'humiliation du pacha de Marrakech, le Glaoui : *« Veillez à ce que nous ne donnions pas une telle image** ! »* Si le garde des Sceaux

* Ce qui conduit la fille aînée de Jérôme Solal-Céligny – Chantal, huit ans – à claironner : *« La Constitution, c'est Janot, Papa et Mamert. »* Bien que la vérité ne sorte pas forcément de la bouche des enfants, elle n'en est pas pour autant totalement exclue !

** Lorsque le sultan Mohammed ben Youssef est rétabli par la France sur son trône, le Glaoui, un des artisans de sa déposition deux ans auparavant, fait

revient tous les soirs à Paris, ses trois collaborateurs ont élu domicile sur place. Une secrétaire, qui n'appartient pas à l'administration, partage leur campement et dactylographie au fur et à mesure leur travail. *« Est-il vraiment complet ? »* demande de Gaulle lorsqu'il lui est remis. Trois jours plus tard, passé au crible par le groupe de travail et le Conseil interministériel*, le document de La Celle-Saint-Cloud a pris sa forme définitive. De Gaulle donne l'ordre de passer à la deuxième phase des opérations : la transmission du projet constitutionnel d'abord au Comité consultatif constitutionnel, ensuite au Conseil d'État. Leurs avals sont indispensables pour que le texte puisse être soumis au peuple.

Au préalable, il convient d'informer le gouvernement. Car aucun de ses membres, à l'exception des cinq ministres membres du Conseil interministériel, n'a reçu la moindre bribe de précision sur le projet : le secret exigé par le président du Conseil a été respecté. Un Conseil de cabinet est donc convoqué à cet effet. Le président de la République aurait souhaité que le texte soit présenté en Conseil des ministres. De Gaulle s'y refuse. Ainsi, René Coty ne prend pas part à la première délibération gouvernementale sur la réforme constitutionnelle. Il lui faut d'ailleurs insister pour que le garde des Sceaux vienne l'entretenir à ce sujet**.

C'est donc le 23 juillet que tous les membres du gouvernement découvrent l'avant-projet de Constitution. Chacun de ses soixante-dix-sept articles est lu par le général

---

acte d'allégeance : *« Il arriva dans un grand déploiement de burnous, le noble seigneur de l'Atlas ! Il fut introduit auprès du souverain, s'agenouilla devant lui et lui baisa les pieds... »* (Pierre July, *Une République pour un roi*, Paris, 1974, Fayard, p. 277).

* Il se réunit à trois reprises, les 16, 17 et 18 juillet.

** Informé du désir du président de la République de discuter avec lui du projet constitutionnel, le garde des Sceaux fait répondre qu'il *« fera tout le possible pour venir le voir (...) à l'issue du Conseil interministériel* [du 1er septembre], *c'est-à-dire vraisemblablement aux environs de 19 heures »* (message télégraphique envoyé à René Coty, qui, durant le mois d'août, séjourne au château de Vizille, par son directeur de cabinet Henri Friol, A.N., AG 466).

de Gaulle, commenté par Michel Debré, avant que la parole soit donnée aux ministres. Ils sont nombreux à intervenir ; leurs suggestions et demandes de rectification sont multiples, mais elles portent sur des points de détail. La discussion dure une douzaine d'heures ; le Conseil de cabinet se réunit donc à deux reprises, les 23 et 25 juillet. Si nul ne conteste l'essentiel de la révision, les prérogatives nouvelles du président de la République en cas de crise nationale n'en donnent pas moins matière à un long débat. Comme le général de Gaulle rappelle à nouveau l'absence de pouvoir qui, en 1940, avait paralysé le président de la République, le républicain populaire Robert Buron, ministre du Travail, *« non sans malice objecte : "Si M. Lebrun avait joué, en 1940, le rôle prévu par les nouveaux textes, cela aurait peut-être gêné le général de Gaulle." De Gaulle répond en souriant : "Peut-être y aurait-il eu des inconvénients d'ordre esthétique, mais il est préférable que ce rôle soit joué par le président de la République." Autre objection : "Et si le président de la République, malgré tout, ne fait pas ce qu'il faudrait faire ?" De Gaulle répond : "Un texte ne peut pas pourvoir à tout, mais il vaut mieux qu'il crée l'obligation. Si l'homme en place n'agit pas, le général de Gaulle ira à Londres[36]..." »* Après plus d'une heure de discussion, le 25 juillet, de 17 h 58 à 19 h 4, cet article sur les situations d'exception subit quelques modifications qui ne limitent nullement les pouvoirs du chef de l'État en une telle occurrence, mais font bonne place aux institutions de la République*.

Dans la journée du 26 juillet, un avant-projet de Constitution, qui tient compte des ajustements décidés par le

* Dans le projet soumis au Conseil de cabinet, le premier alinéa de l'article était ainsi rédigé : *« Quand l'indépendance de la nation, l'intégrité de son territoire ou l'exécution de ses engagements internationaux sont menacées* [*sic*], *cf. infra*, p. 134] *d'une manière grave et immédiate, le président de la République prend les mesures exigées par les circonstances après consultation officielle du Premier ministre et des présidents des Assemblées. »* À l'issue du Conseil, la première ligne est modifiée : *« Quand les institutions de la République, l'indépendance nationale... »* Un alinéa supplémentaire est inséré prévoyant la consultation du Conseil constitutionnel.

Conseil de cabinet, est mis au point et transmis à l'Imprimerie des Journaux officiels. Sa reliure rouge lui vaut d'être communément appelé le « Livre rouge ».

Le même jour, le général de Gaulle signe un décret portant nominations au Comité consultatif constitutionnel*, et un arrêté le convoquant pour tenir sa première séance, le mardi 29 juillet, dans les locaux du Conseil économique et social, qui se trouvent alors place du Palais-Royal, dans le même bâtiment que le Conseil d'État.

Tenus à l'écart de l'élaboration de la Constitution, les dix-sept ministres qui n'appartiennent pas au Conseil interministériel n'en font pas moins preuve d'une activité intense. En prenant possession de leurs nouvelles fonctions, tous ont trouvé maints projets élaborés par leurs prédécesseurs et que ceux-ci n'ont pu faire aboutir, faute de majorité parlementaire. Ils concernent tous les aspects de la vie quotidienne des Français, qu'il s'agisse de l'école, du logement, des transports, etc. Dans chaque département ministériel, on s'empresse de traiter les dossiers en suspens. Georges Pompidou suit de près les travaux ministériels et en informe le Général.

Lorsqu'une solution semble à portée de main, décision est prise de présenter à la signature du Général soit un décret, soit une ordonnance.

Ainsi se dessine peu à peu un nouveau visage de la France dans et hors de ses frontières. Car, sans attendre la mise en place des nouvelles institutions, le général de Gaulle jette les bases de la politique étrangère qui doit, à tout instant, rappeler au monde que la France est une nation indépendante**.

L'action du gouvernement rencontre l'adhésion d'une grande majorité de la population. En juillet, la souscription

* Le Conseil de la République et l'Assemblée nationale ont déjà désigné leurs représentants dans cette instance.

** Sur la politique étrangère, sur les innombrables mesures qui concernent la vie quotidienne des Français, *cf. infra*, chap. IV.

massive à l'emprunt lancé le 13 juin apparaît à plusieurs préfets comme un *« véritable référendum avant la lettre*[37] ». L'absence totale de mouvements sociaux étonne les observateurs étrangers*. En septembre, 73 % des Français se disent satisfaits de la présence du général de Gaulle à la présidence du Conseil[38].

Il est difficile d'imaginer un climat plus favorable à l'adoption d'une nouvelle Constitution.

« L'installation officielle du Comité consultatif constitutionnel évoque irrésistiblement une grande première. Est-ce la proximité de la Comédie-Française, la solennité des décors, ou encore l'importance de l'événement ? » s'interroge un témoin[39]. Bien que de Gaulle ait interdit la présence des photographes, des radios et de la télévision, la seule annonce de sa présence au Palais-Royal y a attiré, ce 29 juillet, une foule assez nombreuse. À son arrivée, il est 14 h 58, les applaudissements fusent. À 15 heures précises, le président du Conseil, précédé de deux huissiers en grande tenue, suivi par les quatre ministres d'État et le garde des Sceaux, entre dans la salle des délibérations. Il ouvre la séance par ces simples mots : *« Messieurs, j'ai l'honneur de vous saluer. »* Une fois reçus les « vœux de bienvenue » du Comité, que lui exprime le doyen d'âge, Paul Reynaud, il reprend la parole : *« Je n'épiloguerai pas sur le texte, ni sur son*

---

* Autour de 1970, à une date que je ne suis pas capable de préciser, je reçois la visite d'une historienne soviétique. Spécialiste de la France, elle a obtenu, ce qui est fort rare à l'époque, une bourse de six mois pour venir étudier à Paris un « problème » qui interpelle ses collègues moscovites : comment peut-on expliquer que durant le second semestre 1958 la France n'ait pratiquement pas connu de grèves, alors que dans les six premiers mois de l'année des mouvements sociaux n'avaient cessé de la secouer ? Et pourtant les salaires n'ont pas reçu la moindre augmentation. Sur les faits, elle a raison. En revanche, je ne vois pas où est le mystère : le choc psychologique causé par le retour au pouvoir du Général, la confiance que lui accordent dès ce moment les Français – l'emprunt en juin, le référendum en septembre le prouvent – expliquent le calme social. Elle me regarde avec un étonnement condescendant : « Ce n'est pas une explication scientifique », et elle me quitte, visiblement déçue.

fond, ni sur sa forme... » Effectivement, huit minutes plus tard, le général de Gaulle quitte les lieux, s'étant borné à rappeler les considérations qui ont sous-tendu l'élaboration du projet constitutionnel, et à émettre un souhait : *« J'espère qu'il sera dit dans l'Histoire que le Comité constitutionnel aujourd'hui réuni aura coopéré avec le gouvernement que j'ai l'honneur de présider, et coopéré, j'ose le dire, avec moi-même, dans cette entreprise capitale qui est actuellement en cours pour le salut de la République et le service du pays*[40]. »

Les trente-neuf membres du C.C.C. peuvent commencer leurs travaux*. Vingt-six sont des parlementaires désignés par la commission du Suffrage universel de leur Assemblée**, et treize des « personnalités compétentes » nommées par le président du Conseil. Le choix de ces dernières a été réalisé en fonction de leur autorité juridique, de leur engagement gaulliste, de leur représentativité nationale***, et aussi de leurs liens personnels avec le

* Six commissaires du gouvernement ont été désignés pour assister à leurs séances. Parmi eux, Raymond Janot, qui représente le président du Conseil. Jérôme Solal-Céligny est mis, comme expert, à la disposition du Comité consultatif constitutionnel et, par arrêté du 29 juillet, Michel Debré en a nommé Jean Mamert secrétaire général.

** Les seize députés et les dix sénateurs, élus par leurs pairs, représentent les partis qui, depuis des années, se partagent le pouvoir, des indépendants aux socialistes. Deux gaullistes et un poujadiste ont été aussi désignés ; le scrutin proportionnel a voulu qu'aucun communiste ne soit représenté.

Les députés semblent y agir comme les porte-parole de leurs partis, alors que les sénateurs font entendre la voix du Sénat. Mission accomplie, puisque *« sa position sort renforcée de ces débats »* (lettre du sénateur Geoffroy de Montalembert au président Monnerville, le 15 août 1944, *Documents pour servir à l'histoire de l'élaboration de la Constitution du 4 octobre 1958*, t. II, *op. cit.*, p. 721). Avant de siéger au C.C.C., la délégation sénatoriale a en effet été longuement reçue par le président du Conseil de la République, Gaston Monnerville, très opposé à la transformation du Sénat envisagée par le général de Gaulle. Par la suite, elle se réunit à maintes reprises au palais du Luxembourg pour étudier les textes et arrêter sa tactique (François Goguel, « L'élaboration des institutions de la République dans la Constitution du 4 octobre 1958 », *Revue française de science politique*, mars 1959, n° 1, p. 80).

*** Ainsi siègent au C.C.C. le président de la Confédération générale des cadres, le vice-président de la Fédération nationale des syndicats d'exploitants agricoles et le directeur de l'Institut musulman à la mosquée de Paris.

Général. C'est le cas du septuagénaire Léon Noël* et surtout du presque octogénaire Paul Reynaud, né le 15 octobre 1878. Les relations entre celui-ci et de Gaulle sont très particulières. Le Général éprouve de la considération pour l'ancien président du Conseil à qui il doit sa nomination de sous-secrétaire d'État à la Guerre. *« Il disait volontiers que, "si on avait écouté ses avertissements, les choses auraient tourné autrement*[41] *". »* Il lui écrit son *« exceptionnelle estime et* [sa] *fidèle amitié*** *»*. Il les lui témoigne publiquement, le lendemain de son investiture, en se levant pour le saluer à l'Assemblée nationale***. Paul Reynaud se targue d'avoir été, près d'un quart de siècle auparavant, le « premier gaulliste », le seul responsable politique à avoir défendu, dès 1934, la création du corps d'armée blindé. Quand bien même il n'a pas toujours, depuis la fin de la guerre, approuvé les prises de position de son ancien « protégé », en 1958 il voit en lui *« le seul à pouvoir éviter (...) la guerre civile immédiate ou à terme*[42] *»*. Il est donc fort heureux que son âge lui vaille de présider la séance inaugurale du C.C.C. Il en profite d'ailleurs pour s'en faire immédiatement élire président sans même qu'un scrutin soit utile****.

---

* Ambassadeur de France, membre de l'Institut, il a été membre du Conseil de direction du R.P.F., éphémère député gaulliste de 1951 à 1955 et avocat constant, durant toute la « traversée du désert », du retour au pouvoir du général de Gaulle. Il a organisé le 3 avril 1952, dans la plus grande discrétion, à son domicile personnel, sa dernière rencontre avec Paul Reynaud.

** Extrait du courrier qu'il lui envoie le 1er août 1947. De 1934 à 1963, de Gaulle adresse soixante-six lettres à Paul Reynaud. Et le 14 octobre 1954, alors qu'il vient de publier le premier tome de ses *Mémoires de guerre*, il le prévient : *« Dès que je serai en possession des exemplaires dits "d'auteur", le premier sera certainement pour vous »* (Evelyne Demey, *Paul Reynaud, mon père*, Paris ,1980, Plon-Opéra Mundi, pp. 322-324).

*** *Cf. supra*, p. 73.

**** Léon Noël, à qui, selon toute vraisemblance, ce poste n'aurait pas déplu, rend hommage à son *« adresse et une promptitude d'esprit remarquable chez quelqu'un qui serait octogénaire quelques semaines plus tard »*. Et l'ambassadeur de raconter, non sans un certain agacement, qu'au moment de procéder à la désignation du président, quelqu'un lança le nom de l'ancien président du Conseil, qui *« saisit la balle au bond, demanda s'il y avait "d'autres candidats" et, sans laisser le temps à une autre initiative de se produire, nous*

Premiers mots du nouveau président à son secrétaire général : *« Ma seule volonté est d'aider le Général. Mais je ne suis pas sûr de savoir exactement ce qu'il veut*[43]*... »*

Durant quinze jours, un à un, les soixante-dix-huit articles* du projet constitutionnel sont passés au crible par le Comité consultatif constitutionnel, qui propose des modifications à cinquante-huit d'entre eux. Elles ne remettent pas vraiment en cause le document gouvernemental, à une exception près qui concerne les rapports de la France avec les immenses territoires de l'Afrique occidentale française et de l'Afrique équatoriale française**.

Quatre élus d'outre-mer siègent au Comité. Félix Houphouët-Boigny, président du Rassemblement démocratique africain et ministre d'État du gouvernement de Gaulle, y est entré en force puisqu'il a veillé à l'élection d'un de ses fidèles, le député du Tchad Gabriel Lisette. Mais il y retrouve son rival et adversaire de toujours, Léopold Sedar Senghor, qui dirige l'autre grand parti d'Afrique, le Parti du regroupement africain***. Le dernier représentant de l'outre-mer au Comité consultatif, Philibert Tsiranana, élu de Madagascar, est un vieux socialiste, adhérent de la S.F.I.O. depuis 1935. Si tous réclament une révision totale des rapports des pays d'Afrique avec la République française, leurs désaccords n'en sont pas moins profonds. Le R.D.A. est pour la constitution, entre la France et les pays d'outre-mer, d'un État fédéral composé

---

remercia de l'honneur que nous lui faisions en portant sur lui notre choix » (Léon Noël, *La Traversée du désert*, *op. cit.*, p. 242).

* En une semaine, l'avant-projet constitutionnel s'est augmenté d'un article. Son développement n'est pas fini. Le texte définitif de la Constitution promulguée le 4 octobre (*Journal officiel* du 5 octobre) en compte quatre-vingt-douze.

** Sur la situation de ces 7,6 millions de kilomètres carrés et de leurs 27,5 millions d'autochtones, *cf. La République des Tourmentes*, t. I, pp. 516-522.

*** Sur le conflit entre les deux leaders africains, qui a commencé avec leur entrée, à l'un et à l'autre, dans la vie politique au début de la IVe République, leurs réactions opposées à la loi-cadre de 1956 sur la réorganisation des territoires d'outre-mer, *cf. ibid.*, pp. 539-542.

d'États autonomes, avec un gouvernement et un parlement fédéraux. Le P.R.A. plaide pour l'entrée des États africains et de la France dans une confédération coordonnant, dans quelques domaines, la politique d'États pratiquement souverains.

Le ministre de la France d'outre-mer, Bernard Cornut-Gentille, aurait souhaité que le député de Guinée Sékou Touré, particulièrement actif, siège au Comité consultatif, mais Félix Houphouët-Boigny, dont il est le rival au sein du R.D.A., a fait en sorte qu'il ne soit pas élu. Et lorsque, toujours sur la suggestion de son ministre et de Georges Pompidou, le général de Gaulle envisage de faire figurer le Guinéen parmi les « personnalités compétentes » du C.C.C., Houphouët-Boigny intervient auprès de lui pour qu'il n'en soit rien. « Il s'agit, a-t-il dit, d'une affaire interne au R.D.A. » « Que les Africains se débrouillent entre eux ! » a conclu de Gaulle. Son respect de la fonction ministérielle l'a conduit à ne pas heurter le seul Africain de son gouvernement*.

Dans le contexte mondial de 1958, avec l'accession récente de cinq pays d'Afrique à l'indépendance**, la poursuite de la guerre d'Algérie, l'atermoiement des gouvernements successifs devant la réforme du titre VII de la Constitution : « De l'Union française » – réclamée par

* Il s'en est fallu de peu que Léopold Sedar Senghor ne soit aussi en 1958 ministre de De Gaulle. Georges Pompidou, son ami de toujours, et Bernard Cornut-Gentille, le ministre de la France d'outre-mer, qui a été haut-commissaire en A.E.F. et en A.O.F., le souhaitent vivement et l'en informent. Léopold Sedar Senghor ne veut pas s'engager avant d'avoir consulté son parti, qui lui donne, le 12 juin, l'autorisation d'entrer dans le ministère de Gaulle. Mais de Gaulle ne le lui demande pas. *« J'ai déjà Houphouët-Boigny »*, a-t-il répondu au ministre. Et lorsque celui-ci a l'extrême maladresse de lui expliquer que la coexistence, certes difficile, des deux partis concurrents au sein de son ministère aurait le mérite de réaliser le *« dosage nécessaire »* entre les tendances rivales, de Gaulle, excédé, coupe net : *« Un dosage ? Me prendriez-vous pour Edgar Faure ? »* (Georges Chaffard, *Les Carnets secrets de la décolonisation*, t. II, Paris, 1967, Calmann-Lévy, p. 180).

** La Libye initie le mouvement le 24 décembre 1951. En 1956, c'est au tour du Soudan (1er janvier), du Maroc (2 mars), de la Tunisie (20 mars), et, en 1957, du Ghana (6 mars).

tous les Africains, elle leur a été promise, mais n'a jamais été engagée –, la situation de l'A.O.F. et de l'A.E.F. est critique, sinon explosive. Six semaines avant le 13 mai, l'ancien ministre de la France d'outre-mer, François Mitterrand, très proche de la plupart des leaders africains, en a prévenu le gouvernement Gaillard : *« Si l'édification de la communauté franco-africaine n'est pas mise en œuvre sans délai (...) alors* [ce sera] *l'échéance fatale, l'affrontement des peuples, et, le cas échéant, la guerre, et, en tout cas, la haine et la rupture*[44]*... »*

À son arrivée à la présidence du Conseil, il ne semble pas que de Gaulle ait des idées très précises sur l'avenir de l'Afrique française. Dans son discours d'investiture, il a simplement évoqué, parmi les *« énormes problèmes »* qu'il va devoir affronter, la nécessité d'*« organiser sur le mode fédéral les liens de notre métropole avec les peuples associés d'Afrique et de Madagascar »*. Il écarte, cela va de soi, toute solution qui pourrait être préjudiciable au rang de la France. Il envisage donc que toutes les anciennes populations de l'Union française soient maintenues dans le cadre d'une fédération présidée par le président de la République, et que l'outre-mer soit représenté dans une section du Sénat. Mais est-il convaincu que ce sera possible et même souhaitable ? Ce n'est pas sûr, si l'on en croit les propos qu'il tient à l'ancien gouverneur de la France d'outre-mer Roland Pré, un « gaulliste de gauche » qu'il a nommé au Comité consultatif constitutionnel : *« Mon pauvre Roland Pré, vous n'avez donc pas compris : il faut mettre un terme à cette vision d'une France tournée vers l'Afrique. C'est Bismarck qui a voulu nous éloigner de l'Europe pour y avoir les coudées franches. La France a ses caractéristiques nationales, sa culture. (...) Il faut ramener la France dans la pureté de la ligne de son histoire*[45]*. »*

Le 10 juillet, le Conseil interministériel s'est saisi du problème des rapports de la République avec les pays de l'Union française. Avec énergie, Félix Houphouët-Boigny a plaidé la cause d'une fédération indissoluble. *« Il se serait très bien vu vice-président d'une grande République fédérale*[46]. » De Gaulle est pour le moins réservé à l'égard d'un tel ensemble qui interdirait aux pays africains toute évolution : *« Et si, dans cinq ans, ils ont changé d'avis*[47] *?* » Pierre Pflimlin, Roger Belin et Georges Pompidou soutiennent la thèse d'une confédération, reprenant ainsi le point de vue de Léopold Sedar Senghor.

Le 18 juillet, le groupe de travail présidé par Michel Debré a mis au point un texte définissant les relations futures de la République française avec les peuples de l'Union française. Il est approuvé sans modification importante, quelques jours plus tard, par le Conseil de cabinet : *« Pour la première fois, il est prévu d'inscrire dans le préambule* [de la Constitution] *l'offre faite par la République française aux populations d'outre-mer de former une association de type fédéral... »* Mais il n'est pas question alors de prévoir dans la Constitution le droit à l'indépendance au sein de la Fédération, ni l'adhésion à celle-ci des États devenus indépendants[48].

Sans attendre la fin des travaux constitutionnels, le 26 juillet, le général de Gaulle, *« conscient qu'il faut absolument calmer les Africains, signe une ordonnance d'urgence*[49] » : désormais, le vice-président des Conseils territoriaux de gouvernement (qui est un élu africain*) en assumera la présidence en lieu et place du gouverneur de la France d'outre-mer, représentant de l'État. *« Le gouvernement est conscient qu'il faut absolument calmer les Algériens. »* C'est la naissance symbolique d'un État africain autonome. Sékou Touré devient ainsi président du Conseil territorial de Guinée.

Le 27 juillet, réuni à Cotonou, le congrès du Parti du regroupement africain se prononce pour l'indépendance immédiate. En vain, Léopold Sedar Senghor a tenté de faire partager sa crainte d'une indépendance prématurée et sa

---

* Institués en 1956 par la loi-cadre Defferre, les Conseils de gouvernement, composés de cinq membres élus par l'assemblée locale et de quatre fonctionnaires nommés par le gouverneur général, sont dotés d'*« une large compétence qui embrassera toutes les questions d'intérêt local »*.

confiance dans le général de Gaulle*. Mais, deux jours plus tard, lorsqu'il prend connaissance du projet constitutionnel, il est hors de lui : *« Mon impression est catastrophique. Ce texte est plus mauvais que celui de la Constitution du 27 octobre 1946... Une fois de plus, on enlève de la main gauche ce qu'on a accordé de la main droite. On croirait qu'on fait tout pour provoquer la rupture*[50]. » De Gaulle convoque alors à nouveau le député du Sénégal** ; il le reçoit le 30 juillet, lui tient des propos apaisants, tout comme il le fera le 5 août avec Sékou Touré, chargé par son mouvement de lui exposer le point de vue du R.D.A.***. Le président du Conseil sait le Guinéen partisan d'une indépendance immédiate. Il comprend, lui affirme-t-il, les impatiences des nationalistes d'outre-mer, mais demande qu'on lui fasse confiance : que ses interlocuteurs, eux, comprennent ses propres difficultés et qu'ils ne compliquent pas sa tâche en émettant des exigences trop catégoriques...

Mais lorsque, dès ses premières séances, le Comité consultatif constitutionnel aborde les rapports de la France et des territoires d'outre-mer, un feu de critiques fuse de toutes parts.

Les juristes, tel Pierre-Henri Teitgen ou Paul Coste-Floret, pensent que le système proposé, qualifié à tort selon eux de fédéraliste, ne ressortit pas vraiment à un cadre fédéré, ni non plus confédéré. La représentation de l'outre-mer par le Sénat leur paraît une solution « politiquement et juridiquement » bâtarde.

---

* *« Gaulliste de 1940 »*, pour reprendre son expression, il n'a pas pris part au vote d'investiture du général de Gaulle, mais, le lendemain, il a voté les pleins pouvoirs et la révision constitutionnelle.

** Il a déjà eu deux entretiens avec lui, fin juin et début juillet. Le député du Sénégal en est sorti très confiant : *« Le président du Conseil s'est montré extraordinairement ouvert et compréhensif... J'ai constaté qu'il n'y avait aucune différence essentielle entre les idées du général de Gaulle et le programme de notre parti en matière de révision constitutionnelle »* (*Le Monde*, 3 juillet 1958, Jean Lacouture, *De Gaulle*, 2. *Le politique*, *op. cit.*, p. 571).

*** Sékou Touré a pourtant été l'un des opposants à la motion en faveur de la thèse fédéraliste que Félix Houphouët-Boigny a fait approuver le 3 août 1958 par l'organe directeur de son parti.

D'autres membres métropolitains du Comité redoutent que l'ensemble fédéral n'aboutisse à la domination par les territoires d'outre-mer d'une métropole française réduite au rôle de bailleresse de fonds...

Les élus africains sont unanimes à déplorer le flou et les contradictions du texte, ainsi que le manque de considération constant dont ils sont l'objet : *« Avant la Libération,* rappelle ainsi Léopold Sedar Senghor, *nous réclamions à cor et à cri l'assimilation – même M. Ferhat Abbas. On nous l'a refusée. Depuis 1946, nous demandons l'institution d'une République fédérale égalitaire : on n'a pas fait droit à nos demandes jusqu'ici, et ce que l'on nous présente n'est pas une République égalitaire*[51]*... »*

Afin de trouver un terrain d'entente, un groupe de travail sur les liens entre la métropole et les territoires de l'outre-mer est constitué. Lors de sa réunion du 8 août au matin, le texte gouvernemental est totalement remis en cause. Pierre-Henri Teitgen se montre particulièrement virulent. Le maintien du projet gouvernemental tel qu'il leur a été présenté pourrait peut-être entraîner le succès du « non » au référendum. Il se félicite de pouvoir le dire dans quelques heures au général de Gaulle : le président du Conseil doit en effet, l'après-midi, lors d'une séance publique, répondre aux questions des membres du Comité consultatif constitutionnel. Et l'ancien garde des Sceaux est décidé « à ne pas mâcher ses mots ».

Bien que la réunion du groupe de travail soit en principe confidentielle, Jean Mamert est rapidement informé des propos qui y ont été tenus. Il lui paraît impossible que le Général vienne au Palais-Royal sans les connaître. Mais Raymond Janot, à qui il les téléphone, refuse de les lui transmettre. Sans doute le conseiller aux Affaires constitutionnelles juge-t-il qu'il n'est pas là pour communiquer au président du Conseil des informations de seconde main. *« Si c'est comme ça, j'irai moi-même voir le Général »*, décide le jeune auditeur au Conseil d'État. *« Si j'avais votre âge, c'est ce que je ferais »*, approuve Paul Reynaud, et Jérôme Solal-Céligny l'embrasse : *« Bon courage ! »*

Arrivé à l'hôtel Matignon, le secrétaire général du Comité consultatif reçoit un accueil glacial : *« Il est impossible que vous voyiez le Général, vous n'avez pas d'audience. D'ailleurs, le Général est parti déjeuner. »* (Il reçoit ce jour-là à sa table l'ensemble du corps préfectoral.) *« Qu'à cela ne tienne, j'attendrai qu'il revienne... »* Et Jean Mamert s'assied. À 14 h 45 arrive Félix Houphouët-Boigny. Le ministre d'État, lui, a une audience. Il est venu une fois encore plaider pour l'ensemble fédéral*. Il connaît bien Jean Mamert, l'a vu longuement la veille, avec Michel Debré ; il promet de faire part au président du Conseil de sa présence. Dix minutes plus tard, il l'avertit : *« Le Général vous attend. »* Alors on assiste à une scène de comédie. Jean Mamert se lève, se dirige vers la porte du Général. Instantanément, tous les collaborateurs présents lui en bloquent l'accès : *« Vous ne pouvez pas entrer. Vous n'avez pas d'audience ! »* Mais la haie des gardiens du Temple se disloque d'elle-même. Une voix se fait entendre : *« J'attends M. Mamert ! »* Au récit que lui fait le secrétaire général du Comité, de Gaulle laisse échapper : *« Ah, ce Teitgen[52] ! »* Au ton agacé de cette réplique, Jean Mamert part rassuré.

Moins d'une heure plus tard, au Palais-Royal, le général de Gaulle surprend ses adversaires tout comme il l'avait fait au Palais-Bourbon lors du vote des pleins pouvoirs. Alors que différents membres du Comité consultatif lui ont posé des questions précises sur les rapports de la France et de ses territoires d'outre-mer, relevant les contradictions, les lacunes du texte qui leur a été soumis, de Gaulle répond par une information nouvelle qui change les données du problème. Après avoir rappelé rapidement

* Sa conclusion est nette : pour *« exorciser le démon de l'indépendance »*, il faut obliger les territoires et les départements à choisir immédiatement entre la République fédérale franco-africaine et la sécession. Il faut les prévenir que le choix de la sécession les priverait de toute aide métropolitaine, et qu'en revanche l'appui de la France permettra aux membres de la fédération de se développer plus rapidement que n'importe quel État africain indépendant... » (Georges Chaffard, *Les Carnets secrets de la décolonisation*, *op. cit.*, t. II, p. 185).

« l'œuvre immense, absolument nouvelle » qui se bâtit entre la France et l'outre-mer, il définit *« l'objet du référendum : (...) vérifier si partout, en particulier en Afrique, l'idée de la sécession l'emporte ou non. Dans le cas où serait refusée l'association proposée, il est évident que cela signifiera l'indépendance, mais l'indépendance avec tout ce qu'elle comporte de charges, de responsabilités et de dangers. (...) Jamais, personnellement, je ne prendrai la responsabilité d'imposer à la Fédération des charges en faveur d'un territoire qui aurait choisi la sécession[53]... ».*

Nul, même parmi les ministres ou ses collaborateurs les plus proches, ne s'attendait à une telle annonce. Elle prend l'assemblée de court. De Gaulle a donné du grain à moudre à tous les camps : aux fédéralistes, il accorde Assemblée fédérale et Conseil fédéral ; à leurs adversaires, il reconnaît le droit à l'autodétermination et à l'indépendance ; aux représentants de la droite métropolitaine, il assure que la France ne se ruinera pas pour ses anciennes colonies.

Le problème n'est pas réglé pour autant. Le 12 août, la séance du matin est marquée par une intervention de Léopold Sedar Senghor à laquelle nul ne reste insensible. Il évoque un souvenir du 18 juin 1940, lorsqu'il est fait prisonnier à La Charité-sur-Loire. *« On nous dit : "Vous, les Noirs, sortez !" On nous mit le long d'un mur, et les soldats allemands en face de nous avec leurs fusils. À ce moment-là, un jeune blond aux yeux bleus vient se mettre parmi nous. Je lui dis : "Vous êtes fou ! On va nous fusiller !" Il me répond : "Je viens quand même, parce que j'ai du sang noir et que je ne veux pas abandonner les camarades." Nous nous regardâmes alors et nous nous sommes dit : "Quand les Allemands lèveront leurs fusils, nous crierons : Vive la France ! Vive l'Afrique noire[54] !" »* Ce n'est pas parce qu'il souhaite une confédération, autrement dit « un mariage sous le régime de la séparation des biens », qu'il envisage un instant une rupture des liens entre l'Afrique et la France. Il adjure le général de Gaulle, en qui il a confiance depuis 1940, le gouvernement, le C.C.C., de trouver une solution digne de l'une et de l'autre. Ce serait une catastrophe que le référendum soit rejeté.

Mais les discussions juridiques reprennent de plus belle : fédération, confédération ? Pierre-Henri Teitgen craint de ne pouvoir voter le projet constitutionnel dans sa forme actuelle qui interdirait aux départements français d'Algérie d'adhérer à ce grand ensemble franco-africain.

L'Algérie, dont il est fort peu question au Comité consultatif constitutionnel, pèse en fait sur les débats. Car la plupart, sinon la quasi-totalité, de ses membres sont convaincus que de Gaulle est le seul à pouvoir trouver une issue à ce drame. Or l'impossibilité d'un accord sur la révision constitutionnelle pourrait précipiter son départ, replonger la France dans la situation périlleuse de mai 1958. Cette conviction est si forte que, tout à coup, les disputes cessent, un consensus quasi magique s'impose. Le mérite en est attribué au député de Madagascar Philibert Tsiranana, *« intelligemment conseillé*[*] *»*. Son raisonnement est simple : puisque l'on ne peut pas s'entendre sur une fédération ou une confédération, il n'y a qu'à se débarrasser de ces mots qui correspondent à des concepts juridiques préétablis. Pourquoi ne parlerait-on pas plutôt de communauté ? À peine formulée, la suggestion est acceptée sans la moindre réserve. Le titre XI du projet constitutionnel, « La Fédération », devient « La Communauté ».

---

* L'expression est de Jean Foyer, alors conseiller technique au cabinet de Félix Houphouët-Boigny et l'un des commissaires du gouvernement auprès du Comité consultatif constitutionnel (*Sur les chemins du droit avec le Général. Mémoires de ma vie politique, 1944-1988*, Paris, 2006, Fayard, p. 88). *« Nous allons vers une vaste et libre communauté »*, avait annoncé un mois auparavant de Gaulle, le 13 juillet, dans son allocution radiodiffusée spécialement adressée aux peuples d'outre-mer. Depuis septembre 1957, Philibert Tsiranana lui-même évoquait la Communauté dans ses interventions publiques (A. Spacensky, *Madagascar, 50 ans de vie politique (de Ralaimongo à Tsiranana)*, Paris, 1970, Nouvelles Éditions latines, p. 233). *Cf.* « 1958 et l'outre-mer français », *Outre-mers, revue d'histoire*, 1er semestre 2008, n° 358-359, p. 89.

Dès lors, tout va très vite. Le 14 août, Paul Reynaud informe le président du Conseil que le Comité consultatif constitutionnel a « rempli sa mission » et lui adresse la liste des propositions de modifications adoptées au Palais-Royal. Dans ce courrier qui a été soumis et approuvé par le Comité, son président ne fait pas état de ses sentiments personnels : sa joie, le 8 août, lors de la prestation du général de Gaulle, lorsque celui-ci a reconnu aux pays africains leur droit à l'indépendance immédiate[55], son agacement aussi : il n'a pas réussi à convaincre des vertus de la dissolution automatique qu'il préconise depuis des années*. Bien que, dans une note adressée au Général, Paul Reynaud ait à nouveau plaidé en sa faveur, elle ne figure pas, comme d'ailleurs la plupart des propositions du Comité consultatif, dans l'avant-projet constitutionnel adopté le 19 août par un Conseil interministériel et transmis le 21 août au Conseil d'État. Il n'en reste pas moins que le passage au Palais-Royal a bouleversé l'organisation des rapports entre la France et les pays d'outre-mer.

Le 20 août, le Conseil des ministres prend plusieurs ordonnances et décrets concernant l'organisation en métropole et en Algérie** du référendum, dont la date est fixée : le 28 septembre. Contrairement au souhait exprimé par le président de la République, le général de Gaulle a refusé toute délibération sur le texte constitutionnel : elle est exclue tant que le Conseil d'État n'aura pas rendu son avis.

---

* En adoptant une motion de censure, en refusant de voter la confiance, les députés voteraient aussi leur renvoi devant les électeurs. « *C'est une suggestion intéressante,* lui a fort aimablement déclaré le général de Gaulle. *Le gouvernement la considérera avec le plus grand soin et la plus grande attention…* »

** Le président du Conseil veille à tous ces détails, note le ministre de l'Intérieur : « *Je garde une note écrite de sa main, qu'il me fit passer un jour en Conseil des ministres, ainsi rédigée : "Dans l'ordonnance pour le référendum, a-t-on donné aux équipages aériens le droit de voter par correspondance ?" Cette disposition n'avait pas été oubliée…* » (Émile Pelletier, *Traversée d'une époque*, *op. cit.*, p. 241).

Sur le référendum en Algérie, *cf. infra*, pp. 202 et suivantes.

L'avenir de la Constitution se joue donc aussi dans les territoires d'outre-mer, avec leurs 14 151 288 électeurs inscrits*. Aussi, le 20 août, de Gaulle s'envole-t-il pour l'Afrique : *« Il est certain que ma visite, l'impression qu'elle fera, les propos que je tiendrai, vont influer fortement sur l'attitude des évolués et la réaction des foules, et par conséquent sur le résultat*[56]. »

Le voyage commence fort bien. Après une courte escale à Fort-Lamy, où le président Toura Gaba lui promet que le Tchad le « suivra d'emblée », le Général reçoit à Madagascar, dans l'après-midi du 21 août, un accueil triomphal. Des milliers de Malgaches, brandissant des drapeaux tricolores, sont rassemblés pour l'écouter : *« Demain, vous serez de nouveau un État comme vous l'étiez quand ce palais de vos rois, là-haut, était habité par eux ! »* Et de Gaulle montre d'un geste le palais de la reine Ranavalo, la dernière souveraine de l'île. *« Un enthousiasme délirant »* s'empare de la foule : ce sont là les termes mêmes du général de Gaulle. Le président Tsiranana évoque, lui, *« un délire indescriptible »*. Et il s'en réjouit : *« Quoique général, de Gaulle est libéral, et je suis content de lui*[57]*... »*

C'est au Congo, le dimanche 24 août, que la tournée africaine prend tout son sens. De Gaulle a décidé qu'il profiterait de sa présence à Brazzaville – ville symbolique, s'il en est, de son propre parcours** – pour révéler deux

* En 1956, la loi-cadre Defferre a institué le suffrage universel et le collège unique dans tous les territoires.

** Avec le manifeste lancé depuis Brazzaville le 27 octobre 1940, le général de Gaulle a annoncé la création d'un Conseil de défense de l'Empire. Ainsi constitue-t-il un pouvoir politique véritablement organisé.

C'est aussi à Brazzaville qu'il a prononcé, le 30 janvier 1944, un discours souvent présenté comme l'acte fondateur de la décolonisation. Si cette interprétation peut paraître abusive, il n'en reste pas moins que, dans le contexte colonial de l'époque, il était pour le moins inhabituel qu'un responsable français, s'adressant aux représentants des territoires d'Afrique, leur précise que *« le devoir de la France* [était de faire en sorte que les Africains soient] *capables de participer chez eux à la gestion de leurs propres affaires »* (Charles de Gaulle, *Discours et Messages*, t. I, *Pendant la guerre, 1940-1946*, Paris, 1970, Plon, p. 373).

mesures qui donnent leur véritable sens au référendum : l'accès à l'indépendance n'est pas refusé à un territoire qui aura voté « oui » ; les territoires pourront entrer dans la Communauté, « groupés ou non* ». Il dit et répète que l'Afrique est maîtresse de son destin : *« J'ai parlé, vous m'avez entendu, les Africains choisiront. »* Gabriel d'Arbousier, président du Grand Conseil de l'A.O.F., est formel : *« Après un tel discours, il n'y a plus de problème franco-africain. Qui donc pourrait voter contre un tel texte[58] ? »*

Le même jour, en Côte-d'Ivoire, Félix Houphouët-Boigny et son tout-puissant parti, le R.D.A., ont *« littéralement jeté un peuple dans les bras de Charles de Gaulle, accueilli sur l'aéroport d'Abidjan par des "oui", "oui" rugis par une foule que l'on eût dit si amoureuse du Général qu'elle s'était vêtue de pagnes à son image ».*

Le lendemain, en Guinée, l'affluence est tout aussi considérable sur les quinze kilomètres qui séparent l'aéroport et Conakry. Mais Sékou Touré a laissé entendre à maintes reprises qu'il envisageait de faire voter « non » au référendum**. Et les Guinéens n'acclament pas tant le chef du gouvernement français que leur héros national. Ils crient « De Gaulle », mais hurlent surtout « Silly », ce qui veut dire *éléphant*. Un courtisan qui en informe le Général ne juge pas utile de lui préciser que, dans l'esprit des Guinéens, le pachyderme, emblème du Parti démocratique de Guinée, désigne aussi son leader tout-puissant :

---

* Ainsi le groupement des territoires n'est-il pas institutionnalisé par le projet de Constitution, mais laissé à l'initiative des assemblées locales, ce qui rassure aussi bien Félix Houphouët-Boigny que Léopold Sedar Senghor, chacun voyant dans cette nouvelle rédaction la possibilité d'imposer sa thèse… Ces deux réformes, adoptées par le Comité consultatif constitutionnel le 12 août, ont été entérinées par le Conseil interministériel le 19 août.

** Pierre Messmer, haut-commissaire en A.E.F., a d'ailleurs fortement déconseillé toute halte à Conakry. Mais Bernard Cornut-Gentille et Jacques Foccart, lequel se targue d'excellentes relations avec Sékou Touré, ont été partisans de *« vider l'abcès, misant sur le charisme du Général »* (*Foccart parle. Entretiens avec Philippe Gaillard*, t. I, Paris, 1995, Fayard-Jeune Afrique, p. 165).

Sékou Touré*. *« En toute modestie, de Gaulle croira un moment que les Africains le comparent à l'empereur de la brousse. Dans la voiture, le Général, ravi, se tourne vers Sékou Touré : "J'espère que ce sera aussi bien demain à Dakar. – Je le souhaite, mon général, et j'espère voir de mes yeux la réception du Sénégal, car je dois justement me rendre à Dakar demain. – Alors, mon cher président, dit de Gaulle royal et paternel, faites-moi le plaisir de prendre place demain dans mon avion personnel*[59]*… »*

Le ton change à l'Assemblée territoriale, où les deux hommes doivent se succéder à la tribune. Dès ses premiers mots, Sékou Touré veut prouver qu'il est l'égal de son illustre visiteur. Il martèle du poing le pupitre des orateurs comme il a coutume de faire dans tous les meetings, et ses phrases sont ponctuées d'applaudissements frénétiques. De Gaulle doit savoir qu'en Guinée, c'est lui qui est roi. Il n'a que faire des cadeaux de la France, il ne veut pas que l'indépendance lui soit octroyée, il tient à démontrer qu'il l'obtient, seul, contre tous. Il ignore le discours de Brazzaville et déclare : *« Nous préférons la pauvreté dans la liberté à la richesse dans l'esclavage. »* Ces mots lui valent une nouvelle ovation. Il laisse comprendre qu'il ne rejette pas un accord avec la France : *« Nous sommes citoyens africains, membres de la communauté franco-africaine. Nous entendons exercer souverainement notre droit à l'indépendance, mais nous entendons rester liés à la France. Dans cette association avec la France, nous deviendrons un peuple libre, fier et souverain. »* Ces paroles, qui se veulent apaisantes, sont noyées dans la diatribe anticolonialiste et l'éloge du panafricanisme : *« La Guinée n'est qu'un fragment sensible et palpitant de l'Afrique renaissante. »*

---

* En quelques années, avec la complicité bienveillante des autorités locales, il a réduit ses opposants au silence. Des centaines de plantations, appartements, greniers à vivres, camions appartenant à ses adversaires ont été détruits, incendiés, pillés par ses hommes de main (Maligui Soumah, « De Gaulle et la Guinée », dans *De Gaulle en son siècle*, t. VI, *Liberté et dignité des peuples*, Paris, 1992, Plon / La Documentation française).

De Gaulle, pâle et fatigué – qui ne le serait, à son âge, au cinquième jour de ce périple africain qui laisse épuisés ses collaborateurs –, ressent ce discours comme une agression. Aurait-il réagi différemment s'il en avait pris connaissance au préalable, puisque, selon l'usage, il lui avait été communiqué, et si, par ailleurs, Jacques Foccart lui avait expliqué que la violence verbale rituelle chez Sékou Touré n'avait finalement guère d'importance* ? Rien n'est moins sûr... Car, de toutes les façons, la mise en scène des propos du leader guinéen et le comportement de ses supporters auraient fait de ce moment une humiliation pour le chef du gouvernement de la France. Et cela, de Gaulle ne l'aurait jamais admis. *« Lorsqu'il se leva pour répondre, ce n'était plus le même homme qu'à Brazzaville et à Abidjan. Il semblait las et bouleversé. Mais ce qu'il dit ce lundi soir fut plus émouvant que les belles leçons données les jours précédents sur un ton magistral. (...) À la voix d'une Afrique bouillonnante du désir de faire l'Histoire – son histoire, en tout cas –, il répondit sur un rythme lent, du ton d'un homme qui semblait porter sur ses épaules les interminables responsabilités d'un long destin. Négligeant les facilités oratoires et se refusant à répondre à Sékou Touré que ce qu'il demandait avec âpreté était déjà contenu dans le discours de Brazzaville, le chef du gouvernement préféra dire sa confiance en une coopération entre les peuples et les continents, sur le ton d'une indicible mélancolie**. »*

* C'est la thèse de Jacques Foccart. Le conseiller du Général s'est longuement étendu sur les contretemps successifs qui l'ont empêché d'informer le Général comme il aurait voulu et dû le faire (entre autres, la difficulté d'entrer en communication téléphonique avec Georges Pompidou qui cherche à le joindre pour l'informer des menaces qui pèsent sur le Général à Alger, où il doit se rendre avant de regagner Paris). *Cf. infra*, p. 212.

** Jean Lacouture, à qui nous devons ce témoignage, se trouve à Conakry le 25 août 1958 en tant qu'envoyé spécial du journal *Le Monde* (*De Gaulle*, 2, *Le politique*, *op. cit.*, pp. 580-582). La réponse du général de Gaulle à Sékou Touré, étant une improvisation, ne figure pas dans les *Discours et Messages*, de Gaulle y ayant interdit la publication de discours qu'il n'avait pas écrits au préalable. Ainsi le fameux *« Vive l'Algérie française ! »*, le seul qu'il ait jamais prononcé, n'y est pas reproduit (*cf. infra*, p. 172).

Mais, le soir même, de Gaulle refuse de participer au dîner prévu avec Sékou Touré. Il ne prendra pas un repas *« avec cet individu »*. Il ne veut plus entendre parler de ce *« meneur » « avec lequel nous ne pourrons jamais nous entendre. Nous n'avons plus rien à faire ici. Allons, la chose est claire : le 29 septembre au matin, la France s'en ira !... La Guinée n'est pas indispensable à la France*[60] *»*.

Le 26 août au matin, conformément au protocole, Sékou Touré vient saluer à son départ le général de Gaulle : *« Je lui dis : "Adieu, Guinée*[*] *!" »*

Quelques heures plus tard, *« une atmosphère tendue »* – ce sont ses termes – attend à Dakar le chef du gouvernement. Afin d'éviter un affrontement interne au parti qu'il dirige, où les tenants de l'indépendance immédiate sont très actifs, Léopold Sedar Senghor a choisi d'être absent, tout comme un autre député sénégalais, Mamadou Dia, partisan lui aussi d'une entente avec la France. Mais, devant la tribune où le général de Gaulle doit prendre la parole, se dressent des pancartes du Rassemblement du peuple africain réclamant l'indépendance immédiate. Alors de Gaulle, d'une voix très forte : *« Messieurs les porteurs de pancartes, si vous voulez l'indépendance, prenez-la ! »* Puis il commence à parler. Il dit son attachement à Dakar, *« ville vivante et vibrante »*. Il aurait préféré s'exprimer dans un silence plus complet, mais enfin... *« On crie : "De Gaulle ! De Gaulle !" Je constate aussi que, quand il est là et qu'il parle, les choses sont claires et qu'on ne s'ennuie pas... »* Il rappelle ce qu'il ne cesse de répéter depuis des jours : c'est aux Africains qu'il appartient de décider du sort de l'Afrique. Peu à peu, le chahut s'atténue. À la fin de son discours, des applaudissements se font entendre.

---

* C'est ce qu'écrit le Général (Charles de Gaulle, *Mémoires d'espoir, Le Renouveau*, *op. cit.*, p. 61). Mais Jacques Foccart (*Foccart parle. Entretiens avec Philippe Gaillard*, *op. cit.*, p. 164) et Pierre Messmer (*Les Blancs s'en vont*, Paris, 1998, Albin Michel) ont le souvenir d'avoir entendu, le premier : *« Bonne chance, la Guinée ! »*, le second : *« Bonne chance à la Guinée ! »*

À l'issue de sa tournée africaine, de Gaulle est assuré que tous les territoires, à l'exception de la Guinée, voteront « oui ». Croit-il pour autant à l'avenir de la Communauté ? Non, selon ce qu'il déclare à Jean Mauriac, le 25 août à Conakry : *« La Communauté, c'est de la foutaise ! Ces gens-là, à peine entrés, n'auront qu'une idée : celle d'en sortir*[61]*. »* L'indignation de Jacques Foccart à l'idée que l'on puisse prendre au sérieux des « propos délibérément excessifs », des boutades, des provocations visant à ce « qu'on lui dise le contraire », ne me paraît pas justifiée ; s'il souligne les efforts du Général pour construire avec la Communauté *« quelque chose d'assez solide pour permettre un long bout de chemin ensemble*[62] *»*, cela ne prouve pas pour autant qu'il ait jugé sa réalisation possible. Certes, de tout temps, on a su qu'*« il n'est pas besoin d'espérer pour entreprendre »*. Que de Gaulle ait ou n'ait jamais eu l'idée de reprendre à son compte la devise de Guillaume d'Orange, il paraît évident que, chez lui, la volonté de peser sur le cours de l'Histoire n'exclut pas la lucidité. Parmi d'innombrables témoignages dans ce sens, je ne citerai que cette confidence à Pierre Pflimlin, car elle est faite à bord de l'avion qui, le 20 août, les conduit vers l'Afrique : *« Lorsque j'étais jeune, nous étions soutenus par l'idée que la France était une grande puissance mondiale, qu'elle était appelée. Du moins le croyions-nous. Aujourd'hui, on ne peut plus le croire*[63]*. »*

L'avis du Conseil d'État étant rendu le 28 août*, un Conseil interministériel en prend connaissance le 1er sep-

* La tâche du Conseil d'État est de veiller à ce que le texte qui lui est soumis soit en tout point conforme à la loi. Ce sont des discussions juridiques ardues et intenses qui s'y déroulent trois jours durant, en commissions d'abord, en assemblée plénière ensuite. René Cassin, qui la préside, est *« bien à même de discerner ce qui était juridiquement souhaitable de ce qui était politiquement possible »* (Gérard Conac, article déjà cité). Parmi les commissaires du gouvernement figurent Raymond Janot et Jean Mamert. Jérôme Solal-Céligny est un des rapporteurs nommés par le gouvernement. Grâce aux compétences juridiques des uns et des autres, les modifications souhaitées par le Conseil d'État, et qui concernent seulement quelques articles, ne remettent pas en cause le projet constitutionnel du gouvernement.

tembre. Sans grande difficulté, Guy Mollet obtient que *« le Premier ministre (...) engage devant l'Assemblée nationale la responsabilité du gouvernement sur son programme, ou éventuellement sur une déclaration de politique générale »*. Pierre Pflimlin se félicite : *« C'est presque la résurrection de l'investiture que de Gaulle avait condamnée*[64]*. »* Lui-même réussit à réintroduire dans la Constitution l'irrecevabilité des propositions parlementaires contraires à une délégation de pouvoirs, mesure qu'il avait imaginée en 1956. *« Sans débats véritables,* [le Conseil interministériel adopte] *le texte qui doit être maintenant soumis au Conseil des ministres. Pour le Général, il s'agit d'une simple formalité. Le président de la République ne l'entend pas ainsi*[65]*. »* À la fin du mois d'août, René Coty s'exaspère qu'aucun avant-projet constitutionnel ne lui ait été communiqué. Préoccupé depuis plus de vingt ans par la réforme de l'État, il ne cesse, durant tout l'été, d'accumuler notes et documents à ce sujet. Il ne reçoit aucune information de l'hôtel Matignon, mais plusieurs professeurs de droit, différents parlementaires, de droite comme de gauche, d'Armand de Baudry d'Asson à Christian Pineau, lui font parvenir leurs propres projets de réforme ; le président du Conseil de la République le tient par ailleurs informé de ses efforts, qu'il approuve, pour que le statut de son Assemblée ne soit pas modifié. Finalement, à force d'insistance, le président de la République obtient que le Conseil des ministres du 3 septembre, le premier où il doit être question de la nouvelle Constitution, soit *« vraiment une séance de travail »* ; Georges Pompidou avait d'abord rejeté sa demande.

De 10 h 30 à 15 heures, ce mercredi 3 septembre, René Coty prend enfin part au débat constitutionnel. Pour l'essentiel, il ne peut qu'approuver le projet, lui qui, depuis des années, réclame que le gouvernement soit assuré de la stabilité et que le Parlement légifère sans entraver pour autant l'action gouvernementale. Ce qui ne l'empêche pas de formuler maintes propositions : certaines, ayant trait à la procédure de révision ou au fonctionnement de la Haute Cour de justice, ne sont pas retenues ; d'autres le sont, qui concernent le Conseil supérieur de la magistrature ou la possibilité pour le Premier ministre de présider le Conseil des ministres au cas où le chef de l'État ne pourrait le faire. Suggestion qui donne matière à l'ironie du Général : *« Les esprits sourcilleux et vigilants se sont opposés à cette faculté ; pour une fois, leur vigilance s'est exercée à l'encontre du Premier ministre dans l'esprit qu'il pourrait violer la Constitution, lui aussi*[66]*... »*

Dans un climat très détendu, le Conseil des ministres se sépare après avoir « entériné », dit de Gaulle, le projet constitutionnel sans lui apporter de véritables modifications. À travers ses versions successives, il a cependant subi une rectification numérique intéressante qui témoigne, une fois encore, du poids de l'Histoire*.

La politique peut être un art, a dit de Gaulle. Sa mise en scène doit l'être. André Malraux y veille.

Sa vie durant, le ministre délégué à la présidence du Conseil a toujours placé la passion avant la raison. Pour lui,

* L'article fondamental pour le général de Gaulle, celui qui accorde au président de la République, *« lorsque les institutions de la République, l'indépendance de la nation, l'intégrité de son territoire ou l'exécution de ses engagements sont menacés* [la Constitution de la Ve République fait fi, sur ce point, des règles élémentaires d'accord des participes : elles auraient voulu "menacées", et non pas "menacés"...] *d'une manière grave et immédiate, et que le fonctionnement régulier des pouvoirs publics constitutionnels est interrompu,* [le droit de prendre] *les mesures exigées par les circonstances... »*, avait été, pendant toutes les premières semaines de l'élaboration constitutionnelle, l'article 14. Dans le projet définitif, il est devenu l'article 16. Cette progression est due à un ancien président du Conseil : Paul Ramadier, hostile aux pouvoirs exceptionnels du président de la République, avait rappelé que cet article 14 avait un fâcheux précédent : *« Un autre article 14, celui de la Charte de 1814, qui autorisait le roi à prendre des ordonnances non seulement pour l'exécution des lois, mais aussi pour la "sûreté de l'État". C'est en vertu de ce texte que Charles X prit les trois fameuses ordonnances qui dissolvaient la Chambre des députés et limitaient la liberté de la presse. La réaction ne se fit pas attendre ; la révolution des "Trois Glorieuses" renversait Charles X et portait Louis-Philippe sur le trône »* (note de Paul Ramadier à André Boulloche, ministre délégué à la présidence du Conseil, que celui-ci transmit le 11 août au général de Gaulle et à Michel Debré, O.U.R.S., AGM 103).

les arguments logiques sont privés d'efficacité s'ils ne s'accompagnent pas d'un élément qui soit facteur d'émotion : *« Vous savez, dans une réunion, convaincre ne sert pas à grand-chose. Dans les cinq minutes qui suivent, le type peut être repris par ses vieux arguments, par son milieu. En éloquence, il s'agit moins de convaincre que de séduire*[67]*... »* « Ministre du Verbe* », André Malraux a déjà démontré son talent en la matière, du temps du Rassemblement du peuple français, en organisant, entre autres à Marseille, en avril 1948, de grandes messes gaullistes.

Est-ce de la politique-spectacle ? André Malraux en aurait-il été ainsi l'introducteur en France ? Ne s'agit-il pas plutôt du recours à des rituels plus ou moins magiques ? *« Sa conception de l'action politique procède des grandes forces qui s'adressent à la sensibilité : l'art et la religion*[68]*. »* Ce qui correspond à l'idée que le général de Gaulle lui-même se fait de son action. Rendre à la France son rang, n'est-ce pas entreprendre une sorte de guerre sainte ? Le président du Conseil approuve immédiatement et sans réserve la proposition d'André Malraux : qu'à l'ouverture de la campagne pour le référendum, il appelle les Français à voter pour la Constitution en un lieu et à une date symboliques témoignant de sa fidélité républicaine. Or, de toute évidence, les meilleurs symboles de la République sont le 4 septembre, anniversaire de sa proclamation en 1870, et la place de la République, avec sa gigantesque Marianne de bronze qui la domine de très haut**. Jamais aucun président de la Répu-

---

* Ainsi désigne-t-on, dans les débuts du gouvernement de Gaulle, André Malraux, à qui a été confié le soin d'informer les Français. Le 12 juillet, la nomination de Jacques Soustelle comme ministre de l'Information (*cf. infra*, p. 195) lui retire cette attribution ; il reste chargé *« d'animer et de promouvoir l'étude des problèmes fondamentaux tels que ceux intéressant directement la jeunesse, la recherche scientifique, le rayonnement français, les questions culturelles »* (*cf. infra*, p. 307).

** Posée sur un soubassement en pierre de 15 mètres de haut, elle mesure 9,50 mètres, est entourée des allégories de la Liberté, de l'Égalité et de la Fraternité ; à ses pieds, une urne, protégée par un lion en bronze, représente le suffrage universel.

blique n'a parlé place de la République depuis l'inauguration de ses monuments en 1883.

L'idée d'André Malraux suscite maintes réserves du directeur de cabinet, Georges Pompidou*, et du ministre de l'Intérieur, Émile Pelletier. De Gaulle n'en tient aucun compte. La machine administrative se met donc en marche.

Parce que le F.L.N. a annoncé sa volonté de « porter la guerre d'Algérie en métropole » et que, depuis le 29 août, les attentats s'y multiplient**, les travaux colossaux entrepris place de la République le sont sous haute surveillance : le jour, des gardiens de la paix armés de mitraillettes entourent les deux cents ouvriers affectés au chantier, gardé la nuit par l'armée.

La place de la République connaît une transformation étonnante, grandiose et baroque. Derrière le socle de la statue, masqué par des draperies tricolores, se dresse un immense « V » tricolore de quarante mètres de haut, qui cache partiellement la vue d'une croix de Lorraine : elle ne mesure que quatre mètres ! Ce « V » n'est pas seulement le symbole de la France libre et de la victoire sur l'Axe : il est aussi le numéro, en chiffre romain, de la République que de Gaulle entend créer. À quelques mètres de la statue, l'estrade réservée aux orateurs est entourée d'enceintes prévues pour les anciens combattants et les organisations syndicales. Entre la statue et l'estrade, une tribune en arc-en-ciel s'élève à l'intention des membres du gouvernement, des parlementaires, du corps diplomatique.

---

* *« Malraux avait dit cela en l'air, sans aller voir sur les lieux si la chose était possible. Or ce n'est point par hasard si jamais aucun gouvernement n'avait rassemblé la foule en cet endroit. Un square, des gazons, des bassins, le problème se révéla presque insoluble… »* (Claude Mauriac, *Le Temps immobile*, t. III, *Et comme l'espérance est violente*, Paris, 1976, Grasset, p. 33).

** Entre le 29 août et le 2 septembre, une raffinerie est incendiée en Normandie au Grand-Quevilly. Trois militaires sont abattus dans les rues de Paris. Un couvre-feu à l'intention des seuls Nord-Africains, qui n'ont plus le droit de circuler de 21 h 30 à 5 h 30, sinon pour motifs professionnels, est décidé dans la capitale. (*Cf.* Raymond Muelle, *La Guerre d'Algérie en France, 1954-1962*, Paris, 1994, Presses de la Cité, pp. 123 et *infra*, pp. 209-212.)

À son fronton et à sa base, des « R.F. » énormes rappellent l'omniprésence de la République française.

Des gendarmes mobiles entourent la place ; seules les cent mille personnes munies d'un carton d'invitation et tous les anciens combattants qui le souhaitent y ont accès.

Trois mille C.R.S. contiennent la foule sur les artères adjacentes. Quelques cris hostiles au Général s'y font entendre, quelques bagarres éclatent ici et là, des ballonnets arborant un « non » sont lancés. Quelques milliers de contre-manifestants ne peuvent troubler la grande fête dont tous les détails ont été pensés par le Général.

À 17 h 30, la cérémonie commence. De très nombreux micros ont été installés dans un rayon de cinq cents mètres autour de l'estrade. À l'étonnement de beaucoup d'assistants, le premier orateur n'est autre que Jean Berthoin : *« Si (...) le chef du gouvernement a voulu que s'élève d'abord la voix du ministre de l'Éducation nationale, c'est que, depuis près d'un siècle, le livre de l'écolier et les travaux des mémorialistes enseignent à la France la noblesse de la démocratie et rappellent ses vertus*[69]*. »* Quelques minutes plus tard, ayant rendu gloire successivement à Gambetta, *« qui sauva l'honneur de la patrie »*, à Jules Ferry, *« père de l'école publique »*, à *« la République de Jaurès et des lois ouvrières »*, à *« la République pacificatrice de Gallieni et de Lyautey »* (Gallieni pacificateur, lui qui « rétablit l'ordre » à Madagascar et déposa la reine Ranavalo ? On imagine l'étonnement des élus malgaches présents !), à *« la République victorieuse de Clemenceau »*, le ministre descend de la tribune. On constate que tous les personnages de son palmarès républicain appartiennent à la IIIe République – aucun n'est de la Ire, de la IIe ou de la IVe...

Pause dans les discours. *« Il faut désembourgeoiser la Légion d'honneur »*, a dit le général de Gaulle. Jean Berthoin et huit autres membres du gouvernement sont donc chargés de remettre maintenant le ruban rouge à cent ouvriers venus de toute la France – Mme de Gaulle a tenu à les accueillir, dans la plus grande discrétion, place de la République*.

À 18 h 15, André Malraux prend place au micro : *« Quand, le 14 juillet, j'ai dit, place de l'Hôtel-de-Ville, que si certains voulaient la République sans le général de Gaulle et d'autres le Général sans la République, la France, elle, voulait la République avec le général de Gaulle, il était bien imprudent de m'opposer que le peuple de Paris ne serait pas au rendez-vous du général de Gaulle avec la République : le peuple de Paris est là.*

« Pour la France, merci, témoins[70] *! »*

Lorsqu'il force sa voix puissante, André Malraux se tient le côté gauche du visage. Ses lunettes glissent sur son nez. *« À peine les avait-il relevées qu'elles retombaient, si bien qu'à la fin, pour ne pas gâcher sa péroraison, il laissa sa main droite cramponnée à l'une des branches enfin immobilisées*[71]. » Le public, resté neutre pendant la précédente allocution, prend vie. Les applaudissements fusent. Tout à coup, à près de 18 h 30, André Malraux change de ton. Il s'adresse à *« ceux qui entendaient nuit après nuit : "Ici, Londres. Les Français parlent aux Français. Honneur et Patrie. Vous allez entendre le général de Gaulle..." »* Puis il interpelle la Marianne qui lui fait face : *« Ici Paris, le Paris de tous ses quartiers depuis la porte d'Italie jusqu'au rond-point de la Défense ! Écoute pour la France, République de bronze, la réponse de la vieille nef glorieuse : "Ici Paris ! Honneur et Patrie ! Une fois de plus, au rendez-vous de la République et de l'Histoire, vous allez entendre le général de Gaulle*[72] *!" »*

À l'instant précis de cette annonce, à 18 h 28, l'énorme rideau qui cachait l'accès à la tribune s'ouvre : la voiture du Général arrive. André Malraux n'a plus à parler. Deux

* Avant d'être décorés, les futurs légionnaires sont conduits dans le hall de l'hôtel Moderne, où Mme de Gaulle les attend. Le plus ému est un ouvrier agricole de la Mayenne, déjà titulaire de la médaille militaire, de la croix de guerre, de la Military Cross et du Mérite agricole. Le plus vieux, quatre-vingt-dix ans, est un ouvrier tailleur de Boulogne-sur-Mer (*Paris-Presse l'Intransigeant*, 6 septembre 1958).

minutes plus tard, à l'heure prévue, de Gaulle, sur l'estrade, écarte les bras afin de former un « V ». Selon son habitude, il sait par cœur son discours et donne à ses auditeurs le sentiment qu'il l'improvise. Ses premiers mots rendent hommage à la République : *« C'est en un temps où il lui fallait se réformer ou se briser que notre peuple, pour la première fois, recourut à la République. Jusqu'alors, au long des siècles, l'Ancien Régime avait réalisé l'unité et maintenu l'intégrité de la France. Mais, tandis qu'une immense vague de fond se formait dans les profondeurs, il se montrait hors d'état de s'adapter à un monde nouveau. C'est alors qu'au milieu de la tourmente nationale et de la guerre étrangère apparut la République ! Elle était la souveraineté du peuple, l'appel de la liberté, l'espérance de la justice. Elle devait rester cela à travers les péripéties agitées de son histoire. Aujourd'hui, autant que jamais, nous voulons qu'elle le demeure ! »* Puis, après la critique habituelle de la IVe République, vient un assez long développement (plus de vingt minutes) sur la future Constitution, sur sa nécessité : *« Bref, la nation française refleurira ou périra suivant que l'État aura ou n'aura pas de force, de constance, de prestige pour la conduire là où elle doit aller. »* Ses derniers mots sont un appel aux Français pour qu'ils acceptent la Constitution qui sera soumise à leurs suffrages le 28 septembre : *« De tout mon cœur, au nom de la France, je vous demande de répondre : Oui !*

« Si vous ne le faites, nous en reviendrons, le jour même, aux errements que vous savez. Si vous le faites, le résultat sera de rendre la République forte et efficace, pourvu que les responsables sachent désormais le vouloir ! Mais il y aura aussi, dans cette manifestation positive de la volonté nationale, la preuve que notre pays retrouve son unité et, du coup, les chances de sa grandeur. Le monde, qui discerne fort bien quelle importance notre décision va revêtir pour lui-même, en tirera la conclusion. Peut-être l'a-t-il dès à présent tirée ! Un grand espoir se lèvera sur la France. Je crois qu'il s'est déjà levé !

« Vive la République !

« Vive la France[73] *! »*

De Gaulle recule d'un pas, lève les bras en forme de V. Les acclamations, qui ont fusé à sa conclusion, s'arrêtent. Il reprend la parole : *« Et maintenant, avant de nous séparer, nous allons chanter, tous ensemble, l'hymne national : la* Marseillaise *! »* Il baisse un peu la tête et, seul, d'une voix grave mais juste, il entonne : *« Allons, enfants de la patrie... »*

« Il se passe alors une chose curieuse. Pendant quelques secondes, la foule, parquée place de la République et autour, l'écoute. Puis, au mot patrie, *spontanément, le chœur se forme. Une émotion profonde naît de la vieille chanson. C'est la première minute véritablement bouleversante** *de la cérémonie. Grâce aux micros, la voix du Général domine le chant de la foule. Il martèle chaque mot, détachant les syllabes. Arrivé au cri : "Aux armes...", il lève les bras et, hérissés au-dessus des têtes, mille bras lui répondent. »*

C'est la fin de la cérémonie, il est 19 heures. Le général de Gaulle descend du podium, serre la main de ses ministres. Brusquement, il quitte les officiels, va vers les ouvriers qui viennent d'être décorés, puis se dirige vers les barrages qui entourent la place, les franchit et se mêle à ceux qui l'acclament, saisit les mains qui se tendent. Il a son bain de foule. Puis il remonte dans sa voiture et part.

Au même moment, de nombreux incidents éclatent un peu partout dans les rues adjacentes. C.R.S. et agents, avec leurs matraques de 1,20 mètre, couramment appelées « bidules », ont vite fait de rétablir l'ordre. Quelques pierres sont lancées sur les voitures officielles. Qu'importe !

---

* Pour m'être trouvée place de la République ce 4 septembre et pour avoir conservé mes notes, je sais l'exactitude de ce compte rendu (*Paris-Presse l'Intransigeant*, 6 septembre 1958). J'y apporte toutefois une correction. Je me rappelle le rire provoqué dans la rédaction par sa lecture : une coquille malencontreuse (je n'ose penser qu'elle avait été voulue par un typographe hostile à de Gaulle) avait fait imprimer : *« C'est la première vraie minute* frissonnante *de la cérémonie »*, et non « bouleversante », ce qui était écrit dans la copie...

Le lendemain, Georges Pompidou se félicite que cette manifestation ait été « très payante ». Pour André Malraux, ce n'est pas une réussite, mais « un triomphe[74] ».

Il est décidé que chacun des 26 603 464 électeurs inscrits en métropole recevra le texte du discours du Général en même temps que sa convocation pour le scrutin et les deux bulletins offerts à son choix : un « Oui » et un « Non ». Le référendum va donc consommer près de deux mille tonnes de papier*...

Depuis des années, le colonel Lacheroy prône les vertus de la guerre et de l'action psychologiques. Ses thèses, on le sait**, ont obtenu l'adhésion des plus hautes autorités militaires. L'idée serait-elle venue à des responsables politiques de les mettre en œuvre à l'occasion du référendum constitutionnel ?

Jamais, en France, un président de la République ou un chef du gouvernement ne s'était encore adressé aux Français dans un cadre aussi spectaculaire, fabriqué de toutes pièces à son intention. Jamais on n'avait vu un tel nombre d'affiches surgir un peu partout en France, dans les villes comme dans les villages, le long des routes, des voies ferrées. Toutes proclament, dans des caractères et un décor différents, le même mot d'ordre : *« Oui à la France. Ici, un bonnet phrygien stylisé éclabousse un fond d'un bleu éclatant. Là, des mains noires et blanches s'étreignent autour de la hampe d'un drapeau tricolore. Ailleurs, la*

---

* Une note interne du ministère de l'Intérieur nous en précise l'affectation :

« 1. Diffusion du texte de la Constitution :
30 000 000 d'exemplaires, format 21x27 cm
56 grs m², environ...249 t.
2. Bulletins de vote :
70 000 000 bulletins, format 10,5x13,5 (pour une seule question) en 64 grs m²................................. 75 t.
3. Propagande des partis par voie d'affichage :
Pour une affiche par emplacement, il faut compter 55 tonnes de papier par parti :
Exemple : 55x30..1 650 t.
Au total, le tonnage de papier nécessaire à l'organisation du référendum serait de ....1 965 t. »
(A.N., F1 CII 619.)

** *Cf. La République des Tourmentes*, t. III, pp. 210-213.

Marseillaise *de Rude s'orne d'un V gaulliste. Un journal électoral,* France-Référendum, *présenté comme* France-Soir, *est tiré à plusieurs dizaines de milliers d'exemplaires ; les tracts, circulaires, affichettes et papillons en tous genres, par centaines de millions. Dans les cinémas, un film de propagande,* Rendez-vous de l'Histoire, *ridiculise la IVe République*[75]. » Cette description fort exacte omet de préciser qu'un bateau-mouche monte et descend le cours de la Seine, distribuant la propagande gaulliste, et qu'un avion écrit dans le ciel « Votez* »...

Sur les ondes de la radiodiffusion nationale et de la chaîne de télévision**, qui, en vertu d'un arrêté signé par Jacques Soustelle le 5 septembre[76], doivent diffuser, en vue du scrutin, quarante-six émissions de cinq minutes chacune, c'est aussi un déferlement de « oui ». Un décret signé le 20 août l'a facilité. Il prévoit en effet que pourront être autorisés à utiliser la radiodiffusion et la télévision françaises pour leur propagande en vue du référendum : *« 1° les partis politiques ; 2° les groupements constitués sous forme d'association déclarée à la date du présent*

* Cette initiative est due à un groupement créé à cette occasion et disparu après le vote : le Front républicain d'action civique contre l'abstentionnisme (F.R.A.C.C.A.). *« Il avait l'appui de gens distingués ainsi qu'un quartier général imposant qu'il évacua presque aussitôt après la fin de la campagne »* (Philip M. Williams et Martin Harrison, « La campagne pour le référendum », dans *L'Établissement de la Cinquième République, le référendum de septembre et les élections de novembre 1958*, Cahiers de la Fondation nationale des sciences politiques, n° 109, Paris, 1960, Armand Colin, p. 29).

** Elles ont été confiées à des gaullistes purs et durs. Dès son entrée en fonction, André Malraux a en effet décidé d'*« écarter tous les journalistes qui ont montré pendant la crise* [mai-juin 1958] *leur hostilité aux objectifs nationaux du général de Gaulle »* (Olivier Todd, *André Malraux, une vie*, Paris, 2001, Gallimard, p. 423). La direction des programmes et celle de l'information sont donc attribuées respectivement à l'historien Albert Ollivier et à l'ancien secrétaire général du R.P.F., Louis Terrenoire. Comme leurs prédécesseurs, ils sont nommés à ces postes en Conseil des ministres. Depuis sa création en 1949, la R.T.F. (Radio-Télévision française), société nationale, est toujours sous contrôle direct de l'État. D'ailleurs, du temps de la IVe République, le général de Gaulle n'y avait jamais eu accès ; son nom n'avait pas même été mentionné en 1955 lors des cérémonies commémoratives de la libération de Paris.

décret, dont l'objet statutaire vise à l'organisation ou à la réforme des institutions et dont l'action s'étend à l'ensemble du territoire[77]*... »* Or, avec la bienveillance d'Olivier Guichard, quand ce n'est à sa demande, depuis le début de juin, cinq associations, répondant à merveille à la définition, ont surgi des limbes*. Ainsi, sur les vingt-trois partis ou organisations autorisés à faire campagne, dix-sept préconisent le « oui »..., et six le « non »**.

« Ces quatre semaines de septembre 1958 resteront dans l'Histoire comme le moment où, sous prétexte de "démocratie directe", ce qui restait de loyauté et de franchise dans la conquête du suffrage universel est banni, sans doute pour toujours, de notre vie publique[78]*. »* Ce jugement, formulé douze ans plus tard, reflète l'indignation suscitée par le matraquage gaulliste chez nombre d'observateurs. Pour autant, est-il justifié ? La campagne du référendum ne signifierait-elle pas plutôt que la France est entrée dans l'ère de la communication ; que, sur les conseils des experts en publicité, les partisans du général de Gaulle ont appliqué les méthodes en vigueur aux États-Unis lorsqu'il s'agit de rallier les suffrages des électeurs ? Sous l'autorité du général de Gaulle, si soucieux de préserver le modèle français, la vie politique en

* Elles représentent toutes les tendances du mouvement gaulliste. À côté de l'Union civique pour le référendum en vue de l'avènement de la Ve République, présidée par l'ancien ministre Jacques Chaban-Delmas, l'Association nationale pour le soutien au général de Gaulle regroupe des gaullistes de gauche (parmi eux Yvon Morandat, Jean Sainteny, le député Jean de Lipkowski, les écrivains Maurice Clavel et Jean Dutourd), alors que les responsables de l'Union pour le renouveau français (Jacques Soustelle) et ceux de la Convention républicaine (Marie-Madeleine Fourcade, à l'origine au début de l'année des pétitions pour le retour du Général, et Léon Delbecque, l'« homme du 13 mai ») sont des partisans déclarés de l'Algérie française.

** Selon un ordre tiré au sort, Pierre Poujade est, le 18 septembre, le premier partisan du « non » à s'exprimer dans le cadre de la campagne de propagande radiotélévisée. Il est suivi, le 19 septembre, par Claude Bourdet (Union de la gauche socialiste), le 22 par le responsable du parti communiste, Maurice Thorez, et par Joseph Perrin (U.D.S.R.). Une grève des techniciens C.G.T. fait que cette dernière intervention est la seule dont il n'existe pas d'enregistrement. Le 23, Pierre Cot (Union progressiste) et Pierre Mendès France (Union des forces démocratiques) clôturent cette liste.

France aurait ainsi commencé à adopter, à grand tapage, une sorte d'*American way of life* : quel paradoxe !

Une situation aussi inédite désarme plus ou moins les partis politiques classiques.

Le premier d'entre eux par le nombre de ses électeurs (plus de 25 % des suffrages aux dernières élections législatives), le parti communiste, n'échappe pas à la règle. De toute son autorité, Maurice Thorez appelle à *« dire non à la servitude »*, à rejeter cette Constitution qui donne *« au président de la République, élu par une assemblée de notables, plus de pouvoirs que n'en avaient les derniers rois de France*[79]*... »*. Les permanents du parti s'évertuent à créer des « comités de vigilance républicaine » et des « rassemblements » comme, à Paris, celui des « habitants du XVe arrondissement », à répandre ou faire coller sur les murs des tracts tels que *« De Gaulle, c'est le fascisme ! »* ou *« Le Général-Moi*[80] *»*. *L'Humanité* publie quotidiennement les noms des travailleurs, des ménagères, des conseillers municipaux communistes, socialistes et catholiques unis pour refuser la Constitution. Rien n'y fait : les réunions qu'organise le parti restent clairsemées ; *« nombre de ses militants paraissent réservés*[*] *»*.

Au parti socialiste, les tensions sont particulièrement vives : quarante-neuf de ses députés ont voté contre l'investiture du général de Gaulle, quarante-deux seulement pour.

Guy Mollet se lance dans la campagne du référendum. Dès le 24 août, dans sa « lettre aux militants », il les adjure de voter « oui ». En aucun cas, la Constitution soumise au peuple ne représente un danger pour la liberté ;

---

* Cette constatation, faite avant même l'ouverture de la campagne par le préfet de Meurthe-et-Moselle (rapport du 8 août), est souvent reprise, dans les semaines qui suivent, par plusieurs de ses collègues. Le 8 octobre, le préfet de Lot-et-Garonne note que *« l'extraordinaire activité du parti communiste »* n'a pas empêché l'opinion *« de se montrer de plus en plus favorable au général de Gaulle »* (A.N., F1 CIII 1365).

son rejet serait une catastrophe : *« Je vous dirai, d'ailleurs, ma conviction profonde : même si, par erreur et par malheur, nous devions dire "non", la majorité du pays sera pour, y compris nombre de nos électeurs et même nombre des électeurs "communistes" d'hier*[81]. *»* Une prise de position aussi ferme en faveur du « oui » est d'autant plus remarquable que son autorité au sein du parti est vivement contestée. Fort de l'appui de Gaston Defferre, patron de la très puissante fédération des Bouches-du-Rhône*, Édouard Depreux, l'ancien ministre de l'Intérieur, personnalité influente de la S.F.I.O., entend lui arracher, lors du prochain congrès national, fixé au 11 septembre, son poste de secrétaire général. Mais, le 5 septembre, Gaston Defferre annonce son adhésion au camp du « oui » : *« Les choses se sont décantées...* [Il est de ceux qui] *souhaitent maintenant le succès du référendum pour que, dans une démocratie rénovée, un pouvoir fort et stable (...) mette fin à l'hémorragie qui aurait peu à peu vidé notre pays de toute sa substance et remis en cause à bref délai le régime républicain et nos libertés*[82]. *»* Ainsi, Gaston Defferre explique son « oui » par la conviction que de Gaulle va appliquer en Algérie *« une politique libérale*** *»*. La volonté de sauver par là « sa » mairie de Marseille, perdue s'il doit avoir contre lui la « vague gaulliste », n'est sans doute pas étrangère à sa décision : c'est ce qu'il confie à son ami Henri Noguères[83]. Quelles que soient ses motivations, son ralliement renforce l'emprise de Guy Mollet, ministre d'État du gouvernement de

* Durant l'été, il est venu le voir chez lui à Sceaux et lui a proposé une alliance : *« Une motion élaborée et signée à la fois par mes amis et les vôtres, par vous et par moi, créera un heureux choc. Elle nous permettra de totaliser les voix que nous avions obtenues jusqu'ici, chacun de notre côté, et d'en arracher assez d'autres pour que nous puissions raisonnablement espérer conquérir la majorité »* (Édouard Depreux, *Souvenirs d'un militant*, Paris, 1972, Fayard, p. 484).

** Ayant écrit au Général pour lui demander quels sont ses projets pour l'Algérie, il est convoqué à Matignon. De Gaulle lui assure qu'il veut rechercher la paix par la négociation (Roger Quilliot, *La S.F.I.O. à l'épreuve du pouvoir*, *op. cit.*, p. 747).

Gaulle, sur le parti de la cité Malesherbes*. Par 2 687 mandats contre 1 167 et 62 abstentions, les socialistes votent pour le « oui » au référendum. La motion sur l'Algérie, présentée par Guy Mollet et approuvée par Gaston Defferre, recueille 83,7 % des suffrages.

Le parti socialiste n'échappe pas à une scission : le 15 septembre, Édouard Depreux annonce la création du Parti socialiste autonome, le P.S.A., en liaison avec l'Union des forces démocratiques, l'U.F.D., ce rassemblement des forces de gauche hostiles au gouvernement de Gaulle, lancé dès le 24 juin par une autre personnalité socialiste, Daniel Mayer, et auquel adhère Pierre Mendès France.

À l'U.D.S.R., François Mitterrand, décidé à prendre la tête de l'opposition « non » communiste, a obtenu un vote favorable au non, immédiatement contesté par René Pleven, suivi par de nombreux adhérents.

Chez les radicaux-socialistes, la situation est au moins aussi confuse. Pierre Mendès France, qui milite pour le « non », entraîne à sa suite la fédération de la Seine, mais, à Toulouse, un autre adversaire de la Constitution, Maurice Bourgès-Maunoury, qui bénéficie pourtant de l'appui de *La Dépêche du Midi*, le plus important des trois journaux de province à préconiser le « non »[84], est mis en minorité… L'ancien président du Conseil des ministres de la IIIe République, Édouard Daladier, favorable au « non », est remplacé à la présidence du parti par le plus jeune chef de gouvernement de la IVe République, Félix Gaillard.

Dès le lendemain du discours du général de Gaulle place de la République, Pierre Mendès France réunit une conférence de presse dans les salons de l'hôtel Lutetia. Il critique le manque de clarté du texte constitutionnel, s'indigne des chantages auxquels les adversaires du projet sont soumis : *« On annonce que ceux qui voteront contre*

* Le jour du discours du général de Gaulle place de la République, il a pu fêter le douzième anniversaire de son élection au secrétariat général de la S.F.I.O.

vont amener les communistes. Puis on agite la menace des parachutistes. On affirme que le rejet, c'est le retour à la IVe République. Tous ces chantages auraient été évités si on avait offert un choix. » Puis il fustige « *l'extraordinaire faiblesse du gouvernement à l'égard des ultras :* [elle donne le sentiment que] *Paris s'est aligné sur Alger* ». L'ancien président du Conseil ne se borne pas à exposer les raisons de son opposition à de Gaulle. Partisan d'une « *Constitution simple et souple* » (avec gouvernement de législature), Pierre Mendès France tente en vain d'esquisser un contre-projet constitutionnel qui puisse rassembler les adversaires du « non ». Son initiative n'est pas même discutée[85].

« *Ce n'est pas seulement la IVe République qui se brise pendant l'été 1958, ce sont aussi les partis hérités du début du siècle*[86]. »

L'inorganisation de la gauche provoque « *le transfert sur d'autres instances, notamment syndicales et associatives, de la responsabilité de l'opposition* ». Les syndicats se mêlent au débat constitutionnel. La C.F.T.C. émet des réserves, la F.E.N. se déclare opposée. Plus que jamais, la C.G.T. milite aux côtés du parti communiste. Des groupements plus ou moins anciens se joignent au combat des « non » : la Ligue des droits de l'homme, un Comité universitaire pour la défense de la République animé par le doyen Châtelet, l'Association des juristes républicains créée dès mai 1958[87].

En face de cette opposition pour le moins désordonnée, les partisans du « oui » avancent en rangs serrés. À l'exception de Pierre Poujade qui, dans une formulation aux relents antisémites, s'élève contre « *cette Constitution qui sera la légalisation de tous les abandons* [et qui] *a été faite par les hommes des banques apatrides*[89] », à l'exception aussi de quelques fidèles du maréchal Pétain, les formations du centre et de droite, dans leur combat pour le « oui », ne connaissent pas de défections. Ils sont nombreux, dans leurs rangs, à voter ainsi parce que, à l'inverse de Gaston Defferre, ils voient en de Gaulle le meilleur défenseur de l'Algérie française*. Les républicains sociaux ne se contentent pas de leurs cinq interventions à la radio et à la télévision, puisqu'ils cumulent celles de leur parti avec celles des associations créées à cet effet** ; en tant que ministre de l'Information, leur ancien secrétaire général, Jacques Soustelle, dans une interview radiodiffusée de douze minutes, réfute un à un les arguments des adversaires du « oui ». *« Cette émission fut suivie par quatre minutes de commentaires de la presse étrangère favorables au gouvernement : donc, seize minutes de propagande sur un bulletin de vingt minutes*[89]. »

Les enseignements du colonel Lacheroy sur l'action psychologique et la nécessité, pour convaincre l'adversaire, de lui rabâcher sans relâche les mêmes affirmations, semblent avoir été compris…

Il n'est pas une personnalité, quel que soit son camp, qui ne veuille intervenir dans le débat. Les journaux sont remplis de leurs déclarations. Le très européen Jean Monnet, qui s'est si souvent opposé à de Gaulle, annonce, dès le début de la campagne, son vote en faveur de la Constitution, qui permettra *« l'adaptation de la France au monde moderne**** ». Le socialiste Félix Gouin, qui, en

* Ainsi, dans le cadre de la campagne de propagande radiotélévisée, le 11 septembre, Roger Duchet (Centre national des indépendants et paysans) affirme : *« Les indépendants et paysans voteront oui (…) parce que la Constitution (…) considère l'Algérie comme une province française. »* Le 16 septembre, c'est au tour de Georges Bidault (il parle au nom de la Démocratie chrétienne de France, le mouvement qu'il a fondé après sa rupture avec le M.R.P. cinq mois plus tôt (*cf. La République des Tourmentes*, t. III, p. 737) : *« Si de Dunkerque à Tamanrasset une seule volonté se fait reconnaître et respecter pour le bien commun, alors la pratique, venant au secours de la théorie, fera de la Constitution l'instrument du renouveau »* (*Documents pour servir à l'histoire de l'élaboration de la Constitution du 4 octobre 1958*, t. III, *op. cit.*, pp. 657, 666).

** *Cf. supra*, p. 142

*** Jean Monnet, *Mémoires*, Paris, 1976, Fayard, p. 503. Le 11 août, Jean Monnet avait fait part par écrit à Guy Mollet de sa crainte que la Constitution ne mette *« un cran d'arrêt à toute construction européenne »*. Le ministre d'État l'avait rassuré (O.U.R.S., A.G.M. 102).

1946, succéda au général de Gaulle à la tête du Gouvernement provisoire de la République française, dénonce le retour au Second Empire et voit en de Gaulle *« l'élu du seigle et de la betterave*[90] *»*. Ce jugement rejoint celui du juriste Georges Vedel pour qui de Gaulle est *« "l'élu du seigle et de la châtaigne", de la France des bourgs et des campagnes contre celle des villes et des régions dynamiques*[91] *»*. De façon générale, jusque dans les rangs gaullistes*, les experts sont loin d'approuver le projet constitutionnel. Ainsi, le professeur de sciences politiques Robert-Édouard Charlier déplore que *« les vieilleries obstinées l'emportent sur les efforts de rénovation »*, et son collègue Maurice Duverger, qui écrit régulièrement dans *Le Monde*, s'indigne que l'Assemblée nationale soit *« réduite à une chambre d'enregistrement, un parlement croupion*[92] *»*.

Voici aussi les évêques qui se mêlent de la partie. Si la majorité se bornent à recommander à leurs fidèles de ne pas s'abstenir, quelques-uns (entre autres ceux de Limoges et de Vannes) leur conseillent de voter « oui ». Et l'archevêque de Bourges, Mgr Lefebvre, président de la Commission de doctrine de l'Assemblée des cardinaux et archevêques de France, déclare que l'inscription du principe de laïcité dans la Constitution n'interdit pas le vote en sa faveur[93]. En ce temps où la pratique de la religion catholique est majoritaire en France, les voix épiscopales ne sont pas dépourvues d'influence.

Voici enfin Auguste Lecœur. Que cet ancien dirigeant communiste en rupture de ban avec son parti et très proche maintenant de la S.F.I.O. appelle à voter « non » ne retiendrait pas l'attention si son interprétation de la Constitution, formulée peu après son entrée en vigueur, ne méritait, me semble-t-il, d'être soulignée : *« Entre les mains*

* Ainsi le professeur Marcel Prélot, ancien député R.P.F., déplore que le document soit *« écrit d'une pâle encre administrative ou contentieuse »*. René Capitant ne cache pas une opinion analogue. Ni l'un ni l'autre, en dépit de leur compétence en la matière et de leur engagement gaulliste, n'ont été associés à la rédaction du projet constitutionnel.

de la réaction, cette Constitution peut présenter un danger terrible. Mais elle peut être une arme très efficace aux mains des hommes de la gauche[94]. »

Bien que le débat constitutionnel soit omniprésent, 49,5 % des Français ne lisent pas le texte du projet. Le problème algérien reste leur principale préoccupation. Interrogés, à la mi-septembre, sur les motifs de leur vote, ils se partagent en deux groupes d'égale importance : 39,5 % se *« prononceront surtout sur la valeur du projet constitutionnel »*, 40 % *« penseront surtout à la personnalité du général de Gaulle*[95] *»*.

À une exception près, les préfets métropolitains annoncent le succès du « oui ». Le plus optimiste est le préfet de la Vendée (82 % de « oui ») ; le plus pessimiste, celui de la Corrèze (55 % de « oui »). Seul leur collègue de la Creuse estime que les « oui » n'atteindront pas les 50 % : il en prévoit 49 %[97]. Ils sont nombreux à attribuer la victoire du « oui » à la popularité du général de Gaulle[96].

Dans la semaine qui précède le référendum, les 20 et 21 septembre, le général de Gaulle sillonne la France. Rennes, Bordeaux, Strasbourg et Lille lui réservent un accueil enthousiaste. Il commence toujours ses discours par le rappel de ses liens personnels avec la ville où il se trouve ; il lui arrive, comme à Strasbourg, de promettre à la jeunesse *« un grand avenir. Écoutez-moi, tous, jeunes gens et jeunes filles. Écoutez le vieil homme que je suis et qui a vu tant de choses. Vous avez un magnifique pays. Vous êtes les enfants d'une nation pleine de grandeur et pleine d'avenir... »*. Partout, il demande aux Français de *« répondre oui (...), de donner cette réponse massivement. Tout le monde comprend que, suivant la quantité des suffrages qui approuveront cette immense réforme, la situation de la France vis-à-vis d'elle-même, vis-à-vis de ses enfants et vis-à-vis du monde sera complètement diffé-*

rente... Et moi-même, je dois vous le dire, j'en ressentirais un immense et profond encouragement[97]. »

Le vendredi 26 septembre, dans une allocution radiotélévisée, le président du Conseil formule toujours le même vœu : *« Françaises, Français, si, avec mon gouvernement, je vous appelle à répondre oui et à le faire en masse, de grand cœur, c'est simplement pour la France... À chacune, à chacun de vous je confie le sort de la France.*

« Vive la République !

« Vive la France[98] *! »*

Le dimanche 28 septembre, on assiste en métropole à une véritable ruée sur les bureaux électoraux. Jamais les Français n'ont autant voté : 15,06 % d'abstentions en métropole, le taux le plus bas jamais enregistré pour une consultation du suffrage universel. 17 668 790 Français votent « oui » (79,2 % des suffrages exprimés). Nul n'avait prévu un tel résultat*.

Le 4 octobre à midi, la commission nationale instituée à cet effet par le décret du 20 août sur l'organisation du référendum proclame ses « résultats officiels : 31 066 502 « oui » 5 419 749 « non ». Seule la Guinée a voté « non ».

Aux yeux de l'éminent analyste qu'est René Rémond, *« aucune Constitution n'a obtenu dans le passé pareille consécration ! (...) Ce vote massif lui confère d'emblée une légitimité qui fit souvent défaut à ses devancières, expliquant leur précarité*[99] ». Promulguée le 4 octobre et publiée au *Journal officiel* le 5 octobre, la Constitution de

* Les pronostics préfectoraux ont tous subi une correction à la hausse. Le préfet de l'Ain, qui a prévu 74 % de « oui » et 26 % d'abstentions, alors que 83 % de ses administrés ont voté, 17 % seulement s'étant abstenus, le reconnaît : *« Je ne pensais pas que l'écart dût être aussi considérable, d'autant que la campagne a voté davantage que la ville »* (Paul Feulloley, *La France du général de Gaulle, 1958-1969*, *op. cit.*, p. 25).

la Ve République entre en vigueur avant même l'apposition du sceau de la République*.

Il n'empêche que le chef de l'État est toujours René Coty, président de la IVe République...

Encore une spécificité de cette Constitution ! Tout en se rattachant, par certaines de ses dispositions, au régime parlementaire classique, elle n'en est pas moins fondée sur la responsabilité éminente du chef de l'État. Loin d'être taillée sur mesure pour de Gaulle, elle fait la part belle aux projets de réforme que, du temps qu'ils étaient ses adversaires, les responsables de la IVe République auraient souhaité mettre en œuvre. Par les conditions et la rapidité de son élaboration, par ses apports divers, qui semblaient inconciliables, la Constitution du 4 octobre 1958 n'entre vraiment dans aucune catégorie juridique : elle appartient à celle des exceptions françaises.

* C'est le 6 octobre, au ministère de la Justice, que le sceau de l'État est apposé sur cette Constitution, comme il l'a été sur les douze qui l'ont précédée depuis la Révolution. Michel Debré préside la cérémonie : *« Souhaitons longue durée et succès profond à ce texte dépositaire des principes et des institutions de la nation, de cette nation française gardienne irremplaçable de notre honneur et de nos libertés. »* Le garde des Sceaux et son collaborateur Jean Mamert ont veillé à ce que cette Constitution, considérée comme la treizième depuis la Révolution, soit reliée en plein maroquin, alors que toutes les précédentes sont de simples parchemins sans ornement et même sans couverture... Cette Constitution porte un grand nombre de signatures. En dessous de celles du président Coty et du général de Gaulle s'alignent celles des vingt-trois membres du gouvernement, ce qui permet à Edmond Michelet d'être sans nul doute le seul au monde dont le paraphe figure sur les actes de fondation de deux républiques successives, puisqu'il signa celle de 1946. *« Il est seulement passé par une évolution logique du ministère des Armées à celui des Anciens Combattants »* (*Qu'est-ce que le sceau de la France ?*, par M. Durand-Barthez, archiviste-paléographe, chef du service des Archives du ministère de la Justice de 1949 à 1979, htpp://www.justice.gouv.fr./presse/lesceau.htm).

CHAPITRE III

« Vivre avec... »

> *« L'erreur la plus commune, pour tous les hommes d'État, c'est de croire qu'il existe à chaque moment une solution pour chaque problème. Il y a pendant certaines périodes des problèmes qui n'ont pas de solution. C'est actuellement le cas de l'Algérie. »*

I – « Je vous ai compris », *la découverte du terrain*

Ces propos, tenus à Edgar Faure durant l'été 1958[1], témoignent que la conviction du général de Gaulle, exprimée peu avant son retour au pouvoir, n'a pas changé d'un iota : *« L'Algérie n'est pas un problème que l'on résout ; on vit avec*[2]. *»*

Avec l'arrivée du général de Gaulle à l'hôtel Matignon, l'Algérie change de caractère dans la politique française. Elle reste une urgence, elle n'est plus la priorité. Ce qu'elle était jusqu'alors pour ses prédécesseurs, qu'il s'agisse de Pierre Pflimlin, de Félix Gaillard, de Maurice Bourgès-Maunoury ou de Guy Mollet, la fin de la guerre d'Algérie étant censée entraîner *ipso facto* la disparition des difficultés financières, économiques et sociales. C'était aussi l'avis de la majorité des Français*.

---

* À partir de mai 1956, les Français voient dans l'Algérie le problème le plus important pour la France. Ils sont 67 % à en juger ainsi en mai 1956. Si leur nombre baisse au fil des années (51 % en septembre 1957, 40 % en août 1958), l'Algérie devance toujours de loin les autres problèmes : aucun ne rallie plus de 20 % des Français (*Sondages, revue française de l'opinion publique*, n°s 1, 3 et 4).

L'analyse du nouveau président du Conseil est radicalement opposée. Il lui paraît aberrant de prétendre « régler » le problème algérien tant que la France ne s'est pas dotée d'institutions qui lui permettent de retrouver son rang, tant que l'État n'a pas rétabli son autorité pleine et entière sur la totalité du territoire français. C'est en ce sens que la priorité devient la condition de résolution de l'urgence.

L'Algérie n'a jamais été la préoccupation majeure du général de Gaulle ; contrairement à la plupart des officiers de sa génération, il n'a jamais été convaincu par la vocation impériale – ou coloniale – de la France. Pour lui, l'avenir de la France se joue en Europe. Mais, avec la Seconde Guerre mondiale, de Gaulle découvre l'importance de l'Empire. Sans l'Empire, qu'aurait été la France libre ? Il estime donc que la France ne peut restaurer son rang si elle perd son empire.

Durant toute sa carrière, le général de Gaulle n'a effectué qu'un séjour outre-mer, de 1929 à 1932, au Liban alors sous mandat français. Très proche de son ami le général Catroux qui, en 1926, a plaidé en vain pour l'indépendance du Liban et de la Syrie*, de Gaulle a gardé la conviction que le rôle des puissances colonisatrices est d'amener les peuples colonisés à se gérer eux-mêmes. Il a aussi constaté que la solution mise en œuvre par la France pour le Liban et la Syrie reposait sur le critère confessionnel et décentralisateur : pays des Alaouites, pays des Druzes, État d'Alep, État de Damas, État du Liban**. La situation de l'Algérie ne lui paraît pas tellement différente : *« Je songe,* a-t-il confié peu avant son retour au pouvoir à Guy Mollet***, *à une Algérie, fédération de communautés appuyées sur des notions ethniques : Kabyles,*

* Devant le refus de Paris de l'écouter, il demande à quitter le Levant.

** À l'installation du mandat en 1920, les autorités françaises partagent l'espace ottoman qui leur est attribué en cinq territoires. L'État de Damas et l'État d'Alep sont bientôt réunis. Il faut attendre l'indépendance en 1943 pour que la Syrie récupère le territoire druze et alaouite, le Liban restant indépendant.

*** *Cf. supra*, p. 40.

Arabes, Mozabites, Berbères, Européens, Juifs... » De tels propos n'étonnent nullement Jacques Foccart : *« Si le Général était arrivé plus tôt au pouvoir, il aurait peut-être tenu davantage compte des différentes races : Kabyles, Berbères, Mozabites. Il ne croyait pas alors à une Algérie unifiée*[3]. » Rien ne permet pourtant d'affirmer qu'en 1958 de Gaulle entend appliquer à l'Algérie une « solution syrienne ».

Si elles varient selon les époques, les mesures que le dernier président du Conseil des ministres de la IVe République prend ou préconise à l'égard de l'Algérie obéissent toujours à la même exigence : veiller à ce que la France conserve ou récupère son rang.

Chez de Gaulle, le visionnaire à l'amour de la France teinté de mysticisme cohabite avec le stratège, toujours fidèle aux règles fondamentales de l'art militaire. Cette dualité est à l'origine de sa politique algérienne. Rarement une action publique aura suscité tant d'exégèses opposées, mais qui s'accordent sur un point : son manque de clarté, ses équivoques. En fait, si l'on tient compte de la spécificité gaullienne, elle paraît simple.

Le visionnaire est depuis longtemps convaincu que le temps de la colonisation appartient au passé. À plus ou moins long terme, l'indépendance de l'Algérie lui paraît certaine. Il le dit dès mars 1944 à André Philip qui lui suggérait d'aller très loin dans la voie des réformes, jusqu'à l'autonomie interne : *« L'autonomie, Philip ? Vous savez bien que tout cela finira par l'indépendance*[*] *!* » Ce qui ne l'empêche pas, en 1945, d'approuver la répression impitoyable dans le Constantinois. Sa préoccupation est d'éviter que tout désordre en Algérie puisse nuire à la France[**].

* *Cf. La République des Tourmentes*, t. II, p. 411.

** Le 8 mai 1945, jour de la capitulation officielle du IIIe Reich, des manifestations nationalistes, dans le Constantinois, à Sétif puis à Guelma, dégénèrent en révolte ouverte : 103 Européens sont assassinés. La répression est aveugle, impitoyable : plus de 10 000 morts. Dans ses *Mémoires*, le général de Gaulle ne semble pas attacher grande importance à l'événement, n'y consacrant que trois lignes. (*Cf. La République des Tourmentes*, t. II, p. 429.)

Et en 1947, président du Rassemblement du peuple français qu'il vient de créer, il y préconise *« un système dans lequel la France exercera pleinement les droits et devoirs de sa souveraineté*[4] *»*, condamne *« toute politique qui aurait pour effet de (...) donner à croire aux Français musulmans qu'il pourrait leur être loisible de séparer leur sort de celui de la France*[5] *»*. L'Algérie est alors devenue un enjeu de sa lutte contre la IVe République ; les Français d'Algérie, un vivier de choix pour le recrutement de nouveaux adhérents*. En fait, pour de Gaulle, toute politique est acceptable si elle ne signifie pas une soumission à l'étranger, une capitulation de la France. Mais, à partir de 1953, l'année où il constate l'échec du R.P.F. et annonce son retrait de la vie politique, de Gaulle change de langage. En 1955, il commente ainsi la conférence de Bandoeng qui voit l'émergence du bloc afro-asiatique : *« Nous sommes en présence d'un mouvement général dans le monde, d'une vague qui emporte tous les peuples vers l'émancipation. Il y a des imbéciles qui ne veulent pas le comprendre ; ce n'est pas la peine de leur en parler. Mais il est certain que si nous voulons nous maintenir en Afrique du Nord, il nous faut accomplir des choses énormes, spectaculaires, et créer les conditions d'une nouvelle association. Moi-même, je ne serais pas sûr de réussir... mais, bien sûr, je tenterais la chose*[6]. » Six semaines après ces propos à Louis Terrenoire, de Gaulle se prononce publiquement, le 30 juin 1955, lors de sa dernière conférence de presse avant mai 1958 : *« Je dis qu'aucune autre politique que celle qui vise à substituer l'association à la domination en Afrique du Nord (...) ne saurait être ni valable ni digne de la France*[7]. » Au cours des années suivantes, de Gaulle affirme à plusieurs visiteurs, dont les ministres socialistes Christian Pineau et Alain Savary, que l'indépendance de l'Algérie est inéluctable à

* Alain de Sérigny, tout-puissant directeur de *L'Écho d'Alger*, ce fidèle inconditionnel du maréchal Pétain, se présente sur les listes du Rassemblement du peuple français aux élections municipales et législatives de 1947 et 1951. Son journal fait ouvertement campagne pour le mouvement gaulliste.

plus ou moins brève échéance[8]. Il le dit aussi au prince héritier du Maroc, Moulay Hassan, futur roi Hassan II : *« L'Algérie sera indépendante, qu'on le veuille ou non. (...) Les gars du F.L.N., qu'est-ce qu'ils veulent ? Qu'on dise que l'Algérie est à vocation indépendante. Moi, je le dis. Alors le tout, c'est* comment. *Le fait est inscrit dans l'histoire. Tout dépend du* comment[9]. *»* En janvier 1958, avec le journaliste Jean-Raymond Tournoux, il est encore plus formel : *« Évidemment, on peut être les plus forts, on peut envoyer en Algérie 400 000, puis 800 000 hommes, puis des bombes de 100 tonnes, de 500 tonnes. On ne changera pas le destin d'un pays. L'Algérie a un destin, une vocation. (...) Je ne connais pas un seul Algérien de qualité qui croie que l'avenir de l'Algérie soit la France*[10]. *»*

Le général de Gaulle se garde de faire part de ses certitudes aux gaullistes partisans de l'Algérie française, notamment aux plus importants d'entre eux, Jacques Soustelle et Léon Delbecque. Le 4 décembre 1956, lorsqu'il remercie l'ancien gouverneur général pour l'envoi de son livre *Aimée et souffrante Algérie*, il semble même approuver son action : *« Je ne crois pas que l'on puisse contredire sérieusement ce que vous avancez ni blâmer de bonne foi ce que vous avez fait*[*]. *»* Et quand, le 6 mars 1958, Léon Delbecque l'interroge – s'il était au pouvoir, veillerait-il au maintien de l'Algérie française ? –, de Gaulle répond par une affirmation catégorique : *« Avez-vous déjà vu de Gaulle abandonner quoi que ce soit, surtout une parcelle du territoire ? »*, aussitôt nuancée, il est vrai, par une interrogation, elle-même suivie d'une nouvelle assertion péremptoire : *« L'Algérie, tout dépend quand, comment et à quel moment. Si je dois revenir aux affaires, comment retrouverai-je ce pays, ces départements ? Mais il n'est pas question pour de Gaulle de lâcher quoi que ce soit*[11]*... »*

* Il est vrai que, dans la même lettre, de Gaulle nuance ses compliments. À l'en croire, les efforts de Jacques Soustelle n'ont servi à rien, puisque la IVe République est incapable de mener à bien *« la très grande politique* [qu'exigerait] *une réussite française en Afrique du Nord »* (Jacques Soustelle, *L'Espérance trahie, 1958-1961*, Paris, 1962, Éditions de l'Alma, pp. 31-32).

En fait, le Général ne se sent pas engagé par ses propos. *« Bien sûr, je l'ai dit, mais je ne reconnais que ce que je signe »*, déclare-t-il en mars 1958 au colonel Buis* qu'il reçoit rue de Solférino[12]. Cependant, en une seule occasion, il approuve l'analyse de sa pensée sous la plume d'un de ses visiteurs. Par son caractère exceptionnel, cette approbation n'en revêt que plus de poids. *« Vous m'avez compris »*, écrit-il le 23 mai 1958 à l'écrivain Jean Amrouche** qui, dans *L'Express* paru la veille, a déduit de

---

* Ce Compagnon de la Libération s'est étonné que le général de Gaulle ait jugé utile, le 12 septembre 1957, de faire publier par son cabinet un communiqué précisant que *« les propos attribués parfois dans la presse au général de Gaulle par certains de ses visiteurs, à la suite de conversations occasionnelles et fragmentaires, n'engagent que ceux qui les lui prêtent »*. Le gaulliste passionné qu'est Maurice Clavel est bouleversé par ce démenti. Il est sûr – et il a raison – d'avoir reproduit fidèlement (dans le journal *Combat* du 7 septembre) les paroles du Général : *« On ne peut arrêter une rébellion... Si j'arrivais à la direction des affaires, je parlerais à tout le monde, je n'exclurais personne... L'Algérie sera d'autant plus unie à la France qu'elle sera plus libre. Plus les Algériens seront libres, plus ils seront unis aux Français... »*

** Né en 1906 en Kabylie, dans une famille pauvre convertie au christianisme et qui s'est installée à Radès, dans la banlieue de Tunis, Jean El-Mouhoub Amrouche entre à l'École normale de Tunis à quinze ans, puis, à dix-neuf ans, est reçu à l'École normale supérieure de Saint-Cloud. Professeur de lettres en Tunisie, puis en Algérie, passionné de poésie, il publie en 1934 son premier recueil de poèmes, *Cendres*. En 1937, il est à l'origine de la parution des *Chants berbères de Kabylie*, qu'il a recueillis de la bouche de sa mère et traduits en français. Il entretient une correspondance importante avec de nombreux écrivains. Il fait la connaissance en 1942 d'André Gide, qui s'est réfugié à Tunis. Une réelle amitié, fondée en partie sur le goût pour les parties d'échecs, se noue entre eux. Et, le 27 juillet 1943, il doit à André Gide d'être appelé à Alger et d'être nommé au cabinet du directeur de l'Information. En novembre, il est reçu à déjeuner par le général de Gaulle. *« Jean Amrouche fut sans doute l'homme qui, en raison à la fois de sa francisation parfaite et de sa fidélité algérienne, avait le plus fortement influencé le général de Gaulle dans la conception progressiste qu'expose son discours* [celui du 12 décembre 1943 à Constantine] *»* (Edgar Faure, *Mémoires*, t. I, *« Avoir toujours raison, c'est un grand tort... »*, Paris, 1982, Plon, p. 132). Pour Jean Amrouche, de Gaulle devient – avec son oncle Hemma, un pauvre paysan kabyle qui lui semble *« un paladin antique »* – la personne qu'il admire le plus au monde. Toute sa vie, Amrouche reste un écorché vif. Il n'oublie pas que, enfant, il fut traité de « sale bougnoule ». L'estime qui l'entoure dans les milieux intellectuels, le retentissement de ses entretiens radiophoniques avec les plus grands écrivains du moment, ne lui font pas oublier ses échecs, spécialement celui de la revue *L'Arche* qu'il contribua à créer à Alger en 1944 et qui, dans son esprit, devait se substituer à

sa conférence de presse du 15 mai *« que, dès à présent, le général de Gaulle reconnaît le peuple algérien comme peuple, avec sa dignité de peuple, sa vocation nationale de peuple et le droit à l'indépendance*[13] *»*.

Le visionnaire qu'est de Gaulle n'oublie jamais les impératifs stratégiques. Le stratège connaît les conditions *sine qua non* de toute victoire : dissimuler soigneusement ses intentions à l'adversaire ; avoir, avant l'action, déminé autant que possible le terrain*, et en posséder la connaissance le plus approfondie possible.

La question qui se pose donc à de Gaulle en 1958 n'est pas tant de savoir ce qu'il veut faire en Algérie, mais ce qu'il peut y faire**.

« De Gaulle n'a pas planifié sa politique algérienne. Ce n'était pas à proprement parler un homme de calendrier...

---

la *N.R.F.* Le début de la guerre d'Algérie ne l'étonne pas. Il l'a prévue. Avec force, il dénonce les abus de la France en Algérie, qui le désespèrent. Il souhaite passionnément une réconciliation entre Algériens et Français. À partir de 1957, à son désespoir, il ne la croit plus possible, à moins que le général de Gaulle... (*cf. La République des Tourmentes*, t. III, p. 707). C'est à Réjane Le Baut, docteur ès lettres, que nous devons ces renseignements biographiques (*Jean El-Mouhoub Amrouche, Algérien universel*, Paris, 2003, Alteredit).

* C'est ce qu'il fait dès le 2 juin en s'efforçant de resserrer les liens de la France avec le Maroc, et surtout en mettant fin à la tension avec la Tunisie (*cf. infra*, pp. 261-262). Le premier télégramme qu'il adresse le même jour au général Salan et aussi au général Gambiez, commandant en chef en Tunisie, leur prescrit *« d'éviter tout ce qui de* ***notre*** [adjectif modifié par de Gaulle : sur le texte initial, il était écrit : *"votre"*] *part pourrait aggraver l'actuelle situation. Au point de vue de nos troupes, le* statu quo *actuel* [le maintien dans les casernes et l'impossibilité d'en sortir] *doit être* ***provisoirement*** [cet adverbe a été ajouté à la main par de Gaulle] *maintenu (...). J'espère d'ailleurs que ce ne sera que pour un court espace de temps »* (A.N., AG1/SOL/75).

** Il le dit, au lendemain de son investiture, à Jacques Chaban-Delmas : *« Je vais voir ce qu'on peut faire.* [Il le dit et le répète, puis il reprend.] *En réalité, je ne sais pas où on en est. Je vais voir sur place. Mais ce que je crains, c'est d'être revenu trop tard. Et je crois bien que je vais être le syndic de la faillite de la IV*e *République. Je le crains... »* Et à nouveau : *« Je vais voir ce qu'on peut faire... »* (Jacques Chaban-Delmas, 14 février 1984, interview recueillie par Odile Rudelle, Archives d'histoire contemporaine, Centre d'histoire de Sciences Po).

Il prenait la situation comme elle venait, et puis il modifiait ses décisions selon l'évolution des choses[14]. » Le bien-fondé de cette analyse d'Olivier Guichard est démontré dès le 2 juin. Ce jour-là, le président du Conseil n'hésite pas, à propos de sa venue à Alger le surlendemain, à envoyer, à quatre heures d'intervalle, deux télégrammes contradictoires au général Salan. Dans le premier, à 14 h 15, il l'en informe et lui précise qu'il *« ne recevra au préalable aucune autorité ni aucune délégation avant de les avoir vues à Alger »*. Ce qui est une fin de non-recevoir à une demande formulée par le commandant en chef*. Dans le second, à 18 h 45, le général Salan reçoit l'ordre de se présenter à l'hôtel Matignon le lendemain.

Le 3 juin, le général Salan est ainsi l'un des premiers visiteurs du général de Gaulle dans son nouveau bureau ; quelques heures plus tôt, Léon Delbecque, vice-président du Comité de salut public d'Alger, a été le dernier reçu par le président du Conseil à l'hôtel La Pérouse.

À la fin de la journée, ces deux interlocuteurs dissimulent mal leur inquiétude et agacement**. Avec Léon Delbecque, qu'il accueille d'un compliment réservé : *« Bravo, Delbecque, vous avez bien joué, mais avouez que moi aussi j'ai bien joué »*, de Gaulle se montre cassant. Il coupe net son exposé enthousiaste sur la fraternisation et les comités de salut public : *« Les fraternisations, je vois ça d'ici : les musulmans ont suivi l'armée. Les comités de salut public : pourquoi diable avez-vous embarqué*

---

* Dans une lettre manuscrite, le 1er juin, Salan lui avait demandé *« de bien vouloir recevoir* [trois représentants du Comité de salut public]*... Ils méritent d'être écoutés, car ils vous traduiront avec précision l'opinion des populations algériennes »* (A.N., AG1/SOL/75).

** Accueilli sur l'aérodrome de Villacoublay par Léon Delbecque, venu lui rendre compte de son entretien du matin, le général Salan note : *« Delbecque me paraît très réservé et peu satisfait »* (Raoul Salan, *Mémoires*, t. III, *Fin d'un Empire*, *op. cit.*, p. 366). Lorsqu'il quitte le président du Conseil, le commandant en chef est rejoint par son adjoint, le général Dulac : *« L'expression que je lis sur le visage du général Salan ne me paraît pas de bon augure. Son attitude aussi traduit une certaine gêne... Il ne fallait pas être grand clerc pour constater que cela n'avait pas collé entre* [de Gaulle et lui] *»* (André Dulac, *Nos guerres perdues*, *op. cit.*, p. 98).

*Sérigny** *là-dedans ? D'ailleurs, ces comités, il faut les dissoudre... Quant à l'armée, elle est faite pour obéir à la botte ! »* En des termes plus choisis et plus amènes, c'est la même volonté que le président du Conseil exprime au commandant en chef. Dès l'accueil, il s'étonne de le voir en « tenue civile », ce qui est une manière de critiquer son mépris des règles en vigueur dans l'armée : un général doit se rendre en uniforme à toute convocation d'un responsable politique. Ainsi, dès cette première rencontre, de Gaulle inflige un double camouflet à Salan. Sa remarque, en apparence insignifiante, rabaisse le général d'armée Salan, le militaire le plus décoré de l'armée française, au rang d'un jeune sous-lieutenant qui a « fait une bêtise ». Elle lui rappelle que l'uniforme, qu'il a négligé de porter, est la marque de la soumission qu'il doit en tant que militaire au pouvoir politique.

Le chef du gouvernement ne cache pas le scepticisme que lui inspire le plaidoyer du commandant en chef en Algérie en faveur de l'intégration « souhaitée par les musulmans » : *« Bien, si c'est cela qu'ils désirent, pourquoi pas ? Je verrai à l'usage. »* Il n'admet pas ses réserves sur la composition de son gouvernement, ni sa protestation contre la venue à Alger de certains de ses membres dont la présence indigne la population algérienne : *« Je commande ! (...) C'est à moi qu'il appartient de décider. »*

Bien qu'il ait été vertement rembarré, Salan ne s'incline pas. Ce qui signifie que, déjà, il se prépare à l'affrontement. Dès son retour à Alger, ses collaborateurs ne cessent de téléphoner à Paris afin qu'aucun ancien ministre de la IVe République n'accompagne à Alger le général de Gaulle : même Max Lejeune, l'ancien secrétaire d'État aux Forces armées, qui jouit de la confiance totale de l'armée, n'échappe pas à l'exclusive. La pression est telle

---

* Alain de Sérigny, partisan de l'Algérie française, adversaire inconditionnel de toute réforme libérale, a, sous l'influence de son ami Jacques Soustelle, lancé le mois passé un appel au général de Gaulle : *« Parlez, parlez vite, mon général ! »* (*Dimanche matin*, 11 mai ; *cf. La République des Tourmentes*, t. III, p. 752).

que le général Ély*, connu pour sa prudence, se décide, à une heure du matin, à alerter Georges Pompidou. Le directeur de cabinet refuse catégoriquement de réveiller pour si peu le Général. Et lorsque, au matin, le chef d'état-major général fait part au président du Conseil des demandes répétées d'Alger, de Gaulle lui signifie qu'il n'a pas à en tenir compte.

L'arrivée au matin du 4 juin de l'avion présidentiel sur l'aérodrome de Maison-Blanche se fait dans le *« malaise : on sentait un certain flottement, on devinait une troublante inquiétude (...). Les autorités ne parvenaient que difficilement à maintenir chacun à sa place (...). Tout ce monde* [les membres du Comité de salut public] *voulait approcher le Général, lui serrer la main, lui parler, lui donner parfois même un avis sur la situation, lui exprimer de l'étonnement, voire même du mécontentement au sujet de ses "débuts"*[15] *»*. Dans un aparté, Jacques Soustelle confie son amertume au général Ély : un fossé se creuse entre Alger et Paris. De Gaulle s'entoure d'hommes du système. Rien n'a changé... Il redoute le pire.

Si l'état-major de Salan n'a pas réussi à empêcher la venue à Alger de Max Lejeune et de Louis Jacquinot, il s'est abstenu de les prévoir dans le cortège officiel. Les deux ministres, laissés seuls sur l'aérodrome, prennent place dans le véhicule qui se présente à eux : les voici, après un tour de piste, ramenés devant l'avion vide, et priés d'y monter ! Ils doivent *« lutter physiquement*** *»* pour que la voiture les conduise à Alger.

Tout le long du trajet, une foule immense, à faible participation musulmane, encadrée par les unités territoriales, ne cesse de hurler : « Vive Soustelle ! » Les « Vive de Gaulle ! » sont rares. Quelques sifflets se font entendre, ce qui aurait

* Une des premières décisions du nouveau président du Conseil a été de rétablir ce général à la tête de l'état-major de l'armée, fonction dont il avait démissionné le 16 mai (*cf. La République des Tourmentes*, t. III, p. 776).

** C'est le terme employé par François Luchaire, qui assiste à la scène. Ce professeur de droit constitutionnel est chargé de mission au cabinet de Louis Jacquinot, ministre d'État. Il le représente au groupe de travail présidé par Michel Debré et chargé d'élaborer l'avant-projet de la Constitution (*cf. supra*, p. 93).

permis à de Gaulle de feindre l'étonnement : *« Dites donc, Salan, vous n'êtes pas très populaire par ici** ! »*

Jamais l'affluence n'a été aussi considérable dans les rues et sur le Forum d'Alger que ce 4 juin 1958. Jamais les applaudissements n'ont été aussi forts. Mais, sous cet enthousiasme d'apparence, des sentiments bien opposés affleurent.

Déception et indignation des militaires et civils qui, depuis le 13 mai, se sont emparés du pouvoir à Alger. Ils sont furieux que Jacques Soustelle, garant à leurs yeux de l'Algérie française, ne fasse pas partie du gouvernement. C'est en vain que le Comité de salut public d'Alger adjure le général de Gaulle de se prononcer en faveur de l'intégration de l'Algérie et du Sahara à la France ; il se borne à interpeller ses membres : *« Vous avez été le torrent et la digue ! Torrent et digue sont une source d'énergie, et d'énergie disciplinée, donc productive... »* Mais il se garde de leur dire qu'ils le sont toujours, et pas un instant il n'évoque leur rôle futur.

Amertume de Jacques Soustelle, qui se rêvait à nouveau en charge de l'Algérie. L'ancien gouverneur général, idole des Français d'Algérie, doit se contenter des deux conseils que lui assène de Gaulle. Le matin, en public : *« Je n'oublie pas mon ami : qu'il attende quelques jours ! »* ; le soir, au cours d'un tête-à-tête de quelques minutes : *« Soustelle, relisez Lyautey. Ces peuples veulent voir respecter leur sentiment national*[16]*. »*

Inquiétude de Louis Jacquinot et de Max Lejeune, que les militaires enferment dans un bureau du Gouvernement général afin de les empêcher d'accéder au balcon d'où le général de Gaulle doit parler. À en croire le général Dulac, cette brève séquestration aurait eu pour effet de sauver la vie des deux ministres, dont les activistes de Robert Martel avaient décidé la mort... Curieuse ambiance, en vérité, pour un voyage officiel ! Curieuse attitude aussi que celle de ces militaires d'Alger qui s'opposent sans la moindre retenue à

* Olivier Guichard, qui rapporte ce mot, ne l'a pas entendu lui-même, mais il le juge *« vraisemblable »*. (*Mon Général*, Paris, 1980, Grasset, p. 361). Connaissant le goût de ce témoin pour la litote, j'en conclus qu'il est quasi certain de son authenticité.

des membres du gouvernement : elle va les conduire le lendemain jusqu'à menacer le président du Conseil*. Comment comprendre un tel oubli du respect de la discipline, « force principale des armées** » ? Ce comportement résulte, me semble-t-il, d'un mélange détonant de plusieurs facteurs. La politisation du corps des officiers et l'insubordination qui s'ensuit poussent ces derniers à se justifier en se référant à la « dissidence » du général de Gaulle en 1940. Elles s'expliquent par l'amertume d'avoir connu depuis près de vingt ans une succession de défaites qu'ils imputent au pouvoir politique. Elles tiennent à leur volonté farouche de connaître enfin une victoire. Et ils se sont imposé un « devoir » : défendre les valeurs de l'« Occident chrétien » devant les deux dangers qui, selon eux, menacent la France : ils sont unanimes à croire au péril communiste et certains y ajoutent la hantise d'une déferlante islamique.

Le moment fort de la journée, tous en sont conscients, doit être, en fin de journée, le discours du général de Gaulle. Le Forum et la place devant le Gouvernement général sont noirs de monde, les maisons alentour pleines à craquer ; à tous les balcons, sur les toits, dans les jardins, les gens se pressent. Une affluence sans commune mesure avec celle du 13 mai et des jours suivants. Jamais une foule aussi considérable n'a été rassemblée sur le Forum. Successivement, Jacques Soustelle et le général Salan la haranguent. Follement acclamés, ils crient leur foi en l'Algérie française. Lorsque de Gaulle paraît, applaudissements, hourras et autres « Vive Soustelle ! » redoublent d'intensité.

Le préfet Jacques Lenoir, directeur général adjoint des Affaires politiques***, a trouvé place, dans le bâtiment du

---

* *Cf. infra*, p. 169.

** C'est ce que précise le règlement du service dans l'armée alors en vigueur (il date de 1933), *cf. La République des Tourmentes*, t. III, p. 202.

*** En dépit de son appellation, cette direction d'administration centrale ne joue pas de rôle politique. Elle a en charge les communes, le personnel du Gouvernement général, le problème des cultes, l'organisation matérielle des élections et le fonctionnement des assemblées locales. Depuis leur création en 1955, les S.A.S. (sections administratives spécialisées, *cf. La République des Tourmentes*, t. III, p. 197) lui sont rattachées.

Gouvernement général, sur une terrasse à proximité immédiate de celle d'où le Général doit parler. Il le voit arriver dans le bureau du général Dulac, où d'innombrables micros ont été installés, puis sur le balcon. À sa vue, la foule continue à clamer « Vive Soustelle ! Vive Soustelle ! » ; elle n'a pas l'air de l'attendre : *« Alors il a encore avancé. Il est allé jusqu'au bord du balcon. Toute ma vie je me souviendrai de cette scène. Le Général lève les bras en "V", selon son habitude, et la foule ne se tait pas. Je voyais très bien le Général. Et j'avais l'impression que vraiment il commençait à en avoir singulièrement assez de ces gens qui ne voulaient pas l'écouter. Je me suis demandé s'il n'allait pas tourner le dos et s'en aller. On le sentait vraiment excédé*. Et puis, comme toujours, dans les mouvements de foule, il y a des flux et des reflux. Durant quelques secondes, les cris se calment. Alors de Gaulle, les bras en "V", hurle dans le micro, oui, il hurle : "Je vous ai compris*[17] *!" »* Un silence total s'empare du Forum, puis, plus violents que jamais, les applaudissements reprennent. Puisque de Gaulle les a compris, ils peuvent l'écouter ! Puisque de Gaulle les a compris, il ne peut que les approuver ! Leur certitude est totale : ce « Je vous ai compris » implique un ralliement sans réserve à leur thèse. À leurs yeux, de Gaulle veut

* Et ce n'est pas la première fois de la journée que de Gaulle laisse voir son exaspération. Devant le Monument aux Morts, alors que la minute de silence est troublée par les « Vive Soustelle ! » qui jaillissent de toutes parts, il s'est tourné vers Max Lejeune et a marmonné : *« Ils commencent à me faire chier ! »* (Jean-Marc Binot, *Max Lejeune*, t. II, *op. cit.*, p. 104). Durant ce premier voyage en Algérie, de Gaulle a bien d'autres motifs d'irritation. Le 5 juin, sous un titre menaçant : *« Nous n'avons pas franchi le Rubicon pour pêcher à la ligne »*, *L'Écho d'Alger* publie une interview de Léon Delbecque déplorant que le Général ne se soit pas plus nettement prononcé en faveur de l'Algérie française. *« Ce n'est pas parce que j'ai utilisé quelquefois les services de ce petit monsieur qu'il va s'imaginer faire la loi... »*, dit le président du Conseil au général Salan. Et, à l'intéressé, il rappelle que *« Rubicon rime avec con... »*. Le 6 juin, à Oran, il interpelle les manifestants qui crient « Vive Soustelle ! » : *« Taisez-vous ! » « Veut-il que je me tire une balle dans la tête ? »* demande alors l'ancien gouverneur général de l'Algérie (Jacques Soustelle, *L'Espérance trahie*, *op. cit.*, p. 54).

l'Algérie française, il le leur a dit nettement*... Dès lors, le discours, bref, du nouveau président du Conseil est ponctué d'applaudissements. Et pourtant, son contenu ne correspond pas à leur attente. Certes, il les félicite d'avoir ouvert *« la route de la rénovation et de la fraternité »*, et il proclame qu'*« à partir d'aujourd'hui, (...) dans toute l'Algérie, il n'y a qu'une seule catégorie d'habitants : il n'y a que des Français à part entière – des Français à part entière, avec les mêmes droits et les mêmes devoirs »*. Certes, il rend hommage à l'armée, à son *« œuvre magnifique de compréhension et de pacification »*. Mais il annonce la création de ce collège unique que les Français d'Algérie ont toujours rejeté. *« Avec ces représentants élus, nous verrons comment faire le reste... »* Et il souhaite que tous les Algériens participent à ce vote, *« même (...) ceux qui, par désespoir, ont cru devoir mener sur ce sol un combat dont je reconnais, moi, qu'il est courageux – car le courage ne manque pas sur la terre d'Algérie –, qu'il est courageux, mais qu'il n'en est pas moins cruel et fratricide ! Oui, moi, de Gaulle, à ceux-là, j'ouvre les portes de la réconciliation. Jamais plus qu'ici et jamais plus que ce soir, je n'ai compris combien c'est beau, combien c'est grand, combien c'est généreux, la France** ! »* Jamais aucun responsable français n'avait évoqué le courage des combattants du F.L.N. – généralement désignés sous l'appellation de « fellouzes » ou « terroristes ». Pas une seule fois dans ce discours, de Gaulle ne prononce le terme d'« intégration » ni ne cite l'« Algérie

* Un demi-siècle après l'événement, un film télévisé (*Je vous ai compris : de Gaulle, 1958-1962*, France 2, 2 novembre 2010) marque un tournant dans l'historiographie, puisqu'il reprend à son compte cette opinion et la présente comme une vérité historique, ce qui est pour le moins contestable. Ainsi de Gaulle n'est-il plus celui qui a mis fin à la guerre d'Algérie, mais celui qui en a profité sans vergogne. Sans elle, il ne serait pas revenu au pouvoir. Sans elle, il n'aurait pu établir son « pouvoir personnel » avec l'élection du président de la République au suffrage universel...

** Sur la troisième page, entièrement raturée, réécrite dans tous les sens, du manuscrit de ce discours, de Gaulle avait prévu une fin légèrement différente : *« Ah ! comme c'est beau, comme c'est grand, la France ! La preuve »* (autrement dit, la foule à laquelle il s'adresse ; c'est tout au moins l'explication qui nous paraît vraisemblable).

française* ». Cependant, s'adressant aux officiers et marins du croiseur *De Grasse*, il a parlé d'Alger, *« cette grande ville française* [où s'est développé] *un grand événement, celui d'une rénovation et d'une fraternité. Puisse ce mouvement, à partir d'ici, embraser la France entière ! J'aurai l'honneur d'en être le symbole et peut-être l'artisan*[18] *»*.

Il n'est guère d'affirmation aussi banale que ce « Je vous ai compris[19] ! », hurlé par le général de Gaulle, qui ait donné matière à tant d'interprétations variées et contradictoires.

Pour expliquer la célèbre exclamation, deux experts de la vie politique et du gaullisme n'en ont pas moins recours l'un à... Guy Mollet**, l'autre à... Corneille : *« De Gaulle, quant à lui, se comprend dans une réminiscence de* Polyeucte : *"Je sais, je vois, je suis désabusé." C'est le sens qu'il attribue à son propos : "Je vous ai compris*[20]*." »*

Les spécialistes de l'Algérie sont tout aussi divisés. Sur-le-champ, Jean Daniel explique aux lecteurs de *L'Express* qu'en réalité, l'interpellation s'adresse aux militaires. De Gaulle vient de comprendre que l'armée de 1958 est sans rapport avec celle qu'il a toujours connue. Il a découvert une *« sorte de "société militaire"* [qui lui] *est soudain apparue étrangère, méconnaissable... Et, lorsque, prenant*

---

* Dans les minutes qui suivent, à son gendre le colonel Alain de Boissieu qui regrette son silence sur la *« fameuse Algérie française »*, de Gaulle répond : *« C'est exprès que je ne l'ai pas fait, car l'Algérie française des colons, ce n'est pas l'Algérie française de l'armée, et encore moins celle des musulmans. Je vais essayer de trouver la solution la plus française pour mettre un terme à ce drame, mais il est déjà bien tard... »* (Alain de Boissieu, *Pour servir le Général*, Paris, 1982, Plon, p. 99). Et le lendemain, lorsqu'il rappelle Léon Delbecque à l'ordre, il lui affirme à plusieurs reprises : *« Jamais je ne dirai "Algérie française", de même que je ne veux pas dire "intégration" et je ne le dirai pas... »* (Léon Delbecque, interview recueillie par Odile Rudelle, déjà citée).

** Pierre Viansson-Ponté s'interroge ainsi : *« Le Général s'est-il souvenu de ce que lui écrivait M. Guy Mollet dix jours plus tôt, le 25 mai : "En Algérie, les Algériens d'origine européenne ont peur d'être abandonnés. Ils l'ont dit tout à la fois avec sincérité et violence. Pour l'avoir entendu une fois en février 1956, je sais tout ce qu'il y a de valable dans ce cri : je l'ai compris" »* (Pierre Viansson-Ponté, *Histoire de la République gaullienne*, t. I, *La Fin d'une époque, mai 1958-juillet 1962*, *op. cit.*, p. 90).

la parole à Alger, il a déclaré : "Je vous ai compris", il voulait dire : "Je vous découvre[21]" ». Dans son journal, Jean Amrouche n'est pas moins formel : *« Ces trois mots naïfs d'apparence, si nus que toute équivoque, toute épaisseur et tout mystère en étaient absents (...), cela veut dire : je vous rachète, je prends en charge vos inquiétudes, votre désarroi, vos espérances et vos fautes. Cela veut dire : je sais mieux que vous, plus profondément, plus clairement, ce que vous voulez sans le savoir[22]. »*

Deux proches du Général, Jean Morin, délégué général en Algérie en 1961, et son gendre, Alain de Boissieu, se retrouvent pour donner au « Je vous ai compris » la même signification. *« Cela veut dire que ces deux peuples côte à côte veulent vivre ensemble[23]... »*

Mais l'analyse la plus vraisemblable de ce fameux « Je vous ai compris » n'est-elle pas celle, totalement méconnue, du préfet Jacques Lenoir ? *« Sur le moment même, j'ai immédiatement trouvé la signification de ce "Je vous ai compris". Pour moi, c'est très simple. Cela signifie tout bonnement : "Bon ! Ça va bien ! Ça suffit ! J'ai entendu que vous réclamiez Soustelle. J'ai compris ce que vous voulez dire. Maintenant, foutez-moi la paix et laissez-moi parler..." Je connais les innombrables interprétations de ce fameux "Je vous ai compris", mais, pour moi, sur le moment, cette exclamation n'est rien d'autre que le cri d'un orateur qui veut s'exprimer, qui n'arrive pas à se faire entendre de la multitude massée devant lui, et qui trouve les mots susceptibles de la faire taire*. »*

La foule domptée, l'essentiel reste à faire : rétablir l'autorité de l'État**. Dès son arrivée à Alger, de Gaulle

* Que ce « Je vous ai compris » ne soit pas une improvisation (*cf. supra*, p. 166) n'infirme pas pour autant l'interprétation du préfet Lenoir (interview déjà citée). Lorsque le général de Gaulle l'écrit, il est peu vraisemblable qu'il ait la signification attribuée par ce témoin. Il n'en reste pas moins que les conditions dans lesquelles il le prononce peuvent parfaitement la lui donner.

** Ce qui suppose aussi la fin de la *justice illégale*, en vigueur en Algérie ; Le président Maurice Patin en est bientôt chargé, *cf. infra*, p. 246.

définit son fonctionnement : *« L'Algérie à Paris, c'est moi ! Mon représentant ici, c'est le général Salan. »* Et, le 6 juin, il confie à celui-ci *« la charge et les attributions de délégué général du gouvernement en Algérie »*, avec pour mission, entre autres, *« de maintenir et éventuellement de rétablir l'exercice de l'autorité régulière* * *»*. Il serait hasardeux d'en déduire que le général Salan bénéficie de la confiance du président du Conseil : *« On fait avec ce que l'on a* ** *... »* En fait, de Gaulle s'interroge sur la loyauté de l'armée à son égard : *« Est-ce que vos camarades seront obéissants ? »* demande-t-il le 4 juin à son gendre, le colonel de Boissieu, tout étonné par cette question. Et il précise : *« Dites bien à vos camarades que s'ils me désobéissent, s'ils me débordent, s'ils me résistent lors des négociations, à chaque fois je serai obligé de jouer une carte en dessous de la précédente... Un référendum va avoir lieu en Algérie, n'empêchez pas les listes de nationalistes ou de ceux qui veulent voter "non" de se constituer ; si les rebelles descendaient de leurs repaires pour venir participer au référendum, cela prouverait qu'ils veulent régler les problèmes autrement que les armes à la main. Ce serait le commencement de la paix*[24]. » À chacune de ses rencontres avec les militaires, de Gaulle veille à les rassurer, les conforter dans leur mission. Il sait leur rôle essentiel en Algérie : il leur appartient de mettre fin aux combats. Tant que le sang coule en Algérie, il est impossible d'envisager sérieusement une solution d'avenir. En aucun cas, il ne les heurte de front au cours de ce premier contact avec l'Algérie. Ainsi à Constantine. Au général Gilles qui termine son compte rendu sur la situation militaire par une menace à peine voilée (si le gouvernement ne fournit pas à l'armée d'Algérie les moyens de la victoire, s'il ne la débarrasse

---

* C'est à Oran que le Général dicte cette lettre qu'il remet le jour même à son destinataire. Sur le projet soumis à sa signature, de Gaulle a porté une seule correction. La lettre était adressée à M. le général Salan ; il ajoute après « général » : « d'armée »... Ce faisant, il le remet à sa place.

** *Cf. infra*, p. 193.

pas des complots et des cabales du monde politique, *« alors que l'on prenne garde à notre colère ! »*), il répond simplement : *« Je vous remercie de vos exposés. Ils sont précis et complets*[25]. »

Aux yeux du nouveau président du Conseil, la mission des fonctionnaires civils en Algérie n'est pas moins importante que celle des militaires. Ils ont le contact avec la population : ils doivent lui démontrer que la France est un pays démocratique et que jamais elle n'imposera sa volonté aux habitants de l'Algérie.

Il le dit, en cette fin d'après-midi du 4 juin, aux cadres civils du Gouvernement général avec lesquels il a désiré s'entretenir. Une telle rencontre n'était pas prévue. Durant un petit quart d'heure, de Gaulle parle à bâtons rompus devant une douzaine de hauts fonctionnaires – parmi eux, le préfet Lenoir*.

Tous sont debout. Le président du Conseil leur rappelle d'abord qu'il n'est pas et ne sera jamais l'homme des coups d'État. Son action ne peut se dérouler que dans la légalité républicaine. Quant à l'Algérie, ils doivent savoir que son problème ne lui est pas spécifique. Elle a atteint une sorte de maturité et vit sa crise de croissance. *« Et personne n'est actuellement capable de dire si l'Algérie doit continuer ou non à vivre dans un cadre français ou dans un cadre qui n'est pas français. »* La seule manière de mettre fin au drame algérien est d'en confier le règlement aux intéressés eux-mêmes. Il faut leur demander ce qu'ils veulent, comment ils veulent voir leur pays évoluer. Mais cette consultation exige la fin des combats qui déchirent l'Algérie. À plusieurs reprises, le général de Gaulle insiste sur son absence totale d'idées préconçues. Il ne sait pas comment les choses vont se développer. Mais il est sûr de son objectif : *« Amener l'Algérie à se décider elle-*

* C'est à lui que nous devons le seul compte rendu existant de cette intervention du général de Gaulle, dont il a immédiatement noté les termes. Lorsqu'il relate les faits à Odile Rudelle (le 15 mai 1981, Archives d'histoire contemporaine, Centre d'histoire de Sciences Po), ce témoin s'appuie sur ses notes prises lors des événements.

même. Pendant un certain temps, l'Algérie évoluera peut-être dans un cadre français. Peut-être tout cela débouchera-t-il sur l'indépendance... Mais la seule voie conforme à la démocratie et à la France, c'est de donner la parole aux Algériens. C'est comme cela – il hausse le ton pour souligner l'importance de l'expression – *que le problème doit être réglé... »* Un instant de silence, on entendrait une mouche voler, et de Gaulle conclut : *« Quant à moi, il me restera à rendre compte de ma mission devant l'Histoire et devant Dieu... »* Il serre les mains des assistants et se retire. Nul n'a posé la moindre question...

Combien ont alors compris qu'en voulant s'adresser à eux, de Gaulle donne un nouveau signal fort, celui de la lente reconstruction du fonctionnement normal de l'État et de ses institutions ?

Le 6 juin, pour sa dernière journée en Algérie, Mostaganem, sous-préfecture de l'Oranie, réserve au général de Gaulle *« un spectacle amusant (...). La foule est en effet composée de musulmans* qui portent, rabattu sur les épaules, le large chapeau de paille, aux couleurs vives, propre à cette contrée. On peut ainsi se rendre compte du nombre considérable de villageois venus entendre le Général »*. Jamais autant de F.S.N.A. (les Français de souche nord-africaine, généralement désignés comme les « musulmans ») n'ont scandé le slogan « Algérie française », n'ont brandi de si nombreuses pancartes favorables à la France.

Avec son hommage au mouvement né en Algérie, l'affirmation de l'égalité de tous les habitants de cette terre, l'appel adressé à *« ceux qui, par désespoir, ont cru devoir ouvrir le combat »*, pour qu'ils participent aux élections, le discours de Mostaganem n'apporte rien de

* D'après les services de police, ils seraient à peu près 80 000 sur une masse de 120 000 personnes (Raoul Salan, *Mémoires*, t. III, *Fin d'un Empire*, *op. cit.*, p. 391).

nouveau par rapport aux allocutions précédentes. La conclusion, elle non plus, n'a rien d'innovant : *« Vive Mostaganem, vive l'Algérie, vive la République, vive la France ! »* Mais intervient alors l'élément décisif de la journée, celui qui marque à jamais ce voyage et que de Gaulle s'est efforcé de faire oublier... Le Général, en effet, s'éloigne du micro. La foule continue à hurler « Algérie française ! » ; il se retourne alors vers elle, lève les bras et, à son tour, s'exclame : *« Vive l'Algérie... »*, se tait un instant, et reprend : *« ...française ! »*, puis entame une *Marseillaise*.

Quelques instants plus tard, il interroge Max Lejeune, dont il sait l'engagement en faveur de l'Algérie française : *« Qu'est-ce que vous en pensez*[26] *? »*, puis il interpelle Léon Delbecque : *« Vous êtes content, maintenant*[27] *? »*, mais, dans la minute qui suit, il confie à Alain de Boissieu : *« J'aurais dû dire : Vive l'Algérie avec la France*[28] *! »*

Comme son « Je vous ai compris », le « Vive l'Algérie française ! » du général de Gaulle a donné matière à d'innombrables exégèses. Selon les uns, il était prémédité, destiné à tromper l'armée et les Français d'Algérie ; selon d'autres, il résultait d'une improvisation et aurait été dicté par la *« grande satisfaction** *»* ressentie devant l'accueil de Mostaganem : de Gaulle aurait voulu témoigner sa sympathie à la foule enthousiaste ; selon d'autres encore, il serait le fruit d'une fatigue bien compréhensible à son âge, après une semaine harassante sans guère de repos...

À peine le Général a-t-il quitté le balcon que, dans la pièce attenante de l'hôtel de ville où sont branchés micros et enregistreurs, des officiers, sans se préoccuper de la présence d'Alain de Boissieu, s'emparent de la bande son et image : armés de ciseaux et de scotch, ils procèdent à une coupe et à un collage. Le court silence qui, dans la voix du Général, avait séparé « Algérie » et « française »

* C'est l'expression de son gendre Alain de Boissieu (*Pour servir le Général, op. cit.*, p. 101).

disparaît, la fin du discours est raccourcie. Elle devient : *« Vive Mostaganem, vive l'Algérie française, vive la République, vive la France ! »* La bande ainsi remaniée est immédiatement diffusée sur les ondes.

Par la suite, le général de Gaulle minimise l'importance de sa déclaration de Mostaganem : *« Cela m'a échappé. Et puis, après tout, on dit bien couramment* Canada français, Suisse française[29]. *» « C'était superficiel »*, explique-t-il à ses collaborateurs après les avoir interrogés : *« Êtes-vous bien sûrs que j'aie dit* "Algérie française"[30] *? »* Il tente même de rayer de l'Histoire ce *« Vive l'Algérie française ! »*, ne le mentionnant pas dans ses *Mémoires d'espoir* et veillant à ce qu'il ne figure pas plus dans l'édition de ses *Discours et Messages**.

Plus jamais, d'ailleurs, de Gaulle ne prononcera les mots « Algérie française ». Mais il l'a fait à Mostaganem. *« Dieu sait si je l'ai payé cher ! »* constate Paul Delouvrier, délégué général en Algérie de décembre 1958 à novembre 1960 : *« Les militaires n'ont cessé de répéter* [que le Général avait dit] *"Vive l'Algérie française" et d'en faire état par tous les moyens de la terre*[31]*... »* Pour eux, de Gaulle s'est nettement et irrévocablement engagé en faveur de l'Algérie française. En tout cas, ils sont bien décidés à ce qu'il en soit ainsi.

Le 6 juin au soir, au cours du dîner des officiers à la préfecture d'Oran, le colonel Basset, président du Comité de salut public local, signifie avec brutalité cette volonté. Au colonel de Boissieu qui, dans un silence glacial, vient de rappeler la version exacte du discours du Général, il jette : *« Et puis, mon vieux, le grand Charles, ou bien il fera la politique que nous considérons comme la meilleure, ou*

---

* Lors de leur parution en 1970, certains de ses proches justifient cette omission en invoquant la volonté du Général d'autoriser seulement la publication des textes écrits au préalable. Or, dans le manuscrit de ce discours, le général de Gaulle avait écrit : *« Vive Mostaganem ! Vive l'Algérie ! Vive la République ! Vive la France ! »* Il n'empêche qu'il a bien dit : *« Vive l'Algérie française ! »* L'allocution de Mostaganem, aujourd'hui sur le site internet de la Fondation Charles de Gaulle, en fait d'ailleurs état.

*bien il n'aura plus la confiance de l'armée et sera obligé de retourner dans son village** *! »*

Au soir du 6 juin, lorsque le président du Conseil quitte l'Algérie, le général Salan se félicite. Dans l'ordre du jour adressé « aux forces terrestres, navales, aériennes d'Algérie », le général de Gaulle n'a-t-il pas reconnu *« l'œuvre que, sous les ordres de vos chefs, vous accomplissez avec un courage et une discipline exemplaires pour garder l'Algérie à la France et pour la garder française »*, n'a-t-il pas exprimé *« la certitude que vos efforts au service du pays seront récompensés par un grand succès national. La France, ici, va gagner sa partie, celle de la paix, de l'unité et de la fraternité*[32] *»* ?

Quelques heures plus tard, dès son arrivée à Paris, il n'est plus aucune trace de cet optimisme dans les propos du général de Gaulle à ses collaborateurs : *« Ils* [les partisans de l'Algérie française] *rêvent. Ils oublient qu'il y a neuf millions de musulmans pour un million d'Européens... (...)*

« L'armée, qu'est-ce que c'est ? Quelques colonels qui se prennent pour Giap...

« Les Français là-bas ? Les gros n'ont rien compris, ils se cramponnent ; les petits sont affolés. (...)

« Nous ne pouvons pas garder l'Algérie. Croyez bien que je suis le premier à le regretter, mais la proportion d'Européens est trop faible. Si nous étions plus nombreux, mais un contre neuf... ! (...) La fraternisation, c'est une illusion. Si l'on disait aux Français d'Algérie : la fraternisation, c'est l'égalité entre vous et les musulmans, ils en feraient une tête, et ils renverraient vite les Arabes dans leurs gourbis[33] *! »*

---

* Sur le champ, le colonel de Boissieu quitte la table. « *Pour ne pas ajouter aux soucis de* [son] *beau-père,* [il] *ne lui raconte pas l'incident de Mostaganem, mais le confie au colonel de Bonneval* » (Alain de Boissieu, *Pour servir le Général*, *op. cit.*, p. 101).

Rien de commun, donc, entre les félicitations officielles au général Salan et les commentaires sur son voyage devant ses proches.

Comment expliquer ce double langage ?

Selon les uns, de Gaulle aurait été, dès son retour aux affaires, décidé à se « débarrasser » de l'Algérie, ce problème secondaire le privant de la liberté d'action nécessaire pour rendre son rang à la France. Les mensonges assenés aux uns et aux autres étaient utiles pour lui permettre d'arriver au plus vite à ses fins.

Selon les autres, de Gaulle n'a pas d'idée préconçue sur l'évolution de l'affaire algérienne, il le dit et redit à maintes reprises. Il lui paraît toutefois évident qu'à terme, et sous une forme imprévisible, l'Algérie sera indépendante. C'est la thèse qu'il défend dans ses *Mémoires**. S'il veut alors donner l'impression, pour le moins discutable, de n'avoir jamais hésité sur la marche à suivre, il rappelle cependant qu'il n'a pas de *« plan rigoureusement préétabli »*.

Rien ne nous paraît plus révélateur de la pensée du général de Gaulle que le choix des membres du secrétariat général aux Affaires algériennes qu'il crée le 9 juin et qui lui est directement rattaché**. René Brouillet, quarante-neuf ans, directeur adjoint du cabinet du général de Gaulle à la Libération, dirige cette instance. Issu d'une très modeste famille d'agriculteurs du Forez, fils d'un instituteur, ancien élève de l'École normale supérieure – il y fut le condisciple de Georges Pompidou –, c'est un parfait

* *« Quoi qu'on ait pu rêver jadis ou qu'on pût regretter aujourd'hui, quoi que j'aie moi-même assurément espéré à d'autres époques, il n'y avait plus, à mes yeux, d'issue en dehors du droit de l'Algérie à disposer d'elle-même »* (Charles de Gaulle, *Mémoires d'espoir*, t. I, *Le Renouveau, 1958-1962*, *op. cit.*, p. 50).

** Il lui donne une tâche immédiate : *« Il s'agit d'abord de réaliser, toutes les fois que cela est matériellement possible dans l'immédiat, l'égalité effective de tous ceux qui vivent en Algérie. Je dis bien l'égalité effective, pas seulement l'égalité des signes »* (Bernard Tricot, *Les Sentiers de la paix. Algérie, 1958-1962*, Paris, 1972, Plon, p. 30). Ainsi sont préparées, dans le détail, les mesures qui doivent transformer la vie des Algériens et qui font l'essentiel du plan de Constantine annoncé après le référendum ; *cf. infra*, p. 222.

produit de la promotion républicaine. Bien qu'il ait fait ses débuts dans la fonction publique à la Cour des comptes, il appartient maintenant au corps diplomatique. Résistant de la première heure et proche collaborateur dans la clandestinité de Georges Bidault, il n'a jamais cessé de lui être fidèle, même quand il désapprouve ses choix politiques. À l'égard du général de Gaulle, avec qui il est toujours resté en contact, René Brouillet éprouve une admiration sans bornes, qu'il ne cherche pas à dissimuler ; il ne supporte pas la moindre critique formulée à son encontre. En 1970, à la nouvelle de sa mort, cet homme si réservé éclate en sanglots et pleure comme un enfant*. Pour René Brouillet, le service de l'État est un apostolat : « *Vous servez l'État,* dit-il à ses collaborateurs, *vous êtes comme un prêtre*[34]. » De ses quatre années en Tunisie où il est secrétaire général du gouvernement, de 1946 à 1950, il a gardé un souvenir enchanteur et les meilleurs liens avec les autorités tunisiennes ; à chacune de leurs venues à Rome, elles lui rendent d'ailleurs visite, alors qu'il y est, de 1953 à 1958, conseiller de l'ambassade de France auprès du Vatican. Son expérience tunisienne l'a convaincu que des « terroristes » pouvaient se révéler parfaitement capables de gérer leur pays.

Il ne connaît pas l'Algérie. Il demande donc à participer à la délégation de hauts fonctionnaires du ministère des Affaires étrangères qui doivent y effectuer un « voyage d'études et d'information » du 25 avril au 4 mai 1958.

---

* Charles de Gaulle et René Brouillet appartiennent au même univers. Le général de Gaulle le souligne lorsque, le 31 mai 1967, à la villa Bonaparte de Rome, s'adressant à René Brouillet, alors ambassadeur auprès du Saint-Siège, il déclare : « *Par-dessus tout et toujours, nous savons où nous allons. Nous allons, même quand nous mourons, vers la vie. Vive la France !* » Comme le général de Gaulle, René Brouillet pense que l'Église et l'État doivent s'enrichir mutuellement pour le bien de tous les citoyens, quelle que soit leur religion. Il participe à la tentative avortée de Guy Mollet d'établir en 1956 un concordat avec le Vatican (*cf. La République des Tourmentes*, t. I, pp. 439-445). En 1960, la loi Debré instituant l'aide à l'enseignement privé pour la paix scolaire s'inspire des pourparlers de 1956. (Charles-Louis Foulon, *René Brouillet*, Encyclopaedia Universalis.)

Selon son habitude, il note soigneusement tous les propos des généraux, préfets et autres responsables chargés de les « informer ». Il ne les commente jamais, et rien dans ses notes ne permet de connaître sa pensée sur le sujet. Il n'a d'ailleurs jamais accepté de s'exprimer à ce propos*. Mais, dans une longue lettre qu'il adresse le 10 mai 1958 au cardinal Gerlier**, il la dévoile. C'est dire l'importance de ce courrier, qui, avec sa formule de politesse : *« Veuillez agréer, Monsieur le Cardinal, les assurances de mon plus profond respect avec lesquelles j'ai l'honneur d'être, de Votre Éminence, le très humble et dévoué serviteur »*, témoigne aussi d'un monde disparu.

---

* Il a ainsi refusé de donner le témoignage oral sollicité par Maurice Vaïsse, dans le cadre de la collecte effectuée pour le ministère des Affaires étrangères. René Brouillet disait que les actions personnelles des uns et des autres ne comptaient guère au regard de l'Histoire. Il n'en constituait pas moins, sa vie durant, des dossiers sur sa propre activité, *cf. infra*, p. 234.

** L'archevêque de Lyon est alors au centre d'une polémique. Sous prétexte qu'au congrès de l'Action catholique générale il a déclaré s'être entretenu à deux reprises avec des délégations du F.L.N., on l'accuse d'être un partisan inconditionnel de l'indépendance algérienne, un « mauvais Français ». Il est *« vraiment bouleversé »* lorsqu'il croit que René Brouillet adhère à l'interprétation erronée de ses propos. Il l'a déduit d'une lettre que celui-ci lui a écrite et ne lui a pas envoyée, mais qu'un ami commun lui a communiquée. Pour que René Brouillet ne soit *« plus tenté d'estimer* [qu'il] *méconnaît les intérêts de la France »*, il lui adresse donc le 28 avril *« quelques lignes brèves »* que leur destinataire trouve à son retour à Rome : *« En réalité, vous verrez dans mon texte que je n'ai pas présenté l'indépendance algérienne comme certaine et que jamais je n'ai déclaré que je considérais comme un devoir de maintenir et de multiplier les contacts avec le F.L.N.*

« En fait, en vertu d'une règle que je me suis imposée depuis longtemps (et que je n'abandonnerai jamais) et qui me porte à recevoir, quelles que soient leurs positions, tous ceux qui demandent correctement à m'entretenir, j'ai, sans les avoir convoquées, reçu à deux reprises de petites délégations de membres du F.L.N. (...)

« Sans rien oublier de ce qui a été fait d'odieux contre nous, nous inclinons tout de même à considérer (et n'avez-vous pas l'impression que les hommes du gouvernement s'y acheminent ?) qu'il est indispensable de négocier. Avez-vous, d'autre part, jamais vu qu'une négociation qui veut aboutir à terminer une guerre puisse se poursuivre sans qu'y interviennent ceux qui mènent le combat ? (...)

(La pelure de cette lettre, signée par *Pierre Marie, cardinal Gerlier, archevêque de Lyon* et conservée par René Brouillet, porte la mention : *« copie »* ; A.N., AG1/SOL/65.)

À la lecture de cette très longue épître, il apparaît que son auteur condamne catégoriquement les contacts que certains Français (des avocats et des journalistes) prennent, *« dans les meilleures intentions du monde »*, avec le F.L.N.*. Avec la même fermeté, il approuve les évêques d'Algérie qui dénoncent la violence, et n'admet pas que la responsabilité de la guerre d'Algérie soit imputée à la France.

Après quelques lignes de préambule**, René Brouillet dévoile sa position, dont il connaît les limites : *« Enfin, les idées que l'on peut avoir sur la solution du problème algérien est* [sic] *affaire individuelle. Et je serais bien le dernier à jeter la pierre à qui ne pense pas comme moi.*

« Je pense, pour ma part, que lorsqu'une cause est juste, elle doit être défendue jusqu'au bout, quoi qu'il en coûte. Je pense aussi l'on peut traiter et discuter avec l'erreur et l'injustice lorsqu'on est vainqueur. Jamais lorsqu'on est vaincu (l'armistice de 1940 m'a toujours paru une monstruosité). Vous imaginez bien cependant que la rigidité de cette assertion n'est que de principe. On peut donc épiloguer longuement sur ce qu'il y aurait lieu de faire ou de ne pas faire.

« Où le problème me paraît peu discutable, et Votre Éminence m'excuse là de ma franchise, c'est de situer les responsables qui doivent faire ou ne pas faire. Notre carence gouvernementale est notoire. C'est un fait terriblement douloureux. Il n'en reste pas moins que, sauf à se déclarer en révolte ouverte contre la loi... c'est au gouvernement ou à ses représentants et à eux seuls qu'il incombe d'agir. (...)

---

* *« Ils sont, en fait, le jouet de nos ennemis et contribuent ainsi à l'anarchie. »*

** Elles lui permettent d'expliquer à son correspondant les motifs pour lesquels il ne lui a pas envoyé sa précédente lettre (*« Je ne voulais pas risquer que vous pensiez que je traduisais l'opinion de qui que ce soit ici* [autrement dit, à l'ambassade de France] *»*), et de lui affirmer n'avoir *« jamais mis en doute* [son] *ardent patriotisme,* [ni] *jamais douté que Votre Éminence ait tenu le langage qui convenait aux petites délégations F.L.N. qui sont venues l'entretenir »*.

« Enfin, Éminence, pour relever la conclusion de Votre lettre, permettez-moi de penser que les jugements des autres peuples (surtout lorsqu'on sait comment et par qui ils sont présentés) ne doivent pas tracer notre ligne de conduite. Parce que les premiers chrétiens avaient la quasi-unanimité contre eux, il ne s'ensuivait pas qu'ils avaient tort et que, pour éviter le martyre, ils auraient dû apostasier. »

Pour étayer son raisonnement, René Brouillet joint à sa lettre une coupure d'un passage du *« si noble message que le Souverain Pontife a adressé au monde en Noël 1956**. *Passage qui,* mutatis mutandis, *s'appliquerait aussi à l'Algérie, où nos ennemis sont en fait les mêmes qu'à Budapest. Dans leur dernier message, les évêques d'Algérie en ont bien traduit la pensée, qui se sont élevés contre les solutions reposant uniquement sur la violence, tout en déclarant qu'ils n'entendaient pas entrer dans les techniques politiques. Le régime qui est nôtre, ou celui de l'Algérie, n'est pas, que je sache, basé sur la violence, et cette violence nous est bien imposée par ceux qui veulent diriger par la terreur ».*

Dans ses nouvelles fonctions à la présidence du Conseil, en charge des affaires algériennes, c'est à l'un de ses anciens collaborateurs à Tunis, Bernard Tricot, maître des requêtes au Conseil d'État, que René Brouillet demande de diriger son cabinet. Celui-ci a quitté la Tunisie, convaincu que posséder des territoires outre-mer ne servait pas l'intérêt de la France. Persuadé qu'il faudra *« aller très loin dans la prise en main par les Algériens de leurs propres affaires, peut-être jusqu'à l'indépendance »*, Bernard Tricot refuse d'accepter le poste qui lui

* Elle n'est pas jointe à la pelure de la lettre. Selon toute vraisemblance, compte tenu du contexte, il s'agit du paragraphe où, après *« dix ans de cruauté »* et l'entrée des chars russes à Budapest le 4 novembre 1956, Pie XII condamne le dialogue avec le communisme, *« déplorant l'appui prêté par certains catholiques, ecclésiastiques et laïques, à cette tentative d'obscurcissement qui vise un effet qu'eux-mêmes ne veulent pas. Comment peut-on encore ne pas voir que tel est le but de toute l'agitation trompeuse qui se cache sous le nom de "colloques" et de "rencontres" ? »* (Gaston Fessard, *Libre méditation sur un message de Pie XII (Noël 1956)*, Paris, 1957, Plon).

est proposé si le Général, informé de son analyse, n'autorise pas sa nomination. Elle est avalisée[35]. Son collègue du Conseil d'État, Pierre Racine, chargé de la mission d'études par René Brouillet, est exactement dans le même état d'esprit*. Ainsi, le secrétaire général aux Affaires algériennes condamne une politique algérienne fondée sur la violence et n'exclut pas la négociation si elle est décidée par l'État. Quant à ses deux principaux collaborateurs, ils sont, il le sait, partisans de l'indépendance de l'Algérie.

C'est à Pierre Racine que nous devons sans doute la meilleure analyse de la position du dernier président du Conseil des ministres de la IVe République. À ses yeux, il est certain que de Gaulle ne croit pas à l'Algérie française ; il lui paraît vraisemblable que, conscient de son prestige personnel, il a espéré que sa présence à l'hôtel Matignon permettrait à la marche inéluctable de l'Algérie vers l'indépendance de se faire avec, et non contre, la France[36]. Il aurait probablement voulu être le chef d'orchestre d'*« une sorte d'indépendance à la française »*, selon l'expression de Jean Morin[37].

Mais son retour au pouvoir a été rendu possible par les partisans de l'Algérie française. Il lui faut louvoyer. S'il les affronte en ne confirmant pas, par exemple, le général Salan dans ses fonctions, il provoque une déflagration sans doute encore plus violente que celle du 13 mai. Et c'est alors la guerre civile qu'il tient à éviter à tout prix.

Il semble donc que le général de Gaulle se trouve dans la situation d'un marin qui, aux prises avec une tempête, doit prendre des bords en fonction des vagues. Tout navigateur expérimenté sait que les affronter conduit droit au naufrage, et que chercher à les esquiver toutes aboutit au même résultat.

À juste titre, Michel Debré insiste sur la volonté, que *« de Gaulle manifestera jusqu'au bout, de ne pas se laisser dicter une solution par l'adversaire*[38] *»*.

---

* Pierre Racine, qui avait déjà protesté en 1948 contre le trucage des élections en Algérie, a appartenu en 1957 au petit groupe de hauts fonctionnaires qui se prononcent pour des négociations rapides avec le F.L.N. (*cf. La République des Tourmentes*, t. III, p. 704).

Le président du Conseil ne veut pas être dupe. Il a conscience que les autorités militaires lui ont donné de l'Algérie une image conforme à leurs vœux. Il doute fort que les fraternisations aient modifié fondamentalement la situation algérienne. La seconde quinzaine de mai a certes été une période sans attentat, sans opération militaire : *« Les rebelles peuvent être alors comparés au boxeur qui reçoit un coup au plexus et qui est K.O. debout. Il ne sait plus ce qu'il va faire, même s'il n'est pas K.O. par terre*[39]*...»* Omar Oussedik, un des responsables de la wilaya 4, l'Algérois, n'est pas le seul des membres du F.L.N. à s'interroger : *« De Gaulle allait-il trouver une solution juste au problème algérien, ou s'enfoncer dans une guerre dont la France ne sortirait ni forte, ni grandie ? Nous estimions quant à nous que le général de Gaulle avait des chances de mettre au pas l'armée française d'Algérie et de s'engager dans une perspective de paix*[40]*. »* Très vite, la constatation que rien n'a changé en Algérie provoque la désillusion des musulmans qui avaient espéré, grâce à de Gaulle, le retour à la paix*. Et les attentats retrouvent leur cadence habituelle**.

Aussi, dès son retour à Paris, le président du Conseil décide de se renseigner lui-même, sans passer par le filtre des autorités officielles en Algérie. Il convoque donc deux

---

* Voici, à ce sujet, un témoignage inattendu, celui d'une Américaine, amie personnelle de Michel Debré, qui se trouve à Alger en juin : *« Parmi les rares musulmans présents au Forum, il s'en trouvait un de nos amis... Avec un visage figé, il avait écouté les discours du général Salan et de Soustelle, mais le discours du général de Gaulle l'a rempli d'émotion. Nous l'avons vu bouleversé. Il a chanté avec nous à pleine voix la* Marseillaise. *La* [sic] *choc qu'il a ressenti en entendant le général de Gaulle semble avoir atteint tous les musulmans. On l'a senti aux regards, aux sourires, aux gestes exprimés, aux réflexions entendues... L'effet a malheureusement été de courte durée, car à peine le Général était-il parti pour la France que les Algéro-Européens prouvaient sans bonne humeur qu'ils avaient acclamé sur le Forum des principes et des promesses qui dépassaient de beaucoup ce qu'ils avaient pensé offrir »* (lettre de Mrs. Frank Van Acker à Michel Debré, Paris, le 1er juillet 1958, transmise par le garde des Sceaux à René Brouillet, le 16 juillet 1958, A.N.O.M., 81 F 67).

** *Cf. infra*, p 209.

Algériens : le premier, le seul haut fonctionnaire musulman de la Délégation générale, Salah Bouakouir, qui y dirige l'économie, est connu pour son indépendance d'esprit* ; le second, Abderrahmane Fares, dernier président de l'Assemblée algérienne, a longtemps été considéré par les autorités françaises comme le prototype de ces notables susceptibles de constituer un rempart à la rébellion, ce qui n'a pas facilité son parcours politique**. Depuis 1956, il adjure la France d'ouvrir le dialogue avec le F.L.N.

À deux reprises, entre le 6 et le 12 juin, de Gaulle reçoit Abderrahmane Fares. Autant le Général, ce « prince de l'équivoque », selon la formule de Robert Buron, excelle à laisser planer le doute sur ses intentions***, autant il peut s'exprimer avec netteté lorsqu'il le juge nécessaire. Et c'est le cas lors de ses conversations avec Fares. Au cours

* Par un télégramme du 8 juin, il demande au général Salan de prévenir ce préfet qu'il l'attend le lendemain à 10 heures à l'hôtel Matignon (A.N., AG1/SOL/75).

** Depuis ses premiers mandats politiques (en 1945, très proche des socialistes, il est alors élu au conseil municipal, au conseil général d'Alger et à la première Assemblée nationale constituante ; par la suite, il préside l'Assemblée algérienne), Abderrahmane Fares, le premier Algérien à avoir obtenu une charge de notaire, a été souvent la bête noire des Français d'Algérie. Il le raconte, le 9 février 1959, à Vincent Auriol : *« À une époque lointaine où j'ai demandé l'intégration, je suis insulté. En 1954, je plaide auprès du président Coty pour l'égalité des droits et des devoirs des musulmans et des Européens dans le cadre de la démocratie française, je suis traité de "mauvais Français" par les Européens ; en 1956, (...) Robert Lacoste me propose de faire partie d'un Comité exécutif, je réponds : "D'accord, mais à condition de prendre contact avec qui on se bat." On était sur le point d'organiser une rencontre du président du Conseil avec des délégués F.L.N., lorsque survient l'arrestation de Ben Bella... Je ne me suis pas découragé, j'ai ouvertement suggéré des négociations avec le F.L.N. J'ai encouru les foudres et me suis exposé aux menaces de Lacoste »* (*cf. La République des Tourmentes*, t. III, p. 246. Ce récit figure dans un texte dactylographié de 6 pages, à l'interligne 1, non signé, mais qui commence ainsi : *« Le 9 février 1959, ai vu Fares avec qui je suis, depuis très longtemps, lié d'amitié »*, et qui porte une indication manuscrite du lieutenant-colonel de Bonneval : *« Note Vincent Auriol »*, A.N., AG1/SOL/75).

*** Il le constate le 22 juin : *« Que pense de Gaulle de l'affaire algérienne ? Bien fin celui des ministres qui, après deux Conseils de cabinet, peut le dire avec certitude »* (Robert Buron, *Carnets politiques de la guerre d'Algérie*, *op. cit.*, p. 100).

de leur premier entretien*, il parle peu, l'écoute répondre à ses questions sur la réalité algérienne, plaider pour *« une négociation loyale avec le F.L.N., la seule solution pour mettre fin au drame »*, et le remercie de sa franchise[41]. Le 12 juin, en revanche, il va droit au but, sans le moindre préambule : *« Mon cher Président, j'ai beaucoup réfléchi à ce que vous m'avez dit... »* Puis, après un silence qui semble interminable à son visiteur, d'une voix grave : *« Voulez-vous me faire l'honneur de participer à mon gouvernement comme ministre d'État ? »* Abderrahmane Fares est abasourdi. Il n'avait jamais rêvé d'une telle offre. Mais, avant de formuler toute réponse, il lui faut savoir comment de Gaulle voit l'avenir de l'Algérie. Là encore, la réponse ne prête pas à équivoque : *« Mais, mon cher Président, ce sera l'indépendance en coopération avec la France, après référendum... »* Au souhait d'une annonce publique dans ce sens, de Gaulle répond par l'esquive, mais c'est avec précision qu'il définit la mission qu'il désire confier à l'ancien président de l'Assemblée algérienne. Sous son autorité directe, il devra rechercher une solution négociée avec le F.L.N. et veiller à son respect. Un cessez-le-feu pourrait être conclu aux conditions suivantes : abrogation des mesures d'exception en Algérie, libération des prisonniers et internés politiques, création à Alger d'un exécutif provisoire qui se substituerait à la Délégation générale et aurait pour tâche la préparation et le contrôle des élections[42].

Une telle proposition prend Abderrahmane Fares de court. Il ne peut répondre sans avoir consulté *« ses amis »*, dont Ferhat Abbas qui réside en Suisse, à Montreux. *« Prenez les contacts que vous voudrez. Je sais qui vous êtes »*, lui répond de Gaulle. Il l'approuve de souhaiter que

* Nous n'en connaissons pas la date exacte, puisque, comme bien des audiences que le Général désire garder secrètes, il ne figure pas dans son agenda. Selon toute vraisemblance, il se situe dans les jours qui suivent le retour du Général à Paris. C'est Guy Mollet, très proche d'Abderrahmane Fares, qui lui a communiqué le désir du Général de le voir le lendemain matin dans son bureau, à 10 heures.

son entretien avec le président du C.C.E. (le Comité de coordination et d'exécution, en fait l'organisme de direction du F.L.N.) ait un témoin, Jean Amrouche : *« Vous faites bien de prendre cette précaution. Amrouche est un homme sérieux et de bon conseil. J'attendrai votre réponse. »*

Dès le lendemain de son premier entretien avec le général de Gaulle, Abderrahmane Fares en avait informé Ferhat Abbas à Montreux. Mais ce n'est que le 2 juillet, soit trois semaines après sa seconde entrevue, qu'il lui fait part de l'offre du général de Gaulle. Ce retard dans la transmission de propositions qui peuvent changer les données du problème algérien étonne. Il est, selon toute vraisemblance, lié au souci de Fares et d'Amrouche de procéder à quelques sondages avant de saisir Ferhat Abbas, dépourvu, malgré son poste de président, de toute autorité réelle sur les décisions du C.C.E. Sans doute ont-ils voulu que « la Santé* » – ainsi désigne-t-on Ahmed Ben Bella et les chefs historiques incarcérés depuis 1956 dans cette prison parisienne –, mais aussi Krim Belkacem, dont Jean Amrouche est très proche, soient informés en premier[43]. Ainsi peuvent-ils espérer contrecarrer l'hostilité à tout dialogue avec la France des éléments les plus durs du F.L.N., dont Abdelhafid Boussouf qui vient de publier dans *El Moujahid* un article au vitriol contre Jean Amrouche, *« âme servile[44] »*.

Le 1er juillet, lorsqu'il reçoit Jean Amrouche, Ferhat Abbas se montre *« évasif et affectueux : "Nous voulons la paix. Nous savons que nous devrons faire des concessions qu'il vaut mieux négocier avec un homme d'honneur*

---

* L'aval de Ben Bella est recherché. Ainsi, en juin, le lieutenant Rahmani (toujours détenu à la prison de la Santé ; *cf. La République des Tourmentes*, t. III, p. 665) adresse au général de Gaulle *« les suggestions d'un Algérien désirant ardemment une réconciliation sur les bases d'une "Algérie associée", dont il faudra définir les modalités – les termes "Algérie française" étant à bannir »*. René Brouillet note en marge que ce document, *« peu réalisable à partir de la page 3* [où il préconise le rejet public par le gouvernement de l'Algérie française] *»*, a été *« vu par Ben Bella »* (A.N.O.M., 81 F 67).

comme de Gaulle" ». Le 2 juillet, quand, en présence de Jean Amrouche, Abderrahmane Fares lui remet deux documents écrits – à la relation des propositions du Général il a joint son engagement, s'il est autorisé à participer au gouvernement, d'en démissionner à la première requête du C.C.E. –, il s'abstient de tout commentaire. Il annonce simplement à ses visiteurs qu'il va les transmettre au C.C.E. Il est entendu que Mohammed Masmoudi, l'ambassadeur de Tunisie à Paris, informera Abderrahmane Fares, par un télégramme en termes convenus, de la décision algérienne. Le 7 juillet, le télégramme parvient à Fares : *« N'accepte pas le poste offert, mais maintiens le contact*[*]*. »*

À 18 heures, le jour même, Abderrahmane Fares est reçu par le général de Gaulle. Il l'informe qu'il ne peut dans l'immédiat entrer dans le gouvernement... Le président du Conseil lui confirme sa volonté d'une politique on ne peut plus libérale.

Le 19 juillet, une lettre du Caire est remise à Fares. Signée par Ferhat Abbas, elle exprime la volonté unanime du C.C.E. C'est un refus pur et simple de toute discussion avec la France, si ce n'est en territoire neutre et de gouvernement à gouvernement. Comme préalable à toute négociation avec Paris, le F.L.N. exige d'avoir la représentativité exclusive du peuple et la reconnaissance du C.C.E. comme gouvernement de l'Algérie indépendante[**].

Le 22 juillet, Fares est reçu à l'hôtel Matignon ; c'est sa quatrième audience en un mois. Il est accompagné de Jean Amrouche. Craignant que les termes de la lettre de Ferhat Abbas ne dissuadent le Général de persévérer dans la voie du dialogue, ils ne la lui remettent pas. Ainsi, dans leur

---

* C'est ce qu'écrit Abderrahmane Fares (*La Cruelle Vérité*, *op. cit.*, p. 75), alors que, selon Jean Amrouche, le télégramme de Tunis se serait borné à un seul « Non ». Le témoignage d'Abderrahmane Fares me paraît fiable : il est étayé par les propos que me tient l'ambassadeur Masmoudi, à Tunis, en octobre 1968 ; *cf. infra*, p. 235.

** Former un gouvernement, ce qui est alors sa principale préoccupation, pose maints problèmes au F.L.N.

volonté sincère de parvenir à un accord entre la France et le F.L.N., en toute bonne foi, les émissaires veulent peser sur la négociation, veillant à ne pas rapporter à chacune des parties ce qui pourrait mettre fin à tout espoir de rapprochement*. Bien que nous n'en ayons pas la preuve, il est vraisemblable que, dans leur relation à Ferhat Abbas des propos du Général, ils ont souligné ceux que le F.L.N. ne peut qu'approuver, à savoir qu'il appartient aux Algériens seuls de décider de leur avenir, sa reconnaissance de leur droit à l'autodétermination**, mais ont passé sous silence ceux qu'il ne saurait accepter : *« En médiateur anxieux de réussir,* [Fares] *a dit à chacun ce que celui-ci voulait entendre et non pas exactement les propos qu'il avait recueillis de l'autre*[45]. »

Après avoir entendu Jean Amrouche lui expliquer la méfiance du F.L.N. et comment la surmonter, à nouveau de Gaulle précise sa position. L'avenir de l'Algérie réside dans une étroite association avec la France qui, seule, peut lui apporter l'aide technique, économique et financière dont elle a absolument besoin. L'indépendance ? Ce n'est pas une perspective à écarter, mais, dans l'immédiat, l'Algérie n'a pas les moyens de s'assurer une pleine indépendance. *« Elle les aura peut-être plus tard. La création d'un État algérien est chose difficile, une entreprise de longue haleine. »* Il est certain qu'avec le collège unique, *« tôt ou tard, le pouvoir passera aux mains de la majorité musulmane... Je n'ai jamais prononcé le mot "intégration", je n'y crois pas. D'autres y croient. Je ne peux pas les empêcher d'y croire et de le dire »*. La guerre ne résout rien. L'urgence est d'y mettre fin. À nouveau, le Général insiste sur sa volonté de conclure un cessez-le-feu. Dans

* Un demi-siècle après l'événement, Redha Malek, qui dirige alors *El Moujahid*, a gardé un souvenir ironique du rôle de Jean Amrouche durant l'été 1958 : *« Il a passé son temps à venir à Tunis et à nous dire : "De Gaulle est décidé..." On trouvait ça sympathique, mais on était méfiant... »* (Redha Malek, 12 juillet 2009).

** Ainsi, la reconnaissance par de Gaulle de ce droit est bien antérieure à son discours du 16 septembre 1959 dans lequel il l'annonce.

l'hypothèse où le F.L.N. s'engagerait dans cette voie, qu'il s'agisse du sort des internés, des emprisonnés ou des condamnés, qu'il s'agisse de l'abrogation des lois d'exception, *« tout sera facilement réglé »*. Quant à la représentativité politique du F.L.N., de Gaulle ne la reconnaît que partiellement. Il revient au Front d'en donner la mesure ; il lui suffit d'accepter les élections : *« Je lui garantis qu'elles seront libres. Ses candidats pourront faire campagne sur leur programme, librement... »*

Cinq jours plus tard, le 27 juillet, Jean Amrouche fait part à Ferhat Abbas *« des résultats du dernier entretien avec de Gaulle »*. Celui-ci s'étonne que de Gaulle n'ait pas choisi, pour discuter avec le F.L.N., une des trois personnalités dont celui-ci respecte les actes ou les écrits, à savoir l'ancien gouverneur général Yves Chataigneau, le général Catroux ou Raymond Aron. En tout cas, lui, Ferhat Abbas, qui *« personnellement a plus confiance en de Gaulle que dans les autres hommes politiques français »*, n'est pas habilité à décider seul de la suite à donner à ses ouvertures. Il annonce qu'après sa prochaine réunion, vers le 15 août, le C.C.E. fera *« une déclaration modérée et conciliante »*...

Dès lors, de Gaulle se demande si les dirigeants du F.L.N. veulent réellement ouvrir le dialogue avec la France. En réclamant une discussion en territoire neutre, ne cherchent-ils pas tout simplement à lui arracher une reconnaissance *de facto* qu'ils n'obtiendront jamais de lui ? S'ils n'ont pas confiance en Abderrahmane Fares et en Jean Amrouche, qui sont algériens et qui ont témoigné de leur engagement en faveur de l'indépendance de l'Algérie, à qui pourraient-ils se fier ? Il attend donc la réponse du C.C.E. *« Et si elle est vraiment conciliante, il ne la laissera pas tomber. Il lui répondra sous une forme ou une autre*[46]. *»*

L'opinion ignore tout de cette main tendue au F.L.N. Elle n'est pas plus informée de la guerre larvée qui oppose déjà le président du Conseil des ministres et son délégué général en Algérie. Une réelle entente entre le général de Gaulle et le général Salan est impossible : leurs conceptions du problème algérien sont inconciliables. Pour de Gaulle, on le sait, l'essentiel est de rendre à la France le rang qu'elle doit avoir, ce qui suppose par priorité la restauration de l'État. Salan, alors, ne recherche pas le pouvoir, il est tout prêt à obéir au gouvernement de la République – à une condition, toutefois : que celui-ci adopte « sa » politique. Il croit à l'Algérie française, est convaincu de détenir la vérité, certain de pouvoir parvenir en Algérie à la seule solution qui corresponde aux intérêts des Français et des musulmans si les responsables politiques parisiens ne s'en mêlent pas : *« Qu'ils nous donnent le fric et qu'ils nous laissent faire*[47] *! »* Ce souhait souvent formulé du général Salan donne raison à Bernard Tricot : *« Toutes proportions gardées, le commandement en Algérie a vis-à-vis du gouvernement la position d'un industriel libéral : que le gouvernement s'occupe de ce qui le regarde et le laisse mener ses affaires comme il l'entend*[48]*... »*

Après quelques jours en Algérie*, le colonel Bourgoin avertit son ami le lieutenant-colonel de Bonneval. Sa *« situation très particulière – Algérien d'origine et ancien parachutiste –* [lui a permis de recevoir] *les confidences de gens qui n'ont généralement aucun moyen de s'exprimer (...). D'après eux, l'armée s'est placée sans restrictions derrière le général de Gaulle. Cependant, elle n'acceptera pas de transiger sur l'engagement qu'elle estime avoir pris vis-à-vis des Algériens concernant l'intégration absolue de l'Algérie à la France. (...) Il n'est plus possible, sans risques de troubles graves (...), de revenir sur la promesse faite par l'armée »*. À cette lecture, l'aide de camp du général de Gaulle s'inquiète : *« Que puis-je répondre ? Que puis-je faire ? Qu'en pensez-vous ? »*

---

* Il s'est rendu à Alger pour assister à une cérémonie commémorative organisée par le Comité d'entente des anciens combattants.

demande-t-il à Jacques Foccart. Celui-ci n'hésite pas : *« L'analyse est très bonne**. *Vous ne pouvez cependant faire qu'un accusé de réception prudent ou, ce qui serait mieux, lui téléphoner, également avec prudence*[49] *! »*

Très vite, le général Salan marque son territoire, avertissant le général de Gaulle que, sans se soucier de l'attachement du gouvernement à la liberté de la presse proclamé par André Malraux, il est décidé à *« maintenir des mesures très strictes de censure tant qu'une partie de la presse métropolitaine (...) réclamera, au nom de la Liberté, la possibilité de mettre les passions partisanes au-dessus de l'intérêt national*[50] *»*. Et les saisies de journaux se multiplient à Alger. Le délégué général croit aussi opportun d'informer de Gaulle que *« le vrai problème, dans l'immédiat, auquel tout doit être consacré pour le résoudre, est l'élimination du F.L.N. de Tunisie*[51] *»*.

De Gaulle ne juge pas utile de répondre à ces deux courriers. L'opposition entre le président du Conseil des ministres et son délégué à Alger se cristallise sur les comités de salut public. De Gaulle ne dissimule pas sa méfiance à leur endroit ; il veut qu'ils disparaissent. Salan leur affirme qu'ils sont la fierté du Général : *« Il a fait de vous ses Compagnons (...). Ensemble nous allons réaliser l'Algérie française*[52] *! »* Fort de tels encouragements, le 9 juin, le Comité de salut public d'Alger, que préside le général Massu, annonce sa volonté de *« véhiculer dans toute la France les idées de Restauration civique et patrio-*

---

* C'est Jacques Foccart qui souligne son jugement. Il a expliqué sa propre position : *« Je suis alors* [en mai 1958] *franchement partisan du maintien de l'Algérie française. Le Général me fera évoluer, mais seulement après qu'il aura accédé (...) à la tête du gouvernement, en juin 1958. Le Général a employé un argument de nature à me convaincre. Plusieurs fois, il m'a dit de façon assez pathétique : "Si l'homme que je suis, avec mon hérédité, ma culture, mon passé, fait ce que je fais, vous imaginez bien que ce n'est pas sans souffrance. Je le fais parce que c'est la seule chose que l'on doit faire. Je boirai le calice jusqu'à la lie" »* (*Foccart parle. Entretiens avec Philippe Gaillard*, *op. cit.*, p. 123). L'évolution de Jacques Foccart est celle de la majorité des membres du cabinet du président du Conseil. Seuls Georges Pompidou et peut-être Olivier Guichard ont toujours été sceptiques sur l'Algérie française.

tique afin de promouvoir un véritable gouvernement de salut public[53] ». Et il précise que sa motion a reçu l'approbation du général Salan. La réaction du général de Gaulle ne se fait pas attendre : « *Je vous rappelle,* télégraphie-t-il le lendemain à son délégué général en Algérie, *que (...) l'autorité régulière, et d'abord vous-même, ne sauriez prendre parti au sujet de ce que ce comité ou toute autre organisation politique peut exprimer ou demander*[54]. »

Que l'armée prétende se mêler de politique choque profondément le président du Conseil. Une des expressions favorites des militaires – « *il faut faire basculer la population* » – le met littéralement hors de lui. Et malheur à qui lui parle du pouvoir militaire ! Pour avoir employé cette expression dans le projet de loi sur l'organisation des pouvoirs publics en Algérie, Bernard Tricot provoque l'ire présidentielle : « *Après quelques voyages en Algérie et toutes mes conversations avec les militaires, j'étais moi-même tellement déformé que j'avais mentionné le pouvoir civil et le pouvoir militaire. Le Général a bondi : "On dit autorité militaire et autorité civile. Il n'y a que trois pouvoirs, le législatif, l'exécutif, le judiciaire. Que veulent dire vos pouvoirs civil et militaire ?" Tout Montesquieu y est passé. J'avais le sentiment de me trouver quinze ans plus tôt devant mon président de section au Conseil d'État*[55]. »

De Gaulle s'exaspère que les militaires lui prêtent une opinion qui n'est pas la sienne. Il le signifie à leur porte-parole attitré, Alain de Sérigny, qu'il reçoit le 24 juin. L'entretien, très bref, commence et se termine par deux affirmations analogues : « *Sérigny, je vous ai fait venir pour attirer votre attention sur le fait que, dans mes discours, je ne prononce pas le mot "intégration"(...). Sérigny, j'espère vous revoir plus longuement un autre jour. En attendant, ne me faites pas dire dans votre journal ce que je ne dis pas...* » C'est bouleversé et en larmes que le directeur de *L'Écho d'Alger* descend l'escalier de l'hôtel Matignon. Mais, le lendemain, il retrouve le moral. Jacques Soustelle lui apprend que le Général l'a trouvé

« très sincère ». Peu importe que de Gaulle parle ou non d'intégration du moment qu'il met en œuvre les mesures qui y tendent, comme l'unification des timbres-poste d'Algérie avec ceux de la métropole : *« Je connais bien de Gaulle. Si le mot ne lui plaît pas, c'est vraisemblablement parce qu'il ne l'a pas utilisé le premier. L'essentiel est qu'il soit d'accord sur son contenu. »* Avec cette « explication », Alain de Sérigny recouvre sa sérénité, donnant ainsi raison à la maxime : il n'est pire sourd que celui qui ne veut pas entendre*.

Toujours dans le souci de restaurer l'autorité de l'État, le général de Gaulle décide un second voyage en Algérie. Du 1er au 5 juillet, il y procède à de nombreuses inspections avant de se rendre à Alger. Il refuse de recevoir une délégation du Comité de salut public, expose à la radio le plan de rénovation de l'Algérie qui va être mis en œuvre. Que ce soit dans son allocution radiodiffusée du 3 juillet ou dans son tête-à-tête avec le général Massu, il affirme que la tâche essentielle est d'assurer à tous les habitants de l'Algérie l'égalité de leurs droits ; jamais il ne prononce le mot « intégration ». Il dit au nouveau préfet du département d'Alger – car c'est désormais la fonction du général Massu – que *« l'intégration est pour lui une question de faits concrets pour lesquels il faudra lutter et travailler, et non de mots lancés sur le Forum »*, et il lui rappelle ses directives : les Français, civils ou militaires, qui sont en Algérie doivent s'occuper de l'Algérie, et non de la métropole. Le général-préfet comprend que le Comité de salut public qu'il préside doit renoncer à sa campagne de rénovation nationale à travers toute la France[56].

Avant de quitter Alger, le général de Gaulle choisit de dîner avec onze capitaines, ce qui inquiète fort le général Allard, nouveau super-préfet : *« Faites attention, ne*

---

* Ce témoignage d'Alain de Sérigny (*Échos d'Alger*, t. II, *L'Abandon*, Paris, 1974, Presses de la Cité, pp. 299-301) pose un problème. De Gaulle aurait évoqué leur entretien au cours de son dîner avec Jacques Soustelle. Or c'est le 20 juin que le Général dîne avec l'ancien ministre, et le 24 qu'Alain de Sérigny est reçu par lui…

racontez pas n'importe quoi », dit-il aux jeunes officiers. Mais ceux-ci parlent librement. « *Mon général, aviez-vous comme capitaine des problèmes moraux ? Parce que nous, nous en avons actuellement pour faire ce genre de guerre.* » Loin de s'offusquer de cette interrogation, de Gaulle répond avec précision : « *Je comprends très bien, mais moi, vous savez, j'étais capitaine à la guerre de 14-18. Et quels étaient alors les problèmes d'un capitaine ? De temps en temps, il fallait quitter la tranchée et être le premier à crier "À l'assaut !", à monter par-dessus le parapet, à foncer. Et souvent, ce qui arrivait, c'est qu'on était blessé. Je l'ai été trois fois. On partait à l'arrière, on était soigné et on revenait. Mais, la troisième fois, j'ai été fait prisonnier. Là, c'était beaucoup plus ennuyeux pour moi. C'était un déshonneur. Mais il n'y avait pas de problèmes moraux.* » Après le dîner, un capitaine, qui commande une S.A.S., pose « la » question : « *Mon général, tout ce que vous nous avez dit, c'est bien. Mais moi, je voudrais savoir ce que je vais pouvoir raconter à mes gens lorsque je vais rentrer dans mon poste, ce soir. Est-ce que la France reste, ou est-ce qu'elle les abandonne ?* » Le capitaine Michel Noël du Payrat note « *le froid* [qui] *saisit l'assistance. Chacun attend la réaction du Général. Alors lui, imperturbable, très machiavélique : "Vous me dites ça à moi, qui étais le seul à ne rien abandonner en 1940 !" Ça veut dire ce que ça veut dire ; il ne se mouille pas trop.* [Et de Gaulle de souligner sa volonté d'assurer les mêmes droits à tous les Algériens, d'expliquer son refus de parler d'intégration : la majorité des Algériens n'est pas capable d'être intégrée à la France.] *À mon retour dans mon unité, je fais savoir aux camarades : "Vous dites 'Algérie française', mais moi, en tout cas, je n'ai pas du tout entendu ce son de cloche de la part du général de Gaulle. Pour le moment, croyez-moi, il n'a pas fait son choix*[57]*."* »

Lorsque de Gaulle quitte l'Algérie, le général Salan ne doute cependant pas qu'il a gagné la partie : le président du Conseil n'a-t-il pas annoncé une mesure très symbolique (l'unification des timbres-poste en circulation en Algérie et en métropole), ne lui a-t-il pas affirmé son *« entière confiance »* ? Une confiance de la taille d'un timbre-poste...

Mais, dans le S.O. Bretagne qui le ramène en métropole, le président du Conseil s'exprime librement : *« Les généraux, au fond, me détestent. Je le leur rends bien. Tous des cons. Vous les avez vus, sur l'aérodrome de Telergma ? Des crétins uniquement préoccupés de leur avancement, de leurs décorations, de leur confort, qui n'ont jamais rien compris et ne comprendront jamais rien. Ce Salan, un drogué. Je le balancerai aussitôt après les élections. Ce Jouhaud, un gros ahuri. Et Massu ! Un brave type, Massu, mais qui n'a pas inventé l'eau chaude... Enfin, il faut faire avec ce qu'on a*[*]. »

C'est avec une sorte de résignation analogue que le général de Gaulle se décide à accorder à Jacques Soustelle le portefeuille ministériel qu'il lui a plus ou moins promis.

Depuis son retour à Paris[**] à la mi-juin, l'ancien gouverneur général de l'Algérie se morfond. Le Général l'a

---

* C'est au journaliste du *Monde*, qui les a notés le jour même, que le Général, qui l'a convié à s'asseoir à ses côtés dans l'avion, a tenu ces propos (Pierre Viansson-Ponté, *Lettre ouverte aux hommes politiques*, Paris, 1976, Albin Michel, pp. 17-18). Il est amusant de noter que le jugement à l'emporte-pièce formulé en 1958 par de Gaulle rejoint le portrait de Salan tracé neuf ans plus tard par Lucien Bodard dans son admirable *Guerre d'Indochine* (t. III, *L'Aventure, de Lattre et les Viets*, *op. cit.*). On y lit, en effet (pp. 12-13) : *« Dans cette troupe détonne un peu Salan, le mandarin. Il est légèrement suspect, pas tout à fait de la "bande"... On peut le traiter presque comme on veut, sans se gêner. On peut l'utiliser sans qu'il porte ombrage, on peut tout aussi bien le mettre à l'écart. Quoi de plus facile que de prétendre qu'il est un incapable, que de dire : "C'est un intoxiqué de l'Asie, un joueur, l'homme de l'opium, des nuits blanches, des amitiés suspectes." Et comment lui faire confiance avec son allure de bonze, ses yeux pas tout à fait en face des trous, sa timidité dévorante qui le rend muet, son orgueil qui le consume de l'intérieur, ses étranges superstitions et sa femme surnommée "la Biche" ? »*

** Désormais, il ne reste à Alger que deux des acteurs gaullistes du 13 mai : Léon Delbecque et Lucien Neuwirth. L'un et l'autre croient alors passionnément à l'Algérie française, dont la réalisation leur paraît un symbole de la démocratie et de la République. Ils s'exaspèrent que leur combat soit méconnu dans la presse métropolitaine. Comment peut-on les traiter de fascistes, eux qui ont, sous l'Occupation, lutté pour la Liberté ? J'ai fait la connaissance de Léon Delbecque le 2 juin

certes invité à dîner le 20 juin, mais c'est pour lui expliquer que sa nomination de ministre risque de provoquer la démission de Guy Mollet. Le mieux serait donc qu'il aille voir le ministre d'État, et pourquoi pas tous les membres du gouvernement. Et Jacques Soustelle se voit ainsi condamné à une série de visites qui n'est pas sans rappeler la démarche des candidats à l'Académie française... Partout, d'ailleurs, il reçoit le meilleur accueil, et nulle opposition de principe à sa nomination n'est formulée[58].

Mais les jours passent et le Général ne se décide toujours pas. Le dimanche 6 juillet, au cours d'une promenade à la

---

(*cf. supra,* p. 66), lorsque Olivier Guichard l'a reçu chez moi. J'ai, depuis, eu l'occasion de recueillir une interview de lui, où il affirme que *« les musulmans veulent désespérément être français »* (*Paris-Presse l'Intransigeant*, 12 juin 1958). Peu après, Lucien Neuwirth, de passage à Paris, vient me voir. Il me prie de les réunir, Léon Delbecque et lui, avec des journalistes et des intellectuels hostiles à l'Algérie française. À mon vif étonnement, je n'ai aucun mal à organiser une telle rencontre. L'écrivain Bernard Pingaud y participe : *« Pierre Viansson-Ponté, Jean Daniel, Roger Stéphane, Joseph Rovan et, si je ne me trompe, Jean Duvignaud sont là. N'ayant pas pris de notes, je n'ai malheureusement aucun souvenir de ce qui s'est dit ce jour-là. Je sais seulement qu'il en fallait un peu plus pour nous jeter dans les bras du Général »* (*Une tâche sans fin*, Paris, 2009, Seuil, p. 114). Si j'éprouve moi aussi le regret de n'avoir gardé aucune trace écrite de cette confrontation, il m'en reste quelques réminiscences très précises. Je me souviens de l'abbé de Naurois, qui accompagne Lucien Neuwirth et Léon Delbecque. C'est un personnage d'exception. Théologien réputé, professeur de théologie à la faculté catholique de Toulouse, ornithologue de réputation mondiale, il n'a cessé, depuis 1933, de lutter contre la perversité nazie. Il est aujourd'hui sur la liste des Justes qui ont sauvé des Juifs. Résistant de la première heure, Compagnon de la Libération, il a milité pour le retour aux affaires du général de Gaulle. Il arrive chez moi en tenue militaire (il est lieutenant-colonel de réserve), il porte une valise et demande à se retirer dans la salle de bains : il en sort en soutane... Je me souviens surtout de mon étonnement à la fin de la réunion. Je redoutais qu'elle ne soit un fiasco pour Neuwirth et Delbecque, qui ne me paraissaient pas de taille à soutenir une joute avec les intellectuels présents. Il n'en fut rien. Leur sincérité était telle que leur force de conviction s'imposait, rendait presque muets leurs adversaires. Ceux-ci ne se ralliaient pas pour autant à leurs thèses, mais ils s'inclinaient devant leur attachement à la République, leur haine du fascisme. Quelques jours plus tard, je reçus d'ailleurs un coup de téléphone pour le moins agacé de Lucien Neuwirth, de retour à Alger. Lui et Léon Delbecque devaient faire face à une nouvelle hostilité : ils avaient été menacés par des parachutistes, car le bruit courait dans la Ville blanche que, désormais, dans les milieux parisiens les plus opposés à l'Algérie française, hommage leur était rendu !

campagne, Jacques Foccart intervient : *« "Mon général, vous ne pouvez pas laisser Soustelle sur la touche. Il a sa place au gouvernement." Le Général énumère ses griefs contre l'ancien secrétaire général du R.P.F., qui a composé avec le système, qui veut avoir une politique personnelle en Algérie, etc. J'insiste. Après un silence, il me répond : "Eh bien, soit ! Je vais lui coller l'Information**. *Mais écoutez-moi bien : vous verrez qu'il me trahira*[59]*." »*

Trois jours plus tard, en des termes qui ne sont pas destinés à plaire au nouveau ministre de l'Information, le général de Gaulle ouvre le Conseil des ministres : *« Messieurs, voici enfin achevée la formation de ce gouvernement, pour autant que ces choses-là soient jamais achevées. Pour que l'unité nationale soit pleinement restaurée, il ne nous manque plus que Maurice Thorez, Pierre Poujade et Ferhat Abbas... Qui sait d'ailleurs si quelque jour*[60] *? »*

Rendre aux Français la fierté de la France figure en bonne place parmi les missions que le Général s'est fixées.

Expert en communication et conscient de la valeur des symboles**, de Gaulle entend que le premier 14 Juillet de

* Ainsi, Jacques Soustelle retrouve les fonctions qui avaient été les siennes, du 30 mai au 21 novembre 1945, dans le Gouvernement provisoire de la République française. André Malraux, toujours ministre délégué à la présidence du Conseil, reçoit de nouvelles attributions (*cf. infra*, p. 307). Sa dernière conférence de presse en tant que ministre de l'Information, le 24 juin, avait provoqué l'indignation du Comité de salut public d'Alger : il invitait, suggestion restée sans suite, les trois écrivains français prix Nobel de littérature (Roger Martin du Gard, François Mauriac et Albert Camus) à se rendre en Algérie pour vérifier qu'aucun acte de torture n'était plus commis par l'armée depuis que le général de Gaulle était à l'hôtel Matignon.

** Il a déjà veillé à ce que le dix-huitième anniversaire de l'appel du 18 Juin s'accompagne d'un cérémonial sans précédent. En uniforme, debout dans sa voiture précédée par la Garde républicaine – et escortée d'un camion de télévision –, le président du Conseil a traversé Paris pour se rendre au Mont-Valérien. Tout au long du trajet, il a été acclamé ; presque partout, les trottoirs étaient noirs de monde. Arrivé au lieu symbolique de la Résistance, quatre caméras de télévision ne perdaient pas une image de la célébration...

son retour aux affaires soit plus grandiose et spectaculaire qu'il ne le fut depuis le défilé de la victoire en 1945. Il s'agit de proclamer ainsi l'entrée de la France dans une ère nouvelle.

Il a donc été décidé le 19 juin, au cours d'une conférence interministérielle, de donner à la fête nationale *« un éclat particulier »* et de placer le traditionnel défilé militaire *« sous le double signe de l'unité de l'armée française – où qu'elle se trouve et quelles que soient ses missions – et de l'union étroite de l'Algérie et de la métropole*[61] *»*. Il doit donc comprendre une *« représentation algérienne aussi large que possible*[*] *»*.

Le président du Conseil ne néglige aucun détail. Pour inciter les Parisiens à assister au défilé, le 14 juillet à 8 heures du matin, vingt et un coups de canon sont tirés des berges de la Seine. Rarement les Champs-Élysées ont abrité une foule plus dense et plus enthousiaste. À 8 h 45, voici, debout dans la même voiture, le président de la République et le président du Conseil, le premier arrivant à l'épaule du second… René Coty, en jaquette, arbore le grand cordon de la Légion d'honneur ; Charles de Gaulle, en uniforme militaire, la tête couverte du képi orné de deux étoiles (celles d'un général de brigade), ne porte aucune décoration – il n'en met jamais. Les Parisiens ne regardent que lui. Les « Vive de Gaulle ! » fusent de toutes parts. La flamme rallumée à l'Arc de Triomphe, le cortège présidentiel s'arrête devant la statue de Clemenceau. De Gaulle descend, salue l'effigie de son prédécesseur, puis prend congé : il va assister à Toulon à une revue navale, ce qui lui évite de se trouver dans la tribune officielle en quatrième position, les présidents des deux Assemblées venant avant lui dans le protocole républicain[**]…

---

* C'est ce que de Gaulle écrit le 14 juin au général Salan en lui annonçant qu'il *« envoie M. Brouillet à Alge*r [afin de lui préciser de sa part] *où on en est à tous points de vue* [et de lui parler de] *mon projet de 14 Juillet »* (A.N., AG1/SOL/75).

** Selon Francis de Baecque, c'est le président de la République qui aurait suggéré au général de Gaulle de quitter la cérémonie avant que leur voiture n'arrive à la tribune officielle, afin d'éviter l'incident dont le président du Conseil l'avait averti. De Gaulle lui aurait déclaré qu'il refuserait de serrer la

Sur les Champs-Élysées défilent 14 800 officiers, sous-officiers et hommes de troupe, 60 avions et 540 chars, pièces d'artillerie et matériel divers. Et, ce qui ne s'était jamais vu, des anciens combattants participent aussi à la parade. Ils sont 4 000, dont 3 600 Algériens choisis par les autorités locales, généralement parmi les habitants du bled. Les plus nécessiteux ont reçu un habillement. Il a été remis à chacun un dépliant de seize pages sur Paris*. La plupart d'entre eux ne sont jamais revenus en métropole depuis la fin de la Seconde Guerre mondiale. Sur leur djellaba ou leur veston, ils arborent fièrement croix de guerre, médaille militaire ou même Légion d'honneur.

Le 12 juillet, lorsqu'ils ont débarqué à Marseille, ou la veille, à leur sortie de la gare de Lyon, les honneurs militaires leur ont été rendus. Et, le 13 juillet au soir, un spectacle « son et lumière » est prévu au château de Vincennes à leur seule intention et à celle des 2 000 jeunes Algériens qui les accompagnent. Le général de Gaulle, qui tient à les saluer personnellement, arrive peu après 22 heures sur l'esplanade du château**. Vêtu d'un costume sombre,

---

main d'André Le Troquer (Francis de Baecque, *René Coty tel qu'en lui-même*, *op. cit.*, p. 279). De Gaulle aurait-il mis sa menace à exécution ? C'est peu vraisemblable, compte tenu de sa volonté d'éviter tout heurt avec les représentants de la IVe République.

* Tiré à 7 000 exemplaires, il présente sur sa page de couverture une tour Eiffel géante et quelques lignes en arabe. Au dos, en français, une description parfois étonnante de Paris : *« L'agglomération la plus dense du monde, 5 155 000 habitants (...), s'approvisionne dans toute la France. La Beauce et la Brie lui envoient leur blé ; il* [sic] *reçoit les bœufs du Maine, du Poitou et du Nivernais, les moutons du Massif central et de la Champagne. Son poisson vient de Boulogne et de Lorient, son beurre de Charente et de Normandie, et même du Danemark et de l'Argentine ! »* À l'intérieur de cette plaquette, un plan du métropolitain et les photographies des douze monuments les plus importants de la capitale, leur dénomination bilingue étant suivie de quelques lignes en arabe. Par ordre, voici le choix de ces monuments : la mosquée de Paris, le palais de la Légion d'honneur, la place de la Concorde, le Sacré-Cœur de Montmartre, la place Vendôme, le palais de Chaillot, l'Arc de Triomphe, l'Opéra, la place de la Bastille, le musée du Louvre, l'Hôtel de Ville et le Panthéon... (A.N.O.M., 81 F 67).

** Auparavant, dans une allocution radiodiffusée adressée aux peuples d'outre-mer, il a évoqué *« la place de l'Algérie si chère et si déchirée* [*"dans la vaste et libre communauté"* en voie d'édification], *et c'est une place de choix ! »*

escorté de plusieurs ministres, il est accueilli par la sonnerie *Aux champs* jouée par la nouba des tirailleurs algériens. Longuement acclamé par les assistants, le Général prononce au micro quelques mots : *« J'adresse mon salut aux anciens combattants de la Première Guerre, mes compagnons, à ceux de la Seconde, mes soldats. J'adresse aussi mon salut aux jeunes qui sont l'espérance. Je vous demande de transmettre ce salut à la chère et brave Algérie dont l'épreuve est celle de la France*[62]. » Cette brève allocution, immédiatement traduite en arabe, provoque l'enthousiasme. À la fin du spectacle (le texte de l'écrivain André Chamson, qui relate les grandes heures du lieu historique qu'est le château de Vincennes, est dit en français et en arabe), le général de Gaulle se dirige vers les invités. Il serre des mains, engage parfois un court dialogue. L'émotion et le bonheur se lisent sur les visages de ses interlocuteurs.

Mais à peine de Gaulle est-il parti que les officiers parachutistes – tout au moins ceux à proximité desquels je me trouve – interpellent les « héros de la fête » : *« Vous l'avez-vu, le Vieux ? Alors, vous êtes contents ! »* Et, avec brutalité, ils poussent les anciens combattants dans les camions, referment les bâches. Les compagnons d'armes salués par le général de Gaulle ont laissé place à des « bougnoules » reconduits *manu militari* dans leurs cantonnements.

Cette scène reste un de mes souvenirs les plus forts de l'été 1958 – le plus angoissant, assurément. La crainte souvent exprimée depuis le 13 mai que la République ne soit menacée me semblait aberrante avec le général de Gaulle à la présidence du Conseil, tant son nom, dans mon esprit, est synonyme de Liberté. Elle m'envahit cependant, au soir du 13 juillet, alors que j'assiste à ce spectacle donné en l'honneur des anciens combattants venus d'Algérie. Lorsque, des années plus tard, j'en ferai part à Bernard Tricot, alors un des plus proches collaborateurs du général de Gaulle pour l'Algérie, il ne sera nullement étonné : *« Le 13 juillet 1958, à Vincennes, j'ai eu une impression très ambiguë en voyant la façon dont les parachutistes encadraient les anciens combattants musulmans*[63]*.* »

« L'armée... On dit toujours l'armée... Comme cela, en bloc. Et c'est vrai que c'est un bloc. Un bloc actuellement fidèle, très fidèle [en note : *je parle ici de l'armée de terre*] *à de Gaulle et à l'État, mais qui ne sait pas qu'un petit noyau d'activistes la travaille sournoisement et s'apprête, sous couvert de raisons hautement patriotiques, à lui faire conduire une action où elle se dégradera... Je ne crois pas à la menace à court terme, mais je crois à la menace à moyen ou à long terme**. »

Dans l'immédiat, le général Salan s'interroge : *« Je me demande si nous n'avons pas eu tort de faire confiance à de Gaulle, et si, après le 13 mai, je n'aurais pas dû envoyer quelques régiments de parachutistes sur Paris*[64]*. »* Adressée au colonel Paillole, dont on connaît les sentiments envers de Gaulle, cette remarque de Salan traduit très certainement ses sentiments profonds. Et, sans trop se soucier de la volonté du général de Gaulle**, il poursuit la militarisation de l'administration algérienne. Dans toutes les préfectures, les généraux remplacent les préfets, ceux-ci

* Telle est la conclusion d'une très longue lettre du colonel Buis au général Catroux. Celui-ci la communique au général de Gaulle. Après l'avoir lue, le président du Conseil charge René Brouillet d'en donner une copie au ministre des Armées ainsi qu'aux généraux Ély et Zeller. (Lettre du colonel Buis, de Bordj-Bou-Arreridj, le 1er juillet 1958, transmise par le grand chancelier de la Légion d'honneur au général de Gaulle, le 25 juillet, A.N.O.M., 81 F 67.)

** Dès le 18 juin, il a écrit au général Salan que *« cette situation* [les attributions au commandement militaire de la hiérarchie civile et administrative] *ne saurait évidemment durer, car elle n'est pas conforme à la répartition normale des pouvoirs et, en outre, risque de dénaturer des officiers de leur fonction naturelle, qui est l'exercice du commandement dans l'armée »*. Mais, le 2 juillet, au cours du voyage en Algérie du Général, lorsque René Brouillet rappelle cette instruction au général Allard, nouveau super-préfet d'Alger, il se heurte à une fin de non-recevoir. Le soir, après avoir entendu les arguments de l'état-major d'Alger, le général de Gaulle ne se livre à aucun commentaire. En fait, il renonce temporairement à sa décision.

étant devenus leurs adjoints administratifs*. Ces mutations s'effectuent parfois brutalement. Ainsi, une nuit, l'I.G.A.M.E. de Constantine est réveillé par un parachutiste qui le prie de laisser immédiatement ses fonctions au général Gilles. Après quelques jours où il est pratiquement gardé à vue à l'intérieur de ce qui est légalement sa préfecture, le haut fonctionnaire est mis dans un avion et expédié à Alger. Le préfet de Batna apprend de son côté qu'il est convoqué d'urgence par le général Salan ; arrivé à Alger, il découvre que sa présence n'y a pas été requise, mais il est dans l'impossibilité de regagner sa préfecture[65]...

Certains militaires se montrent particulièrement zélés dans l'exercice de leurs fonctions, entreprenant la mise en place, avec les comités de salut public, d'une nouvelle administration qui serait l'émanation de l'armée. Ainsi, par décision du nouveau préfet du département de Bône, le général Vanuxem, les chefs des S.A.S. sont dénommés « commissaires du peuple », spécialement chargés d'assurer la liaison entre les comités de salut public, les militaires et la population : *« Les officiers se firent administrateurs, juristes ou économistes, tandis que les "2e classe" maniaient la truelle ou recopiaient les listes électorales, que les lourds camions délaissaient les djebels pour charrier des matériaux[66]. »*

Ailleurs, ce sont des maires européens, jugés trop complaisants envers les musulmans, qui sont expulsés d'Algérie et renvoyés en métropole. À Oran, le colonel Basset, président du Comité de salut public local, veut empêcher le maire, Henri Fouques-Duparc, d'exercer ses fonctions. En dépit des instructions du général de Gaulle ordonnant son rappel en métropole, Basset est toujours présent dans cette ville fin octobre[67].

L'injonction du président du Conseil n'est pas plus suivie lorsque la tension entre Paris et Alger connaît un nouveau pic à la mi-août avec l'« affaire Lacheroy ». Le

* Le corps préfectoral du département d'Alger est ainsi placé sous l'autorité du général de corps d'armée Allard, le préfet étant le général Massu. Celui du département de Constantine, sous celle du général Gilles, le même qui avait envisagé, devant le général de Gaulle, la « colère » de l'armée (*cf. supra*, p. 170).

13 mai a permis au théoricien de la guerre subversive* de récupérer les fonctions qui avaient été les siennes au 5e Bureau qu'il avait fondé et dont il avait été éliminé en 1958**. L'hebdomadaire militaire d'information en Algérie, *Le Bled*, se trouve donc sous son autorité. Or, dans son numéro du 6 août, une double page, qui appelle à voter « oui » au référendum, est consacrée aux « tares » de la IVe République et est illustrée, entre autres, par des photographies de Pierre Mendès France aux légendes antisémites : *« Mendès : le baiser aux lépreux », « M. Mendès, curieusement appelé France*** ».*

---

* Sur ses théories, *cf. La République des Tourmentes*, t. III, pp. 210-213.

** Durant l'été 1957, il a persuadé le ministre de la Défense nationale, Maurice Bourgès-Maunoury, de lui confier les rênes d'un Service d'information et d'action psychologique créé spécialement pour lui, puis de placer, à tous les échelons de la hiérarchie militaire, un 5e Bureau. Cette nouvelle structure est chargée, aux côtés des quatre Bureaux de l'état-major, de mettre en œuvre les nouvelles techniques d'action psychologique... Mais, en février 1958, le nouveau ministre, Jacques Chaban-Delmas, qui supporte mal la très grande assurance du colonel Lacheroy, le relève de ce commandement, l'envoie en Algérie comme adjoint du général Huet, commandant dans le Nord-Constantinois la 7e division mécanique rapide, *« le type même d'unité dont il n'avait cessé de démontrer l'inutilité dans une guerre de type "révolutionnaire" »*. Dès le 13 mai, il décide de se précipiter à Alger, où il est immédiatement placé par le général Salan à la tête des activités d'information et d'action psychologique de la Délégation générale. (Cette note reprend le texte de Paul Villatoux, « Le colonel Lacheroy, théoricien de l'action psychologique », avant-propos aux mémoires du colonel Lacheroy, *De Saint-Cyr à l'action psychologique. Mémoires d'un siècle*, Paris, 2003, Lavauzelle.)

*** Quarante ans plus tard, le colonel Lacheroy affirme n'avoir pas vu les « caricatures » avant leur publication. *« Honnêtement, d'ailleurs, si je les avais vues, je ne crois pas que je les aurais refoulées »* (interview recueillie par Catherine et Paul Villatoux, le 16 novembre 2001). Charles Lacheroy n'avait pas gardé un très bon souvenir des quelques jours passés dans la même cellule que Pierre Mendès France à la prison militaire de Clermont-Ferrand en 1940. Accusé à tort d'avoir aidé des gaullistes, il est rapidement libéré. D'après lui, ses rapports avec le parlementaire, très tendus au départ, se sont améliorés le jour où ils se sont découvert une passion commune pour la langue de Virgile, tous deux ayant été présentés la même année au concours général de latin... Mais cette information que nous devons au colonel Lacheroy, est-elle bien exacte ? En effet, selon Jean-louis Crémieux-Brilhac, *« Pierre Mendès France était un des rares hommes politiques de sa génération qui soit un produit de l'enseignement moderne. Mendès France n'avait pas fait de latin et il n'avait pas le culte des humanités classiques. »* (Alain Chatriot, Vincent Duclert (dir.), *Le Gouvernement de la recherche*, Paris, 2006, La Découverte, p. 54).

À cette lecture, l'indignation s'empare du ministre des Armées et aussi du général de Gaulle. Par un télégramme en grande partie rédigé de sa main, le président du Conseil prie le général Salan *« de mettre fin aux fonctions du chef de service de qui relève cette publication et de le diriger immédiatement sur la France, où lui sera donnée une autre affectation*[68] *»*. À Alger, on essaie de minimiser l'affaire : *« Le papier porte plus à sourire qu'à s'indigner »*, affirme le général Dulac[69]. On tente d'imputer au seul ministre des Armées, Pierre Guillaumat, le télégramme signé par le général de Gaulle*. Et, à la demande de sanction visant le colonel Lacheroy, le général Salan oppose une fin de non-recevoir.

Le 14 août, le général de Gaulle rappelle au général Dulac l'obligation de silence qui est celle de l'armée : *« Il faut se taire... D'ailleurs, l'armée doit le plus possible rester dans son rôle, qui est de rechercher les bandes, les* katibas, *comme on dit, et de les détruire, et aussi de permettre à la population de travailler et de vivre. »* Mais, son interlocuteur lui répond que l'effort entrepris par le F.L.N. sur le plan de la propagande et de l'action directe sur les populations *« oblige* [l'armée], *qu'on le veuille ou non, à l'y rejoindre et à l'y battre. Si nous y parvenons, nous nous cantonnerons par la suite dans l'exécution d'opérations de caractère plus classique*[70] *»*.

Le général de Gaulle se tait. À nouveau, son silence prouve qu'il refuse l'affrontement. Il ne veut pas – ou ne peut pas encore – risquer un conflit ouvert avec le commandant en chef en Algérie.

Sans l'armée, comment la France pourrait-elle organiser en Algérie le référendum constitutionnel, pièce maîtresse de la politique du général de Gaulle ?

---

* C'est ce qu'affirme encore, en 2001, le colonel Lacheroy : *« Paris (...) a adressé au général Salan un télégramme, signé Guillaumat, le priant de me renvoyer immédiatement en métropole. Celui-ci l'a gardé dans son bureau sans m'en parler »* (le colonel Lacheroy dans ses *Mémoires*, *op. cit.*, pp. 76-77).

Le président du Conseil ne nourrit guère d'illusions sur la portée de ce scrutin*. Il le croit toutefois susceptible de lui permettre d'atteindre son premier objectif, fondement de toute son action future en Algérie : instaurer *« la détente, qui peut précéder la réelle entente »*. Il doit donc apparaître aux yeux de tous *« comme une première manifestation d'égalité politique entre musulmans et Européens*[71] *»*. Il a aussi le mérite de contribuer à restaurer l'autorité de l'État, en rétablissant le droit.

De toute évidence, nul autre que le délégué général en Algérie ne peut être chargé de l'organisation du vote. Et le général de Gaulle la lui confie : *« Mon cher Salan, je vous fais confiance, je veux que ce référendum donne à tous le visage de la nouvelle France et qu'il soit adopté à la presque unanimité*[72]*. »* De tels propos étonnent. Rien ne permet cependant d'affirmer que le général Salan ne les a pas entendus** : la ruse et le secret n'ont-ils pas toujours compté, pour Charles de Gaulle, parmi les marques de l'homme d'action*** ?

Avec enthousiasme, le général Salan s'attaque à sa nouvelle mission. Pour lui comme pour tout son état-major et l'énorme majorité des officiers présents en Algérie, le référendum doit rendre irréversible l'existence de l'Algérie française.

Dans une directive particulière préparée par le 5e Bureau, celui de l'action psychologique, Salan définit les trois phases de la campagne du référendum. La première est *« de choc psychologique pour l'inscription en masse sur les listes électorales »*. Elle est menée à bien

---

* Il le dit à ses collaborateurs : *« Le référendum ne peut être qu'une longue étape au cours d'un long règlement. Le destin et le sort de l'Algérie ne seront pas réglés cette année ni l'année prochaine »* (Bernard Tricot, *Les Sentiers de la paix*, *op. cit.*, pp. 43-44).

** Il n'y a rien de surprenant à ce que de Gaulle souhaite que le référendum obtienne en Algérie le maximum de suffrages : le 4 septembre, place de la République à Paris, il émet un vœu analogue (*cf. supra*, p. 139).

*** Il l'écrit en 1932 dans *Le Fil de l'épée*.

puisque, le 1er août, 70 % environ des électeurs recensés sont en position de participer au référendum*. La deuxième est *« de mise en condition et d'entretien, centrée autour de l'intégration des âmes, qui permettra au général de Gaulle de décider de l'intégration des institutions »*. La troisième est *« d'information et d'éducation, centrée autour de la nécessité et de la technique du vote, et des perspectives offertes par le projet de Constitution »*. Les « thèmes et arguments » à développer auprès de la « masse musulmane » sont précisés. On apprend ainsi que *« le Général a demandé de préparer l'intégration des institutions en réalisant l'intégration des âmes »*... Ordre est donné d'organiser *« chaque semaine* [une] *journée de la fraternisation »*, d'affirmer *« que l'intégration sera réelle parce que le général de Gaulle l'a promise et que l'armée en sera garante[73] »*.

Aucun détail n'est négligé. La couleur des deux bulletins de vote a été soigneusement étudiée. Il est finalement décidé que l'un sera blanc, l'autre violet. Cette dernière teinte, jugée répulsive dans le monde arabe, est réservée au « non ».

Les officiers de l'action psychologique sont chargés de la propagande par radio, de l'impression des tracts et affiches. Avec l'esprit de méthode dont ils s'enorgueillissent et qu'ils jugent naïvement garant d'efficacité, ils définissent les procédés à employer pour les cinq « psycho-groupes ». Ainsi classent-ils la population de l'Algérie :

« 1) Le Français de souche européenne, auquel on peut joindre le musulman évolué. L'israélite doit y être assimilé. (...) Sauf cas particuliers, on peut admettre qu'ils peuvent être touchés par les trois modes d'expression :

---

* L'Algérie compte alors 4,2 millions d'électeurs musulmans ; plus de la moitié de cet électorat est composée de femmes. C'est le 3 juillet que de Gaulle a annoncé que, désormais, les Algériennes disposeraient du droit de vote.

écrit (presse), visuel (tracts, affiches, cinéma) et auditif (radio, public-adress [sic]*, *conversations).*

« 2) Le fellah (et le petit musulman des villes) : par l'ouïe et surtout par le dialogue qui doit être provoqué par les S.A.S., les militaires, les C.S.P., etc.

« 3) La femme musulmane (...). La majorité des femmes musulmanes, souvent l'oreille aux aguets derrière leur porte, ne peuvent être atteintes que par des émissions publiques sonores (public-adress)...

« 4) Le militaire : qu'il soit de souche européenne ou nord-africaine, il est, comme la première catégorie, sensible aux trois modes d'expression.

« 5) Le rebelle. Il ne peut être touché que par tracts, par lettres et par l'intermédiaire de sa famille[74]*... »*

Des équipes spéciales, disposant de crédits élevés (plus d'un million pour chacune), sont constituées dans toute l'Algérie. Elles sont composées de deux officiers (un « itinérant » du 5e Bureau et un musulman), de deux assistantes sociales (une Européenne et une musulmane), d'un nombre variable d'orateurs locaux, d'une camionnette et d'un véhicule public-adress. Elles doivent parcourir *tous*** les souks... Un peu partout, des pluies de tracts sont

* Le 5e Bureau, qui a étudié la guerre psychologique pratiquée par l'armée des États-Unis, notamment en Corée, reprend une terminologie d'inspiration américaine. Les « public-adress » désignent les émissions publiques sonores réalisées par les camions, surmontés de haut-parleurs, qui parcourent l'Algérie. À longueur de journée, ils diffusent les slogans choisis selon des règles strictes, qui méritent d'être reproduites textuellement : *« Quel que soit le mode d'expression employé, celui-ci doit comprendre un mythe, concrétisé par un symbôle* [sic] *et appuyé par une idée-force. Le "Mythe", c'est de Gaulle. Le "Symbôle"* [sic], *c'est le V de la Victoire. Il est à noter que la croix de Lorraine rencontre une certaine opposition en milieu musulman en raison de son caractère chrétien. L'"Idée-Force", c'est l'intégration de 10 000 000 de F.S.N.A. à la communauté française. Le mythe et le symbôle* [sic] *doivent être répandus par tous les moyens de pression, massivement (affiches, tracts, graffiti, V fait avec deux doigts...), comme le fut le slogan "Algérie française", répété partout pendant les visites du général de Gaulle sur les murs, sur les voitures, scandé par les coups de klaxon et les populations rassemblées »* (*Constantine, le 31 juillet 1958, 10e région militaire, Note de service. Objet : Campagne référendum, 2e phase*, signé par le général de division Gilles, S.H.A.T., 1 H 2465).

** Souligné dans le texte original.

lancées. Ils sont illustrés par *La Marseillaise*, le bas-relief, à Paris, de l'Arc de Triomphe, et des mains qui font la chaîne de l'espoir. Ils appellent à voter « Oui à la France » et à soutenir l'action du général de Gaulle, devenu, selon ces prospectus électoraux, le nouvel envoyé sur terre de Dieu* ; ils sont rédigés en arabe littéral alors qu'une infime minorité de la population musulmane connaît cette langue, fort différente de l'arabe parlé en Algérie. Différentes plaquettes, dont le général Salan est très fier, sont imprimées : *Algérie*, qui révèle le destin tragique des habitants de l'Algérie si la France venait à les quitter ; *Notions essentielles sur l'Algérie*, qui rappelle tout ce que la France a apporté à l'Algérie, et souligne les liens indestructibles entre les deux pays. Des affiches à la gloire du général de Gaulle et de l'Algérie française sont placardées. Le général Salan parcourt l'Algérie, accompagné de son épouse qui exhorte les femmes musulmanes à voter…

Bernard Tricot : *« Je me souviens du colonel Lacheroy en août ou septembre 1958, dans les jardins de la rue de Lille* [où est installé le secrétariat général aux Affaires algériennes]. *Je lui expliquais ce que le Général attendait du référendum en Algérie. Il l'avait expliqué dans des comités consacrés aux affaires algériennes. Il l'avait dit au général Salan devant moi. Il s'agissait, pour lui, de donner aux Algériens la possibilité de s'exprimer librement, et Lacheroy a eu cette phrase qui m'a fait froid dans le dos : "Ne craignez rien, on vous fera un bon référendum." Je ne peux pas garantir les mots, mais je peux garantir l'esprit de ce propos*[75]. »

Début septembre, à l'hôtel Matignon, *« le général de Gaulle remarque que l'optimisme officiel affiché au sujet des affaires d'Algérie n'est au fond justifié par rien. La situation*

---

* Voici, en effet, ce qu'on peut y lire : « Al hamdula [c'est l'équivalent de "gloire à Dieu"] *est arrivé pour nous le sieur, le père prestigieux, le général de Gaulle, qui a ouvert les portes du bonheur et de la félicité, et qui éteint les braises et le feu* [ce qui dans le monde islamique signifie mettre fin à la *fitna* ou division religieuse], *et qui est aimé de Dieu. Louange à lui !* »

a au contraire tendance à se détériorer. Il estime erronée l'opinion des autorités militaires sur l'état d'esprit des populations et sur la politique générale à appliquer dans ce pays.

« Rien de solide ne peut être construit de la manière qu'envisagent actuellement les "militaires" d'Alger. L'Algérie doit être mise en valeur et évoluer telle qu'elle est, et non pas telle que l'on voudrait qu'elle soit. Peut-être élaborera-t-elle d'elle-même une solution politique valable.

« Dès après le référendum, il va falloir remettre en place en Algérie une autorité civile. Les militaires y remplissent actuellement une tâche qui n'est pas la leur et pour laquelle ils ne sont pas qualifiés. Ils n'ont pas une compréhension suffisamment claire de la situation générale. Ils ont été trop influencés par les idées d'une minorité européenne. Il importe donc que l'armée s'en tienne à son rôle propre, sans chercher à assurer aussi la direction de la politique française en Algérie[76]*. »*

Quelques jours après cette réunion, le général Ély est chargé par le général de Gaulle d'« une mission désagréable » : remettre au général Salan une lettre du président du Conseil datée du 18 septembre.

Après avoir rappelé que, pour lui, voter « oui » en Algérie, c'est marquer sa confiance envers le général de Gaulle et souhaiter que *« les affaires algériennes concernant l'Algérie soient réglées avec la France »*, de Gaulle écrit : *« Mais j'ai dit et répète que le "oui" ne saurait signifier le vote pour ou contre une solution déterminée du problème du statut politique de l'Algérie. Dire le contraire, affirmer le contraire, c'est, de la part de tout ce qui est officiel, méconnaître ma volonté.*

« C'est aussi se ravaler au rang des partis politiques qui tendent naturellement à se dresser les uns contre les autres sur le sujet et à empêcher – c'est leur nature – toute action nationale cohérente.

« Je vous invite à ne point tolérer que ceux qui sont sous vos ordres, avant tout des officiers, contreviennent à mes intentions formelles.

« Le général Ély est envoyé par moi à vous pour bien vous faire comprendre que je requiers l'exécution de ce que j'ai prescrit à mon délégué général[77]*.* »

À cette lecture, le destinataire se montre *« très étonné (...). Il s'est constitué,* dit-il, *un répertoire des paroles prononcées par le Général depuis le 13 mai et il s'y réfère toujours quand il a une allocution à prononcer*[78]*... »*

Dans un environnement international qui se confond avec *« l'âge d'or du nationalisme arabe*[*] *»*, la radicalisation apparaît aux dirigeants du F.L.N. comme la seule voie capable d'assurer leur existence et de leur valoir une audience internationale.

Dès le 20 juin, le F.L.N. engage la bataille du référendum en lançant, du Caire, l'ordre de boycotter la consultation : *« Voter, c'est trahir la patrie algérienne, la race arabe, la religion musulmane. »* Il annonce que les résultats *« de ce plébiscite en Algérie seront nuls et non avenus*[79] *»*.

Des thèmes de propagande sont communiqués aux responsables des wilayas. Ils s'en prennent au général de Gaulle, qui *« doit être dénoncé comme un grand colonialiste. Pendant la guerre, il a fait tuer des Algériens dans ses armées et il les a récompensés par le massacre de 50 000 des leurs à Sétif »*. Ils soulignent aussi *« l'isolement diplomatique de la France (...) au bord de la faillite économique et financière »*. Chaque citoyen algérien est prié de jouer son rôle dans le boycott. Des tracts en ce

---

* L'expression est de Mohammed Harbi (*Les Archives de la Révolution algérienne, op. cit.*, p. 209). Sont proclamées, le 1er février, la République arabe unie, formée de l'union de l'Égypte et de la Syrie, et, le 14 février, la Fédération arabe unie, qui réunit la Jordanie et l'Irak. Le 14 juillet, en Irak, la révolution éclate, le roi Fayçal II et son ministre Nouri Saïd sont assassinés. Les « officiers libres irakiens » prennent le pouvoir à Bagdad. Au Liban, le président Chamoun fait appel aux Américains pour le défendre contre les visées hégémoniques de Nasser (*cf. infra*, p 274). En Jordanie, les forces britanniques viennent protéger le roi Hussein.

sens commencent à être répandus dès juillet. De métropole, des travailleurs algériens écrivent à leur famille en Algérie en leur ordonnant de ne pas participer au vote imposé par la France. De Maroc et de Tunisie, des télégrammes sont adressés à la présidence du Conseil, qui condamnent ce scrutin et exigent que le général de Gaulle y renonce[80].

En dépit de ses difficultés (le gros de ses forces, souvent en proie à des dissensions internes*, est replié dans des zones montagneuses, les munitions et les armes manquent parfois), le F.L.N. amplifie son action. Les exactions passent de 1 585 en juin à 2 024 en juillet, et, durant la même période, les attentats collectifs de 27 à 37[81], ce qui conduit l'armée française à garder sur le terrain une activité

* Le 27 décembre 1957, attiré dans un guet-apens au Maroc, Abbane Ramdane, l'« architecte de la révolution algérienne », est assassiné. Sa mort a été décidée par trois autres dirigeants algériens, les « 3 B » : Abdelhafid Boussouf, Lakhdar, Bentobbal et Krim Belkacem. Ils ont redouté que l'organisateur du congrès de la Soummam ne parvienne à prendre, à leur détriment, le pouvoir sur les wilayas algériennes.

À la même époque, celles-ci commencent à être décimées par la « bleuite ». Ainsi nommée par allusion au « bleu de chauffe », la tenue des hommes qui y participent, cette opération d'intoxication psychologique a été montée par le capitaine Paul-Alain Léger. Cet officier parachutiste, ancien des Forces françaises libres, a rejoint en 1955 les services secrets, le S.D.E.C.E. (Service de documentation extérieure et de contre-espionnage). Spécialiste de la manipulation et de l'intoxication, il prend pour cible le chef de la wilaya 3, la Kabylie, le colonel Amirouche, réputé pour sa cruauté. Le capitaine Léger s'infiltre même personnellement, pour un court moment, dans la wilaya 3. Il arrive à faire croire à Amirouche que son secteur est noyauté par des agents doubles, des maquisards ralliés à la cause française. C'est faux. Mais Amirouche en est convaincu et il entreprend, dans son propre camp, l'épuration de ceux qu'il pense être des traîtres. Ce « nettoyage » d'une rare cruauté – les suspects sont soumis à des tortures particulièrement atroces – se poursuit durant des mois. Le doute, la suspicion, la paranoïa se diffusent avec une efficacité redoutable dans les rangs de l'Armée de libération nationale ; ils gagnent les wilayas voisines. Cadres et militants du F.L.N. s'entre-tuent sans qu'aucun soldat français soit tombé au combat.

On ne connaît pas avec certitude le nombre des victimes de ces purges, vraisemblablement autour de 1 000, soit près du quinzième des effectifs de l'A.L.N. Plusieurs charniers sont découverts en Kabylie. (Paul-Alain Léger, *Aux carrefours de la guerre*, Paris, 1989, Albin Michel.)

constante, avec autour de 428 opérations mensuelles mettant en jeu l'équivalent de 914 bataillons*.

De nombreux Algériens, soupçonnés à tort ou à raison d'être favorables à la France, sont « exécutés » par le F.L.N. En Algérie, 227 d'entre eux, dont 17 femmes, sont égorgés ou assassinés à l'arme blanche et à l'arme à feu en juillet ; en août, ils sont 199, dont 34 femmes et 3 enfants, à mourir de la sorte[82].

En août, la fédération de France du F.L.N. reçoit l'ordre de passer à l'action. Ce sera pour la nuit du 24 au

---

* Dans cette note (*Synthèse du 25 juillet au 25 août 1958*, Alger, le 26 août 1958, S.H.A.T., 1 H 1937), le commandement supérieur inter-armées de la 10e région militaire établit le bilan des *« pertes rebelles : 2 539 tués, 623 prisonniers, 7 630 arrêtés, 1 mortier, 16 fusils mitrailleurs, 96 pistolets mitrailleurs, 564 fusils de guerre, 524 fusils de chasse, 270 pistolets automatiques, 2 S.C.R. 300* [il s'agit de gros postes de radio portatifs], *115 000 cartouches, 250 kilos d'explosif, 2 050 grenades, 290 mines, 205 tonnes de vivres »*.

Mais, si l'on en croit les experts de la chose militaire, cette liste à la Prévert, dotée d'une valeur poétique, ne correspond guère à la réalité. Voici en effet le témoignage du général Le Chatelier, qui appartient à l'état-major du général Salan : *« J'étais pour la première fois de ma carrière (et ce fut la seule) au 2e Bureau. Mais c'était à mon avis un travail très malhonnête, entièrement fait pour plaire au Chef. Alors on déformait les renseignements qu'on avait, on truquait les comptes rendus parce qu'il fallait que le général Salan, qui était un grand sentimental, ne soit pas peiné en apprenant que les choses s'étaient mal passées. Chaque papier sortant du 2e Bureau prouve que si ça ne va pas très bien aujourd'hui, c'est déjà mieux qu'hier et que certainement, demain, ça ira encore mieux ! (...) Quand on dit : "On a passé vingt armes la nuit dernière à travers le barrage tunisien", c'est une escroquerie. Personne n'a été les compter. On dit qu'il est passé cinquante hommes à tel barrage... Personne n'a non plus été les voir. Et je ne parle pas en l'air. Une fois, j'ai fait une vérification, j'ai demandé un avion et je suis allé au barrage le jour où il y avait eu un franchissement. Et là j'ai interrogé le petit sous-lieutenant. En lui demandant ce qui s'était passé, je me suis rendu compte que le pauvre garçon ne voulait surtout pas faire de peine. Il ne voulait surtout pas se faire attraper. (...) Pensez, on tenait une comptabilité des fellaghas à l'intérieur de l'Algérie. Mais comment tenir une comptabilité alors qu'ils se mélangeaient à la population ! Sérieusement, on disait qu'il y en avait 15 700 à la fin de l'année dernière, maintenant nous en sommes à 13 400 ! Non. De la même façon, on faisait la comptabilité des armes selon les calibres. On disait : "Ils avaient 300 fusils mitrailleurs. Maintenant, ils n'en ont plus que 150 !" C'était une rigolade »* (interview recueillie par Odile Rudelle, février 1981, Archives contemporaines, Centre d'histoire Sciences Po).

25 août*. Dans la seule journée du 27, les rapports officiels enregistrent sur le territoire métropolitain une vingtaine d'attentats d'une extrême gravité. Le 28, dans une déclaration à Associated Press, Ferhat Abbas précise que *« la décision de porter les attentats sur le territoire métropolitain a été prise au lendemain des événements du 13 mai »*. Et il ajoute : *« Nous avons donné l'ordre que les vies humaines soient respectées*[83]. *»* Si une telle consigne a bien été délivrée, elle n'est certes pas suivie. Du 25 août au 28 septembre, les 242 agressions perpétrées contre des personnes, commises du 25 août au 28 septembre, ont fait 82 morts, dont 27 Européens, et 188 blessés. Dans le même temps, 181 « objectifs économiques » ont été visés ; 56 sabotages, dont certains contre des voies ferrées, ont été effectués avec succès[84].

Le 15 septembre, en plein Paris, à quelques pas de la place de l'Étoile, un commando entraîné à cet effet dans un camp du F.L.N. au Maroc tire plusieurs dizaines de coups de revolver et de rafales de mitraillette contre la voiture du ministre de l'Information. L'automobile est criblée de balles, Jacques Soustelle n'est que très légèrement égratigné au front**.

Il n'est pas exclu que le Général ait lui-même échappé à un attentat. Le 22 août, sa représentation à Tunis informe le C.C.E. de la possibilité d'un *« attentat contre le général de*

---

* Abderrahmane Meziane Cherif (*L'Armée des ombres. La guerre d'Algérie en France*, Paris, 2010, Publisud, p. 117) a « compris » que cette date aurait été choisie parce qu'elle est l'anniversaire du massacre de la Saint-Barthélemy, en 1572 ! Je ne suis pas sûre du bien-fondé de cette explication, bien que son auteur soit qualifié pour traiter des attentats en France. Il a lui-même organisé et réalisé l'un des plus spectaculaires commis alors : l'explosion et l'incendie, dans la nuit du 25 août, à proximité de Marseille, du plus important dépôt de carburant du sud-est de la France, celui de Mourepiane.

** *« Vous êtes passé entre les balles. C'est que le destin ou la Providence en avait ainsi décidé. Toute mon amitié pour vous. Toutes mes pensées, celles de ma femme et de moi-même, pour Mme Soustelle et pour vous »*, lui écrit le jour même le général de Gaulle (*Lettres, notes et carnets, juin 1958-décembre 1960*, *op. cit.*, p. 80).

Les auteurs de l'attentat, arrêtés presque sur-le-champ, sont condamnés à mort et graciés par le président de la République à la demande de Jacques Soustelle (*L'Espérance trahie*, *op. cit.*, p. 66).

*Gaulle lors de son prochain voyage en Algérie et demande autorisation agir. Le Caire répond le même jour qu'il approuve cette proposition. Il donne une importance capitale à cette action et attend avec impatience le résultat** ».

Comment, dans ces conditions, s'étonner que la réponse annoncée par Ferhat Abbas aux propositions qui lui ont été transmises début juillet ne soit toujours pas parvenue à Abderrahmane Fares et à Jean Amrouche ? Le 1er septembre, au cours de leur sixième entretien depuis le mois de juin, le général de Gaulle précise à nouveau aux deux émissaires qu'une discussion avec le F.L.N. hors du territoire français est exclue. Il est le seul à pouvoir discuter avec le F.L.N., aucun ministre n'ayant l'autorité nécessaire pour le remplacer. Mais *« il est disposé à recevoir en France, en un lieu et à une date qui seront fixés ultérieurement, un délégué du C.C.E., de préférence Ferhat Abbas. Toutes les garanties de sécurité seront assurées sous la responsabilité personnelle du général de Gaulle »*. Cette offre de « conférence au sommet », immédiatement transmise, est aussitôt rejetée par le C.C.E. Dans un courrier daté du 9 septembre et qui est remis quelques jours plus tard à ses destinataires Abderrahmane Fares et Jean Amrouche, Ferhat Abbas en avise ses *« chers amis »*. C'est une longue lettre. Au rappel des propositions du général de Gaulle telles qu'elles lui ont été communiquées** succède un préambule en deux

* L'information est envoyée de Tunisie par le général commandant à Bizerte. Adressée à la 10e région militaire pour diffusion à la présidence du Conseil, dans un télégramme « très secret. Flash », elle est cotée : valeur A1, ce qui signifie, soit que l'informateur est absolument fiable, soit que l'information a été vérifiée par recoupement. C'est le cas, si l'on en croit un télégramme expédié le lendemain, 23 août, par l'état-major de la Défense nationale : *« Un recoupement d'Alger précise que l'attentat serait prévu à Constantine »* (A.N., SOL1/75). Le renseignement paraît suffisamment sûr pour que lors de son séjour à Alger, après son voyage en Afrique noire, le général de Gaulle renonce à un déplacement prévu dans le Constantinois (Robert Buron, *Carnets politiques de la guerre d'Algérie*, *op. cit.*, p. 106).

** La première, *« déclaration solennelle* [du Général] *reconnaissant aux Algériens le droit à l'autodétermination »*, balaye une idée reçue. Ainsi, ce ne serait pas en septembre 1959 que le général de Gaulle aurait reconnu le droit de

points : d'abord, le C.C.E. ne peut prendre en considération une offre de négociation *« que dans la mesure où celle-ci est faite par une personnalité française officiellement mandatée »* ; ensuite, le C.C.E. *« à l'unanimité donne son accord pour une rencontre... »*. Mais ces bonnes paroles sont suivies d'un refus cinglant : *« Une telle rencontre ne sera fructueuse que si elle se réalise dans un climat de clarté. Or, depuis juillet dernier, la politique de la France en Algérie a évolué, sous l'influence des ultras d'Alger, dans le sens de l'intégration ! (...) Par la terreur, nos compatriotes, hommes et femmes, sont inscrits sur les listes électorales. Demain, ils seront conduits aux urnes par des soldats armés. Dans ce contexte, une rencontre entre Français et Algériens n'a pas de sens. »* Et Ferhat Abbas énumère les conditions qui rendraient la négociation possible : que le gouvernement français condamne *« ouvertement toute politique d'intégration »*, que la rencontre ait lieu hors de France – *« le territoire français ne peut convenir du fait que notre organisation interdit aux membres du C.C.E. ce territoire. Si le chef du gouvernement français ne peut, de son côté, nous acceptons de rencontrer un ou deux de ses ministres, dûment mandatés, en territoire étranger... »*. Se présentant comme une ouverture, les deux dernières lignes de cette lettre s'apparentent en fait à une fin de non-recevoir doublée d'une rare insolence : *« Si nos propositions sont retenues par le général de Gaulle, la rencontre pourrait avoir lieu dans le plus bref délai... »*

Lorsque, le 16 septembre, Jean Amrouche et Abderrahmane Fares remettent ce courrier au général de Gaulle, ils tentent – en vain – de le persuader qu'il est loin d'être entièrement négatif, puisque le C.C.E. s'y déclare partisan d'une discussion : *« Ils vous mènent en bateau,* leur répond le Général. *Ils ne peuvent ni ne veulent réellement discu-*

---

l'Algérie à l'autodétermination, mais dès l'été 1958. Il est peu vraisemblable en effet que cette intention prêtée au Général ne corresponde pas à sa volonté, ait été une initiative des intermédiaires. Si cela avait été le cas, il semble exclu qu'il ait chargé Georges Pompidou de confirmer au président Fares leur mandat, *cf.* page suivante.

ter. Leurs raisons, pour refuser de m'envoyer un délégué, ne sont pas sérieuses. Je n'enverrai pas de ministre à l'étranger. S'ils veulent discuter avec moi, qu'ils m'envoient quelqu'un. J'ai reçu l'Allemagne à Colombey[*]. » Pour authentifier son offre de discuter avec Ferhat Abbas, puisque celui-ci semble mettre en doute les propos tenus par les deux émissaires, de Gaulle décide de la faire confirmer officiellement sous forme d'une lettre de son directeur de cabinet, Georges Pompidou, au président Fares[**].

---

* Sur la visite du chancelier Adenauer à Colombey-les-Deux-Églises, *cf. infra*, p. 281 et suiv.

** C'est le « fameux » document Pompidou, souvent cité par les adversaires de la politique algérienne du général de Gaulle sans que son contenu soit jamais mentionné : il ne l'est pas plus dans la note de Jean Amrouche qui, après avoir reproduit la lettre de Ferhat Abbas, en fait état. Ce fut donc pour moi une joie que d'en trouver le double dans un carton des Archives nationales (A.N., 5 AG1/SOL/75). Le voici :

« Paris, le 17 septembre 1958

À Monsieur Abderrahmane FARES

Monsieur le Président,

À la suite de l'entretien que vous avez eu hier avec le général de Gaulle, celui-ci me charge de vous répéter de sa part ce qui suit :

Vous avez remis au chef du gouvernement un document qui comporte à la fois des informations inexactes et des allusions qui peuvent avoir de l'intérêt.

D'autre part, vous avez de nouveau exprimé au général de Gaulle votre tristesse et votre inquiétude au sujet de la prolongation des combats en Algérie.

Le Général vous a répondu qu'il est aussi désireux que possible de parvenir à mettre un terme à une situation qui compromet lamentablement et la vie et l'avenir de l'Algérie, et contrarie le développement de l'activité française tout entière. Mais il constate que l'appel direct et solennel qu'il a adressé aux combattants adverses est resté jusqu'ici sans écho du côté de leurs chefs, et que l'extension en Algérie et dans la métropole des attentats criminels diminue à mesure les possibilités psychologiques d'une conciliation.

Cependant, le général de Gaulle reste disposé à prendre contact avec des émissaires qui lui seraient envoyés en vue d'étudier les modalités éventuelles d'un "cessez-le-feu". Dans cette hypothèse, ces émissaires bénéficieraient naturellement d'une entière garantie quant à leur sécurité et quant à leur liberté d'entrer en territoire français ou d'en sortir.

Veuillez croire, Monsieur le Président, à l'assurance de mes sentiments très distingués.

G. Pompidou. »

Celui-ci en informe Guy Mollet* : *« C'est énorme, ce qu'il fait là. S'il vous a promis une lettre, il la fera. Lui seul peut se permettre cela. Lui seul peut régler le problème. Imaginez que la presse publie ce document. Le titre de* Paris-Presse *: "De Gaulle offre de rencontrer à Paris les assassins de Soustelle !" »* Mais le général de Gaulle semble penser que le refus du F.L.N. correspond à une volonté politique arrêtée : *« La meilleure preuve qu'ils ne veulent pas discuter, c'est qu'ils vont proclamer un gouvernement provisoire le 19 septembre. Ce qui ne facilitera rien[85]. »*

« Nous étions parvenus à un stade de la lutte nationale où l'on pouvait qualitativement bifurquer vers la création d'un gouvernement algérien, c'était le moyen de récupérer un peu de la souveraineté algérienne[86]... »

Cette démarche, classique chez tout mouvement indépendantiste, a été approuvée en avril à la conférence maghrébine de Tanger. Mais, avec le retour au pouvoir du général de Gaulle, un « gouvernement algérien » ne semble plus souhaitable aux alliés maghrébins du F.L.N. Le vice-président du Conseil tunisien, Bahi Ladgham, le dit nettement, le 19 juin, aux Algériens : *« Il faut faire de la diplomatie et montrer de la clairvoyance et de la maturité politique. Le fait que de Gaulle ait reconnu le courage des résistants algériens (...) est un signe qui doit nous entraîner à* [lui] *laisser une marge de manœuvre, à ne pas prononcer certains termes[87]. »* Tout comme Bourguiba, le roi du Maroc n'a pas le moindre désir de voir le F.L.N. exercer le pouvoir en Algérie**. Le 20 juin, le conseiller

* C'est sur le conseil de l'ancien président du Conseil que le général de Gaulle avait convoqué, dès son arrivée à l'hôtel Matignon, Abderrahmane Fares. Celui-ci le tient donc au courant de ses entretiens avec le chef du gouvernement. Ainsi, de tous les ministres, Guy Mollet est sans doute le plus informé des contacts secrets de l'été 1958.

** L'un et l'autre redoutent que le F.L.N. ne menace leur propre pouvoir (*cf. La République des Tourmentes*, t. III, p. 692).

juridique de Mohammed V, Maître Chérif, affirme à un diplomate français que l'indépendance de l'Algérie n'est pas souhaitable : *« D'un côté comme de l'autre, on sait que ni l'intégration ni l'indépendance n'apportent une véritable solution. Il faut dès maintenant envisager un règlement à long terme, acceptable par les trois pays du Maghreb. (...) Si le général de Gaulle se porte garant d'une solution vraiment libérale conduisant l'Algérie à une autonomie au sein d'une union très souple réalisée autour de la France, le Maroc et la Tunisie* * *seraient préparés à consentir certains abandons de souveraineté pour permettre la constitution d'une unité maghrébine reliée à la France*[88]*... »*

Au Moyen-Orient, où la guerre d'Algérie est toujours identifiée au combat pour la cause nationale arabe**, la présence du général de Gaulle à l'hôtel Matignon complique aussi les affaires du F.L.N.

C'est au Caire que, le 6 septembre, le C.C.E. décide *« la formation et la proclamation à bref délai d'un gouvernement algérien*[89] *»*. Mais, lorsque ses membres veulent en avertir le colonel Nasser, ils n'obtiennent pas d'audience. Et, à leurs demandes répétées, les Égyptiens opposent des réponses dilatoires. Nasser, déjà ulcéré en juin que la création de ce gouvernement ait été décidée par les seuls pays du Maghreb sans qu'il ait été consulté, juge maintenant une telle initiative néfaste au rapprochement qu'il souhaite avec les États-Unis*** ; elle lui pose aussi un problème

---

* Il n'est guère vraisemblable que Maître Chérif ait pu émettre cette suggestion sans l'accord de Mohammed V. Avait-il celui du président Bourguiba ? Nous ne le savons pas. Mais il est certain qu'à la peur du F.L.N. s'ajoute, chez le président tunisien, la crainte, depuis l'affaire de Sakiet-Sidi-Youssef, d'une intervention militaire française sur son territoire : *« Quand je pense que toutes les réformes économiques et sociales de mon gouvernement peuvent être anéanties par un coup de tête d'un colonel d'Alger »* (interview recueillie par Georgette Elgey, *Paris-Presse l'Intransigeant*, 17 octobre 1958).

** *« Elle réveille le peuple arabe devant le danger colonial »*, écrit en 1956 le fondateur du parti nationaliste syrien, le Ba'th (Michel Aflaq, *Fi Sabil al Bath* – c'est le recueil de ses articles –, Damas, 1963, pp. 325-328).

*** *Cf. infra*, p. 274. Lors de la crise libanaise, la solution finalement adoptée, avec l'accord des États-Unis, est celle suggérée par Nasser.

avec son allié traditionnel, le maréchal Tito. Washington et Belgrade veulent en effet éviter tout ce qui pourrait être perçu par le général de Gaulle comme une marque d'hostilité à son endroit*.

Alors, la rivalité régionale au Moyen-Orient entre l'Égypte et l'Irak sert le F.L.N. Dès le début de la guerre d'Algérie, afin de démontrer qu'ils ne sont pas les « valets de l'impérialisme britannique », comme Le Caire les en accuse, mais les défenseurs de la cause arabe, le roi Fayçal II et son Premier ministre Nouri Saïd ont apporté au F.L.N. un soutien non négligeable**. Après la révolution du 14 juillet 1958, il est inconcevable, pour les « officiers libres irakiens » désormais au pouvoir, de faire moins bien que leurs prédécesseurs dans un tel domaine. Luttant toujours contre l'hégémonie égyptienne, ils veulent plus que jamais supplanter Le Caire sur le terrain algérien. Et lorsque, à la mi-septembre, le représentant du F.L.N. informe le gouvernement irakien de la décision de créer un gouvernement algérien, il reçoit dès le lendemain la promesse de sa reconnaissance dans les vingt-quatre heures qui suivront sa proclamation[90]. La formation du Gouvernement provisoire de la République algérienne est annoncée au Caire le 19 septembre***. Il est immédiatement reconnu avec enthousiasme par Bagdad, mais avec réticence et réserve par l'Égypte, la Tunisie et le Maroc. La France menace de rompre ses relations diplomatiques avec tout pays qui reconnaîtrait le G.P.R.A...

---

* On le constate encore le 18 octobre, lorsque le vice-président du Conseil yougoslave expose à l'ambassadeur de France les réticences de son gouvernement à reconnaître le gouvernement provisoire : *« Pour l'instant, il n'est pas question pour nous de procéder à une reconnaissance du gouvernement algérien, à moins qu'un événement particulier ne nous mette dans l'obligation de le faire »* (A.D., Europe, Yougoslavie, 1956-1960, carton 181).

** En 1957, une collecte organisée par le gouvernement irakien a permis le versement au F.L.N. de 250 000 dollars. Sur sa cassette personnelle, Fayçal II y a contribué pour 10 000 dollars (boîte 48, série 2752, Ambassade des États-Unis en Irak, Foreign Relations of the United States, National Archives, Maryland).

*** Présidé par Ferhat Abbas, il comprend dix-huit membres, dont deux vice-présidents, Krim Belkacem et Ahmed Ben Bella ; les autres « chefs historiques » détenus à la prison de la Santé sont ministres d'État.

À une semaine du scrutin qui se déroule en Algérie du 26 au 28 septembre, la création du G.P.R.A. ne saurait influer sur son déroulement. Son premier acte – une protestation auprès de l'O.N.U. contre le référendum – n'a aucune conséquence.

Alors qu'il semblait difficile de durcir encore les pressions exercées sur les électeurs, le 5e Bureau s'y emploie dans les jours qui précèdent le scrutin. Ses consignes sont scrupuleusement appliquées sur le terrain. *« Tous les matins, cérémonie du drapeau avec tous les mâles des villages alentour. On les fouille et ils pénètrent dans le camp. On fait le décompte des présences par village. C'est une sorte de thermomètre du patriotisme, si patriotisme il y a. Les femmes restent en dehors de l'enceinte, sur une éminence, et saluent, comme les hommes, au lever des couleurs. Ensuite c'est la demi-heure de lecture, l'endoctrinement. À l'aide d'un bigophone, des hérauts se succèdent et lisent des extraits des discours de De Gaulle, Salan et autres ténors ; ces articles patriotico-inflammatoires sont soigneusement expurgés par le lieutenant, auparavant, de toute phrase pouvant avoir un double tranchant*[91]*. »*

Pour le jour du vote, rien n'est laissé au hasard. Sont ainsi prescrits :

« – survol du territoire par armée de l'air en formation de V ou de croix de Lorraine,

– ramassage par camions militaires des électeurs dans la grande périphérie des agglomérations,

– arrestations spectaculaires de bourgeois musulmans réticents… »

Observations :

« – obsessions sonores à grande puissance dans tous lieux publics (…),

– mise en place semoule à distribuer au sortir du bureau de vote,

– intimidation : la population des douars sera prévenue que, si elle désertait le douar pour ne pas participer au

scrutin, le village serait considéré comme F.L.N., et détruit[92]. »

Quant au général Salan, il ordonne *« qu'une activité particulière de nos forces se manifeste de nuit à partir du 25 septembre. La circulation sur les axes doit être accrue, de nombreux véhicules doivent être vus tous phares allumés (...). Le but à atteindre est de donner aux rebelles le sentiment d'une agitation particulière des divers secteurs, de manière à déjouer et paralyser ses propres initiatives. C'est également dans ce but que je demande à l'aviation de procéder à de nombreuses reconnaissances et de dérouter l'adversaire en traitant de nuit avec des bombes éclairantes quelques points connus comme délicats*[93]*... »*

Le F.L.N. n'a pas les moyens de lutter efficacement contre un tel matraquage. Dans bien des douars, la nuit, les maisons sont certes couvertes de slogans : *« À bas de Gaulle ! Vive l'Algérie indépendante ! Ceux qui voteront seront tués ! »* Mais, le matin venu, les forces de l'ordre obligent les habitants à effacer ces inscriptions.

Tout au long des journées de vote, les incidents sont rares*.

La majorité des électeurs et des électrices a été conduite au bureau de vote plus ou moins *manu militari*, et les persuader de choisir un bulletin n'a pas toujours été facile**.

* À l'issue du scrutin, le bilan se solde par vingt musulmans enlevés, cinq assassinés par le F.L.N., quatre tués par le tir d'une sentinelle française devant un bureau de vote attaqué, des femmes lançant des pierres et un homme se jetant sur le militaire en faction (A.N., SOL/65 et Roger Le Doussal, *Commissaire en Algérie (1952-1962). Douloureuse chronique d'une guerre absurde*, Paris, 2012, Riveneuve).

** *« Faire voter les femmes, ce fut une véritable corrida. (...) Pour elles, voter, c'était se compromettre vis-à-vis des rebelles. Elles faisaient toutes le signe du couteau sous la gorge. Quand, le samedi matin, on vit arriver les femmes de Tigmounine par la piste qui descend en lacets, on aurait dit une scène de déportation massive du temps des pharaons. Ce village* [de Kabylie], *comme tant d'autres, compte plus de deux cents femmes pour dix hommes. C'était un vacarme assourdissant de protestations et de lamentations. Certes, on les a obligées à voter, c'est indéniable. Mais on ne les a pas obligées à voter "oui". Comme elles ne comprenaient rien à rien, ce sont les hommes constitués en bureau qui leur ont mâché la besogne. Et comme le premier village qui avait voté le matin avait montré son attachement par un "oui" massif et* spontané

Curieusement, maints témoignages attestent l'atmosphère détendue, voire joyeuse, de bien des bureaux de vote, comme si les électeurs y étaient venus spontanément et étaient heureux de pouvoir s'exprimer. Il n'est pas exclu, en dépit des pressions subies, que certains se soient réjouis de disposer d'un droit qu'ils avaient en vain revendiqué pendant des années. Il n'est pas impossible qu'ils aient espéré que cette consultation puisse mettre un terme à l'effroyable situation qui était la leur, entre l'armée française et le F.L.N. Il est aussi possible que certaines femmes aient apprécié de bénéficier d'une prérogative jusque-là réservée exclusivement aux hommes*.

Au soir du vote, l'armée triomphe. Dans les douze départements algériens, sur 4 412 171 électeurs inscrits, 3 515 210 ont voté, soit 80 %. Sur 3 476 394 suffrages exprimés, il y a eu 3 357 763 « oui » et 118 631 « non ». L'Algérie a voté « oui » à 96,51 % ; les deux départements du Sahara, à 98 %.

Le général Salan se réjouit des congratulations téléphoniques du général de Gaulle : *« Merci, Salan, c'est très bien ! »* Il ne cesse de se féliciter de cette *« victoire de la plus haute portée*[94] *»*. Un capitaine dont nous ignorons

---

[souligné dans le texte], *les autres hommes, ne voulant pas paraître plus sots, ont également voté "oui". Par un phénomène de boule de neige, tout le monde s'est retrouvé ayant voté "oui" ... Finalement, la peur s'est muée en intérêt et curiosité, et celles qui n'avaient pas de carte d'électrice, par erreur ou par oubli, sont reparties désolées »* (Michel Nithart, *Tikichouft, compte rendu*, doc. déjà cité).

* C'est ce que consigne le rapport « très secret » qu'adresse le 29 septembre l'ambassadeur Hoppenot, président de la Commission de contrôle des opérations électorales, au général de Gaulle. Il souligne que les journalistes français et étrangers l'ont aussi constaté (C.A.O.M., 81 F/78). Et, dans une section administrative urbaine, *« ces bidonvilles qui hélas entouraient Alger »*, Jean-Jacques de Bresson, secrétaire général de la Commission de contrôle, est témoin d'un phénomène analogue relaté dans la note *supra* : *« J'ai voulu aller voir comment se passait le vote dans une S.A.U. Eh bien, là, j'ai été brusquement assailli par un groupe de femmes qui m'ont "englouti" sous leurs voiles. Elles étaient furieuses parce qu'on leur avait refusé la possibilité de voter (pour une raison que j'ignore, elles n'étaient pas en règle). J'ai dû être dégagé par trois ou quatre parachutistes qui se trouvaient heureusement dans le coin. J'ai réglé l'incident »* (Jean-Jacques de Bresson, interview recueillie le 26 juin 1982 par Odile Rudelle, Archives d'histoire contemporaine, Centre d'histoire de Sciences Po).

tout fait preuve d'une plus grande lucidité : *« Le nombre imposant des "oui" recueillis pour la France contre la rébellion ne doit pas nous fermer les yeux aux réalités. Nombre de ces "oui" ont été plus ou moins extorqués, et le F.L.N., battu dans cette bataille du référendum, n'en demeure pas moins présent dans les zones qu'il contrôle, et aussi parmi nos voteurs* [sic] *de "oui"*[95]. »

Une fois encore, le président du Conseil se montre sans illusions : *« Il est trop tard pour conduire l'évolution comme j'y avais songé ; il est impossible à la fois de gagner la guerre et de l'arrêter*[96]. »

II – « La paix des braves », *le temps de l'action*

Le 2 octobre, quatre jours après le scrutin, le général de Gaulle est de retour en Algérie.

La légitimité nouvelle qu'il tient du référendum, l'adhésion massive des Français lui permettent d'imposer sa volonté. Le temps où le président du Conseil des ministres devait se contenter d'exprimer un souhait est passé. Désormais, il est en mesure de commander. Le général Salan, qui sait ses jours comptés en Algérie*, n'est plus en situation d'oser un affrontement direct. De Gaulle lui signifie donc sa volonté de *« revenir au plus tôt à la légalité républicaine et, partant, à la séparation des pouvoirs »*. Et il lui propose l'ambassade de France au Japon. Curieuse offre, en vérité, faite à un homme à qui sa passion de la Chine a valu le surnom de « Chinois » ! Salan refuse, comme il était prévisible, d'aller à Tokyo et obtient de rester en Algérie jusqu'aux élections législatives...

Pour ce voyage en Algérie, le quatrième depuis son arrivée à Matignon, de Gaulle a décidé de se rendre à Constantine, car cette ville est à l'image de l'Algérie, avec

* Le général de Gaulle a annoncé le 11 septembre au général Dulac son intention de mettre à la tête de l'Algérie *« un économiste qui soit un homme d'action »* (André Dulac, *Nos guerres perdues*, *op. cit.*, p. 132).

sa population à majorité musulmane*. Et, pour s'adresser aux Algériens, il a choisi un lieu hautement symbolique : la place de la Brèche – c'est là que, le 12 décembre 1943, il a annoncé *« d'importantes résolutions*** »*.

Lorsque l'avion amorce sa descente, le général Salan se penche vers lui : *« Regardez tous ces enfants qui vous acclament »*, ce qui lui vaut cette réponse désabusée : *« Oui, Salan, et dire que tout ce monde-là sera contre nous dans dix ans*[97] *! »*

Une foule importante – les estimations varient entre 50 000 et 100 000 personnes –, essentiellement des musulmans, s'est massée place de la Brèche pour écouter le Général. Il lui annonce sa volonté que *« l'Algérie tout entière prenne sa part de ce que la civilisation moderne peut et doit procurer aux hommes de bien-être et de dignité*[98] *»*.

Les sept mesures pratiques énumérées par de Gaulle ce 3 octobre constituent le « plan de Constantine ». Durant les cinq prochaines années, un dixième des fonctionnaires métropolitains devra obligatoirement être recruté dans *« l'une des communautés arabe, kabyle ou mozabite »*, cependant que les salaires et traitements en Algérie devront être portés à un niveau comparable à ceux de la métropole. Dans la même période, 250 000 hectares de terre seront attribués à des musulmans. La première phase de mise en valeur agricole et industrielle de l'Algérie sera ainsi achevée : elle aura permis la création de logements pour un million de personnes et *« l'emploi régulier de 400 000 travailleurs nouveaux »*, deux tiers des filles et

---

* Elle compte en effet 100 000 musulmans, 30 000 Européens, 20 000 israélites (tels sont du moins les chiffres donnés par les autorités françaises). On constate que, dans son analyse des réactions au discours de Constantine, le général Olié, commandant en chef et super-préfet dans le Constantinois, étudie successivement celles de ces trois catégories (S.H.A.T., 1H1149).

** Il s'agit d'*« attribuer immédiatement à plusieurs dizaines de milliers de Français musulmans leurs droits entiers de citoyens (...). En même temps va être augmentée la proportion des Français musulmans dans les diverses administrations qui traitent des problèmes locaux »* (Charles de Gaulle, *Discours et Messages*, t. I, *Pendant la guerre, 1940-1946*, *op. cit.*, pp. 353-354).

des garçons auront été scolarisés – trois ans plus tard, soit en 1966, la totalité de la jeunesse algérienne aura été scolarisée*.

En fait, cette série de dispositions que de Gaulle présente comme une plate-forme originale de « son » gouvernement est une nouvelle mouture des projets élaborés sous l'autorité de Robert Lacoste en 1956-1957. Ainsi, paradoxalement, à peine son glas est-il sonné que la IVe République rappelle son existence. Mais le « plan de Constantine », s'il reprend à son compte les « perspectives décennales** » de 1957, en transforme radicalement la portée effective. Du temps de Robert Lacoste, elles correspondaient à la volonté d'un ministre qui n'avait pas les moyens financiers de les mettre en œuvre, ni l'autorité pour les imposer. En 1958, elles deviennent la décision d'un gouvernement bien résolu à les réaliser au plus vite : les crédits nécessaires sont prévus, un calendrier fixe leurs échéances avec l'élaboration d'un plan quadriennal. Les projets annoncés à Constantine ne relèvent donc pas des autorités françaises en Algérie, mais du gouvernement de la République. Le 15 octobre, le président du Conseil le signifie clairement au délégué général en Algérie : *« Le problème du développement de l'Algérie revêt une importance qui dépasse de beaucoup les*

---

* L'ordonnance du 20 août 1958 « relative au plan de scolarisation et d'éducation de base en Algérie » prévoit ses modalités : chaque année, 1 800 postes d'instituteurs primaires seront créés, 2 025 locaux scolaires seront construits, 4 650 élèves supplémentaires seront accueillis dans l'enseignement du second degré et du primaire supérieur, 3 500 dans l'enseignement technique et professionnel.

** Les *Perspectives décennales de développement économique de l'Algérie* (455 pages publiées à Alger en mars 1958) ont été élaborées par un petit groupe de travail, constitué au sein du Gouvernement général en Algérie et animé par Salah Bouakouir, directeur des Affaires économiques. Elles reprennent, précisent et développent les conclusions du « rapport Maspétiol », ainsi nommé car le conseiller d'État Roland Maspétiol a présidé le Groupe d'étude des relations financières entre l'Algérie et la métropole, créé à l'initiative de François Mitterrand en octobre 1954 et chargé d'étudier les moyens de rationaliser, de coordonner et d'intensifier l'aide financière de la France aux départements algériens.(Daniel Lefeuvre, *Chère Algérie*, *op. cit.*, pp. 350-351).

*limites locales. C'est donc, au premier chef, un problème de gouvernement**. »

Sur le moment, l'énoncé de ces mesures, qui doivent transformer l'Algérie, ne provoque guère d'enthousiasme, si ce n'est chez le grand rabbin de Constantine, pour qui « *de Gaulle est un envoyé de Dieu*[99] » ! Les musulmans restent impassibles – nombre d'entre eux ne comprennent pas ce discours, traduit dès sa conclusion en arabe littéral ; or la majorité de la population ne connaît que le dialecte local, fort éloigné de cette langue. De Gaulle ne parle toujours pas d'intégration ni d'Algérie française. Bien au contraire ! À l'annonce que les deux tiers des futurs députés de l'Algérie devront être des musulmans, et que, « *de toute manière (...) le destin de l'Algérie aura pour bases, tout à la fois, sa personnalité et une solidarité étroite avec la métropole* », certains hurlent « *Algérie française !* ». Leurs cris sont rapidement couverts : les militaires en uniforme dispersés au milieu des musulmans applaudissent à tout rompre.

Dans la semaine, de Gaulle prend une nouvelle initiative qui, à la différence du discours de Constantine, transforme le climat politique.

Le 9 octobre, il informe le général Salan que le gouvernement a décidé que les élections législatives auront lieu en Algérie, comme en métropole et sur tous les territoires de l'Union française, les 23 et 30 novembre**. Ses ordres

* Ce paragraphe est de la main du général de Gaulle, qui apporte de nombreuses corrections à une première version de ce courrier. Elles vont toutes dans le même sens. Ainsi, il raie la phrase chargeant le général Salan de « *préparer ces documents* [qui seront la base du futur plan quadriennal] », pour la remplacer par l'ordre de « *m'adresser vos proposition.* » (A.N., SOL/75).

À cette lettre sont jointes les « directives pour l'élaboration du plan de développement économique et social de l'Algérie », avec ses trois objectifs : accroître l'emploi, élever le niveau de vie, préparer un développement ultérieur, moins dépendant des concours externes.

** De Gaulle, semble-t-il, a hésité sur leur tenue. Avant le référendum, il jugeait en effet « *impossible d'envisager pour le moment des élections législatives* [en Algérie] ». Et il demandait à René Brouillet d'étudier la constitution d'un comité « *d'une trentaine de membres (personnalités indépendantes et valables – pas de "béni-oui-oui" –, et réparties entre les deux communautés, à raison par exemple de six Français de souche et de vingt-quatre musulmans)... Les travaux* sont dépourvus de la moindre ambiguïté : *« La consultation électorale doit être loyale. Toutes les opinions devront pouvoir s'exprimer... J'attache une extrême importance à ce qu'il y ait une véritable compétition... »* Afin de s'assurer qu'il en sera bien ainsi, les autorités militaires sont en quelque sorte placées sous la tutelle de la commission de contrôle que dirige l'ambassadeur Hoppenot*. Le général de Gaulle semble convaincu de son efficacité. Abderrahmane Fares : *« En toute bonne foi, le Général croit qu'il sera obéi et que le scrutin sera honnête*[100]*. »*

Une dernière injonction clôt les « instructions au sujet des élections législatives » : *« Le moment est venu, d'autre part, où les militaires doivent cesser de faire partie de toutes les organisations qui revêtent un caractère politique... Je prescris qu'ils s'en retirent sans délai*[101]*. »*

Le 13 octobre, Matignon communique à la presse ces instructions, signifiant ainsi leur caractère irrévocable. Le général Salan, qui s'apprête à partir pour Paris où il a été convoqué, comprend le message.

Le jour même, le général Massu, suivi des onze officiers qui en sont membres, quitte, dès son ouverture, la séance hebdomadaire du Comité de salut public Algérie-Sahara, *« en exécution des ordres du chef du gouvernement »*. Massu est certes « atterré » par l'ordre venu de Paris, mais il refuse d'écouter les protestations des civils qui veulent le retenir. Pas un instant il n'a envisagé de désobéir au Général. Son exemple est suivi dans tous les comités de

---

de ce comité auraient pour but d'étudier la mise en valeur de l'Algérie, qui est à revoir sur des bases entièrement nouvelles, avec des échéances pour une solution politique » (note datée du 9 septembre, A.N., SOL/75). Le 11 septembre, de Gaulle tient des propos analogues au général Dulac : *« Nous réunirons une assemblée de vingt-cinq membres environ, quinze à seize musulmans, neuf ou dix Européens de toutes tendances, pour étudier le futur statut, en débroussaillant le terrain et en rapprochant les points de vue. Ensuite, on pourra procéder à des élections »* (André Dulac, *Nos guerres perdues*, *op. cit.*, p. 133).

* Les instructions précisent qu'*« aucune mesure restrictive de cette liberté* [de faire campagne, quel que puisse être le programme des candidats] *et imposée par les nécessités de l'ordre public ne pourra être prise qu'après avis de la commission de contrôle »*.

salut public d'Algérie, à de rares exceptions près*. Le lendemain, une grève générale à Alger est décidée par le nouveau Comité de salut public. À Paris, le général Salan reçoit du général de Gaulle l'*« ordre de calmer les énervés »*. De retour à Alger, il s'y emploie avec succès. À la sortie de son bureau, où il l'a reçue, la délégation du Comité de salut public annule la manifestation annoncée, *« dans le désir d'éviter toute gêne à l'armée qui a sa totale confiance*[102] *»*.

Avec le départ des militaires des comités de salut public, un pas important vers la restauration de la légalité républicaine est franchi. Le général de Gaulle l'a voulu et a pu l'imposer dans le calme. L'événement provoque non pas un frissonnement, mais bel et bien une onde de choc. Fin octobre 1956, lors de l'affaire de Suez, de l'entrée des chars soviétiques à Budapest et de la menace brandie par Moscou d'une guerre nucléaire, la France avait connu une « décade tragique ». Deux ans plus tard, à la mi-octobre 1958, elle vit une « décade d'espérance ».

Elle est le fruit des innombrables commentaires que suscitent en France et hors de France les « instructions » du général de Gaulle. Leur tonalité est unanime. Il suffit d'en citer trois pour comprendre la vague d'optimisme qui déferle alors sur l'opinion. À Paris, Pierre Mendès France déclare : *« Une voie peut s'ouvrir vers la détente et la paix*[103]*. »* À Washington, le secrétaire d'État, John Foster Dulles, se félicite *« vivement de l'évolution de la situation en Algérie : "Il y a vraiment maintenant plus que des rayons d'espoir*[104]*..." »* À Tunis, le président Bourguiba apporte un correctif à l'interview qu'il m'a

* Ainsi, à Oran, avec l'assentiment du général Vanuxem, le colonel Basset continue à y présider le Comité de salut public et veille à recréer ceux de la région de Sidi Bel Abbès. Fin octobre, il annonce qu'il va être chargé par le général Rethoré, commandant en chef et faisant fonction d'I.G.A.M.E., d'assurer la liaison constante entre l'armée et les comités de salut public... (lettre du maire d'Oran, Henri Fouques-Duparc, au général de Gaulle, 23 octobre 1958, C.A.O.M., CGA 82 F/880).

accordée*. Deux jours auparavant, son pessimisme profond sur la situation algérienne m'avait frappée : *« Je crois,* m'avait-il dit, *que l'on s'éloigne de plus en plus de la solution. »* Mais le 14 octobre, après avoir pris connaissance des instructions du général de Gaulle, il tient à ajouter à son texte une phrase qui laisse entrevoir un espoir : *« Pour ne pas désespérer, il faut compter sur un miracle. L'attitude des militaires d'Alger devant les dernières directives du général de Gaulle est peut-être le commencement du miracle... Il faut compter sur le miracle ! »*

Bientôt règne à Tunis un climat étonnant. Au quartier général du F.L.N., un père dominicain, qui se dit intime d'Olivier Guichard, et Henry Smadja, le directeur du quotidien parisien *Combat*, par ailleurs propriétaire à Tunis de l'entreprise de presse qui imprime *El Moujahid*,

* Elle est publiée dans *Paris-Presse l'Intransigeant*, daté du 17 octobre. Et je me souviens de mon étonnement, à la poste de Tunis, lorsque je l'envoie : tous les postiers se passent les feuillets un à un avant de les expédier !

C'est la première fois, depuis le 13 mai, que le président tunisien accepte de s'exprimer dans un journal français. Je ne fais pas partie du « Maghreb circus » – ainsi appelle-t-on les journalistes spécialistes de l'Afrique du Nord. Je ne suis donc en rien qualifiée pour interroger le président Bourguiba. Je dois d'avoir obtenu cette interview à l'amitié d'un de ses neveux, Hosni Djemmali, alors étudiant à Paris : *« Vous devriez,* me dit-il, *interviewer mon oncle. »* Et il m'explique la marche à suivre pour décrocher cette interview tant sollicitée et toujours refusée depuis des mois. Il va me donner une lettre pour son oncle, que je dois remettre à la sentinelle en faction devant sa résidence personnelle à la Sayda, une très belle propriété dominant la mer, à quelques kilomètres de Carthage. Il m'indique l'heure à laquelle son oncle s'y trouve. Je dois préciser au factionnaire que j'attends une réponse. Il n'osera pas éconduire une jeune femme que le président serait peut-être heureux de recevoir. Effectivement, le soldat prend la lettre et la porte à son destinataire. Quelques minutes plus tard, me voici dans le bureau du chef de l'État. Le lendemain, après avoir relu l'interview – il était entendu que je la lui soumettrais avant de l'envoyer –, le président Bourguiba me demande de rendre visite au ministre de l'Information : *« Il va me faire une scène parce que je vous ai reçue sans l'en prévenir ! »*

Plus d'un demi-siècle ayant passé, il me semble que les conditions de cette interview – c'est pour cela que je les relate – révèlent un monde disparu : jamais, aujourd'hui, un journal n'enverrait à l'étranger l'un de ses collaborateurs simplement parce qu'il espère, sans la moindre certitude, y réaliser un scoop ; jamais, aujourd'hui, nulle part dans le monde, la résidence d'un chef d'État ne serait gardée que par une seule sentinelle...

font le siège des Algériens. Ils sont sûrs – et ils veulent les en informer – que le général de Gaulle est partisan de l'indépendance algérienne, qu'il ne va pas tarder à l'annoncer. Les rumeurs les plus fausses se répandent. La présence d'un « M. Dubois » est signalée à l'aéroport de Tunis, parmi les voyageurs venant de Paris : on « sait » immédiatement qu'il s'agit de Louis-André Dubois, le premier ambassadeur de France au Maroc après l'indépendance. Et chacun de s'extasier sur la diplomatie secrète gaulliste. De Gaulle souhaitant l'établissement de nouveaux liens entre la France, l'Algérie, la Tunisie et le Maroc, nul n'est plus qualifié pour les instaurer que l'ancien préfet de police de Paris. Catastrophe : au bout de vingt-quatre heures, le mystérieux M. Dubois est identifié ; c'est un membre de l'ambassade de France, un simple conseiller technique, nommé Jean Dubois…

Parce que, dans les quinze jours suivant les instructions du général de Gaulle sur la liberté des élections, Ferhat Abbas a prononcé une déclaration dans laquelle il ne fait plus de la reconnaissance de l'indépendance algérienne le préalable à toute négociation*, parce qu'il annonce la libération prochaine de tous les prisonniers pour « créer un climat

* Dans ce texte diffusé le 26 septembre au Caire, Ferhat Abbas se félicite de la constitution du gouvernement qu'il a « l'honneur de présider ». Il y voit *« la résurrection de l'État algérien que la conquête militaire de 1830 avait durement effacé de la carte de l'Afrique du Nord »*. Son premier et plus sacré désir : *« conduire le peuple et l'armée à la libération nationale. C'est alors que la parole sera rendue au peuple, car c'est le peuple et lui seul qui a le droit souverain de construire les fondations de l'État algérien. Ayant déjà adopté les principes de la Révolution, il a également choisi face au monde d'instituer une république démocratique et sociale »*. Le leader algérien impute à la France la responsabilité de la guerre d'Algérie : *« Nous avons toujours affirmé notre désir de trouver au problème algérien une solution pacifique par la voie de la négociation… Ce qui veut dire que la guerre d'Algérie pourrait se terminer rapidement, si le gouvernement français le voulait bien. Quant au G.P.R.A., il se déclare prêt à la négociation, comme il est prêt à rencontrer les représentants du gouvernement français à tout moment »* (traduction établie à la demande du président de la République par le préfet Mécheri, que celui-ci adresse le 16 octobre à Edmond Michelet, lequel la transmet au général de Gaulle. A.N., SOL/75).

favorable à la négociation* », et parce que le F.L.N. procède dès à présent à celle d'une dizaine de militaires, observateurs étrangers, ministres tunisiens, journalistes français, tous sont unanimes : le dialogue entre le général de Gaulle et le F.L.N. est engagé, la paix en Algérie est proche.

Rien ne prouve que tel soit le sentiment du général de Gaulle. Le 10 octobre, il reçoit, pour la dernière fois, Abderrahmane Fares et Jean Amrouche. Ceux-ci lui remettent le courrier, daté du 30 septembre, qu'ils viennent de recevoir de Ferhat Abbas. Le président du G.P.R.A. les informe qu'il a pris *« connaissance de la copie du document que vous avez reçu »* – autrement dit la lettre de Georges Pompidou** –, mais il ne se livre à aucun commentaire à ce sujet. Il se borne à rappeler sa déclaration du 26 septembre en faveur de la négociation entre *« le gouvernement provisoire de la République algérienne et les représentants du gouvernement français »*. Il n'est donc pas question d'étudier en France les modalités du cessez-le-feu, comme l'a proposé le général de Gaulle. La missive de Ferhat Abbas, tout comme celle du début de septembre***, est une fin de non-recevoir brève et cinglante : *« Nous attendons du gouvernement français une réponse aussi claire que la nôtre. Pour des raisons évidentes, cette rencontre ne saurait en aucun cas avoir lieu en France*[105]*. »*

Nous ne connaissons pas les commentaires que cette lecture a inspirés à de Gaulle. Mais nous sommes informés de son exaspération, lorsque Ferhat Abbas lui fait

* Cette dernière annonce a été faite par Ferhat Abbas dans une interview à la presse hongroise, quelques heures avant la conférence de presse du général de Gaulle, le 23 octobre (*Le Monde*, 25 octobre 1958).

** Le 19 septembre, le directeur de cabinet avait informé Abderrahmane Fares que *« le général de Gaulle reste disposé à prendre contact avec des émissaires qui lui seraient envoyés en vue d'étudier les modalités éventuelles d'un "cessez-le-feu" »* (*cf. supra.*).

*** Dans une précédente lettre, Ferhat Abbas avait signifié que tout dialogue avec le gouvernement français était exclu, sinon « en territoire neutre » (*cf. supra*, p. 213).

savoir que le gouvernement provisoire de la République algérienne doit lui rappeler *« celui que l'homme du 18 Juin fut conduit à constituer à l'époque de la France libre. "Pas de comparaison possible, grommelle le Général. Est-ce que j'ai, moi, interrogé les Évangiles et les cimetières pour conclure à l'inexistence de la patrie française ? Est-ce que j'ai dit que je ne mourrais pas pour cette patrie parce qu'elle n'avait jamais existé ? Est-ce que je me suis marié à une Allemande ? Ai-je, moi, envoyé mes enfants dans une école allemande pendant l'occupation de mon pays ? Comment oser rapprocher les deux situations* ?" »*

Nous savons aussi que le Général donne l'ordre au colonel de Bonneval de classer parmi les papiers impor-

* Dans cette tirade (Jean Daniel, *De Gaulle et l'Algérie*, *op. cit.*, p. 29), le général de Gaulle fait allusion au fameux article de Ferhat Abbas, « La France et moi », dont deux versions ont été publiées en février 1936 dans *L'Entente franco-musulmane* et *La Défense, hebdomadaire des droits et intérêts des musulmans algériens*. Dans la première publication, on lit : *« Si j'avais découvert la "nation algérienne", je serais nationaliste et je n'en rougirais pas comme d'un crime. Les hommes morts pour l'idéal patriotique sont journellement honorés et respectés. Ma vie ne vaut pas plus que la leur. Et cependant je ne mourrai pas pour la "patrie algérienne" parce que cette patrie n'existe pas. Je ne l'ai pas découverte. J'ai interrogé l'Histoire, j'ai interrogé les morts et les vivants ; j'ai visité les cimetières : personne ne m'en a parlé. »* Ce texte a été – et est encore – l'objet de maintes controverses. Nous ne pouvons pas faire le point sur les infléchissements que Ferhat Abbas aurait apportés à sa rédaction initiale, l'un des deux numéros l'ayant publié manque à la Bibliothèque nationale de France. Mais un historien aussi incontestable que Charles-Robert Ageron donne une version légèrement différente de celle que nous reproduisons, remplaçant la phrase sur l'inexistence de la patrie algérienne par : *« L'Algérie en tant que patrie est un mythe »* (Charles-Robert Ageron, *Histoire de l'Algérie contemporaine*, t. II, *op. cit.*, p. 346). D'autres historiens mettent un point d'interrogation après *« cette patrie n'existe pas »*. Quoi qu'il en soit, dans aucune version Ferhat Abbas ne fait la moindre référence aux Évangiles, contrairement à ce que dit de Gaulle…

La femme du leader algérien, épousée en 1946, Marcelle Stoetzel, appartient à une famille d'Alsaciens installés en Algérie depuis le début du siècle. Veuve d'un médecin, elle a épousé la cause nationaliste. Elle est d'ailleurs emprisonnée ou placée en résidence surveillée durant une année, après la révolte du 8 mai 1945. Comme elle ne peut avoir d'enfants, Ferhat Abbas et elle adoptent un fils, Abdelhahim. Lorsqu'il décide de rejoindre le F.L.N. et quitte l'Algérie, Ferhat Abbas installe d'abord sa famille à Paris. Abelhahim est inscrit au lycée Chaptal, en sixième. Une fois l'année scolaire terminée, la mère et l'enfant quittent la France, rejoignant Ferhat Abbas à Montreux.

tants – ceux qu'il veut conserver – les deux lettres du préfet Mécheri, secrétaire général du Haut Conseil de l'Union française, qui lui ont été transmises par Edmond Michelet. La première appelle à la nécessité *« de créer, d'entretenir un climat de fraternité* [avec la population musulmane]* *»*. Celle du 19 octobre reflète l'optimisme général : *« Au cours de l'entretien qui m'avait été accordé par le général de Gaulle* [il ne figure pas dans l'agenda du président du Conseil, sans doute se situe-t-il dans les premières semaines du gouvernement], *je lui avais dit qu'à mon avis je ne voyais pas à l'époque – et nul ne pouvait la voir – de solution satisfaisante du problème algérien.*

« Il fallait donc avant tout changer les conditions dans lesquelles se posait l'affaire algérienne, d'abord et avant tout les données psychologiques.

« Le général de Gaulle vient de résoudre cette difficulté[106]*... »*

Tel est le contexte dans lequel de Gaulle décide de prendre une nouvelle initiative, la troisième depuis le référendum. Le jeudi 23 octobre, il tient donc sa première et unique conférence de presse à l'hôtel Matignon.

Jean Lacouture est parmi les quatre cents journalistes, venus du monde entier, qui s'entassent dans trois salons contigus : *« Beaucoup parmi nous pensent que la conclusion de la guerre d'Algérie est en vue, et que ce qui va être dit là sera l'ouverture d'une nouvelle phase, politique celle-ci, du grand débat*[107]. *»*

---

* *« Certes, je sais que les adversaires de la France font tout pour le détruire. Mais évitons de notre côté de leur faire la part trop belle. Je n'en veux pour preuve que deux récents faits : lors de la visite du général de Gaulle à Rennes, 250 Algériens musulmans ont été "mis à l'abri". Lors de la visite à Marseille, la préfecture des Bouches-du-Rhône, dans un communiqué cité par* Le Monde, *a "conseillé de la façon la plus pressante aux travailleurs nord-africains de s'abstenir de circuler et de séjourner" dans les quartiers que doit emprunter le cortège officiel. Alors qu'à Constantine le général de Gaulle était entouré de cette foule musulmane grave et attentive, cette même foule est écartée de l'autre côté de la Méditerranée »* (A.N., SOL/75).

À la question, que tous attendent, sur l'attitude du gouvernement devant les *« invites du F.L.N. au sujet des possibilités de paix en Algérie »*, de Gaulle répond : c'est la « paix des braves ».

« L'organisation dont vous parlez a, d'elle-même, déclenché la lutte. Elle la poursuit depuis quatre ans. Je laisse à l'avenir le soin de déterminer à quoi cette lutte aura pu servir. Mais, en tout cas, actuellement elle ne sert vraiment plus à rien. (...) L'issue n'est pas là. Elle n'est pas non plus dans les rêves politiques et dans l'éloquence de propagande des réfugiés à l'étranger. En vérité et en toute conscience, l'issue est maintenant tracée. Elle est tracée par le fait que les forces de l'ordre maîtrisent peu à peu le terrain. Mais, surtout, elle est tracée par la manifestation décisive du 28 septembre. Cependant, je dis, sans ambages, que, pour la plupart d'entre eux, les hommes de l'insurrection ont combattu courageusement. Que vienne la paix des braves et je suis sûr que les haines iront en s'effaçant.

« J'ai parlé de la paix des braves. Qu'est-ce à dire ? Simplement ceci : que ceux qui ont ouvert le feu le cessent et qu'ils retournent sans humiliation à leur famille et à leur travail !

« On me dit : "Mais comment peuvent-ils faire pour arranger la fin des combats ?" Je réponds : "Là où ils sont organisés pour la lutte, il ne tient qu'à leurs chefs de prendre contact avec le commandement."

« La vieille sagesse guerrière utilise, depuis très longtemps, quand on veut que se taisent les armes, le drapeau blanc des parlementaires. Et je réponds que, dans ce cas, les combattants seront reçus et traités honorablement.

« Quant à l'organisation extérieure (...) qui, du dehors, s'efforce de diriger la lutte, je répète tout haut ce que j'ai déjà fait savoir. Si des délégués étaient désignés pour venir régler avec l'autorité la fin des hostilités, ils n'auraient qu'à s'adresser à l'ambassade de France à Tunis ou à Rabat. L'une ou l'autre assurerait leur transport vers la métropole. Là, une sécurité entière leur serait assurée et je leur garantis la liberté de repartir[108]. »

Dès qu'elle est connue, l'offre de la paix des braves renforce l'espérance des responsables politiques, quel que soit leur parti. Les partisans de la négociation se félicitent : *« C'est une occasion sérieuse qui s'offre de rétablir la paix. Personne n'a le droit de la négliger »*, déclare Pierre Mendès France. *« Ce qui a été dit soulève une grande espérance »*, affirme de son côté le républicain populaire Fernand Bouxom, tandis que le progressiste Pierre Cot se réjouit : *« La vapeur est renversée. »* Les tenants de l'Algérie française ne sont pas moins satisfaits. Ainsi, l'ancien ministre indépendant Roger Duchet *« approuve sans réserve la déclaration du chef du gouvernement »*. Pour lui comme pour tout son camp, le drapeau blanc, dont l'usage est recommandé aux « combattants algériens », ne peut être que le drapeau de la reddition, non celui des parlementaires, comme de Gaulle l'a pourtant indiqué.

Hors de France, la « paix des braves » suscite aussi des réactions très favorables. Même le groupe afro-asiatique aux Nations Unies, le plus fidèle soutien du F.L.N., voit dans les propos du Général *« le premier signe d'un dégel*[109] *»*.

Est-ce l'opinion du général de Gaulle ? Tout est fait pour que la sincérité de son offre ne puisse être mise en doute. Son entourage répand le bruit qu'il est sûr de son acceptation, au point que Georges Pompidou a déjà retenu dans un hôtel parisien les chambres destinées aux délégués algériens[110]. Nous ignorons cependant ce que de Gaulle pense – ou espère – lorsqu'il annonce la « paix des braves* ».

* Des années plus tard, de Gaulle confie à Germaine Tillion que, le 23 octobre 1958, il a pris *« un risque considérable »*, car si sa proposition avait été acceptée, une réaction encore plus violente aurait pu se produire à Alger : elle aurait pu le chasser du pouvoir (Roger Stéphane et Roland Darbois, *Mémoires de votre temps*, Paris, 1967, Calmann-Lévy, p. 300).

Seuls, à mon avis, peut-être, Georges Pompidou et René Brouillet connaissaient la pensée ou les arrière-pensées du Général lors de l'offre de la « paix des braves ». Ni l'un ni l'autre ne s'est jamais exprimé à ce sujet. À ma demande, Alain Pompidou a bien voulu consulter les papiers de son père. Il n'y est pas question de la politique algérienne sous le gouvernement de Gaulle. En revanche, je n'ai pas pu avoir accès aux très nombreux dossiers que René Brouillet avait conservés. Il me reste à espérer qu'ils seront bientôt versés aux Archives nationales ou diplomatiques, et qu'ils deviendront ainsi accessibles.

Mais est-ce bien important de le savoir ? Ce qui compte, c'est qu'il joue gagnant à tous coups. Si le F.L.N. accepte de venir à ses conditions à Paris, alors il sera possible de mettre fin aux combats et d'envisager une solution politique. S'il refuse, le Général aura prouvé au monde entier sa volonté de paix, celle de la France, et le F.L.N. portera la responsabilité de la poursuite des combats. Dans ses *Mémoires*, de Gaulle s'en félicite encore : « *La proposition pacifique de la France avait retenti profondément dans les esprits*[111]. »

En vérité, autant il me paraît vraisemblable qu'à son arrivée à Matignon, de Gaulle a espéré pouvoir, grâce à son prestige, parvenir rapidement à un cessez-le-feu, autant il me paraît peu plausible qu'en octobre il ait cru à l'acceptation de la « paix des braves ». La dernière lettre de Ferhat Abbas, dont il vient d'avoir connaissance, témoigne que le G.P.R.A. se veut le seul représentant du peuple algérien, seul habilité à discuter de son avenir. Or, cela, de Gaulle ne l'admet pas. Il le dit très nettement lors de sa conférence de presse. Interrogé sur les « conditions politiques » dont le gouvernement français accepterait de débattre lors d'une éventuelle rencontre, il répond : « *Le destin de l'Algérie est en Algérie même. Ce n'est pas parce qu'on fait tirer des coups de fusil qu'on a le droit d'en disposer...* »

Et puis, me semble-t-il, si de Gaulle avait pensé que Ferhat Abbas répondrait à son appel et viendrait en France, il n'aurait pas envoyé au général Salan, le 24 octobre, avant que la réponse algérienne soit connue, la lettre dans laquelle il lui écrit : « *On pourrait voir, un jour ou l'autre, l'organisation Ferhat Abbas demander à envoyer des "délégués" dans la métropole. En pareil cas, ces "délégués" ne seront pas amenés à Paris. Ils ne verront dans quelque coin de province que les représentants du commandement militaire*[112]... » Or, de Gaulle a fait savoir à Ferhat Abbas que, s'il venait en France, il était disposé lui-même à le recevoir*.

* Il l'a dit à Abderrahmane Fares, à qui Georges Pompidou l'a confirmé par écrit afin que Ferhat Abbas ne puisse en douter (*cf. supra* p. 214).

À Tunis, au soir du 23 octobre, un dîner réunit, entre autres, le directeur d'*El Moujahid*, Redha Malek, et Henry Smadja, qui arrive de Paris. Comme le directeur du journal *Combat* exhorte les responsables du F.L.N. à se rendre à Paris, un commandant de wilaya sort un pistolet : *« Voici la seule arme que les Français comprennent*[113]*... »*

Les Tunisiens n'en sont pas moins convaincus que l'offre de la « paix des braves » va être acceptée.

Toujours à Tunis, le jeudi 23 octobre en fin d'après-midi, je rencontre l'ambassadeur Masmoudi. Je l'informe que j'ai mon visa de transit pour la Libye, que je pars donc le lendemain matin pour Tripoli et que j'espère être au Caire samedi : *« C'est absurde. Il n'y aura plus personne au Caire. Les Algériens seront samedi ici, pour chercher leur visa. Ils seront à Paris lundi, j'ai toujours su qu'ils voulaient garder le contact. Cela n'a plus de sens d'aller au Caire ! »* Je ne sais pourquoi je ne l'écoute pas : je tiens à aller au Caire*...

* Alors qu'aucun journaliste français n'avait pu se rendre en Égypte depuis l'affaire de Suez, mon arrivée dans ce pays se fit de façon rocambolesque, à la stupéfaction des autorités françaises. Comme mes liens avec l'entourage du Général sont connus, certains attribuent mon voyage à une manœuvre politique maladroite : c'était une erreur, devait dire un des spécialistes du Maghreb à mon ami Olivier Guichard, d'envoyer au Caire quelqu'un qui n'avait pas leur connaissance du problème algérien ! Est-il utile de préciser que le collaborateur du Général n'était pour rien dans ma présence à Tunis ou au Caire ? En fait, les années ayant passé, il me semble que mon périple égyptien pourrait constituer un épisode d'un feuilleton intitulé « Bécassine au milieu des services secrets ». Je ne bénéficie d'aucune protection ; je veux simplement, après l'interview du président Bourguiba, obtenir au Caire des déclarations d'une égale importance. Mon journal me le demande.

Les relations diplomatiques étant rompues entre la France et l'Égypte, c'est à l'ambassade égyptienne à Rome que doivent s'adresser les Français en quête d'un visa. Je lui téléphone : on me répond qu'il me faudra attendre au moins six mois. L'ambassadeur Masmoudi me conseille alors de passer par la Libye, où l'ambassadeur d'Égypte, « un homme très ouvert », déplore que jamais aucun Français ne sollicite de lui un visa. J'arrive donc le vendredi matin à Tripoli, où je rencontre un premier problème : parce que je n'ai pas sur moi de certificat de vaccination antivariolique, l'accès du pays m'est interdit. Après maintes tergiversations et l'arrivée d'un fonctionnaire qui parle français, un vieil infirmier m'inocule, gratuitement, le vaccin.

J'y suis le samedi en début d'après-midi. Je me rends aussitôt au siège du « gouvernement algérien » – je me suis procuré son adresse à Tunis. L'immeuble paraît presque désert. Dans l'escalier, deux hommes : « Qui êtes-vous ? – Je suis journaliste. – Quel journal ? – *Paris-Presse*. – Un journal colonialiste ! – N'exagérez pas... – Pourquoi êtes-vous ici ? – Je voudrais savoir quand vous partez pour Paris. – Il n'est pas question que nous y allions. – Ce n'est pas possible. À Tunis, tout le monde est persuadé que vous serez à Paris dès lundi. » Ils éclatent de rire. Devant mon incrédulité, un de mes interlocuteurs

---

Deuxième problème : à mon arrivée à l'hôtel, le portier m'informe qu'il me faut aller de toute urgence à la police : mon visa de transit pour l'Égypte ne m'autorise qu'un séjour de quarante-huit heures. Il n'y a qu'un avion par semaine pour Le Caire, tous les samedis. Il part le lendemain matin. Or, tous les bureaux étant fermés le vendredi, il est impossible que j'obtienne dans la journée mon visa pour Le Caire. Je me rends tout de même à l'ambassade d'Égypte, un bâtiment majestueux : c'est de loin l'ambassade la plus importante en Libye, où la présence égyptienne se rappelle souvent par la coexistence dans certaines vitrines du portrait du roi Idriss et d'une photographie plus petite du président Nasser. Je carillonne donc à la grille de l'ambassade. Aucune réponse. Devant mon obstination, la sentinelle, après avoir tenté en vain de me parler (elle ne sait ni le français ni l'anglais, et les quelques mots d'italien qu'elle emploie me sont incompréhensibles), se met de la partie : elle donne des coups de crosse contre la grille. Attiré par ce vacarme, un homme sort de l'ambassade : c'est l'ambassadeur. Son français est impeccable. Je lui explique mon problème : « Venez demain matin, vous aurez tout de suite le visa ! – Ce n'est pas possible. Il faut que je sois demain au Caire ! – Eh bien, revenez à 17 heures : c'est le consul qui a les cachets indispensables ; je sais où il passe la journée, je vais le chercher. » En attendant, il me paraît sage de me présenter à l'ambassade de France, où l'ambassadeur ne me cache pas qu'il juge peu raisonnable ma présence en ces lieux. Avec gentillesse, il me demande de le prévenir si jamais je n'obtiens pas mon visa pour l'Égypte. À 18 heures, je l'ai. Après une longue et angoissante attente devant l'ambassade égyptienne, j'ai vu arriver l'ambassadeur et le consul. Le précieux visa est apposé sur mon passeport. On refuse que je le paie. « Pour vous, il est gratuit », me dit l'ambassadeur, et il m'explique : « Ne nous en voulez pas si vous êtes refoulée au Caire. En principe, nous n'avons pas le droit d'accorder un visa sans l'autorisation du ministère. Comme c'est jour férié aujourd'hui, nous n'avons pas pu le prévenir. Nous sommes obligés de le faire demain matin à la première heure... Et nous ne savons pas quelle sera sa décision. »

Le lendemain, je pénètre sans la moindre difficulté en Égypte, mais des hommes m'attendent ; ils ne me parlent pas. Dès mes premiers pas sur le sol égyptien, ils me suivent et ne me quitteront pas durant tout mon séjour...

me remet deux pages ronéotypées : « Voici la réponse que notre gouvernement vient de publier. » Je lis : *« La conférence de presse du chef du gouvernement français n'apporte aucun élément nouveau... La déclaration du général de Gaulle constitue un refus de la négociation... Le gouvernement provisoire de la République algérienne, quant à lui, s'appuyant sur la glorieuse Armée de libération nationale que rien ne saurait abattre, est décidé à mener le combat jusqu'à son terme, c'est-à-dire l'indépendance du pays. »* Je ne comprends toujours pas pourquoi l'offre du général de Gaulle a été rejetée, et je le dis à mes interlocuteurs. Alors ils m'expliquent : *« Ce qui est inadmissible, c'est le mépris de fer avec lequel il nous traite. Il parle aux Algériens comme s'ils étaient de pauvres Français égarés auxquels il s'agit de pardonner et qu'il faut faire rentrer au bercail... En aucun cas, il ne pourra s'agir pour nous de déposer les armes... Si vraiment de Gaulle veut la paix, pourquoi ne proposerait-il pas une rencontre sérieuse dans un pays neutre ? On pourrait alors discuter... De Gaulle nous parle comme à des Français en rébellion, alors que nous voulons discuter avec lui en tant qu'Algériens, en lutte pour libérer leur pays et restaurer leur État... »*

Comme je prends des notes, un de mes interlocuteurs me demande ce que je vais en faire : « Envoyer un papier à mon journal. » Ils rient. À force d'insistance, j'obtiens d'eux un rendez-vous le lendemain matin : je veux être sûre de ne pas déformer les propos qui m'ont été tenus – par qui ? je ne le sais pas encore : *« Vous n'avez qu'à dire que nous sommes les huissiers. »* En fait, il s'agit de Krim Belkacem et de Saad Dahlab, le futur négociateur des accords d'Évian.

Lorsque je revois celui-ci, le dimanche matin, il est seul. Son unique ajout à mes notes est le suivant : *« De Gaulle feint d'ignorer qu'il existe une guerre entre les Algériens et la France*[114]*. »* Il m'affirme encore que jamais *Paris-Presse* ne publiera l'explication du porte-parole du gouvernement provisoire de la République algérienne – c'est alors sa fonction. Je proteste. Le lendemain, il me téléphone : *« Chapeau ! Votre journal a publié mon interview et rien n'a été déformé dans mes propos**. *– Comment le savez-vous ? – Yazid vient de me le téléphoner de New York. »*

* Le lundi 27 octobre, *Paris-Presse* paraît en effet avec sur huit colonnes, à la une, ce titre : *« Exclusif. "Voici pourquoi nous avons dit non", explique à notre envoyé spécial le porte-parole du F.L.N. au Caire »* (*Paris-Presse*, 28 octobre). L'envoi de ce papier m'avait posé un problème inattendu. À la poste du Caire où je me suis précipitée le dimanche matin, j'apprends que l'accord sur les télégrammes de presse toujours payés par leur destinataire n'est plus en vigueur, puisque les relations diplomatiques sont rompues entre la France et l'Égypte. Si je veux que mon article, précédé d'une demande insistante – « Surtout, ne modifiez rien ! » –, soit à Paris le lendemain, il me faut régler le prix du télégramme. On m'indique son montant : c'est pratiquement la totalité de l'argent en ma possession. Après un instant d'hésitation, je décide de payer. Curieuse expérience que de se retrouver dans un pays étranger, pas forcément amical, sans un sou en poche ! Je ne connais personne au Caire. J'ai eu la chance, à mon arrivée, de ne pas avoir obtenu une chambre au Hilton, rempli à craquer d'experts américains et russes, pressés de prendre les places laissées vacantes par le départ des Français et des Anglais, et de me retrouver dans un petit hôtel, le Cosmopolitan. J'expose mon problème au couple de Suisses qui le dirige. Le matin même, ils ont mis à ma disposition une machine à écrire. Avec la même et grande gentillesse, ils me rassurent : « Ne vous inquiétez pas. Nous avons confiance. » De fait, pendant dix jours, ils me logent et me nourrissent gratuitement. En revanche, lorsque le lendemain je me rends à l'ambassade de Suisse, chargée de veiller aux intérêts français, je suis éconduite brutalement. Le diplomate qui me reçoit refuse de prendre contact avec mon journal, jugeant ma présence « insensée ». Il est exclu de m'avancer le moindre centime.

Il me faut attendre les réponses aux entretiens que j'ai sollicités. Ne doutant de rien, j'ai demandé à interviewer le colonel Nasser, mais, contrairement à ce qui s'est passé à Tunis, je ne dispose d'aucun « sésame ». C'est un échec. Mes contacts avec les autorités égyptiennes se bornent à un entretien avec le directeur de « La Voix des Arabes », qui me répète avec conviction les informations diffusées par ses soins : il m'affirme ainsi « la solidarité de tout le peuple français avec les combattants algériens », il me dit bien le peuple français et non le peuple égyptien ! Ensuite, il m'annonce la destruction de la ligne Morice. J'ai aussi droit, conduite par un fonctionnaire, à la visite d'une « exploitation agricole exemplaire ». Entre ces rendez-vous, qui n'ont rien de bien intéressant, et en attendant de voir Ferhat Abbas, je parcours les rues du Caire. Le français y est alors couramment parlé ; il existe encore plusieurs journaux en langue française, puisque l'un d'eux, *Le Journal d'Égypte*, où il n'est guère question de la guerre d'Algérie, fait suivre son titre de cette mention : *« La plus forte vente et la plus grande diffusion des journaux de langue française d'Égypte et du Moyen-Orient. »* Je m'exaspère de ne pas avoir les moyens de me promener sur le Nil. Je décide donc de me séparer du bracelet-montre en or que ma grand-mère m'a donné pour ma première communion. Mais le bijoutier à qui je le propose n'en

Huit jours plus tard, je suis reçue par Ferhat Abbas.

Ses paroles sont émaillées de citations littéraires. Pour affirmer sa conviction que les « colonels » et les « ultras » truqueront les élections, pour exprimer ses craintes que l'armée ne se soulève contre le général de Gaulle, il invoque sa connaissance des Français d'Algérie et cite Racine : *« Élevé dans le sérail, j'en connais les détours...* * *»*

Il évoque des souvenirs de sa vie parlementaire, vitupère les hommes politiques, présidents du Conseil, ministres, qui n'ont *« rien compris, rien appris »*. Mais il prend soin de montrer que sa diatribe ne concerne pas l'homme du 18 Juin. Elle se termine ainsi : *« Seul le général de Gaulle... »* – la phrase reste en suspens. Quand il en parle, il change de ton : *« Lorsque j'ai eu l'honneur en 1943 d'être reçu par lui... J'avais beaucoup espéré, cette année, de sa venue au pouvoir. Je me disais qu'avec son autorité, son intelligence, son patriotisme, il pouvait permettre que l'on trouve une solution pacifique au drame algérien... Je ne cache pas que je suis très déçu... Les Français ont oublié que l'ère coloniale est close. Je pensais que le général de Gaulle le leur aurait rappelé avec autorité. »*

Il m'explique pourquoi il a renoncé à réclamer pour tous les Algériens la citoyenneté française. L'abrogation par le gouvernement de Vichy du décret Crémieux qui, en 1870, avait accordé la citoyenneté française aux israélites d'Algérie**, l'a convaincu qu'il se battait pour une mauvaise cause : *« Je pouvais légitimement me dire : "Mais*

---

veut pas : « Nous n'avons pas le droit d'acheter à des étrangers et, comme la police vous suit... » Effectivement, mes anges gardiens sont plantés devant sa vitrine...

* J'avoue mon inculture. Jusqu'à la correction faite en 2011 par Olivier Grussi de ce texte, je n'avais pas relevé l'inexactitude de la citation de Racine. On lit, en effet, dans *Bajazet*, (acte IV, scène 7) : « *Nourri dans le sérail, j'en connais les détours.* » Je ne crois pas que cette erreur modifie en quoi que ce soit le sens des propos de Ferhat Abbas.

** Pour bénéficier de ce décret, les israélites d'Algérie doivent renoncer au droit religieux et adopter le code civil. Quelques milliers d'entre eux s'y refusent et partent en Palestine.

alors, la citoyenneté française, ce n'est pas un statut définitif, on peut vous le donner aujourd'hui, puis vous le retirer demain..." »

En fait, l'intérêt principal de cet entretien réside dans les modifications que Ferhat Abbas a apportées à mon texte (il avait été convenu au départ que je le lui soumettrais et ne le publierais qu'avec son accord[115]). Il a supprimé deux paragraphes que j'avais notés sous sa dictée. Ils me semblaient importants. Dans le premier, il souhaitait que le général de Gaulle reconnaisse le droit de l'Algérie à l'autodétermination : *« Alors un grand pas serait fait. »* Dans le second, il se demandait pourquoi la France *« n'accorderait pas à l'Algérie ce qu'elle a accordé à la Sarre : un référendum sur son désir d'être rattachée à la France – référendum sous contrôle international »*. Il a modifié un troisième paragraphe. Il m'y avait dit qu'il suffisait, pour qu'il vienne à Paris, que le général de Gaulle *« reconnaisse* [qu'il] *représente une autorité de fait ou simplement* [qu'il est] *le porte-parole de l'Armée de libération nationale »*. Une fois l'interview relue par lui, cette phrase est devenue : *« Je ne viendrai à Paris que comme chef du gouvernement provisoire de la République algérienne. »*

Comme je m'étonne de ces rectifications qui changent la portée de ses propos, Ferhat Abbas me répond : *« D'une part, ce que je vous avais dit n'engageait que moi, tandis que le texte que je vous remets a l'accord officiel de mon gouvernement. D'autre part, ce n'est pas à moi qu'il appartient de faire des suggestions au général de Gaulle. Si le général de Gaulle décidait un jour de reconnaître le droit de l'Algérie à l'autodétermination, ou que je représente une autorité de fait, la portée de ces décisions serait diminuée dans la mesure où elles sembleraient répondre à un vœu de ma part... »*

Une longue conversation, qui n'est pas une interview, s'ensuit. La voici, telle que je l'ai consignée le jour même : *« Ferhat Abbas est convaincu, ou tout au moins veut me convaincre, qu'il a été l'objet d'"une mystifica-*

tion". Il me précise qu'il n'en impute pas la responsabilité au général de Gaulle, mais "à certaines personnes qui ont déclaré parler en son nom". Et comme je m'étonne qu'il nie avoir eu le moindre contact avec le gouvernement français, alors que de Gaulle a déclaré : "Je dis maintenant ce que je leur ai fait savoir", il me répond : "Et alors ? Qui voulez-vous que je croie ? Quelqu'un vient et me dit : 'Le général de Gaulle voudrait que vous sachiez que...' Mais quel moyen de contrôle ai-je ? Et si on me montre un document, comment ai-je la certitude que ce n'est pas un faux ?" Il ajoute en riant : "De tous les Français venus de Paris depuis le mois de mai me voir, vous êtes la première qui ne m'ayez pas affirmé être chargée de me transmettre un message. Cela m'en paraît presque inquiétant !" Il redevient sérieux et à nouveau évoque la "mystification" dont il a été victime[116]. »

Sur le moment, ignorant tout de ses échanges avec Abderrahmane Fares et Jean Amrouche, je ne comprends pas à quoi il fait allusion ; je ne sais pas non plus quel est le document qui lui a été montré. Maintenant, il me paraît évident que ce document est la lettre de Georges Pompidou à Abderrahmane Fares, puisqu'une copie certifiée par huissier lui a été envoyée. Et la mystification ? Sans doute a-t-il cru – l'a-t-on laissé croire ou lui a-t-on fait croire ? – que les « points évoqués par le général de Gaulle », en tête desquels venait une déclaration solennelle reconnaissant le droit de l'Algérie à l'autodétermination, correspondaient à des décisions qui allaient être annoncées*.

Toujours est-il que Ferhat Abbas, ce 2 novembre 1958, me semble déçu et personnellement blessé par les termes mêmes dans lesquels le général de Gaulle s'est exprimé : *« Je suis assez grand pour affréter un avion... Je n'ai pas à faire la queue dans une ambassade... »*

---

* On sait que, dès ses premières conversations avec Jean Amrouche et Abderrahmane Fares, de Gaulle évoque le droit de l'Algérie à l'autodétermination et que, dans sa lettre du 9 septembre, Ferhat Abbas le mentionne (*cf. supra*, p. 213).

Le contraste est saisissant entre l'amertume de Ferhat Abbas lorsqu'il évoque la « paix des braves » et la sérénité du général de Gaulle quand, dans l'après-midi du samedi 25 octobre, il apprend que son offre est rejetée. *« Bon, ce n'est pas très grave. Simple péripétie sur le chemin d'une négociation importante. Des choses comme celles-là ne peuvent pas aller toutes seules ni tout droit. Mais ils ont tort. Aux yeux du monde, ils vont faire figure d'emmerdeurs*[117]. » Il ne paraît pas étonné. Preuve supplémentaire que la « paix des braves » est plus un message de paix à l'adresse de l'opinion française et internationale qu'un appel aux « hommes de l'insurrection ».

Restaurer l'autorité de l'État sans laquelle la France ne saurait retrouver son rang reste la préoccupation essentielle du général de Gaulle. La priorité veut donc que les responsables militaires en Algérie n'aient plus la prétention scandaleuse de dicter sa politique au gouvernement. Après Salan, c'est au tour du général Jouhaud, acteur du 13 mai, pied-noir farouchement attaché à l'Algérie française, de bénéficier d'une de ces promotions qui ne réjouissent pas leurs récipiendaires. Il doit en effet quitter le commandement en chef des forces aériennes en Afrique du Nord, où le général Maurice Challe lui succède, pour devenir à Paris chef d'état-major de l'armée de l'air.

Trouver un remplaçant au général Salan est urgent. Ce doit être un économiste, a décidé le général de Gaulle*. Georges Pompidou se met en quête de l'oiseau rare. Il interroge les uns et les autres. Un nom revient à plusieurs reprises, cité par Guy Mollet et Antoine Pinay : Paul Delouvrier. Ce n'est pas un inconnu pour Georges Pompidou – leurs épouses ont tissé des liens amicaux depuis l'avant-guerre –, ni pour René Brouillet, qui fut, en 1940, son

* *« Un économiste va m'arranger tout ça ! »* a-t-il dit le 11 septembre au général Dulac.

« chef d'écurie* » lorsqu'il préparait le concours de l'Inspection des finances.

Paul Delouvrier est un fleuron de l'administration, *« le plus bel animal de sang que de Gaulle ait jamais pris au lasso*[118] *»*, selon François Bloch-Lainé. Par certains côtés, avec sa stature impressionnante, cet homme brillant, père de famille comblé, mû par l'ambition de servir l'État, toujours désireux d'aider les uns et les autres, semble sorti d'une image d'Épinal. À Sciences Po, on le surnommait « l'archange » ! *« Il émanait de lui une impression d'énergie et de dynamisme que sa voix, sa manière de parler amplifiaient... À un membre du gouvernement qui lui dit : "Les fonctionnaires manquent d'imagination", il répond : "Les ministres qui manquent de courage accusent toujours les fonctionnaires de manquer d'imagination*[119]*." »* Un des rares inspecteurs des finances à avoir fait de la résistance armée, c'est un inconditionnel de Jean Monnet, son maître à penser. Il a été son collaborateur au commissariat général au Plan. Il lui doit le poste de directeur de cabinet de René Mayer à la présidence du Conseil, et aussi ses relations amicales avec Guy Mollet. Passionnément européen, il ne pardonne pas à Pierre Mendès France l'échec de la Communauté européenne de défense. Fin 1945, à la lecture des premiers documents des Nations Unies, il prend conscience du mouvement d'émancipation des pays autrefois colonisés. Il n'a pas d'idées très précises sur l'avenir de l'Algérie, mais, depuis un séjour en 1948 à Sétif, où il a accompagné René Mayer, qui en est le député, il est convaincu que son statut de département français est condamné. « Ce n'est pas une affaire de gendarmes ! » rétorque-t-il en novembre 1954 à René Mayer, pour qui « l'envoi en nombre suffisant de gendarmes » devrait mettre fin à toute velléité d'insurrection. « Le problème de l'Algérie, si on ne le règle pas, provoquera la

* Cette désignation hippique du professeur, qui prend en charge un groupe d'étudiants candidats aux grandes écoles ou au concours de l'Inspection des finances, est liée au fait que ceux-ci sont censés s'entraîner pour le « grand galop ».

chute de la République », affirme-t-il en 1955 à Pierre Pflimlin.

Ami de Jacques Chaban-Delmas et de Michel Debré, Paul Delouvrier connaît et admire André Malraux. Mais il n'est pas spécialement gaulliste. En 1947, il refuse, comme Malraux voudrait l'en persuader, d'adhérer au Rassemblement du peuple français. Il décline l'offre que lui fait de Gaulle d'y occuper des fonctions importantes. Il n'a pas gardé un très bon souvenir de cette conversation, la seule qu'il ait jamais eue avec le Général. En 1958, il est partagé. Si les conditions du retour au pouvoir de l'homme du 18 Juin lui « déplaisent », il voit en lui le seul dirigeant capable de « mettre l'armée au pas ».

Dans la dernière semaine d'octobre 1958, à Luxembourg où, à la Haute Autorité de la Communauté européenne du charbon et de l'acier, il dirige la division des finances, Paul Delouvrier reçoit un coup de téléphone de Georges Pompidou : *« Je voudrais vous voir d'urgence. – Faut-il que je prépare un dossier ? – Non, ce n'est pas la peine. Venez le plus vite possible, c'est tout. »*

Le 27 octobre, dans le bureau du directeur de cabinet, il apprend, à sa vive stupeur – *« J'ai l'impression que le ciel me tombe sur la tête »* –, le motif de sa convocation : *« Le Général veut restaurer l'autorité du pouvoir civil en Algérie. Il va vous y envoyer pendant un mois pour recueillir votre avis et vos réactions. Mais il faut que vous le sachiez – il ne vous le dira pas –, cette mission est un test. Il s'agit de savoir si vous êtes capable de remplir les fonctions de délégué général et de succéder au général Salan. Car votre nom a été retenu pour ce poste... À vrai dire, après examen, on n'a trouvé que deux hommes possibles : Pierre Guillaumat et vous, mais Guillaumat a refusé*[120] *! »*

Le soir même, après une rapide entrevue avec le général de Gaulle – *« Allez regarder ce qui se passe en Algérie, je veux le regard d'un œil neuf »* –, Paul Delouvrier est chargé, comme « représentant personnel » du président du Conseil, d'une mission d'information sur la mise en valeur de l'Algérie... *« Il entendra toutes les personnes qu'il jugera bon d'entendre. Il rendra compte à moi-même de l'exécution de sa mission. »*

Dès son arrivée à Alger, il se présente, comme il est normal, au général Salan, qui lui tient des propos lénifiants : *« Tout va bien, maintenant que les Algériens se sont prononcés massivement pour l'Algérie française, car c'est cela, le sens du référendum. Maintenant, il n'y a plus qu'à mettre hors de combat les quelques Kabyles qui se promènent encore dans les djebels. Et, surtout, il faut être impitoyable avec ces hors-la-loi*[121]*... »*

La réalité algérienne ne correspond nullement à cette description. Paul Delouvrier s'en rend rapidement compte*. À quelques jours d'intervalle, d'ailleurs, l'ambassadeur Hoppenot, le général Massu et Mgr Duval font le même constat. Le 15 novembre, le premier, président de la commission de contrôle des élections, informe le général de Gaulle de *« la modification de l'atmosphère régnant en Algérie (...). À la détente qui s'était fait jour dans toutes les couches de la population à l'issue du référendum avait succédé un climat de défiance chez les musulmans et de confusion dans les milieux politiques européens*[122] *»*. À la même date, le commandant du corps d'armée d'Alger alerte le général Salan sur *« la détérioration du climat politique »*. En outre, l'explosion dans l'agglomération algéroise d'une bombe équipée d'un mouvement d'horlogerie lui donne à penser que *« le terrorisme urbain reprend ses procédés les plus odieux et les plus susceptibles de frapper le moral des populations*[123] *»*. Enfin, le 25 novembre, l'archevêque d'Alger *« attire respectueusement l'attention*

* L'état-major d'Alger lui a organisé une sorte de « tournée des popotes ». Selon ses souvenirs, elles se terminent toujours de la même façon : le colonel qui commande le poste lui montre un point à l'horizon : *« "Les fellouzes sont là-bas..." Ils étaient toujours au coin, dans le bois du coin, la montagne du coin. »*

Par ailleurs, grâce aux stagiaires de l'E.N.A., le représentant personnel du général de Gaulle réussit à prendre contact avec des Européens et des musulmans qui, pour les autorités en place à Alger, ne sont pas des interlocuteurs valables.

[du président du Conseil] *sur un des aspects de la situation présente en Algérie, je veux dire sur les souffrances intolérables qui affectent une partie de la population musulmane. (...) Malgré une déclaration solennelle d'un membre du gouvernement, la torture continue d'être pratiquée ; des villages sont détruits, des exécutions sommaires ont lieu ; des personnes disparaissent sans qu'on sache ce qu'elles sont devenues. La jeunesse de France risque de se pourrir lorsqu'on la fait participer à des actions que réprouve la morale. (...) L'honneur de la France est en jeu. Sa mission civilisatrice également : comment cette mission pourrait-elle être assurée par des méthodes qui en sont la négation ?* »

Dans sa réponse datée du 2 décembre, le général de Gaulle reprend à son compte cette crainte : « *Votre Excellence a bien voulu me faire part de Ses* [majuscule dans le texte] *préoccupations devant certains actes de violence qui lui paraissent, à juste titre, la négation de la mission civilisatrice de la France. J'ai à cœur de vous dire que votre lettre a retenu toute mon attention*[124]. »

Pour mettre fin aux exactions, de Gaulle a nommé le 18 août Maurice Patin, président de la chambre criminelle de la Cour de cassation, président de la Commission de sauvegarde des droits et libertés individuels*. Sa confiance

* Pour avertir le président Béteille qu'il est mis fin à sa présidence de la Commission, de Gaulle use d'un argument que l'intéressé n'a certainement pas apprécié. Il lui annonce que le gouvernement, en raison de l'importance qu'il attribue à cette commission, a décidé de nommer à sa tête un président de chambre à la Cour de cassation, ce qui « *aura malheureusement pour conséquence qu'il ne sera pas possible de renouveler votre mission* ». La lettre est adressée à M. Pierre Béteille, conseiller à la Cour de cassation.

Le gouverneur général Delavignette et Maître Maurice Garçon refusent d'appartenir à la nouvelle commission. Leur expérience de la première commission les a convaincus qu'une telle structure était dépourvue de toute efficacité. Pour que la commission, écrit Maurice Garçon, ait une autorité réelle, il faudrait qu'elle dispose de pouvoirs « *légalement inconcevables* », qu'elle puisse entendre les témoins sous la foi du serment, qu'elle puisse perquisitionner – bref, tous les pouvoirs de la justice... (lettre du 29 juillet).

dans ce magistrat qui a la réputation d'être le plus grand criminaliste français est totale. Il a hautement apprécié son rôle dans la remise en ordre de l'appareil judiciaire à la Libération. Il compte sur lui pour effectuer une tâche analogue en Algérie : ramener la justice aux normes démocratiques. « [Je n'ai accepté, écrit Maurice Patin au gouverneur général Delavignette] *que par devoir et je vais essayer de faire de mon mieux, sans méconnaître les difficultés auxquelles j'aurai à faire face*[125]. »

Sous son autorité, il n'est pas de jour que la Commission ne se manifeste soit auprès du gouvernement*, soit surtout auprès des autorités d'Algérie. Qu'il s'agisse d'exécutions sans jugement, de tortures, le président Patin demande impérativement soit au général Salan, soit au général commandant la gendarmerie, qu'il soit procédé à une enquête « urgente » – il souligne l'adjectif.

Trois exemples méritent d'être relatés, tant ils témoignent de son impuissance – et par conséquent de celle du général de Gaulle et du gouvernement – à rétablir la légalité en Algérie.

Tous les autres membres de la commission Béteille acceptent la poursuite de leurs fonctions. L'ambassadeur André François-Poncet le fait, le 2 août, avec une certaine ironie : « *Je ne demande pas mieux que de continuer à défendre les droits et libertés (...), bien que j'aie cru comprendre, en écoutant M. Malraux, qu'il n'y avait plus d'actes répréhensibles depuis l'accession au pouvoir du général de Gaulle* » (A.N., F^{60} 3124).

* Le 10 octobre, il signale au garde des Sceaux, Michel Debré, que, par voie de grâce, les condamnations prononcées contre des Algériens avant 1958 devraient être révisées. Un certain nombre de ces condamnés devraient être libérés ou simplement placés dans des camps d'internement. Le 24 novembre, il lui fait part de son inquiétude : certains juges d'instruction continuent, à la demande des autorités, à délivrer des mandats d'arrêt dans des « *conditions d'une légalité douteuse contre des musulmans demeurant en France en vue de permettre leur transfert et leur internement en Algérie. Cette pratique, ainsi que je l'ai signalé à M. le Ministre de l'Intérieur et à M. le Ministre des Forces armées, est cependant devenue indéfendable depuis que l'ordonnance du 7 octobre 1958 permet l'internement des suspects sur le territoire métropolitain. Je me permets de vous demander de bien vouloir veiller (...) à ce que ces magistrats (...) se conforment désormais d'une manière plus rigoureuse aux dispositions de la loi* ». (Nous n'avons pas trouvé trace d'une réponse à cette lettre.)

Ainsi, la protestation du président Patin auprès du général Olié contre des exécutions sommaires, mettant en cause la responsabilité du capitaine responsable du C.R.A. (Centre de renseignement et d'action), lui vaut pour toute réponse un plaidoyer non dépourvu d'insolence en faveur de cet *« officier de très grande valeur (...) qui a délivré Constantine du joug de la terreur*, au prix d'une tâche écrasante, en prenant bénévolement, pour le salut de la cité, des responsabilités que personne n'aurait eu le courage d'assumer à sa place »*. Et le général Olié de s'interroger : *« Aurait-il été pensable, en avril 1958, que cette ville pût être choisie par le chef du gouvernement pour venir exposer en toute sécurité le 3 octobre 1958, devant des milliers de personnes, son plan de rénovation de l'Algérie ? »* Bien qu'elle ait retenu tout particulièrement l'attention de René Brouillet, qui en a saisi le général de Gaulle, l'affaire en reste là...

Deux autres interventions du président Patin concernent des faits qui se sont déroulés, en bordure du Sahara, depuis l'arrivée au pouvoir du général de Gaulle. L'une vise des exécutions sommaires, l'autre mentionne aussi des tortures particulièrement atroces sur *« de malheureux rebelles capturés (électricité, eau froide, brûlure, palan, écartèlement à l'aide de deux camions se dirigeant en sens contraire) »*. La responsabilité de ces actes est imputée respectivement au commandant du D.O.P.** à Colomb-

---

* Selon le général Olié, au printemps 1958, *« les attentats se chiffraient en moyenne à une grenade par jour. Les victimes, de tous âges, appartenaient à toutes les confessions et toutes les classes de la société, généralement les plus humbles. Constantine était une ville morte comme le fut Alger avant que le ministre résidant eût confié à l'armée la lourde tâche d'y rétablir l'ordre et la paix »*.

** Les détachements opérationnels de protection ont été conçus durant l'été 1956. Leur objet est d'accroître l'efficacité des services de renseignement et d'épargner à l'ensemble de l'armée les interrogatoires de suspects puisque ceux-ci doivent leur être réservés. À l'intérieur de l'armée, ils disposent d'une autonomie puisqu'ils dépendent directement d'une direction centrale à Alger. Depuis leur création, leur nombre est en augmentation constante (*cf. La République des Tourmentes*, t. III, p. 197, et surtout Raphaëlle Branche, *La Torture et l'armée pendant la guerre d'Algérie*, Paris, 2001, Gallimard, pp. 194 et suivantes).

Béchar et au commandant d'un détachement de la compagnie saharienne. La communauté des Petits Frères de Jésus a dénoncé ces crimes au général de Gaulle. Les deux enquêtes, confiées au capitaine Ricatte, concluent à leur inexistence. La première est transmise à Maurice Patin avec les annotations du général Delpierre, commandant l'Ouest saharien, sur la *« position antifrançaise »* des religieux, et avec ce commentaire du général Salan : *« Ainsi que vous le constatez, les témoignages recueillis permettent de rejeter les accusations portées contre les officiers mis en cause par les dénonciations. »* Le président de la Commission n'est pas dupe, mais que peut-il faire ? *« Il me paraît incontestable,* écrit-il le 2 décembre au général de Gaulle, *que le capitaine Ricatte n'a nullement éclairé* [les faits sur lesquels il était censé enquêter]. *Il semble bien, en réalité, que le capitaine (...) ait habituellement recours à des procédés inhumains. Eu égard aux positions prises par le général Salan et le général Delpierre, et en considération aussi de la date éloignée des faits et des difficultés que présenterait une nouvelle enquête, je ne crois pas devoir y faire procéder... »* Il suggère d'affecter le responsable du D.O.P. de Colomb-Béchar *« à d'autres fonctions*[126] *».*

Lorsqu'il reçoit les conclusions de la seconde enquête, le président Patin décide d'inviter le général Morin, commandant la gendarmerie d'Algérie, à faire procéder à une contre-enquête par un officier supérieur. Le colonel Ourta, qui en est chargé, conclut à la réalité des faits. Et Maurice Patin d'écrire au général de Gaulle : *« Cependant, j'émets l'avis qu'il ne serait pas opportun de requérir dans cette affaire l'ouverture d'une information judiciaire qui ne pourrait être conduite que dans des conditions très difficiles. En fait, le capitaine (...) a été récemment affecté à un autre poste... En outre, l'enquête effectuée sur mon injonction par un officier supérieur de la gendarmerie aura à elle seule revêtu un effet d'exemple suffisant. Dans ces conditions, cette affaire me paraît pouvoir être considérée comme close*[127]*. »*

À la lecture des réponses faites aux requêtes et injonctions du président Patin, il apparaît évident que le général de Gaulle, s'il a obtenu le départ des militaires des comités de salut public, n'a pas pour autant rétabli l'autorité de l'État en Algérie.

Le général de Gaulle en est conscient. Les élections législatives, qui se déroulent en Algérie du 28 au 30 novembre lui en apportent la démonstration*.

Antoine Dupont-Fauville : *« Dans l'automne 1958, au cours d'une de mes permanences à l'hôtel Matignon, le Général – je suis dans un bureau voisin du sien – veut parler au général Salan. J'obtiens la communication téléphonique, mais je suis incapable de la passer au Général. Je frappe à sa porte, lui explique la situation, il m'engueule et vient prendre le téléphone. Il me fait signe que je peux rester. Je l'entends encore : "J'apprends que vous répercutez mes instructions dans le sens inverse de ce qu'elles sont. Je vous rappelle que je suis le pouvoir légal et légitime." Et il raccroche*[128]*. »* Cette injonction ne modifie en rien le comportement du commandant en chef.

Il est ainsi pratiquement impossible d'être candidat sans l'autorisation des autorités militaires. Avec la conscience du devoir accompli, le général Salan raconte dans ses *Mémoires* comment il donne – ou refuse – son accord à la constitution d'une liste[129]. De son côté, le général Massu informe un candidat qu'il ne le soutiendra pas. Devant l'ironie de l'intéressé – *« Vous ne votez pas dans ma circonscription ! »* –, le commandant du corps d'armée d'Alger hausse le ton : *« Monsieur, nous vous combattrons parce que nous ne voulons pas avoir au Parlement des hommes qui défendent les idées que nous pourchassons dans les djebels*[130]*. »*

La « véritable compétition », à laquelle de Gaulle attachait « une extrême importance », est donc condamnée par les autorités militaires qui, plus ou moins ouvertement

* Elles commencent en effet dans les douars les plus reculés et se terminent dans les villes. C'est un scrutin de liste à un tour, alors qu'en métropole il est à deux tours.

(plutôt plus que moins), soutiennent les candidats de leur choix*.

Louis Terrenoire, en charge depuis le mois de juin de la direction de l'information à la radiotélévision, le constate : *« En dépit des directives du 14 octobre, les coutumes "électorales" de l'Algérie sont restées à peu de chose près ce qu'elles ont toujours été depuis qu'avec ou sans collège unique, Européens et musulmans sont appelés à voter (...). Si les élections sont libres, on ne peut pas en dire autant des candidatures*[131]. »

L'ancien ministre Alain Savary, qui avait démissionné du gouvernement Mollet après le détournement de l'avion d'Ahmad Ben Bella, part pour l'Algérie. Il a décidé de s'y présenter et de faire campagne pour la transformation du *« combat militaire en combat politique »*. Huit jours plus tard, il renonce : *« Le fonctionnement du système démocratique n'est pas possible aujourd'hui en Algérie*[132]. » Le député-maire d'Alger, Jacques Chevallier, « privé » de sa mairie au lendemain du 13 mai – il n'a pas été invité au Gouvernement général lors du premier voyage du général de Gaulle à Alger ! –, juge qu'il n'a pas d'autre choix que l'abstention.

Les notables algériens, partisans certes de l'indépendance, mais aussi du maintien des liens avec la France, refusent de se présenter, convaincus que ces élections seront truquées. C'est le cas d'Abderrahmane Fares, qui a supplié de Gaulle de renoncer à cette consultation électorale. C'est aussi, malgré l'insistance du Général, celui d'Abdelkader Barakrok, un ancien secrétaire d'État à l'Algérie**.

---

* C'est le cas à Bône, où la commission de contrôle a eu connaissance *« d'instructions secrètes du général Vanuxem prescrivant de faire voter pour la liste Portolano* [soutenue par le Comité de salut public] *contre sa seule concurrente sérieuse, la liste Borra (socialiste) »* (télégramme du 21 novembre du président de la commission de contrôle à René Brouillet, C.A.O.M., CGA 82 F/880 et 881).

** En 1956, Abdelkader Barakrok, délégué à l'Assemblée algérienne, fait partie d'une délégation d'élus musulmans reçus par Guy Mollet. Ils veulent se démarquer de l'hostilité que lui ont manifestée les activistes d'Alger. C'est aussi, semble-t-il, avec l'aval du F.L.N. qu'il accepte de faire partie du

Dans son ensemble, la population musulmane se désintéresse de ce scrutin. Elle n'en attend rien et, dans la mesure où cela lui est possible, elle s'en tient à l'écart. De Gaulle conserve un prestige réel chez nombre de musulmans, mais l'échec de la « paix des braves », la poursuite des opérations de maintien de l'ordre, les pressions qu'ils subissent de la part des Français aussi bien que du F.L.N. leur ôtent toute envie de jouer un rôle dans la nouvelle consultation. Beaucoup ne comprennent pas pourquoi, après le référendum, il leur faut à nouveau voter. D'ailleurs, dès la première réunion de la commission de contrôle, le président Hoppenot constate l'absence de plusieurs de ses membres musulmans. Et, le jour des élections, le taux des abstentions frôle les 36 %. À Philippeville, il atteint 50 %. La population féminine, empressée de voter lors du référendum, s'est massivement abstenue.

Sur les cinquante-trois listes enregistrées, cinq seulement laissent entendre que l'intégration n'est peut-être pas la seule solution. Dans trois des dix-huit circonscriptions de l'Algérie, une liste unique s'offre aux électeurs : elle est patronnée par les comités de salut public et aussi le « cartel », qui groupe un ministre en exercice (Jacques Soustelle), un ancien président du Conseil (Georges Bidault) et deux anciens ministres (Roger Duchet, André Morice)*.

Au lendemain des élections, le général Salan se réjouit : *« Nous sommes très détendus et conscients d'avoir franchi un pas*[133]. » Le président Hoppenot et les membres de la

---

gouvernement Bourgès-Maunoury. En mai 1957, il vient pour la première fois à Paris pour occuper le poste de secrétaire d'État à l'Algérie. Fin 1957, il rencontre secrètement à l'hôtel La Pérouse le général de Gaulle, qui veut connaître l'état d'esprit de l'« Algérie des profondeurs ». En septembre 1958, de Gaulle le reçoit et le charge des futurs contacts avec « ceux d'en face » : *« L'Algérie sera un jour indépendante. Dites à ceux d'en face que je ne peux pas mettre mon pays à feu et à sang en le déclarant publiquement... »* (Sadek Sellam, « Abdelkader Barakrok (1915-2006), ancien secrétaire d'État à l'Algérie », *Guerres mondiales et conflits contemporains*, 2007/2, n° 225, pp. 133-142.)

* Ils agissent au nom de l'U.R.S.A.F., l'Union pour le renouveau et le salut de l'Algérie française, dont Jacques Soustelle a été le fondateur au printemps 1956 (*cf. La République des Tourmentes*, t. III, p. 645).

commission de contrôle sont aussi « préoccupés » qu'ils avaient été « positifs » après le référendum. *« Nous savons,* dit Jean-Jacques de Bresson, secrétaire général de la commission, *que les élections n'ont pas été réellement libres*[134]. *»* Le télégramme que le président Hoppenot adresse à Paris pour informer de leurs résultats commence et se termine par un constat d'échec : *« D'une manière générale, la journée d'hier a vu le succès des listes patronnées par les autorités (...). Il convient d'ajouter que, dans les grands centres, les procédés mis en œuvre par les listes concurrentes et certaines interventions trop visibles des autorités ont produit sur les observateurs une impression pénible dont la presse française et étrangère se fera sans doute l'écho plus ou moins discret. Fin*[135]. *»*

Souvent considérées comme un épisode sans importance, ces élections de novembre 1958 marquent, tout comme celles de 1948, une station dans le chemin de croix de l'Algérie et de la France. En 1948, le trucage des élections a fourni un argument irréfutable aux tenants du recours aux armes, et leur a permis de prendre le pas sur les partisans d'une évolution légale*. En 1958, parce qu'elle interdit aux modérés de s'exprimer, la consultation électorale semble assurer la représentativité du peuple algérien au F.L.N., à ses éléments les plus radicaux.

Mais, pour le général de Gaulle, la partie n'est pas jouée : *« Si les choses vont mieux, on pourra recommencer les élections l'année prochaine. Il faut que les gens parlent d'autre chose que de la guerre, il faut leur donner d'autres points d'intérêt. Il y a la mise en valeur. On remplacera les militaires par des civils, fin décembre. J'essaie de leur donner la démocratie. Ils y viendront très lentement. On ne pouvait guère espérer mieux la première fois*[136]. *»*

---

* *« Tout n'était pas joué après Sétif ; après les élections de 1948, c'est fini... »* Ferhat Abbas n'est pas le seul à faire une telle analyse. (Sur les élections de 1948, *cf. La République des Tourmentes*, t. II, *op. cit.*, pp. 448-452.)

C'est à la veille des élections que prend fin la mission de Paul Delouvrier en Algérie. Le « représentant personnel » du général de Gaulle a pris conscience de l'importance du million de pieds-noirs. Il est plus que jamais convaincu de l'inévitable décolonisation, mais reconnaître l'indépendance d'un pays qui compte une telle population européenne pose un *« problème intellectuellement insoluble »*. Il a constaté qu'en dépit de l'amélioration de la situation depuis une année, *« l'insécurité demeure* * *»*. Il est frappé de découvrir, dans l'ensemble de la population musulmane, attentisme, complicité avec la rébellion, confiance en la personne du général de Gaulle. Il n'a pas été étonné de noter, parmi la population européenne et au sein de l'administration, une égale et profonde méfiance à l'égard de Paris. *« Le régime militaire et policier répond aux vœux des Européens, gros et petits. »* Il est plus nuancé vis-à-vis de l'armée, elle aussi *« inquiète de Paris »*. S'il rend hommage au travail qu'elle effectue dans le bled, il a été « horrifié » par sa conversation de deux heures avec le colonel Lacheroy**.

Dès son retour à Paris, Paul Delouvrier est reçu, le 29 novembre, par le général de Gaulle. Interrogé sur ce qu'il « ramène de sa mission », il hésite et « se jette à l'eau ». Tout de go, il déclare : *« Mon général, ma conclu-*

* Dans son « bulletin de renseignements mensuel » du mois de septembre, le 2e Bureau de la 10e région militaire note : *« Le Front a perdu la bataille* [du référendum], *mais son armée en sort intacte, il n'est pas encore défait »* (S.H.A.T., H1 2713).

** Paul Delouvrier a eu droit à un véritable cours sur la guerre psychologique. Le chef du 5e Bureau, après lui avoir expliqué l'indispensable mise en condition de la population, la fabrication de listes électorales composées de « bons musulmans », a balayé d'un mot ses réserves : *« Sans la guerre subversive, vous serez écrasés ! »* Paul Delouvrier lui avait fait remarquer que si la guerre subversive niait les symboles de la République au nom desquels le combat était mené, celui-ci n'avait plus de sens (interview recueillie par Odile Rudelle, déjà citée). Le « représentant personnel du général de Gaulle » arrive ainsi à la même conclusion que le colonel Buis. Celui-ci, dans sa lettre du 1er juillet au général Catroux (*cf. supra*, p. 199), exprimait sa crainte devant le maintien en place des activistes : *« Le gouvernement et le grand Charles risquent, demain, de ne plus avoir l'armée derrière eux et, au mieux, d'avoir affaire à une armée profondément divisée »* (document déjà cité).

sion est que l'Algérie sera indépendante... » De Gaulle ne semble pas choqué par cette éventualité. Sans sourciller, négligemment, il laisse tomber : « *Peut-être... mais dans vingt ans. – Mon général, vous ne pouvez pas me dire qu'elle sera indépendante demain, même si vous le pensez. Il suffit que vous l'imaginiez comme telle dans vingt ans pour que je puisse continuer mon rapport. Sinon, cela ne vaudrait pas la peine. – Continuez !* »

Alors Paul Delouvrier évoque la situation économique, caractérisée par un « *déphasage grandissant entre l'action sociale, sanitaire, sportive et l'effort économique qui est quasi nul** ». Il trace surtout un tableau des plus noirs de la situation militaire. Il ne mâche pas ses mots sur le commandant en chef : « *C'est un trouillard, qui ne prend jamais l'avion**... Quand on l'interroge comme je l'ai fait, quand on lui parle de l'insécurité, de la rébellion, quand on lui dit qu'il ne tient pas son affaire en main, que le 5e Bureau mène tout, il ne sait que répondre : "Il faut rester... L'Algérie est française... Le référendum a été gagné... Qu'on me donne les moyens dont j'ai besoin, que la justice exécute les condamnés, et tout rentrera dans l'ordre... S'il y a des problèmes, c'est parce que l'on ne veut pas appliquer les règles de la guerre révolutionnaire*[137]*."* »

* Le bilan que fait Paul Delouvrier est « *essentiel à plus d'un titre : véritable audit de la situation sur tous les "fronts"* » (Hervé Lemoine, « Paul Delouvrier et l'Algérie », dans *Paul Delouvrier, un grand commis de l'État*, sous la direction de Sébastien Laurent et Jean-Eudes Roullier, Paris, 2005, Presses de Sciences Po, pp. 41 et suivantes).

** Effectivement, depuis que sa femme et lui ont failli périr dans un accident d'avion en Indochine, l'épouse du commandant en chef interdit à son mari de prendre l'avion ; elle ne supporte pas l'idée que leur fille puisse être orpheline. Et le général Salan se refuse à emprunter la voie des airs, ce qui ne facilite pas l'exercice de ses fonctions, constate son adjoint le général Dulac. Mais, lorsque le général de Gaulle se déplace en Algérie, le délégué général est bien obligé de l'accompagner et de prendre place à bord de l'avion du président du Conseil. Alors, toujours selon le général Dulac, « *c'est un cirque incroyable. À chaque étape, l'aide de camp doit téléphoner à Mme Salan pour la rassurer sur le sort de son mari...* » (interview recueillie par Odile Rudelle, le 8 décembre 1977, Archives d'histoire contemporaine, Centre d'histoire de Sciences Po).

De Gaulle, qui n'a pas émis le moindre commentaire, clôt l'audience : *« Eh bien, mettez-moi tout ça par écrit... »*

Mais le rapport que rédige aussitôt Paul Delouvrier porte exclusivement sur les problèmes économiques. Il craint – cela pourrait compliquer sa tâche future en Algérie – que ses jugements particulièrement abrupts sur le commandement militaire et la guerre psychologique ne tombent entre les mains de leurs partisans : il s'en trouve parmi les collaborateurs du président du Conseil...

Cinq jours plus tard, de Gaulle l'appelle au téléphone : *« Eh bien, voilà ! Vous allez venir avec moi à Touggourt... Tout le monde vous verra derrière moi. Et ils comprendront. Salan comprendra. Il faut qu'il s'en aille dignement... Et vous le remplacerez ! – Mon général, je ne suis pas de taille ! – Vous grandirez ! – Ce n'est pas raisonnable, je n'ai jamais dépassé le grade de lieutenant, j'ai des connaissances économiques, j'ignore tout du maintien de l'ordre... Si j'ai vécu avec des hommes politiques, je n'ai jamais eu de responsabilité politique directe dans le gouvernement des hommes. – Un général sera chargé du maintien de l'ordre. Il le faut, puisqu'il y a une guerre là-bas. Mais vous serez le pouvoir civil et vous aurez autorité sur le pouvoir militaire*. – Mon général, quel est le sens d'avoir l'"autorité sur le pouvoir militaire" ? – Eh bien, c'est le sens du commandement quand on le prend ! »*

C'est ainsi que Paul Delouvrier apprend sa nomination comme délégué général en Algérie.

Le 6 décembre, dans l'avion qui les ramène d'Algérie, le général de Gaulle laisse entrevoir à Paul Delouvrier les méandres apparents de sa politique : *« Est-ce que vous connaissez Michel Debré ? – Oui, mon général, très bien. – Vous vous entendez bien avec lui ? – C'est un vieil ami, mon général. C'est un homme que j'estime profondément. M'entendre avec lui, c'est autre chose, je ne partage pas*

* Paul Delouvrier est formel : le général de Gaulle a bien parlé du « pouvoir militaire », alors qu'il s'était insurgé contre cette expression (*cf. supra*, p. 190). Sans doute le fait-il intentionnellement pour dénoncer le rôle que l'armée en Algérie s'attribue et qui est contraire à sa mission.

*toutes ses idées... – Oui, oui, je vous demande cela parce que vous allez prendre des responsabilités en Algérie et que Michel Debré sera mon Premier ministre, quand les formalités avec M. Coty seront terminées**. *– Ah, mon général, c'est assez remarquable de prendre pour Premier ministre un partisan déclaré de l'Algérie française. Vous allez me mettre et le mettre dans une situation impossible... – C'est mon affaire*[138] *! »*

Dans la matinée du 19 décembre, le général Salan, nommé deux jours auparavant inspecteur général de la Défense, quitte Alger, où son successeur Paul Delouvrier est attendu dans l'après-midi.

C'est un commandant en chef profondément amer qui quitte l'Algérie**. Son amertume atteint un point culminant sept semaines plus tard, lorsque, le 7 février, l'inspection

* Il est plaisant de noter que, pour le général de Gaulle, son élection à la présidence de la République se réduit à une formalité...

** Le déroulement du procès des auteurs de l'attentat au bazooka a ulcéré le général Salan. Son ouverture est fixée le 24 juillet devant le tribunal militaire qui siège, à Paris, à la caserne de Reuilly. Mais, le jour même, l'affaire est renvoyée *sine die* et les accusés mis en liberté provisoire. Le docteur René Kovacs a fait son entrée sur une civière ; son avocat, Jean-Louis Tixier-Vignancour, plaide que l'état de santé « désespéré » de son client le rend incapable de se défendre. Lorsque le procès reprend, le 18 août, Kovacs n'est pas là : il a dû être opéré d'urgence d'une appendicite aiguë. Comme il est l'« âme du complot », le tribunal à nouveau renvoie l'affaire. Le 6 octobre, troisième et dernière reprise du procès. Kovacs n'est toujours pas là : la veille, déjouant la surveillance de la police, il a quitté la clinique de Troyes où il était hospitalisé et a gagné l'Espagne. Le procès se termine le 15 octobre par la condamnation à des peines de travaux forcés (de cinq à dix ans) des inculpés présents. Quant au docteur Kovacs, il est condamné à la peine de mort par contumace. Jusqu'à sa mort – en 2010 –, il devait mener une vie paisible en Espagne.

Aux yeux du général Salan, ce « simulacre » de procès est l'œuvre du garde des Sceaux, Michel Debré. Que Michel Debré n'ait pas souhaité la tenue de ce procès, où les accusés auraient tout fait pour l'impliquer, est hautement vraisemblable. Cela ne prouve pas pour autant que Michel Debré ait été l'instigateur de l'attentat.

En fait, le procès du bazooka ne révèle rien sur l'attentat qui a visé le commandant en chef en Algérie (*cf. La République des Tourmentes*, t. III, *op. cit.*, pp. 547-563).

générale de la Défense, poste créé à son intention, est purement et simplement supprimée par un nouveau décret. En dépit des bonnes paroles que lui prodigue de Gaulle, Salan doit constater qu'il se retrouve *« dans une retraite honorifique sans plus »*.

Durant le dernier trimestre de sa présence en Algérie, de Gaulle et lui se sont livrés à un véritable concours d'hypocrisie, qui connaît son apogée à la fin de novembre. Le délégué général en prend l'initiative. Le 22 novembre, il envoie au président du Conseil une lettre manuscrite :

« Mon Général,

« Permettez-moi de vous adresser très respectueusement tous mes vœux pour votre anniversaire.

« Reconnaissant de ce que nous vous devons, nous souhaitons ardemment vous voir conserver en vos mains les destinées de la France.

« Vous seul pouvez la conduire à la grandeur.

« En fils disciplinés, nous sommes tous ici à vos ordres pour le brillant avenir de la Patrie... »

Sur tous les terrains, y compris celui du jésuitisme, de Gaulle est le plus fort. Tout dans le comportement du général Salan l'insupporte*. Or, le 25 novembre, en le remerciant de ses vœux, il lui affirme avoir été *« vivement touché par l'attention que vous avez eue à l'occasion de*

---

* Ses annotations manuscrites sur la note de synthèse que Salan remet à Paul Delouvrier et au général Challe – il en adresse copie au général de Gaulle – en témoignent. Devant le paragraphe où l'ancien délégué général déplore l'insuffisance et l'instabilité des effectifs, de Gaulle écrit : *« Il a tort de se plaindre. Alexandre conquit le monde, César la Gaule, Napoléon l'Europe, avec moins que cela ! »* Quand Salan évoque les « liens définitifs » entre la France et l'Algérie, de Gaulle souligne l'expression et écrit : *« Si les liens actuels sont définitifs, pourquoi crier "intégration" ? S'il faut d'autres liens, dire lesquels. De toute manière, quels liens proclamés ont fait, font et feront la guerre ? Et quels liens et actions l'ont déclenchée ? »* Lorsque Salan prévoit que l'Algérie va devenir complémentaire de la métropole et non s'acheminer vers une petite autonomie économique, de Gaulle : *« Hélas, elle ne s'y achemine pas, elle y est pour le profit de quelques-uns et la misère d'un grand nombre. »* Quand Salan souhaite que règne sur cette terre algérienne une justice absolue, de Gaulle souligne l'expression : *« Il est temps qu'il le croie ! »* À deux reprises, il se contente de marquer simplement en face des paragraphes une seule appréciation : *« Verbiage »* (A.N., SOL/75).

mes soixante-huit ans. À cet âge, un anniversaire est aussi un avertissement.

« Votre lettre me donne toutes raisons de vous redire, sur le plan de l'amitié, que j'apprécie à sa très haute valeur l'œuvre de commandement que vous avez accomplie en Algérie... Je vous rends de tout cœur ce témoignage que vous avez parfaitement bien servi et que vous m'avez aidé moi-même le mieux qu'il vous était possible. Je ne vous tiens pas seulement pour un féal de très grande qualité, mais pour mon compagnon et ami... »

Étant dupe – ou feignant de l'être – de ces bonnes paroles, pourtant ambiguës (féliciter un subordonné d'avoir fait du mieux qu'il lui était possible n'est pas forcément un compliment), Salan, le 28 novembre, prend à nouveau sa plume :

« Mon Général,

« Votre lettre m'a profondément touché. Elle représente pour moi la plus belle des récompenses.

« Venant de vous, c'est le plus beau gage de confiance que je pouvais recevoir de celui qui incarne aux yeux du Peuple, de la France et de l'Armée le sauveur de la Patrie... »*

Jusque sur le plan épistolaire, le style de Paul Delouvrier n'a rien de commun avec celui de son prédécesseur à Alger. Le 12 décembre, en quelques lignes manuscrites, il remercie le Général de sa confiance. Il espère, sous son commandement, *« contribuer à terminer ce drame algérien dans le respect des intérêts de la France et de l'Occident... Je sens le poids des responsabilités qui vont peser sur mes épaules... Je suis fier d'occuper ce poste que je n'ai pas sollicité*[139]*. »*

Il ne reçoit qu'un ordre oral du général de Gaulle : *« Ne dites jamais "Vive l'Algérie française !" »*, et une consigne

* Dans ses *Mémoires*, le général Salan publie les lettres reçues du général de Gaulle, mais ne fait pas état de celles manuscrites qu'il lui a envoyées. Elles se trouvent aux Archives nationales (SOL/75).

écrite : « *Vous êtes la France en Algérie. La France, son but, son autorité et ses moyens... La volonté du gouvernement est que l'Algérie, à travers les épreuves et malgré les retards, se révèle peu à peu dans sa réalité profonde grâce à l'action menée par toute la France. À ce titre, il vous faut pacifier et administrer, mais en même temps transformer*[140]*...* »

Avec le général Challe, nommé commandant en chef en Algérie, de Gaulle n'est guère plus explicite : « *Nous n'allons pas vraiment perdre ou gagner cette guerre. Il s'agit de s'arranger pour gagner la paix*[141]. » Le général Challe n'en demande pas plus. Il s'indigne à l'idée que Paul Delouvrier puisse voir en lui un nouveau Salan : « *Vous ne me connaissez pas ! Je suis un vieux gaulliste. J'ai fait de la résistance dans le Massif central. Mon métier est de faire la guerre. Je ne fais pas de politique...* »

À la veille de leur départ pour leur affectation, le général de Gaulle invite à déjeuner les nouveaux responsables de l'Algérie avec leurs épouses. Mme de Gaulle et Georges Pompidou sont présents. René Brouillet et sa femme arrivent en dernier, ce qui leur vaut d'entendre de Gaulle s'écrier : « *Brouillet, j'ai failli attendre !* » Le président du Conseil se tait. Son regard se pose sur chacun de ses invités : « *Toute l'Algérie est là !* » Un instant de silence, puis il reprend : « *Ah non, il manque Ferhat Abbas*[142] *!* »

CHAPITRE IV

Faire du neuf avec de l'ancien

> *« Avant même que les institutions rénovées fussent mises en vigueur (...), pendant les quelque sept mois où le général de Gaulle fut président d'un gouvernement de transition, les grandes options furent définies qui devaient commander pendant dix ans notre action au-dehors ; tout fut en quelque sorte mis en place*[1]*... »*
>
> Il n'est pas besoin de faire table rase du passé pour jeter les jalons d'une nouvelle politique.

Sans attendre de s'installer à l'hôtel Matignon et d'entrer réellement en fonction, le général de Gaulle marque de son empreinte la politique étrangère.

Le 2 juin, en effet, il télégraphie au président Bourguiba son intention de régler avec lui, s'il en est d'accord, *« les difficultés actuelles entre nos deux pays et les conditions de leurs bons rapports pour l'avenir*[1] *»*. Le lendemain, avec l'agrément du président Bourguiba et la bienveillance de Washington, il obtient l'ajournement à quinze jours du débat demandé par la Tunisie au Conseil de sécurité des Nations Unies. Par un échange de lettres, le 17 juin, les gouvernements français et tunisien mettent fin à la crise ouverte par le bombardement de Sakiet Sidi Youssef. Hors de la base stratégique de Bizerte, qui doit faire l'objet d'un examen ultérieur, le retrait total des troupes françaises de Tunisie est programmé selon un calendrier de quatre mois. Toutes les mesures prises par le gouvernement tunisien pour restreindre l'activité des forces françaises sont levées[1]. Les relations diplomatiques reprennent un cours normal, avec le retour à leur poste des ambassadeurs.

Dans le même temps, de Gaulle veille aussi à l'apaisement avec le Maroc*.

À peu de chose près, la convention signée avec la Tunisie le 17 juin reprend l'essentiel des propositions préconisées par les « bons offices** ». Mais elle en diffère sur un point crucial : elle exprime la volonté de la France. Ainsi, dans sa première démarche diplomatique en tant que président du Conseil, de Gaulle met en application ce principe fondamental de sa politique étrangère : *« La France ne fera que ce qu'elle a décidé de faire[2]... »*

Pour rendre son rang à la France, pour assurer son indépendance, ce qui est la finalité de toute son action, de Gaulle doit lui donner les moyens de la puissance. Or en est-il d'autres, en ce milieu du XXe siècle, que la possession de l'arme atomique ? Sa fabrication est en cours en mai 1958***. Mais, avec le retour aux affaires du général de Gaulle, elle change d'identité. Telle qu'elle était prévue sous les précédents gouvernements, l'arme

---

* Bien que, dès le 14 juin, un accord ait été conclu entre Paris et Rabat sur l'évacuation par l'armée française de certains postes au sud et à l'est du pays, le roi du Maroc se dit « étonné » que la Tunisie ait déjà obtenu, elle, un règlement total : les liens « d'amitié et de confiance » du Maroc avec la France sont cependant bien supérieurs à ceux qui existent entre Paris et Tunis (*Documents diplomatiques français, 1958*, t. I, *op. cit.*, p. 809).

** Après le bombardement de Sakiet Sidi Youssef, le 8 février 1958, le gouvernement français accepte le 18 février, cinq jours après que la Tunisie a donné son accord à une médiation américaine, les « bons offices » proposés par Washington et Londres.

*** Le principe de sa construction a été décidé le 24 décembre 1954 par Pierre Mendès France (*cf. La République des Tourmentes*, t. I, p. 257). Elle est lancée en 1955 par Edgar Faure, alors président du Conseil. En avril 1958, à la veille de la chute de son gouvernement, Félix Gaillard fixe la date de sa première explosion : *« à partir du premier semestre 1960 »*.

atomique produite en France était européenne*. Elle devient française.

Dès le 17 juin, lors de la première réunion du Comité de Défense nationale de son gouvernement, de Gaulle met un terme à toute collaboration nucléaire à des fins militaires avec des États étrangers, que ce soit la République fédérale d'Allemagne, l'Italie ou Israël[3]. Bonn et Rome en sont avertis et ne peuvent que s'incliner. Il n'en est pas de même à Tel-Aviv : à l'insu du général de Gaulle et contre sa volonté, la coopération nucléaire en vue de doter Israël de l'arme atomique se poursuit**.

---

* C'était, depuis 1954, la position constante de la France. Dans une note du 11 septembre 1954, l'état-major de l'armée affirme : *« Il est indispensable que la France devienne puissance atomique, mais elle ne peut porter seule le fardeau d'un tel armement... La solution serait la création d'une force atomique européenne intégrée. »* Sa réalisation est mise en route par Jacques Chaban-Delmas, alors ministre de la Défense dans le gouvernement Gaillard. Les 25 novembre 1957 et 8 avril 1958, il signe avec ses homologues allemand et italien deux protocoles secrets portant notamment sur *« les applications militaires de l'énergie nucléaire »* et sur le financement de la production d'uranium enrichi prévue en France, assuré à 45 % par la France comme par la République fédérale d'Allemagne, les 10 % restants étant à la charge de l'Italie (Colette Barbier, « Les négociations franco-germano-italiennes en vue de l'établissement d'une coopération militaire nucléaire au cours des années 1956-1958 », *Revue d'histoire diplomatique*, 1990).

** C'est par Maurice Couve de Murville que le général de Gaulle est informé de ces coopérations nucléaires. Mais le ministre des Affaires étrangères ignore l'accord secret signé en 1956 entre le Commissariat à l'énergie atomique et la Commission atomique israélienne (*cf. La République des Tourmentes*, t. II, p. 176). Les liens entre les atomistes français et israéliens sont tellement étroits que ni les uns ni les autres n'envisagent d'y mettre fin. Le C.E.A. continue donc de participer à la construction de l'usine atomique israélienne. Cette ignorance des ordres du président du Conseil est connue du haut-commissaire du C.E.A., Francis Perrin, et de son ancien administrateur général, Pierre Guillaumat, devenu ministre de la Défense nationale. Tous deux sont des partisans déterminés de la bombe israélienne. Ils n'ont pas cru devoir révéler au général de Gaulle *« tout ce qui a été fait avec Israël depuis 1956 »*. Charles Maral, officier de carrière, spécialiste des missions délicates, alors détaché au Commissariat à l'énergie atomique – sous l'autorité directe de Francis Perrin, il est chargé d'organiser la protection du secret –, s'en étonne auprès d'eux : *« Ils m'ont répondu : "C'est un secret qui appartient à Israël et c'est une chose très grave. C'est aux Israéliens d'en informer le Général." Je pense qu'il y avait aussi chez eux de la crainte. Ils avaient peur de la réaction du général de Gaulle »* (Charles Maral, 28 mars 1994).

La bombe sera française. De Gaulle est formel : *« Nous devons sauvegarder nos possibilités de devenir une puissance atomique. C'est là un point essentiel*[4]. » Comme Maurice Couve de Murville et Louis Joxe lui font observer que l'aide technique des Américains nous sera indispensable, il rétorque : *« Nous devons faire par nous-mêmes ce dont nous sommes capables, et recevoir l'aide qui pourra nous être accordée. »* Il ne lui paraît pas nécessaire de préciser qu'en aucun cas cette aide ne pourra empiéter sur la souveraineté française*.

La possession par la France d'une bombe atomique est d'ailleurs au centre des nombreux entretiens du général de Gaulle avec ses homologues occidentaux. À l'exception de celui avec le chancelier Adenauer, qu'il reçoit chez lui à Colombey-les-Deux-Églises, ils ont tous lieu à Paris.

« Pour la première fois, s'émerveille au début de juillet le journal turc *Yeni Sabah, le chef de la diplomatie américaine et, peu de temps avant lui, le Premier ministre britannique se sont déplacés pour rendre visite au nouveau chef du gouvernement français : jusqu'ici, chacun de ses prédécesseurs avait fait, peu après son investiture, le voyage de Washington et de Londres*[5]. »

L'arrivée du général de Gaulle change le regard que le monde porte sur la France. En raison de l'instabilité chronique des gouvernements de la IVe République, les chancelleries étrangères savaient qu'en tout nouveau président du Conseil ils avaient un interlocuteur éphémère ; avec ses inconvénients et ses avantages, ce n'était jamais qu'un numéro sur une liste. De Gaulle ne peut appartenir à un tel inventaire. Il est déjà entré dans l'Histoire. D'ailleurs, il juge toujours de la situation internationale en se situant dans une perspective historique. Aucun dialogue n'est plus révélateur à ce sujet que le début de son échange avec le Premier ministre britannique, Harold Macmillan, le 29 juin.

---

* Dès le 17 septembre, il est ainsi décidé de construire une usine de séparation isotopique à Pierrelatte. De nouveaux moyens sont accordés au Commissariat à l'Énergie atomique : du 1er janvier 1958 au 1er janvier 1959, ses effectifs passent de 9 100 à 10 715 (A.N., AGI 1699).

S'il partage son opinion sur *« le danger soviétique, le plus grand problème* [de notre temps] *»*, il lui précise immédiatement une donnée qu'il estime essentielle : *« Nous ne devons pas oublier la vieille Russie, qui enterrera le régime actuel. Il faut toujours distinguer entre le régime du moment et le peuple russe*[6]*... »* Il ne parle donc jamais de l'U.R.S.S., mais toujours de la Russie.

Sa vision historique étonne et fascine ses interlocuteurs qui ne sont pas habitués à un tel langage. Le leader démocrate américain, Adlai Stevenson, qu'il reçoit en septembre, le quitte bouleversé. Il en avait une idée presque caricaturale, le prenant pour une sorte de *Duce.* Après leur entretien, tout ému, il confie : *« He is a great man if ever I saw one*[7]*. »*

Les relations personnelles de plusieurs responsables avec le général de Gaulle sont liées à la Seconde Guerre mondiale, autrement dit au moment sans doute le plus important, historiquement parlant, de leur vie*.

Harold Macmillan, qui a représenté le gouvernement britannique à Alger en 1943-1944, se targue de connaître de Gaulle mieux que n'importe quel homme politique au monde. Il se croit expert en son maniement : selon lui, le nouveau président du Conseil n'est nullement agressif s'il est traité *« avec gentillesse et politesse ».* Londres décide donc d'agir de la sorte avec Paris.

Dans une lettre confidentielle à sa souveraine**, le Premier britannique juge de Gaulle *« fier, non vaniteux,* [avec une] *simplicité séduisante »*, ce qui ne l'empêche pas, dans ses Mémoires publiés un quart de siècle plus tard, de le dépeindre sous les traits d'un autocrate, à l'image de

* Deux d'entre eux, le général Eisenhower et le roi du Maroc, sont Compagnons de la Libération.

** Datée du 23 décembre 1959, elle est rendue publique par les Archives officielles britanniques le 2 janvier 2003. Dans cette missive, Macmillan se livre à une comparaison inattendue entre de Gaulle et Eisenhower : *« Il y a quelque chose de très curieux entre le français plein de dignité, presque purement* XVIIe *ou* XVIIIe *siècle, que parle de Gaulle et les américanismes étranges, parfois inintelligibles, du président Eisenhower. »*

Louis XIV ou de Napoléon, avec qui il est quasi impossible de travailler[8].

Le langage du général Eisenhower à l'égard du général de Gaulle est tout aussi ambivalent. *« Il est capable des actions les plus extraordinaires,* dit-il à son secrétaire d'État, John Foster Dulles... *Il faut se méfier de lui* [9]. » Mais il lui a manifesté à maintes reprises, durant la dernière année de la guerre, estime et amitié. Il s'est même excusé auprès du Général, peu avant le débarquement en 1944, de l'avoir d'abord mal jugé : *« J'ai commis une injustice à votre égard et je tiens à vous le dire. »* Ce à quoi de Gaulle rétorque en anglais* : *« You are a man*[10] *! »* En 1944, lorsque, devant l'Arc de Triomphe, il reçoit des mains du général de Gaulle la croix de Compagnon de la Libération, Eisenhower vit *« un des plus beaux jours de sa vie »*.

Le 15 mai 1958, lorsque de Gaulle s'était déclaré prêt à assumer les pouvoirs de la République, son communiqué avait été plutôt mal accueilli à travers le monde. Dans la plupart des chancelleries, il était considéré comme un homme du passé, souvent exaspérant. Un peu partout on voyait la France à deux doigts de la guerre civile, et le retour en scène du Général ne rassurait pas l'opinion internationale. N'allait-il pas instaurer, avec l'aide d'Alger, un régime fort, qui s'identifierait à une dictature militaire ? À l'époque, une telle hypothèse n'était pas complètement aberrante.

L'évolution de l'opinion américaine est spectaculaire. Le rejet par la France des « bons offices » est perçu outre-Atlantique comme une manifestation de l'antiaméricanisme primaire de la France**. Ainsi, les jours suivants, les affaires françaises occupent dans la presse américaine une place qu'elle consacre rarement à des événements étrangers

* S'il parle couramment l'allemand, s'il lit l'anglais, de Gaulle ne s'exprime jamais dans cette dernière langue, qu'il connaît mal.

** Dans la nuit du 16 avril, l'Assemblée nationale a voté contre les « bons offices », ce qui provoque la chute du gouvernement Gaillard.

aux États-Unis. Les commentaires sont loin d'être favorables à de Gaulle. L'Américain moyen soit l'ignore, soit voit en lui une sorte de paranoïaque, un ennemi de l'Alliance atlantique, un personnage dangereux. Mais les conditions de son investiture, la composition de son gouvernement, qui ne compte aucun des acteurs du 13 mai à Alger, ses messages au roi du Maroc et au président tunisien, le ton de son discours à Alger, le mécontentement des comités de salut public sont à l'origine d'un retournement de la presse. Le général Eisenhower y joue son rôle. Dans sa conférence de presse du 26 mai, le président des États-Unis évoque en termes flatteurs son compagnon de la guerre. Le 1er juin, alors qu'elle s'est toujours abstenue d'émettre un quelconque jugement sur la formation d'un gouvernement étranger, dans un communiqué la Maison Blanche se réjouit *« de ce que la crise française est maintenant résolue. Le général de Gaulle assume de lourdes responsabilités à un moment critique de l'histoire de France. Nos pensées vont vers la grande nation française, à laquelle nous souhaitons le succès pour les tâches qui s'offrent à elle ; nous espérons que les relations intimes et amicales qui ont toujours caractérisé notre longue association avec la France se maintiendront*[11] *»*. Au fil des jours, la conviction que de Gaulle représente la seule chance pour la France d'échapper à l'emprise communiste l'emporte, chez les dirigeants américains, sur toute autre considération*.

Dès lors, l'intérêt pour la France, longtemps considérée comme le maillon faible de l'Alliance atlantique, ne se

* C'est d'ailleurs ce que le président Pinay a exposé le 10 juin à un diplomate américain : *« En résumé, Pinay pense que le retour de De Gaulle était nécessaire pour éviter la guerre civile et qu'il faut tout faire pour assurer son succès (les Alliés se rendront compte qu'ils ont tout avantage à coopérer avec lui)... Si de Gaulle échoue, le Front populaire s'installera en France et l'Europe tombera aux mains des communistes »* (United States of America, *Foreign Relations of the United States, 1958-1960, Western Europe, France*, p. 29). Et le 19 juin, à une réunion du Conseil national de sécurité, le président Eisenhower interrompt l'exposé du directeur de la C.I.A., Allen Dulles, sur l'attitude soviétique à l'égard du nouveau gouvernement français : *« Si de Gaulle durait six mois, il arrêterait Duclos ! »* (*ibid.*, p. 34).

dément pas*. La tonalité générale des innombrables articles qui traitent de la France est très favorable à de Gaulle. Si la presse américaine estime qu'il a désormais de nombreux obstacles à franchir, dans sa quasi-totalité elle est de son côté et lui souhaite de tout cœur de parvenir à ses fins. Le *New York Times*, le 9 juin, est particulièrement enthousiaste : *« La France, la vraie France se réimpose à nouveau. »*

Un peu partout, elle est au premier plan de l'actualité. En Espagne, elle jouit d'un prestige accru pour avoir réussi l'impensable aux yeux des Espagnols : promouvoir une évolution institutionnelle aussi rapide *« sans émeutes et sans incendies d'églises* [nombreuses durant la guerre civile espagnole][12] » ! En revanche, à Rome et à Bonn, l'inquiétude est grande. Selon le chancelier Adenauer, l'arrivée au pouvoir du général de Gaulle, qu'il a tenté d'éviter**, signifie *« un triple danger »* : la France va conclure une nouvelle alliance avec Moscou, sortir de l'O.T.A.N. et mettre fin à l'intégration européenne[13]. En Italie, où l'on partage ces craintes, on redoute aussi que l'instauration en France d'un « gouvernement fort » n'affaiblisse encore la démocratie italienne.

Souvent, comme en Grande-Bretagne où l'on se garde de tout pronostic sur l'avenir du nouveau gouvernement français, la prudence est de rigueur. À New Delhi, dans l'ancien fleuron de l'Empire britannique, le pandit Nehru fait ainsi preuve de circonspection : *« Il ne lui semble pas convenable d'exprimer une opinion sur la situation intérieure d'un pays quelconque, encore moins quand il s'agit*

---

* Dans les journaux de Detroit, les nouvelles de France prennent le pas sur les négociations entre le syndicat de l'automobile et le patronat, dont l'issue est vitale pour la grande majorité de la population de la région industrielle du Michigan. Du 14 mai au 3 juin, les grands quotidiens new-yorkais consacrent la quasi-totalité de leurs éditoriaux à la France : 14 dans le *New York Times*, 13 dans le *New York Post* et 10 dans le *New York Herald Tribune*.

** Le 16 mai, il a fait savoir à Pierre Pflimlin et à Antoine Pinay *« qu'ils doivent s'accrocher, quelles que soient les circonstances, à une coalition démocrate-socialiste Mollet-Pflimlin, et que, dans l'intérêt de l'O.T.A.N. et de l'intégration européenne, une prise de pouvoir par de Gaulle doit être empêchée »*.

d'un grand pays comme la France[14]. » En revanche, l'autre grande figure du tiers monde, le maréchal Tito, voit dans le nouveau chef du gouvernement français son homologue : tous deux ne sont-ils pas les symboles de la résistance de leur peuple au nazisme ? Son retour au pouvoir lui paraît de bon augure. Notre ambassadeur à Belgrade en est informé. Alors que ses relations avec l'Union soviétique sont particulièrement tendues, *« la Yougoslavie attend beaucoup de l'Occident... Elle fait des vœux pour le succès du général de Gaulle* [afin que] *la France joue le rôle important et décisif qui lui échoit et dont dépend la destinée de l'Europe et même du monde*[15] *»*.

Au sein de l'univers communiste, les réactions sont complexes. Ouvertement, on condamne la « victoire du fascisme », on multiplie les déclarations de soutien aux « camarades » français – on redoute que le parti communiste ne soit mis hors la loi en France. Mais, au Kremlin, on s'interroge. Une France forte, indépendante, ne pourrait-elle pas affaiblir l'Alliance atlantique, les liens entre Paris et Moscou ne pourraient-ils pas, *ipso facto*, se renforcer ? *« Un gouvernement de Gaulle convient fort bien à l'U.R.S.S. »*, confie l'un des vice-ministres des Affaires étrangères (notre ambassadeur à Moscou, qui relate cette affirmation, ne nous précise pas l'identité de son auteur). Et parce que des propos hostiles au général de Gaulle, tenus par le maréchal Vorochilov, ont été publiés, le Kremlin s'empresse de diffuser un communiqué : il ne s'immisce pas et ne s'immiscera pas dans les affaires intérieures de la France[16].

La politique extérieure du général de Gaulle n'implique, en fait, ni continuité ni rupture avec la IVe République*. La volonté de préserver en tout domaine l'indépendance

---

* Sur ce point comme sur bien d'autres, nous nous référons aux travaux de Maurice Vaïsse, qui sont la référence incontournable de toute étude sur la politique étrangère du général de Gaulle.

de la France et le respect des alliances sont ses fondements, ce qui n'exclut nullement leur aménagement. Faire du neuf avec de l'ancien : ainsi pourrait-on résumer sa stratégie diplomatique.

Dans des registres différents, au gré de ses interlocuteurs, le Général ne laisse planer aucun doute sur ses intentions.

Le 23 juin, avec Paul-Henri Spaak, il se veut rassurant. Il lui affirme ne pas être un adversaire de l'O.T.A.N. Mais il juge l'influence anglo-saxonne trop grande au sein de cette organisation : *« La France n'y occupe pas la place qui lui revient. »* Le secrétaire général de l'O.T.A.N., Européen convaincu, qui voyait en de Gaulle « le fossoyeur de l'Alliance atlantique et de l'unité européenne », le quitte plutôt rassuré, le trouvant *« physiquement et moralement tout à fait différent d'il y a un an*, détendu, simple, parlant avec fermeté et clarté, mais sans passion*[17] *»*.

Le 29 juin, de Gaulle témoigne des égards particuliers au Premier ministre britannique, l'accueillant à sa descente d'avion, ce qui n'est pas conforme aux usages. Il n'en fait pas moins preuve, tout au long de leur entretien, de fermeté et parfois d'ironie.

Il existe alors un grave différend entre les deux pays. Pour la Grande-Bretagne, l'unification économique de l'Europe de l'Ouest est une atteinte à sa propre puissance. Depuis des mois, elle s'efforce donc de persuader les six pays signataires du traité de Rome de mettre sur pied, avec elle, une zone de libre-échange** qui, en fait, absorberait le Marché commun. C'est avec passion que Harold Macmillan aborde ce sujet. Charles de Gaulle : *« Il me déclare soudain très ému : "Le Marché commun, c'est le blocus continen-*

---

* En 1957, il lui avait assuré, *« désabusé, qu'il n'y avait plus rien à faire avant dix ans pour restaurer la grandeur de la France »* (Paul-Henri Spaak, *Combats inachevés*, t. II, *De l'espoir aux déceptions*, *op. cit.*, p. 169).

** La Grande-Bretagne, encore en 1958 une grande puissance manufacturière, veut que l'Europe reste ouverte à ses produits. Elle a obtenu en 1957 la création d'une commission, présidée par un de ses ressortissants, Reginald Maudling, vice-président de l'O.E.C.E. (Organisation européenne de coopération économique). La commission Maudling est chargée d'étudier la création d'un espace de libre circulation en Europe des biens et des capitaux.

tal ! L'Angleterre ne l'accepte pas. Je vous en prie, renoncez-y ! Ou bien nous entrons dans une guerre qui, sans doute, ne sera qu'économique au départ, mais qui risque de s'étendre ensuite à d'autres domaines. " Jugeant que ce qui est excessif ne compte pas, je tentai d'apaiser le Premier anglais*[18]... » Si l'on en croit le compte rendu officiel de cette conversation, Macmilla n prévoit *« les conséquences très fâcheuses pour lui (...), et peut-être la fin de l'O.T.A.N. »*, qui résulteront de l'entrée en vigueur du Marché commun si elle n'est pas précédée de la création d'une zone de libre-échange. La solution qu'il préconise pourrait permettre aux Européens de *« faire plus de richesses que les Américains »*. De Gaulle conclut alors la discussion par cette remarque dont le caractère « apaisant », qu'il souligne dans ses Mémoires, n'est pas évident : *« Je vois que, comme c'était le cas pour M. Churchill, en 1946**, vous voilà aussi très européen. Nous ne chercherons pas à vous contrarier dans cette évolution*[19]. »

Le 5 juillet, c'est au tour de John Foster Dulles de venir à Paris. Selon André Malraux, à voir *« la voiture massive franchir en rebondissant le porche de l'hôtel Matignon,* [le Général a eu] *le sentiment de voir passer dans quelque porte de cité orientale le proconsul envoyé par Rome*[20]... ». Le secrétaire d'État n'a cependant rien d'un conquérant, en ce jour et en ce lieu. Il est anxieux de savoir devant quel de Gaulle il se trouvera : aura-t-il affaire à l'homme politique dont il admire la « grande sagesse », depuis qu'il a su accéder au pouvoir par la voie légale, à l'allié aussi préoccupé que lui du danger communiste***, ou au

---

* Ces propos ne figurent pas dans de *verbatin* de l'entretien du général de Gaulle avec Harold Macmillan. Pour autant, ils ne trahissent pas la pensée du Premier ministre britannique telle qu'elle s'exprime dans le compte rendu officiel (*Documents diplomatiques français, 1958*, t. I, op. cit., pp. 861-874).

** En septembre 1946, devant l'université de Zurich, Winston Churchill a lancé un appel pour la création des « États-Unis d'Europe ».

*** En novembre 1947, alors que la France semblait à la veille d'un coup de force communiste, John Foster Dulles, alors éloigné du pouvoir, est venu à Paris de sa propre initiative et sans en parler à personne, afin de s'entretenir avec le général de Gaulle, qui lui semblait le meilleur rempart contre le communisme.

« nationaliste » qui n'a pas hésité à faire bloc avec les communistes* ? *« Il s'était, dans son puritanisme légaliste, formé du monde une vision simple. Il y avait les bons et les méchants : d'un côté, les Américains et leurs amis ; de l'autre, les communistes*[21]*. »*

Dès le début de l'entretien, Dulles expose donc sa conviction profonde : *« Les nations occidentales ont à faire face au plus grave péril de toute leur histoire. Ce péril est celui de l'impérialisme et du communisme international... La grande force du communisme vient de ce qu'il est une croyance. Un tiers de l'humanité adhère à cette foi qui a sa logique. C'est plus fort que l'ambition d'un homme ou d'une nation. Le malheur, c'est que notre civilisation occidentale a cessé d'être une croyance... Vous ne pouvez pas négocier avec une foi*[22]*. »* Dulles est stupéfait – il le dit à plusieurs reprises à l'ambassadeur Alphand** – d'entendre de Gaulle réfuter son analyse, lui expliquer que les nations sont plus fortes que les idéologies, et minimiser le rôle du parti communiste : les responsables russes s'en servent pour justifier leur politique : *« Vous dites qu'il y a un gouvernement soviétique et un parti communiste. Je crois qu'il y a surtout le tsar. Et quand les Russes disent "le Parti", c'est un peu comme vous quand vous dites "le Congrès"*[23]*. »*

En fait, il n'y a pas, ce 5 juillet, de véritable discussion entre le président du Conseil et son visiteur, mais deux

* Le 31 août 1954, lors du rejet par la France du projet d'armée européenne, John Foster Dulles, alors secrétaire d'État, condamna l'action du général de Gaulle *« dans son langage le plus pontifiant : "C'est une tragédie que dans un pays le nationalisme, aidé par le communisme, se soit affirmé au point de mettre en danger l'Europe entière" »* (Bernard Ledwige, *De Gaulle et les Américains, 1958-1964*, Paris, 1984, Flammarion, p. 13).

** L'ambassadeur, qui assiste à cette première rencontre franco-américaine depuis le retour du Général, en a gardé un souvenir précis : *« Elle a eu une importance considérable... C'était la première fois que j'ai entendu Dulles dire que le monde était divisé en deux blocs : les bons et les mauvais, les blancs et les noirs, les bons libéraux occidentaux et les méchants communistes : Russes, Chinois, Tchèques, etc. Le Général lui répondit qu'il se trompait totalement : que les nations étaient plus fortes que les idéologies... »* (Entretien avec Stanley Hoffmann, le 25 juin 1976, *Espoir*, n° 26, avril 1979).

longs exposés. Ce que de Gaulle appelle *« une franche explication franco-américaine »* s'apparente plutôt à un round d'observation entre deux protagonistes pour qui l'heure de l'affrontement n'est pas venue, si jamais elle doit venir, mais qui ne peuvent se comprendre.

Les principaux points évoqués mettent en évidence les divergences profondes.

Dulles juge absurde que les alliés des États-Unis veuillent avoir « leur » bombe atomique. C'est *« un gaspillage de ressources ». « La France aura sa bombe »*, répond de Gaulle. Et, sans tenir compte des arguments de son visiteur, le Général résume sa position : *« Pour que la France se sente à sa place dans l'Occident, il faut opérer des changements importants... En second lieu, il faut que les armes remises à la France soient placées sous sa responsabilité, aussi bien pour les rampes que pour les ogives et les armes nucléaires* [leur installation sur le territoire français a été décidée en 1957]. *Enfin, il faut que l'O.T.A.N. soit élargie vers l'Afrique et l'Orient sous une forme ou une autre et il faut une réorganisation du commandement*[24]*... »*

À l'issue de son entretien, qu'il juge *« très cordial »*, avec le général de Gaulle, John Foster Dulles est très *« soulagé »* : il s'est entretenu *« avec un des plus grands hommes de notre temps »*. Il l'a trouvé moins difficile qu'il ne l'avait craint, et il se félicite de l'accueil qu'il a reçu, des égards qui lui ont été témoignés : de Gaulle l'attendait en bas des marches du perron... Il n'est pas pour autant pleinement rassuré : *« We shall have a rough time »*, dit-il le lendemain à Paul-Henri Spaak[24].

Les premières difficultés sont liées au Liban. Sa *« situation complètement pourrie*[*] *»* a d'ailleurs occupé une grande partie de l'entretien de Gaulle-Dulles.

---

* Ce sont les termes employés par Louis Joxe pour informer le général de Gaulle de la crise libanaise.

Depuis les élections législatives de 1957, truquées afin de renforcer le président de la République, Camille Chamoun, des zones entières sont passées sous contrôle des forces locales d'opposition. En mai 1958, convaincus que ces *« troubles sont fomentés et entretenus par Nasser*[*] *»*, Américains, Britanniques et Français acceptent la demande de Chamoun : ils vont l'aider à rétablir son autorité. Ce qui n'est pas évident, tant il est contesté dans son propre camp.

De Gaulle attache un intérêt particulier au Liban. Il entend que la France retrouve au Moyen-Orient la place qu'elle a perdue avec l'affaire de Suez[**]. Or, dans cette région du monde, la France n'a plus que deux alliés : d'une part, Israël ; d'autre part, le Liban, où, avec ses centres culturels, son université très cotée, son hôpital, elle exerce en 1958 une influence réelle, d'autant plus qu'elle dispose d'importants soutiens dans la communauté maronite, celle des présidents de la République[***]. Si de Gaulle

* C'est l'avis de l'ambassadeur britannique. À Londres comme à Washington, les experts sont convaincus que Nasser a décidé de se lancer à la conquête économique du Moyen-Orient à partir du Liban, où débouche le pipe-line d'Irak, seule voie d'exportation du pétrole irakien.

Cette analyse illustre ce que le diplomate américain Richard Parker appelle « la politique des mauvais calculs » (Richard Parker, *The Politics of Miscalculation in the Middle East*, Indiana University Press, 1993).

En effet, rien ne prouve que Nasser, en proie à de nombreuses difficultés dans la « province nord » – ainsi appelle-t-il la Syrie depuis la création de la République arabe unie –, souhaite intervenir au Liban : les insurgés libanais comptent plus de soutiens chez les Syriens que chez les Égyptiens. D'ailleurs, Nasser se déclare vite partisan d'un règlement global de la crise, qui rejoint celui souhaité par les Occidentaux, autrement dit le départ de Chamoun, son remplacement – après élections – par le chef des armées, une amnistie générale. Il semble bien que, plutôt que d'alimenter le feu en Syrie, Nasser espère opérer un rapprochement avec les États-Unis.

** Dès son retour au pouvoir, il s'inquiète de savoir si la reprise des négociations diplomatiques avec Le Caire est en route. Il n'en est rien, bien que les négociations sur le problème de nos biens et intérêts en Égypte aboutissent le 22 août, à Zurich, à la signature de plusieurs accords économiques, culturels et financiers, prévoyant l'indemnisation des actionnaires de la Compagnie du canal de Suez.

*** Depuis 1943, un partage des fonctions, décidé tacitement, est en vigueur : le président de la République est maronite ; le président du Conseil des ministres, sunnite, et le président du Parlement, chiite. Cette répartition des rôles tient compte de la démographie. Selon le dernier recensement de 1932

affirme aux dirigeants israéliens le maintien de l'alliance et de l'amitié françaises, le temps est passé des relations privilégiées avec cet État. En revanche, il veut renforcer les liens historiques tissés au cours des siècles entre les États de Levant et la France*. C'est donc à partir du Liban qu'il sera possible, selon lui, de renouer avec les pays arabes.

L'analyse de John Foster Dulles et du général de Gaulle sur la crise libanaise est analogue à celle de Harold Macmillan. Les trois hommes sont d'accord pour affirmer leur volonté de concertation et souhaiter une solution politique, *« orientale »*, dit de Gaulle. Il convient d'obliger Chamoun à démissionner, de le remplacer par un homme sûr et qui ne soit pas discrédité dans son propre camp. Ils rejettent donc l'idée d'une intervention militaire. Leur consensus ne va pas plus loin. Si jamais une telle opération se révélait indispensable, l'Américain et l'Anglais sont déterminés à ce que la France n'y prenne pas part. En raison de ses liens avec Israël et de la guerre d'Algérie, elle bat en effet des records d'impopularité dans les pays arabes : sa participation présente *« bien des inconvénients*[23] *»*. De Gaulle, quant à lui, n'admet pas qu'une action puisse être menée par nos alliés au Liban sans que la France y soit associée**.

Le 14 juillet, la révolution irakienne, l'assassinat de Nouri Saïd et de la famille royale, la prise du pouvoir par

(qui reste la référence actuelle de la population libanaise), on y estime à 40 % le nombre des chrétiens. On octroie la présidence de la République aux chrétiens contre la reconnaissance du caractère « arabe » du Liban. Les chrétiens espèrent ainsi conserver leur position de force, et les sunnites, que leur pays participe à l'union future des pays arabes.

* Durant la guerre, le chef de la France libre se représentait *« la présence française au Levant comme un héritage historique, une somme d'intérêts nationaux, un élément clef de la stratégie méditerranéenne et un levier politique sur la scène internationale... Il ne devait jamais renoncer à voir la France recouvrer son influence en Syrie et au Liban »* (Frédérique Schillo, *La Politique française à l'égard d'Israël, 1946-1959, op. cit.*, p. 1017).

** Le 12 juin, il a décidé qu'au cas où le gouvernement libanais renouvellerait sa demande d'intervention, dans un premier temps la force française navale agirait seule. Elle se mettrait à la disposition du gouvernement libanais pour protéger les ressortissants et les biens français.

le colonel Kassem modifient la donne. Immédiatement, Chamoun presse les États-Unis de défendre un pays ami devant ce qui apparaît comme un déferlement du nassérisme*. Dans les heures qui suivent, la décision d'intervenir est prise à Londres et à Washington, non seulement au Liban, mais aussi en Jordanie, menacée d'un soulèvement interne. Washington et Londres se répartissent les rôles. Le 15 juillet, 15 000 « marines » de l'armée américaine débarquent sur le sol libanais. Le même jour, les troupes aéroportées britanniques sont parachutées en Jordanie, ce qui permet au jeune roi Hussein de conserver son trône**.

De Gaulle n'est tenu au courant de rien, pas même de l'utilisation par les Américains, pour cette opération, de leurs bases aériennes en France, dont celle d'Évreux. Sur l'heure, il avertit le général Ély que *« le gouvernement français a décidé de ne pas participer à cette intervention*[25] *»*. Il est exclu de laisser croire au chef d'état-major de l'armée qu'une telle mesure a pu être imposée à Paris. De Gaulle est outré par le peu de cas que les Américains font de la France. Le 17 juillet, le gouvernement français informe le Département d'État et le Foreign Office de *« l'impression extrêmement fâcheuse et préoccupante qu'il ressent au sujet des conditions dans lesquelles ces décisions ont été prises par les deux gouvernements alliés.* [Elles ne correspondent] *ni aux rapports existant entre les trois gouvernements ni au fondement de l'Alliance. Il tient à faire, dès à présent, d'expresses réserves quant aux conséquences qui pourraient en résulter*[26] *»*. Le 19 juillet, pour ne pas donner l'impression d'un accord et ne pas *« partager les responsabilités*

* Prenant appui sur l'article 51 des Nations Unies qui mentionne la possibilité pour tout pays membre d'appeler à l'aide devant une menace d'agression, Washington acquiesce à la demande libanaise.

** En Jordanie, les Américains laissent les mains libres aux Anglais. Impliqués au Liban, ils ne veulent pas être présents sur tous les terrains. En outre, ils connaissent les liens privilégiés de la Grande-Bretagne avec les troupes bédouines qui sont devenues la garde royale du souverain jordanien.

arrêtées en dehors de nous[27] », de Gaulle refuse que Maurice Couve de Murville se rende à une réunion à Washington.

Un mois plus tard, une nouvelle décision américaine, prise en concertation avec Londres, place derechef la France devant le fait accompli. À la suite du bombardement par l'artillerie chinoise, dans la nuit du 22 au 23 août, des petites îles côtières de Quemoy et Matsu, placées sous l'autorité de Formose et des forces nationalistes de Tchang Kaï-chek, les États-Unis font savoir qu'ils n'hésiteront pas à recourir à la force pour lutter contre l'agression communiste. Le président Eisenhower compare la situation à celle qui a précédé Munich[28]. À Paris, le ministre des Affaires étrangères juge cette affaire « *parfaitement ridicule* » et dangereuse : elle peut conduire à une guerre aux conséquences imprévisibles entre les États-Unis et la République populaire de Chine. Le général de Gaulle se borne à constater que « *"les Américains exagèrent" en intervenant partout et à tout propos dans des affaires qui ne les concernent pas*[29] ».

Parce que Washington traite la France comme un allié de second rang*, il existe entre le général de Gaulle et l'administration américaine un désaccord fondamental. Il atteint sans doute un point culminant, en septembre, lorsque le président du Conseil interroge le général Norstadt, commandant en chef des forces alliées en Europe, venu, à sa requête, lui exposer l'organisation de l'O.T.A.N. dans notre pays. Il lui demande des précisions sur l'emplacement des engins nucléaires américains entreposés en France : « *"Mon général, je ne peux vous répondre que si nous sommes seuls. – Soit", fait de Gaulle. Les deux états-majors se retirent. "Et alors ? – Alors, mon général, je ne*

* En décembre 1957, le gouvernement américain a proposé d'équiper les armées alliées en Europe d'armes nucléaires, mais celles-ci doivent rester sous contrôle américain. Seule la Grande-Bretagne doit recevoir une clef du dépôt où elles sont stockées. Elle est d'ailleurs le seul pays à signer, en juillet 1958, un accord de coopération nucléaire avec les États-Unis. Pour Washington, il est exclu que la France bénéficie de ce statut privilégié.

peux pas répondre à votre question, à mon très grand regret..." Et le Général de conclure : "Mon général, c'est la dernière fois, dites-le-vous bien, qu'un responsable français s'entend faire une pareille réponse[30] *!"* »

Trois mois après la formation du gouvernement, la tâche essentielle pour laquelle le général de Gaulle a été investi – la réforme constitutionnelle – est sur les rails. Le texte adopté par le Conseil des ministres, approuvé par le Comité constitutionnel et le Conseil d'État, est maintenant soumis à l'approbation des Français. Son périple outre-mer a donné la mesure de la très grande popularité du chef du gouvernement*. Le moment est donc venu de lancer la grande offensive diplomatique, qui va prouver au monde entier l'indépendance de la France et permettre de lui rendre son rang.

Elle se situe d'abord sur le terrain où de Gaulle n'est pas attendu : celui de l'Europe. Depuis des années il ferraille contre les institutions européennes, qualifiant ainsi la C.E.C.A. (Communauté européenne du charbon et de l'acier), leur première réalisation en 1950, de « méli-mélo du charbon-acier », contribuant en 1954 à l'échec de l'armée européenne, la C.E.D. (Communauté européenne de défense). Et nul n'imagine que l'Europe, maintenant qu'il est aux affaires, va devenir un de ses grands desseins. L'Europe pourtant n'a jamais été absente de sa pensée : *« En marchant vers l'unité de l'Europe, on marche dans le sens de l'histoire*[31]. » L'Europe telle que de Gaulle l'entend doit naître de la volonté des peuples européens, qui l'auront exprimée par référendum. C'est *« un groupement* [d'États dont] *le centre moral et physique, c'est la France*[32] ». Il est *« hors de doute que* [sa] *capitale ne pourrait et ne devrait être que Paris, pour des raisons politiques et culturelles évidentes*[33] ». Elle n'a donc rien à voir avec les institutions européennes mises en

* *Cf. supra*, pp. 126-131.

place sous la IVe République et qui échappent à l'autorité de l'État.

À son retour aux affaires en 1958, de Gaulle se trouve face à un problème européen qu'il lui faut résoudre d'urgence. Créé par le traité de Rome en 1957, le Marché commun est entré formellement en vigueur le 1er janvier 1958 ; les premières réductions tarifaires doivent être appliquées le 1er janvier 1959. De Gaulle ne cache pas que s'il avait été là, ce traité aurait été rédigé *« de manière assez différente »*. Mais il lui faut, c'est le mot de René Mayer, *« exploiter l'inévitable »*. Une remise en cause du Marché est impossible. La France ne renie pas sa signature. Il le dit aux responsables politiques qu'il reçoit avant la formation de son gouvernement, il le répète à tous ses interlocuteurs étrangers*.

En fait, pour de Gaulle, le Marché commun, « ce n'est pas une mauvaise chose ». Maurice Couve de Murville : *« Je n'ai vraiment pas eu de mal à le convaincre que l'intérêt de la France était de s'ouvrir à la concurrence étrangère**. »*

Mais, lorsque de Gaulle arrive à l'hôtel Matignon, la France, pourtant à l'origine du traité de Rome, est en voie d'en devenir le maillon faible. L'état de ses finances va l'obliger – c'est la certitude déclarée de Guy Mollet et de Pierre Pflimlin – à faire jouer la clause de sauvegarde qui permet de ne pas appliquer à la date fixée les tarifications

* Le 29 juin, au Premier ministre britannique, Harold Macmillan : *« On ne peut pas déchirer ce qui est fait. (...) En France, finalement, on n'est pas hostile à cette politique »* ; le 7 août, au président du Conseil italien, Amintore Fanfani : *« Nous appuierons* [le traité de Rome] *dans toute la mesure où nous pourrons le faire. On a beaucoup parlé de mes idées sur l'Europe. Je n'ai jamais apprécié le supranational, mais je suis très favorable à la coopération entre États »* (*Documents diplomatiques français, 1958*, *op. cit.* t. I, p. 869, t. II, p. 244). Il affirme de même au ministre belge des Affaires étrangères, Pierre Wigny, qu'il ne fait pas d'objection au traité de Rome (*De Gaulle en son siècle*, t. V, *L'Europe*, *op. cit.*, p. 82).

** Ce témoignage de Maurice Couve de Murville (*De Gaulle en son siècle*, t. II, *op. cit.*, p. 182) est corroboré par Georges Pompidou : *« Quand le général de Gaulle a choisi de continuer le Marché commun, ce fut avant tout pour lui le choix du libéralisme et de la concurrence internationale »* (Edmond Jouve, *De Gaulle et la construction européenne, 1940-1966*, Paris, 1967, L.G.D.J., p. 210).

douanières prévues par le traité. De toutes les nations signataires du traité, elle sera ainsi la seule à demander cette dérogation. Elle est aussi la seule à s'opposer à la zone de libre-échange que préconise la Grande-Bretagne.

Selon une note de septembre 1958, de Gaulle souhaite que l'Europe devienne *« pratiquement une réalité sur les plans économique, politique et culturel*[34] *»*. Afin que la France soit en mesure d'y jouer le rôle qui lui revient, il entreprend sans tarder de modifier l'équilibre interne du Marché commun. Un seul de ses six membres représente à ses yeux un allié à la hauteur de la France : la République fédérale d'Allemagne. Il lui faut donc constituer avec elle le noyau dur qui sera en position de force dans la future construction européenne. La conviction, chez de Gaulle, que l'on ne peut pas *« faire l'Europe sans les Allemands »* est ancienne*. Au début de septembre, il explique à notre ambassadeur à Bonn l'importance qu'il attache à sa politique allemande : *« Je désire que la France entretienne des relations aussi cordiales que possible avec tous les peuples de la terre. Mais s'il y a un peuple avec lequel je désire avoir des relations particulièrement chaleureuses, c'est le peuple allemand. Bien entendu (...) beaucoup dépendra du chancelier Adenauer, mais si je trouve en ce grand homme des dispositions qui correspondent aux miennes, nous pourrons ensemble faire de grandes choses*[35]. »

Pour l'heure, Konrad Adenauer ne semble guère pressé de s'entretenir avec lui**. Alors, le 29 juillet, de Gaulle

* En 1945, lors de son premier voyage en Allemagne occupée, il le dit à Claude Hettier de Boislambert, gouverneur civil de Mayence (*Les Fers de l'espoir*, Paris, 1978, Plon, p. 465). Le 25 septembre 1949, il le déclare à Bordeaux : *« Il y aura ou il n'y aura pas d'Europe, suivant qu'un accord sans intermédiaire sera, ou non, possible entre Germains et Gaulois »* (Charles de Gaulle, *Discours et Messages*, t. II, *Dans l'attente 1946-1958*, *op. cit.*, p. 310).

** Il refuse de se rendre à Paris, comme le lui suggère le 9 juillet l'ambassadeur américain David Bruce. Il ne veut pas « encourager le complexe d'arrogance » de De Gaulle... De quinze ans son aîné, il est depuis bien plus longtemps que lui au pouvoir. Ce n'est donc pas à lui de se déplacer. (Hans-Peter Schwarz, « La République fédérale allemande et la crise de mai à septembre 1958 en France », dans *L'Avènement de la Ve République*, *op. cit.*, p. 262.)

délègue à Bonn Maurice Couve de Murville. Celui-ci est chargé d'informer le chancelier de la rencontre au sommet que Khrouchtchev vient de proposer aux États-Unis, à la Grande-Bretagne et à la France*. Le Général, dit son ministre, ne veut pas répondre à l'offre soviétique sans savoir ce qu'en pense le chancelier. Celui-ci, très touché des égards qui lui sont ainsi témoignés, accepte une rencontre avec le général de Gaulle, laquelle est fixée, au retour de ses vacances en Italie, à la mi-septembre. Quelques jours plus tard, recevant l'ambassadeur von Maltzan, de Gaulle le charge de demander au chancelier s'il accepterait de venir chez lui, à Colombey-les-Deux-Églises. Une telle invitation ne peut être déclinée**.

Le 14 septembre, peu avant le déjeuner, le chancelier Adenauer arrive à la Boisserie. Accompagné par son ministre des Affaires étrangères, Heinrich von Brentano, par son ambassadeur à Paris et par un collaborateur, il est accueilli par le général et Mme de Gaulle. Maurice Couve de Murville, Louis Joxe, Jean-Marc Boegner, conseiller diplomatique à Matignon, et l'ambassadeur François Sey-

---

* L'initiative soviétique, qui tourne court, met en évidence les divergences du camp occidental. Les Américains envisagent avec la plus grande méfiance une conversation directe avec l'U.R.S.S. Pour ne pas heurter son opinion publique, qui la souhaite, et pour rester solidaire avec les États-Unis, Londres propose que la réunion ait lieu dans le cadre des Nations Unies, mais avec la participation des chefs de gouvernement. Quant à de Gaulle, il se déclare favorable à une conférence au sommet, à condition toutefois que l'on soit assuré de son utilité.

** Dans ses souvenirs, Antoine Pinay donne une tout autre version de la genèse de cette rencontre : « *Pour faire admettre* [au général de Gaulle] *de recevoir Adenauer, j'ai été obligé de m'y prendre à deux fois.* » Quand il lui en parle, peu après la formation du gouvernement, de Gaulle lui répond : « *On verra plus tard.* » Et c'est le récit qu'il fait de sa conversation durant l'été avec le chancelier Adenauer – il est allé le voir en Italie – qui décide de Gaulle à inviter Adenauer à Colombey (Antoine Pinay, *Un Français comme les autres, Entretiens evec Antoine Veil*, Paris, 1984, Belfond, p. 98.). Bien qu'il ne corresponde pas à la réalité, ce récit ne peut pas, pour autant, être qualifié d'inexact. Il est tout à fait vraisemblable, en effet, que le général de Gaulle, à une époque où Adenauer ne désire pas le rencontrer, ait préféré faire croire à son ministre que les réticences étaient de son fait. Il est aussi vraisemblable qu'il n'ait pas voulu lui infliger une humiliation en lui indiquant que la venue du chancelier à Colombey-les-Deux-Églises était déjà décidée et que, par conséquent, ne devait rien à son intervention du mois d'août…

doux sont présents. Jamais de Gaulle n'a ouvert les portes de sa propriété à un dirigeant étranger. L'annonce de la visite d'un Allemand a d'ailleurs été mal reçue par la maîtresse de maison, comme par les deux servantes : *« En tout cas,* dit Yvonne de Gaulle, *on ne change rien au menu et on mange dans la vaisselle de tous les jours*[36]. *»* De Gaulle s'est incliné devant la volonté de son épouse*. Il n'en a pas moins veillé à tous les détails de la rencontre, allant jusqu'à prévoir l'organisation d'un « camp de presse[37] ». En fait, il ne veut aucun journaliste à Colombey. Georges Pompidou a eu bien du mal à obtenir qu'un photographe soit autorisé à franchir les grilles de la Boisserie et à faire, dans le jardin, une seule photographie du Général et du chancelier.

« J'étais très soucieux, écrit Adenauer. *Je pensais que de Gaulle et moi étions très différents par notre être et notre façon de penser, et qu'il nous serait impossible de nous entendre*[38]. *»*

Sitôt le déjeuner terminé, le Général prie les ministres des Affaires étrangères et leurs collaborateurs de gagner Chaumont, où ils pourront discuter tranquillement à la préfecture. Il tient à s'entretenir en tête-à-tête avec Konrad Adenauer. *« Nous deux,* dit-il, *nous avons besoin de nous expliquer à fond. »*

Leur entretien, qui dure quatre heures, avec pour seul témoin l'interprète qui n'intervient guère – de Gaulle et Adenauer connaissent suffisamment le français et l'allemand pour se comprendre –, n'a rien de la traditionnelle conversation diplomatique. C'est un échange de vues entre deux hommes de la même génération, croyant aux mêmes valeurs et profondément marqués par la Première Guerre mondiale. Ils n'ont jamais oublié comment

---

* Dans une lettre à sa fille, il rend hommage à cette décision : *« La visite d'Adenauer à Colombey s'est très bien passée. Maman a tout parfaitement arrangé. Peut-être au dîner du soir (quatorze couverts)* [le service aurait-il gagné à être renforcé]. *Mais Maman tenait à ce que la maison fût, à tous égards, ce qu'elle est. Après tout, c'était sans doute le mieux »* (*Lettres, notes et carnets*, VIII, *juin 1958-décembre 1960*, *op. cit.*, p. 89).

l'Europe s'était alors déchirée et avait couru à sa perte. Sous des styles très différents, l'un et l'autre sont des hommes de principes, habités par leur mission : restaurer l'Allemagne dans sa dignité, rendre à la France son rang. *« Ce qu'il faut,* dit de Gaulle, *c'est nous parler franchement de nos devoirs à l'égard de nos deux nations comme à l'égard des autres. »*

Le chancelier est le premier à prendre la parole. Successivement, il expose la situation de l'Allemagne, dénonce le danger communiste, déplore les lacunes de l'O.T.A.N., souligne avec force sa conviction de la « nécessité absolue » d'une union étroite entre la France et son pays pour surmonter les périls accumulés dans le monde. Il n'est pas sûr que les Américains aient compris que le principal danger qui menace l'Occident est d'ordre spirituel et qu'il est indispensable d'*« opposer aux forces du matérialisme celles du christianisme »*. Sa conclusion ne peut qu'aller droit au cœur de son hôte. Il lui souhaite tous les succès possibles et une longue vie : *« Il faut absolument que la France redevienne forte*[39]*. »*

La réponse du général de Gaulle se situe, elle, dans une perspective historique et morale : *« Le peuple français a traversé une grave maladie. Il a été un très grand peuple. Il s'est surtout cru très grand. Il s'est cru la vedette du monde. Il est vrai qu'il l'a été bien souvent. Mais il ne s'est pas adapté à la situation réelle. Il ne se console pas de ne plus être cette vedette. C'est pourquoi nous avons le communisme et l'anarchie intellectuelle dans beaucoup de milieux. La France doit trouver un nouvel équilibre moral, fondé sur des réalités nouvelles, pour redevenir une nation cohérente*[*]*. »*

Puis il évoque la situation de la France dans le monde, *« sans illusions sur la bienveillance ou la bonne volonté*

---

* Dans ses notes personnelles, Adenauer se dit particulièrement frappé par une remarque du Général à ce sujet : *« Ma tâche la plus difficile est de ramener sur terre, au sens des réalités, les Français nationalistes qui planaient dans leur ciel nationaliste »* (Éric Roussel, *Charles de Gaulle*, *op. cit.*, p. 617).

des autres[*] », trace une fresque mondiale : « *Nous savons que le danger véritable, c'est l'Asie. Raison de plus pour faire revivre l'Europe face à l'Asie.* » Il arrive rapidement à l'essentiel : « *Il existe, en Europe, pour la France un partenaire possible, voire souhaitable : l'Allemagne, l'Allemagne nouvelle. C'est là un miracle historique, mais ce n'en est pas moins un fait... Et maintenant, pour nos deux pays, il n'y a pas d'autre chemin que celui que nous devons prendre ensemble.* » Tout est dit. Sur les points précis évoqués par l'un ou l'autre, l'accord se fait vite, tant est forte leur conviction de la nécessité d'une union franco-allemande.

Parfois, la conversation prend un tour plus personnel. La différence d'âge donne à de Gaulle une arme de séduction : « *Le plus jeune de nous deux, c'est vous. Je n'ai pas votre force physique et psychologique.* » Pour répondre à ce compliment, qui ne le laisse pas indifférent, l'octogénaire se montre protecteur et rassurant. À son retour aux affaires, il craignait de n'avoir pas la force nécessaire. Mais, très vite, il a pu constater que le travail la lui donnait. « *Vous verrez,* dit-il au sexagénaire, *qu'il en sera de même pour vous*[40]. »

L'entretien, écrit Adenauer, s'est déroulé « *d'une façon exceptionnellement ouverte, sans grande phrase ni verbiage. Nous étions en total accord dans notre analyse de la situation du monde. Nous étions aussi d'accord pour penser que la France et l'Allemagne devaient être liées par une étroite amitié qui, seule, pouvait sauver l'Europe de l'Ouest*[41] ».

Au dîner, auquel sont conviés les ministres et diplomates exilés durant l'après-midi à la préfecture de Chaumont, tous sont frappés de l'atmosphère « *étrangement paisible, familiale* ». François Seydoux : « *Mme de Gaulle contribue à donner la note. Quant à de Gaulle et à Adenauer, ce sont des amis de longue date. En tant que tels, ils n'éprouvent plus guère le besoin de faire effort l'un pour l'autre. Ils se sont tout dit ; ils se sont plu ; ils sont contents, chacun de*

---

* Dans son énumération des « autres », de Gaulle précise : « *Les Américains restent les Américains.* » Il ne parle pas de l'Angleterre, car elle « *constitue un problème secondaire et reste une île* ». Enfin, s'il n'a aucune illusion sur le « *bloc soviétique* », il n'a pas renoncé à s'entendre avec la Russie.

l'autre et chacun de soi. On les devine malicieusement satisfaits de la surprise qu'ils nous font, en nous montrant à quel point ils ont réussi, sans nous, à se comprendre et à s'entendre. Nous dînons agréablement dans la maison de campagne d'un parent respecté qui traite avec cordialité l'un de ses proches... Le Général est plein de bonhomie et d'urbanité. On a suffisamment travaillé. Pour un instant, il ne fait plus l'Histoire ; il raconte des histoires. Adenauer est détendu, joyeux. L'ambiance l'enchante ; elle lui rappelle celle de sa maison de Rhöndorf où, le dimanche, ses enfants et petits-enfants se rassemblent autour de lui, le patriarche vénéré et aimé[42]. »

Le lendemain matin, après avoir passé la nuit dans la chambre d'amis, meublée très simplement, et s'être entretenu avec ses hôtes de leurs petits-enfants respectifs, Konrad Adenauer quitte la Boisserie. Il y était arrivé préoccupé, tendu. Il en part heureux, ému au point d'en avoir les larmes aux yeux : *« Vous m'avez traité comme si j'étais de la maison*[43] », dit-il au général de Gaulle.

Dès son retour à Bonn, lors d'une conférence de presse, le chancelier fait part à plusieurs centaines de journalistes de son *« excellente impression »*. Il s'étonne que la presse internationale et particulièrement allemande donne trop souvent une image inexacte du général de Gaulle : *« Il n'est nullement chauvin, il est fort bien renseigné sur la situation internationale et parfaitement conscient de l'importance des relations franco-allemandes, non seulement pour nos deux pays, mais également pour l'Europe et le monde. »* En se refusant à dévoiler le détail de sa conversation avec de Gaulle, Adenauer insiste sur leur *« accord total »*. Les jours suivants, ses éloges sur son hôte de Colombey ne tarissent pas, à tel point qu'au cours d'un tête-à-tête, un de ses amis l'interroge : des propos aussi favorables ne s'expliquent-ils pas, en partie tout au moins, par des considérations politiques ? *« Il n'en est rien,* lui répond Adenauer, *ils correspondent purement et simplement à mon sentiment personnel. Je suis enchanté*[44]. »

Au début de septembre, de Gaulle a annoncé à Jacques Vendroux la prochaine venue du chancelier Adenauer à Colombey : *« Cette rencontre sera un avertissement à Washington. Elle fera comprendre aux Américains que je suis décidé à restaurer la complète indépendance de la France, principalement en ce qui concerne notre défense nationale. Nous ne resterons pas aux ordres des Américains... Ou bien on modifiera, dans le sens de l'égalité des pouvoirs, les règles de l'O.T.A.N., ou bien nous en sortirons*[45] *! »* Lorsque, onze ans plus tard, en 1969, il écrit ses Mémoires, il exprime, en des termes plus littéraires, la même volonté : *« Dès le 14 septembre 1958, je hisse les couleurs*[46]*. »*

Son tête-à-tête avec Adenauer n'est, en effet, que la première étape de son offensive diplomatique.

Le 17 septembre, donc trois jours après avoir reçu le chancelier Adenauer, le général de Gaulle signe le mémorandum que les ambassadeurs à Washington et à Londres sont chargés de remettre au président des États-Unis et au Premier ministre de Grande-Bretagne.

Il pense à ce texte depuis des mois*. Deux versions initiales en ont été rédigées : l'une, sans grande conviction, par le ministre des Affaires étrangères, qui croit *« à une fantaisie sans lendemain*** »*, l'autre par Jean-Marc Boegner, conseiller diplomatique à l'hôtel Matignon. Le mémoran-

---

* Maurice Vaïsse indique en effet l'existence dans les archives d'un mémorandum daté du 11 juillet 1958 sur les lacunes de la défense du monde libre. Il devait être envoyé, accompagné d'une note appelant le gouvernement des États-Unis à une coopération atomique avec la France. Mais, lors d'une réunion dans le bureau du Général, le 15 juillet, il est décidé de ne pas remettre le document au gouvernement américain (*La Grandeur, politique étrangère du général de Gaulle, 1958-1969*, *op. cit.*, p. 117).

** Cette opinion de l'ambassadeur Chauvel (*Commentaires*, t. III, *De Berlin à Paris (1952-1962)*, *op. cit.*, p. 265) rejoint le sentiment de John Foster Dulles. Le 17 décembre, après « une conversation privée » avec Maurice Couve de Murville, le secrétaire d'État écrit au général Eisenhower : *« J'ai l'impression qu'aucun des conseillers de De Gaulle ne partage ses vues plutôt radicales sur le triumvirat et l'O.T.A.N. »* (United States of America, *Foreign Relations of the United States, 1958-1960, Western Europe*, vol. VII, *North Atlantic Treaty Organization*, p. 86).

dum est entièrement revu, *« tripatouillé »* – c'est l'expression de Maurice Couve de Murville – par de Gaulle. C'est indéniablement « son » mémorandum.

En quatre paragraphes et cinq cent trente-trois mots, de Gaulle remet en cause le fonctionnement de l'Alliance atlantique. Selon lui, la zone d'action de l'O.T.A.N., telle qu'elle a été définie en 1948, ne correspond plus aux réalités politiques et stratégiques de 1958. *« La France ne saurait donc considérer que l'O.T.A.N., sous sa forme actuelle, satisfasse aux conditions de la sécurité du monde libre et notamment à la sienne propre. »* Il demande donc la création d'une *« organisation commune comprenant : les États-Unis, la Grande-Bretagne et la France. Cette organisation aurait, d'une part, à prendre les décisions communes dans les questions politiques touchant à la sécurité mondiale, d'autre part, à établir et, le cas échéant, à mettre en application les plans d'action stratégique, notamment en ce qui concerne l'emploi des armes nucléaires ».*

Ces revendications ne sont pas nouvelles ; certaines ont déjà été exprimées sous les précédents gouvernements*, mais jamais sous une telle forme. Elles n'ont jamais été accompagnées, comme elles le sont dans ce mémorandum, de l'affirmation que l'organisation souhaitée par le gouvernement français est *« indispensable. Il y subordonne dès à présent tout développement de sa participation actuelle à l'O.T.A.N.*[47] *».*

Avec l'envoi de ce mémorandum, de Gaulle entend signifier à ses destinataires que la réorganisation de l'O.T.A.N., la nécessité pour la France d'y jouer un rôle analogue à celui des deux autres puissances atomiques sont les fondements de sa politique étrangère. John Foster Dulles et Harold Macmillan doivent savoir que ces souhaits, qu'il leur a exprimés oralement, correspondent chez lui à une volonté irréductible. *Verba volant, scripta manent.*

* Notamment par Georges Bidault à la conférence des Bermudes, en décembre 1953.

À juste titre, il ne nourrit guère d'illusions sur l'accueil que recevra son mémorandum*. Comme le Premier ministre britannique, le général Eisenhower juge aberrante la demande française : *« C'est un peu fou d'imaginer que la compétence de l'O.T.A.N. pourrait s'étendre au monde entier*[48]. » Et le président des États-Unis s'interroge : de Gaulle n'a-t-il pas tout bonnement la prétention de s'arroger un droit de veto sur l'action du gouvernement américain ? Si on le suivait, Washington ne pourrait plus *« employer* [son] *arme nucléaire en aucun point du monde sans le consulter et sans qu'il prenne part à* [ses] *décisions politiques*[49] *! »*

Paul-Henri Spaak, secrétaire général de l'O.T.A.N., et le général Norstadt, qui commande les forces atlantiques en Europe, sont convaincus que la solution souhaitée par de Gaulle affaiblirait l'O.T.A.N. et risquerait d'entraîner sa fin.

Mis au courant par le général de Gaulle, le président du Conseil italien, Amintore Fanfani, s'indigne : ainsi, la France veut diviser l'O.T.A.N. « en piliers et en colonies », les premiers, au nombre de trois, dictant leur volonté aux douze autres membres de l'Alliance !

De son côté, le chancelier Adenauer regrette que de Gaulle ne lui ait pas parlé à Colombey de ce mémorandum. Il est très inquiet : *« Son souci majeur est que les Américains restent en Europe. Toute discussion au sein de la famille européenne risque de provoquer leur départ*[50]. » Or, contre le danger soviétique, la présence américaine lui paraît vitale. Mais, en même temps, il ne veut rien faire qui puisse gêner de Gaulle[51] : l'ambassadeur de France lui a affirmé que la démarche du Général ne modifiait en rien sa volonté d'une union étroite avec l'Allemagne. Dans l'immédiat, l'essentiel, pour Adenauer, est qu'il n'y ait dans la presse aucune indiscrétion sur le mémorandum. Ce

* *« D'ailleurs, ils ne l'accepteront pas ! »* dit-il au général Gelée, à qui il confie la lettre pour le président Eisenhower (« correspondance » *Le Monde*, 6-7 avril 1986).

souhait est partagé par les Américains et les Britanniques. Toute publicité donnée à cette affaire la compliquerait encore, constate Eisenhower. Quant à l'Italien Fanfani, il affirme que la divulgation du mémorandum aurait sur l'O.T.A.N. l'effet *« d'une bombe atomique** ».

Accepter la proposition française est impensable, mais la refuser ouvertement n'est guère davantage possible. C'est ce qu'explique Eisenhower : *« La France occupe une position importante en Europe, avec les bases dont nous y disposons. Nous ne pouvons donc pas la rejeter catégoriquement, surtout avec un personnage comme le général de Gaulle**** ... »* Et puis, en dehors du triumvirat, les autres problèmes soulevés par le mémorandum méritent étude. Dulles, Spaak, comme tous les responsables de l'O.T.A.N., savent que le fonctionnement et la compétence de l'Alliance peuvent – et doivent – être améliorés***.

En guise de réponse dilatoire, les lettres envoyées le 20 octobre au général de Gaulle par le président des États-Unis et le Premier ministre de Grande-Bretagne sont exemplaires. Après lui avoir dit *« en toute franchise »* qu'une modification de l'O.T.A.N. lui paraissait soulever *« de très sérieux problèmes »*, Eisenhower s'affirme tout prêt *« à explorer* [cette éventuelle réorganisation] *par les voies les*

---

* Le mémorandum de septembre 1958 est longtemps resté secret. Ce n'est qu'en 1976 que la revue *Espoir* en donne une version intégrale. Elle la tient des archives de la D. Eisenhower Library ! Mais, en septembre 1958, une analyse assez précise en est publiée dans *Le Monde* par André Fontaine.

** Le 2 octobre, il lui écrit sa « profonde reconnaissance » pour lui avoir exprimé, dans sa lettre d'envoi du mémorandum, « sa sincère et confiante amitié » : *« Les sujets importants en vérité que vous soulevez recevront l'examen sérieux et approfondi qu'ils méritent »* (United States of America, *Foreign Relations of the United States, 1958-1960, Western Europe*, vol. VII, *North Atlantic Treaty Organization, France*, 2 octobre 1958, p. 86 et mémorandum d'une conversation avec l'ambassadeur d'Italie, 6 octobre 1958, p. 89).

*** Le 10 octobre, dans une lettre à son « cher ami Spaak », Dulles rappelle que, lors de la création de l'O.T.A.N., il a souligné devant la commission des Affaires étrangères du Sénat le grand danger de limiter les zones d'action : il redoute que cela ne donne aux communistes le sentiment *« qu'ils peuvent faire n'importe quoi dans le reste du monde... »* (United States of America, *Foreign Relations of the United States, 1958-1960, Western Europe*, vol. VII, *North Atlantic Treaty Organization, France*, p. 51).

plus appropriées[52] ». Quant à Macmillan, il conclut ainsi sa missive : « *Pour ma part, je vous suis reconnaissant d'avoir attiré l'attention sur ces problèmes. Évidemment, il nous faut trouver leur solution. Je crois que nous ne pouvons pas espérer la trouver en toute hâte. Mais je conviens que nous devons nous attaquer à cette tâche sans plus tarder*[53]. »

De Gaulle ne peut pas fermer la porte ainsi entrouverte. Alors commencent à Washington de longues discussions entre l'ambassadeur de France et les collaborateurs de Dulles. Celui-ci espère arriver ainsi à comprendre ce que veut vraiment de Gaulle. De part et d'autre de l'Atlantique, on sait que ces palabres ont pour seule vertu d'ajourner une discussion que nul ne souhaite : les Américains ne veulent pas d'un affrontement avec la France, et de Gaulle ne juge pas l'heure venue de l'imposer ou de quitter l'O.T.A.N.

Le Premier ministre canadien, l'honorable John Difenbaker, partisan convaincu de ces consultations, entend démontrer au général de Gaulle leur utilité : « *En 1886, au cours d'une visite au Vatican, l'homme d'État britannique Gladstone a demandé au Saint-Père comment l'Église avait su se maintenir à travers les siècles. Le pape lui répondit qu'il y avait à cela trois raisons : la première, c'était la consultation ; la deuxième raison, c'était la consultation, et la troisième raison, c'était encore la consultation*[54] ! »

La crise de Berlin illustre à merveille la politique étrangère menée par le général de Gaulle depuis la formation de son gouvernement.

Il est bien difficile de savoir pour quels motifs Nikita Khrouchtchev décide, en novembre 1958, d'ouvrir une seconde crise de Berlin*. Agit-il sous la pression de Walter

* La première a entraîné, en 1948, le blocus de Berlin que les Alliés ont brisé grâce à un pont aérien et que Staline a finalement levé en mai 1949 (*cf. La République des Illusions*, p. 508).

Ulbricht, son homologue de la République démocratique allemande, pour qui Berlin-Ouest constitue une menace qui ne cesse de s'aggraver* ? S'exaspère-t-il que les puissances occidentales se refusent toujours à reconnaître la République démocratique allemande, alors que l'U.R.S.S. a reconnu la République fédérale d'Allemagne ? Espère-t-il, après l'échec de tous ses appels pour une conférence au sommet, que ses revendications sur Berlin obligeront les puissances occidentales à s'asseoir à la table des négociations ? Craint-il l'installation par l'O.T.A.N. de fusées en Allemagne de l'Ouest ? Veut-il faire taire ses détracteurs qui, au sein du P.C.U.S., lui reprochent sa politique de « dégel » ? Croit-il utile de leur démontrer qu'il n'est pas un « tigre de papier » ? Juge-t-il le moment venu de faire une démonstration de force en Europe, maintenant que le lancement du Spoutnik lui assure une supériorité sur la technologie américaine ? Ce serait le moyen de rappeler aux Chinois qu'il ne convient pas de s'attaquer à la Russie**.

Sans doute, à des degrés divers, toutes ces motivations sont présentes dans sa détermination. Il n'est même pas exclu que la relation entre de Gaulle et Adenauer, dans la mesure où elle renforce l'Allemagne de l'Ouest, y ait joué un rôle, fût-il marginal. En effet, au lendemain de la rencontre de Colombey, Khrouchtchev, qui n'avait jamais attaqué de Gaulle, se déchaîne, dans une déclaration à la *Pravda*, contre la politique française de coopération avec l'Allemagne « réactionnaire et militariste », et assimile le rapprochement franco-allemand à la conférence de Munich en 1938, autrement dit à la soumission devant Hitler.

Toujours est-il que, le 10 novembre, le chef du gouvernement soviétique déclare que l'Union soviétique n'est

---

* Chaque année, le nombre de ressortissants de la R.D.A. qui gagnent l'Ouest est en constante et vertigineuse progression.

** Adenauer est convaincu que la crainte de la Chine est très forte chez Khrouchtchev : *« Ils nous sucent comme des sangsues,* lui a-t-il dit. *Une simple carte de géographie montre que la Russie a 200 millions d'habitants, alors que la Chine en a 600 millions. Quel autre débouché que l'U.R.S.S. peut-on offrir à cette masse ? »* (*Documents diplomatiques français, 1958*, *op.cit.*, p. 342).

plus liée par les accords de Potsdam*, puisque les Occidentaux les ont violés en réarmant l'Allemagne fédérale. L'Union soviétique se disposant à dénoncer le statut quadripartite de Berlin, les trois grandes puissances occidentales n'ont plus le droit de s'y maintenir. Et le gouvernement soviétique s'apprête à transmettre à la République démocratique allemande ses propres attributions à Berlin.

Konrad Adenauer demande alors aux trois Occidentaux de réaffirmer leur volonté commune de défendre Berlin-Ouest.

Le 27 octobre, le général de Gaulle décide un nouvel entretien avec le chancelier Adenauer. Il lui propose d'aller le voir. La rencontre, qui a lieu à Bad Kreuznach, est de grande importance. Très vite, de Gaulle informe Adenauer que la France entrera dans le Marché commun sans avoir recours à la clause de sauvegarde**. Il s'étonne de toute l'agitation faite autour du 1er janvier 1959. Pourquoi vouloir à tout prix que le problème de la zone de libre-échange soit réglé à cette date ? *« Il ne faut pas se précipiter. Il faut accepter quelque chose de raisonnable et par conséquent négocier et voir venir dans un esprit de coopération. »* Le chancelier se range à cet avis. La question est renvoyée aux experts. Cet accord franco-allemand sonne, en vérité, le glas de la zone de libre-échange***.

---

* À la suite de la conférence de Potsdam (17 juillet-2 août 1945) qui a réuni Harry Truman, Joseph Staline, Winston Churchill, la division de l'Allemagne en quatre zones d'occupation a été décidée : une américaine, une britannique, une française, une soviétique. Un règlement particulier est institué pour Berlin : la ville, également divisée en quatre secteurs, est soumise à l'autorité conjointe des quatre puissances occupantes.

** Il semble bien que de Gaulle ait pris cette décision dès son retour aux affaires, *cf. supra*, p. 279.

*** Avant même cette réunion, Richard Maudling a annoncé la suspension de la commission qu'il préside. Il a pris cette décision à la suite de l'annonce le 14 novembre par le ministre de l'Information, Jacques Soustelle, qu'il n'apparaissait pas *« possible à la France de créer la zone de libre-échange comme l'avaient souhaité les Britannique »*. L'Allemand Walter Hallstein est alors chargé de rechercher une solution acceptable par tous. Le 15 décembre, un nouvel incident met fin à ses travaux. Le ministre du Commerce britannique ayant menacé la France de représailles, Maurice Couve de Murville se lève et quitte la séance. *« On se croirait plus près de Fachoda que de l'Entente cordiale »*, constate le journal *The Economist.*

Sur le problème de Berlin, de Gaulle se montre rassurant. Adenauer pense que l'U.R.S.S. veut s'emparer de l'Europe occidentale *« pour renforcer son potentiel et pour affronter les États-Unis et la Chine. Nous sommes au premier rang, mais vous êtes au second »*. De Gaulle n'estime pas – et, sur ce point, son analyse diffère de celle du chancelier – qu'il y ait un très grand risque que les Russes poussent les choses à fond. *« Je ne crois pas que Khrouchtchev puisse dominer le monde. Il n'a même pas pu conquérir la Pologne, la Hongrie. Comment voulez-vous qu'il gagne la France, l'Allemagne, l'Italie, l'Espagne ? »* Quoi qu'il en soit, la France n'acceptera jamais de renoncer au statut de Berlin. Elle ne se séparera pas de ceux avec lesquels elle est liée… *« Vous avez raison de vous méfier des Russes. Nous ne détestons pas les Russes, nous nous en méfions simplement parce qu'ils sont dangereux. Nous sommes avec les Américains toutes les fois que les Russes menacent, mais nous nous méfions de la politique américaine, qui est par trop brusque*[55]*. »*

Le lendemain, une très longue note soviétique avertit Américains, Britanniques et Français : puisque les accords de Potsdam n'ont plus cours, la signature d'un traité de paix s'impose : Berlin deviendra une ville libre, son territoire sera démilitarisé, les troupes alliées devront s'en retirer dans un délai de six mois. Au cas où les Occidentaux n'accepteraient pas sa proposition, le gouvernement soviétique signerait seul un traité de paix avec la R.D.A. reconnaissant sa pleine et entière souveraineté. Les troupes russes quitteraient son sol, il reviendrait à l'armée est-allemande de la remplacer. Pour tout ce qui concerne Berlin, les Occidentaux n'auraient plus qu'un seul interlocuteur : le gouvernement de Pankow*.

Pour Konrad Adenauer, si par malheur Berlin devenait une ville libre, les communistes y exerceraient le pouvoir, sa propre position à la tête de la République fédérale

* C'est dans ce quartier de Berlin que réside le gouvernement de la République démocratique allemande.

deviendrait intenable et, à plus ou moins long terme, ce serait la fin de l'Europe libre. Il en appelle donc à la fermeté des Occidentaux.

Mais, à peine l'ultimatum a-t-il été remis à ses destinataires que leurs divergences se font jour.

Pour Harold Macmillan, il est impossible de le rejeter purement et simplement. Une telle attitude pourrait conduire à une confrontation armée. La Grande-Bretagne, après les sacrifices considérables consentis durant la Seconde Guerre mondiale, n'est pas prête à « mourir pour un simple changement de visa ». Le Premier ministre envisage la reconnaissance de la République démocratique allemande.

Le général Eisenhower n'est pas loin de cette ligne. Il laisse entendre qu'il ne veut pas courir le risque d'une guerre conventionnelle en Europe et que le recours aux armes nucléaires est exclu pour Berlin, d'autant que les États-Unis n'ont en plus le monopole. Il n'est pas hostile, dit-il à John Foster Dulles, à ce que Berlin devienne une cité libre, sans troupes américaines, à condition que la ville et ses accès soient placés sous juridiction des Nations Unies. Bref, une fois encore, la consultation semble s'imposer[56].

De Gaulle joue les trouble-fête. En fait, il ne croit pas vraiment au danger d'une guerre – il le dit à Adenauer –, mais il est convaincu que le meilleur, sinon le seul, moyen de l'éviter est la fermeté. Les Russes doivent savoir que toute négociation sur le statut de Berlin est impossible.

L'ultimatum russe est pour lui le moyen de démontrer à Adenauer que le meilleur défenseur de l'Allemagne de l'Ouest ne se trouve pas aux États-Unis, mais en Europe : c'est la France. *« Ce faisant, de Gaulle rompait avec trois cents ans de traditions diplomatiques de la France, dont l'objectif constant avait été le maintien d'une Allemagne faible et divisée. Il tirait parti de la crise de Berlin pour se poser en défenseur attitré de l'identité européenne, et en partenaire privilégié de l'Allemagne.*

« Les termes du contrat étaient annoncés : la France acceptait la reconnaissance de la puissance économique

*et militaire de l'Allemagne, en échange de la reconnaissance par Bonn du leadership de la France en Europe**. »

Au fil des jours, John Foster Dulles convainc le président Eisenhower des dangers d'une négociation sur le problème de Berlin. Et, le 14 décembre, les trois ministres des Affaires étrangères annoncent le rejet catégorique des demandes formulées par les Soviétiques à propos de Berlin.

Le lendemain, lorsqu'il reçoit Dulles, de Gaulle se réjouit que la fermeté l'ait emporté : « *Le seul moyen d'éviter la guerre est d'accepter qu'elle ait lieu.* » Avec sobriété, il apporte une nuance au jugement de son interlocuteur sur Khrouchtchev**. Non sans ironie, il lui fait remarquer que la solidarité franco-américaine lors de la crise de Berlin n'a pas empêché la diplomatie américaine de multiplier dans le même temps les mauvaises manières à l'égard de la France. Ne s'est-elle pas abstenue lors du vote sur l'Algérie aux Nations Unies ? N'a-t-elle pas facilité l'entrée de la Guinée dans cette organisation, donnant ainsi une voix supplémentaire aux adversaires de notre pays ? Avec plus de force que jamais, de Gaulle critique le fonctionnement de l'Alliance atlantique. Puisque Khrouchtchev se vante de pouvoir détruire l'Europe de l'Ouest en vingt-quatre heures, la moindre des choses

---

* Selon Valéry Giscard d'Estaing, l'auteur de cette analyse, « *c'est sur les termes de ce partenariat strictement paritaire que nous avons vécu trente ans, de 1960 à l'unification allemande de 1990* » (*L'Express*, 18-24 avril 1996, p. 40).

** Pour John Foster Dulles, Khrouchtchev est plus dangereux que Staline : « *Il n'a ni sa maîtrise ni sa prudence, mais est fanfaron et hâbleur. Par certains côtés, il rappelle Hitler.* » De Gaulle se contente de lui faire observer que sa position en Russie est plus faible que celle de Staline. (United States of America, *Foreign Relations of the United States, 1958-1960, Western Europe*, vol. VII, *North Atlantic Treaty Organization, France*, mémorandum de la conversation avec le général de Gaulle, p. 147). Les années ayant passé, Khrouchtchev apparaît comme le premier à avoir levé la chape de plomb qui pèse sur l'Union soviétique. Il n'en reste pas moins qu'en 1958, le jugement de Dulles n'est pas dépourvu de fondement : la répression sanglante de la révolution hongroise, sa menace d'une guerre nucléaire lors de l'affaire de Suez, son aide apportée à tous les mouvements d'indépendance, qu'ils soient ou non communistes, et enfin le lancement du Spoutnik font alors de lui un adversaire redoutable.

serait que nous ayons le droit de discuter avec « nos alliés atomiques » sur l'usage de leurs armes. Si l'on veut que l'Alliance continue à exister – et il le souhaite –, sa réorganisation est indispensable.

Autant la première entrevue de Gaulle-Dulles avait été cordiale, autant celle du 15 décembre est tendue.

À l'issue de l'entretien, qui a duré deux longues heures, Dulles prévient Eisenhower : *« De Gaulle devient de plus en plus fauteur de troubles. »* Cette constatation n'émeut guère le président américain, qui croit de Gaulle capable *« des initiatives les plus surprenantes. (...) Mais sa position de force actuelle, son influence, interdisent qu'on le rembarre brutalement. Il faut le surveiller de près »*. Le lendemain, Eisenhower s'efforce d'apaiser son secrétaire d'État : *« Je comprends parfaitement votre exaspération. Il me semble que notre ami* [de Gaulle, cela va de soi] *devrait cesser de vouloir diriger le monde entier, naturellement avec quelques partenaires, avant même d'avoir remis la France en ordre de marche*[57]*. »*

À la fin de son gouvernement, le général de Gaulle bénéficie d'une consécration internationale. Pour l'hebdomadaire américain *Time*, un des magazines les plus lus au monde, il est « l'homme de l'année ». En couverture de son dernier numéro de décembre 1958, la reproduction de son portrait par Bernard Buffet ; à l'intérieur, un long article. Nous découvrons ainsi sa « conviction la plus profonde : *« La gloire se donne elle-même à ceux qui ont toujours rêvé d'elle »*, et nous apprenons, c'est la conclusion du texte, que *« la gloire s'est donnée elle-même à Charles de Gaulle*[*] *»*.

---

* Je ne sais pas si le Général a vu ce numéro de *Time*. Mais je n'imagine pas qu'il ait pu se réjouir d'être un des deux seuls Français à avoir figuré – et à figurer jusqu'en 2012 – dans la liste prestigieuse consacrant « l'homme de l'année », l'autre étant... Pierre Laval, en 1931, alors que celui-ci préside le Conseil des ministres.

CHAPITRE V

Un gouvernement indéfinissable

Il est normal que le gouvernement de Gaulle soit à l'image de son président : inclassable, conciliant dans un oxymoron politique la rupture et la continuité.
Il est plus étonnant de ne pas savoir avec certitude à quelle République appartient ce ministère, tout au moins dans ses derniers mois. La nouvelle Constitution est promulguée le 4 octobre, mais le chef de l'État est toujours René Coty. Alors, la France est-elle en V^e ou en IVe République ?

Il est rare qu'une conférence de presse revête un caractère symbolique. C'est le cas de celle que tient, le 24 juillet 1958, le ministre de la Construction, Pierre Sudreau. Jamais, sous les précédents gouvernements de la IVe République, un ministre, conscient de la précarité de ses fonctions, n'aurait eu l'idée de convoquer les journalistes pour leur exposer l'ensemble de ses projets*. Jamais aucun président du Conseil ne s'était rendu dans un ministère pour approuver publiquement l'action de son titulaire. Or, le 24 juillet, de Gaulle est présent au ministère de la

* Lorsque, le 9 mai 1950, le ministre des Affaires étrangères, Robert Schuman, réunit les journalistes, c'est pour leur faire part d'une décision exceptionnelle : *« le premier acte décisif de la construction européenne »*, la création d'une Communauté européenne du charbon et de l'acier. Le président du Conseil, Georges Bidault, n'assiste pas à cette conférence de presse.

Construction. Le premier à prendre la parole, il précise que les plans du ministre sont ceux du gouvernement, et, *« je peux le dire, les miens »*, que le problème du logement *« est en rapport direct avec l'urbanisme et aussi le développement de la France tout entière »*. Il y attache donc *« un intérêt immense*[1] *»*. Les mesures que présente ensuite le ministre sont nombreuses et variées*. Toutes ne concernent pas seulement le logement. Certaines ont pour objet l'aménagement du territoire. Il s'agit de lutter contre l'extension désordonnée de la région parisienne, *« cet immense aspirateur qui fait le vide à travers la France »*, et de mettre fin à la désertification de bien des régions sous-peuplées**.

Par sa présence à la conférence de presse de Pierre Sudreau, le président du Conseil signifie clairement que son action ne se limite pas aux deux tâches pour lesquelles le Parlement l'a investi : soumettre aux Français un projet constitutionnel et « régler » le problème algérien. Son ambition est de rendre son rang à la France – dans son esprit, ce ne peut être que le premier dans tous les domaines. Les pleins pouvoirs qui lui ont été accordés pour une durée de six mois doivent permettre de jeter les fondations de cette France exemplaire : *« Il lui faut se*

---

* 30 milliards de crédits nouveaux sont affectés à un programme de construction d'habitations à loyer modéré, les loyers de catégorie exceptionnelle sont majorés, des sociétés immobilières d'investissement seront créées afin de drainer des capitaux privés vers la construction d'immeubles locatifs, la lutte contre la spéculation est entreprise : tout bénéficiaire d'une aide de l'État pour l'achat de son logement est désormais obligé de la rembourser intégralement en cas de vente. Le ministre prévoit aussi la simplification des démarches administratives liées à la construction – en dix jours, un groupe de travail en a déjà repéré cinquante-deux ! Ce premier train de mesures est étoffé le 31 décembre par une « pluie » de textes (quatorze ordonnances et de nombreux décrets) portant création des Z.U.P. (zones à urbaniser en priorité), réformant les plans d'urbanisme, instituant la rénovation urbaine et celle des lotissements, simplifiant les formalités de vente des immeubles et des formalités administratives, etc. (Pierre Sudreau, *Au-delà de toutes les frontières*, *op. cit.*, p. 117.)

** Des commissaires régionaux seront nommés pour une mission limitée à trois ou cinq ans. Choisis dans l'administration, ils seront chargés d'aménager le territoire. En novembre, un comité interministériel décide la création d'un Comité permanent de l'aménagement du territoire, et le transfert en province d'une vingtaine d'établissements techniques, d'écoles et de dépôts relevant de l'État.

transformer à mesure et profondément[2]. » Afin d'obtenir l'adhésion des Français, il ne cesse de leur vanter les mérites de leur pays*. Il multiplie les initiatives les plus variées, allant de la création d'un Haut-Commissariat à la jeunesse** à « *la modernisation des méthodes administratives,* [la coordination de] *l'action des administrations départementales en fonction du plan d'aménagement du territoire*[3] ». Dans l'accomplissement de cette refonte du paysage français, le général de Gaulle dispose d'une procédure exceptionnelle : le recours aux ordonnances. On appelle ainsi les mesures relevant du pouvoir législatif et prises par le gouvernement. Elles sont effectives dès leur publication. Leur utilisation exige une autorisation préalable du Parlement et sa validation ultérieure***.

Jamais, sous aucun gouvernement, sous aucune République, le recours aux ordonnances n'a atteint l'ampleur

---

* Le 2 août, visitant l'usine nucléaire de Marcoule, il exprime sa satisfaction : « *Au point de vue national, il est saisissant de constater ce que sont les réalisations françaises quand la France s'en donne la peine, quand bien même ses moyens sont, hélas, pour l'instant, assez limités.* » Ces propos étant improvisés, une autre version en existe qui prête au Général cette constatation : « *Que c'est beau, que c'est grand, la France, quand les Français le veulent !* »

** Le vainqueur de l'Annapurna, Maurice Herzog, est nommé à ce poste. Dans une lettre du 25 octobre 1958, de Gaulle lui précise ses objectifs qui concernent « *l'ensemble de la jeunesse française, paysanne, ouvrière, intellectuelle (...). L'essentiel est de faire accéder cette jeunesse à la connaissance de notre patrimoine et de l'associer, en respectant son indépendance, à l'œuvre technique et scientifique de notre pays ; en fait, il s'agit de faire prendre conscience aux jeunes Français de la vocation de la France. Les rassemblements de jeunes dans les lieux historiques, les visites de grandes réalisations nationales, le tour de France des Compagnons pendant les mois d'été : ce sont là des réalisations qui permettraient d'obtenir ce résultat* » (A.N., 5 AG 1 1699).

*** Comme ce ne peut être le cas sous le ministère de Gaulle, puisque l'Assemblée nationale et le Conseil de la République ont tenu leur ultime séance le 3 juin, la loi relative aux pleins pouvoirs, promulguée le même jour, prévoit qu'à leur expiration les ordonnances adoptées par le gouvernement seront « déposées sur le bureau de l'Assemblée nationale à fin de ratification. Les ordonnances sont délibérées en Conseil des ministres après avis du Conseil d'État ». De Gaulle aurait sans doute voulu s'affranchir de cette tutelle : dans le projet de loi qui lui est soumis, il avait précisé de sa main que cette procédure serait respectée « *dans la mesure où les circonstances le permettent* ». Ce souhait a disparu du texte voté par l'Assemblée nationale (A.N., AG 1, supp. 12, cote provisoire).

qui est la sienne en 1958, plus d'une par jour : trois cent trente-cinq en deux cent quatre-vingt-dix jours*.

Quelques-unes sont des lois organiques, puisqu'elles ont trait au fonctionnement des pouvoirs publics. Les autres concernent tous les domaines de la vie des Français. Une rapide énumération, faite un peu au hasard, donne une idée de leur diversité. Elles portent sur l'attribution des indemnités journalières de la Sécurité sociale, le code de l'urbanisme, le statut du personnel de l'administration pénitentiaire, la titularisation des instituteurs remplaçants, un ouragan de grêle dans le Bas-Rhin, la modification du régime d'importation du pétrole, la recherche scientifique, la création des thermes nationaux d'Aix-les-Bains, le code rural, le code municipal, le statut de l'artisanat, la création d'un emploi de préfet hors cadre**, les prix des films de court métrage, le stockage souterrain de gaz, la modification du régime de l'adoption et de la légitimation adoptive, les conditions de travail dans les transports routiers, publics et privés, le raccordement obligatoire des immeubles aux réseaux d'égout, les hôtels, pensions de famille et meublés (le maintien dans les lieux), la modification du régime de retraite des marins de commerce, la protection de l'enfance, le régime fiscal des vins, cidres, poires et hydromels en Corse, les permis de chasse, la réalisation d'installation de production nucléaire d'électricité, l'institution d'une commission nationale et de commissions régionales de l'emploi où siègent représentants des employeurs, des salariés et de l'État chargés d'étudier les moyens de prévenir le chômage***, la réforme de l'enseigne-

* On trouvera, en annexe, leur liste complète ; *cf. infra*, p. 489.

** Olivier Guichard en est le bénéficiaire : *« En 1958, je n'existais pas. Le Général n'aimait pas ça. Fin décembre 1958, il appela son directeur de cabinet : "Pompidou, Guichard n'est rien. Il faut qu'il soit quelque chose." Quelques jours après, je figurais sur les rôles du ministère de l'Intérieur comme préfet. J'y suis toujours, en service détaché »* (Olivier Guichard, *Un chemin tranquille*, Paris, 1975, Flammarion, p. 78).

*** La France compte moins de 45 000 chômeurs. En mai 1959, selon ce recensement, le plus proche de 1958, il y a exactement 42 957 chômeurs secourus.

ment*, la création des centres hospitaliers et universitaires (les C.H.U.), la réforme de l'enseignement médical, etc.**.

Souvent, ces ordonnances remettent en cause un ordre établi depuis longtemps. Il en est ainsi pour la Justice. Si, depuis sa création en 1804, le Code civil a subi maintes modifications, l'organisation judiciaire, mise en place à la même époque, semble en revanche immuable. La carte des tribunaux reflète toujours la France du début du XIXe siècle, une époque où les trois quarts de la population vivaient à la campagne, le cheval étant le moyen de locomotion le plus rapide. En 1958, les 2 902 justices de paix créées au siècle précédent afin de mettre la justice à portée de tous les citoyens sont souvent inoccupées, alors que, dans les grandes villes et surtout à Paris, les tribunaux d'instance sont encombrés au point que le quart seulement des affaires inscrites au rôle sont plaidées, le reste étant renvoyé à des audiences ultérieures. Si la nécessité d'une refonte de la carte judiciaire est évidente, aucun gouvernement n'a pu l'entreprendre, l'éventualité de la suppression d'un juge de paix mobilisant d'emblée députés et sénateurs du département. Fort des pleins pouvoirs qui lui sont accordés, le dernier ministère de la IVe République opère, en 13 ordonnances et 31 décrets, une réforme judiciaire profonde : les justices de paix sont supprimées et remplacées par 455 tribunaux d'instance, un par arrondissement ; 172 tribunaux de grande instance se substituent aux 351 tribunaux civils ; afin d'assurer la formation des futurs magistrats, le Centre national d'études judiciaires est créé*** ; un juge est

* Même si elle est limitée, cette réforme n'en a pas moins un mérite incontestable : *« On sort de l'intention du projet, de la velléité, pour entrer dans la réalisation. La situation figée depuis quinze ans se débloque »* (Antoine Prost, *Histoire générale de l'enseignement et de l'éducation en France*, t. IV, Paris, 1991, Nouvelle Librairie de France, p. 254).

** Bien qu'elles soient encore prises sous la IVe République, toutes ces mesures décidées sous le gouvernement de Gaulle deviennent réellement effectives sous la Ve République. Il me paraît donc que leur descriptif détaillé relève plus d'une histoire de la Ve République que de cet ultime volume de l'*Histoire de la IVe République.*

*** Il préfigure l'École nationale de la magistrature ouverte en 1972.

affecté à l'application des peines ; l'aide judiciaire est instaurée, etc.

D'autres mesures modifient la vie quotidienne des Français. Je n'en citerai que deux, de nature différente, certes : la scolarité obligatoire allongée de deux années – ce n'est plus à quatorze, mais à seize ans que les jeunes peuvent quitter l'école – et l'obligation pour tout propriétaire d'un « véhicule terrestre à moteur » de l'assurer*.

Une production législative d'une telle ampleur, menée à bien en quelques mois, est hors du commun. Depuis le Consulat, jamais la France n'a connu une refonte aussi vaste de son appareil législatif. Tous les ministères sont concernés.

Georges Pompidou est au centre de cette activité réformatrice. Il se tient au courant des travaux des uns et des autres, leur donne l'impulsion nécessaire ou, si besoin est, leur fait part de ses réserves. Lorsque le dossier lui semble au point, il le transmet au président du Conseil. Plus qu'un directeur de cabinet, Georges Pompidou joue un rôle de chef d'état-major auprès d'un général qui lui accorde une confiance totale. On peut voir en lui une sorte de vice-président du Conseil. Il veille à ce que l'harmonie règne au sein du gouvernement, « arrange » les conflits qui peuvent naître entre les uns et les autres. Il est néanmoins difficile de citer des exemples précis des interventions du directeur de cabinet, car tout se passe oralement. Entre le général de Gaulle et lui, l'osmose est telle qu'il n'est pas besoin de notes écrites pour ordonner ou rendre compte. Au fil des journées, dès que cela leur paraît nécessaire, ils s'informent de vive voix. Avec les membres du cabinet ou avec les ministres – il lui arrive parfois de préciser à l'un ou à l'autre la pensée du Général –, le directeur de cabinet entretient des

* Le nouveau Code de la route, promulgué alors, se substitue à la loi sur la circulation vieille d'un siècle. Il renforce la répression des délits routiers, au nombre desquels figure l'absence de police d'assurance. Est aussi créé un règlement des auto-écoles : nul ne peut enseigner la conduite automobile s'il n'est pas titulaire d'un brevet de moniteur spécialisé.

rapports oraux, directs ou par téléphone. Les archives du gouvernement de Gaulle sont donc extraordinairement pauvres en ce qui concerne Georges Pompidou*. Ce qui ne l'empêche pas d'avoir joué alors un rôle essentiel : tous les survivants nous l'ont confirmé, et c'était aussi l'avis du général de Gaulle**.

Une question se pose : comment, en quelques mois, a-t-il été possible de rédiger un nombre aussi considérable d'ordonnances, de lois et de décrets ? Les nouveaux ministres étaient-ils entrés en fonction déjà munis des textes qu'ils allaient faire adopter ? Ce n'est pas le cas. Du temps du Rassemblement du peuple français, un Comité national d'études (comprenant une dizaine de personnes) avait bien été créé ; fin 1947, il avait élaboré *« un vaste programme mêlant libéralisme et dirigisme, le souci de l'efficacité et celui d'une certaine justice sociale*[4] *»*. Mais *« tout cela restait étrangement théorique*[5] *»*, précise Georges Pompidou, qui fut la cheville ouvrière de ce petit groupe. En fait, parmi la multitude d'ordonnances, de lois et de décrets du gouvernement de Gaulle, rares sont, à l'exception des lois organiques sur le fonctionnement du pouvoir***, ceux qui ont une connotation spécifiquement gaulliste. À vrai dire, je n'en vois qu'un : l'ordonnance n° 59-126, adoptée le 7 janvier 1959, lors du dernier Conseil des ministres de la IVe République. Elle s'intitule : « Association et intéressement des travailleurs à l'entreprise ». Dans l'esprit du Général, l'association capital/travail doit assurer la paix et

---

* Alain Pompidou a eu la très grande gentillesse de consulter les papiers que son père avait conservés et qui seront bientôt déposés aux Archives nationales. Il n'y a pas trouvé la moindre trace du gouvernement de Gaulle de 1958 !

** Olivier Guichard : *« Il m'a dit : "L'Histoire ne saura jamais tout ce qu'a fait Pompidou dans ces six mois d'organisation de la Ve République." »* (*L'Express*, 29 juin 1970, p. 100).

*** Vingt-quatre lois organiques, préparées sous l'autorité de Michel Debré, sont promulguées à partir du référendum. Elles concernent l'élection du président de la République, le statut des parlementaires, la durée et les pouvoirs de l'Assemblée nationale, le statut de la magistrature, le Conseil supérieur de la magistrature, le Conseil constitutionnel, les institutions de la Communauté, la Haute Cour de justice, le Conseil économique et social.

la justice sociale, prouvant ainsi le caractère obsolète du communisme et du capitalisme. Cette idée-là a toujours été la sienne*.

Dans leur immense majorité, les textes législatifs du gouvernement de Gaulle, qui jettent les bases d'une transformation profonde du paysage français, correspondent aux innombrables idées de réforme émises depuis la Libération, voire antérieurement. Ils reprennent des projets élaborés par des fonctionnaires compétents. Ces textes dorment dans les tiroirs des ministères. Faute de crédits, les ministres n'ont pu les lancer – c'est le cas de la construction d'autoroutes** ; faute de majorité parlementaire et de pérennité dans leurs fonctions, les gouvernements n'ont pu les faire aboutir.

Pour de Gaulle, la France ne retrouvera pas son rang si elle ne parvient pas à recouvrer la primauté qui avait été la sienne dans les domaines essentiels de la science et de la médecine. Au XIXe siècle, elle est avec l'Allemagne la première nation en matière de recherche scientifique et médicale. Sous la IIIe République, dès la création du prix Nobel en 1901, elle peut s'enorgueillir de compter seize lauréats : six en physique, autant en chimie, quatre en physiologie et médecine. Depuis la fin de la guerre, un seul Français, qui exerce à New York, figure au palmarès des Nobel : il

* Adolescent, de Gaulle est impressionné par le célèbre mot d'ordre de Louis Blanc : *« Plus de salariés, des associés ! »* En 1938, dans *La France et son armée*, il regrette que l'aile marchante du mouvement social français s'enrôle sous la bannière de Marx et ignore Proudhon. Comme doctrine, l'association capital/travail se réfère au socialisme utopique français. (Patrick Guiol, *Dictionnaire de Gaulle*, Paris, 2006, Robert Laffont, p. 74.)

À Alger, le 1er mai 1944, il affirme que la capacité et l'expérience pratique des travailleurs *« entraînent la nécessité de leur collaboration régulière dans la gestion des entreprises »*. Et le jour même de la création du Rassemblement du peuple français, à Strasbourg, le 7 avril 1947, il déclare que la solution de la lutte des classes se trouve dans *« l'association digne et féconde de ceux qui mettent en commun, à l'intérieur d'une même entreprise, soit leur travail, soit leur technique, soit leurs biens »*.

** En 1958, le réseau routier métropolitain semble immuable depuis l'avant-guerre avec ses 80 800 kilomètres et ses 21 kilomètres d'autoroute : ces chiffres n'ont guère varié depuis 1939. (*Cf. La République des Tourmentes*, t. III, p. 471.)

partage, en 1956, le prix de médecine avec un Américain et un Allemand. Les brevets déposés par des chercheurs français sont en diminution constante ; un phénomène inverse se produit outre-Atlantique. C'est aussi aux États-Unis que les plus grandes découvertes médicales voient le jour.

En 1958, en France, la recherche scientifique, et plus encore médicale, se trouve ainsi dans un état désastreux.

Depuis le début de la décennie, quelques jeunes médecins, indignés par le fonctionnement des hôpitaux publics et la présence rare des « patrons » dans les services qu'ils sont censés diriger*, décident de passer à l'action. S'intitulant les « Conjurés », ils élaborent un projet de réforme de la médecine hospitalière. Mendésistes convaincus, ils informent Pierre Mendès France de leur action et demandent au professeur Robert Debré** de la placer sous son autorité. En 1956, ministre d'État dans le gouvernement Mollet, Pierre Mendès France fait en sorte que deux « Conjurés » soient nommés dans les cabinets ministériels de la Santé et de l'Éducation nationale. Sous l'impulsion de Robert Debré est créé un Comité interministériel d'études des problèmes de l'enseignement médical, de la structure hospitalière et de l'action sanitaire. *« En 1958, les projets de réforme étaient prêts ; ils avaient été acceptés par les ministres concernés et ils devaient être soumis au vote du Parlement. Or nous savions qu'ils n'avaient aucune chance d'être adoptés ; ils heurtaient trop les traditions et, insensible aux clivages politiques, le lobby des médecins conservateurs faisait barrage[6]. »*

* L'organisation de ces établissements fréquentés par les seuls « indigents » date de Napoléon. Les chefs de service, nommés par le ministre de la Santé publique, sont alors fort peu nombreux. Leur prestige est grand. Ils passent quelques heures le matin à l'hôpital ; l'essentiel de leur activité est consacré, hors de ses murs, à leur clientèle privée.

** Pédiatre de réputation internationale et père de Michel Debré, Robert Debré est un militant de longue date d'une « révolution médicale ». Un texte élaboré clandestinement au sein du Front national des médecins, dont il est le président, a été transmis en janvier 1944 à Alger au Comité français de Libération nationale. Il comprend l'essentiel des mesures adoptées en 1958 par le gouvernement de Gaulle.

La présence du général de Gaulle à Matignon change les données du problème. Le professeur Debré connaît le Général, il a soigné sa fille Anne. Le président du Conseil lui accorde rapidement l'audience demandée, l'accueille avec tous les égards possibles, l'appelant « Mon cher Maître », l'écoute durant trois quarts d'heure. Convaincu par les arguments de Robert Debré, conscient des oppositions que suscite la réforme médicale, de Gaulle tient à ce que l'affaire soit réglée avant l'expiration du délai où il peut légiférer par ordonnances. Ce qui est fait, non sans difficulté*, avec les ordonnances des 11, 13 et 30 décembre 1958 : elles créent les centres hospitaliers et universitaires, les C.H.U.

L'essentiel de la nouvelle organisation médicale tient à la lettre « U » : désormais, les grands hôpitaux publics deviennent universitaires, rattachés directement à une université, et les chefs de service, nommés par les ministres de l'Éducation nationale et de la Santé publique, ne peuvent être que des professeurs d'université, lesquels doivent consacrer la quasi-totalité de leurs activités professionnelles aux fonctions hospitalières, à l'enseignement et à la recherche**. C'en est fini – tout au moins sur le papier – des « mandarins » plus souvent absents que présents dans les hôpitaux.

Il est bien difficile de savoir à qui attribuer la paternité de cette réforme : l'initiative des « Conjurés », l'interven-

* Cette précision est due au légiste Jean Imbert, alors membre du cabinet du ministre de la Santé publique : *« En effet, pour être assuré que la réforme soit effectivement appliquée, il fallait tenir compte des désirs et des objections que pouvaient présenter non seulement les administrateurs hospitaliers, mais aussi le corps médical hospitalier, puisque les deux ordonnances modifiaient de fond en comble les structures hospitalières. Les discussions furent serrées »* (*De Gaulle et la médecine*, *op. cit.*, p. 106).

** Le seul salaire qu'ils reçoivent, celui de professeur d'université, leur est versé par le ministère de l'Éducation nationale ; leurs activités médicales sont rémunérées par des émoluments attribués par l'hôpital. Ces rétributions ne sont ni prises en compte par la Sécurité sociale, ni affectées à la retraite de leurs bénéficiaires. Pour pallier cette mesure, les nouveaux chefs de service sont autorisés à recevoir à l'hôpital, deux après-midi par semaine, leur clientèle privée, à laquelle ils demandent les honoraires de leur choix.

tion de Robert Debré, le comité interministériel créé en 1957, l'arrivée à l'hôtel Matignon du général de Gaulle, chacun de ces éléments a été déterminant.

Avec la recherche scientifique, on assiste à un processus analogue.

Depuis des années, Pierre Mendès France a plaidé pour que lui soient apportées les réformes indispensables. Il est le seul responsable politique qui l'ait installée, avec le progrès technique, *« au cœur de son action gouvernementale*[*] *»*, le seul qui, après son départ du gouvernement, ait réussi, en 1956, une mobilisation sans précédent en sa faveur, avec la réunion à Caen des « États généraux de la recherche[**] ».

Dès juin 1958, André Malraux, ministre délégué à la présidence du Conseil, aux attributions mal définies, décide de prendre en main le problème. Il est vraisemblable que Geneviève de Gaulle-Anthonioz – cette nièce très proche du Général est à son cabinet – lui en a indiqué l'importance et l'urgence. Elle les connaît grâce à ses liens d'amitié avec différents savants[***] très impliqués dans les

* Le 3 juin 1953, dans son premier discours d'investiture, Pierre Mendès France déplore les crédits *« dérisoires »* de la recherche : *« La République a besoin de savants ; leurs découvertes, le rayonnement qui s'y attache contribuent à la grandeur d'un pays. »* L'année suivante, lorsqu'il accède à la présidence du Conseil, il institue un secrétariat d'État à la Recherche scientifique et au Progrès technique, directement rattaché au président du Conseil. Avec la création d'un Conseil supérieur de la recherche scientifique et du progrès technique (le C.S.R.S.P.T.), il « réalise une économie de structures, de moyens et d'équipes, qui rend compte de cette dimension politique de la recherche ».

** Tous les plus grands noms des différentes disciplines scientifiques participent à ce colloque. Il a été organisé par un collaborateur de Pierre Mendès France, Jean-Louis Crémieux-Brilhac, directeur adjoint de la Documentation française. Un programme en douze points est adopté, qui énumère les réformes indispensables pour que la recherche scientifique puisse se développer en France. (*Cf. Le Gouvernement de la Recherche. Histoire d'un engagement politique de Pierre Mendès France à Charles de Gaulle (1955-1969)*, sous la direction d'Alain Chatriot et Vincent Duclert, Paris, 2006, La Découverte.)

*** C'est par des camarades de déportation qu'elle-même en a été informée. Parmi elles se trouvent en effet l'épouse du mathématicien Marc Zamansky, professeur à la Faculté des sciences de Paris, qui vient de créer le Mouvement national pour le développement scientifique, et la sœur d'Étienne Bauer.

projets de réforme de Pierre Mendès France. L'un d'eux, Étienne Bauer, chargé de mission au Commissariat à l'énergie atomique (il y a été le directeur de cabinet de Frédéric Joliot-Curie), lui suggère de voir Jean-Louis Crémieux-Brilhac, l'organisateur des « États généraux de la recherche ». Très vite, avant la fin du mois de juin, Jean-Louis Crémieux-Brilhac est reçu par Geneviève de Gaulle-Anthonioz : *« Tout de suite, elle m'a dit son souhait : que je lui prépare les décrets sur la réforme de la recherche scientifique. J'ai fait part à Mendès France de cette demande. Il n'a pas hésité un instant : "Il faut le faire[7] !" »* Un petit groupe de travail informel est constitué*. Dès octobre, il a terminé ses travaux et conclut à la nécessité d'« un commissaire général à la Recherche, situé au-dessus des ministères, rattaché à la présidence du Conseil et disposant d'une grande partie des crédits, [...] assisté d'une commission de conseillers scientifiques du gouvernement[8] ». Rédigés par Jean-Louis Crémieux-Brilhac, les décrets instituant cette nouvelle instance sont présentés par Geneviève de Gaulle-Anthonioz à Georges Pompidou. Ils ne suscitent pas l'adhésion du directeur de cabinet : il juge inimaginable qu'un ministre accepte de ne pas avoir la libre disposition des crédits affectés à son département. Pas question, donc, de soumettre un texte aussi aberrant au général de Gaulle. La recherche scientifique est désormais placée sous la tutelle du ministre d'État Louis Jacquinot. Georges Pompidou compte sur son expérience politique pour établir un projet raisonnable. Mais André Malraux et Geneviève de Gaulle-Anthonioz ne s'avouent pas vaincus. Ils obtiennent du général de Gaulle qu'il reçoive André Lichnerowicz. Dès le début de l'entretien, qui dure une heure et demie, le professeur au Collège de France constate que le président

* Il est présidé par Alfred Sauvy, qui dirige l'Institut national des études démographiques. Le mathématicien André Lichnerowicz, professeur au Collège de France, fondateur en 1957 de l'Association pour l'étude de l'expansion de la recherche scientifique, s'est joint à Marc Zamansky et à Jean-Louis Crémieux-Brilhac.

du Conseil a sur son bureau son volumineux rapport sur la recherche scientifique. De Gaulle ne l'a pas seulement lu, il l'a annoté et lui a apporté des modifications substantielles. Dans cette version corrigée, le futur commissariat est chargé d'une mission politique sur la recherche, qui devient une mission essentielle de l'État. Un comité interministériel, présidé par le président du Conseil, réunira deux ou trois fois l'an douze scientifiques, « choisis en fonction de leurs compétences scientifiques et techniques », et les différents ministres concernés. Entre ces réunions, les douze scientifiques qui forment le « comité consultatif de la recherche scientifique et technique » prépareront la politique nationale en matière de recherche. À la fin de l'audience, le Général prévient son visiteur des difficultés que Georges Pompidou ne va pas manquer de soulever. En fait, elles ne posent pas problème : sans jamais revenir sur son sentiment qu'une telle structure n'est pas réaliste, le directeur de cabinet participe au choix des douze conseillers scientifiques. Et puis il sait que, lorsque le Général a arrêté sa décision, comme en l'occurrence c'est le cas, il n'est pas utile de s'y opposer.

Par trois décrets des 28 et 29 novembre 1958, le Comité interministériel de la recherche scientifique et technique est institué. Il est chargé de proposer au gouvernement toutes les mesures susceptibles d'aider au développement de la recherche, ses douze sages sont choisis, et un délégué général à la recherche scientifique et technique est nommé : Pierre Piganiol, ancien élève de l'École normale supérieure, qui a participé en 1956 aux « États généraux de la recherche » organisés par Pierre Mendès France.

Ainsi, le ministère de Gaulle montre de façon éclatante la continuité de l'administration, la valeur de son travail, mais aussi son inefficacité lorsqu'un pouvoir politique instable et paralysé n'est pas en mesure d'assurer la direction du pays.

La Constitution que les Français viennent d'approuver a d'ailleurs pour principal objet de restaurer et protéger l'autorité du gouvernement. Dès sa promulgation, le 4 octobre, le général de Gaulle veille à la mettre en œuvre. Avant de pouvoir désigner le nouveau président de la République, qui doit être élu par un collège élargi*, il convient d'organiser les élections législatives qui donneront naissance à la première Assemblée nationale de la Ve République.

Un Conseil de cabinet est réuni le 7 octobre pour en fixer le mode de scrutin**. Le président du Conseil tient à consulter un à un tous les ministres ; les uns plaident avec plus ou moins de conviction pour la proportionnelle, les autres pour le scrutin d'arrondissement***. En fait, la décision du Général est prise de longue date****. En deux phrases, il met un terme au débat : *« Si l'on veut une majorité, il faut un scrutin majoritaire... Le scrutin uni-*

* La Constitution prévoit son élection pour sept ans par un collège électoral comprenant les membres du Parlement, des conseils généraux et des assemblées des territoires municipaux, ainsi que les représentants des conseils municipaux. (Le 7 novembre 1958, l'ordonnance n° 56-1964 précise ses modalités.)

** Ainsi le président de la République n'est-il pas associé à cette décision, ce qui aurait été le cas si elle avait été délibérée, comme c'eût été normal, au cours d'un Conseil des ministres.

*** Les gaullistes sont divisés. Les uns, avec Jacques Soustelle, persuadés que le scrutin d'arrondissement ferait le jeu des notables radicaux-socialistes et socialistes à forte implantation locale, souhaitent le maintien de la proportionnelle. Les autres, dont Edmond Michelet, sont convaincus que la proportionnelle empêche toute formation d'une majorité et, par conséquent, paralyse l'action gouvernementale. Michel Debré préconise le scrutin d'arrondissement à un tour, celui en vigueur en Grande-Bretagne. Le M.R.P. ne voit pas la nécessité de renoncer à la proportionnelle, à laquelle les électeurs sont habitués. Cette thèse est défendue sans enthousiasme par Pierre Pflimlin. Les socialistes, eux, sont unanimes à réclamer le scrutin d'arrondissement, tout comme les indépendants.

**** Bien avant le référendum, comme la loi sur les pleins pouvoirs ne reconnaît pas à son gouvernement le droit de fixer par ordonnance le mode de scrutin, il veille à ce que la Constitution de la Ve République le lui accorde. Il déclare alors à Michel Debré que les prochaines élections législatives ne comporteront ni proportionnelle ni apparentements. (Léon Noël, *La Traversée du désert*, *op. cit.*, p. 244.) De Gaulle veut une Assemblée où il existe une majorité. Pour lui, la proportionnelle conduit inéluctablement à une Chambre fragmentée en de nombreux groupes, ce qui la rend ingouvernable. On sait que l'ajout des apparentements au scrutin de liste avait été inventé, avec succès, pour entraver la poussée gaulliste aux élections législatives de 1951 (*cf. La République des Illusions*, pp. 630-633 et 637).

*nominal à deux tours** *est celui de la République*[9]*...* » Les socialistes sont heureux, nombre de gaullistes désolés ; Ali Mallem, un des membres fondateurs de l'U.N.R., prédit sa déroute. Jacques Soustelle redoute que de Gaulle veuille une Assemblée à majorité socialiste.

Les élections législatives qui doivent désigner les 552 députés de la première Assemblée nationale de la Ve République sont fixées aux 23 et 30 novembre.

La semaine suivante, les nouvelles circonscriptions électorales sont rendues publiques. En principe, chacune compte 93 000 habitants, ce chiffre ayant été obtenu en divisant le effectifs de la population métropolitaine par le nombre d'électeurs (96 000) prévus pour chaque siège**. Malgré les polémiques inévitables dans ce genre d'exercice, la plupart des observateurs reconnaissent que ce découpage fut fait « *honnêtement*[10] ».

Les modalités des candidatures sont elles aussi annoncées. Elles apportent différentes novations aux conditions d'éligibilité en vigueur. L'âge des candidats reste fixé à vingt-trois ans révolus, mais nul désormais ne peut se présenter sans un suppléant qui occupera son siège au cas où, une fois élu, il serait appelé à faire partie du gouvernement ; nul ne pourra participer au second tour s'il n'a pas obtenu 5 % des suffrages exprimés lors du premier. Le second tour a lieu huit jours – et non pas quinze – après le premier, ce qui diminue la durée de la période des désistements et alliances possibles. Il ne peut pas y avoir de nouveaux candidats entre les deux tours. En outre, le versement d'une caution est exigé de tout candidat***. Enfin,

* Il préfère cette expression à celle, plus courante, de scrutin d'arrondissement. « *Il ne veut pas,* constate Léon Noël, *reprendre un vocabulaire décrié, qui pourrait donner le sentiment d'un retour à l'ancien régime* » (*La Traversée du désert*, *op. cit.*, p. 266).

** Le nombre des députés métropolitains a été réduit de 544 à 465.

*** Cette caution assure le remboursement des affiches payées par le gouvernement dans le cas où le candidat n'obtient pas 5 % des suffrages exprimés (*cf. infra,* p. 317). Elle est ainsi la contrepartie financière de la participation gouvernementale à la campagne (Michel Charasse, novembre 2011).

la date de clôture du dépôt des candidatures est fixée au 2 novembre.

Depuis des mois, conscient que pour gouverner il faut une assise dans le pays et une majorité au Parlement, l'entourage du général de Gaulle prend les initiatives *ad hoc*. Olivier Guichard : *« Un jour de l'été, Chaban, Soustelle et Frey** *étaient réunis avec moi* [dans son petit bureau, contigu à celui du Général]. *Curiosité ou envie de faire quelques pas, le Général ouvrit la porte... et nous considéra avec étonnement : "Tiens, qu'est-ce que vous faites là ?" dit-il, l'air suspicieux. Je lui répondis que nous préparions un mouvement en vue des élections. Je n'ai pas le souvenir exact de ce qu'il ajouta avant de refermer lentement la porte, mais je peux assurer que ça voulait dire : "Ah, bon*[11]*." »*

Le 1er octobre, soit trois jours après le référendum, l'Union pour la nouvelle République voit le jour au ministère de l'Information, dans le bureau du ministre Jacques Soustelle. Ce n'est pas un parti comme les autres. *« C'est d'abord une équipe ministérielle, un comité central de sélection des candidats aux élections législatives, ensuite le groupe parlementaire le plus puissant de l'Assemblée, enfin seulement un parti*[12]*. »*

L'U.N.R. n'est pas créée *ex nihilo*[13]. Ses treize membres fondateurs, qui comptent parmi eux trois ministres en exercice – Jacques Soustelle, Michel Debré et Edmond Michelet –, représentent les différents mouvements gaullistes. Certains de ceux-ci n'ont plus guère de réalité**.

* Dès la mi-août, Roger Frey, secrétaire général du Centre national des républicains sociaux, chargé par Jacques Soustelle de préparer le référendum, a créé un comité de coordination des mouvements gaullistes, « première ébauche de l'U.N.R. ».

** Ainsi, les Comités ouvriers n'existent plus qu'à Nanterre et dans les usines Simca. Le Comité d'information et d'action nationale de l'Algérie et du Sahara, en principe émanation des Comités de salut public d'Algérie, ne représente plus guère que son président, Ali Mallem. Il a paru judicieux qu'un notable musulman figure parmi les fondateurs du nouveau mouvement.

Une seule organisation ne veut pas s'agréger à l'U.N.R. : l'Association nationale pour le soutien du général de Gaulle. Pierre Lefranc, qui l'a créée en

Trois sont particulièrement vivants et actifs : le Centre national des républicains sociaux, l'Union pour le renouveau français et la Convention républicaine. Le premier a maintenu le gaullisme politique de 1954 à 1958 après la mise en veille du Rassemblement du peuple français. Le deuxième est, en fait, une nouvelle mouture de l'Union pour le renouveau et le salut de l'Algérie (son président, Jacques Soustelle, a jugé utile d'en changer l'appellation). Le troisième, fondé en juin par Marie-Madeleine Fourcade, qui a été à l'origine, au printemps, de la campagne de pétitions pour le retour du général de Gaulle, est animé par Léon Delbecque.

Mais le pouvoir au sein de l'U.N.R. n'appartient vraiment à aucun de ses membres. Quotidiennement, Olivier Guichard et Jacques Foccart informent le général de Gaulle de la vie du mouvement. Est-il utile de préciser que ses avis ont force de loi ?

Dès les premiers jours du mois d'octobre, Jacques Soustelle le constate à ses dépens. Le ministre de l'Information désire être président de l'U.N.R., tout comme de Gaulle le fut du R.P.F. Sans grand enthousiasme, Jacques Chaban-Delmas et Michel Debré se rallient à sa candidature. Mais Jacques Richard, chargé de mission à Matignon, où il est l'un des adjoints d'Olivier Guichard, fait savoir que le Général voit *« peu d'avantages et beaucoup d'inconvénients à la nomination d'un président »*. Dès lors, il n'en est plus question. Jacques Soustelle doit se contenter d'un poste de secrétaire général, sans réel pouvoir : la direction du mouvement revient, sur le papier, à une direction collégiale. En fait, aucune décision importante n'est prise sans que, par l'intermédiaire d'Olivier Guichard ou de Jacques Foccart, elle ait été au préalable communiquée au Général.

Au sein de la commission d'investiture de l'U.N.R. comme de sa direction collégiale, l'harmonie est loin de

---

mai, croit que son action sera plus utile s'il conserve son indépendance. C'est aussi la position d'André Malraux, qui refuse d'appartenir à la direction collégiale de l'U.N.R. et même d'adhérer au mouvement.

régner. Le 16 octobre, le nouveau mouvement est menacé de voler en éclats. Ce jour-là, Jacques Soustelle a proposé au collège de direction la signature d'un manifeste commun qu'il a déjà élaboré avec les trois leaders de l'Algérie française, Georges Bidault, Roger Duchet et André Morice. Tous trois représentent des partis politiques*. Cette initiative des « mousquetaires de l'Algérie française** » provoque un tollé quasi général ; seul Ali Mallem la soutient. Pour Michel Debré, une telle alliance signifierait un retour aux mœurs de la IVe République. Edmond Michelet s'indigne de ce « glissement » vers les « ultras » de l'Algérie française. Jacques Chaban-Delmas redoute que l'U.N.R., avec un tel accord, ne se prive des voix centristes. Du coup, Jacques Soustelle annonce sa démission et quitte la réunion. Dans la foulée, Roger Frey devient secrétaire général de l'U.N.R. Le lendemain, le général de Gaulle invite son ministre de l'Information à venir prendre le café à l'hôtel Matignon ; il lui témoigne une grande aménité, se montrant soucieux de son avenir : si Jacques Soustelle ne veut pas le gâcher, il lui faut rester dans un cadre purement gaulliste et ne pas se « compromettre » avec des hommes dont l'un, Georges Bidault, est « usé », dont l'autre, André Morice, est « discuté » et dont le troisième, Roger Duchet, « n'est pas sérieux[14] ». À nouveau,

* Depuis 1949, Roger Duchet préside le Centre national des indépendants et paysans.

En octobre 1956, après avoir demandé en vain que les partisans d'une solution politique en Algérie soient traduits devant la Haute Cour, ce qui provoque sa rupture avec le parti radical, André Morice est devenu secrétaire général d'une nouvelle formation, le Centre républicain.

À la mi-juin 1958, très amer de ne pas appartenir au gouvernement de Gaulle comme il s'y attendait, Georges Bidault crée le Mouvement de démocratie chrétienne. En septembre, il va en Algérie, où il rend hommage à Robert Martel, le leader de l'organisation la plus activiste, et exhorte le général Salan à ne pas tenir compte des attaques dont il est l'objet à Paris. Dès son retour en métropole, il demande à être reçu par le général de Gaulle. Celui-ci refuse de lui accorder une audience. (Jean Morin, 4 janvier 1980, interview recueillie par Odile Rudelle, Archives d'histoire contemporaine, Centre d'histoire de Sciences Po ; Raoul Salan, *Mémoires, Fin d'un Empire*****, *op. cit.*, p. 99.)

** Ainsi désigne-t-on le quatuor formé par Jacques Soustelle, Georges Bidault, Roger Duchet et André Morice.

Jacques Soustelle s'incline. Pour ne pas porter la responsabilité de l'éclatement du mouvement, il revient sur sa démission*.

La commission d'investiture reprend ses travaux. Non sans mal. Dans tous les partis politiques, une telle instance provoque fatalement le mécontentement de ceux dont elle n'a pas retenu la candidature. Au fur et à mesure des délibérations, le général de Gaulle est informé de ses choix, qu'il approuve ou rejette. À la date fixée, l'U.N.R. désigne 341 candidats. Ce ne sont pas à proprement parler des hommes nouveaux. Ils ont le plus souvent dépassé la quarantaine**. Presque tous sont liés à la Résistance et issus du Rassemblement du peuple français. La plupart ont déjà fait leurs premiers pas sur les tréteaux électoraux, qu'ils aient exercé des mandats locaux, qu'ils aient été députés, sénateurs, ou qu'ils se soient présentés en vain à différentes élections.

Contrairement à ce qui s'était passé en 1951, où il avait été présent sur la totalité du territoire, en 1958 le mouvement gaulliste est absent dans 124 circonscriptions métropolitaines***.

Il n'a pas réussi à atteindre son objectif initial : éviter la présence de plusieurs candidats gaullistes dans une même circonscription[15]. En effet, sur sa gauche et sa

* Pour permettre à Jacques Soustelle de sauver la face, le Comité central de l'U.N.R. publie un communiqué se félicitant des négociations déjà réalisées dans trente-quatre départements et « charge » son secrétaire général de prendre contact avec les formations politiques nationales, parmi lesquelles le Centre des indépendants, le Centre républicain, le parti radical-socialiste et la démocratie chrétienne. Le 29 octobre, ces négociations sont rompues.

** Neuf seulement ont moins de trente ans.

*** Selon toute vraisemblance, l'U.N.R. n'a pas voulu gêner la réélection de certains députés favorables au gouvernement, qui se présentent sous l'étiquette des indépendants, des républicains populaires, des radicaux-socialistes ou des socialistes. En outre, de Gaulle tient à ce qu'il n'y ait pas de candidats U.N.R. contre ses ministres. Il n'y en a donc pas dans les circonscriptions de Pierre Pflimlin, Guy Mollet, Louis Jacquinot, Antoine Pinay, Eugène Thomas, Robert Buron et Max Lejeune. Sur ses sept ministres, seul Max Lejeune n'est pas réélu. (*Les Élections législatives de novembre 1958 : une rupture ?*, sous la direction de Bernard Lachaise, Gilles Le Béguec et Frédéric Turpin, 2011, Presses Universitaires de Bordeaux, p. 59.)

droite, deux partis « gaullistes » tentent de lui faire concurrence. Créé en juillet sous l'égide d'Henri Frenay, Compagnon de la Libération et un des fondateurs de l'U.D.S.R., le Centre de la réforme républicaine (C.R.R.) est en fait la première structure des « gaullistes de gauche* ». Il dénonce dans l'U.N.R. « une tentative de parti unique ». À qui mieux mieux, ses adhérents clament leur volonté de ne jamais accepter ni le « gaullisme de droite » ni la politique algérienne incarnée par Jacques Soustelle. Sur les trente-neuf candidats du C.R.R., trente-deux se présentent dans des circonscriptions où il y a déjà un candidat U.N.R. À l'opposé de l'échiquier politique, un groupe de bien moindre importance s'est constitué : Renouveau et Fidélité, une dissidence de la Convention républicaine, part en guerre contre les *« manœuvres des politiciens professionnels (...)* [qui] *ont truqué par avance la consultation électorale, (...) le retour offensif du système et la dictature des partis »*. Alors que le C.R.R. compte parmi ses adhérents de nombreuses personnalités, le mouvement R.F. est composé essentiellement d'*« illustres inconnus*[16] *»*. Il avait clamé son intention de présenter quarante-six candidats : dix-huit seulement se revendiquent de lui.

En métropole, 2 800 candidats sollicitent les suffrages des électeurs ; aux dernières élections, en janvier 1956, ils étaient plus de 5 000.

La campagne électorale se déroule dans une relative indifférence. Autant les Français s'étaient passionnés pour le référendum, autant le choix de leurs futurs députés ne semble guère les préoccuper. Même les candidats militaires – pour se présenter, ils ont obtenu leur mise en disponibilité – ne parviennent pas à briser leur désintérêt. Pourtant ils se disent en service commandé, ce qui est une

* Moins d'un an plus tard, il disparaît et ses membres se retrouvent à l'Union démocratique du travail, l'U.D.T., créée par René Capitant et Louis Vallon. La nouvelle formation, qui bénéficie du soutien du général de Gaulle, publie un hebdomadaire, *Notre République*.

nouveauté*. *« Nous sommes là sur l'ordre de nos chefs,* affirme le colonel Thomazo (élu U.N.R. dans les Basses-Pyrénées), *pour encadrer les députés musulmans à l'Assemblée nationale. »*

Les adversaires du scrutin d'arrondissement prévoyaient que celui-ci, accusant les antagonismes locaux, entraînerait un déballage de linge sale, chacun ne se privant pas d'étaler au grand jour les faiblesses – vraies ou fausses – de son adversaire. Or les observateurs constatent que les attaques contre les personnes sont beaucoup moins violentes que lors des élections à la proportionnelle en 1956**. Cela tient sans doute aux deux facteurs de moralisation introduits par le législateur en 1958 dans le déroulement des scrutins. Les candidats n'ont eu droit qu'à deux affiches payées par le gouvernement et ils n'ont pas voulu les gaspiller. En outre, ils ont dû, pour que leur candidature soit enregistrée, verser un cautionnement de 100 000 francs qui ne leur est remboursé que s'ils obtiennent plus de 5 % des voix... Raison de plus pour ne pas se lancer dans des attaques personnelles qui pourraient entraîner un procès onéreux !

---

* Jusqu'alors, ces candidats agissaient de leur propre mouvement, et non selon une consigne de leur hiérarchie. Parmi les candidats aux élections législatives de novembre 1958, on dénombre trente-six officiers supérieurs. Ils étaient trente-huit en 1951. Entre 1945 et 1958, quatorze officiers sont élus à l'Assemblée nationale, six au Conseil de la République. En 1958, cinq seulement obtiennent un mandat. (Mattei Dogan, « Les officiers dans la carrière politique », *Revue française de sociologie*, 1961, II, 2, p. 89.)

** Les procès en diffamation sont rares. Le plus retentissant est celui intenté par le colonel Barberot, candidat malheureux du C.R.R., contre l'ancien préfet de police Jean Baylot. Ils sont tous deux candidats dans la même circonscription parisienne : le colonel Barberot porte l'étiquette du C.R.R. ; Jean Baylot a reçu la triple investiture du Centre républicain, du Centre national des indépendants et de la Démocratie chrétienne de France (le parti de Georges Bidault). Dans son journal électoral, Jean Baylot publie une lettre de Jacques Soustelle accusant le colonel Barberot d'être un crypto-communiste qui a « diffamé l'armée en Algérie ». (Sur le rôle du colonel Barberot en Algérie, *cf. La République des Tourmentes*, t. III, p. 418.) À la veille du premier tour de scrutin, Jean Baylot est condamné par la dix-septième chambre correctionnelle à 30 000 francs d'amende et à verser 50 000 francs de dommages et intérêts au colonel Barberot. Ce jugement ne pèse pas sur l'élection : Jean Baylot est élu, Roger Barberot battu...

Tout au long de la campagne, on ne signale aucun incident sérieux. Les candidats peinent à rassembler un public qui justifie leur déplacement. Au cœur de la banlieue rouge, à Ivry, Maurice Thorez ne réunit un soir que treize personnes ! Dans le fief de la droite qu'est Neuilly-sur-Seine, le maire candidat U.N.R. Achille Péretti s'enorgueillit du choix de son suppléant : le général Monclar, Compagnon de la Libération, qui a commandé le corps expéditionnaire en Corée. Il compte sur sa notoriété réelle pour attirer les électeurs. Le général Monclar parle devant des banquettes vides.

Le faible intérêt pour ces élections frappe tous les observateurs. *« Quand on dit aux électeurs qu'ils voteront encore deux fois au printemps* [pour les municipales et les sénatoriales], *ils lèvent les bras au ciel*[17] *! »* Tous les moins de quarante ans qui n'avaient pas voté sous la IIIe République trouvent étrange le nouveau mode de scrutin : pourquoi deux tours, pourquoi un suppléant ? De nombreux électeurs ne comprennent pas l'utilité de cette élection. Le « oui » massif au référendum signifiait que les Français s'en remettaient à de Gaulle pour mettre fin à la guerre d'Algérie. Comme le note fort justement Raymond Aron, une telle motivation est commune aux électeurs et aux élus lors des élections. C'est le sens profond de ce scrutin.

La stratégie de l'U.N.R. s'inscrit dans ce sens. Elle veut bénéficier des résultats du référendum. Ses coûteuses affiches envahissent les panneaux commerciaux : *« Union pour la nouvelle République – Faites respecter votre "oui". »*

Le 23 octobre, lors de sa conférence de presse, le général de Gaulle a néanmoins annoncé que ces élections se passeraient de son intervention : *« Tout le monde comprend – je me permets un mot personnel –, tout le monde comprend que je ne veuille pas, que je ne puisse pas me mêler d'une manière directe à cette compétition. La mission que le pays m'a confiée exclut que je prenne parti. Je ne le ferai donc en faveur de personne, même de ceux qui m'ont toujours marqué un amical dévouement à travers toutes les vicissitudes. (...) Cette impartialité m'oblige à tenir essentiellement à ce que mon nom, même sous la forme d'un adjectif, ne soit utilisé dans le titre d'aucun groupe et d'aucun candidat.* » Ce qui ne l'empêche pas, le même jour, de lancer une mise en garde claire et nette : « [Au cas où], *par malheur, le futur Parlement* [ne voudrait] *pas s'accommoder du rôle qui lui est dévolu, (...) la République serait jetée dans une crise nouvelle (...), l'institution parlementaire serait balayée pour longtemps*[18]. »

Absent dans ce combat électoral, le général de Gaulle en est, en réalité, le participant le plus présent. Sa présence au pouvoir est de loin la principale motivation des électeurs*. « *Il est le seul à pouvoir régler le problème algérien* », lit-on sur de nombreuses professions de foi. Les socialistes se félicitent : « *De Gaulle et Guy Mollet ensemble ont sauvé la République. De Gaulle et Guy Mollet ensemble assureraient un gouvernement efficace.* » L'indépendant Pierre Vitter surenchérit : « *Avec le Général, rien ne me paraît impossible.* » Jean-Marie Le Pen, qui se présente sous l'investiture du Centre national des indépendants, appelle à l'union « *autour du général de Gaulle. Il a restauré le prestige de la France* ». L'opposant déterminé qu'est François Mitterrand juge utile de préciser qu'il n'est pas toujours l'adversaire du Général : « *J'ai servi sous les ordres du général de Gaulle quand il s'agissait de se battre pour la libération de la France. J'étais à ses côtés à l'Arc de Triomphe le 27 août 1944. Il nous a apporté la République et la liberté. De cette liberté, j'ai usé pour dire ce que je pensais. Il m'est d'autant plus*

* Pour 36 % des Français, elle est la raison de leur vote. 18 % se déterminent en fonction de la liberté politique, 17 % des questions économiques, 9 % seulement du problème algérien, 8 % de l'efficacité politique, 1 % de la politique étrangère et des problèmes d'outre-mer ; 10 % ne se prononcent pas. Ce sondage, réalisé en 1958, est publié seulement en 1971. Sans doute, le gouvernement de Gaulle, qui l'avait commandé, n'avait pas jugé souhaitable de le divulguer. En revanche, il peut apparaître souhaitable, un an après la mort du Général, de le rendre public. (I.F.O.P., *Les Français et de Gaulle. Présentation et commentaire de Jean Charlot*, Paris, 1971, Plon, p. 218.)

aisé aujourd'hui d'approuver le général de Gaulle quand il fait en Afrique noire la politique que j'ai souhaitée depuis bientôt dix ans. De même, j'approuve sa tentative de paix en Algérie... » Lors de ses rencontres avec les électeurs, l'ancien ministre se plaît à raconter ses quelques conversations avec le Général. Même attitude, à Toulouse, chez Maurice Bourgès-Maunoury. L'ancien président du Conseil ne cesse d'affirmer que son vote hostile à la Constitution ne met pas en cause son attachement et son respect pour le Général. Seul, de tous les notables de la IVe République, Pierre Mendès France, qui a toujours répugné aux attaques personnelles, ne cite pas le nom du général de Gaulle dans sa profession de foi. Fidèle à son « *devoir de patriote et d'élu du peuple* », il annonce sa volonté de « *continuer à dire la vérité et à défendre la seule politique qui, avec le rétablissement de la paix, permettra de sauver les vrais intérêts de notre pays en Afrique et d'entreprendre enfin le redressement national* ». Ne pas citer de Gaulle semble être la consigne donnée au parti communiste. Ses candidats ne le mentionnent pas plus dans leurs professions de foi que dans leurs interventions orales. Ils ne peuvent ignorer que le Kremlin voit d'un bon œil la volonté du général de Gaulle d'affirmer l'indépendance de la France par rapport aux États-Unis. Et puis leur échec au référendum (dans toutes les circonscriptions de la banlieue rouge, le « oui » l'a emporté) les a convaincus que de nouvelles attaques contre le Général seraient mal venues, pourraient même déplaire à leur électorat traditionnel. Ils préfèrent donc dénoncer le fascisme, la poursuite de la guerre d'Algérie, et réserver leurs charges les plus violentes aux socialistes, ces « *suppôts de la réaction* [qui] *trahissent la classe ouvrière* ».

La consigne donnée par le général de Gaulle de ne pas utiliser son nom est souvent contournée. Le plus habile en la matière est assurément Maurice Schumann. Dès les premières lignes de sa profession de foi, il rappelle cette instruction, affirme à ses électeurs sa volonté de la respecter... « *Mais vous avez le droit de savoir ce qu'il pense, à titre personnel, des hommes qui vous demandent votre suffrage.* » Et il reproduit « *ce témoignage qui restera son bien le plus précieux : "8 janvier 1958. À Maurice Schumann, qui fut l'un des premiers, l'un des meilleurs, l'un des plus efficaces. Amicalement. C. de Gaulle."* » Un autre candidat publie une lettre dépourvue d'intérêt que de Gaulle lui a adressée quelques années plus tôt. Et, dans la Dordogne, le socialiste Robert Lacoste affiche : « *Refuser sa voix à Lacoste, c'est la refuser à de Gaulle.* »

Ainsi, cette campagne électorale de 1958 est la quatrième depuis les débuts de la IIIe République à s'être faite autour d'un homme. En 1877, le président de la République, le maréchal de Mac-Mahon, avait dissous un Parlement qui lui était hostile. Un slogan avait dominé la bataille électorale : « se soumettre ou se démettre ». Mac-Mahon avait perdu. En 1887, le général Boulanger avait été au centre des élections ; sa victoire éphémère s'était rapidement transformée en déroute. En 1924, le président de la République, Alexandre Millerand, avait mené la campagne qu'il avait provoquée avec la dissolution de la Chambre ; il avait été battu.

En 1958, Pierre Viansson-Ponté, un des meilleurs observateurs de la vie politique, n'est pas loin de prédire, sinon au général de Gaulle, tout au moins au mouvement gaulliste, un sort guère plus favorable : « *Il paraît douteux que* [la nouvelle Union] *puisse plus et mieux que le R.P.F. constituer dans le futur Parlement "une masse de manœuvre qui arbitrera entre les partis traditionnels sans s'intégrer à un bloc de gauche ou de droite", objectif que lui assignait son secrétaire général, M. Roger Frey*[19]. »

Le 23 novembre, le premier tour des élections législatives confirme le peu d'intérêt du corps électoral. On compte 23 % d'abstentions, ce qui, à l'époque, est un taux relativement élevé. Aux précédentes élections, en 1956, les abstentionnistes n'étaient que 17,2 %. Jamais, depuis les débuts de la IVe République, leur pourcentage n'avait dépassé les 20 %. Jamais une campagne électorale n'a suscité si peu de passion.

Les premiers résultats n'en mettent pas moins en évidence une transformation de la carte politique. Le parti communiste perd 1,6 million d'électeurs, soit près de 30 % de son électorat habituel. Ses suffrages qui, depuis les débuts de la IVe République, n'avaient jamais été inférieurs à 25 %, sont tombés à 19 %. Cet échec est le plus important qu'il ait subi depuis sa création*. La gauche non communiste qui a fait campagne pour le « non » au référendum rencontre un insuccès tout aussi éclatant : moins de 1 % des suffrages. Les radicaux-socialistes s'effondrent avec 5 % des suffrages contre 12,4 % à la précédente élection. En dépit d'une légère amélioration de leur pourcentage (15,5 % contre 14,6 % en 1956), les socialistes sont en mauvaise posture : le plus souvent, leurs candidats sont en troisième position, par conséquent dans l'impossibilité de trouver des appuis pour le second tour. Le Mouvement républicain populaire se maintient. Le Centre national des indépendants et les modérés progressent (16,5 % des inscrits contre 12,1 % en 1956). Quant à l'Union pour la nouvelle République, elle réalise une percée que nul n'avait prévue. Avec 17,6 % des voix, elle se place d'emblée au deuxième rang des formations politiques, devancée de peu par le parti communiste et nettement en tête de toutes les autres. Plus de 4 millions de Français ont voté « gaulliste** ».

Le poujadisme, qui avait fait campagne pour le « non » au référendum, a disparu (il obtient moins de 1 % des voix), mais jamais son slogan « Sortez les sortants ! » n'a été mieux appliqué. Toutes appartenances politiques confondues, 67 % des Français souhaitent des hommes nouveaux à l'Assemblée nationale. C'est une hécatombe parmi les anciens ministres et présidents du Conseil.

* Il n'est pas lié seulement au prestige du général de Gaulle. C'est, en effet, le premier scrutin à intervenir depuis l'écrasement de la révolte hongroise de 1956 par les chars soviétiques. Il enregistre donc les défections que connaît le parti communiste français à la suite de cet événement.

** Il convient en effet d'ajouter aux suffrages de l'U.N.R. ceux obtenus par les nombreux gaullistes qui n'ont pas demandé ou obtenu son investiture.

Pierre Mendès France est battu ; dans son fief de Louviers, il a perdu 9 000 électeurs. Il voit dans cette défaite, qui l'étonne, « un accident du travail ».

Jamais aussi le nombre de sièges pourvus au premier tour n'a été aussi faible. Généralement, il oscille entre 30 et 40 %. Il est inférieur à 9 %. Les experts étaient unanimes à penser qu'au soir du 23 novembre, près d'une centaine de députés seraient élus : 39 seulement le sont, qui se répartissent entre tous les partis. 435 candidats ont obtenu moins de 5 % des suffrages : ils n'ont donc pas le droit de participer au second tour, perdent leur caution de 100 000 francs et doivent supporter le prix de leurs affiches électorales. 200 candidats ont été battus dans les 39 circonscriptions où un député a été élu. Et un millier de candidats se désistent en faveur d'un autre ou abandonnent purement et simplement la partie. Parmi eux, le président de l'Assemblée nationale, André Le Troquer, et l'ancien président du Conseil, Maurice Bourgès-Maunoury.

Au second tour s'affrontent 1 332 candidats, dont 420 communistes.

Le 30 novembre, la poussée de l'U.N.R. prend l'allure d'un raz de marée. Elle est amplifiée par le mode de scrutin. Avec 28,1 % des voix, les gaullistes obtiennent 189 des 482 sièges de l'Assemblée nationale. Pour la première fois depuis l'époque où, sous la IIIe République, le parti radical dominait la Chambre des députés, un groupe est capable d'orienter seul la majorité. Les indépendants ont gagné un million de voix : ils comptent 130 députés. Le M.R.P. ne s'en sort pas trop mal, avec seulement une dizaine de sièges en moins. La gauche est laminée. Les socialistes perdent plus de la moitié de leurs sièges : ils étaient 88, ils se retrouvent à 40. Dans ses pronostics, le ministère de l'Intérieur leur avait attribué entre 89 et 113 sièges. Les radicaux étaient 56, ils sont maintenant 13. Et les communistes, hier encore le plus grand parti de France, n'ont plus que 10 députés (l'un d'eux a été élu au premier tour) : en 1956, ils étaient 145 !

Jamais encore en France une élection n'a vu une telle hécatombe de sortants : 6 anciens présidents du Conseil des ministres*, 69 anciens ministres**, 2 anciens présidents de l'Assemblée nationale, 4 anciens présidents du conseil municipal de Paris et bien d'autres notables sont battus. En riant, le général de Gaulle constate la déconfiture des anciens élus : *« S'il y avait eu un tour de plus, il n'en serait plus resté du tout*[20]. »

« Jamais scrutin d'arrondissement à deux tours n'a engendré des résultats aussi ahurissants », note Maurice Duverger, expert reconnu en matière électorale[21]. Il trouve stupéfiant que, loin de jouer son rôle alors incontesté de brise-lames, ce scrutin ait amplifié le raz de marée***. Sans doute, comme la majorité de la classe politique, n'avait-il pas perçu la force de l'adhésion des Français au général de Gaulle. Peu avant les élections, 75 % d'entre eux, toutes tendances politiques confondues, se déclaraient satisfaits de son action. Ainsi un mouvement en profondeur peut-il démentir les théories les mieux établies...

Ces élections, qui se sont faites autour et sur le nom du général de Gaulle, provoquent une sorte de séisme****.

Jusqu'alors, on l'a vu, les trois élections précédentes qui s'étaient jouées autour d'un homme s'étaient soldées

---

* Cinq de la IVe République (Maurice Bourgès-Maunoury, Edgar Faure, Joseph Laniel, Pierre Mendès France, Paul Ramadier) et un de la IIIe (Édouard Daladier).

** Parmi eux l'inamovible maire de Marseille depuis la Libération, Gaston Defferre, et François Mitterrand.

*** Grâce à différents travaux, dont ceux d'Olivier Duhamel, on sait maintenant que le scrutin uninominal à deux tours favorise la formation d'une large majorité, puisque, au second tour, les électeurs n'ont plus le choix qu'entre deux candidats.

**** C'est l'analyse qui est faite alors. Elle ne me paraît pas dénuée de fondement. Elle est aujourd'hui contestée par certains spécialistes. Ceux-ci soulignent que nombre de nouveaux députés ont déjà occupé des mandats électifs ou même siégé à l'Assemblée nationale. 1958, d'après eux, implique donc *« une étape, voire un coup d'accélérateur,* [et non] *une rupture dans le remodelage du paysage politique français »* (*Les Élections législatives de novembre 1958 : une rupture ?*, sous la direction de Bernard Lachaise, Gilles Le Béguec et Frédéric Turpin, *op. cit.*, p. 145).

par son échec. En 1958, de Gaulle inverse la tradition politique établie depuis 1877. Il l'emporte et enracine la Ve République.

Le 28 novembre au matin, avant même le second tour des élections, le général de Gaulle demande à être reçu dans l'après-midi par le président de la République. Cet entretien met un point d'orgue à des relations pour le moins ambivalentes. Depuis son arrivée à Matignon, de Gaulle et ses ministres n'ont guère témoigné d'égards au chef de l'État*. Et, sous les dehors d'une grande courtoisie, le discours qu'il tient ce jour-là au président de la République est teinté d'une ironie qui confine au mépris.

Journal de René Coty : *« À dix-huit heures, punkt, il arrive et me dit, en substance : "L'élection présidentielle approche. Je viens vous demander conseil." Je réponds : "J'ai pu hésiter avant les élections de dimanche dernier. Je n'hésite plus. Le chef de la nation doit être le chef de l'État. Si l'Assemblée avait été autre, peut-être eût-il été nécessaire que vous puissiez y paraître comme Premier ministre. Mais ce n'est pas le cas."* [Alors de Gaulle :] *"Mon état de santé ne me l'aurait d'ailleurs pas permis..." »*

Pas plus dans ses écrits que dans ses conversations, René Coty ne se livre au moindre commentaire sur les propos du général de Gaulle. Il tient sans doute à dissimuler son amertume profonde, selon ses proches, devant le traitement qui lui est réservé depuis la formation du gouvernement. Il souhaite que nul n'en connaisse. Aux yeux des

* Depuis le mois de juin, René Coty n'est pas tenu au courant de l'activité politique (*cf. supra*, p. 104), et les ministres, contrairement à la tradition républicaine et à la bonne éducation la plus élémentaire, déclinent souvent ses invitations. Ainsi, le 14 juillet, neuf seulement des vingt-quatre membres du gouvernement se rendent à l'Élysée pour la réception qui suit le défilé militaire. À l'automne, deux ministres seulement, Bernard Chenot et Édouard Ramonet, participent aux « déjeuners de chasse » organisés par le président de la République au château de Rambouillet. L'emploi du temps du ministre des Affaires étrangères ne lui permet pas d'être présent lors des déjeuners « à caractère international » dont René Coty a l'initiative. André Malraux n'est pas plus disponible pour un repas en l'honneur du peintre Foujita. (AN, 4 AG 409)

Français, sa dignité, celle de président de la République, doit être respectée. Aussi, lorsque de Gaulle lui affirme sa volonté de « lui rendre hommage », il lui répond : *« Je ne le refuse pas. J'aimerai ne pas avoir l'air d'être mis à la porte. »* René Coty veut que sa mandature reste dans l'Histoire comme celle qui a permis d'éviter une guerre civile à la France et qui a vu le rétablissement de sa monnaie : *« Quant à la date de cette transmission de pouvoirs,* [je souhaitais avant l'été que] *que ce fût avant Noël. J'ai changé d'opinion depuis ce midi, à la suite d'une conversation que j'ai eue avec Jacques Rueff et qui m'a rempli de joie en me faisant espérer pour la fin de l'année l'assainissement financier dont je rêve depuis quarante ans*. Je souhaite que ce soit vous qui le présentiez au peuple comme chef du gouvernement. C'est une bataille décisive qui ne va pas sans risque, mais si nous ne mettons pas à profit pour la livrer l'élan national qui seul peut assurer le succès, nos finances continueront à nous condamner au mensonge, à la mendicité... »*

Une demi-heure après être entré dans le bureau présidentiel, de Gaulle le quitte. Il semble on ne peut plus satisfait. Il remercie à plusieurs reprises le président Coty de son action – *« "C'est à vous, lui dis-je, que les Français doivent une immense reconnaissance." Je rends compte aussitôt au général Ganeval, qui a accompagné de Gaulle jusqu'à la porte* [du palais]. *Il me dit qu'il était si enchanté qu'il l'a pris dans ses bras. Et moi aussi, je suis content (...). Je redoute aussi l'ennui, le désœuvrement. Mais ce sera seulement un mauvais moment à passer... »*

---

* *Cf. infra*, p. 333. Dans son autobiographie (*op. cit.*, p. 234), Jacques Rueff date cet entretien du 9 décembre, ce qui est impossible, puisque René Coty le relate le 30 novembre. Pour autant, les deux protagonistes en ont gardé un souvenir analogue. Jacques Rueff écrit en effet que le président Coty fit preuve d'une *« approbation enthousiaste (...). Il tenait à ne pas laisser échapper l'honneur d'apposer sa signature sur les textes qui promulgueraient nos réformes, et en conséquence il demanderait au général de Gaulle de retarder la transmission des pouvoirs jusqu'au moment où les décrets auraient été signés par lui ».*

En définitive, à travers ce récit, une certaine idée de la France n'est-elle pas, lors de cet entretien, plus présente chez René Coty que chez Charles de Gaulle ?

Le 9 décembre, l'Assemblée nationale se réunit pour sa séance inaugurale. Son président, le gaulliste Jacques Chaban-Delmas*, proclame bientôt la fin de la IVe République : « [Son] *effacement* [doit] *être complet, sans espoir de retour*[22]. »

Le 21 décembre a lieu l'élection du président de la République. Les membres du collège élargi (81 764 pour la métropole) ont le choix entre trois candidats : le général de Gaulle, le sénateur communiste Georges Marrane et le doyen honoraire de la Faculté des sciences de Paris, le mathématicien Albert Châtelet, qui représente la gauche non communiste.

Avec 77,5 % des suffrages exprimés, le général de Gaulle devient le premier président de la Ve République**. À cette date, il est toujours le dernier président du Conseil des ministres de la IVe.

La réforme financière est la grande affaire des dernières semaines du gouvernement.

Pour de Gaulle, elle est une nécessité absolue. Une France aux caisses vides, à la monnaie instable, dans l'impossibilité de faire face à ses engagements, ne peut retrouver son rang. L'indispensable recours aux aides extérieures, tel qu'il a été pratiqué au début de l'année***, le lui interdit. Chez de

---

* Il a refusé de retirer sa candidature, bien que le général de Gaulle lui en ait exprimé le désir par l'intermédiaire d'Olivier Guichard, de Michel Debré et de Jacques Soustelle. Le président du Conseil souhaitait l'élection de Paul Reynaud, qui a été président du Comité consultatif constitutionnel. Mais, au premier tour, Jacques Chaban-Delmas a une telle avance que Paul Reynaud décide de se retirer, et de Gaulle, semble-t-il, ne tient pas rigueur de son « indiscipline » au nouveau président de l'Assemblée nationale.

** *Cf*. *infra*, p. 352.

*** En janvier 1958, à la suite d'une intervention américaine, le F.M.I. évite la faillite à la France, en lui consentant un nouveau crédit de 650 millions de dollars et des reports d'échéance. (Sur les conditions de cet accord, obtenu par Jean Monnet, *cf. La République des Tourmentes*, t. III, p. 700.)

Gaulle, l'expérience personnelle renforce l'analyse. Le Général appartient à une génération élevée dans l'horreur des dettes, symbole de la déchéance. Il est arrivé à l'âge adulte alors que le franc est une monnaie stable depuis plus d'un siècle*. Après la Grande Guerre, il a vu son effondrement, avec toutes ses conséquences, l'appauvrissement des épargnants et la crise de confiance qui s'ensuit.

En juin 1958, à peine nommé au ministère des Finances, Antoine Pinay l'informe de l'état économique, financier et monétaire de la France : *« Sur tous les postes à la fois, nous sommes au bord du désastre*[23]. » Un déficit budgétaire d'au moins 1 200 milliards de francs, une dette extérieure supérieure à 3 milliards de dollars, dont la moitié du remboursement est exigible avant un an. Pour faire face à une telle situation, le ministre, approuvé par de Gaulle, lance un grand emprunt. Il comporte, comme celui de 1952 auquel le ministre a attaché son nom, des exonérations fiscales à l'impôt sur le revenu et aux droits de succession. Il est également indexé sur le cours du louis d'or. Son succès (324 milliards ont été apportés aux guichets) desserre l'étau. Le problème des finances publiques n'est pas réglé pour autant. Antoine Pinay reçoit alors la consigne de préparer un budget en équilibre et, sans attendre, de réduire les dépenses. De Gaulle y veille personnellement. Il décide ainsi de ne pas appliquer l'indexation du quintal de blé prévue par le précédent gouvernement, ce qui entraîne une baisse de 100 francs par quintal. Au ministre de l'Agriculture, qui s'inquiète des doléances qu'il va entendre de la part d'innombrables délégations d'agriculteurs, le président du Conseil répond : *« Et si vous ne les receviez pas ? »*, ce qui clôt le débat.

---

* En l'an XI (1803), Napoléon Bonaparte, alors Premier Consul, crée le franc germinal, dont la parité or et argent se maintient tout au long du XIXe siècle. Elle ne résiste pas à la Grande Guerre, l'effort militaire ayant exigé un recours massif à la planche à billets. En 1920, les réserves d'or de la France sont largement entamées, les gouvernements pratiquent une politique monétaire inflationniste. En 1928, Raymond Poincaré rétablit la valeur réelle de la monnaie : c'est ce que l'on appelle le franc Poincaré.

Certains budgets sont épargnés, dont celui de l'Éducation nationale*.

Plus les jours passent, plus de Gaulle s'inquiète de la « lenteur » que le ministre des Finances met à lui présenter son projet de redressement : *« Je suis pour le mouvement. N'oubliez pas que je suis un officier de chars*[24] *! »* Sans ménagements, le président du Conseil fait part à Roger Goetze, son conseiller financier, de son exaspération : *« Périodiquement, il me disait : "Et alors, qu'est-ce que font les Finances ? Il faut faire un plan, enfin !" Il m'a même dit une fois : "Votre ministre n'en est pas capable ; faites-le, vous !" Je lui ai répliqué : "Mon général, je m'excuse, ce n'est pas mon ministre, c'est le vôtre." »* Ce rappel lui vaut une nouvelle injonction : *« Alors, secouez-le, cela ne va pas*[25]*. »*

À Matignon, comme tout au long de son exceptionnelle carrière**, Roger Goetze a gardé son franc parler et son humour. Quelques années auparavant, directeur du Budget,

* Un crédit supplémentaire de 5 milliards de francs lui est accordé pour la construction d'équipements scolaires du premier degré. Sur ordre de Matignon, ce ministère doit aussi consentir à une dépense exceptionnelle, d'un faible montant il est vrai : 21 millions de francs. Elle concerne le Théâtre national populaire et a été demandée au général de Gaulle par André Malraux. Elle rend obsolète la brochure ronéotypée de quelques pages, « Bilan d'activité du T.N.P. », que son fondateur a décidé d'envoyer aux responsables afin d'obtenir une augmentation de sa subvention annuelle, inchangée depuis sa création en 1952. L'exemplaire qu'il adresse le 23 octobre à Charles Merveilleux du Vignaux, secrétaire général de la présidence de la République, porte en effet une mention manuscrite : « [Un coup de téléphone du ministère de l'Éducation nationale] *rend sans objet la page 3 de notre document,* [celle où il déplore la stagnation de sa subvention] » (A.N., AG 148).

** Né en 1912, issu d'une modeste famille israélite qui, pour rester française, a quitté l'Alsace après 1870, orphelin de père à dix ans, il fait dans un lycée parisien des études exceptionnellement brillantes qui le conduisent à cumuler des licences de sciences, de droit et de lettres. À vingt-cinq ans, il est reçu au concours de l'Inspection des finances. En 1942, à Alger, où sa femme et lui n'ont guère dissimulé leur engagement gaulliste, il est nommé directeur des finances. En 1949, à trente-sept ans, il devient un des plus jeunes directeurs du Budget que le ministère des Finances ait connus. Il ne se contente pas d'administrer, il décide certaines réformes importantes, telle la séparation des budgets extraordinaire et ordinaire, jusque-là confondus.

il a « félicité » le ministre de ne pas avoir tenu compte de ses recommandations et d'avoir ainsi arrondi le budget déjà déficitaire au nombre de milliards supérieur : *« Un beau chiffre rond, désormais ! »*

En 1958, Roger Goetze accepte sans hésiter d'entrer au cabinet du général de Gaulle. Il a l'habitude du travail en équipe, est lent à accorder sa confiance, mais ne la retire jamais à ceux qui en bénéficient, dont ses adjoints*. En dépit de son prestige rue de Rivoli**, où il a laissé un souvenir très fort, le conseiller financier du général de Gaulle a un problème avec le ministère des Finances. Antoine Pinay, il le sait, lui reproche encore d'avoir en 1952 contesté sa politique. Et ses rapports avec le gouverneur de la Banque de France, Wilfrid Baumgartner, sont loin d'être excellents. Il n'y a jamais eu entre eux la moindre connivence. Pour que cette situation ne le gêne pas dans ses nouvelles fonctions, Roger Goetze décide de s'attacher, à titre officieux, les services de son ami Maurice Pérouse, secrétaire général du Conseil national du crédit, très lié avec Wilfrid Baumgartner et influent auprès d'Antoine Pinay.

Les récriminations du Général parviennent aux oreilles de son ministre des Finances. Durant cet été 1958, Antoine Pinay n'est pas heureux. Les différentes mesures envisagées à Matignon pour l'entrée dans le Marché commun l'insupportent : *« Jamais Antoine n'acceptera que l'on touche aux droits de douane et aux contingents*[26]*. »* Il ne veut pas plus entendre parler de l'augmentation des impôts qui semble indispensable si l'on veut, comme de Gaulle l'exige, réduire l'impasse budgétaire. Alors Henri Yrissou, son directeur de cabinet, conseille à Antoine Pinay de recourir à la solution classique devant un pro-

---

* Antoine Dupont-Fauville et Jean Méo. Il a souvent rendu hommage à leurs qualités, mais je ne suis pas sûre que l'un et l'autre aient été ravis d'apprendre qu'ils avaient été choisis aussi parce que *« suffisamment grands pour qu'ils puissent parler au Général sans avoir à lever la tête »* (*Entretiens avec Roger Goetze*, *op. cit.*, p. 349).

** C'est ainsi que l'on désigne le ministère des Finances installé au palais du Louvre depuis plus d'un siècle.

blème insoluble : créer une commission et lui confier le soin de le régler. Antoine Pinay approuve cette suggestion, tout comme Roger Goetze, qui en a été informé par son auteur*. De toute évidence, le choix des membres de cette commission, de son président, incombe au ministre des Finances. Celui-ci n'hésite pas : il fait appel à son ami Jacques Rueff.

Depuis sa jeunesse, Jacques Rueff n'a jamais varié dans ses convictions. Elles lui ont été inspirées en partie par le respect que son père** lui a inculqué pour la géométrie, *« le principal instrument de formation de l'esprit, beaucoup plus que les langues classiques »*. En 1921, après six années passées sous l'uniforme***, couvert de citations, élève à l'École polytechnique, Jacques Rueff entreprend de mettre au point ses réflexions sur la nature des sciences, qui le conduisent à se pencher sur celle du monde. L'ouvrage, jugé par Henri Bergson *« prometteur de larges développements »*, paraît en 1922, sous le titre *Des sciences physiques aux sciences morales*. Après avoir pensé se consacrer à la recherche biologique, le jeune auteur de vingt-six ans décide de se présenter à l'Inspection des finances, qu'il intègre en 1923. Dès lors, il applique à l'économie politique les méthodes de recherche qu'il a préconisées dans son livre. Elles reposent sur sa certitude qu'il est impossible de connaître l'essence des choses. L'esprit humain, en revanche, est capable d'établir entre elles des relations logiques qui dépendent du point de vue de l'observateur. Il doit se limiter à cette tâche. La relation logique devient la vérité. Dans le domaine économique et financier qui est le sien, il arrive à la conclusion

* Henri Yrissou et lui entretiennent de longue date des relations amicales.

** Lorsqu'il a quinze ans, son père, le docteur Adolphe Rueff, dont les aïeux alsaciens ont, après 1870, opté pour la France, lui donne un petit carnet pour qu'il y note « les mots et les phrases qui plaisent, les formules et les locutions qui frappent dans une lecture. Les placer par groupes d'idées, suivant qu'ils ont trait à la politique, la morale, la philosophie ». Sa vie durant, Jacques Rueff a suivi ce conseil.

*** Il est revenu de la guerre couvert de citations à l'ordre de la division, du corps d'armée, de la mission militaire française près l'armée américaine.

que l'absence de références concrètes et communes conduit inéluctablement au désordre monétaire, qui engendre l'anarchie et la dictature. *« Exigez l'ordre financier ou acceptez l'esclavage. L'équilibre financier est la conséquence nécessaire de tout ordre social*[27]*. »* L'inflation galopante que connaît la République de Weimar justifie bientôt ses théories.

Après avoir été en 1927 chargé de mission au cabinet de Raymond Poincaré, Jacques Rueff devient membre de la section financière de la Société des Nations. À ce titre, il est, en 1927 et 1928, envoyé en mission successivement en Grèce et en Bulgarie, qui ont demandé à la S.D.N. son aide pour leur assainissement financier. Il leur propose un plan prévoyant des économies drastiques et une augmentation des impôts. Ses recommandations sont appliquées à la lettre par les deux pays. Le 26 janvier 1928, il fait partie de la délégation financière qui débarque au Portugal. Après des mois d'efforts infructueux sur diverses places étrangères pour obtenir un emprunt, le général Sinel de Cordès, président du Conseil des ministres, s'est décidé à faire appel à la S.D.N. Mais lorsqu'il prend connaissance du rapport de ses experts*, il juge insultant le contrôle financier international prévu en cas de manquement dans le remboursement de l'emprunt. La délégation de la S.D.N. est donc, selon les termes de Jacques Rueff, *« ignominieusement chassée »* du Portugal, un mois après y être arrivée. L'année suivante, un nouveau ministre des Finances, Oliveiro Salazar, professeur à l'université de Coimbra, reprend à son compte les conseils de la S.D.N. Et les fruits de l'effort fiscal, de la compression des dépenses, ne se font pas attendre : dès 1929, le budget du Portugal est en équilibre. Le 30 septembre 1930, notre chargé

---

* Il préconise une coupe impitoyable dans les dépenses, le licenciement de 10 000 fonctionnaires, l'émission d'un emprunt de douze millions de livres, gagé par les Douanes et le Trésor. Les deux tiers doivent servir au remboursement de la dette, le tiers restant à des investissements, notamment dans les travaux publics. (Note du 18 mars 1928 de M. de Chalendar, A.D. Europe 1918-1932, série Correspondance politique et économique, zone Europe, sous série Portugal, 27.)

d'affaires à Lisbonne constate que le dernier exercice financier dépasse les prévisions les plus optimistes. Treize ans plus tard, en novembre 1953, le président Salazar invite à Lisbonne Jacques Rueff, qu'il n'a jamais rencontré. Il veut lui montrer les résultats des remèdes qu'il avait recommandés : *« Il les a appliqués presque exactement. Il me dit qu'il me considère comme son prédécesseur*[28]. »

Les formules de Jacques Rueff peuvent parfois paraître elliptiques* ; sa certitude que les mêmes causes produisent les mêmes effets est simple et claire. Elle le conduit, en 1958, après le retour aux affaires du général de Gaulle, à vouloir appliquer en France les méthodes qui ont si bien réussi en Bulgarie, en Grèce et au Portugal.

Jacques Rueff occupe alors des fonctions importantes à la Communauté européenne du charbon et de l'acier. Dans l'intervalle, tout au long de sa carrière brillante et insolite**, il a tissé des liens amicaux avec différents responsables

---

* Je pense à cette réflexion qu'il a notée en 1914 et dont il affirme qu'elle joua un rôle essentiel dans sa vie, qu'elle fut le germe de la plupart de ses travaux ultérieurs : *« L'immoralité est à la morale ce que la géométrie à quatre dimensions est à la géométrie d'Euclide. Nous pouvons la concevoir, elle est moins vraie (peut-être parce que moins commode) »* (*De l'aube au crépuscule*, Paris, 1977, Plon, p. 26).

** Avant guerre, il est, au ministère des Finances, directeur du Mouvement général des fonds, puis sous-gouverneur de la Banque de France. En octobre 1940, il est parmi les dix-sept Juifs qui bénéficient d'une dérogation exceptionnelle au statut des Juifs. Il doit cette mesure aux liens anciens de sa belle-famille avec le maréchal Pétain. Sa belle-mère, Claire Vignat, est une des filles de l'armateur Cyprien Fabre. Au début du siècle, Philippe Pétain, séduit par sa beauté, demande sa main. Elle lui est refusée : « Je ne vais pas, aurait dit Cyprien Fabre, donner ma fille à un lieutenant sans avenir. » Nous ne savons pas avec certitude si ce récit est exact. De nombreux descendants de Cyprien Fabre l'affirment, mais la fille de Jacques Rueff, Mme Rosemonde Pigeat-Rueff, s'étonne que ni sa mère ni sa grand-mère ne lui en aient jamais fait part. Quoi qu'il en soit, en 1933, le maréchal Pétain est témoin au mariage de la fille de Claire Vignat, Christiane, avec Jacques Rueff. Et, l'année suivante, il est le parrain de Marie-Caroline (Carine), le premier enfant du couple. Sous l'Occupation, Jacques Rueff perçoit son traitement d'inspecteur des finances et vit retiré en Ardèche, où il écrit un livre, qu'il juge le plus important de ses ouvrages : *L'Ordre social*. Ses premiers contacts avec la Résistance datent de 1942. À la Libération, il devient « délégué chargé des questions économiques et financières » dans le département de l'Ardèche. Les années suivantes le voient conseiller économique du commandant en chef en

politiques, dont Antoine Pinay. C'est au domicile personnel de ce dernier qu'il lui remet, le 10 juin 1958, dix-huit pages intitulées : « Éléments pour un programme de rénovation économique et financière ».

L'esprit de cette note est contenu dans les premiers paragraphes, qui n'ont rien d'économique : *« Le présent gouvernement a été formé, non pour appliquer une certaine politique, mais pour rétablir les conditions nécessaires à l'existence même du pays. De ce fait, son programme ne peut être celui d'un groupe ou d'un parti, mais seulement celui de tous les Français qui veulent que leur pays continue d'exister. »* Tout le projet de Jacques Rueff repose sur le postulat simple qui a toujours été le sien : l'inflation et le déficit chronique de la balance des paiements, ces deux maux étant liés, créent une situation financière désastreuse. La lutte pour le retour à une monnaie stable est donc la priorité des priorités de sa politique. Elle suppose le recours à des moyens drastiques : sortir les investissements du budget courant de la nation et les faire financer par la Bourse, encadrer strictement la Banque de France, afin de limiter sa possibilité de création monétaire – autrement dit, en langage vulgaire, supprimer le recours à la planche à billets –, et apurer son passif avec la création d'une caisse autonome dotée de ressources propres. Le texte, martelé par certaines expressions fortes*, se termine par l'affirmation qu'une telle politique est condamnée si elle ne bénéficie pas *« d'un engagement solennel du ministre des Finances et, peut-être, du chef du gouvernement, affirmant que, tant qu'ils seront là, il n'y aura pas de nouvel attentat contre la monnaie française*[29] *»*.

Lorsqu'il quitte Antoine Pinay, Jacques Rueff est convaincu que ses propositions ne seront pas communi-

Allemagne, président de l'Agence interalliée des réparations, puis candidat malheureux à Paris aux élections législatives en 1951 (il se présente sous l'investiture du Centre national des indépendants, et c'est alors qu'il fait la connaissance d'Antoine Pinay), ministre d'État de la principauté de Monaco.

* Sous la plume de Jacques Rueff, un emprunt sur le marché international des capitaux devient *« de la mendicité à l'étranger »*.

quées au général de Gaulle. Le ministre a été clair : *« Jacques, vous avez peut-être raison, mais ce n'est pas ce que j'ai l'habitude de faire, ce n'est pas ce que j'ai fait en 1952*[30]. »

D'ailleurs, le 30 septembre, quand il demande à son ami Jacques Rueff de former un petit comité ayant pour mission *« de lui faire rapport sur l'ensemble du problème financier français et de lui présenter toutes suggestions utiles* [pour la préparation du budget] », il ne lui souffle pas mot de sa note. Il lui indique qu'il juge préférable que le « petit comité » reste secret, tout comme la liste de ses membres, qu'ils choisissent d'un commun accord : trois banquiers, un des plus grands industriels français, un représentant du patronat, un professeur d'économie politique, le président de la section financière du Conseil d'État et, enfin, le président d'honneur de l'Ordre des experts comptables. *« Si la composition du comité avait été connue, la clameur eût été universelle. On n'y aurait trouvé aucun représentant de la paysannerie, aucun représentant ouvrier ou cadre, aucun porte-parole de la petite ou moyenne industrie*[31]. » Le comité se réunit à trente-neuf reprises. On a mis à sa disposition une salle au ministère des Finances. Mais il arrive à ses membres d'errer dans les couloirs avant de la trouver : elle n'est indiquée nulle part et les huissiers, comme tout le monde au ministère, ignorent son existence.

Jacques Rueff écoute les fonctionnaires appelés à donner leur avis ; il ne les contredit jamais. Sa note du 10 juin, communiquée à tous les membres du comité, est connue de ceux qu'ils auditionnent. La plupart des directeurs du ministère ne cachent pas qu'ils lui sont profondément hostiles : *« C'est peut-être très cohérent,* dit l'un, *mais cela va tuer l'économie française. »* Un autre surenchérit : *« Théoriquement ce que vous dites est bien bon, mais vous allez tuez l'industrie française*[32]. » Et un troisième d'affirmer que de telles mesures ne peuvent en aucun cas améliorer la situation française. En fait, tous considèrent l'inflation comme inévitable, chacun ne cherchant qu'à conserver les dotations ou les facilités qui intéressent leurs services[33]. Quant au gouverneur de la Banque de France, dont l'inimitié avec Jacques Rueff est légendaire rue de Rivoli, il « s'étonne » que l'on puisse vouloir toucher à la politique du crédit. Chacun comprend que le gouverneur est indigné.

Le climat de ces rencontres clandestines est tel que l'économiste Jean-Marcel Jeanneney redoute d'avoir été attiré dans une manœuvre hostile au général de Gaulle. Il va donc à Matignon s'enquérir de ce qu'il en est auprès de son ami René Brouillet. Celui-ci le rassure.

Les véritables *dei ex machina* de ce comité sont, en effet, Roger Goetze et Georges Pompidou, qui, à sa première rencontre avec Jacques Rueff*, a été séduit par sa force de conviction et la logique de son approche du redressement financier, Tous deux informent le Général des délibérations du comité Rueff et veillent, avec son président, à les orienter dans le sens qui leur paraît souhaitable.

Du 1er au 4 novembre, enfermé dans sa maison de Normandie, Jacques Rueff rédige seul le projet de rapport. Il ne tient pas compte des avis qu'il a entendus lorsque ceux-ci sont contraires à ses certitudes.

Le 12 novembre, en présence de tous les membres du comité, Jacques Rueff expose au ministre des Finances l'essentiel de ses conclusions. *« J'eus l'impression,* écrit-il sans fausse modestie, *qu'il fut stupéfait et ébloui par l'ampleur de la tâche et le caractère total du plan dont elle recommandait** l'adoption*[34]. »

Le 18 novembre, c'est devant le président du Conseil que le ministre des Finances et Jacques Rueff s'expliquent. Ils sont venus avec le gouverneur de la Banque de France Wilfrid Baumgartner. De Gaulle les reçoit en compagnie de Georges Pompidou et de Roger Goetze.

---

* Ils ont fait connaissance début octobre, lors d'un déjeuner organisé par Jean Guyot, associé gérant de la banque Lazard, ami personnel de Jacques Rueff, qui a tenu à sa présence dans ce comité d'experts.

** Le « elle » désigne, en fait, les conclusions adoptées par le comité Rueff.

Paragraphe par paragraphe, Jacques Rueff expose au président du Conseil la totalité des remèdes qu'il préconise. Les premiers, d'ordre budgétaire, qui ont pour objet l'arrêt effectif de l'inflation, exigent de très fortes économies, la suppression de bien des subventions, la hausse de différents impôts et taxes. Les seconds concernent la monnaie. Pour la rendre à nouveau « respectable », une dévaluation de 17,5 % est essentielle : elle seule peut permettre à la France de retrouver sa compétitivité. Il est recommandé de prévoir aussi l'instauration d'une nouvelle monnaie, qui se substituera au franc dévalorisé. Enfin, la troisième série de mesures tend à la libération des échanges. Jacques Rueff souhaite que, à partir du 1er janvier 1959, 90 % des produits français puissent être échangés librement avec les pays d'Europe, autrement dit qu'ils ne soient soumis à aucune taxe ni à l'entrée ni à la sortie.

Sur différents points, Antoine Pinay émet quelques réserves. Il lui paraît souhaitable que ni la dévaluation ni la suppression des contingents n'atteignent les montants indiqués.

De Gaulle interroge Wilfrid Baumgartner : *« Qu'en pensez-vous, monsieur le Gouverneur ? – Il y aurait beaucoup à dire. – Eh bien, dites ! »*

Jacques Rueff, qui ne connaissait pas de Gaulle, est très impressionné : *« Il a compris la teneur de ce que je lui proposais. Il a certainement beaucoup étudié l'économie durant sa traversée du désert. Ses questions vont au fond du problème*[35]*... »*

Lorsque l'audience se termine, à 19 h 30, chacun sait, même s'il ne l'a pas dit explicitement, que le président du Conseil a adopté pour l'essentiel le plan du comité. Il demande que les différentes mesures soient mises au point.

Avant d'annoncer qu'il a fait sien le plan Rueff, de Gaulle, le 25 novembre, convoque son auteur. Il le reçoit en tête à tête, lui demandant maintes précisions sur ses préconisations. À la fin de l'entretien, il lui dit brusquement : *« Toutes vos recommandations sont excellentes. Mais si je les applique intégralement et s'il ne se passe rien, cela aura-t-il vraiment valu la peine de bouleverser le pays ? »* Avec l'assurance qui est sa marque, Jacques Rueff lui affirme que le plan, s'il est intégralement appliqué, rétablira en très peu de semaines l'équilibre de notre balance des paiements : *« De cela, je suis absolument sûr*[36]. »

Pendant que les experts travaillent jour et nuit à préparer le budget qui doit être adopté avant la fin de l'année, à discuter aussi de l'appellation de la nouvelle monnaie*, les ministres apprennent peu à peu la nature du projet financier en cours.

Au sein du gouvernement, la tension monte. Dès leur défaite électorale, les socialistes ont annoncé leur décision de ne pas participer au futur ministère. Guy Mollet a mal vécu la défaite électorale. Il a été très blessé lorsque, au lendemain des élections, de Gaulle l'a félicité d'avoir fait fin mai un *« choix heureux »* qui a permis aux socialistes de *« sauver leur baraque »*. Il s'inquiète que la droite majoritaire à l'Assemblée nationale ne veuille se lancer dans *« de nouvelles conquêtes »* et ne crée *« un climat de revanche »* qui condamnerait l'unité du pays. Après avoir fait part à Georges Pompidou de ses inquiétudes**, le ministre d'État se résout à les exposer au Général, dans une très longue lettre (quatre pages dactylographiées)***qu'il lui adresse le 17 décembre. Elle se conclut par un appel : *« Vous pouvez empêcher certains de ceux qui se croient vos amis, même et surtout s'ils ont été indéfectiblement*

* Il s'agit d'une décision essentiellement symbolique, destinée à démontrer aux Français que c'en est à jamais fini d'un franc instable. Si cette monnaie est appelée « nouveau franc », c'est sans doute faute d'avoir trouvé dans la nomenclature des monnaies en cours depuis des siècles un nom qui s'impose.

** Selon toute vraisemblance, elles l'ont laissé indifférent. Peu après, Georges Pompidou confie à l'un de ses proches le peu de cas qu'il fait de Guy Mollet.

*** Elle est datée du 17 décembre, mais n'a certainement pas été envoyée ce jour-là : en fin de texte, Guy Mollet y ajoute, en effet, ces lignes manuscrites : *« 19 décembre. Ce que vous avez dit, ce matin, devant la plaque d'Adrien Tixier, du syndicaliste et du socialiste qu'il fut, m'a vivement ému et je ne saurais clore cette lettre sans vous en avoir sincèrement remercié. »*

vos fidèles, de faire de vous leur chef victorieux ; je me permets de penser que, même dans leur intérêt, nous avons besoin que vous soyez un arbitre et un rassembleur[37]. » De Gaulle ne répond pas à cette missive.

Il a d'autres préoccupations. Lorsque Roger Goetze a attiré son attention sur les « réactions un peu vives » que ne manqueront pas de susciter certaines mesures fort impopulaires du plan Rueff, il lui a simplement répondu : « *Eh bien ! les Français crieront. Et après ?* » Mais, le 25 décembre au soir, il fait venir son conseiller financier : « *Monsieur Goetze, tout le monde est contre votre plan**. *Je vais vous poser une question et vous n'y répondrez que demain matin : est-ce que vous nous garantissez que votre plan a deux tiers de chances de réussite ? Je considère qu'en politique il y a toujours un tiers d'aléa, un tiers de risque. Ça, c'est ma part. Mais vous êtes l'expert, vous me direz demain matin à 8 h 30 si vous considérez que votre plan a deux tiers de chances de réussite. Si oui, je l'adopte*[38]. »

Le 26 décembre, à 15 heures, quelques heures après que le général de Gaulle a reçu une réponse positive de Roger Goetze, s'ouvre un Conseil de cabinet exceptionnel. Son sujet : le plan Rueff. Outre les ministres, y assistent le secrétaire général du gouvernement Roger Belin, deux collaborateurs du général de Gaulle (Georges Pompidou et Roger Goetze), Jacques Rueff, le gouverneur de la Banque de France Wilfrid Baumgartner et les trois directeurs les plus importants du ministère des Finances : Pierre-Paul Schweitzer (le Trésor), Gilbert Devaux (le Budget), Jean Sadrin (les Finances extérieures). Battant les records de durée d'une telle instance, ce Conseil se termine peu avant minuit. « *Je n'oublierai jamais l'atmosphère tragique de cette réunion*[39] », écrit Jacques Rueff. « *Cette soirée fut la plus rude que j'aie connue jusqu'alors* », confie Georges Pompidou[40]. « *Quelle empoignade !* » se souvient le général

* Ainsi, de Gaulle attribue à Roger Goetze le plan Rueff. Il souligne par là le rôle que son conseiller a joué dans les travaux du comité Rueff.

de Gaulle : *« Parmi toutes les batailles politiques que j'ai dû mener dans ma vie, celle-ci peut se comparer par son âpreté à mon affrontement avec Giraud à Alger*. »*

Cette réunion n'a jamais fait l'objet d'indiscrétions, tant ses participants en sortirent traumatisés. Nous devons aux notes manuscrites de Roger Belin, hélas parfois difficilement déchiffrables[41], de découvrir les propos qui y furent tenus. Seuls le président du Conseil et deux de ses ministres, Michel Debré et Maurice Couve de Murville, le soutiennent. L'un après l'autre, les membres du gouvernement ne cessent d'énoncer leurs critiques. Pour Antoine Pinay, la libération des échanges à prévoir par étapes ne doit porter que sur le secteur privé. Guy Mollet condamne la dévaluation. Il ne veut pas en entendre parler. Il est d'avis de taxer le capital. Pierre Pflimlin admet la dévaluation, le projet de budget permet sans doute de mettre fin au début de récession, mais il regrette profondément les mesures qui frappent les familles et les paysans. Le ministre de l'Agriculture, Roger Houdet, fait chorus : il ne comprend pas que la participation des agriculteurs à l'effort de redressement national puisse être de 25 %, alors que leur revenu n'est que de 13 % du revenu national. Robert Buron, pourtant le membre du gouvernement le plus partisan de la libération des échanges à 90 %, celui qui a compris et approuve la finalité du plan, assurer la compétitivité de la France, s'inquiète : *« On veut faire tout à la fois... »* Il préconise un contrôle rigoureux sur les prix et des mesures contre les spéculateurs. Paul Bacon, ministre des Affaires sociales, proteste contre la diminution des prestations familiales**. Le général de Gaulle, semble-t-il, ne répond pas à cette avalanche de critiques. Il en prend acte, formule à son tour quelques nouvelles propositions : ainsi, il remplace la sup-

* De Gaulle fait allusion aux difficultés rencontrées à Alger pour s'arroger la totalité des pouvoirs détenus depuis le débarquement de novembre 1942 par le général Giraud.

** Selon les notes de Roger Belin, lors d'une réunion ultérieure, Paul Bacon aurait présenté une étrange suggestion : qu'une augmentation de la taxe sur les oliviers permette de maintenir les allocations familiales en l'état...

pression des allocations familiales, qui aurait fait 24 milliards d'économie, par leur incorporation dans le revenu imposable, qui n'en fait que 20. Durant les dix heures que dure ce Conseil, Antoine Pinay se bat pied à pied pour maintenir la cohérence de ce plan. À partir du moment où il a décidé de l'accepter, il devient son défenseur intransigeant, faisant preuve d'une loyauté à laquelle Jacques Rueff et Roger Goetze ont rendu hommage.

Lorsque le Conseil se sépare, un certain nombre d'amendements ont été apportés au plan, qui aggravent l'impasse budgétaire à concurrence de 85,4 milliards de francs.

Ces changements ne règlent rien. Dès l'issue du Conseil des ministres, Guy Mollet offre sa démission au général de Gaulle, qui la refuse et lui propose de déclarer lui-même publiquement le désaccord des ministres socialistes avec le projet Rueff.

Le lendemain, 27 décembre, l'existence du gouvernement est mise en cause. Ses ministres les plus importants menacent de le quitter.

Le matin, le Général reçoit les lettres de démission des socialistes André Boulloche et Eugène Thomas. Elles ne semblent guère le troubler. Il n'en est pas de même du courrier que lui adresse Antoine Pinay. Le ministre des Finances rappelle que le plan Rueff contient certaines dispositions qu'il a combattues toute sa vie. Il a néanmoins décidé de le soutenir, parce que le général de Gaulle, le seul qui puisse tenter l'indispensable redressement, l'approuve. Mais si ce plan, qui forme un tout, est dépecé, *« s'il n'en reste que les dispositions entraînant une hausse du coût de la vie et des mesures de fiscalité »*, son échec est certain. Antoine Pinay ne sera pas *« l'homme des impôts et de la vie chère, ni l'homme de cette faillite (...). Comme naguère, on veut cultiver le compromis et l'on cherche à atténuer les inconvénients des abus, au lieu de supprimer ceux-ci à la source. Je ne serai pas le ministre de cette politique néfaste que je croyais abolie*[42]*... »* Dès la réception de ce courrier, avec l'accord du général de

Gaulle, Roger Goetze se rend au ministère des Finances. Il tente de rassurer le ministre.

À l'heure du déjeuner, la lettre de démission de Guy Mollet est portée à l'hôtel Matignon. Antoine Dupont-Fauville, qui assure la permanence, attend que le Général prenne son café pour la lui remettre. Le ministre d'État qui s'affirme toujours heureux et fier d'avoir été associé à l'action du général de Gaulle depuis le mois de juin, mais il insiste pour que celui-ci accepte sa démission. Dans l'heure, la réponse du Général lui parvient : *« Mon cher Guy Mollet, une question domine tout : remettre la République en place. Ce sera fait le 8 janvier, dans la liberté, dans la démocratie, avec l'approbation massive du peuple. Vous êtes venu dans mon gouvernement pour le faire avec moi. Vous ne pouvez pas, vous ne devez pas me quitter au moment où nous allons aboutir. Cela, c'est une question de principe. »* Il comprend que le secrétaire général de la S.F.I.O. désapprouve le budget, admet qu'il ne le signe pas, mais lui demande de participer à toutes les délibérations gouvernementales. Il fera connaître que, en dépit de son désaccord, Guy Mollet a accepté *« pour des raisons évidemment supérieures »* de maintenir sa présence dans le gouvernement pendant ses dix derniers jours*. Guy Mollet n'hésite pas : *« Dites au Général que je serai à 4 heures au Conseil des ministres. »*

Autant la veille le Conseil de cabinet avait été dramatique et interminable, autant la réunion ministérielle du 27 décembre est paisible et plutôt brève : à peine deux heures.

Très contesté vingt-quatre heures auparavant, le plan Rueff est adopté sans la moindre discussion. Et, dans le *Journal officiel* du 31 décembre, quarante-huit pages sont consacrées à la publication des mesures financières, économiques et sociales prises le 27 décembre.

Elles sont « rudes », c'est ainsi que de Gaulle, le 28 décembre, les présente aux Français[43]. Elles prévoient

* Le 9 janvier, cet échange de lettres est rendu public.

une hausse des impôts et des taxes, la baisse ou la suppression de nombreuses subventions. Le Général est conscient que de telles dispositions sont synonymes d'une augmentation du coût de la vie. Il ne cache pas aux Français qu'ils vont devoir faire des sacrifices – la suppression de la plupart des retraites des anciens combattants a été décidée pour montrer que nul n'est épargné. Mais ces mesures sont nécessaires pour assainir les finances publiques et doter l'État de capacités réelles d'intervention. Dans l'esprit du Général, elles correspondent à une nécessité vitale pour la France, qui ne peut retrouver son rang sans indépendance financière et sans la compétitivité des plus grandes puissances. D'où la nécessité d'une forte dévaluation, qui redistribue les cartes.

L'originalité de ce plan, c'est la tentative d'un traitement global, fondé sur la concomitance d'une série de mesures budgétaires et monétaires qu'il est inhabituel d'associer.

Lors du Conseil du 27 décembre, de Gaulle a usé de l'arme qu'il sait imparable : son départ*. Après avoir prononcé un vibrant éloge du ministre des Finances, il a annoncé aux ministres que, si le plan d'assainissement financier n'était pas adopté tel quel, ce serait, lui, de Gaulle, qui quitterait le gouvernement, car ce plan, *« au demeurant, est le sien*[44] *»*.

Ainsi, ce plan, couramment dénommé plan Rueff ou plan Pinay-Rueff, ne devrait-il pas s'appeler plan de Gaulle ? Seule son autorité a permis de l'imposer. Cette autorité ne tient pas seulement à une personnalité exceptionnelle, déjà entrée dans l'Histoire ; elle est aussi liée aux circonstances. Nul ne veut envisager que le général de Gaulle puisse se retirer tant que le problème algérien n'est pas « réglé ». Des années plus tard, lors d'un des conflits sociaux les plus durs de la Ve République, la grève des mineurs de 1963, Georges Pompidou, alors Premier

* Il le dit à son fils : *« Je savais que je l'emporterais. C'était obligatoire. Il y allait de notre raison d'être. »* (Philippe de Gaulle, *De Gaulle, mon père*, t. 2, *op. cit.*, p. 120).

ministre, regrette 1958 : *« C'était le bon temps. Il suffisait de dire : "L'Algérie, l'Algérie", et on n'avait plus de problèmes avec les syndicats*[45]. »

Les deux derniers Conseils des ministres du gouvernement de Gaulle sont des chambres d'enregistrement : le 30 décembre, en une heure et demie, cinquante-sept ordonnances sont adoptées ; le 6 janvier, en une heure, vingt-quatre…

Ce jour-là, le Conseil se termine par un échange de remerciements : *« Le général de Gaulle remercie les ministres de la collaboration qu'ils lui ont apportée et exprime à M. le président de la République, au nom de tous les membres du gouvernement et en son nom propre, ses remerciements et sa reconnaissance. Le président de la République adresse au général de Gaulle et à tous les ministres ses remerciements pour l'œuvre accomplie par le gouvernement. »*

À ce point de l'histoire de la IVe République, une question fondamentale reste sans réponse, et je vois mal comment elle pourrait jamais être tranchée : sans la guerre d'Algérie, de Gaulle serait-il revenu aux Affaires, aurait-il pu faire adopter les innombrables mesures qui ont été prises sous le dernier gouvernement de la IVe République, et qui marquent durablement la France ?

Épilogue

Deux scènes s'imposent à moi pour terminer – enfin ! – le sixième et dernier tome de cette *Histoire de la IVe République.* Elles symbolisent l'horreur de l'époque et la permanence de la France. En outre, il me plaît que la première, en dépit de son inhumanité, soit aussi, grâce à la réaction de son seul témoin, porteuse d'espérance.

Le capitaine Friedrich dirige l'aumônerie de l'École militaire de Cherchell qui forme les officiers de réserve. Cet oratorien a aussi la charge de desservir une dizaine de postes militaires dans un rayon de 40 à 50 kilomètres autour de l'École. Dans l'après-midi du 24 décembre 1958, il décide donc d'aller célébrer la messe de minuit dans l'une de ses « paroisses » particulièrement isolée. Elle est située à près de 1 000 mètres d'altitude, sur les contreforts de l'Atlas, dans le massif du Dahra, au nord de la chaîne de l'Ouarsenis.

Sa Jeep prend la route en début d'après-midi. Elle est conduite par un militaire du contingent, Jacques Broche. Cet étudiant en droit, directement mobilisé en Algérie en janvier, ayant été, peu après son arrivée, le témoin involontaire de deux ou trois scènes insoutenables, avait décidé de ne pas rejoindre le peloton des E.O.R. (élèves officiers de réserve)*.

---

* Il s'en est expliqué devant le colonel Marey, commandant de l'École militaire de Cherchell : « *Je l'ai assuré n'avoir rien d'un objecteur de conscience et éprouver le plus grand respect pour l'armée. Mais je n'ai pas foi dans cette guerre au point d'y exercer un commandement. Il va sans dire que le colonel a peu apprécié mon propos. Le colonel Marey, un grand soldat, a trouvé la mort dans le Nord-Constantinois, victime d'une embuscade, en mars 1959.* » (Archives personnelles.)

Être le chauffeur de l'aumônier lui convient. Sous son siège, un pistolet mitrailleur. À la sortie de Cherchell l'attend une escorte importante : trois ou quatre véhicules blindés, half-track, automitrailleuses, transportent gardes mobiles et gendarmes lourdement armés.

Un demi-siècle a passé. Mais il n'est pas une veillée de Noël sans que Jacques Broche revive celle qu'il vécut en 1958. Le lendemain même, il en a consigné les principaux événements sur un petit carnet qu'il m'a montré. Ces notes lui ont permis de rédiger peu après le témoignage exceptionnel que nous lui devons[1]. Le voici :

« Lorsque, après deux heures de route, le convoi aborde une zone de collines, puis de petites montagnes, retentit le claquement des armes automatiques. Le père Friedrich et moi croyons être tombés dans une embuscade. Mais le sergent qui commande l'escorte l'a fait arrêter et vient prévenir mon chef qu'il s'agit de "tirs d'anticipation" sur les buissons, les bosquets, les herbes hautes qui encadrent la piste encaissée, sinueuse et de plus en plus étroite. Ces rafales sont censées dissuader de toute agression les fellaghas, réputés nombreux dans les parages. Nous avons ensuite traversé un long plateau semi-désertique, donc moins dangereux. Les armes se taisent. Un vent froid se lève.

*« Bientôt, se découpant sur le ciel qui s'assombrit, apparaissent au sommet d'une crête une tour et des baraquements. On aperçoit le drapeau français flottant au sommet d'un mât. C'est le poste où nous nous rendons. Il domine trois vallées, et un douar, où ont été regroupées en une centaine de bâtisses en pisé des populations avec leurs troupeaux**.*

« Une petite troupe descendant du piton vient à notre rencontre. Les gardes mobiles et les gendarmes nous quittent alors. Nous nous souhaitons mutuellement un "bon Noël".

---

* Le but de ces regroupements était de priver les fellaghas de tout contact avec leurs compatriotes.

« Pour arriver au poste, il nous reste à escalader une pente très raide. Au pied de cette dernière montée se trouve un pont enjambant un oued transformé à cette époque de l'année en torrent. Passé ce pont, ma Jeep dérape, obligeant les soldats à sortir un câble qui se rompt, puis des chaînes afin de permettre au half-track de nous sortir du fossé.

« Nous parvenons à destination vers 18 heures. Il fait presque nuit. La quarantaine de soldats du poste, qui vivent dans un isolement total, ravitaillés parfois par hélicoptère, sont manifestement heureux de notre présence.

« Après avoir aidé l'aumônier à installer un autel de fortune dans la baraque qui sert de réfectoire et de buvette, je propose de prendre la place d'un homme de garde afin qu'il puisse assister à la messe, s'il le souhaite.

« Je me retrouve donc au pied de la tour que j'avais aperçue en arrivant. Une ancienne tour de guet de dimensions modestes, non entretenue, construite sans doute au siècle dernier ou au début de celui-ci. À dix ou vingt mètres, un mirador en bois où a été installé un puissant projecteur alimenté par un générateur qu'on entend ronfler.

« La bise siffle de partout ; des flocons de neige recouvrent peu à peu les baraques et tout l'environnement d'un manteau blanc. En dépit de la couverture posée sur mes épaules, je grelotte, rencogné dans un coin d'ombre, serrant mon pistolet mitrailleur dont l'acier me gèle les doigts sous les gants de laine. J'aperçois par trois ou quatre fois dans le lointain des signaux lumineux suspects. Le moindre craquement me fait sursauter. Tout à coup, j'entends des bruits faibles et étranges. Ceux d'une bête, d'une source, d'un courant d'air ? Au bout d'un certain temps, je me rends compte qu'ils proviennent de l'intérieur de la tour. Tremblant, intrigué, je fais une rapide inspection des lieux et remarque une petite porte qui s'ouvre sans mal quand je la pousse du pied. Les bruits cessent, puis reprennent. Je reviens rapidement à mon poste de garde. Je n'ai pas le droit de m'en éloigner. Mais, sans tarder, je décide qu'il me faut aller voir ce qui se passe dans la tour. Ayant sorti de mon treillis un briquet-tempête, et après avoir proféré

les sommations d'usage – les trois "Halte-là !" –, je pénètre dans la tour : je devine plus que je ne vois près de l'entrée un corps nu, attaché. À nouveau, je rejoins mon poste... Mais, très vite, je décide qu'il me faut retourner dans la tour. La maigre flamme de mon briquet éclaire le visage défiguré de l'homme que j'avais aperçu. Ma vue semble le terrifier. Je le recouvre de la couverture qui m'avait été donnée et dépose sur ses lèvres un comprimé d'aspirine : c'est le seul médicament en ma possession. Et je reprends ma garde, bouleversé.

« Quand, au bout d'une heure, vient la relève, je dis à mon successeur : "Il s'en passe de belles, ici !" Il prend mon arme de service, remonte le col de sa capote, serre son cache-nez et ne me répond pas. Je me dirige vers la chapelle improvisée. En traversant la cour, j'entends le cantique : "Il est né, le divin enfant...", et je vois des lumières dans une cabane. Je pense que certains y font la fête. Je m'en approche et aperçois à l'intérieur un homme hurlant attaché à une planche posée sur des tréteaux, relié à une magnéto par plusieurs fils. Périodiquement, on jette de l'eau sur son corps. Je vois un homme écraser son mégot sur le corps du supplicié.

« J'arrive dans la "chapelle" lorsque le prêtre prononce la bénédiction finale : "Allez en paix". Et je constate un va-et-vient entre le lieu de culte improvisé et la cabane d'où sortent des cris de douleur.

« Dès que je suis seul avec le père Friedrich, je lui fais part de mes découvertes : "J'en parlerai au commandant...."*

---

* *« L'aumônier m'a relaté ce que lui avait répondu cet officier : "Mon père, je vous invite à prendre ma place. Et vous allez me dire ce que vous ferez. J'ai besoin de savoir où se trouvent les mines sur lesquelles mes hommes peuvent sauter. C'est arrivé. J'ai besoin de renseignements. Il faut les extorquer. Je laisse à mes sous-officiers ces basses besognes. Ce n'est pas glorieux. Je suis là pour faire la guerre, sauver la vie de mes hommes. En prêchant la morale, vous faites votre devoir. Moi aussi, je fais le mien...". Sans doute le père Friedrich a-t-il opposé à ces "bonnes raisons" la condamnation de méthodes inhumaines et indignes. »* (Jacques Broche, archives personnelles.)

« Vers 2 heures du matin, alors que les chansons à boire et les éclats de rire s'atténuent, avant de reprendre ma garde devant la tour, j'y pénètre pour la troisième fois. Je me suis muni d'un cierge pris sur l'autel ; je l'allume. Je revois l'homme nu à l'entrée, son visage et son corps sont ensanglantés. Il pousse une sorte de grognement à ma vue, pensant peut-être que je viens lui infliger des brûlures. J'entends des bruits de chaîne, des gémissements, des râles. Poursuivant mon inspection, je découvre, à la lumière de mon cierge, sept ou huit épaves humaines, plus ou moins meurtries, plus ou moins mutilées, plus ou moins vivantes. L'une à genoux semble avoir expiré. D'autres, les poignets entravés avec les pieds, veulent se cacher en apercevant la flamme qui m'éclaire. Au-dessus d'un corps garrotté, couché, je vois se redresser une face livide qui semble ricaner : du sang coule de sa bouche[*].

« Alors, devant ce spectacle atroce, je sens monter en moi indignation et honte. Je serre les poings. À mon étonnement, je m'entends hurler à deux reprises : "Non ! La France, c'est pas ça ! C'est pas ça, la France !" »

8 janvier 1959, au palais de l'Élysée, la passation des pouvoirs entre le dernier président de la IVe République et le premier de la Ve République se veut et est majestueuse à souhait, comme l'a voulu le général de Gaulle. Le protocole peut s'en donner à cœur joie ; depuis des siècles[**], il est, sous tous les régimes, resté fidèle à la même mission : sacraliser le pouvoir. *« Malheur à l'homme de génie qui foule aux pieds le*

---

* *« Le lendemain matin, lorsque notre convoi repasse le pont, je vois des hommes jeter des corps dans l'oued. »*

** Sa première apparition en France date du XVIe siècle avec la création par Henri III d'une charge d'introducteur des ambassadeurs. Le mot *protocole* est cependant apparu au XIVe siècle, mais il désigne la minute d'un acte. Ce n'est qu'à partir du XIXe siècle qu'il prend le sens qu'il trouve ici : l'administration chargée de veiller à l'ensemble des règles codifiant les cérémonies officielles.

protocole et ses formes ! » écrivait Diderot en 1761. Une telle malédiction ne saurait s'abattre sur le général de Gaulle. Nul plus que lui n'est conscient de la nécessité, si l'on veut rétablir chez les Français le respect de l'État, de lui rendre un caractère sacré. Et l'on sait combien le président Coty est fidèle aux conventions en usage.

Minute après minute, rien n'est laissé au hasard.

À 11 heures, la grande voiture de la présidence de la République arrive à l'hôtel Matignon. Portant le fanion tricolore frappé de la croix de Lorraine et cravaté de blanc comme au temps du Gouvernement provisoire de la République française, elle est désormais celle du général de Gaulle. Le protocole a jugé qu'aucun autre véhicule ne pouvait le conduire au palais de l'Élysée.

À 11 h 15, une escorte en grand apparat (trente-deux motocyclistes en culotte blanche, gants blancs, veste noire à parements blancs avec aiguillettes) prend place devant la présidence du Conseil.

À 11 h 55, le général de Gaulle apparaît, en jaquette noire, pantalon rayé et cravate grise*. Le cortège démarre.

Tout au long du parcours, gendarmes mobiles, gardiens de la paix au garde-à-vous forment une haie d'honneur ininterrompue entre l'hôtel Matignon et l'Élysée.

Un tapis rouge est tendu dans la cour de l'Élysée. Les deux cent trois invités ont été priés d'arriver avant 11 h 30. Les huissiers en habit à la française (leur tenue de cérémonie : boutons d'argent, épée au côté) les conduisent dans la salle des fêtes éclairée *a giorno* jusqu'à la place qui

* La jaquette reste l'habit de cérémonie classique à cette époque. Son port est, sinon de rigueur, tout au moins fortement recommandé à qui assiste à la cérémonie. Comme la plupart des invités ne disposent pas de jaquette dans leur garde-robe, les magasins de location de vêtements ont été pris d'assaut. Mais celles qu'ils mettent à disposition de leurs clients ont été prévues pour des hommes de taille moyenne, ce qui n'est pas le cas de bien des collaborateurs du général de Gaulle. Certains d'entre eux ont gardé un souvenir amusé de leur rencontre, en ce jour, avec leurs homologues élyséens. Ceux-ci, qui ne sont pas particulièrement grands, sont vêtus de façon impeccable. Les « gaullistes », en revanche, portent souvent des jaquettes étriquées dont les pantalons leur arrivent mi-mollet…

leur a été assignée*. Le spectacle de ces hommes en jaquette**, en uniforme militaire, toutes décorations pendantes, en habit vert, s'ils appartiennent à l'une des cinq académies, ne manque pas d'allure sous les immenses tapisseries du XVIIIe siècle qui racontent l'histoire d'Esther et d'Assuérus[2]. L'assemblée est presque exclusivement masculine : deux femmes seulement, toutes deux élues à l'Assemblée nationale***. Ni la famille du général de Gaulle ni celle du président Coty n'ont été invitées. Le protocole n'a pas prévu leur présence. Elle n'est pas dans les usages du temps.

À 12 h 1, à sa descente de voiture dans la cour d'honneur du palais de l'Élysée, le général de Gaulle est reçu par les deux principaux collaborateurs du président Coty, Charles

---

* Il est prévu que les deux présidents doivent prendre place au fond de la salle, en face des fenêtres donnant sur le parc. Devant eux, le vice-président du Conseil d'État, René Cassin, la table sur laquelle est posé le collier de grand maître de l'ordre de la Légion d'honneur, et le général Catroux, grand chancelier de la Légion d'honneur, avec son aide de camp. Derrière les présidents, le chef du protocole de la Présidence, la table pour la signature attestant la passation des pouvoirs et les « maisons » (autrement dit les collaborateurs) des deux présidents. En face d'eux, de l'autre côté de la salle des fêtes, le chancelier de l'ordre de la Libération et le Conseil de l'Ordre, le Conseil de l'ordre national de la Légion d'honneur, le maréchal Juin, le président du Conseil économique et social, et treize de ses membres. L'emplacement des invités forme une sorte de rectangle, laissant vide le centre de la salle. De chaque côté des présidents de la République, deux grandes colonnes se font face. À gauche, le procureur de la Cour de cassation, le Conseil supérieur de la magistrature, le président et le procureur de la Cour des comptes, douze hauts dignitaires, six représentants des forces armées, huit membres des cinq instituts, les préfets de la Seine et de police, les présidents du conseil municipal de Paris et du conseil général de la Seine, le gouverneur militaire de Paris, le premier président de la cour d'appel, vingt hauts fonctionnaires et responsables des entreprises nationalisées. Le maire du 8e arrondissement clôt cet alignement. À droite, les représentants du Conseil d'État, du Sénat et de l'Assemblée nationale, ceux des États de la Communauté, les vingt-trois membres du gouvernement, les présidents de l'Assemblée nationale et du Sénat, le doyen du corps diplomatique et le nonce du Vatican, le recteur de l'académie de Paris.

** Une quinzaine seulement, dont un ministre, Pierre Sudreau, sont en complet-veston.

*** L'une, Marie-Madeleine Dienesch, est député M.R.P. du Nord depuis 1946. L'autre, Nafissa Sid Cara, vient d'être élue pour la première fois à Alger. Son frère, le docteur Cherif Sid Cara, a été vice-président du Comité de salut public d'Alger en mai.

Merveilleux du Vignaux et le général Ganeval. Le chef du protocole de la Présidence s'est joint à eux. Une fanfare joue *Aux champs*, cette sonnerie réservée à l'arrivée de toute autorité. Entre deux haies de gardes républicains – en grande tenue, cela va de soi –, le général de Gaulle se dirige à longues foulées vers le palais, esquissant à plusieurs reprises le salut militaire. Sur la première marche du perron, René Coty l'accueille. Les deux hommes se serrent longuement la main, et gagnent le bureau du chef de l'État. Ils y restent quelques minutes. Puis, en cortège solennel, suivis et précédés par quatre huissiers, ils rejoignent la salle des fêtes. Alors le « maître de cérémonie », autrement dit l'huissier en chef, annonce : « Monsieur le président de la République », et l'orchestre de musique de chambre de la Garde républicaine attaque *Thésée*, cette marche triomphale de Lully qu'il était d'usage de jouer à Versailles lors du passage de Louis XIV. *« Le roi est mort, vive le roi ! »*, la formule semble toujours d'actualité.

Il appartient à René Cassin d'ouvrir la cérémonie. D'une voix forte que l'émotion fait un peu trembler, le vice-président du Conseil d'État donne lecture des résultats de l'élection présidentielle*. *« La Commission constitutionnelle provisoire, vu la Constitution du 4 octobre 1958 et les différentes ordonnances s'y rapportant... »* L'orateur marque un temps d'arrêt, détache les yeux du papier qu'il lisait, regarde la salle, et reprend la phrase laissée en suspens : *« ...proclame le général de Gaulle président de la République française. »* Il est 12 h 12. À cette minute précise retentit au loin, assourdi, le premier des vingt et un coups de canon tirés depuis les berges de la Seine. Le général de Gaulle est désormais, au regard de l'histoire et de la loi, le chef de l'État.

L'allocution de René Cassin, qui affirme sa confiance dans l'action du nouveau président, est brève. Le rappel

* Électeurs inscrits : 81 764 ; votants : 81 290 ; suffrages exprimés : 79 471 ; suffrages obtenus par le général de Gaulle : 62 394 ; par M. Georges Marrane : 10 355 ; par M. Albert Châtelet : 6 271.

des conditions de l'élection présidentielle, de la mission que la nouvelle Constitution assigne au président de la République, se conclut par une interrogation : *« Peut-on enfin oublier qu'il incarne si nettement l'indivisibilité et la légitimité républicaine que désormais, en un temps d'épreuves, il ne serait permis à quiconque de les contester comme ce fut le cas, hélas ! dans des heures exceptionnellement tragiques pour la France ? »* Bien que le vice-président du Conseil d'État se refuse à évoquer son *« souvenir personnel du jeune général de Gaulle* [qui] *lisait son premier appel à la résistance »*, dix-sept ans et six mois après l'appel du 18 Juin, le souvenir de la France libre plane sur le palais de l'Élysée comme il ne l'avait jamais fait.

Le général Catroux, qui intervient ensuite, a lui aussi connu l'épopée de la France libre dès ses origines : ne fut-il pas alors le seul officier d'un rang supérieur à de Gaulle qui se soit mis sous ses ordres ? Le grand chancelier de la Légion d'honneur s'avance vers le nouveau chef de l'État : *« Monsieur le président de la République, nous vous reconnaissons, au nom de la Légion d'honneur, comme le grand maître de notre Ordre national. »* Et, dressé sur la pointe des pieds, il passe autour du cou du général de Gaulle le lourd collier d'or et d'émaux, insigne de la dignité suprême. Son émotion, visible, est partagée par le général de Gaulle, qui, lui, n'en montre rien*.

Dans des styles différents, chacun à sa manière, René Coty et Charles de Gaulle expriment tous les deux la même conviction : cette passation de pouvoir est destinée à marquer l'histoire de France.

---

* Le 11 janvier, il fait porter à son « bon compagnon » le mot suivant : *« Mon général,*

« En revêtant, de vos mains, le collier de l'Ordre, j'étais aussi ému que vous-même et aussi pénétré de ce qu'il y avait de symbolique dans le fait que c'était le général Catroux qui investissait ainsi le général de Gaulle.

« De tout ce que vous faites et demeurez à mon égard, de tout ce que vous avez fait, dit et démontré depuis que nos destins sont associés devant la France et à son service, je vous remercie, mon général.

« En toute fidélité. » (Charles de Gaulle, *Lettres, Notes et Carnets, juin 1958-décembre 1960*, *op. cit.*, p. 179.)

Sans jamais se référer à son texte, René Coty, d'une voix haute et assurée, se félicite : *« Le premier des Français est désormais le premier en France. En lui remettant la charge de cette maison capitale, je suis fier de lui renouveler l'hommage qu'en y entrant j'avais tenu à lui rendre au nom de la patrie reconnaissante**. » Il termine son court discours en se tournant vers son successeur : *« Sous votre haute impulsion, la République rénovée, désormais à l'unisson avec une nation en plein rajeunissement ainsi qu'avec les peuples libres de la jeune Communauté, saura poursuivre avec énergie et avec ténacité sa marche en avant vers le grand destin que notre France a tant mérité.*

« Vive la France ! Vive la République ! Vive la Communauté ! »

Sitôt les applaudissements retombés, le nouveau président de la République prend la parole. Comme toujours, il donne l'impression d'improviser alors qu'il a maintes fois raturé son texte avant de l'apprendre par cœur. Il commence par rendre à son prédécesseur à l'Élysée l'hommage qu'il a reçu de lui. René Coty est remercié pour *« ses paroles d'une sagesse d'autant plus frappante qu'elles ont été prononcées par un grand citoyen, quittant aujourd'hui avec une dignité parfaite le mandat qu'il a exercé d'une façon vraiment exemplaire »*. De Gaulle se félicite des conditions de la passation de pouvoir : *« la noble adresse du président de la Commission constitutionnelle »*, la présence ici même des principaux dignitaires de l'État, tout cela *« confère à notre réunion le caractère de majesté qui lui convient »*.

Après cet exorde vient le véritable discours. Nul n'en a mieux parlé qu'Olivier Guichard, qui assiste à la cérémonie : *« Une véritable ère nouvelle commençait, mais le*

* Dans le message que, selon la tradition, il adresse au Parlement au lendemain de son élection, René Coty a mentionné la reconnaissance vouée par la Patrie *« au premier résistant, au chef de la France libre, puis de la France libérée, le général Charles de Gaulle (...)* [et] *qu'aucune divergence d'opinions ne saurait effacer »* (*cf. La République des Tourmentes*, t. III, p. 614).

personnage central était immuable... Le 8 janvier 1959 (...) c'était bien le même homme, celui que j'avais appris à connaître depuis près de dix ans, qui s'exprimait dans le même langage. Il chantait : "Destin de la France !" Ces mots évoquent l'héritage du passé, les obligations du présent et l'espoir de l'avenir. Depuis qu'à Paris, voici bientôt mille ans, la France prit son nom et l'État sa fonction, notre pays a beaucoup vécu[3]*...* »

Nul, me semble-t-il, n'a mieux dépeint de Gaulle, tout au long de son adresse du 8 janvier, que le journaliste Jean Griot : « [Il masque] *une émotion que trahit parfois un certain tremblement des mains, mais sans hésitation sur le choix des mots. Peu de gestes : de temps à autre, seulement les deux mains qui se lèvent ou les poings qui se ferment pour marteler une affirmation : "Telles sont mes obligations, je n'y faillirai pas." Alors la main droite s'écarte du corps et se lève comme en une ébauche de serment*[4]. »

Comme souvent, de Gaulle conclut par un appel aux Français et un message d'optimisme : leur soutien lui est indispensable, « *tandis qu'à l'horizon paraît la lumière de nos grandes espérances. Vive la Communauté ! Vive la République ! Vive la France !* ». Notons que, dans la bouche du général de Gaulle, ces trois vivats sont en ordre inverse de celui choisi par le président Coty quelques minutes auparavant.

Ce qui n'empêche pas les deux présidents de se serrer très longuement la main avant de se diriger vers le haut pupitre recouvert de velours rouge où de Gaulle doit signer le procès-verbal de la cérémonie. Alors de Gaulle enfreint le protocole. D'un geste brusque, il ôte le grand collier de la Légion d'honneur et le tend au lieutenant-colonel de Bonneval. En principe, il aurait dû le garder jusqu'au départ de tous les invités, mais il n'a jamais voulu porter de décorations. Ce n'est pas en ce jour qu'il va s'y résoudre plus que le strict nécessaire...

Il ne reste plus au général de Gaulle et au président Coty qu'à saluer tous les invités. Ils font donc, très détendus, le tour de la salle des fêtes. Puis, toujours en cortège solennel, ils gagnent le perron de l'Élysée. La Garde républicaine est présente, face au palais. Les présidents viennent s'incliner chacun devant son drapeau pendant qu'est jouée *La Marseillaise*.

Pour inaugurer sa présidence, le général de Gaulle a voulu que son premier repas à l'Élysée comme président de la République soit « en l'honneur du président René Coty à l'occasion de la passation des pouvoirs au président Charles de Gaulle* ». Ainsi, il affirme encore la continuité de l'État sous toutes les Républiques. Et puis, n'est-il pas d'usage dans les états-majors d'organiser une réception pour qui part à la retraite ?

Le déjeuner est fixé à 13 h 30. Les onze plus proches collaborateurs des deux présidents y ont été invités. Le plan de table prévoit les deux présidents face à face, entourés à droite et à gauche par deux convives ; le lieutenant-colonel de Bonneval est en bout de table. Avant de gagner la salle à manger, de Gaulle s'est changé : le voici en uniforme de général de brigade avec ses deux étoiles. Sur le projet de menu qui lui a été soumis, il a rayé le plateau de fromages, la seule boisson étant du Heidsieck Dry Monopole 1947 en magnum. Si Olivier Guichard avait connu ce détail, il aurait sans doute été très étonné : en vingt-deux années, jamais il n'a vu le Général commander du champagne[5]. Le 8 janvier 1959 est vraiment une journée exceptionnelle.

Dès 14 h 30, un peloton de cavaliers de la Garde républicaine prend place rue du Faubourg-Saint-Honoré. À 14 h 45, le président de la République et René Coty montent dans la voiture découverte qui les conduit à l'Arc de Triomphe. Tout au long du parcours, la foule nombreuse les acclame. Un peu à la manière de la place de la République le 4 septembre, les Champs-Élysées ont été l'objet d'une décoration spéciale, grandiose :

* C'est la formule qui figure sur le menu (homard Thermidor, selle de pauillac rôtie, bouquetière de légumes, salade maraîchère, biscuit glacé, petits fours).

« *À l'ample drapeau qui flotte sous l'Arc de Triomphe répond, au bas de l'avenue, la bande tricolore tendue* [à la hauteur] *du Grand Palais. D'une bannière à l'autre, les Champs-Élysées ne forment qu'une perspective hachée de bleu, de blanc et de rouge. Oriflammes de lampadaire en lampadaire, drapeaux de fenêtre en fenêtre et le long des balcons... Sur l'avenue, les troupes s'échelonnent : gardes républicains, soldats du 93ᵉ régiment d'infanterie et leur musique ; hommes du bataillon de Joinville ; sections des 1ᵉʳ et 3ᵉ régiments d'infanterie de marine ; compagnie du 11ᵉ régiment de marche du Tchad ; escadrons du 501ᵉ régiment de chars de combat, fusiliers marins et, plus loin, avec leur musique encore, des détachements de l'armée de l'air. Du bas de l'avenue à l'Arc de Triomphe, les armes se dressent, de commandement en commandement, au lent passage de la voiture présidentielle. Quand elle s'immobilise et que descendent le général de Gaulle et le président Coty, la sonnerie* Aux champs *retentit*[6]. »

Devant les généraux, préfets, présidents des Assemblées et membres du gouvernement qui les attendent place de l'Étoile, le général de Gaulle et le président Coty passent en revue le détachement de la Garde républicaine de Paris, tandis que résonnent sous les voûtes les accords de *La Marseillaise*. Ils s'approchent ensuite de la tombe du Soldat inconnu. Le général de Gaulle ranime la flamme. Une minute de silence avant une nouvelle *Marseillaise*. La signature du Livre d'or par les deux présidents clôt la cérémonie.

Le général de Gaulle raccompagne le président Coty à l'automobile qui l'attend. Escortée de motocyclistes de la Préfecture de police, elle le conduit à sa maison familiale du Havre.

Quant au président de la République, il regagne la voiture présidentielle. Pour cette descente des Champs-Élysées, la seconde de sa vie, de Gaulle n'est pas seul. Il a fait monter auprès de lui Georges Pompidou ; il a ainsi voulu marquer sa reconnaissance à cet homme dont le rôle fut si important tout au long de ses sept mois à l'hôtel Matignon*.

Entre la haie des troupes qui lui rendent les honneurs, le président de la République pénètre, à 15 h 20 très exactement, dans le parc de l'Élysée par la grille du Coq. À son arrivée devant le perron, il est salué par une compagnie de la Garde républicaine. Il gravit rapidement les marches et rejoint son bureau, au premier étage. Jusqu'alors, ceux de ses prédécesseurs étaient au rez-de-chaussée...

C'est la Cinquième République.

La Quatrième est morte.

Lorsque je suis interrogée sur le bilan de la Quatrième République, je ne sais que répondre. J'évoque d'abord la malédiction qui a pesé sur sa naissance, puisqu'il lui est revenu de prendre en charge un pays dévasté physiquement et moralement, et qu'elle a dû faire face aux menaces qui ont grevé son existence, qu'elles émanent du parti communiste, du mouvement gaulliste ou des poujadistes. Je mentionne aussi son incapacité à percevoir la signification de la décolonisation et à s'extraire des solutions de force, qui se révèlent de plus en plus dramatiques. Sous son autorité, ou plutôt son absence d'autorité, l'armée française prend l'habitude de ne plus obéir au pouvoir politique, voire de s'y substituer. Je rappelle les crises ministérielles à répétition, qui paralysent son action et exaspèrent les Français avec un triste résultat : la perte de confiance et le mépris envers la classe politique. Mais je n'oublie pas que, sous le règne de la Quatrième République, la France s'est adaptée au monde moderne, passant d'une société rurale à une civilisation urbaine, et qu'elle a vécu le début des « Trente Glorieuses », ces années mar-

* La faveur exceptionnelle ainsi manifestée par de Gaulle à son ancien directeur de cabinet passe inaperçue sur le moment. Aucun des principaux quotidiens parisiens, qui consacrent pourtant de longues colonnes aux cérémonies du 8 janvier 1959, ne la mentionne.

quées par une expansion annuelle toujours supérieure à 5 %. Je me souviens aussi que les responsables de la Quatrième République ont été à l'origine de la réconciliation franco-allemande et de la construction européenne. Je reconnais, sans oublier ses erreurs, la qualité et le désintéressement de son personnel politique. Pour la plupart, ces hommes avaient, sous la Résistance, risqué leur vie par amour de la France et de la liberté. Lorsqu'ils ont décidé de faire de la politique, c'était par fidélité à ces engagements, non pour faire carrière.

Le discrédit dont est trop souvent entourée la Quatrième République me paraît donc à la fois excessif et injuste. Mais après ? Est-ce un bilan ? Je ne le pense ni ne le souhaite.

Un bilan doit trancher entre le négatif et le positif, arbitrer sur le passé, ce qui n'est pas, me semble-t-il, le métier de l'historien. S'il parvient déjà à poser les questions pertinentes sur la période étudiée, à comprendre les motivations des uns et des autres, à expliquer la genèse d'une décision, à restituer la complexité d'une époque, il aura fait son travail. À d'autres, philosophes, moralistes ou juges, revient la tâche – ô combien périlleuse ! – d'énoncer le bien et le mal à propos d'un temps passé.

Postface

Douze années d'histoire ; cinquante ans de labeur…

À Pierre Nora, en espérant que cette lecture ne lui fera pas regretter de m'avoir persuadée d'écrire ce récit qui, sans lui, n'aurait jamais existé.
À Denis Lefebvre, qui en a facilité la rédaction en m'interrogeant sur la genèse de cette Histoire de la IVe République *et en enregistrant mes propos.*

En 1964, alors que je suis sur le point de terminer *La République des Illusions*, le premier des six volumes de mon *Histoire de la IVe République*, je rédige une ébauche de *curriculum vitae* qui se termine par cette affirmation catégorique : *« N'écrirai plus jamais un livre**. *»* Ce « document », retrouvé récemment, justifie l'étonnement que suscite toujours chez moi mon *Histoire de la IVe République.* Je m'explique mal comment et pourquoi je l'ai écrite. Ce travail qui, finalement, me fut, durant près de cinquante ans, une préoccupation, sinon une obsession, je ne l'ai pas voulu. Il me semble qu'il s'est imposé à moi. D'ailleurs, dans les moments de découragement – et ils furent nombreux – où la peur de ne pas pouvoir le terminer m'étreignait, il m'est arrivé de penser avec une sorte de haine que la IVe République « aurait ma peau » !

* Souligné dans le texte original que je recopie tel qu'il figure, avec ses maladresses, dans la présentation que j'ai faite en 1965 de *La République des Illusions* aux représentants des éditions Fayard.

Rien ne me prédestinait à devenir son historienne. Dans mes vingt ou trente ans, la vie politique me restait étrangère. Je n'éprouvais guère de curiosité à son endroit et je suis bien incapable de savoir aujourd'hui quelles étaient alors mes opinions. Peu après la guerre, le livre admirable d'Arthur Koestler, *Le Zéro et l'Infini*, m'avait bouleversée et remplie de crainte devant le monde communiste. Mon seul engagement personnel avait été lié au général de Gaulle. En souvenir de ce qu'il avait représenté pour moi sous l'Occupation – *« Quand de Gaulle sera là, je n'aurai plus peur »* –, j'ai adhéré au Rassemblement du peuple français lorsqu'il l'a fondé en 1947 ; l'année suivante, je n'ai pas renouvelé mon adhésion. En vérité, la politique ne m'intéressait guère. Il me faut le reconnaître, je n'en suis pas fière, mes problèmes personnels constituaient ma seule préoccupation.

Pour des raisons qui me sont propres*, je n'ai pas voulu faire d'études universitaires. J'ai appris la sténotypie. Jacques Richet, le plus jeune fils de ma marraine, me proposa d'exercer mon métier au Centre de formation des journalistes, que Philippe Viannay et lui venaient de fonder. Je pourrais en même temps, si cela m'intéressait, suivre les cours. J'acceptai. Dans ma promotion, nous fûmes deux, Philippe Bouvard et moi, à ne pas obtenir le diplôme**. Mais le C.F.J. me permit de faire la connaissance de Jacques Kayser, journaliste et écrivain, spécialiste des problèmes de presse, qui avait appartenu avant guerre à l'aile gauche du parti radical-socialiste. Il m'avait prise en amitié, m'avait dédicacé son livre sur l'affaire Dreyfus, en me promettant une « carrière brillante, si [je] le voulais », et m'avait présentée à Robert Aron, qui dirigeait avec Lucie Faure, la femme d'Edgar Faure, la revue *La Nef*. J'y fis quelques piges, avant que le directeur de cette publication me

* Je les expliquerai dans *Toutes fenêtres ouvertes*, si le temps m'est donné d'écrire ce livre, que je voudrais publier en 2013 ou 2014.

** D'après Philippe Bouvard, nos relations furent houleuses ; je n'en ai personnellement gardé aucun souvenir.

demande de travailler avec lui à une histoire du gouvernement de Vichy qu'il avait décidé d'écrire.

Très décrié aujourd'hui*, ce livre bénéficia à sa parution en 1955 d'un excellent accueil. Son objectivité fut louée par tous, reconnue, avec quelques réserves cependant, par le général de Gaulle, qui l'assortit de la maxime *Summum jus, summa injuria*** !

Durant trois années, le travail avec Robert Aron m'avait passionnée. Mais, dès la publication de l'*Histoire de Vichy*, je décidai que je voulais faire du journalisme et travailler à *L'Express*, qui venait d'être créé : à mes yeux, comme à ceux de bien de mes contemporains, il incarnait la modernité. Robert Aron demanda à son ami l'avocat Georges Izard***, très lié avec l'équipe de cet hebdomadaire, de me recevoir. Celui-ci m'adressa immédiatement à Pierre Viansson-Ponté, qui en était le rédacteur en chef.

---

* Pour avoir relu récemment l'*Histoire de Vichy*, il me paraît évident que ces critiques sont excessives. Il est injustifié de voir une réhabilitation du maréchal Pétain et du gouvernement de Vichy dans ce livre qui n'en est pas moins devenu, au fil des années, obsolète. La connaissance des archives, inaccessibles dans les années 1950, et l'évolution de l'esprit public ont imposé une autre approche de cette période.

** L'adage de Cicéron nous dit qu'un excès de justice conduit à l'injustice. C'est le 27 juillet 1955, rue de Solférino, que le général de Gaulle nous fait part, à Robert Aron et à moi, de son jugement sur l'*Histoire de Vichy*. Immédiatement après cette audience, j'en ai établi le compte rendu. En voici un extrait : « *Les premiers mots du Général à notre entrée dans son bureau : "J'ai lu votre livre, bien que vous ne me l'ayez pas envoyé..." Un temps d'arrêt, puis : "Vous avez voulu être objectifs... L'objectivité...* Summum jus, summa injuria..." *Un sourire tant soit peu ironique. Il reprend : "Les intentions des hommes de Vichy n'étaient pas foncièrement mauvaises. Mais qu'est-ce qu'une intention en politique ? Cela ne compte pas ; ce qui compte, ce sont les actes..." Il a, pour dire ces quelques mots, le ton d'un professeur qui essaie de faire comprendre une vérité première à un élève peu doué. "Votre livre, d'ailleurs, est intéressant : son souci d'objectivité aboutit à la pire condamnation de Vichy. Oui, c'est un bon ouvrage..."* » En fait, nous ne lui avions pas adressé l'*Histoire de Vichy* pour un motif qu'il ne soupçonnait pas : la crainte qu'il n'attribue cet envoi à de l'outrecuidance. (Archives personnelles.)

*** Cet ancien député, qui avait été parmi les quatre-vingts parlementaires à voter contre les pleins pouvoirs au maréchal Pétain le 10 juillet 1940, jouissait alors d'un prestige certain. Avant guerre un des fondateurs de la revue *Esprit*, il est, sous la IVe République, un des rares combattants de la décolonisation.

Dans la semaine, j'étais embauchée à *L'Express*. Que les choses étaient faciles en ce temps, où le chômage n'existait dans aucune profession et où nul responsable d'une entreprise de presse n'aurait envisagé de ne pas donner sa chance à un jeune qui voulait entrer dans le métier et qui lui semblait présenter un quelconque intérêt !

Pendant sept ans, avec quelques interruptions*, j'ai donc été journaliste. Et je me suis follement amusée. J'ai eu la chance de réaliser un certain nombre de scoops, dont l'annonce en février 1958 du retour du général de Gaulle sur la scène politique. Mais je me souviens qu'en entrant pour la première fois dans la grande salle de rédaction de *Paris-Presse*, où une bonne vingtaine de journalistes avaient leur bureau, je me suis dit : « C'est un métier dans lequel il ne faut pas vieillir. » En 1962, pour des motifs strictement personnels qui n'ont rien à voir avec la IVe République**, je décidai que plus jamais je ne serais journaliste. Il m'arriverait peut-être d'écrire des articles, mais jamais plus je n'exercerais à temps plein ce métier-là. S'il le fallait, je gagnerais ma vie comme sténotypiste, puisque j'avais appris cette technique.

Après cette rupture, je n'en étais pas moins profondément triste et déprimée. Je ne me voyais aucun avenir. Et je pensais que le seul travail qui m'avait donné une vraie satisfaction intellectuelle était celui accompli avec Robert Aron. Comme je faisais part à mon ami Roger Stéphane***

* Au bout d'une année, je démissionnai de *L'Express* et rejoignis *Paris-Presse l'Intransigeant*, que je quittai en 1959. J'ai ensuite collaboré à la revue *Réalités*, puis à l'hebdomadaire *Le Nouveau Candide*, dont je fus un des éphémères rédacteurs en chef…

** Je les relaterai dans *Toutes fenêtres ouvertes*.

*** Trop oublié aujourd'hui, Roger Stéphane, journaliste et écrivain, connaît une grande notoriété sous la IVe République. Passionné de littérature, proche de Jean Cocteau, d'André Gide et de Roger Martin du Gard, résistant de la première heure, un des libérateurs de l'hôtel de ville de Paris en août 1944, Roger Stéphane a publié en 1946, à vingt-sept ans, un livre de souvenirs, *Chaque homme est lié au monde* (Grasset). Bibliophile, doté d'une culture éblouissante, Roger Stéphane est aussi dandy, esthète, à la fois fondateur de l'hebdomadaire *L'Observateur*, en pointe dans le combat pour la décolonisation, et admirateur sans réserve de Lawrence d'Arabie ainsi que du général de Gaulle.

de cette constatation, il n'hésita pas : « Pourquoi ne feriez-vous pas seule la suite de Vichy ? » Je le regardai, étonnée. Il me précisa : « Vous devriez écrire l'Histoire de la IVe République. Ce pourrait être passionnant. » Oui, pourquoi pas ? Et je me suis accrochée à cette idée qui ne m'était jamais venue. Encore fallait-il m'assurer que sa réalisation était possible. Si je n'avais guère de relations avec le personnel de la IVe République, il me parut indispensable, avant de me lancer dans cette aventure, d'interroger ses deux responsables qui comptaient à mes yeux : Pierre Mendès France en raison de son action présente, et Maurice Schumann en souvenir de ses discours à la radio de Londres durant la guerre. Sans la moindre hésitation, l'un et l'autre trouvèrent l'idée excellente ; ils me promirent leur appui. Toutes leurs archives concernant cette période seraient à ma disposition*.

Leur accueil à tous deux me décida à suivre le conseil de Roger Stéphane. Sans hésiter, les éditions Fayard s'engagèrent à publier ce livre**.

---

* Aujourd'hui, je me demande si leur extraordinaire bienveillance n'était pas liée non seulement à ma réputation professionnelle, mais aussi aux conditions de ma naissance illégitime, d'une mère jeune divorcée et d'un père septuagénaire, historien connu. Je n'en parlais jamais alors, mais le procès en recherche de paternité intenté à mon père, puis à ses héritiers, avait fait scandale au point qu'à partir d'un certain âge et dans les milieux dirigeants nul n'ignorait ma filiation contestée. Auguste Champetier de Ribes avait été l'avocat de ma mère. Pierre Mendès France et Maurice Schumann le tenaient en très haute estime. Il leur avait confié – l'un et l'autre me l'ont dit des années plus tard – sa douleur de ne pas avoir obtenu la décision de justice qu'il réclamait. La rigueur morale de cet ancien ministre de la IIIe République, un des quatre-vingts parlementaires qui votèrent le 10 juillet 1940 contre les pleins pouvoirs au maréchal Pétain, le premier président du Conseil de la République en 1946, était connue de tous : lors de ses obsèques nationales en mars 1947, le radical-socialiste Édouard Herriot déclara que ce catholique engagé avait été *« un moment de la conscience française »*.

** La rédaction de cette postface m'a prouvé une fois encore la fragilité des souvenirs, les miens en tout cas. En effet, lorsque je demandai à Chantal Marion, un pilier des éditions Fayard, de me communiquer – je ne le trouvais plus chez moi – le contrat initial de l'*Histoire de la IVe République*, qui, d'après mes souvenirs, avait été signé fin 1962 ou début 1963, elle ne put me le faire parvenir : il n'existait pas. En revanche, elle me communiqua un contrat daté du 22 décembre 1960 pour un livre intitulé *Les Grandes Affaires de la*

Tous les hommes politiques contactés ont accepté de me recevoir. *« J'ai eu, au départ, un coup de chance. Je n'avais jamais vu de ma vie M. Gouin* [en janvier 1946, le socialiste Félix Gouin succède au général de Gaulle à la tête du Gouvernement provisoire de la République française]. *Je lui ai demandé un rendez-vous et lui ai expliqué ce que je voulais faire. Ce brave homme, qui a près de quatre-vingts ans, m'a répondu que sans son concours on ne pouvait rien écrire sur 1946 et qu'il était tout prêt à me l'accorder. Il m'a demandé de revenir le voir une semaine plus tard et, là, il m'a mis dans les bras une pile volumineuse de dossiers, pas loin de trois mille pages dactylographiées, pour la plupart des documents originaux, quelques rares copies : les archives de sa présidence du gouvernement. M. Gouin me dit avec naïveté : "Vous n'en trouverez pas beaucoup qui aient des dossiers aussi bien tenus que les miens* * *!" »* L'innocence qui se dégage de ce propos n'est plus concevable de nos jours chez un homme politique.

Je suis, cinquante ans plus tard, stupéfaite de la facilité avec laquelle j'ai réuni la documentation qui m'a permis d'écrire le premier volume de mon *Histoire de la IVe République.*

Comment l'expliquer ? À de rares exceptions près – de taille, il est vrai** –, les historiens, dans notre pays, refusent

---

Quatrième République. Je fus stupéfiée, j'avais tout oublié de ce projet. Je me rappelle alors sa genèse : c'était Pierre Viansson-Ponté qui me l'avait suggéré : « Faites comme moi, écrivez un livre, il ne faut pas seulement faire du journalisme. Vous devriez raconter les scandales de la Quatrième. » Je décidai sur l'heure de suivre ce conseil. J'en fis part à Jean Fayard, qui avait apprécié ma participation à l'*Histoire de Vichy*, et un contrat me fut rapidement proposé. J'avoue n'avoir jamais travaillé à ce livre… Le 28 juillet 1964, une lettre de Maurice Dumoncel, alors président-directeur général de Fayard, me confirme que *« le traité signé entre vous et la Librairie Arthème Fayard signé en date du 22 décembre 1960 (…) s'appliquera à votre ouvrage* Histoire de la IVe République *à paraître en deux volumes ».*

* Je recopie ce récit tel qu'il figure, avec ses maladresses, dans la présentation que j'ai faite en 1965 de *La République des Illusions* aux représentants des éditions Fayard.

** Elles comprennent, en effet, le doyen Pierre Renouvin et René Rémond, pour qui une chaire d'histoire du XXe siècle venait d'être créée, tous deux des maîtres incontestés de l'histoire contemporaine.

de considérer que le témoignage oral puisse être fiable. Ils sont formels : interroger les témoins ne peut en aucun cas contribuer à la connaissance historique. De ce point de vue, ils se différencient de leurs collègues anglo-saxons.

Il était inhabituel, à l'époque, d'interroger les responsables sur leur activité passée. Pourtant, ceux-ci montrent leur satisfaction quand l'occasion leur est donnée de s'exprimer, surtout quand il s'agit d'expliquer leurs actes sous un régime alors mort et décrié. Le contexte de l'époque a favorisé chez eux la constitution d'une importante documentation comportant bien des pièces d'État*. Les procès de l'épuration sont encore très proches : il leur paraît donc utile et nécessaire de pouvoir justifier leurs décisions à l'occasion d'une polémique, voire dans le cadre d'une éventuelle procédure.

Confier les documents en leur possession à une jeune chercheuse est d'autant plus facile que l'ignorance de celle-ci les séduit, d'une certaine manière. Je ne connais en effet rien à la IVe République, je n'ai aucun préjugé, aucune étiquette politique ne m'est accolée, je suis donc toute prête à écouter les uns et les autres. Peut-être se disent-ils qu'ainsi le régime pour lequel ils se sont battus pourra renaître sous une forme acceptable. Et puis, mon éducation, l'habitude qui m'avait été inculquée de ne pas être plus impressionnée par un président de la République que par son huissier, la folle certitude qui m'avait été rabâchée, à savoir que les grandes personnes étaient là pour m'aider..., tout cela facilitait sans nul doute mes contacts et mes entretiens avec les anciens responsables de notre pays.

Je n'aurais jamais imaginé que cette quête de témoignages s'étendrait sur près d'un demi-siècle, puisque ma première interview date de décembre 1962 et la dernière... de novembre 2011 ! Mes années de journalisme

* Ainsi Edgar Faure et Pierre July, qui ont joué un rôle majeur dans l'accession du Maroc à l'indépendance, ont quitté leurs fonctions ministérielles en emportant chez eux les documents originaux signés par le sultan... Ces pièces ont maintenant réintégré les Archives diplomatiques.

m'avaient appris qu'il ne fallait pas courir le risque d'un démenti. Je m'étais donc fixé une règle : ne jamais citer un interviewé sans son accord. Il n'était pas question de lui montrer l'usage que je faisais de ses paroles, mais il était exclu qu'il puisse les contester*. Je les lui soumettais donc avant de publier, et avais décidé que ce serait une fois le manuscrit terminé. En une seule occasion, je n'ai pas attendu cette échéance : ce fut pour Maurice Thorez. Lors de notre première rencontre, le 4 juillet 1963, j'avais quitté, ravie, l'immeuble du carrefour Châteaudun (alors siège du Parti communiste français, c'était un véritable bunker avec des hommes armés dans l'entrée). Le secrétaire général du P.C.F. m'avait semblé heureux d'évoquer le temps où il était ministre du général de Gaulle. Il n'avait pas l'habitude que des non-communistes viennent le voir. Sa conversation avait été passionnante et précise**. En revanche, deux mois plus tard, le 19 septembre, il me réserva un accueil glacial : le pouvoir gaulliste, m'expliqua-t-il, cherchait à se renseigner sur son état d'esprit en lui envoyant des visiteurs sous couvert d'enquêtes historiques. L'entretien fut bref. Mon exaspération était telle que je décidai de ne pas attendre d'avoir terminé le manuscrit pour lui soumettre les propos du 4 juillet que je voulais reproduire. Je le fis le 16 avril 1964. Jeannette Vermeersch assistait à l'entretien. Maurice Thorez lut soigneuse-

---

* Et la méthode fut efficace. Bien des erreurs existent dans mes livres, nul n'en est plus conscient que moi, et la liste des *errata* publiée en fin de ce volume n'est certainement pas exhaustive. Certains témoins ont contesté mon interprétation des faits ; un seul a protesté contre les propos que je lui prêtais, non pas dans mon livre, mais au cours d'une interview. Et il ne me tient pas pour responsable de cette contre-vérité : *« Je pense que les propos que vous avez pu tenir se sont trouvés déformés (…) votre méthode habituelle consistant – pour autant que j'ai pu m'en rendre compte – à retracer de façon exacte les propos ou les idées de vos interlocuteurs »* (Lettre de Max Moulins, ancien directeur des Renseignements généraux, alors préfet de la région Rhône-Alpes, le 1er septembre 1969. Je l'ai versée, ainsi que toute la correspondance reçue à propos de mon travail sur la IVe République, aux Archives nationales, 561 AP).

** Dans son journal, il note qu'il a reçu *« une dame chargée d'un travail sur les gouvernements de la Quatrième République par Fayard »* (Annette Wieviorka, *Maurice et Jeannette. Biographie du couple Thorez*, Paris, 2010, Fayard).

ment les pages que je lui avais remises, apporta quelques corrections de détail, mais ne supprima aucune des informations importantes qu'il m'avait livrées. Il mourut trois mois après, le 11 juillet. Lors de la parution de *La République des Illusions*, en février 1965, nul ne put contester les propos que je lui avais prêtés, ce qui aurait été certainement le cas s'il ne les avait pas relus...

En un temps où l'usage du magnétophone n'est guère répandu, l'idée d'enregistrer les discours qui me sont tenus n'est pas concevable. Tout au long de la conversation, je prends donc des notes et, dès mon retour chez moi, je rédige ou dicte à Colette Bourdache, ma collaboratrice pour les deux premiers volumes, un compte rendu.

L'utilisation des interviews, mais aussi des notes de lecture (je découvrais un à un les études ou témoignages concernant la IVe République), exigeait, en un temps où l'informatique n'existait pas, le recours à des fiches manuscrites. Sur le conseil d'une amie, ancienne élève d'une école commerciale, j'avais établi un classement thématique et chronologique qui comprenait huit grandes rubriques, chacune divisée par thèmes, puis elle-même subdivisée en quatre périodes chronologiques*. Je marquais donc les références en face de chaque paragraphe, puis, soit moi, soit Colette Bourdache, nous les reportions sur les fiches correspondantes... Autre temps – Dieu merci révolu –, autres mœurs !

Le soir même du jour où j'avais remis mon manuscrit du premier tome chez Fayard, je reçus un coup de téléphone de Robert de Saint-Jean, qui en était le directeur littéraire. Il était enchanté, me reprocha d'avoir attribué à Hervé

---

* Ce classement comprend neuf grandes divisions en chiffres romains. Chacune est découpée en un nombre variable de subdivisions, en deux chiffres arabes, elles-mêmes subdivisées aussi en un nombre variable de sections, en trois chiffres arabes. Chacune de celles-ci compte quatre sections, indiquant la période concernée. Ainsi, pour donner un exemple, l'activité du parti communiste avant mai 1947 est cotée 3001 : le parti communiste, appartenant aux « forces en présence » (le III), est répertorié 300 ; donc tout ce qui le concerne avant mai 1947 entre dans la rubrique 3001.

Alphand le poste dont il avait toujours rêvé sans jamais l'obtenir, celui de secrétaire général du Quai d'Orsay*. La rapidité de la réaction de Robert de Saint-Jean me combla de joie ; du coup, j'acceptai, sans discuter, de mettre le sous-titre qu'il me proposait : *La vie secrète de la IVe République*.

Ce livre obtint un succès commercial** et un très bon accueil. Je me souviens de ma joie en apprenant un peu par hasard que René Rémond – je ne le connaissais pas, je ne l'avais jamais vu – prenait avec énergie la défense de mon ouvrage, qu'il jugeait utile et « pionnier ».

J'entreprends donc la rédaction du second tome. Je pense alors que ce sera le dernier et je compte bien l'avoir terminé en 1967... Mais, le samedi 22 avril 1966, mon travail acquiert une spécificité nouvelle. Ce jour-là, je me rends, sans grand enthousiasme, à un rendez-vous – que j'avais failli oublier ! – avec un ancien ministre de la IVe République, homme fort estimable au demeurant, que ses qualités n'ont jamais promu au premier rang, Pierre July***. Je compte lui poser une question précise sur un point limité des grèves de l'été 1953. Il habite, près du Champ-de-Mars, l'appartement où François Mitterrand devait mourir le 8 janvier 1996. Avec courtoisie, Pierre

---

* Cette conversation date de l'automne 1964. Un an plus tard, le 7 octobre 1965, l'ambassadeur Alphand est nommé secrétaire général du ministère des Affaires étrangères.

** Il fut, hélas, entravé par la publication simultanée d'une édition club reliée, illustrée et vendue à un prix inférieur à celui du volume broché mis en librairie. Du coup, le syndicat des libraires ordonna à ses membres de ne plus vendre le livre. Pour le faire revenir sur cette décision, le groupe Hachette, dont Fayard était depuis peu une filiale, dut promettre une ristourne spéciale !

*** Avant guerre, avoué plaidant à Chartres et journaliste, résistant de la première heure, arrêté par la Gestapo, il réussit à s'évader du train qui le conduit au camp de Buchenwald. À la Libération, il fonde *L'Écho républicain de Chartres*, est élu député d'Eure-et-Loir et adhère au Rassemblement du peuple français. Réélu en juin 1951, il appartient à ces « dissidents » qui, enfreignant les ordres du général de Gaulle, votent l'investiture d'Antoine Pinay. En juin 1953, il est secrétaire d'État à la présidence du Conseil dans le gouvernement Laniel. En 1955, lorsque Edgar Faure devient président du Conseil, Pierre July est successivement ministre des Affaires tunisiennes et marocaines, puis ministre délégué à la présidence du Conseil.

July satisfait à ma curiosité. Puis, comme je m'apprête à prendre congé, il m'interroge : « Seriez-vous intéressée par différents documents ? J'ai gardé de nombreux papiers. » Il me conduit dans une grande salle à manger. De part et d'autre de la cheminée se dressent deux armoires anciennes, de ces armoires de château qui ne trouvent plus place dans les appartements modernes. Elles atteignent le plafond. Il les ouvre ; elles sont remplies de dossiers, de liasses. « Tout cela est à votre disposition. » Je jette un coup d'œil : pour la première fois, je découvre des rapports du S.D.E.C.E. (Service de documentation extérieure et de contre-espionnage de l'époque) portant la mention : *« La connaissance de ce document par qui n'est pas habilité entraîne... »* Je ne me souviens plus de la durée de la peine d'emprisonnement ou de travaux forcés qui était ainsi annoncée ! Je suis éblouie. J'ouvre un classeur : la liste des fonds spéciaux distribués par la présidence du Conseil en telle année. Je lis des noms que je connais, suivis de la mention des sommes (le plus souvent minimes) qu'ils ont perçues. J'ai un mouvement de recul. Tout cela n'est pas exploitable et n'offre guère d'intérêt. Mais je regarde encore et me voici devant une collection complète des comptes rendus du Conseil supérieur de la Défense nationale de 1952 à 1954. Or, ces comptes rendus sont détaillés, une cinquantaine de pages par séance. Rien de ce qui concerne l'armée, rien de ce qui concerne l'Union française, rien de ce qui concerne la politique étrangère ou la sécurité du territoire n'échappe à cette instance. Tout est noté. Pierre July me donne immédiatement son accord pour que je puisse venir les consulter. Un jour que je n'avais pu accompagner ma collaboratrice Colette Bourdache, celle-ci se souvient d'avoir quitté l'appartement de Pierre July avec dans les poches de son imperméable un document secret qu'elle tenait à me montrer. Elle l'a rapporté scrupuleusement le lendemain et remis à sa place. Au bout de quelques semaines, j'expliquai à Pierre July que mon travail serait facilité si je pouvais transporter ses documents chez moi. Il accepta sans la moindre réserve.

Je dépouille ces liasses avec fièvre. Je n'ai plus qu'une hantise : ne pas être digne de ces archives qui, en principe, m'étaient interdites. Quel est le chercheur qui, devant une pareille bonne fortune, aurait pensé au respect de la loi ? Je n'en connais pas. En tout cas, je ne me pose pas un instant cette question.

Je décide d'informer mon éditeur – Charles Orengo est alors président-directeur général de Fayard – de ma trouvaille fabuleuse, dont je ne sais toujours pas si elle est due au hasard ou à la Providence. Et je lui explique le dilemme qu'elle me pose. Soit je publie rapidement un ouvrage de révélations dont le succès commercial me paraît assuré, soit j'essaie d'écrire un livre d'histoire, puisque j'ai à ma disposition des archives auxquelles les historiens n'auront accès que dans un demi-siècle. Je suis convaincue que, forte des informations dont je dispose désormais, je pourrai obtenir des responsables de la IVe République des réponses à un grand nombre de questions restées mystérieuses. Je ne sais pas combien de temps ce travail me demandera et je ne suis même pas sûre d'être capable de le mener à bien. « Vous verrez bien si vous l'êtes », me réplique Charles Orengo. Sans la moindre hésitation, mon éditeur clôt le débat : « Ce qui compte, c'est que vous fassiez le livre que vous avez envie de faire. » Et, pour m'en donner la possibilité matérielle, il décide de me verser des avances sur le volume suivant de l'*Histoire de la IVe République*. Nous pensions alors qu'elle aurait trois tomes et non plus deux, comme prévu à l'origine.

À partir de la publication de *La République des Illusions*, sans doute parce qu'elle n'avait été l'objet d'aucun démenti, la quête des témoignages s'opère dans un climat qui n'est plus uniquement professionnel. Je l'avais oublié, je l'ai constaté en relisant, pour écrire cette postface, les lettres reçues alors. Comme j'habite rue de l'Estrapade, Pierre Mendès France et moi échangeons une correspondance sur ce supplice barbare : une de ses lointaines aïeules l'a subi*... Jean Monnet et Maurice Schumann s'inquiètent, avec la plus grande gentillesse, de mes éventuels problèmes professionnels. Ils sont nombreux à m'indiquer des sources auxquelles je n'aurais jamais pensé avoir accès, et à m'en ouvrir les portes. Ainsi, Jean Monnet me propose de m'introduire auprès de l'ambassadeur américain David Bruce**, alors en poste en Grande-Bretagne, et de l'ancien ministre des Affaires étrangères de Belgique, Paul-Henri Spaak, futur secrétaire général de l'O.T.A.N. En guise de réponse, l'un et l'autre m'invitent à déjeuner. Me voici à Londres, puis à Bruxelles. À son tour, le général Stehlin, ancien chef d'état-major de l'armée de l'air, s'étonne que je n'aie pas encore vu le général Speidel, conseiller militaire du chancelier Adenauer***. Et me voici à Bad-Honnef chez l'ancien aide de camp du maréchal von Hindenburg. Avoir accès aussi facilement à ces personnalités étrangères m'étonne aujourd'hui. Sur le moment, je trouvais cela normal !

Au printemps 1966, lorsque j'allai voir Pierre July, j'étais convaincue de terminer ce second volume pour la fin de l'année. En fait, le dépouillement de la documentation découverte chez lui, les nombreuses recherches

---

* Le recours au dictionnaire m'est ici indispensable : *« L'estrapade était, à l'origine, une brimade et non un supplice. Importée en France au début du* XVIe *siècle comme châtiment militaire, elle consistait à lier le patient, les mains jointes derrière le dos par une corde, à une poutre, d'où on le laissait retomber brusquement dans le vide ou dans la mer quand le châtiment était appliqué à un marin. En principe, le patient devait en être quitte pour la peur ; mais, dans la suite, l'estrapade fut transformée en supplice. Des poids attachés au condamné amenaient la dislocation des membres, conséquence des chutes répétées dans le vide. Le supplice fut également appliqué à des hérétiques qui étaient plongés plusieurs fois de suite dans les flammes du bûcher. La place de l'Estrapade, à Paris, marque le lieu habituel du supplice, qui fut supprimé au* XVIIIe *siècle. »* (*Grand Larousse encyclopédique*, Paris, 1961, 4, p. 720.)

** Ambassadeur en France de 1949 à 1952.

*** Dans les années 1950, le général Speidel a joué un rôle très important lors du débat sur la Communauté européenne de défense. J'ai déjà relaté en détail les deux ou trois heures étonnantes passées en sa compagnie (*cf. La République des Tourmentes, 1954-1959*, t. I, pp. 188-192).

supplémentaires qu'il me fallut faire, me demandèrent encore près de deux années de travail.

J'ai oublié comment je fis la connaissance du politologue François Goguel, président de la Fondation nationale des sciences politiques. Sans doute étais-je allée le voir à la recherche d'un renseignement à propos d'une élection : il était le spécialiste incontesté de la carte électorale. Je ne sais plus à quel moment je lui ai demandé s'il accepterait de lire mon manuscrit. En fait, je lui serai toujours reconnaissante d'avoir suivi, chapitre par chapitre, la rédaction de ce deuxième volume. Sans ses remarques et ses conseils, *La République des Contradictions* n'aurait pas été ce qu'elle est.

Avant sa publication, il parut nécessaire à mon éditeur de soumettre le manuscrit à un avocat. Celui-ci fut formel : il ne fallait en aucun cas indiquer l'origine des citations extraites des comptes rendus du Conseil supérieur de la Défense. Exposer que le livre contenait des documents dont l'accès était interdit entraînerait sa saisie et, sans nul doute, la condamnation de l'auteur et de l'éditeur*. Il m'adjura de paraphraser, et non de citer, les textes que je n'aurais pas dû connaître, et de supprimer toutes les références. Je protestai : les informations que je révélais perdraient toute crédibilité si leur source n'était pas indiquée. Charles Orengo m'approuva, et nous décidâmes de ne pas tenir compte des craintes légitimes de l'homme de loi. Nous avons attendu avec calme les procès annoncés. Très vite, nous avons été fixés. Le 11 janvier, quelques jours après la parution du livre, le Premier ministre Maurice Couve de Murville, que je ne connaissais pas, m'adressa une carte de visite avec quelques lignes manuscrites : *« Le livre est magnifique... »* Le 16 janvier 1969, un motard de l'armée m'apporta un pli du général de Brébisson, secrétaire général de la Défense nationale. *« Vivement touché par l'envoi* [de mes deux livres, il me félicitait de mes]

* Par écrit, il me signale un article « alarmant » publié dans la revue de la Défense nationale : *« Il est urgent de revaloriser la notion de secret. »*

analyses étayées par une documentation d'une ampleur et d'une précision remarquables. » Le 5 février, le général de Gaulle m'écrivit : « La République des Contradictions *m'a beaucoup intéressé, ainsi que l'avait fait (...) votre précédent ouvrage,* La République des Illusions. *Le sujet dont ils traitent est à la fois vaste et difficile. Il est naturel que votre optique personnelle apparaisse dans la présentation des faits et dans les appréciations que vous portez sur les hommes. Je n'en apprécie pas moins le mérite que vous avez eu de réunir et mettre en ordre une considérable documentation, assortie de nombreux témoignages, et de présenter l'ensemble de façon très vivante.* » Il m'apparut évident qu'un jeune officier avait été chargé de vérifier l'authenticité des citations du Conseil supérieur de la Défense et que le général de Gaulle avait dû trouver plaisant que les documents secrets de la IVe République fussent aussi mal gardés. Il aurait sans nul doute réagi différemment si ces pièces avaient eu trait à la Ve République.

J'ai un peu regretté l'absence du procès annoncé par l'avocat : il aurait assuré une grande publicité à mon travail ! Mais je suis comblée au-delà de toute mesure par les témoignages inattendus* que me vaut *La République des Contradictions.* Ils soulignent souvent, ce qui me ravit, que le volume est très supérieur au premier. Au soutien confirmé de René Rémond s'ajoutent, entre autres, ceux de Pierre Renouvin, de Charles Morazé, de François Bédarida, et aussi l'hostilité de certains de mes contemporains universitaires, peut-être agacés par la bienveillance que me témoignaient leurs maîtres. À vrai dire, ces critiques ne m'atteignaient guère. En effet, j'avais reçu de Pierre Nora**

---

* Le supplément littéraire du *Times* lui consacre une longue critique élogieuse. Il est assez rare que le quotidien britannique accorde un tel traitement à un ouvrage en langue étrangère.

** Né en 1931, l'historien Pierre Nora, auteur en 1961 d'un essai de psychologie collective, *Les Français d'Algérie*, mène de front une activité d'universitaire et d'éditeur. Dans les deux domaines, son autorité n'est pas contestée. La collection « Archives », dont il publie le premier volume en 1964, constitue une référence et un apport nouveau à la connaissance historique.

une lettre datée du 31 janvier : *« Rien n'est plus exaltant que de voir, en histoire, un auteur emporté par ce qu'il découvre, saisi par la richesse insoupçonnée de son propre sujet découvert au fur et à mesure, et qui se découvre les moyens de tenir plus qu'il ne promettait. »*

La République des Contradictions eut une conséquence bénéfique, qui m'a réjouie et me réjouit toujours. Elle est née en 1970 d'une conversation, à laquelle j'étais étrangère, entre Olivier Guichard, ministre de l'Éducation nationale, et le politologue américain Nicolas Wahl. Ce professeur à Harvard, spécialiste du gaullisme, s'étonna que j'eusse effectué seule une telle collecte de témoignages oraux concernant notre histoire politique : aux États-Unis, une enquête de ce genre était menée systématiquement dans le cadre des universités et des bibliothèques présidentielles. Quelques jours plus tard, je reçus un coup de téléphone de l'inspecteur général de l'Éducation nationale, Guy Palmade, conseiller technique au cabinet d'Olivier Guichard. Le ministre l'avait chargé d'étudier avec moi la possibilité de créer une structure destinée à la quête des témoignages oraux. J'en fis immédiatement part à François Goguel. Il nous apparut qu'une telle entreprise devait trouver place au sein de la Fondation nationale des sciences politiques, en liaison avec les Archives nationales. Fin octobre, Guy Palmade m'apprit que notre projet prenait corps. Il en avait été informé par une note datée du 26 octobre que lui avait adressée Marcel Pinet, directeur chargé des universités et des établissements d'enseignement supérieur et de recherche. Il m'en communiqua aussitôt une copie*. Dans les mois qui suivirent, une convention fut signée à cette fin entre François Goguel et Guy Duboscq, directeur des Archives de France.

---

* La voici donc : *« J'ai l'honneur de vous faire savoir qu'afin de permettre la réalisation du projet d'archives contemporaines élaboré par Mademoiselle Georgette Elgey, un crédit supplémentaire de 200 000 francs spécialement destiné à cet effet a été ouvert au budget de la Fondation nationale des sciences politiques au titre de l'exercice 1971. Cette disposition figure dans le projet de la loi de finances 1971 ("bleu") à la mesure nouvelle 02-3-66. »*

Quarante ans ont passé et la minuscule instance hors norme a contribué à la naissance d'une institution dont nul ne conteste l'intérêt. Elle s'intitule désormais « Archives d'histoire contemporaine, Centre d'histoire de Sciences Po* ».

L'accueil reçu par *La République des Contradictions* provoqua cependant chez moi une sorte d'inhibition devant le volume qu'il me restait à écrire – je suis alors encore convaincue qu'un tome suffira pour aller jusqu'à la fin de cette République. Il me semble impossible de réunir pour ce livre une documentation aussi inédite et riche. Ce troisième et dernier tome sera donc un échec ; je n'ai aucune envie qu'il voie le jour.

Et puis, les années ayant passé, je me sens bien moins disposée à apporter à la recherche d'un détail, au démontage d'une décision, à l'analyse d'un comportement, la passion qui m'avait jusque-là animée. À la lecture de la biographie de Winston Churchill par son fils, des milliers de pages ayant souvent trait à des événements dépourvus d'importance, une certitude s'est emparée de moi : le peu d'intérêt d'une action politique suivie au jour le jour. Il me semble que la recherche forcenée du détail transforme l'historien ou le chercheur en une sorte de greffier du dérisoire.

D'autres facteurs interviennent dans mon rejet de la suite de « ma IVe République ». Pour la période qu'il me restait à traiter, je ne peux plus, comme cela a été le cas jusqu'en 1954, me féliciter de n'avoir aucune idée préconçue. En effet, ainsi que nombre de mes contemporains, j'ai été « mendésiste » avec passion. Avec plus de passion encore, j'ai souhaité en 1958 le retour aux affaires du

* En 1971, la F.N.S.P. crée le service des Archives contemporaines, rattaché en 1999 au Centre d'histoire de l'Europe du vingtième siècle, devenu aujourd'hui, sous la direction de Jean-François Sirinelli, le Centre d'histoire de Sciences po. Le service des Archives d'histoire contemporaine est riche de près de cent fonds d'archives. Il est placé sous la responsabilité de Dominique Parcollet et d'un assistant, Albert Desnoyelle. À l'équipe administrative du Centre d'histoire (six personnes) s'ajoutent une soixantaine de chercheurs.

général de Gaulle. Il m'est même arrivé de participer à l'élan en sa faveur. Comment faire œuvre d'historien en omettant ce que l'on a vécu et comment raconter, sans prendre parti, une histoire à laquelle on a tant soit peu participé, quelque modeste qu'ait été votre rôle ?

Je répugne à aborder certains sujets. Il est à l'évidence exclu de traiter des dernières années de la IVe République en ignorant la guerre d'Algérie. Or les documents que je découvrais me faisaient prendre conscience d'une réalité atroce que j'avais ignorée, peut-être parce que je ne voulais pas la connaître.

Dans mon for intérieur, je justifiai aussi ma fuite, plus ou moins consciente, par des préoccupations matérielles – il me fallait gagner ma vie, faire face aux lourdes charges qui m'incombaient. Quelle que fût la générosité de mon éditeur, la IVe République ne pouvait y suffire. Il y avait aussi mes problèmes de santé : c'était l'époque où mes hospitalisations étaient si fréquentes que j'appelais le service de pneumologie de l'hôpital Saint-Antoine ma « résidence secondaire ».

Une sorte de panique s'emparait donc de moi à l'idée d'écrire la suite de mon *Histoire de la IVe République*. Elle me paralysait. Afin d'éviter l'échec redouté, je décidai qu'il me fallait réunir, avant de commencer toute rédaction, une documentation exhaustive. C'était là une forme d'aberration : sur une période contemporaine aux informations si foisonnantes, les sources ne peuvent jamais être complètes !

Curieusement, je n'en continuais pas moins, dans la mesure du possible, à amasser de la documentation, à recueillir des témoignages pour ce livre que je n'avais aucune envie d'écrire. Je les entassais précieusement. Il m'est arrivé encore récemment de m'émerveiller de n'avoir jamais, au cours des sept déménagements endurés par mes archives depuis 1962, perdu le moindre papier qui concerne la IVe République. Cette autosatisfaction n'est d'ailleurs pas tout à fait justifiée, puisque je suis incapable de mettre la main sur le compte rendu de l'interview que m'accorda René Brouillet à l'automne 1987*.

Plus le temps passait, plus je me rendais compte des imperfections et des limites de mon travail. En 1983, j'eus un choc. Dans *La République des Illusions*, j'avais affirmé catégoriquement que la IVe République était née, après le départ du général de Gaulle, comme elle allait mourir : *« avec l'aide de l'état-major de l'armée »*. Je devais cette certitude aux témoignages du général Pierre Billotte, chef d'état-major général adjoint, et de Maurice Schumann, président du M.R.P. Le premier avait adjuré – par écrit – le second que son parti forme le futur gouvernement avec les socialistes et les communistes. Mais, en lisant le manuscrit que l'historien Jean Charlot m'avait demandé de préfacer, *Le Gaullisme d'opposition, 1946-1948*, j'ai appris qu'avant de recevoir le courrier du général Billotte, Maurice Schumann avait déjà pris publiquement position pour la participation de son parti au gouvernement... Je sais maintenant qu'il en va des témoignages oraux comme des sources écrites : pour être authentiques, ils ne sont pas forcément véridiques !

Il n'en reste pas moins que les témoignages oraux constituent un apport inappréciable à la connaissance de l'époque contemporaine. Parfois, ils permettent de saisir un climat. Je dois à un directeur général honoraire des houillères du Nord et du Pas-de-Calais d'avoir perçu presque physiquement la violence qui régnait dans le bassin minier pendant et après les grèves de l'automne 1948. Ce socialiste m'expliqua comme si elle allait de soi la décision prise en commun accord avec la préfecture de ne pas expulser de leurs logements ces mineurs renvoyés pour faits de sabotage** : les autorités savaient que ces hommes ne pourraient pas retrouver du travail dans le département, qu'ils sombreraient dans la misère ;

* *Cf. La République des Tourmentes*, t. I, p. 9.

** À l'époque, les mineurs sont logés dans des « corons », quartiers de pavillons tous semblables qui appartiennent à la direction des Houillères.

elles avaient donc jugé que ce spectacle éviterait de nouvelles grèves*.

En plusieurs cas, les témoignages oraux m'ont rendu possible la connaissance de faits qui ne sont pas mentionnés dans les documents et les archives. J'en donnerai un seul exemple : l'ambassadeur Chauvel dirigeait en 1954 la délégation française à la conférence de Genève qui mit fin à la guerre d'Indochine. Par crainte d'indiscrétion, il jugea préférable que certaines informations importantes recueillies au cours de son entretien avec le ministre soviétique des Affaires étrangères, Molotov, ne figurent ni dans ses télégrammes au Quai d'Orsay ni dans son rapport d'ensemble. Il en avait fait part oralement au président du Conseil, Pierre Mendès France, et me les a communiquées lors de nos entretiens.

Pour en revenir au sujet de cette postface, la genèse de mon *Histoire de la IVe République* : plus les jours passaient, plus celle-ci devenait ma mauvaise conscience. J'avais honte de ne pas terminer le travail entrepris. Mon ami Pierre Viansson-Ponté, un des plus fins analystes de la chose politique sous la IVe République, historien aussi de *La République gaullienne*, me disait toujours – encore peu avant sa mort, en 1979 – qu'écrire un livre, c'est construire sa maison pierre par pierre. Peut-être, à mon image, la mienne serait-elle condamnée au disparate et au baroque ? Je devais l'achever comme je pouvais.

En 1986, je décidai enfin de m'attaquer à la rédaction du troisième volume, dix-huit ans après la parution du volume précédent ! Entre-temps, j'avais assuré la direction littéraire des éditions Fayard et avais toujours indiqué aux

---

* Ces grèves de 1948 ont été les plus dures que les mines françaises aient jamais connues (*cf. La République des Illusions*, pp. 494-500). Elles sont aussi à ma connaissance les seules qui, soixante-trois ans après avoir eu lieu, aient fait l'objet d'une décision de justice. En mars 2011, la cour d'appel de Versailles donne raison à dix-sept mineurs du bassin minier du Nord et du Pas-de-Calais licenciés en 1948 pour faits de grève. Certains sont représentés par leurs veuves ou leurs ayants droit. Chacun obtient 30 000 euros de dommages et intérêts pour le préjudice moral résultant d'un licenciement jugé discriminatoire.

auteurs d'ouvrages en plusieurs parties qu'il était impératif de laisser l'intervalle le plus court possible entre deux tomes d'une même œuvre... Entre-temps aussi, Claude Durand était devenu président-directeur général des éditions Fayard (Charles Orengo étant mort en 1974). Mon nouvel éditeur ne me parlait pas de la IVe République, sinon pour m'affirmer sa certitude que je terminerais son histoire. Était-ce conviction ou habileté de sa part ? Je n'en sais rien, mais son attitude a joué son rôle dans ma décision de reprendre le travail inachevé.

Auparavant, il me fallait résoudre un problème. Mes occupations professionnelles* ne me laissaient pas la possibilité matérielle de classer la documentation entassée depuis des années, ni éventuellement de la compléter. Colette Bourdache n'étant plus disponible, je m'adressai à l'historienne Odile Rudelle : avait-elle une idée de la personne qui pourrait m'aider ? À l'automne 1986, vingt-quatre heures après que je lui eus formulé ma demande, elle m'indiqua Marie-Caroline Boussard, qui venait d'obtenir le diplôme de Sciences Po. Vu son âge, son inscription au Centre de formation des journalistes avait été repoussée à l'année suivante. Le lendemain, je vis arriver chez moi une toute jeune fille, maintenant respectable mère de famille, titulaire d'un C.A.P.E.S. de documentaliste et responsable d'un C.D.I. (Centre de documentation et d'information) dans un lycée de la banlieue parisienne. Elle m'impressionna par son calme. Je ne savais plus ce que contenaient mes innombrables dossiers sur la IVe République, j'étais incapable de lui dire exactement ce que j'attendais d'elle. Deux ou trois après-midi par

* Depuis 1982, je suis chargé de mission à la présidence de la République (j'y serai conseiller technique à partir de 1988). Mon travail consiste à recueillir à vif les témoignages oraux des principaux acteurs, collaborateurs du président, ministres ou hauts fonctionnaires. François Mitterrand m'a demandé de réaliser pour son septennat un travail analogue à celui accompli pour la IVe République. Il est entendu que ces témoignages, inaccessibles à tous sinon au président, seront versés dans les archives présidentielles et consultables quand celles-ci seront ouvertes.

semaine, elle vint mettre en ordre ma documentation. C'est ainsi que je la redécouvris moi-même. À ma stupeur, ce que j'avais réuni depuis des années était à la hauteur de la manne utilisée pour le précédent volume. Je me mis donc à écrire. Je demandai à Marie-Caroline Boussard de compléter ma documentation sur tel ou tel point. Elle le fit avec tant d'efficacité que, en septembre 1988, je décidai de mentionner sur la page de titre de mon livre « avec la collaboration de Marie-Caroline Boussard ».

La rédaction de ce livre, comme celle des trois tomes suivants, doit énormément à trois personnes dont j'ai fait la connaissance dans les années 1980-1990 : un médecin, un officier, un historien ; je les cite par ordre alphabétique, leur apport à chacun étant aussi égal qu'inappréciable.

Le professeur Jean-Philippe Derenne est mon médecin depuis 1982. Je ne me souviens plus à partir de quand je lui ai parlé de ma IVe République et demandé de lire mon manuscrit au fur et à mesure de sa rédaction. Est-ce la direction d'une revue scientifique ? Est-ce sa culture encyclopédique ? Est-ce sa connaissance approfondie de toutes les élections françaises ? Toujours est-il qu'il m'a évité contradictions et répétitions à quelques pages d'intervalle. Depuis ma très ancienne lecture d'une biographie de Béatrice d'Este par Robert de la Sizeranne*, j'ai toujours eu un goût prononcé pour les notes de bas de page, qui me semblent enrichir et agrémenter le texte. Jean-Philippe Derenne m'a poussée dans ce vice. Il s'indigne que j'utilise un mot dont tous ne connaissent pas la signification, que je mentionne un personnage sans préciser qui il est et ce qu'il a fait. Pour pallier ces manques d'information, je me suis plu à ajouter des notes de bas de page supplémentaires... Par ailleurs, de nos discussions plus ou moins cohérentes sont parfois sorties, sur tel ou tel événement, des vues nouvelles.

* Les *Masques et Visages de la Renaissance italienne*, de cet auteur, était, en 1943, une de mes lectures préférées et disparates, tout comme le livre de Marcel Aymé, *Travelingue*, et un roman d'Henri Troyat, *Le mort saisit le vif.*

J'ai connu le colonel Frédéric Guelton, docteur en histoire et professeur à l'école militaire de Coëtquidan, lors d'un colloque sur l'affaire de Suez, en 1996. Sans lui, jamais je n'aurais pu tenter de tracer un tableau de l'« armée égarée » de la IVe République en Algérie. C'est d'ailleurs à lui que je dois cette expression. Au Service historique de l'armée de terre, il a grandement facilité mes recherches et surtout, quelles qu'aient été ses activités, il a toujours trouvé le temps de discuter de mes trouvailles, de m'aider à comprendre le langage, la mentalité et les us de l'armée.

Le professeur Maurice Vaïsse et moi avons oublié notre première rencontre. Je crois me souvenir que j'étais allée le consulter sur le conseil de l'ambassadeur Batbedat, directeur des Archives diplomatiques au ministère des Affaires étrangères, où il était – et est toujours – chargé de la publication des documents diplomatiques français. C'est Maurice Vaïsse qui a organisé le colloque sur l'affaire de Suez que je mentionne plus haut, de même qu'en 1998 celui sur l'avènement de la Ve République*. J'ai rarement vu quelqu'un de plus disponible et attentionné aux autres. Il m'a indiqué de très nombreuses sources, plus importantes les unes que les autres. Sans lui, j'aurais ignoré que l'historien anglais Keith Kyle avait publié l'essentiel des archives américaines sur l'affaire de Suez, je n'aurais pas pu replacer cet événement dans son contexte international ni tenter de le démonter. Chaque fois que je m'interrogeais sur un point précis ayant trait à la politique étrangère de la France ou aux événements d'Afrique du Nord, Maurice Vaïsse était là pour m'indiquer la source la plus récente, étrangère ou française – très souvent, dans ce cas, un travail mené sous sa direction. Tout récemment, cherchant le nombre d'officiers candidats aux élections législatives de novembre 1958 en France, j'ai trouvé ce renseignement dans une thèse qu'il a dirigée car, avant d'être professeur à

* Ce sont les deux premiers colloques auxquels il m'a été demandé de faire une communication.

Sciences Po, il a été responsable, au château de Vincennes, du C.E.H.D. (Centre d'études d'histoire de la défense).

Lorsque j'ai attaqué le troisième tome de mon *Histoire de la IVe République*, j'étais convaincue que ce serait le dernier, qu'il se terminerait donc le 8 janvier 1959, lorsque le général de Gaulle devient le premier président de la Ve République.

En relisant la préface de ce livre, rédigée en 1987, je découvre aujourd'hui quel était alors mon état d'esprit. Il me faut citer ici quelques passages de ce texte :

« Mes motivations ont changé depuis que j'ai écrit les deux précédents volumes. Du métier d'éditeur exercé quelques années, j'ai gardé une conviction : un livre n'a de sens que s'il correspond à une nécessité intérieure. Il ne s'agit plus seulement pour moi d'expliquer, de raconter, de faire œuvre d'historien ou de le tenter. Je veux témoigner sur ce qui me passionne dans ces quatre dernières années de la IVe République, essayer d'apporter des réponses aux questions qui me hantent à propos de cette période. Elles concernent tantôt des hommes, tantôt des problèmes qui dépassent cette République.*

« Je me félicite d'avoir trouvé le moyen de concilier ma nouvelle obsession avec l'obligation de ne pas décevoir – enfin, de ne pas trop décevoir – les lecteurs des deux premiers volumes. Je décidai d'écrire un livre en deux parties : la première, tout à la fois récit, témoignage, essai, bref tout ce que ces années m'inspiraient ; la seconde, une étude chronologique la plus complète, la plus objective possible, qui n'omette rien d'important. Il me fallut plusieurs mois, un semestre, si mes souvenirs sont exacts, pour admettre que

* Lorsque Denis Lefebvre m'interroge sur la genèse de mon *Histoire de la IVe République*, sa première question lui est dictée par cette phrase. Il veut savoir quelle fut ma « nécessité intérieure ». Sans hésiter, je lui réponds qu'elle n'avait rien à voir avec la IVe République qui, au départ, ne m'intéressait guère : *« Au fond, je voulais me prouver à moi-même que j'étais capable de faire quelque chose. C'était un défi, de l'orgueil et de la folie »* (17 février 2010).

cette construction était irréelle, trop intellectuelle. Bref, qu'il me fallait y renoncer et écrire le livre tel que je le sentais, sans craindre les aller et retour dans le temps lorsqu'ils me sembleraient utiles, sans redouter les incidences, les changements de ton. Je sais bien ce que ce mélange des genres a d'arbitraire. Mais il me paraît aussi impossible d'y renoncer que de rejeter une source de documentation. Je sais bien que mon regard n'est pas neutre. Il essaie d'être honnête. Et de ne pas trahir la confiance de tous ceux qui m'ont donné la leur. Il importe aussi et surtout de rester fidèle à ce qui, en fin de compte, demeure essentiel : être en accord avec soi, avec ce à quoi l'on croit. »

Trois ans après avoir écrit ces lignes, à l'automne 1990, je sais que le livre, sur le point d'être achevé, et que j'ai décidé d'appeler *La République des Tourmentes*, ne pourra pas couvrir les quatre dernières années de la IVe République, tant la matière est riche et ma documentation, souvent inédite*, importante. Avec l'accord de Claude Durand, je me résous à couper cette République en deux volumes, perspective contre laquelle nous nous étions l'un et l'autre insurgés avec une égale énergie durant des mois. Il me faudra écrire un quatrième livre. J'en suis navrée. Mon ami Jean-Michel Gaillard tente de me consoler : « Quatre tomes pour la IVe République, c'est parfait ! »

En décembre 1990, alors que je me crois sur le point de terminer le troisième tome, un grave problème de santé met à mal le calendrier que je m'étais fixé. Durant de

* Je suis très heureuse de pouvoir citer des passages émouvants et importants du journal intime de René Coty. J'ai appris son existence par mon ami Jean Nithart. Si je veux le consulter, il me faut voir l'arrière-petit-fils de l'ancien président de la République : le romancier Benoît Duteurtre. Je lui demande un rendez-vous et j'y arrive munie d'un parfait sésame : la lettre que René Coty, avec sa grande gentillesse, m'avait envoyée le 12 novembre 1961 après notre seule rencontre : *« Mes compliments, Mademoiselle. Entre nous soit dit, et d'ordinaire depuis des temps très anciens, on m'a toujours fait parler à tort et à travers. Vous, vous avez trouvé le moyen de composer avec art et avec délicatesse une interview fidèle avec quelques propos à bâtons rompus. Je crois pouvoir vous prédire un bel avenir dans la carrière difficile où vous vous engagez. Et je vous remercie. Veuillez agréer, Mademoiselle, l'hommage de mes sentiments très cordiaux. »*

nombreux et interminables mois, il me fut physiquement impossible de travailler. Je vivais dans la crainte de ne pouvoir achever ce livre.

Fin 1991, je remets enfin à Claude Durand mon manuscrit. Bien qu'il ait été passé au crible par mes trois « conseillers spéciaux », il y découvre encore quelques imprécisions ou contradictions, me suggère parfois d'ajouter une formule brillante, dont je suis très fière de m'attribuer la paternité, et corrige çà et là ma ponctuation pour le moins personnelle. Connaissant mon anxiété pathologique, il a la gentillesse de ne jamais me faire attendre son verdict. C'est toujours le cas aujourd'hui. Dans les vingt-quatre heures (et parfois moins) qui suivent la remise de mon manuscrit, il l'a lu ligne par ligne. J'ai vraiment le privilège d'avoir un éditeur exemplaire, quand bien même il lui arrive de « corriger », à tort, des citations du général de Gaulle ! Je suis tout heureuse, dans ces cas, de pouvoir lui démontrer que ces corrections ne sont pas fondées...

À sa parution, en 1992, *La République des Tourmentes* reçoit comme sa devancière un accueil dont je n'aurais pas osé rêver. Claude Durand a alors une idée satanique dont je lui serai toujours reconnaissante : avant de publier le dernier volume de l'*Histoire de la IVe République*, il juge nécessaire de réimprimer les deux premiers tomes après une indispensable remise à jour. La nouvelle édition de *La République des Contradictions* ne me posa pas de problèmes : quelques corrections, quelques ajouts. Il n'en alla pas de même avec *La République des Illusions.* Les archives, inaccessibles lors de son écriture, loin de mettre en cause les informations de ce livre, les confirmaient pour l'essentiel. Mais l'ouvrage était plus une série d'articles qu'un livre : c'était d'ailleurs le seul dont la rédaction avait été aisée ! Je fus horrifiée de constater que, dans le souci de faciliter la lecture, aucune source n'avait été indiquée. Je n'essayai pas de les remettre. Remanier entièrement le livre aurait signifié que je le reniais, ce qui était exclu. Sans lui, ni les *Contradictions* ni les *Tourmentes* n'auraient existé. Je me contentai donc de le réviser, de le refondre partiellement, de l'enrichir, tout en restant le plus fidèle possible au propos initial, et de supprimer le sous-titre que je me reprochai d'avoir accepté : *La vie secrète de la IVe République*. Cette refonte, qui ne fut pas facile*, s'acheva en 1993 avec la publication, sous leur nouvelle forme, de mes deux premiers tomes.

Les trois derniers volumes de l'*Histoire de la IVe République* ont des traits communs ignorés de leurs prédécesseurs. Les témoignages oraux sont passés au second plan de mes recherches. Les archives, que je dépouille avec passion en différents lieux, sont ma préoccupation première. Elles sont désormais accessibles et, quand elles ne le sont pas, j'obtiens facilement les dérogations nécessaires. Je m'étonne du nombre de cartons qui n'ont jamais été consultés**. Comme je ne sais pas très bien l'usage que je ferai de tel ou tel document, j'accumule les notes. Ainsi, il m'est souvent arrivé de n'extraire que quelques lignes d'une cinquantaine de pages copiées dans les dossiers d'archives.

À nouveau, lorsque j'attaque le quatrième tome, je « sais » que ce sera le dernier. Mais l'affaire de Suez, telle que je la relate, m'occupe plus d'une année et finalement constitue un livre dans le livre. Il m'est très rapidement apparu que traiter du seul point de vue français cet épisode, qui a transformé et imprègne encore les rapports de force au Moyen-Orient, n'avait guère de sens. Mon livre s'éloignait sans doute de la IVe République, mais, grâce

* Dans la première édition de *La République des Illusions*, je n'osais citer un homme politique sans que son nom fût précédé d'un « Monsieur » respectueux. Les années ayant passé, la plupart de mes personnages étant morts, ce « M. » était devenu obsolète. Michèle Gaillard a eu la grande gentillesse de se charger de la besogne fastidieuse que fut la suppression de tous ces « M. », et d'établir le nouvel index.

** Lorsque les archives de la guerre d'Algérie furent accessibles, le Service historique de l'armée de terre jugea nécessaire de prévoir une salle spéciale pour leur consultation, tant il était convaincu que les chercheurs se presseraient pour découvrir ces dossiers : durant des années, ceux-ci n'avaient cessé de protester contre le secret qui les entourait. Or la salle resta pratiquement vide : moins d'une dizaine d'historiens s'y rendirent en l'espace d'une année…

aux documents inédits, français et étrangers, que j'avais pu consulter, il pourrait peut-être apporter un nouveau regard sur cet événement majeur. J'ai donc compris très vite que ce quatrième tome ne serait pas le dernier.

À nouveau, il me faut donc prévenir mon éditeur qu'il y aura un autre volume, le dernier naturellement. Claude Durand, à qui j'annonce la nouvelle, s'en réjouit – ou feint de s'en réjouir ? je ne sais. En revanche, je suis certaine que, s'il n'avait pas été mon éditeur, jamais les trois derniers tomes de ma *IVe République* n'auraient vu le jour sous la forme qui est la leur. Jamais il ne m'a reproché mes retards successifs, ni de consacrer tant de temps et de pages à des personnages qui n'appartenaient pas vraiment à la IVe République. Il comprenait que je me passionne pour Anthony Eden, le Premier ministre britannique, responsable avec Guy Mollet de l'expédition de Suez, et que son portrait m'occupe durant plusieurs semaines... Des années plus tard, parlant de mes livres et de leurs milliers de pages, il a jugé qu'ils révélaient, chez leur auteur, *« une certaine dose de folie, beaucoup de désintéressement et une opiniâtreté hors du commun* »*. Je me garde bien de me prononcer sur ce jugement. Pour ma part, l'enquête sans fin à laquelle je me suis livrée me paraît la marque non de l'opiniâtreté, mais d'une grande inconscience aggravée par un non moins grand irréalisme. Quelles que soient mes difficultés matérielles, je n'ai jamais pensé une minute qu'elles pourraient me conduire à abréger mes recherches ou à peser en quoi que ce soit sur cette *Histoire de la IVe République* que j'avais commencée sans la moindre idée de ce qu'elle serait.

Le quatrième tome paraît en 1997 ; il est fort bien accueilli, bénéficiant entre autres du prix de l'Assemblée nationale.

En 2002, Marie-Caroline Boussard étant temporairement indisponible, j'ai demandé à Olivier Wieviorka de m'indiquer un étudiant qui puisse effectuer les ultimes vérifica-

* Dans *Le Journal du Dimanche*, 26 octobre 2008.

tions. J'ai alors fait la connaissance d'un de ses élèves, Matthieu Rey, qui préparait une licence d'histoire. Désormais professeur agrégé, il travaille à une thèse de troisième cycle. Passionné par le contemporain, animé d'une flamme pour la recherche analogue à la mienne, Matthieu Rey se souvient qu'à notre première rencontre je l'ai informé que notre collaboration serait très brève : ma *IVe République* était sur le point d'être terminée*. Notre confrontation des idées et des points de vue m'a en tout cas été infiniment précieuse.

Lorsque j'entame le cinquième tome, je sais avec certitude que ce sera vraiment le dernier. D'ailleurs, j'ai trouvé son titre : *La Fin.* Mais plus j'avance dans mes recherches, plus je perçois la complexité du sujet qu'il me faut bien traiter : la guerre d'Algérie. Avec une dose certaine de folie – je reprends en la corrigeant l'appréciation de Claude Durand –, je n'arrive pas à clore mon enquête. Je passe ainsi des jours et des jours à Vincennes, au Service historique de l'armée de terre, à tenter – en vain ! – de chiffrer le nombre des exactions commises par l'armée française. Devant cet échec, je fais part de mon désarroi à mon ami, l'historien François Bédarida. Il me répond : *« Le métier de l'historien consiste surtout à savoir poser des questions, et non à prétendre apporter des réponses. »* Cette phrase me remet sur le chemin du bon sens ; je me rappelle alors ce que Pierre Renouvin m'avait dit : *« Plus que toute autre discipline, l'histoire contemporaine requiert l'humilité. »*

Dans l'été 2008, alors que je suis sur le point d'achever le cinquième tome, je déclare à Matthieu Rey que deux semaines me seront suffisantes pour traiter le dernier gouvernement de la IVe République, celui que préside le général de Gaulle du 3 juin 1958 au 8 janvier 1959. Je crois posséder toute la documentation nécessaire : à ma demande, en 1994, le fils d'une de mes amies d'enfance, un jeune universitaire qui cherche sa voie, Jean-Michel

* L'année suivante, « j'informai » mon éditeur que je lui remettrais la totalité du manuscrit au plus tard au début 2004, et qu'un chapitre serait largement suffisant pour traiter du gouvernement de Gaulle… (lettres des 15 et 26 juillet 2003).

Billioud, maintenant un des auteurs les plus prolifiques et reconnus de livres pour enfants, m'a établi de gros dossiers sur tous les problèmes qui ont marqué ces quelques mois. Mais mon manuscrit est déjà si volumineux – près de mille pages – que Claude Durand et moi décidons qu'il s'arrêtera dans la nuit du 28 au 29 mai 1958, avec la démission du président du Conseil, Pierre Pflimlin. Comme la couverture est déjà imprimée, nous gardons le titre prévu, *La Fin*, bien qu'il ne soit plus totalement justifié.

La Fin m'a valu des témoignages qui m'ont donné un vrai bonheur. J'ai apprécié la réaction d'un documentariste de gauche en vogue : *« J'ai lu ce livre,* confia-t-il à l'un de mes amis ; *quel travail ! l'auteur et l'éditeur sont fous. Un tel travail ne peut pas être rentable... »*

J'ai abordé la suite et fin de *La Fin* avec une sorte d'allégresse. Ce volume est définitivement le dernier. Longtemps j'ai eu peur de conclure cette *Histoire de la IVe République*. Que me resterait-il à faire, une fois la maison construite ? Désormais, j'ai hâte de terminer. Je pense que ce sera fait en une année.

J'écris ces lignes en octobre 2011, trois ans après la parution de *La Fin*, et ce livre, *De Gaulle à Matignon*, n'est pas encore tout à fait achevé. Il m'a pourtant occupée à plein temps durant plus de deux ans. Mais autant l'écriture de *La Fin* avait souvent été une souffrance en raison de ce que je découvrais sur la guerre d'Algérie, autant celle de *De Gaulle à Matignon* a été plaisante. Le dernier semestre de 1958 est une période exaltante où le renouveau de la France semble possible. J'étais enchantée des éléments nouveaux que mes recherches me permettaient de mettre au jour et de divulguer. Tous les événements tournent autour d'un personnage historique souvent imprévisible, toujours passionnant. En mai 1958, j'avais été profondément heureuse du retour aux affaires du général de Gaulle ; je ne me doutais pas qu'il serait pour moi à l'origine, en 2009, de trois années d'un travail extraordinairement agréable.

Quand un être cher meurt, nous avons tendance à l'idéaliser, à ne plus voir que ses qualités, à oublier les mauvais souvenirs. Arrivée à ce point de ma postface, je crois bien qu'elle est marquée par un travers analogue. Je relate la facilité avec laquelle j'ai recueilli une documentation exceptionnelle, mais je passe sous silence les moments pénibles et angoissants qui ont constitué la toile de fond de ce travail. Je me félicite de mes rapports privilégiés avec les protagonistes de la IVe, mais je m'abstiens d'évoquer les difficultés parfois liées à ces relations*.

La documentation réunie était d'une telle ampleur que la mettre en œuvre était parfois une gageure. Il m'est arrivé d'avoir à ma disposition plus de cent pages de notes et plusieurs livres à consulter pour écrire une ou deux pages. Je tenais absolument à ce que mon récit fût clair. De ce fait, je le recommençais indéfiniment. Colette Bourdache, puis Alice Deniau, qui ont dactylographié les quatre

* En réalité, je n'ai eu de frictions qu'avec Pierre Mendès France et elles se sont vite estompées. Peut-être parce qu'il a été l'objet d'innombrables calomnies, Pierre Mendès France était extraordinairement sourcilleux sur l'image de son passé. En 1965, après la parution de *La République des Illusions*, il me fait part de son irritation. Il ne comprend pas comment j'ai pu communiquer à d'autres témoins, qui les contestent ou les approuvent, les propos qu'il m'a tenus. Étonnée, je lui réponds que, sans confrontation des témoignages, je ne vois pas comment je pourrais tenter d'établir la vérité d'un événement. Quelques jours plus tard, il me téléphone, m'invite à déjeuner et ne me dit plus mot du mécontentement dont il m'avait fait part. En 1968, la lecture de mon récit du gouvernement Laniel qui précède son arrivée à l'hôtel Matignon le plonge dans une véritable fureur. Il me téléphone à l'aube, il est indigné. Que je cite le compte rendu du Comité de Défense nationale, où Edgar Faure suggère de fixer au Vietminh une date limite pour la négociation, lui semble la preuve que je veux lui retirer le mérite de cette mesure, qu'il annonça dès son discours d'investiture. L'ambassadeur Jean-Marie Soutou va lui expliquer qu'il n'en est rien. Les propos d'Edgar Faure ne retirent rien à son mérite historique : avoir été le premier et le seul homme politique à avoir dit depuis des années aux Français que la guerre du Vietnam ne pouvait se terminer que par la négociation avec l'adversaire. Une semaine plus tard, Pierre Mendès France m'invite à déjeuner à Megève, me demande de venir à Louviers chercher dans sa maison de campagne toute la documentation qui peut m'être utile pour la suite de mon histoire de la IVe République : « Reconnaissez que je suis très gentil avec vous. » C'est la vérité. Et je n'oublierai jamais qu'il a été le premier à m'encourager à écrire l'histoire de la IVe République.

premiers tomes à une époque où l'informatique n'existait pas encore, avaient l'habitude du découpage et du collage imposés par mes corrections qui ne connaissaient jamais de fin. Depuis que je me suis mise à l'informatique, j'accumule sur mon ordinateur les versions successives : près d'une quarantaine par chapitre. Monique Bernard, qui, avec une infinie patience, supprime mes bavures informatiques, doit tenir compte des nombreuses rectifications que je ne cesse de lui envoyer...

Convaincue que je n'arriverais pas à rendre mon récit intelligible et facile à lire, il m'est arrivé aussi de consacrer des semaines à quelques pages. Ce fut le cas lorsque j'ai eu l'idée insensée d'« expliquer » les rapports du gouvernement et de la Banque de France. Cette analyse de trois pages m'a demandé près d'un mois de travail*. J'ai oublié son contenu, je suis de nouveau aussi ignorante sur le sujet, mais j'ai été ravie des félicitations que m'ont exprimées à son propos des experts en la matière...

Souvent aussi, parce que j'avais mal conçu le plan du chapitre ou parce que je butais sur un fait, j'étais incapable – cela durait parfois de deux à trois mois – d'avancer dans mon texte, recommençant inlassablement une version qui ne me satisfaisait pas. Puis, tout à coup, la solution apparaissait. Je pouvais alors reprendre l'écriture.

Mes proches riaient de m'entendre leur demander régulièrement s'ils croyaient que je terminerais la *IVe République*. Ils ne se rendaient pas compte à quel point j'avais peur de ne pas y arriver. Il est vrai que mon exigence augmentait avec chaque volume, ce qui ne simplifiait pas la tâche.

Si la quête de documents a été aisée, marquée par quelques épisodes cocasses qui se sont bien terminés**, la

* Elle figure dans *La République des Contradictions*, pp. 139-142.

** En 1964, Pierre Chaussade, alors préfet de Seine-Maritime, m'avait conviée à Rouen afin que je puisse consulter les instructions sur la lutte contre les grèves et le contrôle du Parti communiste envoyées en 1948 par le ministre de l'Intérieur aux préfets. Il m'avait même autorisée à en prendre les pelures, lorsque celles-ci sont en double. De retour chez moi, dans la soirée, je m'aperçois avec horreur que je n'ai plus le précieux butin. Après une nuit sans sommeil, je suis à

rédaction des livres a été un chemin pénible que je n'aurais pu parcourir sans les appuis dont j'ai bénéficié. Il en est deux qui me furent d'autant plus précieux que je ne soupçonnais même pas l'existence de leurs auteurs, un instituteur à la retraite, un financier en pleine activité. Or les lettres qu'ils m'ont envoyées, par l'intermédiaire de mon éditeur, pour me presser de terminer l'*Histoire de la IVe République* me parlaient de mon travail en termes si chaleureux qu'elles ont pour beaucoup contribué à me réconcilier avec lui.

Ce que j'ai pu faire, je le dois à tous ceux qui tout au long de ma vie ont été là pour m'entourer, pour me tendre une main secourable quand le désespoir me guettait, pour m'aider à sortir de situations inextricables, dont je n'étais pas toujours totalement responsable. Je crains de ne pas trouver les mots à la hauteur de ma reconnaissance à leur égard.

J'aurais sans doute abandonné la *IVe République* en cours de route sans l'atmosphère joyeuse que mes rares et précieux collaborateurs (successivement ou ensemble : Colette Bourdache, Marie-Caroline Boussard, Matthieu Rey et Monique Bernard) avaient su créer ou si mes médecins ne s'étaient acharnés, avec plus ou moins de succès, à remettre dans le droit chemin ma pathologie aberrante.

Jamais je n'y serais arrivée sans l'incroyable et merveilleuse patience dont ont fait preuve à mon égard les responsables et les collaborateurs des Archives nationales, du Centre des archives d'outre-mer, du Service historique

l'aube à la gare Saint-Lazare, devant le kiosque à journaux, où je me suis arrêtée la veille au soir. J'interroge son responsable : « N'auriez-vous pas trouvé un dossier que j'ai dû oublier ici ? – Oui, le voici, nous n'avons même pas eu le temps de l'ouvrir… » Jamais je n'ai fait part à Pierre Chaussade de cet incident.

De même, en 1969, je me suis bien gardée de confier à Pierre Mendès France que ses archives, jusque-là soigneusement entreposées à Louviers, avaient failli périr par le feu. Nous les avions placées dans ma voiture. En arrivant boulevard du Montparnasse, une épaisse fumée se dégage du moteur : je roulais frein à main serré ! Heureusement, le dépanneur est vite arrivé, a éteint le début d'incendie, a pris en remorque ma vieille Volkswagen. Avant de regagner son garage, il m'a conduite jusque chez moi et m'a aidée à sortir, sains et saufs, les irremplaçables dossiers.

de l'armée de terre, ainsi que des principaux centres d'archives privées.

Jamais cette *Histoire de la IVe République* n'aurait existé sans la confiance que les témoins n'ont cessé de m'accorder, sans l'aide que de nombreux historiens français et étrangers m'ont apportée.

Maintenant qu'ils ne sont plus parmi nous – plus les jours passent, plus je regrette leur absence –, je m'en veux de n'avoir pas su exprimer, comme je l'aurais dû, ma reconnaissance à ceux qui ont été à l'origine de mon travail (Roger Stéphane, Pierre Mendès France et Maurice Schumann), à ceux qui n'ont cessé de m'encourager, s'efforçant de me faire comprendre « sur le tas » ce qu'est le travail de l'historien : François Goguel, René Rémond, François Bédarida.

Le lecteur de cette postface sait déjà ce que je dois à mon éditeur exemplaire. Il me faut citer sa collaboratrice Hélène Guillaume et le correcteur Olivier Grussi, qui ont mené à bien la correction, la relecture des différentes épreuves avec une compétence et une gentillesse hors du commun.

Il sait aussi ma reconnaissance à l'égard des éditions Fayard. Il comprendra donc mes regrets d'avoir eu, pour ce dernier volume, deux divergences avec leurs responsables et de n'avoir pas réussi à imposer mon point de vue. J'aurais voulu que ce livre s'appelle *La Fin – suite et fin.* Claude Durand m'a objecté que nul ne comprendrait la signification d'un tel titre. Cet argument m'a paru valable. Je me suis donc ralliée à l'intitulé qu'il me proposait : *De Gaulle à Matignon.* Mais je ne suis pas sûre que Claude Durand et Olivier Nora aient eu raison de refuser catégoriquement que figure sur la quatrième page de couverture la seule mention qui, à mon avis, s'imposait : *« Ouf ! C'est fini. »*

Paris, octobre-novembre 2011

NOTES

Les cotes des cartons consultés dans les différents fonds d'archives sont celles existant à la date où je les ai consultées. Depuis, les cotes des cartons du fonds de Gaulle aux Archives nationales ont été modifiées. Il convient donc d'indiquer ici les nouvelles cotations de :

SOL/65 : 5 AG1/1702

SOL/75 : 5 AG1/1712 et 5 AG1/1713

Fi 17 (fonds Jean Méo) : 5 AG1/2296

Sixième partie

UNE RÉSURRECTION ?
(juin 1958-janvier 1959)

CHAPITRE PREMIER

Une crise sans précédent

1. André Dulac, *Nos guerres perdues*, Paris, 1969, Fayard, p. 88.
2. Charles de Gaulle, *Mémoires d'espoir*, t. I, *Le Renouveau 1958-1962*, Paris, 1970, Plon, p. 29.
3. Jean-Raymond Tournoux, *Jamais dit*, Paris, 1971, Plon, p. 171.
4. Raoul Salan, *Mémoires*, t. III, *Fin d'un Empire*, Paris, 1972, Presses de la Cité, p. 347.
5. Edmond Jouhaud, *Ce que je n'ai pas dit*, Paris, 1977, Fayard, pp. 100-101.
6. Roger Miquel, *Opération Résurrection*, Paris, 1975, France-Empire, pp. 113-115.
7. René Rémond, *Le Retour de De Gaulle*, Bruxelles, 1983, Complexe, pp. 91-92.
8. Jules Moch, *Rencontres avec Charles de Gaulle*, Paris, 1971, Plon, p. 278.
9. Compte rendu rédigé par Charles Merveilleux du Vignaux pour ses archives familiales (Francis de Baecque, *René Coty tel qu'en lui-même*, Paris, 1991, Les Éditions STH, pp. 258-259) et Odile Rudelle, *Mai 58, de Gaulle et la République*, Paris, 1988, Plon, pp. 259-260.
10. Charles de Gaulle, *Mémoires d'espoir*, t. I, *Le Renouveau 1958-1962*, *op. cit.*, p. 30.
11. Odile Rudelle, *Mai 58, de Gaulle et la République*, *op. cit.*, p. 253.
12. André Dulac, *Nos guerres perdues*, *op. cit.*, p. 95.
13. Charles de Gaulle, *Lettres, Notes et Carnets, juin 1951-mai 1958*, Paris, 1985, Plon, p. 365.
14. Gaston Monnerville, *Vingt-deux ans de présidence*, Paris, 1980, Plon, p. 83.
15. Archives personnelles.
16. André Dulac, *Nos guerres perdues*, *op. cit.*, p. 96.
17. Sur les modalités de l'opération « Résurrection », les deux sources les plus précises sont Christophe Nick, *Résurrection*, Paris, 1998, Fayard et François Pernot, « L'armée de l'air et l'opération "Résurrection" », *Revue historique des armées*, n° 211, juin 1998, pp. 109-122.

18. Merry et Serge Bromberger, *Les 13 Complots du 13 mai*, Paris, 1959, Fayard, pp. 421-423.

19. Archives personnelles.

20. Charles de Gaulle, *Mémoires d'espoir*, t. I, *Le Renouveau 1958-1962*, *op. cit.*, p. 31.

21. Londres, Kew Garden, télégramme n° 279 de « Sir G. Jebb » au Foreign Office (*« priority, confidential, repeated to Washington »*), PREM/11/2339.

22. Rapports des préfets, second semestre 1958 (A.N., F/1cIII/1364, 1365, 1366, 1367A).

23. *Ibid.*

24. Jules Moch, *Rencontres avec de Gaulle*, *op. cit.*, pp. 284-285.

25. Raoul Salan, *Mémoires*, t. III, *Fin d'un Empire*, *op. cit.*, p. 359.

26. Jean Ferniot, *Les Ides de mai*, Paris, 1958, Plon, p. 175.

27. François Mitterrand, *Ma part de vérité*, Paris, 1969, Fayard, pp. 38-42 et *Politique*, Paris, 1977, Fayard, pp. 203-204.

28. Raoul Salan, *Mémoires*, t. III, *Fin d'un Empire*, *op. cit.*, p. 360.

29. Sur cette entrevue, il est de très nombreux témoignages – relatés entre autres dans Jean Ferniot, *Les Ides de mai*, *op. cit.* Ils sont corroborés par les notes prises sur-le-champ par Roger Duveau, président du groupe U.D.S.R., qui y assiste (elles ont été publiées par Jean Lacouture, *De Gaulle 2. Le politique*, *op. cit.*, pp. 491-492).

30. Olivier Guichard, *Mon Général*, Paris, 1980, Grasset, p. 356.

31. François Bloch-Lainé, *Profession : fonctionnaire*, Paris, 1976, Seuil, p. 145.

32. Charles de Gaulle, *Mémoires d'espoir*, t. I, *Le Renouveau 1958-1962*, *op. cit.*, p. 146.

33. André Jeanson, « De Gaulle et la CFTC-CFDT », dans *De Gaulle en son siècle, Actes des journées internationales tenues à l'UNESCO, 19-24 novembre 1990*, t. III, *Moderniser la France*, Paris, 1992, La Documentation française, pp. 357-370.

34. Bertrand Fessard de Foucault, auteur d'une biographie exhaustive de Maurice Couve de Murville (à paraître), a bien voulu me communiquer et m'autoriser à utiliser l'essentiel des très nombreux entretiens que celui-ci lui a réservés entre janvier 1970 et novembre 1999 ; cette dernière conversation a lieu un mois jour pour jour avant l'enterrement de celui qui fut durant dix ans ministre des Affaires étrangères du général de Gaulle.

35. Pierre Pflimlin, *Mémoires d'un Européen, de la IVe à la Ve République*, Paris, 1991, Fayard, p. 141.

36. Denis Lefebvre, *Guy Mollet, le mal aimé*, Paris, 1992, Plon, p. 344.

37. Roger Duchet, *La République épinglée*, Paris, 1975, Alain Moreau, p. 95.

38. Michel Debré, entretiens avec Alain Duhamel, *Une certaine idée de la France*, Paris, 1972, Fayard, pp. 71-72.

39. Charles de Gaulle, *Mémoires d'espoir*, t. I, *Le Renouveau 1958-1962*, *op. cit.*, p. 285.

40. *Ibid.*, p. 33.

41. Albert Gazier, *Autour d'une vie de militant*, Paris, 2006, L'Harmattan, p. 254.

42. Propos tenu à son proche collaborateur et ami Simon Nora (*La République des Tourmentes*, t. I, p. 62).

43. Raoul Salan, *Mémoires*, t. III, *Fin d'un Empire*, *op. cit.*, p. 364.

44. Archives personnelles.

45. Propos tenus à Jean Benedetti et Robert Boulay (*Paris-Presse l'Intransigeant*, 4 juin 1958).

46. André Le Troquer, *André Le Troquer parle*, *op. cit.*, p. 207.

47. Jean Lacouture, *De Gaulle 2. Le politique*, *op. cit.*, p. 502.

48. Roland Dumas a bien voulu me confirmer (lettre du 18 novembre 2009) ce récit que j'ai retrouvé dans des notes datant de 1959.

CHAPITRE II
C'était possible

1. Propos tenus par Georges Pompidou (Merry Bromberger, *Le Destin secret de Georges Pompidou*, Paris, 1965, Fayard, pp. 115-116).

2. Charles Morazé, *Un historien engagé. Mémoires*, Paris, 2007, Fayard, p. 268.

3. Antoine Dupont-Fauville, (8 juillet 2007).

4. Pierre Messmer, « De Gaulle en direct », communication à l'Académie des sciences morales et politiques, 20 octobre 2003, publiée dans la revue *Espoir*, n° 146, mars 2006.

5. Charles de Gaulle, *La France et son armée*, Paris, 1938, Plon, p. 13.

6. Charles de Gaulle, *Mémoires de guerre*, t. I, *L'Appel 1940-1942*, Paris, 1954, Plon, p. 1.

7. Charles de Gaulle, 12 septembre 1944, *Discours et Messages*, t. I, *Pendant la guerre, 1940-1946*, Paris, 1970, Plon, p. 447.

8. Charles de Gaulle, 27 septembre 1959, à Dunkerque.

9. Jean-Louis Crémieux-Brilhac, *Georges Boris. Trente ans d'influence : Blum, de Gaulle, Mendès France*, Paris, 2010, Gallimard, p. 109.

10. Charles de Gaulle, conférence de presse du 30 juin 1955 (Charles de Gaulle, *Discours et Messages*, t. II, *Dans l'attente, 1946-1958*, Paris, 1970, Plon, p. 637).

11. Charles de Gaulle, *Mémoires de guerre*, t. I, *L'Appel 1940-1942*, *op. cit.*, p. 268.

12. Charles de Gaulle, *Discours et Messages*, t. III, *Avec le renouveau, 1958-1962*, Paris, 1970, Plon, p. 18.

13. *Paris-Presse l'Intransigeant*, 15-16 juin 1958.

14. Charles de Gaulle, *Mémoires d'espoir*, t. I, *Le Renouveau, 1958-1962*, *op. cit.*, p. 301.

15. Propos tenu à René Capitant peu après son retour au pouvoir en 1958 (*De Gaulle et les médias*, Colloque organisé par l'Institut Charles de Gaulle, novembre 1992, Paris, 1994, Plon, Fondation Charles de Gaulle, p. 61).

16. Charles de Gaulle, *Discours et Messages*, t. III, *Avec le renouveau, 1958-1962*, *op. cit.*, p. 21.

17. Alain Plantey, « Charles de Gaulle, président du Conseil », communication à l'Académie des sciences morales et politiques, déjà citée.

18. Charles de Gaulle, *Mémoires d'espoir*, t. I, *Le Renouveau, 1958-1962*, *op. cit.*, p. 302.

19. L'expression est de Gilbert Pérol, qui fut son chargé de presse à la présidence de la République (Danielle Bahu-Leyser, « De Gaulle et les médias (1958-1969) », revue *Espoir*, n° 66, mars 1969).

20. Bernard Valade, professeur à l'Université de Paris V-Descartes. *Encyclopaedia Universalis*.

21. Charles Morazé, *Un historien engagé. Mémoires*, *op. cit.*, p. 273.

22. *Ibid.*, p. 277.

23. Charles Morazé, 17 décembre 1970.

24. La formule est de Didier Maus (Bernard Lachaise, Gilles Le Béguec et Frédéric Turpin, *Georges Pompidou, directeur de cabinet du général de Gaulle, juin 1958-janvier 1959*, Bruxelles, 2006, Presses interuniversitaires européennes, p. 94).

25. Communication de Jacques Georgel en 1977 au colloque de Nice sur la IVe République (Didier Maus, *Études sur la Constitution de la Ve République. La mise en place, la pratique*, Paris, 1990, Éd. STH, p. 18).

26. Résumé, établi par le professeur François Luchaire, d'une conversation avec le général de Gaulle à bord de la Caravelle rentrant d'Alger le 6 juin 1958 (Comité national chargé de la publication des travaux préparatoires des institutions de la Ve République, *Documents pour servir à l'histoire de l'élaboration de la Constitution du 4 octobre 1958*, vol. I, La Documentation française, Paris, 1987, p. 235).

27. Michel Debré, *Trois Républiques pour une France*, t. II, *1946-1958*, Paris, 1988, Albin Michel, p. 355.

28. *Documents pour servir à l'histoire de l'élaboration de la Constitution du 4 octobre 1958*, vol. I, *op. cit.*, pp. 243-244.

29. Didier Maus, « Renforcer l'Exécutif. Les propositions de Jérôme Solal-Céligny », dans *Mélanges en l'honneur de Dmitri*

Georges Lavroff, Paris, 2005, Dalloz, et Denis Lefebvre, « Garder un caractère parlementaire au nouveau régime », entretien avec André Chandernagor, conseiller de Guy Mollet sur les questions institutionnelles (1956-1958), *L'Ours*, hors-série n° 43-44, juin-septembre 2008.

30. Michel Debré, *Trois Républiques pour une France*, t. II, *1946-1958*, *op. cit.*, p. 353.

31. Jean Mamert, 24 mars, 9 avril, 6 mai 2010.

32. Pierre Pflimlin, *Mémoires d'un Européen*, op. cit., p. 148.

33. Nicolas Wahl, « Aux origines de la nouvelle Constitution », *Revue française de sciences politiques*, 1959, n° 1, pp. 30-66.

34. Roger Belin, *Lorsqu'une République chasse l'autre, 1958-1962*, Paris, 1999, Michalon, p. 59.

35. Jean Mamert, 9 avril 2010.

36. Pierre Pflimlin, *Mémoires d'un Européen*, *op. cit.*, p. 155.

37. L'expression est du préfet de Loir-et-Cher, 7 juillet 1958, A.N., F 1 CII 1365. Sous des termes différents, la même constatation apparaît dans plusieurs autres rapports préfectoraux, notamment ceux du préfet de Meurthe-et-Moselle, le 9 août, ou du préfet de Savoie, le 6 septembre.

38. IFOP, *Les Français et de Gaulle*, présentation et commentaire de Jean Charlot, Paris, 1971, Plon, p. 204.

39. Reportage de Jean Griot, *Le Figaro*, 30 juillet 1958.

40. *Documents pour servir à l'histoire de l'élaboration de la Constitution du 4 octobre 1958*, vol. II, *op. cit.*, pp. 43-44.

41. Léon Noël, *La Traversée du désert*, Paris, 1973, Plon, p. 84.

42. *Le Monde*, 29 mai 1958 (Thibault Tellier, *Paul Reynaud. Un indépendant en politique 1878-1966*, Paris, 2005, Fayard, p. 770).

43. Jean Mamert, 24 mars 2010.

44. François Mitterrand à l'Assemblée nationale, le 27 mars 1958, *Politique*, Paris, 1977, Fayard, p. 148.

45. Joseph-Roger de Benoist, « Évolution de la pensée du général de Gaulle sur les rapports de la France et de ses territoires d'Afrique entre le 1er juin et le 4 septembre 1958 », revue *Espoir*, 1992, n° 8.

46. Roger Belin, *Lorsqu'une République chasse l'autre*, *op. cit.*, p. 64.

47. Pierre Pflimlin, *Mémoires d'un Européen*, *op. cit.*, p. 154.

48. Gérard Conac, « Titre XII : de la Communauté », dans *L'Écriture de la Constitution de 1958*, Actes du colloque du XXXe anniversaire, Presses Universitaires d'Aix-Marseille, Paris, 1992, Economica, p. 612.

49. Maligui Soumah, « De Gaulle et la Guinée », dans *De Gaulle en son siècle*, t. VI, Liberté et dignité des peuples, Paris, 1992, Plon/La Documentation française, p. 311.

50. Interview publiée dans *Le Monde*, 31 juillet 1958.

51. *Documents pour servir à l'histoire de l'élaboration de la Constitution du 4 octobre 1958*, vol. II, *op. cit.*, p. 85.

52. Jean Mamert, le 9 avril 2010. Récit confirmé par l'agenda du général de Gaulle, qui, à la date du 8 août 1958, mentionne : *« 15 heures. Houphouët-Boigny, Mamert »* (Institut Charles de Gaulle).

53. *Documents pour servir à l'histoire de l'élaboration de la Constitution du 4 octobre 1958*, vol. II, *op. cit.*, p. 309.

54. *Ibid.*, p. 760.

55. Evelyne Demey l'affirme (*Paul Reynaud, mon père*, *op. cit.*, p. 252), mais les propos qu'elle prête à l'ancien président du Conseil sont entachés d'une invraisemblance : en 1958, il n'a pu dire que le rêve des pays africains était d'*« aller aux Nations Unies, à la même tribune que Khrouchtchev et Kennedy »*. En 1958, John Fitzgerald Kennedy est encore sénateur du Massachusetts...

56. Charles de Gaulle, *Mémoires d'espoir*, t. I, *Le Renouveau, 1958-1962*, *op. cit.*, p. 58.

57. Jean Lacouture, *De Gaulle 2. Le Politique*, *op. cit.*, p. 575.

58. *Ibid.*, p. 577.

59. Georges Chaffard, *Les Carnets secrets de la décolonisation*, t. II, Paris, 1967, Calmann-Lévy, p. 194. La qualité des informations recueillies par cet auteur permet de citer ce récit, qui n'a jamais fait l'objet de la moindre contestation.

60. *Ibid.*, p. 199. Georges Chaffard relate les propos tenus au ministre Bernard Cornut-Gentille, au haut-commissaire de l'A.E.F., Pierre Messmer, et au gouverneur de la Guinée, Jean Mauberna.

61. Lettre de Jean Mauriac, 18 novembre 1984, à Jean Lacouture (*De Gaulle 2. Le Politique*, *op. cit.*, p. 578).

62. *Foccart parle. Entretiens avec Philippe Gaillard 1*, Paris, 1995, Fayard-Jeune Afrique, pp. 169 et 154.

63. Pierre Pflimlin, *Mémoires d'un Européen*, *op. cit.*, p. 158.

64. *Ibid.*, p. 165.

65. Roger Belin, *Lorsqu'une République chasse l'autre*, *op. cit.*, p. 67.

66. Pierre Pflimlin, qui a noté cette réplique du Général, la situe lors du Conseil des ministres du 20 août (*Mémoires d'un Européen*, *op. cit.*, p. 156), ce qui est incontestablement une erreur, puisque le 20 août de Gaulle a refusé tout débat sur la Constitution.

67. Roger Stéphane, *Fin d'une jeunesse. Carnets 1944-1947*, Paris, 2004, La Table Ronde, p. 73.

68. Janine Mossuz-Lavau, *André Malraux et le gaullisme*, Paris, 1982, P.F.N.S.P., p. 151.

69. *Documents pour servir à l'histoire de l'élaboration de la Constitution du 4 octobre 1958*, vol. III, *op. cit.*, p. 596.

70. *Ibid.*, p. 597.

71. Claude Mauriac, *Le Temps immobile*, t. III, *Et comme l'espérance est violente*, Paris, 1976, Grasset, p. 35.

72. *Documents pour servir à l'histoire de l'élaboration de la Constitution du 4 octobre 1958*, vol. III, *op. cit.*, p. 598.

73. *Ibid.*, pp. 599-602.

74. Claude Mauriac, *Le Temps immobile*, t. III, *Et comme l'espérance est violente*, *op. cit.*, p. 34.

75. Pierre Viansson-Ponté, *Histoire de la République gaullienne*, t. I, *La Fin d'une époque 1958-1962*, Paris, 1970, Fayard, p. 69.

76. *Documents pour servir à l'histoire de l'élaboration de la Constitution du 4 octobre 1958*, vol. III, *op. cit.*, p. 652.

77. Décret n° 58-741, *Journal officiel* du 23 août 1958 (*Documents pour servir à l'histoire de l'élaboration de la Constitution du 4 octobre 1958*, vol. III, *op. cit.*, p. 648).

78. Pierre Viansson-Ponté, *Histoire de la République gaullienne*, t. I, *La Fin d'une époque 1958-1962*, *op. cit.*, p. 71.

79. Maurice Thorez, le 22 septembre 1958, allocution prononcée dans le cadre de la campagne de propagande radiotélévisée (*Documents pour servir à l'histoire de l'élaboration de la Constitution du 4 octobre 1958*, vol. III, *op. cit.*, pp. 675-676).

80. Paul Feuilloley, *La France du général de Gaulle, 1958-1969*, Paris, 2001, L'Harmattan, p. 23 et *L'Établissement de la Cinquième République, le référendum de septembre et les élections de novembre 1958*, *Cahiers de la Fondation nationale des sciences politiques*, n° 9, Paris, 1960, Armand Colin, p. 24.

81. Article publié dans *Le Provençal*, 5 septembre 1958 (Roger Quilliot, *La S.F.I.O. à l'épreuve du pouvoir 1944-1958*, Paris, 1972, Fayard, p. 747).

82. Georges Marion, *Gaston Defferre*, Paris, 1989, Albin Michel, p. 221.

83. Denis Lefebvre, *Guy Mollet, le mal aimé*, *op. cit.*, p. 347.

84. Joseph Dutter, « La presse de province et le référendum », dans *La Constitution de la Ve République*, sous la direction d'Olivier Duhamel et Jean-Luc Parodi, Paris, 1998, P.F.N.S.P., p. 63.

85. Michel Miaille, « Les critiques des opposants », dans *La Constitution de la Ve République*, *op. cit.*, p. 73 et *L'Année politique, 1958*, Paris, 1959, P.U.F., p. 109.

86. *Ibid.*, p. 72.

87. *Ibid.*

88. Le 18 septembre 1958, allocution prononcée au nom de l'Union fraternité française, dans le cadre de la campagne de propagande radiotélévisée (*Documents pour servir à l'histoire de l'élaboration de la Constitution du 4 octobre 1958*, vol. III, *op. cit.*, pp. 671-672).

89. Philip M. Williams et Martin Harrison, « La campagne pour le référendum et les élections législatives », dans *La Constitution de la Ve République*, *op. cit.*, p. 29.

90. O.U.R.S., AGM 103 (Félix Gouin adresse ses textes ronéotés à « Monsieur Guy Mollet, député »).

91. René Rémond, *Le Retour de De Gaulle*, Bruxelles, 1983, Complexe, p. 128.

92. *Le Monde*, 5 août 1958.

93. *L'Établissement de la Cinquième République, le référendum de septembre et les élections de novembre 1958*, *op. cit.*, p. 7.

94. *Paris-Presse l'Intransigeant*, 28 octobre 1958.

95. Georges Dupeux, « D'une consultation à l'autre. Les réactions du corps électoral », dans *L'Établissement de la Cinquième République, le référendum de septembre et les élections de novembre 1958*, *op. cit.*, pp. 128 et 132.

96. Ministère de l'Intérieur, « Document interne. Les prévisions et les résultats », F1 CII 619.

97. *Le Monde*, 23 septembre 1958.

98. Charles de Gaulle, *Discours et Messages*, t. III, *Avec le renouveau, 1958-1962*, Paris, 1970, Plon, p. 47.

99. René Rémond, *Le Retour de De Gaulle*, *op. cit.*, p. 138.

CHAPITRE III

« Vivre avec... »

1. Edgar Faure, *Mémoires*, t. II, *Si tel doit être mon destin ce soir...*, Paris, 1984, Plon, p. 688.

2. Propos tenu à Charles Merveilleux du Vignaux le 28 mai ; *cf. supra*, p. 21.

3. Jacques Foccart, 27 septembre 1985.

4. Charles de Gaulle, *Discours et Messages*, t. II, *Dans l'attente, 1946-1958*, *op. cit.*, p. 107.

5. *Ibid.*, p. 133.

6. Louis Terrenoire, *De Gaulle et l'Algérie*, Paris, 1964, Fayard, p. 41.

7. Charles de Gaulle, *Discours et Messages*, t. II, *Dans l'attente, 1946-1958*, *op. cit.*, p. 638.

8. Jean Lacouture, *De Gaulle 2. Le politique*, *op. cit.*, p. 431.

9. Jean-Raymond Tournoux, *La Tragédie du Général*, Paris, 1967, Plon, p. 220.

10. *Ibid.*, p. 267.

11. Léon Delbecque, 10 décembre 1985, interview recueillie par Odile Rudelle, Archives d'histoire contemporaine, Centre d'histoire de Sciences Po.

12. Revue *L'Histoire*, juin 1990, n° 134, p. 20.

13. Réjane Le Baut, *Jean El-Mouhoub Amrouche, Algérien universel*, Châtenay-Malabry, 2003, Alteredit, p. 302.

14. Olivier Guichard, 16 décembre 1977, interview recueillie par Odile Rudelle, Archives d'histoire contemporaine, Centre d'histoire de Sciences Po.

15. Général d'armée Paul Ély, *Mémoires*, t. II, *Suez... Le 13 mai*, *op. cit.*, p. 347.

16. Bernard Ullmann, *Jacques Soustelle, le mal-aimé*, Paris, 1995, Plon, p. 260.

17. Jacques Lenoir, 15 mai 1981, interview recueillie par Odile Rudelle, Archives d'histoire contemporaine, Centre d'histoire de Sciences Po.

18. Raoul Salan, *Mémoires*, t. III, *Fin d'un Empire*, *op. cit.*, p. 374.

19. Charles de Gaulle, *Mémoires d'espoir*, *op. cit.*, p. 51.

20. Jean-Raymond Tournoux, *La Tragédie du Général*, *op. cit.*, p. 289.

21. Jean Daniel, *De Gaulle et l'Algérie*, Paris, 1986, Seuil, p. 60 (article publié dans *L'Express* le 12 juin 1958).

22. Jean El Mouhoub Amrouche, *Journal 1928-1962*, Paris, 2009, Non Lieu, pp. 317-320.

23. Jean Morin, 14 janvier 1980, interview recueillie par Odile Rudelle, Archives d'histoire contemporaine, Centre d'histoire de Sciences Po ; *cf.* aussi *Michel Debré et l'Algérie*, Paris, 2007, Librairie des Champs-Élysées, p. 34.

24. Alain de Boissieu, *Pour servir le Général*, *op. cit.*, pp. 99-100.

25. Raoul Salan, *Fin d'un Empire*, t. III, *op. cit.*, p. 383.

26. Jean-Marc Binot, *Max Lejeune*, t. II, *op. cit.*, p. 35.

27. Léon Delbecque, interview déjà citée.

28. *Michel Debré et l'Algérie*, *op. cit.*, p. 34.

29. Jean-Raymond Tournoux, *La Tragédie du Général*, *op. cit.*, p. 290.

30. *Ibid.*, p. 289.

31. Roselyne Chenu, *Paul Delouvrier ou la Passion d'agir. Entretiens*, Paris, 1994, Seuil, p. 172.

32. Raoul Salan, *Fin d'un Empire*, t. III, *op. cit.*, p. 393.

33. Pierre Lefranc, *Avec qui vous savez. Vingt-cinq ans aux côtés de de Gaulle*, Paris, 1979, Plon, p. 129.

34. Frédéric Baleine de Laurens, 1er décembre 2010.

35. Bernard Tricot, *Les Sentiers de la paix, Algérie 1958-1962*, Paris, 1972, Plon, p. 29.

36. Pierre Racine, 20 juin 1977, interview recueillie par Odile Rudelle, Archives d'histoire contemporaine, Centre d'histoire de Sciences Po.

37. Jean Morin, 27 avril 2006.

38. Michel Debré, 3 mars 1972 (archives personnelles).

39. Jacques Lenoir, interview déjà citée.

40. *El Moujahid*, n° 38, 17 mars 1959, dans Monique Gadant, *Islam et nationalisme en Algérie*, Paris, 1988, L'Harmattan, p. 170.

41. Abderrahmane Farès, *La Cruelle Vérité*, Paris, 1982, Plon, pp. 76-77.

42. Jean Amrouche, *Note sur les contacts de Gaulle-F.L.N., juillet-novembre 1958.* Ce texte, 10 pages dactylographiées à l'interligne 1, a été rédigé immédiatement après les événements. Son titre ne correspond pas exactement à son contenu, puisqu'il commence en juin et s'arrête en octobre. (Jean El Mouhoub Amrouche, *Journal 1928-1962*, *op. cit.*, pp. 381-389.)

43. Mohammed Harbi, 30 novembre 2010.

44. *El Moujahid*, organe central du Front de libération nationale, Yougoslavie, août 1962, Beogradski graficki zavod, t. 1.

45. Robert Buron, *Carnets politiques de la guerre d'Algérie*, *op. cit.*, p. 109.

46. Jean Amrouche, *Note sur les contacts de Gaulle-F.L.N., juillet-novembre 1958*, document déjà cité.

47. André Dulac, *Nos guerres perdues*, *op. cit.*, p. 110.

48. Bernard Tricot, 30 janvier 1971.

49. A.N., AG1/SOL/75.

50. Lettre du général d'armée R. Salan, délégué général du gouvernement et commandant en chef des forces en Algérie, à Monsieur le général de Gaulle, président du Conseil des ministres, Alger, le 10 juin 1958, A.N., 5 AG1/SOL/75.

51. « Mémoire sur la situation militaire », Alger, 13 juin 1958, 6 pages dactylographiées à l'interligne 1, A.N., 5 AG1/SOL/75.

52. Lettre du général Salan aux comités de salut public, le 7 juin 1958, dans Raoul Salan, *Mémoires*, t. IV, *Fin d'un Empire*, Paris, 1974, Presses de la Cité, p. 252.

53. *Motion n° 20 à l'adresse de M. le général de Gaulle*, dans Jacques Massu, *Le Torrent et la Digue*, Paris, 1972, Plon, p. 183.

54. A.N., AG1/SOL/75.

55. Bernard Tricot, 30 janvier 1971.

56. Jacques Massu, *Le Torrent et la Digue*, *op. cit.*, p. 196.

57. Michel Tauriac, *Vivre avec de Gaulle*, Paris, 2008, Plon, pp. 387-389. Ce témoignage nous a paru digne d'être cité, bien qu'il contienne une invraisemblance que nous n'avons pas reproduite. En effet, le témoin rapporte que, ce 3 juillet, de Gaulle aurait parlé du « non » de la Guinée au référendum. Or celui-ci aura lieu le 30 septembre…

58. Jacques Soustelle, *L'Espérance trahie*, *op. cit.*, pp. 57-59.

59. *Foccart parle. Entretiens avec Philippe Gaillard 1*, *op. cit.*, p. 155.

60. Robert Buron, *Carnets politiques de la guerre d'Algérie*, *op. cit.*, p. 102.

61. A.N., 4AG 409.

62. *Le Monde*, 15 juillet 1958.

63. Bernard Tricot, 30 janvier 1971.

64. Propos tenus au colonel Paillole, à Paris, le 14 juillet, dans Jean-Raymond Tournoux, *Jamais dit*, *op. cit.*, p. 188.

65. Jacques Lenoir, interview déjà citée.

66. Rapport de stage par Robert Lion, sous-lieutenant de cavalerie, officier des Affaires indigènes, chef de la S.A.S. de Ksar Shabi, A.N., SOL1/75.

67. Lettre de Henri Fouques-Duparc, maire d'Oran, « à M. le général de Gaulle, président du Conseil », Oran, le 23 octobre 1958 (A.N.O.M., 81 F67).

68. A.N., AG1/SOL/75 et aussi Charles de Gaulle, *Lettres, Notes et Carnets, Juin 1958-décembre 1960*, Paris, 1985, Plon, p. 67.

69. André Dulac, *Nos guerres perdues*, *op. cit.*, p. 123.

70. *Ibid.*, p. 125.

71. Bernard Tricot, *Les Sentiers de la paix*, *op. cit.*, pp. 42-44.

72. Raoul Salan, *Mémoires*, t. IV, *Fin d'un Empire*, *op. cit.*, p. 69.

73. *Directive particulière. Objet : campagne « référendum »*, Alger, le 12 juillet 1958, État-major 5e Bureau (S.H.A.T., 1 H 2465).

74. *Note de service. Objet : campagne référendum, 2e phase, Constantine, le 31 juillet 1958*, signée par le général de division Gilles, commandant le corps d'armée de Constantine (S.H.A.T., 1 H 2465).

75. Bernard Tricot, interview déjà citée.

76. Note dactylographiée, non signée, datée du 9 septembre 1958 (A.N., AG1/SOL/75).

77. A.N., AG1/SOL/75 et aussi Charles de Gaulle, *Lettres, Notes et Carnets, Juin 1958-décembre 1960*, *op. cit.*, p. 90.

78. Général d'armée Paul Ély, *Mémoires*, t. II, *Suez... Le 13 mai*, *op. cit.*, pp. 384-385.

79. Le mot d'ordre est lancé par Lakhdar Bentobal, « responsable du département de l'Intérieur au sein du C.C.E. », *Lutte contre le référendum*, Alger, le 22 septembre 1958 (A.N., B II, 1473).

80. *Propagande et action du F.L.N. contre le référendum, Alger, le 27 août 1958, Délégation générale du gouvernement, Secret* (cette annotation manuscrite est soulignée de deux traits), signé par le colonel Ruyssen, chef du Bureau d'études (A.N., B II, 1473).

81. *Annexe II. Évolution de l'action terroriste depuis le 1er juin 1958*, Alger, commandement supérieur inter-armées (A.N., B II, 1473).

82. Jacques Massu, *Le Torrent et la Digue*, *op. cit.*, pp. 214-215.

83. Raymond Muelle, *La Guerre d'Algérie en France*, *op. cit.*, pp. 122-128.

84. Yves Courrière, *La Guerre d'Algérie*, t. III, *L'Heure des colonels*, *op. cit.*, p. 407.

85. Note de Jean Amrouche, déjà citée. Elle reproduit intégralement la lettre de Ferhat Abbas du 9 septembre.

86. Redha Malek, interview recueillie par Matthieu Rey, Alger, le 12 juillet 2009.

87. Mohammed Harbi, *Les Archives de la révolution algérienne*, Paris, 1981, Jeune Afrique, p. 420.

88. Rabat, le 22 juin 1958. Lettre manuscrite de l'ambassadeur de France, Alexandre Parodi, à son ami Bernard Tricot, lui adressant une note établie par un de ses collaborateurs, après une conversation le 20 juin avec le conseiller juridique du Palais (A.N.O.M., 81 F 67).

89. Mohammed Harbi, *Les Archives de la révolution algérienne*, *op. cit.*, p. 210.

90. Le récit de la démarche du représentant du F.L.N. à Bagdad, Hamid Saradjih, se trouve dans le journal syrien *Al Qabas*, 21 septembre 1958, n° 5956.

91. *Tikichourt, compte rendu*, récit dactylographié à l'intention de sa famille d'une expérience algérienne de deux années, de mars 1958 à mars 1960, par un appelé du contingent, Michel Nithart, alors sergent en Kabylie (archives personnelles).

92. *Note sur le plan programme d'action en vue du référendum du 5 octobre* [sic], signée par le général Vanuxem, Bône, le 8 août 1958 (S.H.A.T., 1 H 2465).

93. Télégramme du général Salan aux généraux commandant, Alger, 23 septembre 1958 (S.H.A.T., 1 H 1100).

94. Raoul Salan, *Mémoires*, t. IV, *Fin d'un Empire*, *op. cit.*, p. 113.

95. *Le référendum dans la S.A.S. de Lamartine, Lamartine, le 2 octobre 1958, le capitaine Ropars, officier des A.A.* [il s'agit des Affaires algériennes], *chef de la S.A.S.* (A.N., B II 1473).

96. Robert Buron, *Carnets politiques de la guerre d'Algérie*, *op. cit.*, p. 106.

97. Charles Lacheroy, *De Saint-Cyr à l'action psychologique*, *op. cit.*, p. 76.

98. Charles de Gaulle, *Discours et Messages*, t. III, *op. cit.*, p. 49.

99. Constantine, le 11 octobre 1958, le général Olié, commandant le corps d'armée de Constantine au délégué général du gouvernement, S.H.A.T., 1 H 1149.

100. Propos tenu par Abderrahmane Fares à Vincent Auriol le 9 février 1959 (A.N., SOL/75).

101. 9 octobre 1958, Lettre et Instructions générales au général d'armée Raoul Salan au sujet des prochaines élections législatives en Algérie (Charles de Gaulle, *Lettres, Notes et Carnets, juin 1958-décembre 1958*, *op. cit.*, pp. 103-104).

102. *Le Monde*, 15 octobre 1958.

103. *Ibid.*

104. *Documents diplomatiques français*, 1958, t. II (1er juillet-31 décembre), Paris, 1992, Imprimerie nationale, p. 537.

105. Note de Jean Amrouche, déjà citée. Elle reproduit intégralement la lettre de Ferhat Abbas du 30 septembre.

106. A.N., SOL/75.

107. Jean Lacouture, *De Gaulle 2. Le politique*, *op. cit.*, p. 614.

108. Charles de Gaulle, *Discours et Messages*, t. III, *Avec le renouveau, 1958-1962*, *op. cit.*, pp. 55-56.

109. *Le Monde*, 25 octobre 1958.

110. Jean Daniel, *L'Express*, 30 octobre 1958.

111. Charles de Gaulle, *Mémoires d'espoir*, *op. cit.*, p. 65.

112. Charles de Gaulle, *Lettres, Notes et Carnets, juin 1958-décembre 1958*, *op. cit.*, p. 120.

113. Redha Malek, interview déjà citée.

114. Archives personnelles.

115. L'interview de Ferhat Abbas est publiée dans *Paris Presse l'Intransigeant*, 7 novembre 1958.

116. Archives personnelles.

117. Jean Daniel, *L'Express*, 30 octobre 1958.

118. Robert Buron, *Carnets politiques de la guerre d'Algérie*, *op. cit.*, p. 110.

119. Témoignage de Jean Guyot dans Alessandro Giacone, *Paul Delouvrier, un demi-siècle au service de la France*, Paris, 2004, Descartes et Cie, p. 67.

120. Nous devons à Odile Rudelle la transcription (plusieurs centaines de pages) de très nombreuses interviews de Paul Delouvrier qu'elle a recueillies entre 1980 et 1982 (Archives d'histoire contemporaine, Centre d'histoire de Sciences Po, t. I).

121. *Ibid.*

122. Rapport de Henri Hoppenot président de la commission de contrôle des élections, Alger, 15 novembre 1958, A.N.O.M. 81 F 2382.

123. S.H.A.T., 1 H 2701.

124. A.N., SOL/75.

125. A.N., F^{60} 3135.

126. *Ibid.*

127. *Ibid.*

128. Antoine Dupont-Fauville, 8 juillet 2007.

129. Raoul Salan, *Mémoires*, t. IV, *Fin d'un Empire*, *op. cit.*, p. 168.

130. Jean Daniel, *L'Express*, 13 novembre 1958.

131. Louis Terrenoire, *De Gaulle et l'Algérie*, *op. cit.*, p. 110.

132. Jean Lacouture, *De Gaulle 2. Le Politique*, *op. cit.*, pp. 618-619.

133. Raoul Salan, *Mémoires*, t. IV, *Fin d'un Empire*, *op. cit.*, p. 172.

134. Jean-Jacques de Bresson, 26 juin 1982, interview recueillie par Odile Rudelle (Archives d'histoire contemporaine, Centre d'histoire de Sciences Po).

135. Télégramme. Extrême urgence. Priorité absolue, 1/12/58, Le président de la commission centrale – Alger à Présidence du Conseil – secrétariat général aux Affaires algériennes (C.A.O.M., CGA 82 F/880).

136. Propos tenus au socialiste André Boulloche, ministre délégué à la présidence du Conseil (Jean-Raymond Tournoux, *Jamais dit, op. cit.*, p. 197).

137. Paul Delouvrier, interview recueillie par Odile Rudelle, déjà citée.

138. *Ibid.*

139. A.N., SOL/75.

140. Roselyne Chenu, *Paul Delouvrier ou la Passion d'agir, op. cit.*, p. 184. Cet auteur publie (pp. 384-386) la lettre que le général de Gaulle adresse à Paul Delouvrier le 18 décembre 1958.

141. Jacques Coup de Fréjac, interview non datée recueillie par Odile Rudelle (Archives d'histoire contemporaine, Centre d'histoire de Sciences Po).

142. Paul Delouvrier, interview recueillie par Odile Rudelle, déjà citée.

CHAPITRE IV

Faire du neuf avec de l'ancien

1. Maurice Couve de Murville, *Une politique étrangère, 1958-1969*, Paris, 1971, Plon, p. 21.

2. Étienne Burin des Roziers, « Le non-alignement », dans *La Politique étrangère du général de Gaulle. Textes réunis par Élie Barnavi et Saül Friedländer*, Paris, 1985, P.U.F., p. 63.

3. Maurice Vaïsse, *La Grandeur. Politique étrangère du général de Gaulle, 1958-1969*, Paris, 1998, Fayard, p. 621.

4. Présidence du Conseil, compte rendu de la réunion présidée par le général de Gaulle, Archives diplomatiques, secrétariat général – série 1958-1968, dossier 316.

5. Télégramme de Henry Spitzmuller, ambassadeur de France en Turquie, Istanbul, le 7 juillet 1958, Archives diplomatiques, Amérique. États-Unis, carton 353.

6. Compte rendu des entretiens franco-britanniques des 29 et 30 juin, *Documents diplomatiques français, 1958*, t. I (1er janvier-30 juin), Paris, 1992, Imprimerie nationale, p. 862.

7. Télégramme de Jean Béliard, consul général de France à Chicago, le 2 octobre 1958, Archives diplomatiques, Amérique. États-Unis, carton 353.

8. Harold Macmillan, *War Diary. The Mediterranean, 1943-1945*, Londres, 1984, p. 122 (*cf.* Anne Deighton, « L'image de 1958 en Grande-Bretagne », dans *L'Avènement de la IVe République*, *op. cit.*, p. 266).

9. Charles Cogan, « Indivisible défense contre indivisible souveraineté : les États-Unis face au retour de De Gaulle », dans *L'Avènement de la IVe République*, *op. cit.*, p. 225.

10. Arthur L. Funk, « De Gaulle, Eisenhower et la Résistance », *Espoir*, mars 1992, n° 79.

11. Washington, le 2 juin 1958, télégramme d'Hervé Alphand, ambassadeur de France, Archives diplomatiques, série Amérique. États-Unis, 1955-1960, carton 353.

12. Madrid, le 6 juin 1958, télégramme de Guy de La Tournelle, ambassadeur de France, *Documents diplomatiques français, 1958*, t. I (1er janvier-30 juin), *op. cit.*, p. 735.

13. Hans-Peter Schwarz, « La République fédérale allemande et la crise de mai à septembre 1958 en France », dans *L'Avènement de la IVe République*, *op. cit.*, p. 261.

14. New Delhi, le 5 juin 1958, télégramme de Gaspard de Villelume, premier conseiller à l'ambassade de France, *Documents diplomatiques français, 1958*, t. I (1er janvier-30 juin), *op. cit.*, p. 734.

15. Belgrade, le 5 juin 1958, télégramme de Vincent Broustra, ambassadeur de France, *Documents diplomatiques français*, 1958, t. I (1er janvier-30 juin), *op. cit.*, p. 733.

16. Moscou, le 6 juin 1958, télégramme de Maurice Dejean, ambassadeur de France, *Documents diplomatiques français, 1958*, t. I (1er janvier-30 juin), *op. cit.*, pp. 739-740.

17. Paul-Henri Spaak, *Combats inachevés*, t. II, *De l'espoir aux déceptions*, Paris, 1969, Fayard, pp. 169-177.

18. Charles de Gaulle, *Mémoires d'espoir*, *op. cit.*, p. 199.

19. *Documents diplomatiques français, 1958*, t. I (1er janvier-30 juin), *op. cit.*, p. 891.

20. André Malraux, *Antimémoires*, Paris, 1967, Gallimard, p. 247.

21. Maurice Couve de Murville, *Une politique étrangère, 1958-1968*, Paris, 1971, pp. 29-30.

22. *Documents diplomatiques français, 1958*, t. II (1er juillet-31 décembre), Paris, 1993, Imprimerie nationale, Entretien de Gaulle-Dulles à Matignon (5 juillet, de 10 h 30 à 13 heures), pp. 22-30.

23. *Ibid.*

24. Paul-Henri Spaak.

25. Frédérique Schillo, *La Politique française à l'égard d'Israël, 1946-1959*, thèse de doctorat d'histoire, Institut d'études politiques de Paris, 3 juin 2008.

26. *Documents diplomatiques français, 1958*, t. II (1er juillet-31 décembre), *op. cit.*, p. 90.

27. Maurice Vaïsse, *La Grandeur*, *op. cit.*, p. 117.

28. Hervé Alphand, *L'Étonnement d'être*, *op. cit.*, p. 291.

29. Maurice Couve de Murville, *Espoir*, n° 26, avril 1979.

30. Témoignage du général de Boissieu, dans Jean Lacouture, *De Gaulle. 3 Le souverain*, *op. cit.*, p. 466.

31. Charles de Gaulle, *Discours et Messages*, t. II, *Dans l'attente 1946-1958*, *op. cit.*, p. 574.

32. *Ibid.*, p. 179.

33. Compte rendu de la réunion du 10 juin 1958 dans le bureau du général de Gaulle, document déjà cité.

34. Extrait d'une note de Jean-Marc Boegner, revue et corrigée par le général de Gaulle, à la veille de sa rencontre avec le chancelier Adenauer (*De Gaulle en son siècle*, 5, *L'Europe*, *op. cit.*, p. 83).

35. François Seydoux, « De Gaulle, l'Europe et l'Allemagne », conférence prononcée le 23 janvier 1974 à l'Institut Charles de Gaulle.

36. François Kersaudy, « De Gaulle et Adenauer », www.charles-de-gaulle.org.

37. Témoignage de Simone Servais, chargée de la presse à la présidence du Conseil (*Georges Pompidou, directeur de cabinet du général de Gaulle, juin 1958-janvier 1959*, *op. cit.*, p. 137).

38. Témoignage de Konrad Adenauer, rédigé dès son retour de Colombey (Éric Roussel, *Charles de Gaulle*, *op. cit.*, p. 616).

39. Les deux protagonistes de l'entretien l'ont longuement évoqué : Konrad Adenauer, *Mémoires*, t. III, *1956-1963*, Paris, 1969, Hachette, pp. 181-191 ; Charles de Gaulle, *Mémoires d'espoir*, t. I, *op. cit.*, pp. 183-186. Il en existe un troisième compte rendu (*Documents diplomatiques français, 1958*, t. II, 1er juillet-31 décembre, *op. cit.*, pp. 341-344).

40. Texte écrit par Konrad Adenauer dès son retour de Colombey (Éric Roussel, *Charles de Gaulle*, *op. cit.*, p. 616).

41. *Ibid.*

42. François Seydoux, *Mémoires d'outre-Rhin*, Paris, 1973, Grasset, p. 212.

43. François Kersaudy, article déjà cité.

44. Archives diplomatiques, Allemagne (1944-1970), carton n° 1260.

45. Propos tenu début septembre 1958 par le général de Gaulle à son beau-frère Jacques Vendroux, « Les événements et les hommes », *Espoir*, juin 1974, p. 67.

46. Charles de Gaulle, *Mémoires d'espoir*, t. I, *Le renouveau 1958-1962*, *op. cit.*, p. 214.
47. Charles de Gaulle, *Lettres, notes et carnets*, VIII, *juin 1958-décembre 1960*, *op. cit.*, pp. 82-83.
48. Propos tenu le 11 décembre 1958 lors de la 390e réunion du Conseil national de sécurité, United States of America, *Foreign Relations of the United States, 1958-1960, Western Europe*, vol. VII, *North Atlantic Treaty Organization, France*, p. 56.
49. David Schoenbrun, *Les Trois Vies de Charles de Gaulle*, *op. cit.*, p. 464.
50. *Documents diplomatiques français, 1958*, t. II, 1er juillet-31 décembre, *op. cit.*, p. 591.
51. *Ibid.*, p. 499.
52. *Ibid.*, p. 560.
53. *Ibid.*, p. 558.
54. *Ibid.*, p. 628.
55. *Ibid.*, pp. 754-763.
56. Henry Kissinger, *Diplomacy, First Touchstone*, New York, Londres, Toronto, 1955, Simon & Schuster, p. 579.
57. United States of America, *Foreign Relations of the United States, 1958-1960, Western Europe*, vol. VII, *North Atlantic Treaty Organization, France*, 15-16 décembre 1958, pp. 145-155.

CHAPITRE V

Un gouvernement indéfinissable

1. Pierre Sudreau, *Au-delà de toutes les frontières*, Paris, 1991, Odile Jacob, pp. 112-113.
2. Charles de Gaulle, *Mémoires d'espoir*, t. I, *op. cit.*, p. 141.
3. Lettre à Guy Mollet, 20 novembre 1958 (A.N., 5 AG1 1699).
4. Jean Charlot, *Le Gaullisme d'opposition, 1946-1958*, Paris, 1983, Fayard, p. 158.
5. Georges Pompidou, *Pour rétablir une vérité*, Paris, 1982, Flammarion, p. 54.
6. Guy Vermeil, « Souvenirs d'un conjuré », dans *De Gaulle et la médecine*, sous la direction d'Alain Larcan et de Jean-François Lemaire, Paris, 1995, Synthelabo, p. 104.
7. Jean-Louis Crémieux-Brilhac, 14 juin 2011.
8. Antoine Prost, « Les origines de la politique de la recherche en France », *Cahiers pour l'histoire du C.N.R.S., 1939-1989*, 1988-1, p. 57.
9. Michel Debré, *Trois Républiques pour une France. Mémoires*** 1954-1968*, *op. cit.*, p. 401.

10. Jacques Fauvet, *Le Monde*, 18 octobre 1958.
11. Olivier Guichard, *Mon Général*, *op. cit.*, p. 366.
12. Jean Charlot, *L'Union pour la Nouvelle République. Étude du pouvoir au sein d'un parti politique*, thèse pour le doctorat de recherche, Paris, 1966, Fondation nationale des sciences politiques, p. 4.
13. *Ibid.*
14. Jacques Soustelle, *L'Espérance trahie*, *op. cit.*, p. 71.
15. Roger Frey, *Paris-Presse l'Intransigeant*, 11 octobre 1958.
16. *L'Année politique 1958*, Paris, 1959, P.U.F., p. 133.
17. *Paris-Presse l'Intransigeant*, 23-24 novembre 1958.
18. Charles de Gaulle, *Discours et Messages****, *Avec le renouveau, 1958-1962*, *op. cit.*, pp. 51-52 (conférence de presse du 23 octobre).
19. Pierre Viansson-Ponté, *Le Monde*, 18 octobre 1958.
20. André Dulac, *Nos guerres perdues*, *op. cit.*, p. 147.
21. Maurice Duverger, « Paradoxes d'une réforme électorale », dans *L'Établissement de la Cinquième République, le référendum de septembre et les élections de novembre 1958*, *Cahiers de la F.N.S.P.*, Paris, 1960, Armand Colin, p. 222.
22. *Journal officiel de la République française*, Débats, séance du 11 décembre 1958, p. 18.
23. Charles de Gaulle, *Mémoires d'espoir**, *Le Renouveau 1958-1962*, *op. cit.*, p. 145.
24. Antoine Dupont-Fauville, 1er octobre 2011.
25. *Entretiens avec Roger Goetze, haut fonctionnaire des Finances. Rivoli, Alger, Rivoli, 1937-1958*, texte établi, présenté et annoté par Nathalie Carré de Malberg, Paris, 1997, Comité pour l'histoire économique et financière de la France, p. 344.
26. Propos tenu par le sénateur Max Fléchet, intime d'Antoine Pinay, qui vient de le nommer haut-commissaire à l'Économie (Antoine Dupont-Fauville, 8 novembre 2011).
27. Communication de Jacques Rueff à la Société française de philosophie en 1946, *1958. La faillite ou le miracle. Le plan de Gaulle-Rueff*, actes du colloque tenu le 26 janvier 1985, Paris, 1986, Economica, p. 33.
28. Propos de Jacques Rueff enregistrés par sa fille, Mme Rosemonde Pigeat-Rueff, le 2 septembre 1969, à Berville.
29. A.N., F1 82.
30. Propos de Jacques Rueff enregistrés par sa fille, Mme Rosemonde Pigeat-Rueff, le 11 novembre 1969, à Paris.
31. Louis Franck, *697 ministres. Souvenirs d'un directeur général des Prix, 1947-1962*, Paris, 1986, copyright Louis Franck, autoédité, p. 247.

32. Témoignage de Jean-Marcel Jeanneney, dans *1958, la faillite ou le miracle*, *op. cit.*, p. 52.

33. Roger Goetze, « Le redressement financier de 1958 », *Espoir*, n° 54, mars 1986.

34. Jacques Rueff, *De l'aube au crépuscule*, *op. cit.*, p. 232.

35. Propos de Jacques Rueff enregistrés par sa fille, Mme Rosemonde Pigeat-Rueff, le 11 novembre 1969, à Paris.

36. Jacques Rueff a noté sa réponse le soir même (*De l'aube au crépuscule*, *op. cit.*, p. 233).

37. A.N., SOL/75.

38. Jean Méo, dans *Georges Pompidou, directeur de cabinet du général de Gaulle, juin 1958-janvier 1959*, *op. cit.*, p. 115.

39. Jacques Rueff, *De l'aube au crépuscule*, *op. cit.*, p. 234.

40. Pierre Viansson-Ponté, *Histoire de la République gaullienne. La fin d'une époque, mai 1958-juillet 1962*, *op. cit.*, p. 118.

41. A.N., F^{60} 2725.

42. Lettre d'Antoine Pinay au président du Conseil, Paris, le 27 décembre 1958, A.N., F 17.

43. Charles de Gaulle, *Discours et Messages*, t. III, *op. cit.*, p. 66.

44. Ces propos du général de Gaulle ont été rapportés à Roger Goetze. Si celui-ci les cite, alors qu'il ne les a pas entendus, c'est qu'il est sûr de leur véracité. Ils sont d'ailleurs confirmés par le Général lui-même (*cf. supra*, p. 342).

45. *Georges Pompidou, directeur de cabinet du général de Gaulle, juin 1958-janvier 1959*, *op. cit.*, p. 125.

Épilogue

1. Archives personnelles.
2. *Paris-Presse l'Intransigeant*, 9 janvier 1959.
3. Olivier Guichard, *Mon Général*, *op. cit.*, p. 370.
4. *Le Figaro*, 9 janvier 1959.
5. Olivier Guichard, *Mon Général*, *op. cit.*, p. 454.
6. *Le Monde*, 9 janvier 1959.

ANNEXES

I – Composition du gouvernement Charles de Gaulle
II – Chronologie
III – Bibliographie revue et complétée
IV – Ordonnances signées entre le 3 juin 1958 et le 8 janvier 1959
V – *Errata* des cinq premiers tomes
VI – *Addenda*
VII – Index général des cinq premiers tomes
VIII – Index du présent volume
IX – Tables des matières des cinq premiers tomes.

I – COMPOSITION DU GOUVERNEMENT CHARLES DE GAULLE (1er juin 1958 - 7 janvier 1959)

Le président du Conseil assume aussi les fonctions de ministre de la Défense nationale. Parmi les quinze ministres nommés dès sa formation, quatre sont ministres d'État : le socialiste Guy Mollet, le républicain populaire Pierre Pflimlin, l'U.D.S.R.-R.D.A. Félix Houphouët-Boigny et l'indépendant Louis Jacquinot.

Un socialiste, Max Lejeune, et un républicain populaire, Paul Bacon, sont respectivement ministres du Sahara et du Travail. L'indépendant Antoine Pinay, ministre des Finances et des Affaires économiques. Le républicain social Michel Debré, ministre de la Justice. Deux radicaux-socialistes entrent au gouvernement : Jean Berthouin reçoit le portefeuille de l'Éducation nationale, et Édouard Ramonet devient secrétaire d'État à l'Industrie et au Commerce.

L'écrivain André Malraux est ministre délégué à la présidence du Conseil. Les ministères des Affaires étrangères, de l'Intérieur et des Armées sont attribués à trois hauts fonctionnaires : Maurice Couve de Murville, Émile Pelletier et Pierre Guillaumat. Certains ministères n'ont pas de titulaires : Paul Bacon, ministre du Travail, reçoit donc l'intérim du ministère de la Santé publique et de la Population ; Michel Debré, garde des Sceaux, ceux des ministères des Anciens Combattants et de la Reconstruction ; Antoine Pinay, ceux des ministères des Travaux publics et de l'Agriculture.

Le 10 juin sont nommés cinq nouveaux ministres : le M.R.P. Robert Buron (Travaux publics, Transports et Tourisme), l'indépendant Roger Houdet (Agriculture), le républicain social Edmond Michelet (Anciens Combattants et Victimes de guerre), le socialiste Eugène Thomas (P.T.T.). Le préfet Pierre Sudreau devient ministre de la Construction, et Édouard Ramonet ministre de l'Industrie et du Commerce.

Le 8 juillet, enfin, sont nommés trois nouveaux ministres : le républicain social Jacques Soustelle (Information) et deux hauts fonctionnaires, le conseiller d'État Bernard Chenot (Santé publique) et l'ingénieur général des Ponts et Chaussées André Boulloche (délégué à la présidence du Conseil).

II – CHRONOLOGIE

1958

Mai

29 Dans un message au Parlement, le président Coty annonce que *« dans le péril de la patrie et de la République,* [il] *s'est tourné vers le plus illustre des Français »*. Reçu par lui à l'Élysée, le général de Gaulle accepte de former le nouveau gouvernement.

Juin

1er Investiture à l'Assemblée nationale du président du Conseil désigné, Charles de Gaulle.

2 Débat à l'Assemblée nationale sur les projets de loi déposés par le gouvernement (reconduction des pouvoirs spéciaux en Algérie, pleins pouvoirs pour une durée de six mois, modification de l'article 90 de la Constitution).

3 À 0 h 25, la séance de l'Assemblée nationale est levée : elle a voté les pleins pouvoirs.

Le général de Gaulle prend, à l'hôtel Matignon, ses fonctions de Premier ministre.

4 À Alger, déclaration du général de Gaulle : *« Je vous ai compris. »*

6 Premier entretien du général de Gaulle avec Abderrahmane Fares. Il le charge, avec l'écrivain Jean Amrouche, de prendre des contacts secrets avec le F.L.N.

9 Premier remaniement ministériel ; cinq nouveaux ministres.

11 Publication de la première des 216 ordonnances prises sous ce gouvernement ; elle porte sur l'autorisation de lancer un emprunt national.

12	Première réunion, au ministère de la Justice, sous la présidence de Michel Debré, du groupe de travail qui doit préparer le texte de la nouvelle Constitution.
13	Première réunion à l'hôtel Matignon, sous la présidence du général de Gaulle, du Conseil interministériel chargé de la réforme constitutionnelle.
14	Signature d'un accord franco-marocain relatif au stationnement des troupes françaises au Maroc.
16	Venue à Paris de Paul-Henri Spaak, secrétaire général de l'O.T.A.N. : c'est la première des rencontres internationales du général de Gaulle.
17	Lancement de l'emprunt national.
	Signature d'un accord franco-tunisien stipulant l'évacuation des bases militaires françaises en Tunisie, à l'exception de Bizerte.
27	Première allocution télévisée du général de Gaulle.
29-30	Entretien à Paris du général de Gaulle avec le Premier ministre britannique, Harold Macmillan.

Juillet

1er-3	Deuxième voyage en Algérie du général de Gaulle.
5	Entretien à Paris du général de Gaulle et du secrétaire d'État des États-Unis, John Foster Dulles.
7	Deuxième remaniement ministériel ; trois nouveaux ministres, dont Jacques Soustelle.
11-14	Rédaction par Michel Debré et trois de ses collaborateurs du projet constitutionnel.
14	En Irak, renversement de la monarchie, exécution de la famille royale et du Premier ministre. Le colonel Qassem prend le pouvoir.
15	Débarquement américain au Liban.
17	Arrivée des troupes britanniques en Jordanie.
19	Dans une lettre signée de Ferhat Abbas et adressée à Abderrahmane Fares, le F.L.N. refuse la discussion sur le cessez-le-feu proposée.
23	Première réunion du Conseil des ministres sur la réforme constitutionnelle.
29	Première réunion du Comité consultatif constitutionnel saisi du projet constitutionnel.

Août

8	Discours du général de Gaulle devant le Comité consultatif constitutionnel. Il annonce que le rejet du référendum par un territoire de l'Union française entraînera automatiquement son indépendance.
14	Fin des travaux du Comité consultatif constitutionnel.
20-29	Périple du général de Gaulle en Afrique noire ; arrêt, au retour, à Alger.
23	Bombardement des îles de Quemoy par la République populaire de Chine.

Septembre

3	Adoption en Conseil des ministres du projet définitif de Constitution.
4	Ouverture de la campagne du référendum au cours d'une cérémonie grandiose, à Paris, place de la République : de Gaulle présente aux Français le texte de la Constitution.
9	Nouvelle lettre de Ferhat Abbas, confirmant le refus du F.L.N. de la discussion proposée.
14	Réception par le général de Gaulle à Colombey-les-Deux-Églises de Konrad Adenauer, chancelier de la République fédérale d'Allemagne.
17	Envoi par le général de Gaulle au président des États-Unis et au Premier ministre britannique du mémorandum réclamant une réorganisation de l'O.T.A.N.
19	Annonce de la création au Caire d'un Gouvernement provisoire de la République algérienne, présidé par Ferhat Abbas.
28	Référendum constitutionnel. Par 79,25 % des suffrages exprimés, les Français adoptent la Constitution de la Ve République. Outre-mer, seule la Guinée a majoritairement répondu « non » ; elle devient indépendante.
30	Constitution par Jacques Rueff au ministère des Finances d'une commission chargée d'étudier les problèmes économiques et financiers français. Son existence et ses travaux ne sont pas publics.

Octobre

2-3	Quatrième séjour du président du Conseil en Algérie. Le 3 octobre, il annonce à Constantine un plan de

développement économique de l'Algérie, le « plan de Constantine ».

3 — À Paris, création par d'anciens dirigeants du Rassemblement du peuple français de l'Union pour la Nouvelle République (U.N.R.), qui regroupe la plupart des mouvements gaullistes.

4 — Promulgation au *Journal officiel* de la Constitution de la Ve République.

14 — Ordre du général de Gaulle aux militaires de se retirer des comités de salut public.

23 — Conférence de presse du général de Gaulle : il lance un appel au F.L.N. pour une « paix des braves ».

25 — Rejet par le G.P.R.A. de l'offre de la « paix des braves ».

27 — Envoi en Algérie, pour une mission d'un mois, de Paul Delouvrier.

Novembre

8 — Le ministre des Finances présente au président du Conseil le « plan Rueff ».

10 — Remise en cause par le gouvernement soviétique du statut de Berlin.

20 — Ordonnance établissant le budget de 1959.

23 — Premier tour des élections législatives.

26 — Entretien en Allemagne, à Bad Kreuznach, du général de Gaulle avec le chancelier Konrad Adenauer.

27 — Ultimatum soviétique à propos du statut de Berlin adressé aux gouvernements américain, britannique et français.

28 — Proclamation des républiques du Congo, du Tchad, du Gabon et de Mauritanie, membres de la Communauté.

30 — Second tour des élections législatives : raz de marée de l'U.N.R., effondrement du parti communiste, défaite de la plupart des responsables de la IVe République.

Création du Comité de la recherche scientifique et technique.

Décembre

9 — Première séance de la nouvelle Assemblée nationale, qui élit son président, Jacques Chaban-Delmas.

12 Nomination du général Salan inspecteur général de la Défense, ce qui signifie, lui écrit de Gaulle, *« la fin de toutes* [ses] *missions en Algérie ».*

14-15 Réunion à Paris des ministres des Affaires étrangères de France, de Grande-Bretagne, des États-Unis et d'Allemagne.

Rejet de l'ultimatum soviétique à propos de Berlin. Rupture des négociations avec la Grande-Bretagne sur la définition d'une zone européenne de libre-échange.

16 À Alger, départ du général Salan et arrivée de Paul Delouvrier, nommé délégué général en Algérie. Le général Challe y exerce le commandement en chef.

21 Par 77,5 % des voix, le général de Gaulle est élu président de la République et de la Communauté par un collège de grands électeurs.

26 Conseil des ministres sur la réforme financière, lettre de démission de Guy Mollet, lettre de protestation d'Antoine Pinay.

27 Adoption par le gouvernement du plan de réforme financière, dit « plan Rueff ».

1959

Janvier

1er Entrée en vigueur du Marché commun.

7 Publication de la 335e et dernière ordonnance, relative à « l'alimentation en eau douce de la région parisienne par le captage et l'adduction d'eaux d'alluvions des vals de Loire ». Dernier Conseil des ministres de la IVe République.

8 Passation des pouvoirs à l'Élysée. Le général de Gaulle prend ses fonctions de président de la République et de la Communauté.

III – BIBLIOGRAPHIE

Cette bibliographie revue, complétée et corrigée ne prétend pas à l'exhaustivité. Elle recense les principales sources des six volumes de l'*Histoire de la IVe République*

SOURCES

FONDS D'ARCHIVES PUBLIQUES ET PRIVÉES (NON PUBLIÉES)

Archives nationales, série contemporaine et fonds privés, Paris.
Archives nationales d'outre-mer, Aix-en-Provence.
Archives départementales, notamment celles du Cher, de la Dordogne et de la Somme.
Archives du ministère des Affaires étrangères, La Courneuve, anciennement au Quai d'Orsay.
Archives de la Défense (anciennement Service historique de l'armée de terre [S.H.A.T.], de la marine, de l'armée de l'air), Vincennes.
Préfecture de police de Paris.

National Archives, anciennement Public Record Office, Kew Garden, Grande-Bretagne.
National Archives, Maryland, États-Unis.

Fondation Charles de Gaulle.
Office universitaire de recherche socialiste (O.U.R.S.).

TÉMOIGNAGES ORAUX ET ARCHIVES PERSONNELLES

Les différents acteurs politiques, civils et militaires de l'époque ont confié à l'auteur de nombreux documents et témoignages. Le tout est déposé aux Archives nationales (fonds Elgey, 561 AP).

Archives d'histoire contemporaine, Centre d'histoire de Sciences Po.

DOCUMENTS OFFICIELS (PUBLIÉS)

Journal officiel de la République française. Lois et décrets. Débats parlementaires. Assemblée nationale. Conseil de la République.

Union française. Compte rendu intégral des séances, Paris, 1946-1959, Journaux officiels.

Documents diplomatiques français, 1945-1959, 16 vol., Ministère des Affaires étrangères, Commission de publication des documents diplomatiques français, Paris, 1987-1992, 1996-2003, Imprimerie nationale.

Comité national chargé de la publication des travaux préparatoires des institutions de la Ve République, *Documents pour servir à l'histoire de l'élaboration de la Constitution du 4 octobre 1958*, vol. I : *Des origines de la loi constitutionnelle du 3 juin 1958 à l'avant-projet du 29 juillet 1958* ; vol. II : *Le Comité consultatif constitutionnel, de l'avant-projet du 29 juillet 1958 au projet du 21 août 1958* ; vol. III : *Du Conseil d'État au référendum, 20 août-28 septembre 1958* ; vol. IV : *Commentaires sur la Constitution, 1958-1959*, Paris, 1987, 1988, 1991, 2001, La Documentation française.

Recueil des textes authentiques des programmes et engagements électoraux des députés proclamés élus à la suite des élections générales du 10 novembre 1946, Paris, 1946, Assemblée nationale.

Les Élections législatives du 17 juin 1951, Paris, 1953, La Documentation française.

Recueil des textes authentiques des programmes et engagements électoraux des députés proclamés élus à la suite des élections générales du 17 juin 1951, Paris, 1952, Assemblée nationale.

Les Élections législatives du 2 janvier 1956, Paris, 1957, La Documentation française.

Recueil des textes authentiques des programmes et engagements électoraux des députés proclamés élus à la suite des élections générales du 2 janvier 1956, Paris, 1956, Assemblée nationale.

Les Élections législatives des 23-30 novembre 1958, Paris, 1960, La Documentation française.

Les Élections législatives à l'Assemblée nationale, 23-30 novembre 1958. 1re législature de la Ve République. Recueil de tracts électoraux, listes, programmes, professions de foi et engagements des candidats aux élections, Paris, 1958, Assemblée nationale.

Rapport à Monsieur le Ministre plénipotentiaire, gouverneur général de l'Algérie, de la Commission chargée de procéder à une enquête administrative sur les événements qui se sont déroulés dans le département de Constantine les 8 mai 1945 et jours suivants, signé général Tubert, avocat général Labatut et Cadi Taleb Choaib, non daté (*Revue algérienne des sciences juridiques*, décembre 1974).

Nations Unies, Documents officiels, 11e session

United States of America, *Foreign Relations of the United States, 1958-1960, Western Europe, Volume VII, North Atlantic Treaty Organization, France.*

PRESSE

La presse de 1944 à 1958 a été souvent consultée.

Pour les parutions quotidiennes : *L'Aurore* ; *Combat* ; *La Croix* ; *La Dépêche* ; *L'Écho d'Alger* ; *Le Figaro* ; *France-Soir* ; *Franc-Tireur* ; *L'Humanité* ; *Le Journal d'Alger* ; *Midi libre* ; *Le Monde* ; *Le Parisien libéré* ; *Paris-Presse l'Intransigeant.*

Pour les publications hebdomadaires : *Les Cahiers du communisme* ; *Carrefour* ; *Elle* ; *L'Express* ; *France-Observateur* ; *Marie Claire* ; *L'Observateur* ; *Paris Match* ; *Rivarol* ; *Témoignage chrétien.*

Pour les parutions mensuelles : *L'Arche* ; *Entreprise* ; *Esprit* ; *France indépendante* ; *Historia* ; *L'Histoire* ; *Historiens et Géographes* ; *Hommes et Mondes* ; *Le Jacobin* ; *Jeune Europe* ; *La Nef* ; *Revue politique et parlementaire* ; *Les Temps modernes* ; *Unité.*

Pour les parutions trimestrielles : *Espoir*, revue de la Fondation et de l'Institut Charles de Gaulle ; *Revue française d'histoire d'outre-mer* ; *Revue française de sciences politiques* ; *Sondages*, revue de l'I.F.O.P. ; *Vingtième siècle. Revue d'histoire.*

Pour la presse étrangère, écrite ou radiophonique : *El Moujahid*, organe central du Front de libération nationale, Yougoslavie, août 1962, Beogradski graficki zavod, 3 t., du n° 1 (juin 1956) au n° 91 (19 mars 1962) (il s'agit de l'édition en langue française) ; *La Voix des Arabes* ; *The Times* ; *Daily Mail* ; *Der Spiegel* ; *Time Magazine.*

DISCOURS, PAMPHLETS ET ÉCRITS POLITIQUES

Auriol, Vincent, *Journal du septennat, 1947-1954*, 7 vol. édités, Paris, 1970-1978, Armand Colin ; le septième volume, concernant l'année 1950, a été publié avec la totalité du journal du septennat en 2000. Cette version intégrale est accompagnée d'un DVD reproduisant la totalité des volumes, aux éditions Tallandier ; *Mon septennat 1947-1954. Notes de journal*, Paris, 1970, Gallimard.

Blum, Léon, *L'Œuvre de Léon Blum*, t. VI, vol. 1 : *Naissance de la Quatrième République. La vie du parti et la doctrine socialiste, 1945-1947* ; vol. 2 : *La Fin des alliances. La troisième force. Poli-*

tique européenne. Pour la justice, 1947-1950, Paris, 1958, 1963, Albin Michel.

Bourguiba, Habib, *Discours*, t. I, 1955-1956, Tunis, 1975, Secrétariat d'État à l'Information.

Capitant, René, *Écrits d'entre-deux-guerres, 1928-1940*, Paris, 2004, Panthéon-Assas ; *Pour une Constitution fédérale*, Strasbourg, 1946, Renaissance ; *Écrits constitutionnels*, préface de Marcel Waline, Paris, 1982, C.N.R.S. Éditions.

Chandernagor, André, *Le Parlement, pour quoi faire ?*, Paris, 1967, Gallimard.

Debré, Michel, *Ces princes qui nous gouvernent*, Paris, 1957, Plon.

Ferry, Jules, *Rapport sur l'Algérie*, Paris, 1892, Armand Colin.

Gaulle, Charles de, *Discours et Messages*, t. I : *Pendant la guerre*, juin 1940-janvier 1946 ; t. II : *Dans l'attente*, février 1946-avril 1958 ; t. III : *Avec le renouveau*, mai 1958-juillet 1962, Paris, 1970, Plon ; *Lettres, notes et carnets*, t. VI : mai 1945-juin 1951 ; t. VII : juin 1951-mai 1958 ; t. VIII : juin 1958-décembre 1960, Paris, 1984-1985, Plon.

Jeanson, Colette et Francis, *L'Algérie hors la loi*, Paris, 1955, Seuil.

Lacoste, Robert, *Pour l'Algérie, pour la France*, Alger, 1956, Imprimerie officielle.

Léonard, Roger, *Quatre ans en Algérie*, recueil de discours, Alger, 1955, Imprimerie officielle du Gouvernement général de l'Algérie.

Mendès France, Pierre, *Œuvres complètes*, t. I : *S'engager, 1922-1943* ; t. II : *Une politique de l'économie, 1943-1954* ; t. III : *Gouverner, c'est choisir, 1954-1955* ; t. IV : *Pour une République moderne, 1955-1962*, Paris, 1984, 1985, 1986, 1987, Gallimard.

Michelet, Edmond, *Contre la guerre civile*, Paris, 1957, Plon.

Mitterrand, François, *« Quand le scandale devient une arme politique »*, Paris, 1950, Société de papeterie et d'imprimerie de Grenoble ; *Aux frontières de l'Union française*, Paris, 1953, Julliard ; *Présence française et abandon*, Paris, 1957, Plon ; *Politique*, Paris, 1977, Fayard.

Mollet, Guy, *Bilan et perspectives socialistes*, Paris, 1958, Plon ; *Quinze ans après, 1958-1973. La Constitution de 1958*, Paris, 1973, Albin Michel.

Philip, André, *L'Europe unie et sa place dans l'économie internationale*, Paris, 1953, P.U.F. ; *Le Socialisme trahi*, Paris, 1957, Plon.

Poujade, Pierre, *L'Heure de la colère*, Paris, 1977, Albin Michel.

Savary, Alain, *Pour le nouveau parti socialiste*, Paris, 1970, Seuil.

Simon, Pierre-Henri, *Contre la torture*, Paris, 1957, Seuil.

Thorez, Maurice, *Œuvres*, livre IV, t. 16 : Octobre 1938-février 1939 ; livre V, t. 21 : Juin 1945-mars 1946 ; livre V, t. 22 : Mars-novembre 1946 ; livre V, t. 23 : Novembre 1946-juin 1947 ; *Œuvres choisies*,

t. 2 : 1938-1950, et t. 3 : 1953-1964, Paris, 1956, 1963, 1964, 1965, 1966, Éditions sociales.

TÉMOIGNAGES, MÉMOIRES ET RÉCITS DES CONTEMPORAINS
(Lorsqu'un témoignage concerne un fait précis, qui est l'objet d'une rubrique thématique (*cf. infra*, pp. 81-128), il n'est pas mentionné dans l'énumération alphabétique ci-dessous.)

Français

La Quatrième République. Des témoins pour l'histoire, 1947-1997, Actes du colloque tenu au Sénat les 21 et 22 novembre 1997, Paris, 1999, Honoré Champion.

Fondation et Institut du général de Gaulle, *Avec de Gaulle. Témoignages*, 2 t., Paris, 2003-2005, Nouveau Monde.

Témoignages, recueil édité par la Fédération nationale des anciens combattants en Algérie, Maroc et Tunisie, Paris, 1989.

Ailleret, général Charles, *L'Aventure atomique française. Comment naquit la force de frappe*, Paris, 1968, Grasset.

Alphand, Hervé, *L'Étonnement d'être. Journal 1939-1973*, Paris, 1977, Fayard.

Amrouche, Jean El-Mouhoub, *Journal 1928-1962*, Paris, 2009, Non-Lieu.

Anxionnaz, Paul, *Mes trois républiques*, Paris, 1988, La Pensée universelle.

Armand, Louis, *Propos ferroviaires*, Paris, 1970, Fayard.

Aron, Raymond, *Mémoires*, Paris, 1983, Julliard.

Astoux, André, *L'Oubli. De Gaulle 1946-1958*, Paris, 1974, Jean-Claude Lattès.

Aussaresses, général, *Services spéciaux. Algérie, 1955-1957*, Paris, 2001, Perrin.

Belin, Roger, *Lorsqu'une République chasse l'autre (1958-1962)*, Paris, 1999, Michalon.

Bérard, Armand, *Un ambassadeur se souvient*, t. II : *Washington et Bonn 1945-1955*, Paris, 1977, Plon.

Bidault, Georges, *D'une résistance à l'autre*, Paris, 1965, Les Presses du Siècle ; *Le Point. Entretien avec Guy Ribeaud*, Paris, 1968, La Table Ronde ; *Algérie, l'oiseau aux ailes coupées*, Paris, 1958, La Table Ronde.

Bigeard, Marcel, *Pour une parcelle de gloire*, Paris, 1975, Plon.

Billoux, François, *Quand nous étions ministres*, Paris, 1972, Éditions sociales.

Bleustein-Blanchet, Marcel, *Mémoires d'un lion*, Paris, 1988, Perrin.

Bloch-Lainé, François, *Profession : fonctionnaire*, Paris, 1976, Seuil.

Boegner, Marc, *L'Exigence œcuménique. Souvenirs et perspectives*, Paris, 1968, Albin Michel.
Boislambert, Claude Hettier de, *Les Fers de l'espoir*, Paris, 1978, Plon.
Boissieu, Alain de, *Pour servir le Général, 1946-1970*, Paris, 1982, Plon.
Bollardière, général Jacques Pâris de, *Bataille d'Alger, bataille de l'homme*, Paris, 1972, Desclée de Brouwer.
Boris, Georges, *Servir la République*, Paris, 1963, Julliard.
Bourdet, Claude, *L'Aventure incertaine*, Paris, 1975, Stock ; *Mes batailles. Récit*, Ozoir-la-Ferrière, 1993, In fine.
Boyer de Latour, Pierre, *Vérités sur l'Afrique du Nord*, Paris, 1956, Plon.
Buron, Robert, *Le plus beau des métiers* ; *Carnets politiques de la guerre d'Algérie* ; *Les Dernières Années de la IVe République. Carnets politiques*, Paris, 1963, 1965, 1968, Plon.
Camus, Albert, *Actuelles. Chroniques*, t. I : *1944-1948* ; t. II : *1948-1953*, Paris, 1950, 1953, Gallimard ; *Carnets*, t. II : *Janvier 1942-mars 1951* ; t. III : *Mars 1951-décembre 1959*, Paris, 1964, 1989, Gallimard ; *Chroniques algériennes 1939-1958. Actuelles III*, Paris, 1958, Gallimard.
Chaban-Delmas, Jacques, *L'Ardeur*, Paris, 1975, Stock.
Chauvel, Jean, *Commentaires*, t. II : *D'Alger à Berne 1944-1952* ; t. III : *De Berne à Paris, 1952-1962*, Paris, 1972, 1973, Fayard.
Chenot, Bernard, *Être ministre*, Paris, 1967, Plon.
Chenu, Roselyne, *Paul Delouvrier ou la Passion d'agir. Entretiens*, Paris, 1994, Seuil.
Couve de Murville, Maurice, *Une politique étrangère, 1958-1963*, Paris, 1971, Plon.
Daix, Pierre, *Les Hérétiques du P.C.F.*, Paris, 1980, Robert Laffont.
Debré, Michel, *Trois Républiques pour une France*, t. I : *Combattre* ; t. II : *Agir 1946-1958* ; t. III : *Gouverner 1958-1962*, Paris, 1984, 1988, 1988, Albin Michel.
Depreux, Édouard, *Souvenirs d'un militant. Cinquante ans de lutte, de la social-démocratie au socialisme, 1918-1968*, Paris, 1972, Fayard.
Domenach, Jean-Marie, *Beaucoup de gueule et peu d'or*, Paris, 2001, Cerf.
Dubois, André-Louis, *À travers trois Républiques*, t. I : *Sous le signe de l'amitié*, Paris, 1972, Plon.
Duchet, Roger, *La République épinglée*, Paris, 1975, Alain Moreau.
Duclos, Jacques, *Mémoires*, t. IV : *Sur la brèche, 1945-1952. Des débuts de la Quatrième République au complot des pigeons* ; t. V : *Dans la mêlée, 1952-1958. De la relance d'un complot anticommuniste à l'effondrement de la IVe République*, Paris, 1971, 1972, Fayard.

Dulac, André, *Nos guerres perdues : Levant 1941, Indochine 1951-1953, Algérie 1958-1960*, Paris, 1969, Fayard.
Duval, Léon-Étienne, archevêque d'Alger, *Au nom de la vérité. Algérie 1954-1962*, préface de Jean Offredo, Paris, 2001, Albin Michel.
Elchinger, Monseigneur L.-A., *La Liberté d'un évêque*, Paris, 1976, Centurion.
Ély, général Paul, *L'Armée dans la nation*, Paris, 1961, Fayard ; *Mémoires*, t. I : *L'Indochine dans la tourmente* ; t. II : *Suez... le 13 mai*, Paris, 1964, 1969, Plon.
Fabre-Luce, Alfred, *J'ai vécu plusieurs siècles*, Paris, 1974, Fayard.
Faure, Edgar, *Mémoires*, t. I : *Avoir toujours raison... c'est un grand tort* ; t. II : *Si tel doit être mon destin ce soir...*, Paris, 1982, 1984, Plon.
Faure, Maurice, Delacampagne, Christian, *D'une République à l'autre. Entretiens sur l'histoire et sur la politique*, Paris, 1999, Plon.
Ferniot, Jean, *Je recommencerais bien*, Paris, 1991, Grasset.
Foccart, Jacques, *Foccart parle. Entretiens avec Philippe Gaillard*, 2 vol., Paris, 1995, Fayard/Jeune Afrique ; *Journal de l'Élysée*, Paris, 1997, Fayard/Jeune Afrique.
Fouchet, Christian, *Mémoires d'hier et de demain*, t. I : *Au service du général de Gaulle* ; t. II : *Les lauriers sont coupés*, Paris, 1971, Plon.
Foyer, Jean, avec la collaboration de Sabine Jansen, *Sur les chemins du droit avec le Général. Mémoires de ma vie politique, 1944-1988*, Paris, 2006, Fayard.
Franck, Louis, *697 ministres. Souvenirs d'un directeur général des prix, 1947-1962*, Paris, 1986, Imprimerie nationale.
Gallois, Pierre M., *L'Adieu aux armées*, Paris, 1974, Albin Michel.
Galtier-Boissière, Jean, *Mon journal dans la grande pagaïe*, Paris, 1950, La Grande Parque.
Gaulle, Charles de, *Mémoires de guerre*, 3 t., *L'Appel 1940-1942*, *L'Unité 1942-1944*, *Le Salut 1944-1946*, Paris, 1954, 1956, 1959, Plon ; *Mémoires d'espoir. Le Renouveau 1958-1962*, Paris, 1970, Plon.
Gazier, Albert, *Autour d'une vie de militant*, Paris, 2006, L'Harmattan.
Giroud, Françoise, *Si je mens...*, Paris, 1972, Stock.
Goetze, Roger, haut fonctionnaire des Finances, *Rivoli-Alger-Rivoli 1937-1958* (*Entretiens avec, texte établi et présenté par Nathalie Carré de Malberg*), Paris, 1997, Comité pour l'histoire économique et financière, Ministère de l'Économie, des Finances et de l'Industrie.
Gorse, Georges, *Je n'irai pas à mon enterrement*, Paris, 1992, Plon.
Gribius, André, *Une vie d'officier*, Paris, 1971, France-Empire.
Griotteray, Alain, *Mémoires*, Paris, 2004, Le Rocher/De Fallois.

Gros, Brigitte, *Véronique dans l'appareil*, Paris, 1960, Julliard.
Guichard, Olivier, *Un chemin tranquille*, Paris, 1975, Flammarion ; *Mon Général*, Paris, 1980, Grasset ; *Vingt ans en 40*, Paris, 1999, Fayard.
Guy, Claude, *En écoutant de Gaulle. Journal 1946-1949*, Paris, 1996, Grasset.
Hamon, Léo, *Vivre ses choix*, Paris, 1991, Robert Laffont.
Isorni, Jacques, *Mémoires*, Paris, 1984, Robert Laffont.
Joliot-Curie, Frédéric, *Cinq années de lutte pour la paix*, Paris, 1954, Défense de la paix.
Jouhaud, Edmond, *Ô mon pays perdu*, Paris, 1969, Fayard ; *Ce que je n'ai pas dit*, Paris, 1977, Fayard ; *Serons-nous enfin compris ?*, Paris, 1984, Albin Michel.
Juin, Alphonse, *Le Maghreb en feu*, Paris, 1957, Plon ; *Mémoires*, t. I et II, Paris, 1959, 1960, Fayard.
Kriegel, Annie, *Ce que j'ai cru comprendre*, Paris, 1991, Robert Laffont.
Lacheroy, Charles, *De Saint-Cyr à l'action psychologique*, Paris, 2003, Lavauzelle.
Laniel, Joseph, *Le Drame indochinois. De Dien Bien Phu au pari de Genève*, Paris, 1957, Plon ; *Jours de gloire et jours cruels 1908-1958*, Paris, 1971, Presses de la Cité.
Lapie, Pierre-Olivier, *De Léon Blum à de Gaulle. Le caractère et le pouvoir*, Paris, 1971, Fayard.
Lecourt, Robert, *Entre l'Église et l'État*, Paris, 1978, Hachette.
Lefort, Bernard, *Mes carnets secrets de la IV*e, Paris, 1996, Seuil.
Lefranc, Pierre, *Avec qui vous savez...*, Paris, 1979, Plon.
Lemalet, Martine, *Lettres d'Algérie, 1954-1962*, Paris, 1962, Jean-Claude Lattès.
Le Troquer, André, *La parole est à André Le Troquer*, Paris, 1962, La Table Ronde.
Maloubier, Bob, *Bazooka. La confession de Philippe Castille*, Paris, 1988, Filipacchi.
Malraux, André, *Antimémoires*, Paris, 1967, Gallimard.
Mandouze, André, *Mémoires d'outre-siècle*, t. I : *D'une résistance à l'autre*, Paris, 1998, Viviane Hamy ; t. II : *À gauche toute, bon Dieu ! 1962-1981*, Paris, 2003, Cerf.
Marjolin, Robert, *Le Travail d'une vie. Mémoires, 1911-1986*, Paris, 1986, Robert Laffont.
Massigli, René, *Une comédie des erreurs*, Paris, 1978, Plon.
Massu, Jacques, *La Vraie Bataille d'Alger* ; *Le Torrent et la Digue. Alger, du 13 mai aux barricades*, Paris, 1971, 1972, Plon.
Mauriac, Claude, *Un autre de Gaulle. Journal 1944-1954*, Paris, 1970, Hachette.

Mauriac, François, *Bloc-notes, 1952-1957* ; *Le Nouveau Bloc-notes, 1958-1960*, Paris, 1958, 1961, Flammarion ; *Mémoires politiques. Recueil de textes*, Paris, 1967, Grasset.

Mauriac, Jean, *Le Général et le Journaliste*, Paris, 2008, Fayard.

Memmi, Albert, *Portrait du colonisé, précédé du Portrait du colonisateur*, Paris, 1957, Corréa.

Mendès France, Pierre, *Choisir. Conversation avec Jean Bothorel*, Paris, 1974, Stock.

Messmer, Pierre, *Les Blancs s'en vont. Récits de décolonisation*, Paris, 1988, Albin Michel ; *Après tant de batailles. Mémoires*, Paris, 1992, Albin Michel.

Mitterrand, François, *Ma part de vérité*, Paris, 1969, Fayard.

Moch, Jules, *Rencontres avec Charles de Gaulle*, Paris, 1971, Plon ; *Une si longue vie*, Paris, 1976, Robert Laffont.

Mollet, Guy, *Ma mère*, Paris, 1969, Presses de la Cité ; *13 mai 1958-13 mai 1962*, Paris, 1962, Plon.

Monnerville, Gaston, *Vingt-deux ans de présidence*, Paris, 1980, Plon.

Monnet, Jean, *Mémoires. Nous ne coalisons pas des États, nous unissons des hommes*, Paris, 1976, Fayard.

Mons, Jean, *Sur les routes de l'Histoire*, Paris, 1981, Albatros.

Monteil, Vincent, *Soldat de Fortune*, Paris, 1969, Grasset.

Morazé, Charles, *Un historien engagé. Mémoires*, Paris, 2007, Fayard.

Morin, Edgar, *Autocritique*, Paris, 1994, Seuil.

Mothé, Daniel, *Journal d'un ouvrier 1956-1958*, Paris, 1959, Minuit.

Naegelen, Marcel-Edmond, *Avant que meure le dernier*, Paris, 1958, Plon ; *Mission en Algérie*, Paris, 1962, Flammarion ; *Une route plus large que longue*, Paris, 1964, Robert Laffont.

Navarre, général Henri, *Le Temps des vérités*, Paris, 1979, Plon.

Nithart, Michel, *Tikichourt, compte rendu* (archives personnelles).

Noël, Léon, *La Traversée du désert*, Paris, 1973, Plon.

Ortiz, Joseph, *Mes combats. Carnets de route 1954-1962*, Paris, 1964, La Pensée moderne.

Ott, Barthélemy, *Le Conseil de la République, 1946-1948. Il était une fois*, Annonay, 1976, Imprimerie du Vivarais.

Palewski, Gaston, *Mémoires d'action 1924-1974*, Paris, 1988, Plon.

Pelletier, Émile, *Traversée d'une époque*, Toulouse, 1974, Imprimerie Maurice Espic.

Péninou, Henri, *Notre vie chrétienne en Algérie (1959)*, présenté par Jean-Charles Jauffret, 1998, Université Paul-Valéry Montpellier III.

Perrault, Gilles, *Les Parachutistes*, Paris, 1961, Seuil ; *Go*, Paris, 2002, Fayard.

Peyrefitte, Alain, *C'était de Gaulle*, Paris, 1994, 3 vol., De Fallois/Fayard.

Pflimlin, Pierre, *Mémoires d'un Européen : de la IVe à la Ve République*, Paris, 1991, Fayard.
Pinay, Antoine, *Un Français comme les autres, Entretiens avec Antoine Veil*, Paris, 1984, Belfond.
Pineau, Christian, *Mon cher député*, Paris, 1959, Julliard.
Poher, Alain, *Trois fois président. Mémoires*, Paris, 1993, Plon.
Pompidou, Georges, *Pour rétablir une vérité*, Paris, 1982, Flammarion.
Poniatowski, Michel, *Mémoires*, t. I, Paris, 1997, Plon/Le Rocher.
Pouget, Jean, *Nous étions à Dien Bien Phu*, Paris, 1964, Presses de la Cité ; *Le Camp n° 1*, Paris, 1969, Fayard ; *Bataillon R.A.S. : Algérie*, Paris, 1981, Presses de la Cité.
Poujade, Pierre, *J'ai choisi le combat*, Saint-Céré, 1955, Société générale des éditions et des publications ; *L'Heure de la colère*, Paris, 1977, Albin Michel.
Recanati, Jean, *Un gentil stalinien*, Paris, 1981, Mazarine.
Revel, Jean-François, *Le Voleur dans la maison vide. Mémoires*, Paris, 1997, Plon.
Rey, Henri-François, « J'étais un faux délégué au congrès radical », *France-Observateur*, 12 mai 1955.
Reynaud, Paul, *Mémoires*, t. I : *Venu de ma montagne* ; t. II : *Envers et contre tous, 7 mars 1936-16 juin 1940*, Paris, 1960, 1963, Flammarion.
Rochebrune, Renaud de (textes établis par), *Les Mémoires de Messali Hadj, 1898-1938*, Paris, 1982, Jean-Claude Lattès.
Rozet, Claude-Antoine, *Relations de la guerre d'Afrique*, Paris, 1832, Firmin Didot frères.
Rueff, Jacques, *Œuvres complètes*, 5 vol., t. I : *De l'aube au crépuscule : autobiographie de l'auteur* ; t. II : *Théorie monétaire* ; t. III : *Politique économique. 1* ; *Politique économique. 2* ; t. IV : *L'Ordre social*, Paris, 1977, 1979, 1979, 1980, 1981, Plon.
Saint-Félix, René de, *Le Voyage de Sa Majesté l'empereur Napoléon III en Algérie et la régence de S.M. l'impératrice*, Paris, 1865, Eugène Pick.
Saint-Marc, Hélie de, *Mémoires*, Paris, 1995, Perrin.
Salan, Raoul, *Mémoires*, t. I : *Le Sens d'un engagement* ; t. II : *Le Vietminh, mon adversaire : octobre 1946-octobre 1954* ; t. III : *Fin d'un empire : Algérie française, 1er novembre 1954* ; t. IV : *Fin d'un empire : l'Algérie, de Gaulle et moi, 7 juin 1958-10 juin 1960*, Paris, 1970, 1971, 1972, 1974, Presses de la Cité ; *Indochine rouge*, Paris, 1975, Presses de la Cité.
Sallebert, Jacques, *Entre l'arbre et l'écorce*, Paris, 1975, Stock.
Sartre, Jean-Paul, *Commentaires*, Paris, 1952, Gallimard ; *Situation V*, Paris, 1964, Gallimard.

Sauvy, Alfred, *De Paul Reynaud à Charles de Gaulle. Scènes, tableaux et souvenirs*, Paris, 1972, Casterman.

Sergent, Pierre, *Ma peau au bout de mes idées*, Paris, 1968, La Table Ronde ; *Je ne regrette rien*, Paris, 1972, Fayard.

Servan-Schreiber, Jean-Jacques, *Lieutenant en Algérie*, Paris, 1957, Julliard ; *Passions*, Paris, 1991, Fixot.

Solal-Céligny, Jérôme, *Paris-Espagne-Alger-France, septembre 1943-septembre 1944* (archives personnelles).

Soustelle, Jacques, *Aimée et souffrante Algérie*, Paris, 1956, Plon ; *Le Drame algérien et la décadence française. Réponse à M. Aron*, Paris, 1957, Plon ; *L'Espérance trahie 1958-1961*, Paris, 1962, L'Alma ; *Vingt-huit ans de gaullisme*, Paris, 1968, La Table Ronde.

Stéphane, Roger, *Chaque homme est lié au monde*, Paris, 1946, Grasset ; *Tout est bien*, Paris, 1989, Quai Voltaire.

Sudreau, Pierre, *Au-delà de toutes les frontières*, Paris, 1991, Odile Jacob.

Tauriac, Michel, *Vivre avec de Gaulle. Les derniers témoins racontent l'homme*, Paris, 2008, Plon.

Teitgen, Pierre-Henri, *Faites entrer le témoin suivant. 1940-1958, de la Résistance à la Ve République*, Rennes, 1988, Ouest-France.

Terrenoire, Louis, *De Gaulle vivant*, Paris, 1971, Plon.

Tillon, Charles, *On chantait rouge*, Paris, 1977, Robert Laffont.

Tournoux, Jean-Raymond, *Carnets secrets de la politique*, Paris, 1958, Plon ; *Secrets d'État*, t. I : *Dien Bien Phu, les paras, l'Algérie, l'affaire Ben Bella, Suez, la Cagoule, le 13 mai, de Gaulle au pouvoir* ; t. II : *Pétain et de Gaulle*, Paris, 1960, 1964, Plon ; *La Tragédie du Général*, Paris, 1967, Plon ; *Jamais dit*, Paris, 1971, Plon ; *Le Feu et la Cendre : les années politiques du général de Gaulle, 1946-1970*, Paris, 1979, Plon.

Triboulet, Raymond, *Un gaulliste de la IVe République*, Paris, 1985, Plon.

Trinquier, Roger, *La Guerre moderne*, Paris, 1961, La Table Ronde.

Vallon, Louis, *L'Histoire s'avance masquée*, Paris, 1957, Julliard.

Vanuxem, Paul, *Le Dernier Combat. Drames et espoirs de l'armée française*, Paris, 1976, La Pensée moderne.

Vaujour, Jean, *De la révolte à la révolution*, Paris, 1985, Albin Michel.

Vendroux, Jacques, *Souvenirs de famille et Journal politique*, t. I : *Cette chance que j'ai eue : 1920-1957* ; t. II : *Ces grandes années que j'ai vécues : 1958-1970*, Paris, 1974, 1975, Plon ; « Les événements et les hommes », revue *Espoir*, juin 1974.

Vidal-Naquet, Pierre, *L'Affaire Audin*, Paris, 1958, Minuit ; *La Raison d'État*, Paris, 1962, Minuit ; *Les Crimes de l'armée française*, Paris, 1975, Maspero ; *La Torture dans la République*, Paris, 1975, Maspero/Minuit ; *Face à la raison d'État. Un historien dans la*

guerre d'Algérie, Paris, 1989, La Découverte ; *Mémoires. Le trouble et la lumière, 1955-1998*, Paris, 1998, Seuil/La Découverte.
Vittori, Jean-Pierre, *Nous, les appelés d'Algérie*, Paris, 1977, Stock ; *Les Confessions d'un professionnel de la torture*, Paris, 1980, Ramsay.
Zeller, André, *Dialogues avec un général*, Paris, 1974, Presses de la Cité.

Étrangers

Abbas, Ferhat, *De la colonie vers la province. Le jeune Algérien*, Paris, 1931, La Jeune Parque ; *Guerre et révolution d'Algérie*, t. I : *La Nuit coloniale*, Paris, 1962, Julliard ; *Autopsie d'une guerre : l'aurore*, Paris, 1980, Garnier.
Adenauer, Konrad, *Mémoires*, t. I : *1945-1953* ; t. II : *1953-1956* ; t. III : *1956-1963*, Paris, 1965, 1967, 1969, Hachette.
Aït Ahmed, Hocine, *La Guerre et l'après-guerre*, Paris, 1964, Minuit ; *Mémoires d'un combattant 1942-1952*, Paris, 1983, Sylvie Messinger.
Amrouche, Fadma Aït Mansour, *Histoire de ma vie*, Paris, 1968, Maspero.
Azzedine, commandant Si, *On nous appelait fellaghas*, Paris, 1976, Stock.
Ben Gourion, David, *Regards sur le passé*, Paris, 1965, Le Rocher.
Benkhedda, Benyoucef, *Les Origines du 1er novembre 1954*, Alger, 1989, Dahlab.
Boudiaf, Mohammed, *La Préparation du 1er novembre*, Paris, 1976, El Jarida.
Bourguiba, Habib, textes commentés et réunis par Mohamed Sayah, *Ma vie, mon œuvre*, t. IV : *1944-1951* ; t. V : *1952-1956*, Paris, 1987, Plon.
Churchill, Winston S., *Mémoires sur la Seconde Guerre mondiale*, t. VI, Paris, 1953, Plon.
Dayan, Moshé, *Histoire de ma vie*, Paris, 1976, Fayard ; *Journal de la campagne du Sinaï*, Paris, 1966, Fayard.
Dib, Fathi al-, *Abd el-Nasser et la révolution algérienne*, Paris, 1985, L'Harmattan.
Eden, Sir Anthony, *Mémoires*, t. II : *1945-1957*, Paris, 1960, Plon.
Eisenhower, Dwight David, *Mes années à la Maison-Blanche, 1953-1956*, Paris, 1963, Robert Laffont ; *Batailles pour la paix 1953-1961*, Paris, 1968, Trévise.
Fares, Abderrahmane, *La Cruelle Vérité. L'Algérie de 1945 à l'indépendance*, Paris, 1982, Plon.
Feraoun, Mouloud, *Journal : 1955-1962*, Paris, 1962, Seuil ; *Jours de Kabylie*, Alger, 1954, Baconnier.
Lacheraf, Mostefa, *L'Algérie, nation et société*, Paris, 1965, Maspero.

Lebjaoui, Mohamed, *Vérités sur la révolution algérienne*, Paris, 1970, Gallimard.

Macmillan, Harold, *War Diaries. Politics and War in the Mediterranean, 1943-1945*, New York, 1984, St. Martin's Press.

Malek, Redha, *L'Algérie à Évian. Histoire des négociations secrètes 1956-1962*, Paris, 1995, Seuil.

Moran, Lord Charles, *Mémoires. Vingt-cinq ans aux côtés de Churchill, 1940-1965*, Paris, 1966, Robert Laffont.

Murphy, Robert, *Diplomat among Warriors*, Londres, 1964, Collins ; *Un diplomate parmi les guerriers*, Paris, 1965, Robert Laffont.

Peres, Shimon, *David et sa fronde*, Paris, 1971, Stock ; *Combat pour la paix. Mémoires*, Paris, 1995, Fayard.

Saadi, Yacef, *Souvenirs de la bataille d'Alger, décembre 1956-septembre 1962*, Paris, 1962, Julliard ; *La Bataille d'Alger, l'embrasement*, Alger, 1984, E.N.A.L.

Spaak, Paul-Henri, *Combats inachevés*, t. I : *De l'indépendance à l'alliance* ; t. II : *De l'espoir aux déceptions*, Paris, 1969, Fayard.

Speidel, général Hans, *Croisade en Europe. Mémoires sur la Deuxième Guerre mondiale*, Paris, 1949, Robert Laffont.

Truman, Harry S., *Mémoires*, 2e partie : *Années d'épreuves et d'espérances*, t. I : *L'Alliance atlantique 1946-1950* ; t. II : *L'Affaire de Corée 1950-1952*, Paris, 1956, Plon.

INSTRUMENTS DE TRAVAIL

DICTIONNAIRES

Dictionnaire des parlementaires français, 1940-1958, 3 t., Paris, 1988, 1992, 1994, Assemblée nationale, La Documentation française.

Base de données des députés français depuis 1789 : http://www.assemblee-nationale.fr/sycomore.

Encyclopédia Universalis en ligne : http://www.universalis.fr

Andrieu, Claire, Braud, Philippe, Piketty, Guillaume (dir.), *Dictionnaire de Gaulle*, Paris, 2006, Laffont, « Bouquins ».

Azéma, Jean-Pierre, Bédarida, François, *1938-1948. Les années de tourmente. De Munich à Prague. Dictionnaire critique*, Paris, 1995, Flammarion.

Bargeton, René, *Dictionnaire biographique des préfets : septembre 1870-mai 1982*, Paris, 1994, Archives nationales.

Comand, Brigitte, Marcadé, Bernard, *Les Années 50 de A à Z*, Paris, 1988, Rivages.

Encyclopædia Universalis : http://www.universalis.fr.

Hardy, Michel, Lemoine, Hervé, Sarmant, Thierry, *Pouvoir politique et autorité militaire en Algérie française*, Paris, 2002, L'Harmattan.
Julliard, Jacques, Winock, Michel, *Dictionnaire des intellectuels français. Les personnes, les lieux, les moments*, Paris, 1996, Seuil.
Maitron, Jean (dir.), *Dictionnaire biographique du mouvement ouvrier français*, 44 vol., Paris, 1964-1997, Éditions ouvrières.
Sirinelli, Jean-François (dir.), *Dictionnaire historique de la vie politique française au XXe siècle*, Paris, 1995, P.U.F.
Stora, Benjamin, *Dictionnaire biographique de militants nationalistes algériens 1926-1954*, Paris, 1985, L'Harmattan ; *Le Dictionnaire des livres de la guerre d'Algérie*, Paris, 1996, L'Harmattan.
Who's Who in France, Paris, Jacques Lafitte.

CHRONOLOGIES

L'Année politique, économique, sociale et diplomatique en France, Paris, Le Grand Siècle, puis P.U.F., volume annuel depuis 1945.
Guillaume, Sylvie, *La France contemporaine. Chronologie commentée 1946-1958. La IVe République*, Paris, 1990, Perrin.
Junqua, Daniel, Lazar, Marc (dir.), *L'Histoire au jour le jour, 1945-1985*, Paris, 1987, Le Monde/La Découverte.
Jurquet, Jacques, *Mouvement communiste et nationaliste en Algérie. Chronologie commentée 1920-1962*, Paris, 1982, Le Centenaire.
Vincent, Gérard, *Les Français, 1945-1975. Chronologie et structure*, Paris, 1977, Masson.

RECUEILS STATISTIQUES

Annuaire statistique de la France 1956, n° 62, P.U.F.
Tableaux de l'économie française, I.N.S.E.E., 1960.

BIOGRAPHIES

Ferhat Abbas

Stora, Benjamin, *Ferhat Abbas*, Paris, 1995, Denoël.

André Achiary

Caudron, André, « André Achiary », *Parcours*, 1993, n° 8.

Raymond Aron

Baverez, Nicolas, *Raymond Aron*, Paris, 2006, Perrin.

Emmanuel d'Astier de La Vigerie

Tuquoi, Jean-Pierre, *Emmanuel d'Astier*, Paris, 1987, Arléa.

Wilfrid Baumgartner

Feiertag, Olivier, *Wilfrid Baumgartner. Les finances de l'État et l'économie de la Nation 1902-1978. Un grand commis à la croisée des pouvoirs*, thèse de doctorat d'histoire, Paris X-Nanterre, 1994, sous la direction d'Alain Plessis.

Krim Belkacem

Hamdami, Amar, *Krim Belkacem. Le Lion des djebbels*, Paris, 1973, Balland.

Ahmed Ben Bella

Merle, Robert, *Ahmed Ben Bella*, Paris, 1965, Gallimard.

Georges Bidault

Dalloz, Jacques, *Georges Bidault*, Paris, 1992, L'Harmattan.
Demory, Jean-Claude, *Georges Bidault*, Paris, 1995, Julliard.

Léon Blum

Audry, Colette, *Léon Blum ou la Politique du Juste*, Paris, 1955, Julliard.
Greilsammer, Ilan, *Blum*, Paris, 1996, Flammarion.
Lacouture, Jean, *Léon Blum*, Paris, 1977, Seuil.
Ziebura, Gilbert, *Léon Blum et le Parti socialiste*, Paris, 1967, Presses de la F.N.S.P.

Marc Boegner

Mehl, Robert, *Marc Boegner. Une humble grandeur*, Paris, 1987, Plon.

Jacques Pâris de Bollardière

Jacques de Bollardière. Compagnon de toutes les libérations, Dossier n° IV de la rédaction de *Non-violence actualité*, Montargis, 1986.
Roussel, Vincent, *Jacques de Bollardière : de l'armée à la non-violence*, Paris, 1997, Desclée de Brouwer.
Toulat, Jean, *Un combat pour l'homme. Le général de Bollardière*, Paris, 1987, Centurion.

Henri Borgeaud

Barbier, Michèle, *Le Mythe Borgeaud*, Châteauneuf-les-Martigues, 1993, Wallada.

Georges Boris

Crémieux-Brilhac, Jean-Louis, *Georges Boris. Trente ans d'influence. Blum, de Gaulle, Mendès France*, Paris, 2010, Gallimard.

Toinet, Marie-France, *Georges Boris 1888-1960, un socialiste humaniste*, thèse pour le doctorat de recherche, Fondation nationale des sciences politiques, cycle supérieur d'études politiques, Paris, 1969.

Maurice Bourgès-Maunoury

Marcus, Paul, *Maurice Bourgès-Maunoury, un républicain invisible*, Biarritz, 1997, Atlantica.

Habib Bourguiba

Belhassen, Souhayr, Bessis, Sophie, *Bourguiba à la conquête d'un destin 1901-1957*, Paris, 1988, Groupe Jeune Afrique.

Cohen, Bernard, *Bourguiba. Le pouvoir d'un seul*, Paris, 1986, Flammarion.

Rous, Jean, *Habib Bourguiba. L'homme d'action de l'Afrique*, Paris, 1969, Martinsart.

André Boutemy

« L'ex-préfet Boutemy, devenu conseiller du haut patronat », *Paris-Presse l'Intransigeant*, 16 novembre 1947.

Albert Camus

Lottman, Herbert R., *Albert Camus*, Paris, 1978, Seuil.

Todd, Olivier, *Albert Camus, une vie*, Paris, 1996, Gallimard.

René Cassin

Prost, Antoine et Winter, Jay, *René Cassin*, Paris, 2011, Fayard.

Georges Catroux

Lerner, Henri, *Catroux*, Paris, 1990, Albin Michel.

Jacques Chaban-Delmas

Jacques Chaban-Delmas en politique, sous la direction de Bernard Lachaise, Gilles Le Béguec, Jean-François Sirinelli, Paris, 2007, P.U.F.

Maurice Clavel

Bel, Monique, *Maurice Clavel*, Paris, 1992, Bayard.

René Coty

Baecque, Francis de, *René Coty, tel qu'en lui-même*, Nancy, 1990, Presses universitaires de Nancy.

Cheverny, Julien, *Notice sur la vie et les travaux de René Coty*, Paris, 1966, Firmin-Didot.

Piot, Jean-Marie, *Le Président René Coty*, thèse de doctorat de droit, Université Paris II, 1980.

Édouard Daladier

Du Réau, Élisabeth, *Édouard Daladier, 1884-1970*, Paris, 1993, Fayard.

Gaston Defferre

Marion, Georges, *Gaston Defferre*, Paris, 1989, Albin Michel.

Ysmal, Colette, *La Carrière politique de Gaston Defferre*, Paris, 1965, Presses de la F.N.S.P.

Paul Delouvrier

Laurent, Sébastien, Rouiller, Jean-Eudes, *Paul Delouvrier. Un grand commis de l'État*, Paris, 2005, Presses de Sciences Po.

Edgar Faure

Krakovitch, Raymond, *Edgar Faure, le virtuose de la politique*, Paris, 1996, Economica.

Mairet, Jérôme, *Edgar Faure : un homme, une histoire*, Paris, 1992, S.I.

Benoît Frachon

Girault, Jacques, *Benoît Frachon, communiste et syndicaliste*, Paris, 1989, Presses de la F.N.S.P.

Félix Gaillard

Le Douarec, François, *Félix Gaillard, 1919-1970. Un destin inachevé*, thèse de doctorat soutenue à l'Université de Paris IV ; *Félix Gaillard, 1919-1970. Un destin inachevé*, Paris, 1991, Economica.

Charles de Gaulle

Aron, Robert, *Charles de Gaulle*, Paris, 1964, Perrin.

Debû-Bridel, Jacques, *De Gaulle contestataire*, Paris, 1990, Plon.

Funk, Arthur, « De Gaulle, Eisenhower et la Résistance », revue *Espoir*, mars 1992.

Gaïti, Brigitte, *De Gaulle : prophète de la Cinquième République 1946-1962*, Paris, 1998, Presses de Sciences Po.

Gallo, Max, *De Gaulle*, t. I : *L'Appel du destin* ; t. II : *La Solitude du combattant* ; t. III : *Le Premier des Français*, Paris, 1998, Robert Laffont.

Gaulle, Philippe de, *De Gaulle, mon père. Entretiens avec Michel Tauriac*, 2 vol., Paris, 2003-2004, Plon.

Institut de Gaulle, *De Gaulle en son siècle*, colloque, Paris, Unesco, 19-24 novembre 1990, t. I : *Dans la mémoire des hommes et des peuples* ; t. II : *La République* ; t. III : *Moderniser la France* ; t. IV : *La Sécurité et l'indépendance de la France* ; t. V : *L'Europe* ; t. VI : *Liberté et dignité des peuples*, Paris, 1992, Plon.

Lacouture, Jean, *De Gaulle*, t. I : *Le Rebelle* ; t. II : *Le Politique, 1944-1959* ; t. III : *Le Souverain*, Paris, 1984, 1985, 1986, Seuil.

La Gorce, Paul-Marie de, *De Gaulle entre deux mondes*, Paris, 1964, Fayard ; *De Gaulle*, Paris, 1999, Perrin.

Larcan, Alain, Lemaire, Jean-François (dir.) *De Gaulle et la médecine*, Paris, 1955, Synthélabo.

Mauriac, François, *De Gaulle*, Paris, 1964, Grasset.

Roussel, Éric, *Charles de Gaulle*, Paris, 2002, Gallimard.

Sadoun, Marc, *La Politique sociale du général de Gaulle*, Villeneuve-d'Ascq, Centre d'histoire de la région du Nord et de l'Europe du Nord-Ouest, Université Charles-de-Gaulle Lille III, 1990.

Schoenbrun, David, *Les Trois Vies de Charles de Gaulle*, Paris, 1965, Julliard.

Yvonne de Gaulle

Néau-Dufour, Frédérique, *Yvonne de Gaulle*, Paris, 2010, Fayard.

Charles Hernu

Guisnel, Jean, *Charles Hernu ou la République au cœur*, Paris, 1993, Fayard.

Édouard Herriot

Bernstein, Serge, *Édouard Herriot ou la République en personne*, Paris, 1985, Presses de la F.N.S.P.

Chauvy, Gérard, *Édouard Herriot et le radicalisme triomphant 1872-1957*, Lyon, 1996, L.U.G.D.

Lapie, Pierre-Olivier, *Herriot*, Paris, 1967, Fayard.

Soulié, Michel, *Vie politique d'Édouard Herriot*, Paris, 1962, Armand Colin.

Hô Chi Minh

Lacouture, Jean, *Hô Chi Minh*, Paris, 1967, Seuil.

Henri Hoppenot

Barbier, Colette, *Henri Hoppenot, diplomate (25 octobre 1891-10 août 1977)*, Paris, 1999, Direction du ministère des Affaires étrangères.

Félix Houphouët-Boigny

Siriex, Paul-Henri, *Félix Houphouët-Boigny. L'homme et la paix*, Paris, 1975, Nouvelles Éditions africaines.

Jean Jardin

Assouline, Pierre, *Une éminence grise. Jean Jardin 1904-1976*, Paris, 1986, Balland.

Louis Joxe

Morelle, Chantal, *Louis Joxe, diplomate dans l'âme*, thèse de doctorat, F.N.S.P., 2008.

Conrad Killian

Boissonnade, Euloge, *Conrad Killian : explorateur souverain*, Paris, 1983, France-Empire.

Robert Lacoste

Prouteau, Xavier, *Robert Lacoste, de la Dordogne à l'Algérie*, Université de Bordeaux III, Institut d'histoire, 1990.

Max Lejeune

Binot, Jean-Marc, *Max Lejeune, l'irréductible*, t. I : *L'Enfant chéri du socialisme picard 1909-1955* ; t. II : *Du ministre de la Quatrième au notable de la Cinquième 1956-1995*, Amiens, 2002, 2003, Martelle.

Jean-Marie Le Pen

Bresson, Gilles, Lionet, Christian, *Le Pen. Biographie*, Paris, 1994, Seuil.

Roger Le Tourneau

Oppetit, Denis, « Un intellectuel français et le Maghreb », *Correspondances*, bulletin scientifique de l'Institut de recherches sur le Maghreb contemporain, 24 mai 2004.

André Malraux

Curtis, Cate, *André Malraux*, Paris, 1993, Flammarion.

Lacouture, Jean, *André Malraux. Une vie dans le siècle*, Paris, 1973, Seuil.

Mossuz-Lavau, Jacqueline, *André Malraux et le gaullisme*, Paris, 1982, Presses de la F.N.S.P.

Todd, Olivier, *André Malraux : une vie*, Paris, 2001, Gallimard.

André Marie

Beauregard, Jean, *André Marie : un notable sous trois Républiques, 1897-1974*, Université de Rouen-Haute-Normandie, 1974, mémoire de maîtrise sous la direction de Jean-Pierre Chaline.

René Massigli

Ulrich-Pier, Raphaële, *René Massigli (1888-1988). Une vie de diplomate*, Bruxelles, 2006, Peter Lang.

René Mayer

Mayer, Denise (dir.), *René Mayer. Études, témoignages, documents*, Paris, 1983, P.U.F.

Pierre Mendès France

Pierre Mendès France et l'esprit républicain, Actes des colloques de Tel-Aviv et de l'Assemblée nationale, Paris, 1996, Le Cherche-Midi.

Aberdam, Édith, Chêne, Janine, Morsel, Henri (dir.), *Pierre Mendès France. La morale en politique*, colloque de Grenoble, octobre 1989, organisé par l'Unité de formation et de recherche Sciences humaines de l'Université des sciences sociales de Grenoble, par le Cercle Bernard Lazare et par l'Institut Pierre Mendès France, Grenoble, Presses universitaires de Grenoble.

Gourdon, Alain, *Pierre Mendès France ou le Rêve français*, Paris, 1977, Ramsay.

Lacouture, Jean, *Pierre Mendès France*, Paris, 1981, Seuil.

Nantet, Jacques, *Pierre Mendès France*, Paris, 1967, Centurion.

Nicolet, Claude, *Pierre Mendès France ou le Métier de Cassandre*, Paris, 1959, Julliard.

Rizzo, Jean-Louis, *Pierre Mendès France*, Paris, 1994, La Découverte.

Rouanet, Pierre, *Mendès France au pouvoir 1954-1955*, Paris, 1965, Robert Laffont.

Roussel, Éric, *Pierre Mendès France*, Paris, 2007, Gallimard.

François de Menthon

Ducerf, Laurent, *François de Menthon. Un catholique au service de la République*, thèse de doctorat d'histoire, Lyon, 2000, Université Jean-Moulin ; Paris, 2006, Cerf.

Messali Hadj

Stora, Benjamin, *Messali Hadj*, Paris, 1986, L'Harmattan.

Edmond Michelet

Charbonnel, Jean, *Edmond Michelet*, Paris, 1987, Beauchesne.

Michelet, Claude, *Mon père, Edmond Michelet*, Paris, 1981, Robert Laffont.

Terrenoire, Louis, *Edmond Michelet, mon ami. Souvenirs et témoignages*, Paris, 1992, Nouvelle Cité.

François Mitterrand

Cayrol, Roland, *François Mitterrand, 1945-1967*, Paris, 1967, Presses de la F.N.S.P.

Duhamel, Éric, *François Mitterrand : l'unité d'un homme*, Paris, 1998, Flammarion.

Giesbert, Franz-Olivier, *François Mitterrand ou la Tentation de l'histoire*, Paris, 1977, Seuil.

Lacouture, Jean, *François Mitterrand. Une histoire de Français*, Paris, 1998, Seuil, t. I.

Nay, Catherine, *Le Noir et le Rouge, ou l'Histoire d'une ambition*, Paris, 1984, Grasset.

Péan, Pierre, *Une jeunesse française. François Mitterrand 1934-1947*, Paris, 1994, Fayard.

Guy Mollet

Chancel, Jacques, « Radioscopie de Guy Mollet, France Inter, 18 octobre 1973 », *Bulletin de la Fondation Guy Mollet*, n° 6, juillet-décembre 1983.

Lafon, François, *Guy Mollet, secrétaire général du Parti socialiste S.F.I.O., 1946-1958*, thèse de doctorat, E.H.E.S.S., 1993 ; *Guy Mollet. Itinéraire d'un socialiste controversé*, Paris, 2006, Fayard.

Lefebvre, Denis, *Guy Mollet, le mal aimé*, Paris, 1992, Plon ; *Guy Mollet face à la torture en Algérie, 1956-1957*, Paris, 2001, Bruno Leprince.

Ménager, Bernard, Ratte, Philippe, Thiébault, Jean-Louis, *Guy Mollet, un camarade en République*, Actes du colloque de 1986, Lille, 1987, Presses universitaires de Lille.

Témoignages Guy Mollet, 1905-1975, Paris, 1977, Fondation Guy Mollet.

Jean Monnet

Fontaine, Pascal, *Jean Monnet, l'inspirateur*, Paris, 1988, Grancher.

Roussel, Éric, *Jean Monnet*, Paris, 1996, Fayard.

André Morice

Liaigre, Francis, *L'Étrange Ascension d'un maire de Nantes. André Morice, de la Collaboration à la Résistance*, Paris, 2002, L'Atelier.

Gamal Abdel Nasser

Lacouture, Jean, *Nasser*, Paris, 1971, Seuil.

André Philip

Philip, Loïc, *André Philip*, Paris, 1988, Beauchesne.

Abbé Pierre

Lunel, Pierre, *L'Abbé Pierre. L'insurgé de Dieu*, Paris, 1989, Éditions N° 1/Stock.

Antoine Pinay

Giansily, Jean-Antoine, *Pinay l'indépendant*, Paris, 1995, Denoël.

Guillaume, Sylvie, *Antoine Pinay. Un destin national*, thèse pour le doctorat d'État, Université de Bordeaux III, 1981 ; *Antoine Pinay ou la Confiance en politique*, Paris, 1984, Presses de la F.N.S.P.

Rimbaud, Christiane, *Pinay*, Paris, 1990, Perrin.

René Pleven

Bougeard, Christian, *René Pleven*, Rennes, 1994, Presses universitaires de Rennes.

Georges Pompidou

Lachaise, Bernard, Le Béguec, Gilles, Turpin, Frédéric (dir.), *Georges Pompidou, directeur de cabinet du général de Gaulle, juin 1958-janvier 1959*, Bruxelles, 2006, Peter Lang.

Roussel, Éric, *Georges Pompidou*, Paris, 1984, Jean-Claude Lattès.

Pierre Poujade

Guy, Christian, *Le Cas Poujade*, Givors, 1955, A. Martel.

Rioux, Jean-Pierre, « La révolte de Pierre Poujade », *L'Histoire*, n° 32, mars 1987.

Henri Queuille

Delivet, Pierre, Le Béguec, Gilles (dir.), *Henri Queuille et la République*, actes du colloque de Paris des 25 et 26 octobre 1984, Limoges, 1987, Trames.

Tarr, Jean-Louis, *Henri Queuille en son temps. Biographie*, Paris, 1995, La Table Ronde.

Paul Ramadier

Berstein, Serge (dir.), *Paul Ramadier, la République et le socialisme*, actes du colloque des 8 et 9 décembre 1988 organisé par le C.H.E.V.S., Bruxelles.

Fonvieille-Vojtovic, Aline, *Paul Ramadier, 1888-1961 : élu local et homme d'État*, Paris, 1993, Publications de la Sorbonne.

Abbane Ramdane

Mameri, Khalfa, *Abane Ramdane, héros de la guerre d'Algérie*, Paris, 1988, L'Harmattan.

Mohammed (Marcel) Reggui

Gasset, Bernard, *Marcel-Mahmoud Reggui*, Saint-Jean-le-Blanc, 1995, Félix.

David Rousset

Copfermann, Émile, *David Rousset. Une vie dans le siècle. Fragments d'autobiographie*, Paris, 1991, Plon.

Raoul Salan

Figuéras, André, *Salan Raoul, ex-général*, Paris, 1965, La Table Ronde.

Gandy, Alain, *Salan*, Paris, 1990, Perrin.

Laroche, Fabrice, *Salan devant l'opinion*, Paris, 1963, Saint-Just.

Salan, Dominique, *Raoul Salan. Le destin d'un homme simple*, Anglet, 2003, Atlantica.

Alain Savary

Hurtig, Serge, *Alain Savary : politique et honneur*, Paris, 2002, Presses de la F.N.S.P.

Prévot, Maryvonne, « Convergences maghrébines autour d'Alain Savary, secrétaire d'État aux Affaires marocaines et tunisiennes en 1956 », *Revue historique*, décembre 1999, n° 611 ; *Alain Savary. Les combats d'une vie, 1940-1971*, thèse présentée sous la direction de Jean-François Sirinelli, Paris, 2001, Institut d'études politiques.

Robert Schuman

Hostiou, René, *Robert Schuman et l'Europe*, Paris, 1969, Cujas.

Ledré, Charles, *Robert Schuman. Pèlerin de l'Europe*, Paris, 1954, Spes.

Poidevin, Raymond, *Robert Schuman, homme d'État 1886-1963*, Paris, 1986, Imprimerie nationale.

Jean-Jacques Servan-Schreiber

Rustenholz, Alain, Treiner, Sandrine, *La Saga Servan-Schreiber*, Paris, 1993, Seuil.

Pierre-Henri Simon

Pierre-Henri Simon. Actes du colloque tenu à Rome le 12 décembre 1996, Paris, 1999, Cerf.

Jacques Soustelle

Ullmann, Bernard, *Jacques Soustelle : le mal aimé*, Paris, 1995, Plon.

Roger Stéphane

Deforges, Régine, *Roger Stéphane ou la passion d'admirer*, Paris, 1995, Fayard/Spengler.

Philipponnat, Olivier, Lienhardt, Patrick, *Roger Stéphane. Biographie*, Paris, 2004, Grasset.

Pierre Sudreau

Rimbaud, Christiane, *Pierre Sudreau*, Paris, 2004, Le Cherche-Midi.

Paul Teitgen

Chartier, Emmanuelle, *Paul Teitgen. Un parcours dans le siècle, 1919-1991*, mémoire de maîtrise, juin 1985, Lille III.

Maurice Thorez

Robrieux, Philippe, *Maurice Thorez. Vie secrète et vie publique*, Paris, 1975, Fayard.

Sirot, Stéphane, *Maurice Thorez*, Paris, 2000, Presses de Sciences Po.

Wieviorka, Annette, *Maurice et Jeannette. Biographie du couple Thorez*, Paris, 2010, Fayard.

Maurice Viollette

Gaspard, Françoise (dir.), *De Dreux à Alger. Maurice Viollette, 1870-1960*, Paris, 1991, L'Harmattan.

Roger Wybot

Bernert, Philippe, *Roger Wybot et la bataille pour la D.S.T.*, Paris, 1975, Presses de la Cité.

ÉTUDES GÉNÉRALES

La Quatrième République : bilan trente ans après la promulgation de la Constitution du 27 octobre 1946, actes du colloque de Nice, les 20-22 janvier 1977, Paris, 1978, L.G.D.J.

La Quatrième République, actes du colloque de l'Université de Paris I, 1979, C.N.R.S.

Agulhon, Maurice, Nouschi, André, Schor, Ralph, *La France de 1940 à nos jours*, Paris, 1995, Nathan.

Ariès, Philippe, *Histoire des populations françaises*, Paris, 1971, Seuil.

Aron, Raymond, *Immuable et changeante. De la Quatrième à la Cinquième République*, Paris, 1959, Calmann-Lévy.

Avril, Pierre, Vincent, Gérard, *La IVe République. Histoire et société*, Paris, 1988, MA Éditions.

Barsalou, Joseph, *La Mal-aimée. Histoire de la IVe République*, Paris, 1964, Plon.
Becker, Jean-Jacques, *Histoire politique de la France depuis 1945*, Paris, 1988, Armand Colin.
Bédarida, François, Mayeur, Jean-Marie, Monneron, Jean-Louis, Prost, Antoine, *Histoire du peuple français*, t. V : *Cent ans d'esprit républicain*, Paris, 1965, Nouvelle Librairie de France.
Berstein, Serge, Milza, Pierre, *Histoire de la France au XXe siècle*, Bruxelles, 1991, Complexe.
Carmoy, Guy de, *Les Politiques étrangères de la France, 1944-1966*, Paris, 1967, La Table Ronde.
Cerny, Philip, *Politics of Grandeur. Ideological Aspects of De Gaulle's Foreign Policy*, Londres/New York/Melbourne, 1980, Cambridge University Press.
Chantebout, Bernard, *L'Organisation générale de la défense nationale*, thèse de doctorat de droit public, Paris, 1996, L.G.D.J.
Documentation française (La), « La France 1944-1974, deux républiques pour une mutation », *La Documentation française*, n° 6060, août 1982.
Duhamel, Éric, *Histoire politique de la IVe République*, Paris, 2000, La Découverte.
Dupeux, Georges, *La Société française, 1789-1960*, Paris, 1964, Armand Colin.
Duroselle, Jean-Baptiste, *Histoire diplomatique de 1919 à nos jours*, Paris, 1978, Dalloz.
Fauvet, Jacques, *La Quatrième République*, Paris, 1959, Fayard.
Feuilloley, Paul, *La IVe République à travers la France*, Paris, 1996, L'Harmattan ; *La France du général de Gaulle*, Paris, 2001, L'Harmattan.
Fonvieille-Alquier, François, *Plaidoyer pour la IVe République*, Paris, 1976, Robert Laffont.
Frossard, André, *Histoire paradoxale de la IVe République*, Paris, 1954, Grasset.
Galliano, Paul, *La France de la IVe République*, Paris, 1972, Culture, Art, Loisirs.
George, Pierre, *Géographie de l'énergie*, Paris, 1950, MT Génin.
Giles, Franck, *Locust Years. The Story of the Fourth French Republic, 1946-1958*, Londres, 1991, Secker and Warburg.
Girault, René, Frank, Robert, *La Puissance française en question, 1945-1949*, Colloque européen, Paris, 1988, Publications de la Sorbonne.
Gœtschel, Pascale, Touchebœuf, Bénédicte, *La IVe République*, Paris, 2004, L.G.F.
Grosser, Alfred, *La IVe République et sa politique extérieure*, Paris, 1961, Armand Colin.
Guilleminault, Gilbert, *Le Roman vrai de la IVe République*, t. I : *Les Lendemains qui ne chantaient pas, 1944-1947* ; t. II : *La France de*

Vincent Auriol, 1947-1953 ; t. III : *De Bardot à de Gaulle, 1954-1958*, Paris, 1969, 1969, 1972, Denoël.

Isoart, Paul, *La Quatrième République*, colloque de Nice (1977), Paris, 1978, L.G.D.J.

Julliard, Jacques, *La Quatrième République*, Paris, 1968, Calmann-Lévy.

La Gorce, Paul-Marie de, *Naissance de la France moderne*, t. I : *L'Après-guerre, 1944-1952* ; t. II : *Apogée et mort de la IVe République, 1952-1958*, Paris, 1978, 1979, Grasset.

Lefranc, Georges, *Le Syndicalisme dans le monde*, Paris, 1958, P.U.F.

Limagne, Pierre, *L'Éphémère IVe République*, Paris, 1977, France-Empire.

Moïsi, Dominique, *Crises et guerres au XXe siècle : analogies et différences*, Paris, 1981, Institut français des relations internationales.

Prost, Antoine, *Petite histoire de la France au vingtième siècle*, Paris, 1979, Armand Colin.

Rémond, René, *Introduction à l'histoire de notre temps*, t. III : *Le XXe siècle, de 1914 à nos jours*, Paris, 1974, Seuil.

Rioux, Jean-Pierre, *La France de la Quatrième République*, t. I : *L'Ardeur et la nécessité, 1944-1952* ; t. II : *L'Expansion et l'impuissance, 1952-1958*, Paris, 1980, 1983, Seuil.

Schoenbrun, David, *Ainsi va la France*, Paris, 1957, Julliard.

Siegfried, André, *De la IIIe à la IVe République*, Paris, 1956, Grasset ; *De la IVe à la Ve République, au jour le jour*, Paris, 1958, Grasset.

Sorlin, Pierre, *La Société française*, t. II : *1914-1968*, Paris, 1971, Arthaud.

Vaïsse, Maurice, *Les Relations internationales depuis 1945*, Paris, 1992, Armand Colin ; (dir.), *8 mai 1945 : la victoire en Europe*, actes du colloque de Reims, Bruxelles, 1994, Complexe ; *La Grandeur : politique étrangère du général de Gaulle, 1958-1969*, Paris, 1998, Fayard.

Viansson-Ponté, Pierre, *Histoire de la République gaullienne. La fin d'une époque : mai 1958-juillet 1962*, Paris, 1970, Fayard.

Werth, Alexander, *La France depuis la guerre, 1944-1957*, Paris, 1957, Gallimard.

Williams, Philip, *La Vie politique sous la IVe République*, Paris, 1971, Armand Colin.

Winocq, Michel, *La Fièvre hexagonale : les grandes crises politiques de 1871 à 1968*, Paris, 1987, Seuil.

LES INSTITUTIONS

La Discipline générale, décret du 1er avril 1933 portant règlement du service dans l'armée, mis à jour au 1er janvier 1955, Paris, 1956, Charles Lavauzelle et Cie.

Arné, Serge, *Le Président du Conseil des ministres sous la IVe République*, Paris, 1962, L.G.D.J. ; *La Prise du pouvoir par le maréchal Pétain (1940) et le général de Gaulle (1958). Réflexions sur la dévolution du pouvoir*, Paris, 1969, L.G.D.J.

Avril, Pierre, *Les Français et leur Parlement*, Paris, 1972, Casterman.

Barale, Jean, *La Constitution de la IVe République à l'épreuve de la guerre*, Paris, 1953, L.G.D.J.

Baroli, Marc, Robert, Dominique, *Du Conseil de la République au Sénat, 1946-1958*, Paris, 2002, P.U.F.

Baruch, Marc-Olivier, Duclert, Vincent, « Administrateurs et administrations sous la IVe République : une histoire politique », *Revue française d'administration publique*, 2003/4.

Baumel, Jean, *Les Élections municipales*, Montpellier, 1947, Castelman Imprimerie.

Blamont, Émile, « La dissolution de l'Assemblée nationale de décembre 1955 », *Revue du droit public*, 1955, n° 1.

Bon, Frédéric, *Les Élections en France*, Paris, 1978, Seuil.

Buton, Philippe, Guillon, Jean-Marie (dir.), *Les Pouvoirs en France à la Libération*, Paris, 1994, Belin.

Chapsal, Jacques, Lancelot, Alain, *La Vie politique en France depuis 1940*, Paris, 1979, P.U.F.

Charnay, Jean-Paul, *Les Scrutins politiques en France de 1815 à 1962. Contestations et invalidations*, Paris, 1964, Armand Colin.

Delcros, Xavier, *Les Crises ministérielles de la IVe République*, thèse pour le doctorat en droit, Université de Paris I, 1972.

Duverger, Maurice, Goguel, François, Touchard, Jean (dir.), *Les Élections du 2 janvier 1956*, Paris, 1957, Armand Colin.

Faivre, Maurice, *Le Général Ély et la politique de défense (1956-1961)*, Paris, 1998, Economica.

Faligot, Roger, Krop, Pascal, *La Piscine. Les services secrets français : 1944-1984*, Paris, 1985, Seuil.

Fauvet, Jacques, *La France déchirée*, Paris, 1957, Fayard.

Focardi, Giovanni, « La difficile rationalisation de l'administration sous la Quatrième République. La réforme qui n'a jamais eu lieu : projets et réformes administratives en Italie et en France en 1943-1948 », *Revue française d'administration publique*, n° 120, 2006/4.

Gaudemet, Yves, *Préambule de la Constitution de 1946*, Paris, 2009, Panthéon-Assas ; avec Stirne, Bernard, Dal Farra, Thierry, Rolin, Frédéric, *Les Grands Avis du Conseil d'État*, Paris, 1997, Dalloz.

Georgel, Jacques, *La Dissolution du 2 décembre 1955*, Paris, 1958, Compagnie d'éditions libres, sociales et économiques.

Girardet, Raoul, *La Crise militaire française 1945-1962*, Paris, 1964, Armand Colin.

Goguel, François, « La déficience du système parlementaire », *Esprit*, juin 1953.

Huber, John, *Rationalizing Parliament : Legislative Institutions and Party Politics in France*, Cambridge, 1996, Cambridge University Press.

Le Lidec, Patrick, « L'impossible renouveau du modèle préfectoral sous la Quatrième République », *Revue française d'administration publique*, 2006/4, n° 120.

Macrae, Duncan, *Parliament, Parties and Society in France, 1946-1958*, New York, 1967, St. Martin's Press.

Martel, André (dir.), *Histoire militaire de la France*, t. IV : *De 1940 à nos jours*, Paris, 1994, P.U.F.

Muselier, François (pseudonyme de Bernard Pingaud), *Regards neufs sur le Parlement. Textes*, Paris, 1956, Seuil.

Pasquier, Romain, « La régionalisation française revisitée : fédéralisme, mouvement régional et élites modernisatrices (1950-1964) », *Revue française de science politique*, 2003/1.

Planchais, Jean, *Le Malaise de l'armée*, Paris, 1958, Plon ; et Nobécourt, Jacques, *Une histoire politique de l'armée*, t. I : *De Pétain à Pétain, 1919-1942* ; t. II : *De de Gaulle à de Gaulle, 1940-1967*, Paris, Seuil, 1967.

Political Studies, « The French Elections of 1956 », Oxford, 1956, Clarengton.

Pondaven, Philippe, *Le Parlement et la politique extérieure sous la Quatrième République*, Paris, 1973, P.U.F.

Priouret, Roger, *La République des partis*, Paris, 1947, L'Élan ; *La République des députés*, Paris, Grasset, 1959.

Rémond, René, Coutrot, Aline, Boussard, Isabel, *Quarante ans de cabinets ministériels de Léon Blum à Georges Pompidou*, Paris, 1982, Presses de la F.N.S.P.

Roure, Remy, *La IVe République. Naissance ou avortement d'un régime 1945-1946*, Paris, 1948, Le Monde.

Soubeyrol, Jacques, *Les Décrets-lois sous la Quatrième République*, thèse pour le doctorat en droit, Bordeaux, 1955, Imprimerie Samie.

Théry, Jacques, *Le Gouvernement de la Quatrième République*, Paris, 1949, L.G.D.J.

Vaïsse, Maurice, Doise, Jean, *Diplomatie et outil militaire 1871-1991*, Paris, 1992, Seuil.

LES FORCES POLITIQUES ET SYNDICALES

Adam, Gérard, *La C.F.T.C., 1940-1958. Histoire politique et idéologique*, Paris, 1964, Armand Colin.

Agulhon, Maurice, Barrat, Fernand, *C.R.S. à Marseille, 1944-1947*, Paris, 1971, Armand Colin.

Algazy, Joseph, *La Tentation néo-fasciste en France de 1944 à 1965*, Paris, 1984, Fayard.

Angeli, Claude, Gillet, Paul, *La Police dans la politique, 1944-1955*, Paris, 1967, Grasset.

Baal, Gérard, *Histoire du radicalisme*, Paris, 1994, La Découverte.

Bardonnet, Daniel, *Évolution de la structure du parti radical*, Paris, 1960, Montchrestien.

Bazin, François, *Les Députés M.R.P. élus les 21 octobre 1945, 2 juin et 10 novembre 1946. Itinéraire politique d'une génération catholique*, thèse sous la direction de Jean-Marie Mayeur, I.E.P., 1981.

Becker, Jean-Jacques, *Le parti communiste veut-il prendre le pouvoir ? La stratégie du P.C.F. de 1930 à nos jours*, Paris, 1981, Seuil.

Bédarida, François, Rioux, Jean-Pierre (dir.), *Pierre Mendès France et le mendésisme*, Paris, 1985, Fayard.

Berberova, Nina, *L'Affaire Kravchenko*, Arles, 1990, Actes Sud.

Bergounioux, Alain, *Force ouvrière*, Paris, 1975, Seuil ; avec Grunberg, Gérard, *Le Long Remords du pouvoir. Le Parti socialiste français 1905-1992*, Paris, 1992, Fayard.

Bernard, Jean-Pierre, *Paris rouge, 1944-1964. Les communistes français dans la capitale*, Seyssel, 1991, Champ Vallon.

Berthet, Dominique, *Le P.C.F., la culture et l'art, 1947-1954*, Paris, 1990, La Table Ronde.

Béthouart, Bruno, *Le M.R.P. dans le Nord/Pas-de-Calais 1944-1967*, Dunkerque, 1984, Les Beffrois.

Bichet, Robert, *La Démocratie chrétienne en France. Le Mouvement républicain populaire*, Besançon, 1980, Jacques et Demontrond.

Bidégaray, Christian, Isoart, Paul (dir.), *Les Droites et le général de Gaulle*, actes du colloque des 25-26 janvier 1990, Paris, 1991, Economica.

Bilger, Pierre, *Les Nouvelles Gauches de janvier 1956 à mai 1958. Étude de stratégie politique*, I.E.P. de Paris, 1960.

Bloch-Morhange, Jacques, *Les Politiciens*, Paris, 1961, Fayard.

Branciard, Michel, *Histoire de la C.F.D.T. Soixante-dix ans d'action syndicale*, Paris, 1990, La Découverte.

Brounthal, Julius, *Yearbook of the International Socialist Labour Movement, 1956-1957*, Londres, 1957, Lincoln Prager.

Buton, Philippe, *Les lendemains qui déchantent. Le P.C.F. à la Libération*, Paris, 1993, Presses de la F.N.S.P.

Callot, Émile-François, *Le Mouvement républicain populaire*, Paris, 1978, Marcel Rivière.

Castagnez, Noëlline, « La notabilisation du P.S.-S.F.I.O. sous la Quatrième République », *Vingtième siècle. Revue d'histoire*, n° 96, 2007/4.

Caute, David, *Le Communisme et les intellectuels français*, Paris, 1967, Gallimard.
Charlot, Jean, *L'Union pour la Nouvelle République. Étude du pouvoir au sein d'un parti politique*, Paris, 1966, Armand Colin ; *Le Phénomène gaulliste*, Paris, 1970, Fayard ; *Les Français et de Gaulle*, Paris, 1971, Plon ; *Le Gaullisme d'opposition 1946-1958. Histoire politique du gaullisme*, Paris, 1983, Fayard.
Chebel d'Appolonia, Ariane, *L'Extrême Droite en France, de Maurras à Le Pen*, Bruxelles, 1988, Complexe ; *Histoire politique des intellectuels en France 1944-1954*, 2 t., Bruxelles, 1991, Complexe.
Courtois, Stéphane, Lazar, Marc, *Histoire du Parti communiste français*, Paris, 1995, P.U.F. ; *Cinquante ans d'une passion française. De Gaulle et les communistes*, Actes du colloque de Nanterre, 1990, Paris, 1991, Balland.
Dazy, René, *La Partie et le Tout. Le P.C.F. et la guerre franco-algérienne*, Paris, 1990, Syllepse.
Debû-Bridel, Jacques, *Les Partis contre de Gaulle*, Paris, 1948, Aimery Somogy.
Decaumont, Françoise (dir.), *Le Discours de Bayeux*, Paris, 1991, Economica/Presses universitaires d'Aix-Marseille.
Desanti, Dominique, *Les Staliniens*, Paris, 1975, Fayard.
Descamps, Henri, *La Démocratie chrétienne et le M.R.P. : de 1946 à 1959*, Paris, 1981, L.G.D.J.
Devin, Guillaume, *L'Internationale socialiste*, Paris, 1993, Presses de la F.N.S.P.
Dreyfus, François-Georges, *Histoire de la démocratie chrétienne en France de Chateaubriand à Raymond Barre*, Paris, 1988, Albin Michel ; *De Gaulle et le gaullisme*, Paris, 1982, P.U.F. ; *Histoire des gauches en France, 1940-1974*, Paris, 1975, Grasset.
Dreyfus, Michel, *Histoire de la C.G.T.*, Bruxelles, 1995, Complexe.
Duhamel, Éric, *L'Union démocratique et socialiste de la Résistance, 1945-1965*, thèse de doctorat, Université Paris IV-Sorbonne, 1993 ; *L'U.D.S.R. ou la Genèse de François Mitterrand*, Paris, 2007, C.N.R.S.
Duprat, François, *Les Mouvements d'extrême droite en France depuis 1944*, Paris, 1972, Albatros.
Duverger, Maurice, *Partis politiques et classes sociales en France*, Cahiers de la F.N.S.P., Paris, 1955, Armand Colin ; *Les Partis politiques*, Paris, 1967, Armand Colin ; (dir.), *La Démocratie sans le peuple*, Paris, 1967, Seuil ; *L'Autre Côté des choses*, Paris, 1977, Albin Michel.
Estier, Claude, *La Gauche hebdomadaire, 1914-1962*, Paris, 1962, Armand Colin.
Fauvet, Jacques, *De Thorez à de Gaulle. Les forces politiques en France. Étude et géographie des divers partis*, Paris, 1951, Le

Monde ; avec Duhamel, Alain, *Histoire du Parti communiste français*, t. II : *1939-1965*, Paris, 1966, Fayard.

Faux, Emmanuel, Legrand, Thomas, Perez, Gilles, *La Main droite de Dieu*, Paris, 1994, Seuil.

Fonvieille-Alquier, François, *La Grande Peur de l'après-guerre 1946-1953*, Paris, 1973, Robert Laffont.

Goguel, François, *Le Régime politique français*, Paris, 1950, Seuil ; *Les Partis politiques en France*, Paris, 1950, Encyclopédie coloniale et maritime ; *Chroniques électorales*, t. I : *La Quatrième République*, Paris, 1981, Presses de la F.N.S.P.

Goguel, François, Grosser, Alfred, *La Vie politique en France*, Paris, 1964, Armand Colin.

Guiol, Patrick, *L'Impasse sociale du gaullisme. Le R.P.F. et l'Action ouvrière*, Paris, 1985, Presses de la F.N.S.P.

Hoffmann, Stanley, *Le Mouvement Poujade*, Paris, 1956, Presses de la F.N.S.P.

Jaffré, Jérôme, *La Crise du parti socialiste et l'avènement de Guy Mollet*, mémoire I.E.P., Paris, 1971.

Krakowitch, Raymond, *Le Pouvoir et la rigueur. Pierre Mendès France/François Mitterrand*, Paris, 1994, Publisud.

Kriegel, Annie, *Les Communistes français, 1920-1970*, Paris, 1985, Seuil.

Lachaise, Bernard, Le Béguec, Gilles, Turpin, Frédéric (dir.), *Les Élections législatives de novembre 1958 : une rupture ?*, Bordeaux, 2011, Presses universitaires de Bordeaux.

Lacroix-Riz, Annie, *La C.G.T. de 1944 à 1947*, Paris, 1981, Éditions sociales.

Lancelot, Alain, Meynaud, Jean, *La Participation des Français à la politique*, Paris, 1965, P.U.F.

Lasierra, Raymond, Plumyene, Jean, *Les Fascismes français : 1923-1963*, Paris, 1963, Seuil.

Lavau, Georges, *Partis politiques et réalités sociales. Contribution à une étude réaliste des partis politiques*, Paris, 1952, Cahiers de la F.N.S.P., Armand Colin.

Lazar, Marc, *P.C.F., intellectuels et classe ouvrière : l'exemple du mineur, de la Libération au début des années cinquante*, thèse de 3e cycle, E.H.E.S.S., 1984.

Le Béguec, Gilles, Duhamel, Éric (dir.), *La Reconstruction du Parti radical, 1944-1948*, Paris, 1993, L'Harmattan.

Lefranc, Georges, *Le Mouvement syndical, de la Libération aux événements de mai-juin 1968*, Paris, 1969, Payot ; *Les Gauches en France 1789-1972*, Paris, 1973, Payot.

Letamendia, Pierre, *Le Mouvement républicain populaire. Histoire d'un grand parti français*, Paris, 1995, Beauchesne.

Ligou, Daniel, *Histoire du socialisme en France 1871-1961*, Paris, 1962, P.U.F.

Linet, Roger, *C.G.T. : lendemains de guerre 1944-1947*, Paris, 1995, Hachette.

Malaurie, Guillaume, *L'Affaire Kravchenko*, Paris, 1982, Robert Laffont.

Maquin, Étienne, *Le Parti socialiste et la guerre d'Algérie 1954-1958*, Paris, 1990, L'Harmattan.

Martinez, Gilles, *Le Centre national des indépendants et paysans, 1948-1962*, thèse de doctorat, Paris X-Nanterre, 1992.

Mayer, Daniel, *Pour une histoire de la gauche*, Paris, 1969, Plon.

Mayeur, Jean-Marie, *Des partis catholiques à la Démocratie chrétienne, XIXe-XXe siècle*, Paris, 1980, Armand Colin.

Meynaud, Jean, *Les Groupes de pression en France*, Paris, 1958, Armand Colin ; « Les nouvelles études sur les groupes de pression en France », *Cahiers de la F.N.S.P.*, Paris, 1962, Armand Colin.

Michelet, Edmond, *Le Gaullisme, passionnante aventure*, Paris, 1972, Fayard.

Morin, Gilles, « Les socialistes et la société française. Réseaux et milieux (1905-1981) », *Vingtième siècle. Revue d'histoire*, n° 96, 2007/4.

Mouriaux, René, Subileau, Françoise, *Les Effectifs syndicaux en France, 1895-1985*, Paris, 1987, F.N.S.P.-Cevipof.

Nicolet, Claude, *Le Radicalisme*, Paris, 1957, P.U.F.

Nordmann, Jean-Thomas, *Histoire des radicaux 1820-1973*, Paris, 1974, Julliard.

Philip, André, *Les Socialistes*, Paris, 1967, Seuil.

Purtschet, Christian, *Le Rassemblement du peuple français 1947-1953*, Paris, 1965, Cujas.

Quilliot, Roger, *La S.F.I.O. et l'exercice du pouvoir, 1944-1958*, Paris, 1972, Fayard.

Reclus, Philippe, *La République impatiente ou le Club des Jacobins 1951-1958*, Paris, 1987, Publications de la Sorbonne.

Rémond, René, *La Droite en France de 1815 à nos jours. Continuité et diversité d'une tradition politique*, Paris, 1954, Aubier ; *Les Droites en France*, Paris, 1982, Aubier ; *Forces religieuses et attitudes politiques dans la France contemporaine*, Paris, 1965, Armand Colin/Presses de la F.N.S.P., 1965.

Rice-Maximin, Edward, *Accommodation and Resistance : The French Left, and the Cold War, 1944-1954*, New York, 1986, Greenwood Press.

Robrieux, Philippe, *Histoire intérieure du parti communiste*, t. I : *1920-1945* ; t. II : *1945-1972*, Paris, 1980, 1981, Fayard.

Rollat, Alain, *Les Hommes de l'extrême droite. Le Pen, Ortiz et les autres*, Paris, 1985, Calmann-Lévy.

Rousso, Henry, *Le Syndrome de Vichy, 1944-198...*, Paris, 1987, Seuil.
Sirinelli, Jean-François (dir.), *Histoire des droites en France*, t. I : *Politique* ; t. II : *Cultures* ; t. III : *Sensibilités*, Paris, 1992, Gallimard.
Sirvan, Emmanuel, *Communisme et nationalisme (1920-1962)*, Paris, 1976, Presses de la F.N.S.P.
Stasse, François, *La Morale de l'histoire. Mitterrand-Mendès France, 1943-1982*, Paris, 1994, Seuil.
Suffert, Georges, *Les Catholiques et la gauche*, Paris, 1960, Maspero.
Terrenoire, Louis, *De Gaulle, 1947-1954. Pourquoi l'échec ? Du R.P.F. à la traversée du désert*, Paris, Plon, 1981 ; *De Gaulle et l'Algérie*, Paris, 1964, Fayard.
Tessier, Jacques, *La C.F.T.C. Comment fut maintenu le syndicalisme chrétien*, Paris, 1987, Fayard.
Touchard, Jean, *La Gauche en France depuis 1900*, Paris, 1977, Seuil ; *Le Gaullisme 1940-1969*, Paris, 1978, Seuil.
Vaudiaux, Jacques, *Le Progressisme en France sous la IVe République. Les hommes, l'organisation, les électeurs*, Paris, 1968, Cujas.
Vaussard, Maurice, *Histoire de la Démocratie chrétienne*, Paris, 1956, Seuil.
Verdès-Leroux, Jeannine, *Au service du Parti. Le Parti communiste, les intellectuels et la culture 1944-1956*, Paris, 1983, Fayard.
Viansson-Ponté, Pierre, *Les Gaullistes*, Paris, 1963, Seuil ; *Histoire de la République gaullienne. La fin d'une époque : mai 1958-juillet 1962*, Paris, 1970, Fayard.
Wall, Irwin M., *French Communism in the Era of Stalin*, Londres, 1983, Greenwood Press.
Wieviorka, Olivier, *Nous entrerons dans la carrière : de la Résistance à l'exercice du pouvoir*, Paris, 1994, Seuil.
Winock, Michel (dir.), *Histoire de l'extrême droite en France*, Paris, 1993, Seuil.

LA VIE ÉCONOMIQUE ET INDUSTRIELLE, LA MODERNISATION

Andrieu, Claire, Le Van, Lucette, Prost, Antoine (dir.), *Les Nationalisations de la Libération*, Paris, 1987, Presses de la F.N.S.P.
Ardant, Gabriel, *Histoire de l'impôt*, t. II : *Du XVIIIe au XXe siècle*, Paris, 1972, Fayard.
Armand, Louis, Drancourt, Michel, *Plaidoyer pour l'avenir*, Paris, 1961, Calmann-Lévy.
Aron, Raymond, *L'Économie française au carrefour*, Paris, 1950, Publicis.
Bertho, Catherine, *Histoire des télécommunications en France*, Toulouse, 1984, Érès.

Besse, Pierre, « Institutions et mécanismes monétaires », cours professé à l'Université de Paris, 1962-1963, Institut d'études politiques, *Les Cours de droit.*

Bloch-Lainé, François, Bouvier, Jean, *La France restaurée*, Paris, 1986, Fayard.

Bonin, Hubert, *Histoire économique de la IVe République*, Paris, 1987, Economica ; *L'Argent en France depuis 1880*, Paris, 1989, Masson.

Braudel, Fernand, Labrousse, Ernest (dir.), *Histoire économique et sociale de la France*, t. IV : *Des années 1880 à nos jours. L'ère industrielle et la société d'aujourd'hui*, Paris, 1979, P.U.F.

Caron, François, *Histoire économique de la France XIXe-XXe siècle*, Paris, 1981, Armand Colin.

Carré, Jean-Jacques, Dubois, Paul, Malinvaud, Edmond, *La Croissance française*, Paris, 1972, Seuil.

Chatriot, Alain, Duclert, Vincent (dir.), *Le Gouvernement de la recherche, histoire d'un engagement politique de Pierre Mendès France à Charles de Gaulle (1955-1969)*, Paris, 2006, La Découverte.

Coutrot, Aline, « La création du C.E.A. », *Revue française de science politique*, avril 1981.

Delouvrier, Paul, Nathan, Roger, *Politique économique de la France*, cours professé à l'Institut d'études politiques de l'Université de Paris, 1953-1954.

Ducrocq, Albert, Vilmontes, Roger, *Nos risques et nos chances*, Paris, 1954, Plon.

Eck, Jean-François, *Histoire de l'économie française depuis 1945*, Paris, 1992, Armand Colin.

Fourastié, Jean, *Les Trente Glorieuses*, Paris, 1979, Fayard.

Fourquet, François, *Les Comptes de la puissance. Histoire de la comptabilité nationale et du Plan*, Paris, 1980, Recherches.

France (La) en voie de modernisation 1944-1952, colloque organisé par la Fondation nationale des sciences politiques les 4 et 5 décembre 1981 à Paris.

Gerbet, Pierre, *Le Relèvement, 1944-1949*, Paris, 1991, Imprimerie nationale.

Goldschmidt, Bertrand, *L'Aventure atomique*, Paris, 1962, Fayard ; *Les Rivalités atomiques, 1939-1966*, Paris, 1967, Fayard ; *Le Complexe atomique*, Paris, 1980, Fayard ; *Pionniers de l'atome*, Paris, 1987, Stock.

Guyard, Jacques, *Le Miracle français*, Paris, 1965, Seuil.

Hoffmann, Stanley, *Essais sur la France. Déclin ou renouveau*, Paris, 1974, Seuil.

Institut Charles de Gaulle, *La Faillite ou le Miracle*, Paris, 1986, Economica.

Jeanneney, Jean-Marcel, *Forces et faiblesses de l'économie française*, Paris, 1959, Armand Colin.

Koch, Henri, *Histoire de la Banque de France et de la monnaie sous la Quatrième République*, Paris, 1983, Dunod.

Lattre, André de, *Politique économique de la France depuis 1945*, Paris, 1966, Sirey ; *Les Finances extérieures de la France 1945-1958*, Paris, 1959, P.U.F.

Lecerf, Jean, *La Percée de l'économie française*, Paris, 1963, Arthaud.

Margairaz, Michel, *L'État, les finances et l'économie. Histoire d'une conversion 1932-1952*, Paris, 1991, Imprimerie nationale.

Marjolin, Robert, *Programme économique général*, Comité d'études pour la République, 1955.

Massé, Pierre, *Le Plan ou l'Anti-hasard*, Paris, 1965, Gallimard.

Mioche, Philippe, *Le Plan Monnet. Genèse et élaboration 1941-1947*, Paris, 1987, Publications de la Sorbonne.

Mockers, Jean-Pierre, *Croissances économiques comparées. Allemagne, France, Royaume-Uni, 1950-1967*, Paris, 1969, Dunod.

Monneron, Jean-Louis, « La reconstruction », dans *Histoire du peuple français*, Paris, 1967, Nouvelle Librairie de France.

Monneron, Jean-Louis, Rowley, Anthony, *Les Vingt-cinq Ans qui ont transformé la France*, Paris, 1986, Nouvelle Librairie de France.

Parodi, Maurice, *L'Économie et la société française de 1945 à 1970*, t. I : *Le Mouvement long*, Paris, 1971, Armand Colin.

Patat, Jean-Pierre, Lutfalla, Michel, *Histoire monétaire de la France au XXe siècle*, Paris, 1986, Economica.

Pratte, Alain, *Batailles économiques du général de Gaulle*, Paris, 1978, Plon.

Rousso, Henry (dir.), *De Monnet à Massé. Enjeux politiques et objectifs économiques dans le cadre des quatre premiers plans 1946-1965*, Paris, 1986, C.N.R.S.

S.N.C.F. (La). Histoire, organisation, perspectives, Université de Paris XIII, Bordeaux, 1991, L.C.F.

Vaïsse, Maurice, « Le choix atomique de la France », *Vingtième siècle*, n° 36, octobre-décembre 1992 ; *La France et l'atome. Études d'histoire nucléaire*, Bruxelles, 1994, Bruylant.

Wolff, Jacques, « Pierre Mendès France, une politique économique », *Les Cahiers de l'I.H.T.P.*, n° 1, octobre 1985.

LA SOCIÉTÉ ET LA VIE INTELLECTUELLE

Amar, Marianne, *Nés pour courir. Le sport sous la IVe République*, thèse de 3e cycle, I.E.P., Paris, 1984.

Aron, Raymond, *L'Opium des intellectuels*, Paris, 1955, Calmann-Lévy ; *Espoir et peur du siècle*, Paris, 1957, Calmann-Lévy.

Artinian, Ariane, Boccara, Laurence, *Femmes au travail*, Paris, 1993, Hatier.

Attali, Michaël, « Syndicalisme et pédagogie. Une définition de l'éducation physique au service de l'enseignant (1945-1981) », *Staps*, 2003/2, n° 61.

Aymard, Aubin, *Histoire de France. Certificat d'études*, Paris, 1950, Hachette.

Barthes, Roland, *Mythologies*, Paris, 1970, Seuil.

Baudelot, Christian, Establet, Roger, *Le niveau monte*, Paris, 1989, Seuil.

Beauvoir, Simone de, *Le Deuxième Sexe*, Paris, 1949, Gallimard.

Bellanger, Claude (dir.), *Histoire générale de la presse française*, t. IV : *1940 à 1958*, Paris, 1975, P.U.F.

Berthaut, Florence, *J'en connais les détours*, Paris, 1970, Debresse.

Birnbaum, Pierre, *Un mythe politique : la « République juive »*, Paris, 1988, Fayard.

Bodin, Louis, Royer, Jean-Michel, « Le vocabulaire de la France », *Esprit*, décembre 1957.

Borne, Dominique, *Histoire de la société française depuis 1945*, Paris, 1992, Armand Colin.

Bourdache, Colette, *Les Années cinquante*, Paris, 1980, Fayard.

Burch, Noël, Lagny, Michèle, Sellier, Geneviève *et al.*, *Le Cinéma français de la Quatrième République*, Paris, 1983, Cinémathèque française.

Cabanel, Patrick, *La République du certificat d'études. Histoire et anthropologie d'un examen,* XIX*e*-XX*e* *siècle*, Paris, 2002, Belin.

Chapoulie, Jean-Michel, « Une révolution dans l'école sous la Quatrième République », *Vingtième siècle. Revue d'histoire*, 2007/4, n° 54-4.

Chevallier, Pierre, Grosperrin, Bernard, Maillet, Jean, *L'Enseignement français de la Révolution à nos jours*, Grenoble, 1971, Université des sciences sociales de Grenoble, t. II.

Cheverny, Julien (pseudonyme d'Alain Gourdon), *Les Cadres. Essai sur de nouveaux prolétaires*, Paris, 1967, Julliard.

Cholvy, Gérard, *Histoire des organisations et mouvements chrétiens de jeunesse*, Paris, 1999, Cerf.

Cholvy, Gérard, Hilaire, Yves-Marie, *Histoire religieuse de la France contemporaine*, t. III : *1930-1988*, Toulouse, 1988, Privat.

Compère, Marie-Madeleine, *Histoire du temps scolaire en Europe*, Paris, 1997, Economica/I.N.R.P.

Coutrot, Aline, Dreyfus, François-Georges, *Les Forces religieuses dans la société contemporaine*, Paris, 1965, Armand Colin.

Cressot, Jean, *L'Éducation morale à l'école primaire. Entretiens, lectures, résumés et maximes*, Paris, 1947, Librairie Istra.

Crozier, Michel, *Petits fonctionnaires au travail : compte rendu d'une enquête sociologique effectuée dans la grande administration publique parisienne*, Paris, 1955, C.N.R.S.

Daninos, Pierre, *Vacances à tout prix*, Paris, 1958, Hachette.

Dauzat, Albert, *Les Étapes de la langue française*, Paris, 1953, P.U.F., « Que sais-je ? ».

Duby, Georges (dir.), *Histoire de la France urbaine*, t. V : *La Ville aujourd'hui. Croissance urbaine et crise de la cité*, Paris, 1980, Seuil.

Duby, Georges, Perrot, Michelle (dir.), *Histoire des femmes. Le XXe siècle*, sous la direction de Françoise Thébaud, Paris, 1992, Plon.

Duby, Georges, Wallon, Armand (dir.), *Histoire de la France rurale*, t. IV : *La Fin de la France paysanne de 1914 à nos jours*, Paris, 1977, Seuil.

Dupâquier, Jacques, *Histoire de la population française*, t. IV : *De 1914 à nos jours*, Paris, 1995, P.U.F.

Eveno, Patrick, *Le Monde 1944-1995. Histoire d'une entreprise de presse*, Paris, 1996, Le Monde.

Ferniot, Jean, Jullian, Marcel, *De la 4 CV à la vidéo. 1953-1983. Ces trente années qui ont changé notre vie*, Paris, 1983, Communica International.

Fraisse, Geneviève, *Femmes toutes mains*, Paris, 1979, Seuil.

Gennari, Geneviève, *Le Dossier de la femme*, Paris, 1965, Perrin.

Grynberg, Anne, « Des signes de résurgence de l'antisémitisme dans la France de l'après-guerre (1945-1953) », *Les Cahiers de la Shoah*, n° 5, 2001.

Huguenin, Élisabeth, *La Femme seule*, Neuchâtel, 1946, La Baconnière.

Jeanneney, Jean-Noël, Julliard, Jacques, *« Le Monde » de Beuve-Méry ou le Métier d'Alceste*, Paris, 1979, Seuil.

Isambert-Jamati, Viviane, *Crises de la société, crises de l'enseignement. Sociologie de l'enseignement secondaire français*, Paris, 1970, P.U.F.

Laroque, Pierre (dir.), *Succès et faiblesse de l'effort social français*, Paris, 1981, Armand Colin.

Latour, Geneviève, *Théâtre, reflet de la IVe République. Événements, politique, société, idées*, Paris, 1995, Bibliothèque historique de la Ville de Paris, Association de la régie théâtrale.

Latreille, André, Siegfried, André, *Les Forces religieuses et la vie politique*, Paris, 1951, Armand Colin.

Léauté, Jacques, *Secret militaire et liberté de la presse*, Paris, 1957, P.U.F.

Lebreton, Éric, *Les Mémoires d'un facteur parisien*, Paris, 1996, L'Harmattan.

Le Gac, Julie, « L'"étrange défaite" du divorce ? (1940-1946) », *Vingtième siècle. Revue d'histoire*, 2005/4, n° 88.

Liquière, Patrice, *Restaurer, Réformer, Agir. La France en 1945*, Paris, 1995, La Documentation française.

Lüthy, Herbert, *Essai sur la France à l'heure de son clocher*, Paris, 1955, Calmann-Lévy.

Mallet, Serge, *La Nouvelle Classe ouvrière*, Paris, 1963, Seuil.

Marrou, Henri, *Crise de notre temps et réflexion chrétienne (de 1930 à 1975)*, Paris, 1978, Beauchesne.

Martin, Marc (dir.), *Histoire et médias, journalisme et journalistes français 1950-1990*, Paris, 1991, Albin Michel.

Maurois, André, *Portrait de la France et des Français*, Paris, 1955, Hachette ; *La France change de visage*, Paris, 1956, Gallimard.

Mayeur, Jean-Marie (dir.), *Histoire du christianisme*, t. XII : *Guerres mondiales et totalitarisme 1914-1958*, Paris, 1990, Desclée/Fayard.

Mégrine, Bernard, *La Question scolaire en France*, Paris, 1960, P.U.F.

Mellor, Alec, *La Torture. Son histoire – son abolition – sa réapparition au XXe siècle*, Paris, 1949, Les Horizons littéraires.

Mencherini, Robert, *La Libération et les entreprises sous gestion ouvrière. Marseille, 1944-1948*, Paris, 1994, L'Harmattan.

Mendras, Henri, *Les Paysans et la modernisation de l'agriculture*, Paris, 1958, C.N.R.S. ; *La Fin des paysans*, Paris, 1967, S.E.D.E.I.S. ; *La Seconde Révolution française, 1965-1984*, Paris, 1988, Gallimard ; « Les paysans pionniers des temps nouveaux », *L'Histoire*, n° 291, 2004.

Miquel, Pierre, *Histoire de la radio et de la télévision*, Paris, 1984, Perrin.

Monneron, Jean-Louis, « Enseignement et société », cours I.E.P. Paris, 1983-1984.

Mucchielli, Laurent, Robert, Philippe, *Crime et sécurité : l'état des savoirs*, Paris, 2002, La Découverte.

Niépce, Janine, Marseille, Jacques, *Françaises et Français, 1944-1968. Le goût de vivre*, Paris, 2005, Imprimerie nationale.

Noiriel, Gérard, *Les Ouvriers dans la société française, XIXe-XXe siècle*, Paris, 1986, Seuil.

Ory, Pascal, *L'Aventure culturelle française 1945-1989*, Paris, 1989, Flammarion.

Péan, Pierre, Cohen, Philippe, *La Face cachée du « Monde ». Du contre-pouvoir à l'abus de pouvoir*, Paris, 2003, Mille et une nuits.

Potel, Julien, *Les Prêtres séculiers en France. Évolution de 1965 à 1975*, Paris, 1977, Centurion.

Poulat, Émile, *Naissance des prêtres-ouvriers*, Paris, 1965, Casterman ; *Une Église ébranlée : changement, conflit et continuité, de Pie XII à Jean-Paul II*, Paris, 1980, Casterman ; *Notre laïcité publique : « La France est une République laïque. » Constitutions de 1946 et 1958*, Paris, 2003, Berg International.

Pourcher, Guy, *Le Peuplement de Paris*, Paris, 1964, P.U.F.

Prost, Antoine, *L'enseignement s'est-il démocratisé ? Les élèves des lycées et collèges de l'agglomération d'Orléans de 1945 à 1980*, Paris, 1986, P.U.F. ; *Histoire générale de l'enseignement et de l'éducation en France*, t. IV : *L'École et la famille dans une société en mutation 1930-1980*, Paris, 1988, G.V. Labat ; *Éducation, société et politiques. Une histoire de l'enseignement en France de 1945 à nos jours*, Paris, 1992, Seuil.

Prost, Antoine, Vincent, Gérard (dir.), *Histoire de la vie privée*, t. V : *De la Première Guerre mondiale à nos jours*, Paris, 1987, Seuil.

Robert, Philippe, *L'Insécurité en France*, Paris, 2002, La Découverte.

Rottier, G., « Nourriture, logement, télévision ? », *Esprit*, décembre 1957.

Rotvand, Georges, *L'Imprévisible Monsieur Durand*, Paris, 1954, Pierre Horay.

Rouquet, François, *L'Épuration dans l'administration française*, Paris, 1993, C.N.R.S.

Sagan, Françoise, *Bonjour Tristesse*, Paris, 1954, Julliard.

Sartre, Jean-Paul, *Réflexion sur la question juive*, Paris, 1946, P. Morihien.

Sauvy, Alfred, *La Reprise de la natalité dans le monde, ses causes, ses chances de durée*, Paris, 1948, Institut national d'études démographiques ; *Les Tendances de la population active en France*, Paris, 1955, Institut national d'études démographiques ; *La Montée des jeunes*, Paris, 1959, Calmann-Lévy.

Simonin, Anne, *Les Éditions de Minuit, 1942-1955. Le devoir d'insoumission*, Paris, 1994, I.M.E.C.

Sirinelli, Jean-François, *Intellectuels et passions françaises. Manifestes et pétitions au XXe siècle*, Paris, 1990, Gallimard.

Sirinelli, Jean-François, Ory, Pascal, *Les Intellectuels français de l'affaire Dreyfus à nos jours*, Paris, 1986, Armand Colin.

Siritzky, Serge, Roth, Françoise, *Le Roman de « L'Express ». 1953-1978*, Paris, 1979, Atelier Marcel Jullian.

Steinbeck, John, *Le Règne éphémère de Pépin IV*, Paris, 1957, Lieu commun.

Sullerot, Evelyne, *Demain les femmes*, Paris, 1965, Robert Laffont.

Szafran, Maurice, *Les Juifs dans la politique française de 1945 à nos jours*, Paris, 1990, Flammarion.

Tétart, Philippe, *France-Observateur 1950-1964. Histoire d'un courant de pensée intellectuel*, thèse de doctorat, I.E.P. de Paris, 1995.

Touraine, Alain, *Histoire générale du travail*, t. IV : *La Civilisation industrielle de 1914 à nos jours*, Paris, 1961, Nouvelle Librairie de France.

Veillon, Dominique, *Vivre et survivre en France, 1939-1947*, Paris, 1995, Payot.
Vignaux, Paul, *De la C.F.T.C. à la C.F.D.T.*, Paris, 1980, Éditions ouvrières.
Vilar, Jean (cote AG 148).
Weil, Patrick, *La France et ses étrangers. L'aventure d'une politique de l'immigration 1938-1991*, Paris, 1991, Calmann-Lévy.
Wolf, Philippe, *Les Protestants en France (1800-2000)*, Toulouse, 2001, Privat.
Wormser, Georges, *Français israélites*, Paris, 1963, Minuit.
Wylie, Laurence, *Un village du Vaucluse*, Paris, 1979, Gallimard.

LA FRANCE DANS LE MONDE

LES ÉTATS-UNIS, LE MONDE OCCIDENTAL

Adams, Sherman, *Les Secrets de l'administration Eisenhower*, Paris, 1962, Stock.
Aronson, Shlomo, Broch, Oded, *The Politics and Strategy of Nuclear Weapons in the Middle East*, Albany, 1992, State University of New York Press.
Barnavi, Élie, Friedlander, Saül, *La Politique étrangère du général de Gaulle*, Paris, 1985, P.U.F.
Bossuat, Gérard, *La France, l'aide américaine et la construction européenne 1944-1954*, 2 vol., Paris, 1992, Comité pour l'histoire économique et financière de la France.
Bozo, Frédéric, *La France et l'Otan. De la guerre froide au nouvel ordre européen*, Paris, 1991, Masson.
Bundy, William P., secrétaire d'État adjoint pour les Affaires de l'Asie orientale et du Pacifique, « Dix options capitales. Les chemins de l'engagement au Viêt-Nam », dans la revue des services américains d'information et de relations culturelles, *Informations et Documents*, 15 octobre 1967.
Duroselle, Jean-Baptiste, *La France et les États-Unis*, Paris, 1976, Seuil.
Kantrowitz, Jack, « L'influence américaine sur Force ouvrière : mythe ou réalité ? », *La Revue française de sciences politiques*, août 1978, n° 4.
Kissinger, Henry, *Diplomacy*, New York/Londres/Toronto, 1995, Simon & Schuster.
Ledwige, Bernard, *De Gaulle et les Américains, 1958-1964*, Paris, 1984, Flammarion.
Machat, Samya El-, *Les États-Unis et l'Algérie. De la méconnaissance à la reconnaissance, 1945-1962*, Paris, 1997, L'Harmattan.

Mélandri, Pierre, *Les États-Unis et le défi européen 1955-1958*, Paris, 1975, P.U.F. ; *Les États-Unis face à l'unification de l'Europe 1945-1954*, thèse présentée devant l'Université Paris I le 25 juin 1977 ; *L'Alliance atlantique*, Paris, 1979, Gallimard/Julliard.

Mickelson, Sig, *America's Other Voice. The Story of Radio Free Europe and Radio Liberty*, New York, 1985, Praeger Publishers.

Reitzel, William, Kaplan, Morton, Coblenz, Constance, *United States Foreign Policy, 1945-1955*, Washington, 1956, Brookings.

Rondot, Pierre, « Les États-Unis devant l'Orient aujourd'hui », *Orient*, juillet 1957, n° 4.

Vaïsse, Maurice, Mélandri, Pierre, Bozo, Frédéric (dir.), *La France et l'Otan, 1949-1996*, Bruxelles, 1996, Complexe.

Wall, Irwin M., *L'Influence américaine sur la politique française 1945-1954*, Paris, 1989, Balland ; *Les États-Unis et la guerre d'Algérie*, Paris, 2006, Soleb.

La construction européenne

Aron, Raymond, Lerner, Daniel (dir.), *La Querelle de la C.E.D. Essais d'analyse sociologique*, Paris, 1956, Armand Colin.

Barbier, Colette, « Les négociations franco-germano-italiennes en vue de l'établissement d'une coopération militaire nucléaire au cours des années 1956-1958 », *Revue d'histoire diplomatique*, 1990.

Bernstein, Serge, Mayeur, Jean-Marie (dir.), *Le M.R.P. et la construction européenne*, Bruxelles, 1993, Complexe.

Bjoll, Erling, *La France devant l'Europe. La politique européenne de la IVe République*, Copenhague, 1966, Munksgaard.

Bossuat, Gérard, *L'Europe occidentale à l'heure américaine. Le Plan Marshall et l'unité européenne 1945-1952*, Bruxelles, 1992, Complexe.

Buton, Philippe, « La C.E.D., l'affaire Dreyfus de la Quatrième République ? », *Vingtième siècle. Revue d'histoire*, n° 84, 2004/4.

« Contre le traité actuel de la C.E.D., pour la liberté de vote et l'unité du parti », brochure de la S.F.I.O., avril 1954.

Deniau, Jean-François, *L'Europe interdite*, Paris, 1977, Seuil.

Dumoulin, Michel, Guillen, Pierre, Vaïsse, Maurice, *L'Énergie nucléaire en Europe : des origines à Euratom*, actes des journées d'études de Louvain-la-Neuve des 18 et 19 novembre 1991, Berne, 1994, Lang.

Fontaine, Pascal, *Le Comité d'action pour les États-Unis d'Europe de Jean Monnet*, Lausanne, 1974, Centre de recherches européennes.

Freymond, Jacques, *Le Conflit sarrois, 1944-1955*, Bruxelles, 1959, Institut de sociologie Solvay.

Gerbet, Pierre, *La Construction de l'Europe*, Paris, 1983, Imprimerie nationale ; *1957, la naissance du Marché commun*, Bruxelles, 1987, Complexe.

Grosser, Alfred, *L'Allemagne de l'Occident, 1945-1952*, Paris, 1953, Gallimard ; *Les Occidentaux : les pays d'Europe et les États-Unis depuis la guerre*, Paris, 1978, Seuil.

Jouve, Edmond, *Le Général de Gaulle et la construction de l'Europe*, Paris, 1967, L.G.D.J.

Kersaudy, François, « De Gaulle et Adenauer », www.charles-de-gaulle.org.

Kocher, Éric, *Le Rôle de la France dans les négociations sur les traités de Rome*, mémoire, juin 1989, Université Paris I.

Moch, Jules, *Histoire du réarmement allemand*, Paris, 1965, Robert Laffont.

Philip, André, *L'Europe unie et sa place dans l'économie internationale*, Paris, 1953, P.U.F.

Pineau, Christian, Rimbaud, Christiane, *Le Grand Pari : l'aventure du traité de Rome*, Paris, 1991, Fayard.

Rubens Pinto, Lyra, *Le P.C.F. et l'intégration européenne*, thèse de droit et sciences politiques, 1974, Université de Nancy II.

Sanderson, Claire, *Impossible alliance ? France, Grande-Bretagne et défense de l'Europe, 1945-1958*, Paris, 2003, Publications de la Sorbonne.

Seydoux, François, *Mémoires d'outre-Rhin*, Paris, 1973, Grasset ; « De Gaulle, l'Europe et l'Allemagne », conférence prononcée le 23 janvier 1974 à l'Institut Charles de Gaulle.

Socialist Parties and the European Question in the 1950's, Colloque des 15 et 16 novembre 1988, European Institute, Florence.

Trausch, Gilbert, *Le Luxembourg face au traité de Rome*, actes du colloque de Rome, Luxembourg, 1996, Publications du Centre Robert Schuman.

Uri, Pierre, *Penser pour l'action : un fondateur de l'Europe*, Paris, 1991, Odile Jacob.

Wettig, Gerhard, *Entmilitarisierung und Wiederbewaffnung in Deutschland, 1943-1955*, Munich, 1967, Oldenburg Verlag.

L'U.R.S.S., LE MONDE COMMUNISTE

Faligot, Roger, Kauffer, Remi, *Les Maîtres espions. Histoire mondiale du renseignement de la guerre froide à nos jours*, Paris, 1994, Robert Laffont.

Fejtö, François, *Histoire des démocraties populaires*, t. I : *L'Ère de Staline, 1945-1952* ; t. II : *Après Staline, 1953-1968*, Paris, 1969, Seuil ; *Le Coup de Prague, 1948*, Paris, 1976, Seuil ; *Budapest, l'insurrection*, Bruxelles, 1981, Complexe ; avec Laloy, Jean, *La*

Politique extérieure de l'Union soviétique, cours professé à l'Institut d'études politiques de l'Université de Paris, 1962-1963 ; « À propos des origines de la guerre froide », dans Dominique Moïsi, *Crises et guerres au XXe siècle : analogies et différences*, Paris, 1981, Institut français des relations internationales ; *Yalta*, Paris, 1988, Robert Laffont.

Fontaine, André, *Histoire de la guerre froide*, t. I : *De la révolution d'Octobre à la guerre de Corée, 1917-1950*, Paris, 1965, Fayard ; t. II : *De la guerre de Corée à la crise des alliances, 1950-1967*, Paris, 1967, Fayard.

Harrison, Hope M., *Driving the Soviets up to the Wall : Soviet-East-German Relations (1953-1961)*, Oxford, 2003, Princeton University Press.

Lévesque, Jacques, *L'U.R.S.S. et sa politique internationale de Lénine à Gorbatchev*, Paris, 1985, Armand Colin.

Maurer, Pierre, *La Réconciliation soviéto-yougoslave, 1954-1958*, Fribourg, 1991, Delval.

Meray, Tibor, *Budapest*, Paris, 1966, Robert Laffont.

Mohieddine, Hadhri, *L'U.R.S.S. et le Maghreb, de la révolution d'Octobre à l'indépendance de l'Algérie, 1917-1962*, Paris, 1985, L'Harmattan.

Rieber, Alfred J., *Stalin and the French Communist Party, 1941-1947*, New York, 1952, Columbia University Press.

Thai Quang, Trung, « Tito : le pédagogue du Tiers Monde », *Relations internationales*, 1979, n° 18.

Trotignon, Yves, *Le XXe Siècle en U.R.S.S.*, Paris, 1986, Dunod.

Vaïsse, Maurice, Oulmont, Philippe (dir.), *De Gaulle et la Russie*, Paris, 2006, C.N.R.S.

Werth, Alexander, *La Russie en guerre*, t. I : *1941-1942. La patrie en danger* ; t. II : *1943-1945. De Stalingrad à Berlin*, Paris, 1964, Stock.

Werth, Nicolas, *Histoire de l'Union soviétique : de l'Empire russe à la Communauté des États indépendants, 1900-1991*, Paris, 2001, Thémis.

Le Moyen-Orient

Azeau, Henri, *Le Piège de Suez*, Paris, 1964, Robert Laffont.

Baeyens, Jacques, *Un coup d'épée dans l'eau du Canal*, Paris, 1976, Fayard.

Bakre, M., Bethemont, J., Commère, R., Vant, A., *L'Égypte et le Haut-Barrage d'Assouan*, Saint-Étienne, 1980, Presses de l'Université de Saint-Étienne.

Balta, Paul, Rulleau, Claudine, *La Vision nassérienne*, Paris, 1982, Sindbad.

Bar-On, Mordechai, *The Gates of Gaza*, New York, 1994, St. Martin's Griffin.
Bar Zohar, Michel, *Suez ultra-secret*, Paris, 1964, Fayard ; *Ben Gourion, le prophète armé*, Paris, 1966, Fayard.
Beauffre, général André, *L'Expédition de Suez*, Paris, 1967, Grasset.
Bernard, Jean-Yves, *Genèse de l'expédition franco-britannique de 1956 en Égypte*, Paris, 2003, Publications de la Sorbonne.
Bineau, Pierre, *Le Canal de Suez*, préface d'André Siegfried de l'Académie française, Paris, 1954, Minuit.
Bonin, Hubert, *Suez. Du Canal à la finance, 1858-1987*, Paris, 1987, Economica.
Brecher, Michael, *Decisions in Israel's Foreign Policy*, Oxford, 1974, Oxford University Press.
Bromberger, Merry et Serge, *Les Secrets de l'expédition d'Égypte*, Paris, 1957, Les Quatre Fils Aymon.
Caplain, Michel, *Le Moyen-Orient*, 1956-1957, cours professé à l'Institut d'études politiques de Paris.
Carmel, Hesi, Derogy, Jacques, *Histoire secrète d'Israël*, Paris, 1978, Olivier Orban.
Chambon, Guy, *L'Affaire de Suez et le Parlement français*, Poitiers, 1964, mémoire de sciences politiques.
Cloarec, Vincent, Laurens, Henry, *Le Moyen-Orient au XXe siècle*, Paris, 2003, Armand Colin.
Darin-Drabkin, H., *Le Kibboutz, société différente*, Paris, 1970, Seuil.
Deney, Nicole, « Les États-Unis et le financement du barrage d'Assouan », *Revue française de sciences politiques*, juin 1962 ; *Les États-Unis face à la crise de Suez*, thèse pour le doctorat de recherche, F.N.S.P., Paris, 1965.
Ferro, Marc, *Suez : naissance d'un tiers monde, 1956*, Bruxelles, 1982, Complexe.
Flory, Maurice et Ali, *Les Régimes politiques arabes*, Paris, 1991, P.U.F.
Gaujac, Paul, *Suez 1956*, Paris, 1986, Lavauzelle.
Georges-Picot, Jacques, *La Véritable Crise de Suez*, Paris, 1975, La Revue politique parlementaire.
Gonnar, Ahmed N., *The Foundation of the League of Arab States*, Londres, 1977, Longman Group.
Gottmann, Jean, *Études sur l'État d'Israël et le Moyen-Orient*, Paris, 1959, Armand Colin.
Heykal, Mohammed, *L'Affaire de Suez*, Paris, 1987, Ramsay.
Houbert, Jean, *Suez et la politique d'Anthony Eden au Moyen-Orient, 1954-1956*, thèse F.N.S.P., doctorat de recherche, Paris, 1967.
Kassir, Samir, Mardam-Bey, Farouk, *Itinéraires de Paris à Jérusalem. La France et le conflit israélo-arabe (1917-1958)*, t. I, Paris, 1992, Les Livres de la Revue des études palestiniennes.

Kepel, Gilles, *Jihad. Expansion et déclin de l'islamisme*, Paris, 2000, Gallimard.

Kessel, Joseph, *Terre d'amour et de feu, Israël 1926-1961*, Paris, 1965, Plon.

Kyle, Keith, *Suez*, Londres, 1991, Weidenfeld & Nicolson.

Laurens, Henry, *Paix et guerre au Moyen-Orient. L'Orient arabe et le monde de 1945 à nos jours*, Paris, 1999, Armand Colin.

Laurens, Henry, Cloarec, Vincent, *Le Moyen-Orient au XXe siècle*, Paris, 2002, Armand Colin.

Lazar, David, *L'Opinion française et la naissance de l'État d'Israël, 1945-1949*, Paris, 1972, Calmann-Lévy.

Lefebvre, Denis, *Les Secrets de l'expédition de Suez, 1956*, Paris, 2010, Perrin.

L'Huillier, Fernand, *Le Moyen-Orient contemporain*, Paris, 1959, Sirey.

Lloyd, Selwyn, *Suez 1956*, Londres, 1978, J. Cape.

Loiseau, Jean, « Les vaisseaux du désert », *Thalassa*, novembre 1991.

Lombard, Maurice, *L'Islam dans sa première grandeur*, Paris, 1971, Flammarion.

Louis, Roger, Owen, Roger, *Suez 1956. The Crisis and Its Consequences*, Oxford, 1989, Clarendon Press.

Nutting, Anthony, *No End of a Lesson. The Story of Suez*, Londres, 1967, Constable.

Parker, Richard, *The Politics of Miscalculation in the Middle East*, Bloomington, 1993, Indiana University Press.

Péan, Pierre, *Les Deux Bombes*, Paris, 1991, Fayard.

Peyrefitte, Alain, « Mort d'un grand diplomate. Adieu à du Chayla », *Le Figaro*, 27 février 1996 ; et *C'était de Gaulle*, t. III : *Tout le monde a besoin d'une France qui marche*, Paris, 2000, De Fallois/Fayard.

Pineau, Christian, *1956, Suez*, Paris, 1976, Robert Laffont.

Reich, Bernard, *The United States and Israel*, New York, 1984, Praeger Publisher.

Robertson, Terence, *Suez*, Paris, 1964, Julliard.

Schillo, Frédérique, *La Politique française à l'égard d'Israël, 1946-1959*, thèse, Institut d'études politiques de Paris, 2008.

Shuckburgh, Evelyn, *Descent to Suez*, Londres, 1986, Weidenfeld and Nicolson.

Sitton, Shlomo, *Israël. Immigration et croissance*, thèse de doctorat en droit, Paris, 1962, Cujas.

Thomas, Abel, *Comment Israël fut sauvé*, Paris, 1978, Albin Michel.

Tsur, Jacob, *Prélude à Suez*, Paris, 1968, Presses de la Cité.

Tusan, Jean, « Propagande et orientation nationale en Égypte », *Orient*, n° 4, 1957.

Vaïsse, Maurice (dir.), *La France et l'opération de Suez de 1956*, Table ronde du 16 octobre 1996, organisée par le ministère de la

Défense, Centre d'études d'histoire de la défense, Paris, 1997, A.D.D.I.M.

Vernant, Jacques, « La France et les pays arabes », *Revue de Défense nationale*, n° 8, août 1956.

Warner, Geoffroy, « Collusion and the Suez Crisis of 1956 », *International Affairs*, avril 1979.

LE TIERS MONDE

Amegah-Lokossu, Blaise, *La Genèse du concept de « Tiers Monde »*, mémoire de maîtrise d'histoire, Paris X, 1974.

Bergère, Marie-Claire, Bianco, Lucien, Domes, Jérôme, *La Chine au XXe siècle*, 2 vol., Paris, 1989, 1990, Fayard.

Conte, Arthur, *Bandoung, tournant de l'Histoire*, Paris, 1965, Robert Laffont.

Domenach, Jean-Louis, Richer, Philippe, *La Chine*, Paris, 1995, Seuil.

Dramé, Papa, Saul, Samir, « Le projet d'Eurafrique en France (1946-1960), quête de puissance ou atavisme colonial ? », *Guerres mondiales et conflits contemporains*, n° 216, 2004.

Jaffrelot, Christophe, *L'Inde contemporaine, de 1950 à nos jours*, Paris, 2006, Fayard.

Krild Valkener, Elizabeth, « L'U.R.S.S. et le Tiers Monde », *Politique étrangère*, 1973, n° 1, vol. 38.

Laurens, Henry, *L'Empire et ses ennemis*, Paris, 2009, Seuil.

Lee, Christopher, « Conference Report : "Bandung and beyond". Rethinking Afro-Asian Connections during the Twentieth Century », *African Affairs*, vol. 104, n° 417, octobre 2005.

Michel, Marc, *Décolonisations et émergence du Tiers Monde*, Paris, 1993, Hachette.

Pande, Dinesh Chandra, *India's Foreign Policy as an Exercise in Non-Alignment : Nehru-Indira Period, 1946-1976*, Nainital, 1988, Gyanodaya Prakashan.

Pauker, Guy, « The Rise and Fall of Afro-Asian Solidarity », *Asian Survey*, vol. 5, n° 9, septembre 1965.

Statler, Kathryn, Johns, Andrew, *The Eisenhower Administration, the Third World, and the Globalization of the Cold War*, Lanham, 2006, Rowman & Littlefield.

Thierry, Hubert, *Le Tiers Monde dans les relations internationales*, Paris, 1979, Les Cours de Droit.

Urbain, André, *Les États-Unis face au Tiers Monde à l'O.N.U. de 1953 à 1960. Aux origines d'un affrontement*, Paris, L'Harmattan, 2005 ; *États-Unis, Tiers Monde et crises internationales (1953-1960)*, Paris, 2005, L'Harmattan.

Vayssière, Pierre, *Les Révolutions d'Amérique latine*, Paris, 1991, Points-Seuil.

L'UNION FRANÇAISE

ÉTUDES GÉNÉRALES

Ageron, Charles-Robert, « Novation et immobilisme de la politique française vis-à-vis de l'outre-mer dans les premières années de la IVe République », dans *La France en voie de modernisation, 1944-1952*, colloque organisé par la F.N.S.P. les 4 et 5 décembre 1981 ; *Les Chemins de la décolonisation de l'empire français, 1936-1956*, colloque organisé par l'I.H.T.P. les 4-5 octobre 1984, Paris, 1987, C.N.R.S. ; *La Décolonisation française*, Paris, 1991, Armand Colin.

Benot, Yves, *Parlementaires africains à Paris, 1914-1958*, Paris, 1989, Chaka ; *Massacres coloniaux. 1944-1950 : la IVe République et la mise au pas des colonies françaises*, Paris, 1994, La Découverte.

Borella, François, *Évolution juridique et politique de l'Union française depuis 1944*, Paris, 1958, L.G.D.J.

Boucaud, Henri, Petit, Jean, *L'Union française. Cours de géographie. Classe de première*, Paris, 1954, Hatier.

Brazzaville, aux sources de la décolonisation, actes du colloque organisé par l'Institut Charles de Gaulle et l'I.H.T.P., Paris, 1988, Plon.

Chaffard, Georges, *Les Carnets secrets de la décolonisation*, 2 t., Paris, 1965, 1967, Calmann-Lévy.

Cholley, André, *Nouveau cours de géographie. Classe de première. L'Union française*, Paris, 1954, J. B. Baillières et Fils.

Colombani, Olivier, *Mémoires coloniales. La fin de l'empire français d'Afrique vue par les administrateurs coloniaux*, Paris, 1991, La Découverte.

Debresse, Marie-Louise, Scalabrino, Marcel, *L'Union française, la France, ses principales régions, les territoires d'outre-mer*, Paris, 1955, J.-B. Baillières et Fils.

Erlingsen, Hélène, *Soldats perdus. De l'Indochine à l'Algérie, dans la tourmente des guerres coloniales*, Paris, 2007, Bayard/Centurion.

Girardet, Raoul, *L'Idée coloniale en France 1871-1962*, Paris, 1972, La Table Ronde.

Gonidec, P.-F., *L'Évolution des territoires d'outre-mer depuis 1946*, Paris, 1958, L.G.D.J.

Grimal, Henri, *La Décolonisation. De 1919 à nos jours*, Bruxelles, 1985, Complexe.

Guelton, Frédéric, « De l'Indochine à l'Algérie », *Historia*, mai 2004.

Hoggard, Jean, « Guerre révolutionnaire et pacification », *Revue militaire d'information*, n° 280, février 1957.

Lacouture, Jean, *Cinq hommes et la France*, Paris, 1961, Seuil. [Ce livre évoque Ho Chi Minh, Ferhat Abbas, Habib Bourguiba, Sékou Touré, Mohammed V.]

La Gorce, Paul-Marie de, *L'Empire écartelé, 1936-1946*, Paris, 1988, Denoël.

Marseille, Jacques, *Empire colonial et capitalisme français. Histoire d'un divorce*, Paris, 1984, Albin Michel.

Merle, Marcel (dir.), *Les Églises chrétiennes et la décolonisation*, Paris, 1967, Presses de la F.N.S.P.

Meyer, Jean, Tarade, Jean, Rey-Goldzeiguer, Annie, Thobie, Jacques, Meynier, Gilbert, Coquery-Vidrovitch, Catherine, Ageron, Charles-Robert, *Histoire de la France coloniale*, t. I : *Des origines à 1914* ; t. II : *1914 à nos jours*, Paris, 1991, Armand Colin.

Mortimer, Edward, *France and the Africans 1944-1960*, New York, 1969, Walker and Co.

Mus, Paul, *Le Destin de l'Union française, de l'Indochine à l'Afrique*, Paris, 1954, Seuil.

Paillat, Claude, *Vingt ans qui déchirèrent la France*, t. I : *Le Guêpier* ; t. II : *La Liquidation*, Paris, 1969, 1972, Robert Laffont.

Pervillé, Guy, *De l'Empire français à la décolonisation*, Paris, 1991, Hachette.

Planchais, Jean, *L'Empire embrasé, 1946-1962*, Paris, 1990, Denoël.

Rous, Jean, *Chronique de la décolonisation*, Paris, 1965, Présence africaine.

Scheffer, Christian, *La Politique coloniale de la Monarchie de Juillet*, Paris, 1928, Champion.

Yacono, Xavier, *Histoire de la colonisation française*, Paris, 1969, P.U.F., « Que sais-je ? » ; *Les Étapes de la décolonisation française*, Paris, 1971, P.U.F., « Que sais-je ? ».

L'Indochine, le Cambodge, le Laos

Argenlieu, amiral Thierry d', *Chronique d'Indochine, 1945-1947*, Paris, 1983, Albin Michel.

Artaud, Denise, Kaplan, Laurence (dir.), *Diên-Biên-Phu, l'Alliance atlantique et la défense du Sud-Est asiatique*, Lyon, 1989, La Manufacture.

Bergot, Erwan, *Dien Bien Phu*, Paris, 1989, Presses de la Cité.

Bodard, Lucien, *La Guerre d'Indochine*, t. I : *L'Enlisement* ; t. II : *L'Humiliation* ; t. III : *L'Aventure. De Lattre et les Viets*, Paris, 1963, 1965, 1967, Gallimard ; *La Guerre d'Indochine*, Paris, 1997, Grasset/Fasquelle.

Cesari, Laurent, *La France, les États-Unis et l'Indochine 1945-1957*, thèse de doctorat d'histoire dirigée par Denise Artaud, 1991, Université Paris-IV.

Clément, Claude, *L'Affaire des fuites : objectif Mitterrand*, Paris, 1980, Olivier Orban.

Dalloz, Jacques, *La Guerre d'Indochine 1945-1954*, Paris, 1987, Seuil.

Despuech, Jacques, *Le Trafic des piastres*, Paris, 1953, Les Deux Rives.

Devillers, Philippe, *Histoire du Viêt-Nam de 1940 à 1952*, Paris, 1952, Seuil ; *Paris-Saigon-Hanoi. Les archives de la guerre 1944-1947*, Paris, 1988, Gallimard/Julliard.

Devillers, Philippe, Lacouture, Jean, *La Fin d'une guerre. Indochine, 1954*, Paris, 1960, Seuil.

Fall, Bernard, *Les Deux Viet-nam*, Paris, 1967, Payot ; *Dien Bien Phu. Un coin d'enfer*, Paris, 1968, Robert Laffont.

Faucher, Jean-André, *L'Affaire des fuites*, Paris, 1955, E.F.I.

Ferrandi, Jean, *Les Officiers français face au Vietminh, 1945-1954*, Paris, 1966, Fayard.

Fonde, Jean-Julien, *Traitez à tout prix... Leclerc et le Viet-nam*, Paris, 1971, Robert Laffont.

Giap, Vo Nguyen, *Dien Bien Phu*, Hanoi, 1959, Éditions en langues étrangères.

Gras, général Yves, *Histoire de la guerre d'Indochine*, Paris, 1992, Denoël.

Guerre d'Indochine (La), 1945-1954. Textes et documents français et viêt-minh, 2 t., Vincennes, 1987, 1989, Service historique de l'armée de terre.

Gurtov, Melvin, *The First Viet-Nam Crisis*, New York/Londres, 1967, Columbia University Press.

Irving, Ronald, *First Indochina War : French and American Policy 1945-1954*, Londres, 1985, Croom Helm.

Joyaux, François, *La Chine et le règlement du premier conflit indochinois. Genève, 1954*, Paris, 1979, Publications de la Sorbonne.

Karnow, Stanley, *Vietnam*, Paris, 1983, Presses de la Cité.

Mus, Paul, *Viêtnam, sociologie d'une guerre*, Paris, 1952, Seuil ; *Guerre sans visage. Lettres commentées du sous-lieutenant Émile Mus*, Paris, 1961, Seuil.

Paillat, Claude, *Dossier secret de l'Indochine*, Paris, 1964, Presses de la Cité.

Rocolle, Pierre, *Pourquoi Dien Bien Phu ?*, Paris, 1968, Flammarion.

Roy, Jules, *La Bataille de Dien Bien Phu*, Paris, 1963, Julliard.

Ruscio, Alain, *La Guerre française d'Indochine 1945-1954*, Bruxelles, 1992, Complexe ; *L'Affaire Henri Martin et la lutte contre la guerre d'Indochine. Actes de la journée d'étude tenue à Paris le 17 janvier 2004*, Pantin, 2005, Le Temps des Cerises.

Sainteny, Jean, *Histoire d'une paix manquée*, Paris, 1953, Amiot-Dumont.

Théolleyre, Jean-Marc, *Le Procès des fuites*, Paris, 1956, Calmann-Lévy.

Tixier-Vignancour, Jean-Louis, *La France trahie. Plaidoirie de l'affaire des fuites*, Paris, 1956, Amiot-Dumont.
Valette, Jacques, *La Guerre d'Indochine 1945-1954*, Paris, 1994, Armand Colin.

LE MAGHREB

La Tunisie et le Maroc

Ageron, Charles-Robert, *Politiques coloniales au Maghreb*, Paris, 1973, P.U.F. ; « Contribution à l'étude de la propagande allemande au Maghreb pendant la Deuxième Guerre mondiale », *Revue d'histoire maghrébine*, Tunis, janvier 1977, n° 7-8 ; « De Gaulle et le Maghreb en 1945 », dans *De Gaulle, l'armée, la Nation face aux problèmes de défense, 1945-1946*, Paris, 1983, Plon.
Barrat, Robert, *Justice pour le Maroc*, Paris, 1953, Seuil.
Barrucand, Victor, *Guerre du Rif*, Paris, 1927, brochure qui groupe et complète les articles de *La Dépêche algérienne* des 22-28 janvier, 15 mai et 4 juin 1927.
Bernard, Stéphane, *Le Conflit franco-marocain 1943-1956*, Bruxelles, 1963, Institut de sociologie de l'Université libre de Bruxelles.
Berque, Jacques, *Le Maghreb entre deux guerres*, Paris, 1962, Seuil.
Cerych, Ladislav, *Fin d'un régime colonial. Sociologie du conflit franco-marocain (1930-1956)*, thèse présentée à la Faculté des sciences économiques et sociales de l'Université de Genève, Bruges, 1964, De Tempel.
Chneguir, Abdelaziz, *La Politique extérieure de la Tunisie 1956-1984*, préface de Robert Frank, Paris, 2004, L'Harmattan.
Corval, Pierre, « Les forces en présence », *La Nef*, mars 1953 ; « Le complot marocain », *Terre humaine*, septembre-octobre 1953.
Ganiage, Jean, *Histoire contemporaine du Maghreb de 1830 à nos jours*, Paris, 1994, Fayard.
Grandval, Gilbert, *Ma mission au Maroc*, Paris, 1956, Plon.
Gros, Simone, *La Politique de Carthage*, Paris, 1958, Plon.
Hakam, Naval, *Le Maroc en quête d'une politique étrangère, 1956-1961*, Genève, 1991, Monographie.
Julien, Charles-André, *Histoire de l'Afrique du Nord. Tunisie, Algérie, Maroc*, t. I : *Des origines à la conquête arabe* ; t. II : *De la conquête arabe à 1830*, Paris, 1951, 1952, Payot ; *L'Afrique du Nord en marche. Nationalismes musulmans et souveraineté française*, Paris, 1952, Julliard ; *Le Maroc face aux impérialismes*, Paris, 1978, Jeune Afrique ; *Et la Tunisie devint indépendante 1951-1957*, Paris, 1985, Jeune Afrique.
July, Pierre, *Une république pour un roi*, Paris, 1974, Fayard.
Lacouture, Jean et Simone, *Le Maroc à l'épreuve*, Paris, 1958, Seuil.

Lacroix-Riz, Annie, *Les Protectorats d'Afrique du Nord entre la France et Washington. Du débarquement à l'indépendance. Maroc et Tunisie, 1942-1956*, Paris, 1988, L'Harmattan.

Le Tourneau, Roger, *Évolution politique de l'Afrique du Nord musulmane, 1920-1961*, Paris, 1962, Armand Colin.

Montagne, Robert (enquête collective exécutée de 1948 à 1950, dirigée et rédigée par), « Naissance du prolétariat marocain », *Les Cahiers de l'Afrique et de l'Asie*, III, Paris, 1952, Peyronnet.

Périllier, Louis, *La Conquête de l'indépendance tunisienne*, Paris, 1979, Robert Laffont.

Spillmann, Georges, *Du protectorat à l'indépendance. Maroc 1912-1955*, Paris, 1967, Plon.

L'Algérie

Ageron, Charles-Robert, *Les Algériens musulmans et la France, 1871-1914*, 2 t., Paris, 1968, P.U.F. ; *Histoire de l'Algérie contemporaine*, t. II : *1871-1954*, Paris, 1979, P.U.F. ; *L'Algérie algérienne de Napoléon III à de Gaulle*, Paris, 1980, Sindbad ; *La Guerre d'Algérie et les Algériens, 1954-1962*, Paris, 1997, Armand Colin.

Alleg, Henri, *La Question*, Paris, 1958, Minuit ; *Prisonniers de guerre*, Paris, 1961, Minuit.

Alleg, Henri, Douzon, Henry (dir.), *La Guerre d'Algérie*, t. I : *De l'Algérie, des origines à l'insurrection*, Paris, 1982, Temps actuels ; t. II : *Des promesses de paix à la guerre ouverte* ; t. III : *Des complots du 13 mai à l'indépendance*, Paris, 1986, Messidor.

Alquier, Jean-Yves, *Nous avons pacifié Tazalt. Journal de marche d'un officier parachutiste*, Paris, 1957, Julliard.

Amrouche, Jean El Mouhoud, *Un Algérien s'adresse aux Français ou l'Histoire d'Algérie par les textes 1943-1961*, Paris, 1994, L'Harmattan.

Andrieu, René, *La Guerre d'Algérie n'a pas eu lieu*, Paris, 1992, Messidor.

Argoud, Antoine, *La Décadence, l'imposture et la tragédie*, Paris, 1974, Fayard.

Arnaud, Georges, Vergès, Jacques, *Pour Djamila Bouhired*, Paris, 1957, Minuit.

Aron, Raymond, *La Tragédie algérienne*, Paris, 1957, Plon ; *L'Algérie et la République*, Paris, 1958, Plon.

Aron, Robert, *Les Origines de la guerre d'Algérie*, Paris, 1962, Fayard.

Azan, Paul, *Conquête et pacification de l'Algérie*, Paris, 1929, Librairie de France.

Barberot, Roger, *Malaventure en Algérie avec le général Paris de Bollardière*, Paris, 1957, Plon ; *À bras le cœur*, Paris, 1972, Robert Laffont.

Barrat, Robert, *Les Maquis de la liberté. Un journaliste au cœur de la guerre d'Algérie*, Alger/Paris, 1988, E.N.A.L./Témoignage chrétien.

Bédarida, François, Fouilloux, Étienne (dir.), *La Guerre d'Algérie et les chrétiens*, Paris, 1988, C.N.R.S.

Behr, Edward, *Dramatique Algérie*, Paris, 1962, Stock.

Belhocine, Mabrouk, *Le Courrier Alger-Le Caire 1954-1956. Le congrès de la Soummam dans la révolution*, Alger, 2000, Casbah éditions.

Ben Khedda, Ben Youssef, *Les Origines du 1er novembre 1954*, Alger, 1989, Dalheb.

Berchadsky, Alexis, *La Question d'Henri Alleg*, Paris, 1994, Larousse.

Bergot, Erwan, *La Guerre des appelés en Algérie 1956-1962*, Paris, 1980, Presses de la Cité ; *Le Dossier rouge. Services secrets contre F.L.N.*, Paris, 1976, Grasset.

Berjaud, Léo, *Boutin, agent secret de Napoléon Ier et spéculateur de l'Algérie française*, Paris, 1950, Frédéric Chambriand.

Bigeard, Marcel, *Ma guerre d'Algérie*, Paris, 1995, Hachette/Carrère.

Bloch, Jean-Pierre, *Alger capitale de la France en guerre 1942-1944*, Paris, 1989, Universal.

Boisson, Jean, *Ben Bella est arrêté... le 22 octobre 1956*, Paris, 1978, Études et Recherches historiques.

Bonnaud, Robert, « La paix des Nementchas », *Esprit*, avril 1957.

Bourdel, Philippe, *Le Livre noir de la guerre d'Algérie*, Paris, 2003, Plon ; *La Dernière Chance de l'Algérie française, 1956-1958*, Paris, 1996, Albin Michel.

Bourdieu, Pierre, *Sociologie de l'Algérie*, Paris, 1958, P.U.F.

Branche, Raphaëlle, *La Torture et l'armée pendant la guerre d'Algérie. Les soldats, leurs chefs et les violences illégales*, thèse soutenue en 2000 à l'I.E.P. de Paris sous la direction de Jean-François Sirinelli ; *La Torture et l'armée pendant la guerre d'Algérie 1954-1962*, Paris, 2001, Gallimard.

Briat, Anne-Marie, La Hogue, Janine de, *Des chemins et des hommes*, Paris, 1995, Harriet.

Bromberger, Serge, *Les Rebelles algériens*, Paris, 1958, Plon.

Challe, Maurice, *Notre révolte*, Paris, 1968, Presses de la Cité.

Chapeu, Sybille, *La Mission de France dans la guerre d'Algérie. Église, politique et décolonisation*, thèse de doctorat d'histoire, février 2002, Université de Toulouse-Le Mirail.

Charby, Jacques, *Les Porteurs d'espoir*, Paris, 2004, La Découverte.

Chevallier, Jacques, *Nous Algériens*, Paris, 1958, Calmann-Lévy.

Chikh, Slimane, *L'Algérie en armes ou le Temps des certitudes*, Paris/ Alger, 1981, O.P.U./Economica.

Colin, Maurice, *Quelques questions algériennes*, Paris, 1899, L. Laros et Forcel.

Collot, Claude, *Les Institutions de l'Algérie durant la période coloniale 1830-1961*, Alger, Office des publications universitaires, Paris, 1987, C.N.RS.

Cornaton, Michel, *Les Camps de regroupement de la guerre d'Algérie*, Paris, 1998, L'Harmattan.

Courrière, Yves, *La Guerre d'Algérie*, t. I : *Les Fils de la Toussaint* ; t. II : *Le Temps des léopards* ; t. III : *L'Heure des colonels*, Paris, 1968, 1969, 1970, Fayard.

Courtois, Jean-Louis, Lejeune, Michel, *Les C.R.S. en Algérie, 1952-1962. La face méconnue du maintien de l'ordre*, Rennes, 2010, Marines.

Daniel, Jean, *De Gaulle et l'Algérie*, Paris, 1986, Seuil.

Davezac, Robert, *La Montée des violences dans le Grand Alger, 1er juin 1958-30 avril 1961*, thèse sous la direction de Guy Pervillé, 2008, Université de Toulouse-Le Mirail, annexe au vol. I.

Dazy, René, *La Partie et le Tout : le P.C.F. et la guerre franco-algérienne*, Paris, 1990, Syllepse.

Delarue, Jacques, *L'O.A.S. contre de Gaulle*, Paris, 1981, Fayard.

Delmas, Claude, *La Guerre révolutionnaire*, Paris, 1960, P.U.F.

Déon, Michel, *L'Armée d'Algérie et la pacification*, Paris, 1959, Plon.

Dresch, Jean, Julien, Charles-André, Marrou, Henri, Sauvy, Alfred, Stibbe, Pierre, *La Question algérienne*, Paris, 1958, Minuit.

Droz, Bernard, Lever, Evelyne, *Histoire de la guerre d'Algérie*, Paris, 1982, Seuil.

Duchemin, Jacques, *Histoire du F.L.N.*, Paris, 1962, La Table Ronde.

Dupuy, André, vice-recteur honoraire de l'université d'Alger, « La personnalité du colon », *Revue d'histoire économique et sociale*, 1955, n° 2.

Einaudi, Jean-Luc, *Pour l'exemple. L'affaire Yveton*, Paris, 1986, L'Harmattan ; *La Ferme Améziane. Enquête sur un centre de torture pendant la guerre d'Algérie*, Paris, 1991, L'Harmattan.

Eisenbeth, Maurice, « Les juifs en Afrique du Nord », *Revue africaine*, 1er et 2e trimestres 1952.

Émerit, Marcel (dir.), *La Révolution de 1848 en Algérie*, Paris, 1949, Larose.

Esquer, Gabriel, *La Prise d'Alger, 1830*, Alger, 1923, L'Afrique latine.

Étienne, Bruno, *Les Européens d'Algérie et l'indépendance algérienne*, Paris, 1969, C.N.R.S.

Éveno, Patrick, Planchais, Jean, *La Guerre d'Algérie*, Paris, 1989, La Découverte/Le Monde.

Faivre, Maurice, « La guerre civile des Algériens », Institut d'histoire des conflits contemporains, http://www.stratic.orf/Faivre8htm ; « Le colonel Paul Schoen, du S.L.N.A. au Comité Parodi », *Guerres mondiales et conflits contemporains*, n° 208, janvier 2003, pp. 69-89.

Faucher, Jean-André, *L'Algérie rebelle*, Paris, 1957, Le Grand Damier.

Favrod, Charles-Henri, *Le F.L.N. et l'Algérie*, Paris, 1962, Plon.

Feraoun, Mouloud, *Jours de Kabylie*, Alger, 1954, Baconnier ; *Journal : 1955-1962*, Paris, 1962, Seuil.

Féraud, Charles, *Histoire des villes de la province de Constantine, La Calle*, Alger, 1877, V. Aillaud et Cie.

Field, J.A., Hudnut, T.C., *L'Algérie, de Gaulle et l'armée 1954-1962*, Paris, 1975, Arthaud.

Figueras, André, *L'Affaire du bazooka*, Paris, 1970, La Table Ronde.

Fleury, Georges, *Djebbels en feu*, Paris, 1985, Grasset ; *La Guerre en Algérie*, Paris, 1996, Payot.

Frémeaux, Jacques, *La France et l'Algérie en guerre, 1830-1870, 1954-1962*, Paris, 2002, Commission française d'histoire militaire, Economica/Institut de stratégie comparée ; « Les S.A.S. », *Guerres mondiales et conflits contemporains*, n° 208, janvier 2003 ; « L'armée et le 13 mai », dans *Mai 1958. Le retour du général de Gaulle*, Jean-Paul Thomas, Gilles Le Béguec et Bernard Lachaise (dir.), Rennes, 2010, Presses universitaires de Rennes ; *La France et le Sahara, 1830-1962*, Paris, 2010, Soceta.

Gaïd, Mouloud, *L'Algérie sous les Turcs*, Alger, 1974, Maison tunisienne de l'édition.

Gendarme, René, *L'Économie en Algérie*, Paris, 1959, Armand Colin.

Gérin, Paul, *L'Algérie du 13 mai*, Paris, 1958, Gallimard.

Gervereau, Laurent, Rioux, Jean-Pierre, Stora, Benjamin (dir.), *La France en guerre d'Algérie*, Paris, 1991, B.D.I.C.

Godard, Yves, *Les Trois Batailles d'Alger*, t. I : *Les Paras dans la ville*, Paris, 1972, Fayard.

Goeau-Brissonnière, Jean-Yves, *Mission secrète pour la paix en Algérie 1957*, Paris, 1992, Lieu Commun.

Grall, Xavier, *La Génération du djebel*, Paris, 1962, Cerf.

Grand-Guillaume, Gilbert, *Nedromah. L'évolution d'une médina*, Leyde, 1976, E.J. Brill, publié avec le concours du C.N.R.S.

Groussard, Serge, *L'Algérie des adieux*, Paris, 1972, Plon ; *La Guerre oubliée*, Paris, 1974, Plon.

Guiral, Pierre, *Marseille et l'Algérie, 1830-1841*, Aix-en-Provence, 1956, Ophrys.

Hamon, Hervé, Rotman, Patrick, *Les Porteurs de valises. La résistance française à la guerre d'Algérie*, Paris, 1979, Albin Michel.

Harbi, Mohammed, *Le F.L.N. Mirage et réalité, des origines à la prise du pouvoir 1945-1962*, Paris, 1980, Jeune Afrique ; *Les Archives de la Révolution algérienne*, Paris, 1981, Jeune Afrique ; *La guerre commence en Algérie*, Paris, 1984, Complexe ; *L'Algérie et son destin*, Paris, 1992, Arcantère.

Harbi, Mohammed, Stora, Benjamin, *La Guerre d'Algérie 1954-2004*, Paris, 2004, Robert Laffont.

Haroun, Ali, *La 7e Wilaya : la guerre du F.L.N. en France*, Paris, 1986, Seuil.

Heymann, Arlette, *Les Libertés publiques et la guerre d'Algérie*, thèse de doctorat, Université de Paris, Faculté de droit, Paris, 1972, L.G.D.J.

Hollender, Jean-Pierre, *Huit ans de malheurs, 1954-1962*, Montpellier, 1986, Association Africa Nostra, t. I.

Horne, Alistair Mac, *Histoire de la guerre d'Algérie*, Paris, 1980, Albin Michel.

Jacquin, Henri, *La Guerre secrète en Algérie*, Paris, 1977, Olivier Orban.

Jauffret, Jean-Charles (dir.), *La Guerre d'Algérie par les documents*, t. I : *L'Avertissement, 1943-1946* ; t. II : *Les Portes de la guerre, 1946-1954*, Vincennes, 1990, 1998, Service historique de l'armée de terre ; *Les Officiers qui ont dit non à la torture*, Paris, 2005, Autrement ; *Soldats en Algérie 1954-1962*, Paris, 2000, Autrement ; « Du 8 mai 1945 au 1er novembre 1954. Une nouvelle lecture des débuts de la guerre d'Algérie », *Histoire et défense. Les Cahiers de Montpellier*, n° 25, I/1992.

Jauffret, Jean-Charles, Vaïsse, Maurice (dir.), *Militaires et guérilla dans la guerre d'Algérie*, Bruxelles, 2001, Complexe.

Jaulin, Emmanuel, *La Gendarmerie dans la guerre d'Algérie*, Panazol, 2009, Lavauzelle.

Julien, Charles-André, *Histoire de l'Afrique du Nord*, t. I et II, Paris, 1952, Payot ; *Histoire de l'Algérie contemporaine*, t. I : *Conquête et colonisation, 1830-1871*, Paris, 1979, P.U.F.

Jurquet, Jacques, *Années de feu. Algérie 1954-1956*, Paris, 1997, L'Harmattan.

Kaddache, Mahfoud, *Histoire du nationalisme algérien. Question nationale et politique algérienne, 1919-1951*, 2 vol., Alger, 1980, S.N.E.D.

Koulakassis, Ahmad, Meynier, Gilbert, *L'Émir Khaled, premier za'im ?*, Paris, 1987, L'Harmattan.

Lacoste, Yves, Nouschi, André, Prenant, André, *Algérie, passé et présent*, Paris, 1960, Éditions sociales.

Laffont, Pierre, *L'Expiation. De l'Algérie de papa à l'Algérie de Ben Bella*, Paris, 1968, Plon.

Lagaillarde, Pierre, *On a triché avec l'honneur*, Paris, 1961, La Table Ronde.

Lartéguy, Jean, *Les Centurions*, Paris, 1959, Presses de la Cité.

Leconte, Daniel, *Les Pieds-noirs. Histoire et portrait d'une communauté*, Paris, 1980, Seuil.

Le Doussal, Roger, *Commissaire en Algérie. Douloureuse chronique d'une guerre absurde*, Paris, 2011, Riveneuve.

Lefeuvre, Daniel, *Chère Algérie. Comptes et mécomptes de la tutelle coloniale, 1930-1962*, Saint-Denis, 1997, Société française d'histoire d'outre-mer ; *Chère Algérie. La France et sa colonie, 1930-1962*, Paris, 2005, Flammarion ; *Pour en finir avec la repentance coloniale*, Paris, 2006, Flammarion.

Léger, Paul-Alain, *Aux carrefours de la guerre*, Paris, 1983, Albin Michel.

Le Mire, Henri, *Histoire militaire de la guerre d'Algérie*, Paris, 1982, Albin Michel.

Lentin, Albert-Paul, *L'Algérie entre deux mondes. Le dernier quart d'heure*, Paris, 1963, Julliard ; *L'Algérie des colonels. Journal d'un témoin, juin-octobre 1958*, Paris, 1958, Éditeurs français réunis.

Leulliette, Pierre, *Saint Michel et le dragon. Souvenirs d'un parachutiste 1954-1957*, Paris, 1961, Minuit.

Lévisse-Touzé, Christine, « La situation intérieure de l'Algérie pendant la Seconde Guerre mondiale », *Histoire et défense*, n° 25, I, 1992.

Mahiout, Rabah, *Le Pétrole algérien*, Alger, 1974, E.N.A.P.

Mahsas, Ahmed, *Le Mouvement révolutionnaire en Algérie de la Première Guerre mondiale à 1954. Essai sur la formation du mouvement national*, Paris, 1979, L'Harmattan.

Malti, Hocine, *Histoire secrète du pétrole algérien*, Paris, 2010, La Découverte.

Malye, François, Stora, Benjamin, *François Mitterrand et la guerre d'Algérie*, Paris, 2010, Calmann-Lévy.

Mameri, Khalfa, *Les Nations Unies face à la question algérienne, 1954-1962*, Alger, 1970, S.N.E.D.

Mandouze, André, *La Révolution algérienne par les textes*, Paris, 1961, Maspero.

Mannoni, Pierre, *Les Français d'Algérie*, Paris, 1993, L'Harmattan.

Marseille, Jacques, « L'investissement public en Algérie après la Deuxième Guerre mondiale, vecteur de l'impérialisme ou avatar de la domination directe », *Revue française d'histoire d'outre-mer*, 1983, n° 260-261.

Masson, Paul, *Histoire des établissements et du commerce français dans l'Afrique barbaresque (1560-1793)*, Paris, 1903, Hachette ; « À la veille d'une conquête, les concessions et compagnies d'Afrique (1800-1830) », *Bulletin de géographie historique et descriptive*, n° 1, Paris, 1909, Imprimerie nationale.

Mathias, Grégor, *Les Sections administratives spécialisées en Algérie*, Paris, 1998, L'Harmattan.

Mekhaled, Boucif, *Chroniques d'un massacre, 8 mai 1945*, Paris, 1995, Syros.

Meningaud, Jean, *La France à l'heure algérienne*, Paris, 1956, Paris-Livres.

Meynier, Gilbert, *L'Algérie révélée*, Genève, 1981, Droz ; *Histoire intérieure du F.L.N.*, Paris, 2002, Fayard.

Miette, Roland, *Les Prémisses de l'insurrection algérienne*, Paris, 1977, Centre des hautes études sur l'Afrique et l'Asie modernes ; *L'Évolution de l'agriculture algérienne*, Paris, 1980, F.N.S.P.

Monlaü, Jean, *Les États barbaresques*, Paris, 1973, P.U.F.

Morizot, Jean, *Les Kabyles. Propos d'un témoin*, Paris, 1985, Centre des hautes études sur l'Afrique et l'Asie modernes.

Mouton, Claude, *La Contre-révolution en Algérie. Le combat de Robert Martel et de ses amis*, Paris, 1973, La Pensée française.

Mu'Ammarï, Halfa, *Les Nations Unies face à la question algérienne*, Alger, 1969, Société nationale d'édition et de diffusion.

Muelle, Raymond, *La Guerre d'Algérie en France*, Paris, 1994, Presses de la Cité.

Nora, Pierre, *Les Français d'Algérie*, Paris, 1961, Julliard.

Nouschi, André, *La Naissance du nationalisme algérien*, Paris, 1962, Minuit.

Nozière, André, *Algérie : les chrétiens dans la guerre*, Paris, 1979, Cana.

Oppermann, Thomas, *Le Problème algérien. Données historiques, politiques, juridiques*, Paris, 1961, Maspero.

Paillat, Claude, *Le Dossier secret de l'Algérie*, t. I : *13 mai 1958-28 avril 1961* ; t. II : *1954-1958*, Paris, 1961, 1962, Presses de la Cité.

Pélissier, Pierre, *La Bataille d'Alger*, Paris, 1995, Perrin.

Pervillé, Guy, « La gestion radicale de l'Algérie 1950-1955 », *Cahiers de l'histoire*, 1986, n° 3-4 ; *Alger, 1940-1962, une ville en guerre* (dir. Jean-Jacques Jordi et), Paris, 1999, Autrement ; *Pour une histoire de la guerre d'Algérie*, Paris, 2002, A. et J. Picard ; *Atlas de la guerre d'Algérie, de la conquête à l'indépendance*, Paris, 2003, Autrement ; *La Guerre d'Algérie, 1954-1962*, Paris, 2007, P.U.F.

Pitti, Laure, « Renault, la "forteresse ouvrière" à l'épreuve de la guerre d'Algérie », *Vingtième siècle. Revue d'histoire*, n° 83, 2004/3.

Plan d'étude sur l'Église et le problème algérien à l'usage de l'Église réformée de France, Paris, 1960.

Plantet, Eugène, *Correspondance des deys d'Alger avec la cour de France*, Paris, 1889, Félix Alcan.

Rahmani, Abdelkader, *L'Affaire des officiers algériens*, Paris, 1959, Seuil.

Randau, Robert, *Les Colons*, Paris, 1926, Albin Michel.

Ratte, Philippe, Theis, Laurent, *La Guerre d'Algérie ou le Temps des méprises*, Tours, 1974, Mame.
Reggui, Marcel, *Les Massacres de Guelma. Algérie, mai 1945 : une enquête inédite sur la furie des milices coloniales*, Paris, 2008, La Découverte.
Reliquet, Sandrine, *L'Exercice de la magistrature en Algérie d'octobre 1956 à octobre 1958*, Institut d'études politiques de Paris, 1999.
Renaudot, Françoise, *L'Histoire des Français en Algérie*, Paris, 1979, Robert Laffont.
Rey-Goldzeiguer, Annie, *Aux origines de la guerre d'Algérie, 1940-1945 : de Mers el-Kébir aux massacres du Nord-Constantinois*, Paris, 2002, La Découverte.
Rioux, Jean-Pierre (dir.), *La Guerre d'Algérie et les Français*, Colloque I.H.T.P, décembre 1988, Paris, 1990, Fayard.
Rioux, Jean-Pierre, Sirinelli, Jean-François (dir.), *La Guerre d'Algérie et les intellectuels français*, Bruxelles, 1991, Complexe.
Rossfelder, André, *Le Onzième Commandement*, Paris, 2000, Gallimard.
Rotman, Patrick, Tavernier, Bertrand, *La Guerre sans nom*, Paris, 1992, Seuil ; *L'Ennemi intime*, film produit par Kuiv Production/ France 3, 2002.
Roux, Michel, *Les Harkis. Les oubliés de l'Histoire 1954-1991*, Paris, 1991, La Découverte.
Roy, Jules, *La Guerre d'Algérie*, Paris, 1960, Julliard ; *J'accuse le général Massu*, Paris, 1972, Seuil.
Salinas, Michèle, *L'Algérie au Parlement 1958-1962*, Toulouse, 1987, Privat.
Schmitt, Maurice, *Alger – été 1957, une victoire sur le terrorisme*, Paris, 2002, L'Harmattan.
Sérigny, Alain de, *La Révolution du 13 mai*, Paris, 1958, Plon ; *Échos d'Alger*, t. I : *Le Commencement de la fin* ; t. II : *L'Abandon 1946-1962*, Paris, 1972, 1974, Presses de la Cité.
Servier, Jean, *Dans l'Aurès, sur les pas des rebelles*, Paris, 1955, France-Empire ; *Adieu djebbels*, Paris, 1958, France-Empire ; *Les Berbères*, Paris, 1990, P.U.F.
Sivan, Emmanuel, *Communisme et nationalisme en Algérie, 1920-1962*, Paris, 1976, Presses de la F.N.S.P.
Stora, Benjamin, *Histoire de l'Algérie coloniale, 1830-1954*, Paris, 1991, La Découverte ; *La Gangrène et l'Oubli*, Paris, 1991, La Découverte ; *Histoire politique de l'immigration algérienne en France, 1922-1962*, thèse d'État, 1991, Université Paris-Est Créteil-Val-de-Marne ; *Ils venaient d'Algérie. L'immigration algérienne en France, 1912-1992*, Paris, 1992, Fayard ; *Aide-mémoire de l'immigration algérienne 1922-1962*, Paris, 1992, L'Harmattan ; *Histoire*

de la guerre d'Algérie, 1954-1962, Paris, 1992, La Découverte ; « Le Maroc et les débuts de la guerre d'Algérie, 1953-1956 », dans *Militaires et guérilla dans la guerre d'Algérie*, Jean-Charles Jauffret et Maurice Vaïsse (dir.), Bruxelles, 2001, Complexe ; *Appelés en guerre d'Algérie*, Paris, 1997, Gallimard.

Tartakowsky, Danielle, « Les manifestations de rues », dans *La Guerre d'Algérie et les Français*, sous la direction de Jean-Pierre Rioux, Paris, 1990, Fayard.

Téguia, Mohamed, *L'Algérie en guerre*, Alger, 1984, O.P.U.

Thénault, Sylvie, *La Justice dans la guerre d'Algérie*, thèse, 1999, Université de Paris X ; *Une drôle de justice. Les magistrats dans la guerre d'Algérie*, Paris, 2001, La Découverte ; « Assignation à résidence et justice en Algérie, 1954-1962 », *Le Genre humain*, été-automne 1997.

Thomas, Alexis, « L'Union nationale des combattants devant le problème algérien », *La Vérité sur l'Algérie*, 11 mars 1957.

Tillion, Germaine, *L'Algérie en 1957*, Paris, 1957, Minuit ; *Les Ennemis complémentaires*, Paris, 1960, Minuit.

Timsit, Daniel, *Récits de la longue patience. Journal de prison, 1956-1962*, Paris, 2002, Flammarion/Bouchène.

Tricot, Bernard, *Les Sentiers de la paix : Algérie, 1958-1962*, Paris, 1972, Plon.

Trippier, Philippe, *Autopsie de la guerre d'Algérie*, Paris, 1972, France-Empire.

Vaïsse, Maurice, « La guerre perdue à l'O.N.U. ? », dans *La Guerre d'Algérie et les Français*, sous la direction de Jean-Pierre Rioux, Paris, 1990, Fayard.

Vatin, Jean-Claude, *L'Algérie politique. Histoire et société*, Paris, 1983, Presses de la F.N.S.P.

Verdès-Leroux, Janine, *Les Français d'Algérie de 1830 à nos jours. Une page d'histoire déchirée*, Paris, 2001, Fayard.

Villatoux, Marie-Catherine et Paul, « Le colonel Charles Lacheroy, théoricien de la guerre révolutionnaire et de l'action psychologique », *Guerre d'Algérie magazine*, n° 1, janvier-février 2002, pp. 38-43 ; *La Guerre et l'action psychologique en France (1945-1960)*, thèse de doctorat soutenue à l'Université de Paris I, mars 2002 ; *La République et son armée « face au péril subversif »*, Paris, 2005, Les Indes savantes.

L'AFRIQUE NOIRE FRANÇAISE

Benoist, Joseph-Roger de, *L'Afrique occidentale française de 1944 à 1960*, Dakar, 1982, Les Nouvelles Éditions africaines.

Blanchet, André, *L'Itinéraire des partis africains depuis Bamako*, Paris, 1958, Plon.

Cornevin, Robert, *Histoire de l'Afrique*, 3 vol., t. I : *Des origines au XVIe siècle* ; t. II (avec la collaboration de Marianne Cornevin) : *Histoire de l'Afrique contemporaine, de la Deuxième Guerre mondiale à nos jours* ; t. III : *Histoire de l'Afrique contemporaine. Colonisation, décolonisation, indépendance*, Paris, 1967, 1972, 1975, Payot.

Delavignette, Robert, *L'Afrique noire française et son destin*, Paris, 1962, Gallimard.

L'Évolution politique de l'Afrique noire, La Table ronde, Paris, 1959, Association française de science politique.

Saint-Victor, Bruno de, *Les Partis politiques français et l'évolution de l'Afrique noire sous la IVe République*, mémoire I.E.P. sous la direction de M. Panouillot, 1960.

Siriex, Paul-Henri, *Une nouvelle Afrique*, Paris, 1957, Plon.

Tronchon, Jacques, *L'Insurrection malgache de 1947*, Paris, 1974, Maspero.

LA FIN DE LA QUATRIÈME RÉPUBLIQUE

Avènement (L') de la Ve République. Entre nouveautés et traditions, Actes du colloque organisé à Reims les 5 et 6 octobre 1998 par la Fondation Charles de Gaulle, les Archives de France, l'Université de Reims Champagne-Ardenne, Paris, 1999, Armand Colin.

L'établissement de la Cinquième République, le référendum de septembre et les élections de novembre 1958, Cahiers de la F.N.S.P., Paris, 1960, Armand Colin.

Beuve-Méry, Hubert (Sirius), *Le Suicide de la Quatrième République*, Paris, 1958, Cerf.

Bromberger, Merry et Serge, *Les 13 Complots du 13 mai ou la Délivrance de Gulliver*, Paris, 1959, Fayard.

Buffelan, Jean-Paul, *Le Complot du 13 mai dans le Sud-Ouest*, Paris, 1966, L.G.D.J.

Dauer, Jacques, Rodet, Michel, *Le Treize Mai sans complot*, Paris, 1959, Julliard.

Debatty, André, *Le Treize Mai et la presse*, Paris, 1960, Armand Colin.

Delbecque, Léon, *La Colère du 13 mai*, Paris, 1958, Plon.

Denquin, Jean-Marie, *1958. La genèse de la Ve République*, Paris, 1988, P.U.F.

Faucher, Jean-André, *L'Agonie d'un régime*, Paris, 1959, Atlantic.

Ferniot, Jean, *Les Ides de mai*, Paris, 1958, Plon ; *De Gaulle et le 13 mai*, Paris, 1965, Plon.

Mai 1958. Le retour du général de Gaulle, Actes de la journée d'étude organisée à Paris le 13 mai 2008 par la Fondation Charles de Gaulle et le Centre d'histoire de Sciences Po, sous la direction

de Jean-Paul Thomas, Gilles Le Béguec et Bernard Lachaise, Rennes, 2010, Presses universitaires de Rennes.
Miquel, Roger, *Opération Résurrection*, Paris, 1975, France-Empire.
Nick, Christophe, *Résurrection. Naissance de la Ve République. Un coup d'État démocratique*, Paris, 1998, Fayard.
Parodi, Jean-Luc, *Le 13 mai 1958. Les Algériens d'origine européenne et la politique*, Paris, 1960, mémoire I.E.P.
Rémond, René, *1958. Le retour de De Gaulle*, Bruxelles, 1983, Complexe.
Rudelle, Odile, *Mai 1958, de Gaulle et la République*, Paris, 1988, Plon.
Trinquier, Roger, *Le Coup d'État du 13 mai*, Paris, 1962, L'Esprit nouveau.
Winock, Michel, *La République se meurt. Chronique 1956-1958*, Paris, 1978, Seuil ; *L'Agonie de la IVe République*, Paris, 2006, Gallimard.

IV – ORDONNANCES SIGNÉES ENTRE LE 3 JUIN 1958 ET LE 8 JANVIER 1959*

11 juin 1958 :

1. Ordonnance n° 58-529 du 11 juin 1958. Emprunt à capital garanti. Émission. Autorisation. 14 juin 1958, p. 5586

24 juin 1958 :

2. Ordonnance n° 58-544 du 24 juin 1958. Avoirs français à l'étranger. Conversion en francs. Taxe spéciale. Exonération. 25 juin 1958, p. 5877

27 juin 1958 :

3. Ordonnance n° 58-548 du 27 juin 1958. Régime fiscal de certains produits ou services d'utilisation courante. 28 juin 1958, p. 5992

12 juillet 1958 :

4. Ordonnance n° 58-588 du 12 juillet 1958. Cameroun et Togo. Établissement de listes électorales spéciales en ce qui concerne les citoyens français. 13 juillet 1958, p. 6567
5. Ordonnance n° 58-589 du 12 juillet 1958. Territoires d'outre-mer. Listes électorales. Révision exceptionnelle. Modalités. 13 juillet 1958, p. 6568
6. Ordonnance n° 58-594 du 12 juillet 1958. Sursis d'incorporation. 16 juillet 1958, p. 6595

18 juillet 1958 :

7. Ordonnance n° 58-609 du 18 juillet 1958. Assurances sociales. Indemnités journalières. Délais d'attribution (modification article 289 du code). 19 juillet 1958, p. 6732

26 juillet 1958 :

8. Ordonnance n° 58-637 du 26 juillet 1958. A.E.F. et A.O.F. Conseils de gouvernement. Présidence. 27 juillet 1958, p. 7028

---

* Liste établie à partir du CD-ROM *50 ans du Journal officiel* par Marion Laporte, primatologue.

9. Ordonnance n° 58-638 du 26 juillet 1958. Madagascar. Conseil de gouvernement. Présidence. 27 juillet 1958, p. 7029

29 juillet 1958 :

10. Ordonnance n° 58-640 du 29 juillet 1958. Conseil de la République. Conseillers de la série B représentant les citoyens français de Tunisie, Cambodge, Laos et Vietnam. Prorogation du mandat. 30 juillet 1958, p. 7070
11. Ordonnance n° 58-641 du 29 juillet 1958. Assemblée de l'Union française. Membres métropolitains. Prorogation du mandat. 30 juillet 1958, p. 7071
12. Ordonnance n° 58-642 du 29 juillet 1958. Douanes. Certains vins. Droits perçus à l'importation. Remboursement. 30 juillet 1958, p. 7074

31 juillet 1958 :

13. Ordonnance n° 58-653 du 31 juillet 1958. Diverses mesures d'ordre fiscal. 1er août 1958, p. 7207
14. Ordonnance n° 58-654 du 31 juillet 1958. Convention entre le ministre des Finances et le gouverneur de la Banque de France. Approbation. 1er août 1958, p. 7208
15. Ordonnance n° 58-655 du 31 juillet 1958. Prix du blé tendre (récolte 1958). 1er août 1958, p. 7228
16. Ordonnance n° 58-656 du 31 juillet 1958. Prix du quintal du blé fermage. 1er août 1958, p. 7229
17. Ordonnance n° 58-657 du 31 juillet 1958. Marché des céréales. 1er août 1958, p. 7230

6 août 1958 :

18. Ordonnance n° 58-696 du 6 août 1958. Administration pénitentiaire. Personnels des services extérieurs. Statut. 7 août 1958, p. 7423

9 août 1958 :

19. Ordonnance n° 58-710 du 9 août 1958. Code de l'urbanisme et de l'habitation. Livre Ier. Modification. 10 août 1958, p. 7537
20. Ordonnance n° 58-711 du 9 août 1958. Mesures destinées à favoriser la construction de logements et les équipements collectifs. 10 août 1958, p. 7537

20 août 1958 :

21. Ordonnance n° 58-734 du 20 août 1958. Référendum. Organisation. 22 août 1958, p. 7792

22. Ordonnance n° 58-739 du 20 août 1958. Commission de sauvegarde des droits et libertés individuels. 23 août 1958, p. 7826
23. Ordonnance n° 58-759 du 20 août 1958. Algérie. Plan de scolarisation et d'éducation de base. 26 août 1958, p. 7918

23 août 1958 :

24. Ordonnance n° 58-779 du 23 août 1958. Code civil. État civil. Modification. 30 août 1958, p. 8047

25 août 1958 :

25. Ordonnance n° 58-766 du 25 août 1958. Marchés d'intérêt national. 28 août 1958, p. 7995

    Ordonnance n° 58-766 du 25 août 1958. Marchés d'intérêt national (rectificatif). 30 août 1958, p. 8066
26. Ordonnance n° 58-796 du 25 août 1958. Corse. Vins, cidres, poires et hydromels. Régime fiscal. 2 septembre 1958, p. 8158

    Ordonnance n° 58-796 du 25 août 1958. Corse. Vins, cidres, poires et hydromels. Régime fiscal (rectificatif). 3 septembre 1958, p. 8218

5 septembre 1958 :

27. Ordonnance n° 58-808 du 5 septembre 1958. Référendum. Organisation. Modification. 6 septembre 1958, p. 8323

8 septembre 1958 :

28. Ordonnance n° 58-812 du 8 septembre 1958. P.T.T. Diverses dispositions d'ordre financier. 9 septembre 1958, p. 8382
29. Ordonnance n° 58-827 du 8 septembre 1958. Instituteurs remplaçants. Titularisation. 11 septembre 1958, p. 8463.

9 septembre 1958 :

30. Ordonnance n° 58-825 du 9 septembre 1958. Diverses dispositions d'ordre fiscal et financier. 11 septembre 1958, p. 8459
31. Ordonnance n° 58-833 du 9 septembre 1958. Comité du fonds national de péréquation de la taxe locale sur le chiffre d'affaires. Frais de fonctionnement. Garantie de recettes en matière de taxe locale. 14 septembre 1958, p. 8544

    Ordonnance n° 58-833 du 9 septembre 1958. Comité du fonds national de péréquation de la taxe locale sur le chiffre d'affaires. Frais de fonctionnement. Garantie de recettes en matière de taxe locale (rectificatif). 1er novembre 1958, p. 9953

19 septembre 1958 :

32. Ordonnance n° 58-854 du 19 septembre 1958. Bas-Rhin. Ouragan de grêle du 11 août 1958. Réparation des dommages. Participation de l'État. 20 septembre 1958, p. 8672

20 septembre 1958 :

33. Ordonnance n° 58-864 du 20 septembre 1958. Enseignement du premier degré. Accès aux fonctions de maîtres. Modification. 23 septembre 1958, p. 8734

23 septembre 1958 :

34. Ordonnance n° 58-885 du 23 septembre 1958. France d'outre-mer. Organisation des directions et services. 26 septembre 1958, p. 8864
35. Ordonnance n° 58-896 du 23 septembre 1958. Dispositions générales d'ordre financier. 28 septembre 1958, p. 8912

24 septembre 1958 :

36. Ordonnance n° 58-870 du 24 septembre 1958. Fonds d'investissement des départements d'outre-mer. Gestion. 25 septembre 1958, p. 8787
37. Ordonnance n° 58-875 du 24 septembre 1958. Territoires d'outre-mer. Accidents du travail et maladies professionnelles. Réparation et prévention. 25 septembre 1958, p. 8809
38. Ordonnance n° 58-876 du 24 septembre 1958. Sociétés immobilières conventionnées. 25 septembre 1958, p. 8811
39. Ordonnance n° 58-880 du 24 septembre 1958. Agriculture. Diverses dispositions d'ordre financier. 26 septembre 1958, p. 8858
40. Ordonnance n° 58-881 du 24 septembre 1958. Industrie et commerce. Diverses dispositions d'ordre financier. 26 septembre 1958, p. 8858
41. Ordonnance n° 58-888 du 24 septembre 1958. Agents temporaires en service à la présidence du Conseil (information). 27 septembre 1958, p. 8883
42. Ordonnance n° 58-889 du 24 septembre 1958. Justice. Diverses dispositions d'ordre financier. 27 septembre 1958, p. 8883
43. Ordonnance n° 58-890 du 24 septembre 1958. Sécurité sociale. Fonds national de solidarité. Complément de 1 600 francs par an. 27 septembre 1958, p. 8883
44. Ordonnance n° 58-892 du 24 septembre 1958. Pétrole. Régime d'importation. Modification. 27 septembre 1958, p. 8887

    Ordonnance n° 58-892 du 24 septembre 1958. Pétrole. Régime d'importation. Modification (rectificatif). 9 octobre 1958, p. 9247

45. Ordonnance n° 58-897 du 24 septembre 1958. Régime économique de l'alcool. 28 septembre 1958, p. 8918
46. Ordonnance n° 58-901 du 24 septembre 1958. Fonds national de régularisation des cours des produits d'outre-mer. Création. Modification. 28 septembre 1958, p. 8923

25 septembre 1958 :

47. Ordonnance n° 58-882 du 25 septembre 1958. Recherche scientifique et technique. Fiscalité. 26 septembre 1958, p. 8859
48. Ordonnance n° 58-886 du 25 septembre 1958. Prêts spéciaux à la construction. Bonifications d'intérêts. Attribution. 26 septembre 1958, p. 8865
49. Ordonnance n° 58-903 du 25 septembre 1958. Thermes nationaux d'Aix-les-Bains. Création. 30 septembre 1958, p. 8945

26 septembre 1958 :

50. Ordonnance n° 58-904 du 26 septembre 1958. Éducation nationale. Diverses dispositions d'ordre financier. 30 septembre 1958, p. 8946

3 octobre 1958 :

51. Ordonnance n° 58-910 du 3 octobre 1958. Hôpitaux de Paris. Concours du médicat. 4 octobre 1958, p. 9143

6 octobre 1958 :

52. Ordonnance n° 58-913 du 6 octobre 1958. Territoires d'outre-mer. Application de l'article 76 de la Constitution et régime provisoire des pouvoirs publics. Conditions. 7 octobre 1958, p. 9182

7 octobre 1958 :

53. Ordonnance n° 58-915 du 7 octobre 1958. Algérie. Programme d'expansion économique, de progrès social et de réforme administrative. Mesures exceptionnelles en vue du rétablissement de l'ordre. Abrogation de l'article 6 de la loi du 16 mars 1956. 8 octobre 1958, p. 9214
54. Ordonnance n° 58-916 du 7 octobre 1958. Rébellion algérienne. Mesures à prendre à l'égard des personnes dangereuses pour la sécurité publique. 8 octobre 1958, p. 9214
55. Ordonnance n° 58-917 du 7 octobre 1958. Régime des matériels de guerre, armes et munitions. Modification. 8 octobre 1958, p. 9215
56. Ordonnance n° 58-923 du 7 octobre 1958. Code civil. Domicile des bateliers, des forains et des nomades. 9 octobre 1958, p. 9245

57. Ordonnance n° 58-928 du 7 octobre 1958. Paris. Voies privées. Assainissement d'office et classement d'office. 11 octobre 1958, p. 9295

Ordonnance n° 58-928 du 7 octobre 1958. Paris. Voies privées. Assainissement d'office et classement d'office (rectificatif). 16 novembre 1958, p. 10308

8 octobre 1958 :

58. Ordonnance n° 58-921 du 8 octobre 1958. Répression des infractions commises en vue d'apporter une aide aux rebelles des départements algériens. 9 octobre 1958, p. 9231

Ordonnance n° 58-921 du 8 octobre 1958. Répression des infractions commises en vue d'apporter une aide aux rebelles des départements algériens (rectificatif). 10 octobre 1958, p. 9263

9 octobre 1958 :

59. Ordonnance n° 58-930 du 9 octobre 1958. Intérieur. Diverses dispositions d'ordre financier. 11 octobre 1958, p. 9298
60. Ordonnance n° 58-932 du 9 octobre 1958. Code rural. Modification (travaux d'équipement rural entrepris par l'État). 11 octobre 1958, p. 9304

11 octobre 1958 :

61. Ordonnance n° 58-937 du 11 octobre 1958. Code municipal. Services publics des départements et communes. Modification. 12 octobre 1958, p. 9327
62. Ordonnance n° 58-939 du 11 octobre 1958. Personnels civils et militaires rappelés ou maintenus sous les drapeaux. Situation. 12 octobre 1958, p. 9329
63. Ordonnance n° 58-942 du 11 octobre 1958. Éducation nationale. Professeurs français ayant enseigné au Maroc. Incorporation dans les cadres métropolitains. 12 octobre 1958, p. 9334
64. Ordonnance n° 58-944 du 11 octobre 1958. Certains biens domaniaux. Cession et location. Modalités. 12 octobre 1958, p. 9339

13 octobre 1958 :

65. Ordonnance n° 58-945 du 13 octobre 1958. Assemblée nationale. Élection des députés et tableau des circonscriptions électorales. 14 octobre 1958, p. 9358

Ordonnance n° 58-945 du 13 octobre 1958. Assemblée nationale. Élection des députés et tableau des circonscriptions électorales (rectificatif). 19 octobre 1958, p. 9567

Ordonnance n° 58-945 du 13 octobre 1958. Assemblée nationale. Élection des députés et tableau des circonscriptions électorales (rectificatif). 26 octobre 1958, p. 9775

16 octobre 1958 :

66. Ordonnance n° 58-964 du 16 octobre 1958. Algérie. Élection des députés. 17 octobre 1958, p. 9503

    Ordonnance n° 58-964 du 16 octobre 1958. Algérie. Élection des députés (rectificatif). 19 octobre 1958, p. 9567
67. Ordonnance n° 58-965 du 16 octobre 1958. Départements de la Saoura et des Oasis. Élection des députés. 17 octobre 1958, p. 9505

    Ordonnance n° 58-965 du 16 octobre 1958. Départements de la Saoura et des Oasis. Élection des députés (rectificatif). 22 octobre 1958, p. 9630
68. Ordonnance n° 58-966 du 16 octobre 1958. Trésor. Diverses dispositions. 17 octobre 1958, p. 9509
69. Ordonnance n° 58-967 du 16 octobre 1958. Trésor. Diverses dispositions (justice). 17 octobre 1958, p. 9510
70. Ordonnance n° 58-968 du 16 octobre 1958. Trésor. Diverses dispositions (industrie et commerce). 17 octobre 1958, p. 9510
71. Ordonnance n° 58-971 du 16 octobre 1958. Mutualité sociale agricole. Certains conseils d'administration. Prorogation des pouvoirs. 17 octobre 1958, p. 9514
72. Ordonnance n° 58-972 du 16 octobre 1958. Ville de Paris. Réglementation de l'urbanisme. 17 octobre 1958, p. 9520
73. Ordonnance n° 58-973 du 16 octobre 1958. Hôpitaux de Paris. Concours de l'assistanat et du médicat. 18 octobre 1958, p. 9534

17 octobre 1958 :

74. Ordonnance n° 58-974 du 17 octobre 1958. Fonctionnement provisoire des pouvoirs publics. 18 octobre 1958, p. 9535

18 octobre 1958 :

75. Ordonnance n° 58-975 du 18 octobre 1958. Listes électorales. Mise à jour. 19 octobre 1958, p. 9566

20 octobre 1958 :

76. Ordonnance n° 58-977 du 20 octobre 1958. Élection des députés. Vote par procuration ou par correspondance. 21 octobre 1958, p. 9599

    Ordonnance n° 58-977 du 20 octobre 1958. Élection des députés. Vote par procuration ou par correspondance (rectificatif). 13 novembre 1958, p. 10191

77. Ordonnance n° 58-978 du 20 octobre 1958. Côte française des Somalis. Assemblée territoriale. Composition et formation. 21 octobre 1958, p. 9600

23 octobre 1958 :

78. Ordonnance n° 58-997 du 23 octobre 1958. Expropriation pour cause d'utilité publique. Réforme des règles. 24 octobre 1958, p. 9694
79. Ordonnance n° 58-1004 du 23 octobre 1958. Code de la santé publique. Raccordement obligatoire des immeubles aux réseaux d'égouts. 26 octobre 1958, p. 9779
80. Ordonnance n° 58-1006 du 23 octobre 1958. Exercice en France des professions médicales, pharmaceutiques et paramédicales par des personnes de nationalité française ayant exercé lesdites professions en Tunisie en vertu de la réglementation particulière à ce pays. 26 octobre 1958, p. 9791

24 octobre 1958 :

81. Ordonnance n° 58-998 du 24 octobre 1958. Assemblée nationale et Sénat. Conditions d'éligibilité et incompatibilités parlementaires (loi organique). 25 octobre 1958, p. 9727
82. Ordonnance n° 58-1007 du 24 octobre 1958. Procédure d'envoi en possession des successions en déshérence et vente des biens dépendant d'une succession vacante. 28 octobre 1958, p. 9807
83. Ordonnance n° 58-1008 du 24 octobre 1958. Hôtels, pensions de famille et meublés. Maintien dans les lieux. 28 octobre 1958, p. 9808

    Ordonnance n° 58-1008 du 24 octobre 1958. Hôtels, pensions de famille et meublés. Maintien dans les lieux (rectificatif). 14 décembre 1958, p. 11247
84. Ordonnance n° 58-1011 du 24 octobre 1958. Dommages de guerre subis en Indochine. Règlement des indemnités. 28 octobre 1958, p. 9826

27 octobre 1958 :

85. Ordonnance n° 58-1009 du 27 octobre 1958. Diverses dispositions d'ordre financier. 28 octobre 1958, p. 9817

29 octobre 1958 :

86. Ordonnance n° 58-1015 du 29 octobre 1958. Assemblée nationale. Élection des députés. Complément. 30 octobre 1958, p. 9886

87. Ordonnance n° 58-1016 du 29 octobre 1958. Mesures destinées à favoriser l'accès des Français musulmans d'Algérie aux emplois publics de l'État. 30 octobre 1958, p. 9886
88. Ordonnance n° 58-1017 du 29 octobre 1958. Mesures destinées à favoriser l'accès des Français musulmans d'Algérie aux emplois des cadres algériens et des collectivités locales d'Algérie. Élargissement. 30 octobre 1958, p. 9887
89. Ordonnance n° 58-1018 du 29 octobre 1958. Certaines catégories de fonctionnaires de l'État. Affectation et détachement en Algérie. 30 octobre 1958, p. 9888
90. Ordonnance n° 58-1036 du 29 octobre 1958. France d'outre-mer. Certains personnels. Situation. 1er novembre 1958, p. 9967

    Ordonnance n° 58-1036 du 29 octobre 1958. France d'outre-mer. Certains personnels. Situation (rectificatif). 29 novembre 1958, p. 10714
91. Ordonnance n° 58-1037 du 29 octobre 1958. Syndics et administrateurs judiciaires. 4 novembre 1958, p. 9982

31 octobre 1958 :

92. Ordonnance n° 58-1027 du 31 octobre 1958. Assemblée nationale et Sénat. Conditions d'éligibilité et incompatibilités parlementaires. Complément. 1er novembre 1958, p. 9951
93. Ordonnance n° 58-1055 du 31 octobre 1958. Agents diplomatiques et consulaires. Abaissement temporaire de la limite d'âge. 7 novembre 1958, p. 10082
94. Ordonnance n° 58-1056 du 31 octobre 1958. Travaux publics, transports et tourisme. Diverses dispositions d'ordre financier. 7 novembre 1958, p. 10082

5 novembre 1958 :

95. Ordonnance n° 58-1047 du 5 novembre 1958. Algérie. Pouvoirs spéciaux. Application de l'article 1er de la loi du 16 mars 1956. 6 novembre 1958, p. 10047
96. Ordonnance n° 58-1048 du 5 novembre 1958. Fonctionnaires. Fusion entre cadres algériens et cadres métropolitains. 6 novembre 1958, p. 10047

6 novembre 1958 :

97. Ordonnance n° 58-1053 du 6 novembre 1958. Inondations extraordinaires des 30 septembre et 4 octobre 1958 dans les départements du Gard, de l'Ardèche, de l'Hérault et de la Lozère. Réparation des dommages. Participation de l'État. 7 novembre 1958, p. 10078

98. Ordonnance n° 58-1085 du 6 novembre 1958. Films de court métrage. Prix. Attribution. Augmentation. 13 novembre 1958, p. 10207

7 novembre 1958 :

99. Ordonnance n° 58-1064 du 7 novembre 1958. Élection du président de la République (loi organique). 9 novembre 1958, p. 10126
100. Ordonnance n° 58-1065 du 7 novembre 1958. Assemblée nationale. Composition et durée de pouvoirs (loi organique). 9 novembre 1958, p. 10128
101. Ordonnance n° 58-1066 du 7 novembre 1958. Autorisation exceptionnelle aux parlementaires à déléguer leur droit de vote (loi organique). 9 novembre 1958, p. 10128
102. Ordonnance n° 58-1067 du 7 novembre 1958. Conseil constitutionnel (loi organique). 9 novembre 1958, p. 10129
103. Ordonnance n° 58-1074 du 7 novembre 1958. Diverses mesures d'ordre fiscal. Complément. 11 novembre 1958, p. 10159

10 novembre 1958 :

104. Ordonnance n° 58-1115 du 10 novembre 1958. Intérieur. Création d'un emploi de préfet hors cadre. 23 novembre 1958, p. 10538

14 novembre 1958 :

105. Ordonnance n° 58-1093 du 14 novembre 1958. Algérie. Élection des députés. Modification. 15 novembre 1958, p. 10286

15 novembre 1958 :

106. Ordonnance n° 58-1097 du 15 novembre 1958. Composition du Sénat et durée du mandat des sénateurs (loi organique). 16 novembre 1958, p. 10303
107. Ordonnance n° 58-1098 du 15 novembre 1958. Élection des sénateurs. 16 novembre 1958, p. 10303

    Ordonnance n° 58-1098 du 15 novembre 1958. Élection des sénateurs (rectificatif). 22 novembre 1958, p. 10495

17 novembre 1958 :

108. Ordonnance n° 58-1099 du 17 novembre 1958. Constitution. Membres du gouvernement. Incompatibilité (loi organique). 18 novembre 1958, p. 10334
109. Ordonnance n° 58-1100 du 17 novembre 1958. Assemblées parlementaires. Fonctionnement. 18 novembre 1958, p. 10335

22 novembre 1958 :

110. Ordonnance n° 58-1111 du 22 novembre 1958. Sahara. Hydrocarbures. Recherche, exploitation, transport par canalisations et régime fiscal. 23 novembre 1958, p. 10526

Ordonnance n° 58-1111 du 22 novembre 1958. Sahara. Hydrocarbures. Recherche, exploitation, transport par canalisations et régime fiscal (rectificatif). 19 décembre 1958, p. 11428

111. Ordonnance n° 58-1112 du 22 novembre 1958. Algérie. Transport des hydrocarbures liquides ou gazeux provenant du Sahara. 23 novembre 1958, p. 10536

Ordonnance n° 58-1112 du 22 novembre 1958. Algérie. Transport des hydrocarbures liquides ou gazeux provenant du Sahara (rectificatif). 19 décembre 1958, p. 11428

112. Ordonnance n° 58-1113 du 22 novembre 1958. Sahara. Hydrocarbures. Recherche, exploitation et transport. Régime fiscal applicable en métropole et dans les départements d'outre-mer aux distributions de bénéfices faites par les sociétés. 23 novembre 1958, p. 10537

24 novembre 1958 :

113. Ordonnance n° 58-1117 du 24 novembre 1958. Convention passée entre le ministre des Finances et des Affaires économiques et le gouverneur de la Banque de l'Algérie et de la Tunisie. 25 novembre 1958, p. 10559

25 novembre 1958 :

114. Ordonnance n° 58-1131 du 25 novembre 1958. Banque de l'Algérie et de la Tunisie. Statuts. Modification. 28 novembre 1958, p. 10655

115. Ordonnance n° 58-1132 du 25 novembre 1958. Stockage souterrain de gaz. 28 novembre 1958, p. 10658

28 novembre 1958 :

116. Ordonnance n° 58-1136 du 28 novembre 1958. Nominations aux emplois civils et militaires de l'État (loi organique). 29 novembre 1958, p. 10687

Ordonnance n° 58-1136 du 28 novembre 1958. Nominations aux emplois civils et militaires de l'État (loi organique) (rectificatif). 9 décembre 1958, p. 11024

117. Ordonnance n° 58-1137 du 28 novembre 1958. Communauté européenne de l'énergie atomique. Réalisation d'installations de production nucléaire d'électricité. 29 novembre 1958, p. 10688

5 décembre 1958 :

118. Ordonnance n° 58-1170 du 5 décembre 1958. Code des douanes (art. 417 [contrebande]). Modification. 9 décembre 1958, p. 11022
119. Ordonnance n° 58-1171 du 5 décembre 1958. Ordonnances prises en application de la loi 58-520 du 3 juin 1958. Ratification. 9 décembre 1958, p. 11022

6 décembre 1958 :

120. Ordonnance n° 58-1172 du 6 décembre 1958. Tribunal français en Allemagne. Liquidation des affaires. 9 décembre 1958, p. 11024
121. Ordonnance n° 58-1179 du 6 décembre 1958. Budget de l'exercice 1951. Règlement définitif. 11 décembre 1958, p. 1102
122. Ordonnance n° 58-1180 du 6 décembre 1958. Budget de l'exercice 1952. Règlement définitif. 11 décembre 1958, p. 1112
123. Ordonnance n° 58-1181 du 6 décembre 1958. Budget de l'exercice 1953 et 1954. Règlement définitif. 11 décembre 1958, p. 11123
124. Ordonnance n° 58-1182 du 6 décembre 1958. Budget de l'exercice 1955. Règlement définitif. 11 décembre 1958, p. 11129
125. Ordonnance n° 58-1183 du 6 décembre 1958. Budget de l'exercice 1956. Règlement définitif. 11 décembre 1958, p. 11132

10 décembre 1958 :

126. Ordonnance n° 58-1184 du 10 décembre 1958. Armées. Deuxième contingent 1958. Composition, dates d'appel et obligations d'activité. Ratification du décret du 18 juin 1958. 11 décembre 1958, p. 11147
127. Ordonnance n° 58-1185 du 10 décembre 1958. Code de commerce. Extension de la garantie des chambres syndicales d'agents de change et modification de l'article 90. 11 décembre 1958, p. 11147
128. Ordonnance n° 58-1186 du 10 décembre 1958. Code minier. Procédure d'expropriation. 11 décembre 1958, p. 11147
129. Ordonnance n° 58-1188 du 10 décembre 1958. 1° Convention sur les facilités douanières en faveur du tourisme ; 2° protocole additionnel à la convention sur les facilités douanières en faveur du tourisme relatif à l'importation de documents et de matériel de propagande touristique ; 3° convention douanière relative à l'importation temporaire des véhicules routiers privés ; 4° acte final de la conférence des Nations Unies sur les formalités douanières concernant l'importation des véhicules de tourisme et le tourisme. Ratification. Autorisation. 12 décembre 1958, p. 11167

130. Ordonnance n° 58-1189 du 10 décembre 1958. Convention franco-cambodgienne déterminant le statut particulier en matière judiciaire accordé par le gouvernement cambodgien aux nationaux français du 9 septembre 1953. Ratification. Autorisation. 12 décembre 1958, p. 11167
131. Ordonnance n° 58-1190 du 10 décembre 1958. Protocole de transfert au Cambodge des compétences judiciaires françaises du 29 août 1953. Ratification. Autorisation. 12 décembre 1958, p. 11167
132. Ordonnance n° 58-1191 du 10 décembre 1958. Convention sur la nationalité conclue entre la France et l'État du Vietnam le 16 août 1955. Ratification. Autorisation. 12 décembre 1958, p. 11167
133. Ordonnance n° 58-1192 du 10 décembre 1958. Convention franco-vietnamienne de transfert de compétences et services en matière judiciaire, de police et de sûreté du 16 septembre 1954. Ratification. Autorisation. 12 décembre 1958, p. 11168
134. Ordonnance n° 58-1193 du 10 décembre 1958. Convention d'entraide judiciaire et d'exequatur des jugements signée à Paris le 16 novembre 1956 entre la France et le Laos. Ratification. Autorisation. 12 décembre 1958, p. 11168
135. Ordonnance n° 58-1194 du 10 décembre 1958. Convention judiciaire franco-laotienne du 22 octobre 1953. Ratification. Autorisation. 12 décembre 1958, p. 11168
136. Ordonnance n° 58-1195 du 10 décembre 1958. Convention d'aide mutuelle judiciaire conclue le 12 janvier 1955 entre la France et l'Italie. Ratification. Autorisation. 12 décembre 1958, p. 11168
137. Ordonnance n° 58-1196 du 10 décembre 1958. Convention culturelle entre la France et le Maroc signée à Paris le 5 octobre 1957. Ratification. Autorisation. 12 décembre 1958, p. 11168
138. Ordonnance n° 58-1197 du 10 décembre 1958. Convention judiciaire et convention d'aide mutuelle judiciaire, d'exequatur des jugements et d'extradition entre la France et le Maroc, signées à Paris le 15 octobre 1957 et portant dispositions d'application desdites conventions. Ratification. Autorisation. 12 décembre 1958, p. 11169

11 décembre 1958 :

139. Ordonnance n° 58-1198 du 11 décembre 1958. Législation hospitalière. Réforme. 12 décembre 1958, p. 11169
140. Ordonnance n° 58-1199 du 11 décembre 1958. Coordination des établissements de soins comportant hospitalisation. 12 décembre 1958, p. 11170

141. Ordonnance n° 58-1200 du 11 décembre 1958. Algérie. Régime fiscal applicable aux entreprises soumises aux dispositions du code pétrolier de l'Organisation commune des régions sahariennes. 12 décembre 1958, p. 11171

13 décembre 1958 :

142. Ordonnance n° 58-1210 du 13 décembre 1958. Membres du Parlement. Indemnité (loi organique). 14 décembre 1958, p. 11247

15 décembre 1958 :

143. Ordonnance n° 58-1215 du 15 décembre 1958. Élection du président de la République. Proclamation des résultats. 16 décembre 1958, p. 11279
144. Ordonnance n° 58-1216 du 15 décembre 1958. Code de la route. Police de la circulation routière. Partie législative. 16 décembre 1958, p. 11280

16 décembre 1958 :

145. Ordonnance n° 58-1224 du 16 décembre 1958. Convention signée à Berne le 20 octobre 1955 relative à la constitution Eurofina. Ratification. Autorisation. 17 décembre 1958, p. 11343
146. Ordonnance n° 58-1225 du 16 décembre 1958. Protocole de rectification, en date du 1er juillet 1955, à la convention signée à Bruxelles le 15 décembre 1950 sur la nomenclature pour la classification des marchandises dans les tarifs douaniers. Ratification. Autorisation. 17 décembre 1958, p. 11343
147. Ordonnance n° 58-1226 du 16 décembre 1958. Protocole signé à La Haye le 28 septembre 1955 portant modification de la convention pour l'unification de certaines règles relatives au transport aérien international signée à Varsovie le 12 octobre 1929. Ratification. Autorisation. 17 décembre 1958, p. 11344
148. Ordonnance n° 58-1227 du 16 décembre 1958. Convention d'établissement et de navigation entre la France et la République fédérale allemande du 27 octobre 1956. Ratification. Autorisation. 17 décembre 1958, p. 11344
149. Ordonnance n° 58-1228 du 16 décembre 1958. Convention d'établissement franco-honduréenne du 15 août 1955. Ratification. Autorisation. 17 décembre 1958, p. 11344
150. Ordonnance n° 58-1229 du 16 décembre 1958. Réglementation des agences de transactions immobilières. 17 décembre 1958, p. 11344
151. Ordonnance n° 58-1230 du 16 décembre 1958. Titres attribués par une application indue des textes portant statut des Forces françaises libres, des Forces françaises combattantes, des Forces françaises de

l'intérieur et de la Résistance intérieure française. Retrait ou révision éventuels. Autorisation. 17 décembre 1958, p. 11345

17 décembre 1958 :

152. Ordonnance n° 58-1237 du 17 décembre 1958. Convention d'extradition conclue entre la France et la République fédérale allemande le 29 novembre 1951. Ratification. Autorisation. 18 décembre 1958, p. 11375
153. Ordonnance n° 58-1238 du 17 décembre 1958. Code des douanes. Modification. 18 décembre 1958, p. 11375

    Ordonnance n° 58-1238 du 17 décembre 1958. Code des douanes. Modification (rectificatif). 17 janvier 1959, p. 979
154. Ordonnance n° 58-1246 du 17 décembre 1958. Transfert à l'État japonais de la propriété d'œuvres d'art. Autorisation. 19 décembre 1958, p. 11422

18 décembre 1958 :

155. Ordonnance n° 58-1247 du 18 décembre 1958. Code électoral. Modification. 19 décembre 1958, p. 11427
156. Ordonnance n° 58-1248 du 18 décembre 1958. Sociétés sahariennes de développement. 19 décembre 1958, p. 11428

19 décembre 1958 :

157. Ordonnance n° 58-1254 du 19 décembre 1958. Conseil exécutif de la Communauté (loi organique). 20 décembre 1958, p. 11455
158. Ordonnance n° 58-1255 du 19 décembre 1958. Sénat de la Communauté (loi organique). 20 décembre 1958, p. 11455
159. Ordonnance n° 58-1256 du 19 décembre 1958. Cour arbitrale de la Communauté (loi organique). 20 décembre 1958, p. 11457
160. Ordonnance n° 58-1257 du 19 décembre 1958. Représentation du Parlement de la République au Sénat de la Communauté (loi organique). 20 décembre 1958, p. 11458
161. Ordonnance n° 58-1258 du 19 décembre 1958. Sociétés entre époux. 20 décembre 1958, p. 11458
162. Ordonnance n° 58-1259 du 19 décembre 1958. Caisse centrale de crédit hôtelier, industriel et commercial. Institution d'un privilège. 20 décembre 1958, p. 11458
163. Ordonnance n° 58-1260 du 19 décembre 1958. Traité d'amitié perpétuelle et d'établissement entre la France et le Costa Rica du 2 juin 1955. Ratification. Autorisation. 20 décembre 1958, p. 11459
164. Ordonnance n° 58-1261 du 19 décembre 1958. Douanes. Diverses dispositions. Ratification du décret du 18 décembre 1958. 20 décembre 1958, p. 11459

165. Ordonnance n° 58-1262 du 19 décembre 1958. Tabac. Assurances et réassurances des récoltes. Conditions. Modification. 20 décembre 1958, p. 11459

20 décembre 1958 :

166. Ordonnance n° 58-1264 du 20 décembre 1958. Code des douanes. Pouvoirs du gouvernement en matière de droits compensateurs et de droits antidumping. 21 décembre 1958, p. 11487

167. Ordonnance n° 58-1265 du 20 décembre 1958. Code de la santé publique. Modification (eaux potables, distributions publiques et privées). 21 décembre 1958, p. 11487

22 décembre 1958 :

168. Ordonnance n° 58-1270 du 22 décembre 1958. Magistrature. Statut (loi organique). 23 décembre 1958, p. 11551

Ordonnance n° 58-1270 du 22 décembre 1958. Magistrature. Statut (loi organique) (rectificatif). 5 février 1959, p. 1586

169. Ordonnance n° 58-1271 du 22 décembre 1958. Conseil supérieur de la magistrature (loi organique). 23 décembre 1958, p. 11556

170. Ordonnance n° 58-1272 du 22 décembre 1958. Magistrats de l'ordre judiciaire. Admission anticipée à la retraite. Certaines modalités. 23 décembre 1958, p. 11557

171. Ordonnance n° 58-1273 du 22 décembre 1958. Organisation judiciaire. 23 décembre 1958, p. 11557

172. Ordonnance n° 58-1274 du 22 décembre 1958. Organisation des juridictions pour enfants. 23 décembre 1958, p. 11559

173. Ordonnance n° 58-1275 du 22 décembre 1958. Sécurité sociale. Contentieux. 23 décembre 1958, p. 11559

174. Ordonnance n° 58-1276 du 22 décembre 1958. Code du travail. Modification de certaines dispositions du titre Ier du livre IV (conseil de prud'hommes). 23 décembre 1958, p. 11560

23 décembre 1958 :

175. Ordonnance n° 58-1296 du 23 décembre 1958. Code de procédure pénale. Modification et complément. 24 décembre 1958, p. 11711

Ordonnance n° 58-1296 du 23 décembre 1958. Code de procédure pénale. Modification et complément (rectificatif). 25 février 1959, p. 2306

176. Ordonnance n° 58-1297 du 23 décembre 1958. Compétence des tribunaux de police. Modification de certaines peines. 24 décembre 1958, p. 11758

177. Ordonnance n° 58-1298 du 23 décembre 1958. Code pénal. Modification. 24 décembre 1958, p. 11761

Ordonnance n° 58-1298 du 23 décembre 1958. Code pénal. Modification (rectificatif). 25 février 1959, p. 2306

178. Ordonnance n° 58-1299 du 23 décembre 1958. Banqueroutes et autres infractions en matière de faillite. 24 décembre 1958, p. 11765

179. Ordonnance n° 58-1300 du 23 décembre 1958. Enfance délinquante. Modification. 24 décembre 1958, p. 11768

180. Ordonnance n° 58-1301 du 23 décembre 1958. Protection de l'enfance et de l'adolescence en danger. 24 décembre 1958, p. 11770

181. Ordonnance n° 58-1302 du 23 décembre 1958. Douanes. Tarifs. Ratification du décret du 22 décembre 1958. 24 décembre 1958, p. 11771

182. Ordonnance n° 58-1306 du 23 décembre 1958. Régime de l'adoption et de la légitimation adoptive. Modification. 25 décembre 1958, p. 11806

Ordonnance n° 58-1306 du 23 décembre 1958. Régime de l'adoption et de la légitimation adoptive. Modification (rectificatif). 3 février 1959, p. 1522

Ordonnance n° 58-1306 du 23 décembre 1958. Régime de l'adoption et de la légitimation adoptive. Modification (rectificatif). 2 juin 1959, p. 5524

183. Ordonnance n° 58-1307 du 23 décembre 1958. Suppression de l'envoi en possession du conjoint survivant. 24 décembre 1958, p. 11809

184. Ordonnance n° 58-1308 du 23 décembre 1958. Fonctionnaires du corps préfectoral. Abaissement temporaire de la limite d'âge. 25 décembre 1958, p. 11809

185. Ordonnance n° 58-1309 du 23 décembre 1958. Police. Usage des armes et établissement de barrages de circulation. 25 décembre 1958, p. 11810

186. Ordonnance n° 58-1310 du 23 décembre 1958. Transports routiers, publics et privés. Conditions de travail. 25 décembre 1958, p. 11810

187. Ordonnance n° 58-1311 du 23 décembre 1958. Infractions aux dispositions réglementaires relatives aux servitudes grevant les terrains nécessaires aux routes nationales et aux autoroutes. Répression. 25 décembre 1958, p. 11810

188. Ordonnance n° 58-1312 du 23 décembre 1958. Dispense de l'affirmation de certains procès-verbaux établis en matière de chasse et pêche. 25 décembre 1958, p. 11811

189. Ordonnance n° 58-1317 du 23 décembre 1958. Départements d'outre-mer. Application de certaines dispositions métropolitaines en matière pénale et de procédure pénale. 26 décembre 1958, p. 11838
190. Ordonnance n° 58-1318 du 23 décembre 1958. Départements d'outre-mer. Locaux d'habitation ou à usage professionnel. Maintien dans les lieux. 26 décembre 1958, p. 11839
191. Ordonnance n° 58-1319 du 23 décembre 1958. Convention franco-belge fixant de nouvelles limites d'exploitation entre les houillères du bassin du Nord et du Pas-de-Calais et les Charbonnages belges d'Hensies-Pommerœul de Bernissart. Ratification. Autorisation. 26 décembre 1958, p. 11839
192. Ordonnance n° 58-1320 du 23 décembre 1958. Conventions franco-finlandaises (doubles impositions et diverses mesures fiscales). Ratification. Autorisation. 26 décembre 1958, p. 11839
193. Ordonnance n° 58-1321 du 23 décembre 1958. Convention sur le statut des apatrides. Ratification. Autorisation. 26 décembre 1958, p. 11839
194. Ordonnance n° 58-1322 du 23 décembre 1958. Convention franco-suisse au sujet du service militaire des doubles nationaux. Ratification. Autorisation. 26 décembre 1958, p. 11839
195. Ordonnance n° 58-1323 du 23 décembre 1958. Convention commerciale franco-laotienne. Ratification. Autorisation. 26 décembre 1958, p. 11840
196. Ordonnance n° 58-1324 du 23 décembre 1958. Convention franco-italienne (double imposition et diverses mesures fiscales). Ratification. Autorisation. 26 décembre 1958, p. 11840
197. Ordonnance n° 58-1325 du 23 décembre 1958. Convention relative au contrat de transport international de marchandises par route. Ratification. Autorisation. 26 décembre 1958, p. 11840
198. Ordonnance n° 58-1326 du 23 décembre 1958. Convention relative à l'institut franco-allemand de recherches de Saint-Louis. Ratification. Autorisation. 26 décembre 1958, p. 11840
199. Ordonnance n° 58-1327 du 23 décembre 1958. Code électoral. Procédure contentieuse électorale. Modification. 26 décembre 1958, p. 11840
200. Ordonnance n° 58-1328 du 23 décembre 1958. Premier et deuxième contingents 1959. Composition, dates d'appel et obligations d'activité. Ratification du décret du 11 décembre 1958. 26 décembre 1958, p. 11841
201. Ordonnance n° 58-1329 du 23 décembre 1958. Armées. Personnels militaires. Situation « hors cadre » et position « spéciale hors cadre ». 26 décembre 1958, p. 11841

202. Ordonnance n° 58-1330 du 23 décembre 1958. Départements d'outre-mer. Extension de la législation métropolitaine relative à diverses servitudes en matière de voirie nationale. 26 décembre 1958, p. 11842
203. Ordonnance n° 58-1331 du 23 décembre 1958. Infractions en matière de répartition des produits industriels et de l'énergie. Constatation, poursuite, répression. 26 décembre 1958, p. 11842
204. Ordonnance n° 58-1332 du 23 décembre 1958. Hydrocarbures liquides ou liquéfiés. Stockage souterrain. 26 décembre 1958, p. 11844
205. Ordonnance n° 58-1337 du 23 décembre 1958. Polynésie française. Conseil du gouvernement et assemblée territoriale. 27 décembre 1958, p. 11871

27 décembre 1958 :

206. Ordonnance n° 58-1341 du 27 décembre 1958. Nouvelle unité monétaire. Institution. 28 décembre 1958, p. 11935
207. Ordonnance n° 58-1342 du 27 décembre 1958. Exploitations agricoles. Cumuls et réunions. 28 décembre 1958, p. 11935
208. Ordonnance n° 58-1343 du 27 décembre 1958. Loyers. Législation. Modification. 28 décembre 1958, p. 11936
209. Ordonnance n° 58-1350 du 27 décembre 1958. Convention franco-luxembourgeoise (doubles impositions et diverses mesures fiscales). Ratification. Autorisation. 29 décembre 1958, p. 11966
210. Ordonnance n° 58-1351 du 27 décembre 1958. Conservation du domaine public routier. 29 décembre 1958, p. 11966
211. Ordonnance n° 58-1352 du 27 décembre 1958. Infractions en matière de registre du commerce. Répression. 29 décembre 1958, p. 11967
212. Ordonnance n° 58-1356 du 27 décembre 1958. Recrutement de l'armée. Modification de l'article 13 de la loi du 31 mars 1928. 30 décembre 1958, p. 12031
213. Ordonnance n° 58-1357 du 27 décembre 1958. Contrôle de la fabrication des conserves et semi-conserves de poissons, crustacés et autres animaux marins. 30 décembre 1958, p. 12031
214. Ordonnance n° 58-1358 du 27 décembre 1958. Code du travail maritime et code du travail. Modification. 30 décembre 1958, p. 12032
215. Ordonnance n° 58-1359 du 27 décembre 1958. Vaccination par le B.C.G. des étudiants et élèves des établissements d'enseignement et d'éducation de tous ordres autres que ceux déjà visés par l'article 215 (4°) du code de la santé publique. 30 décembre 1958, p. 12033

216. Ordonnance n° 58-1370 du 27 décembre 1958. Convention franco-comorienne (double imposition et diverses mesures fiscales). Ratification. Autorisation. 31 décembre 1958, p. 12062

28 décembre 1958 :

217. Ordonnance n° 58-1381 du 28 décembre 1958. Fonds d'action sociale pour les travailleurs musulmans d'Algérie en métropole et pour leurs familles. Création. 1er janvier 1959, p. 3

29 décembre 1958 :

218. Ordonnance n° 58-1360 du 29 décembre 1958. Conseil économique et social (loi organique). 30 décembre 1958, p. 12033

219. Ordonnance n° 58-1361 du 29 décembre 1958. Code des douanes. Régimes douaniers suspensifs et exportations temporaires. Complément du titre V. 30 décembre 1958, p. 12035

     Ordonnance n° 58-1361 du 29 décembre 1958. Code des douanes. Régimes douaniers suspensifs et exportations temporaires. Complément du titre V (rectificatif). 8 janvier 1959, p. 565

220. Ordonnance n° 58-1371 du 29 décembre 1958. Protection des installations d'importance vitale. 31 décembre 1958, p. 12064

221. Ordonnance n° 58-1372 du 29 décembre 1958. Diverses dispositions d'ordre fiscal et douanier. 31 décembre 1958, p. 12064

     Ordonnance n° 58-1372 du 29 décembre 1958. Diverses dispositions d'ordre fiscal et douanier (rectificatif). 10 janvier 1959, p. 696

30 décembre 1958 :

222. Ordonnance n° 58-1373 du 30 décembre 1958. Création de centres hospitaliers et universitaires. Réforme de l'enseignement médical. Développement de la recherche médicale. 31 décembre 1958, p. 12070

223. Ordonnance n° 58-1374 du 30 décembre 1958 (loi de finances pour 1959). 31 décembre 1958, p. 12071

     Ordonnance n° 58-1374 du 30 décembre 1958 (loi de finances pour 1959) (rectificatif). 6 janvier 1959, p. 320

     Ordonnance n° 58-1374 du 30 décembre 1958 (loi de finances pour 1959) (rectificatif). 5 février 1959, p. 1586

31 décembre 1958 :

224. Ordonnance n° 58-1375 du 30 décembre 1958. Statut du Cameroun. 31 décembre 1958, p. 12113

225. Ordonnance n° 58-1376 du 30 décembre 1958. Statut de la République togolaise. 31 décembre 1958, p. 12115

226. Ordonnance n° 58-1382 du 31 décembre 1958. Douanes. Réduction provisoire de certains droits d'importation en régime de droit commun, en tarif minimum. Ratification du décret du 30 décembre 1958. 1er janvier 1959, p. 4

227. Ordonnance n° 58-1383 du 31 décembre 1958. Marins du commerce. Régime de retraite. Modification. 1er janvier 1959, p. 4

228. Ordonnance n° 58-1440 du 31 décembre 1958. Code de l'urbanisme et de l'habitation. Modification et complément de certaines dispositions du livre III. 4 janvier 1959, p. 243

229. Ordonnance n° 58-1441 du 31 décembre 1958. Locaux. Changement d'affectation et démolitions. Réglementation. 4 janvier 1959, p. 244

230. Ordonnance n° 58-1442 du 31 décembre 1958. Expulsions. Sursis pour certains occupants de locaux d'habitation ou à usage professionnel. Modification. 4 janvier 1959, p. 245

231. Ordonnance n° 58-1443 du 31 décembre 1958. Maintien dans les lieux. 4 janvier 1959, p. 245

232. Ordonnance n° 58-1444 du 31 décembre 1958. Levée des scellés apposés lors du décès de l'occupant d'un local. 4 janvier 1959, p. 245

233. Ordonnance n° 58-1445 du 31 décembre 1958. Réalisation d'opérations d'urbanisme. Création d'associations syndicales. 4 janvier 1959, p. 245

234. Ordonnance n° 58-1446 du 31 décembre 1958. Installations et établissements industriels, scientifiques et techniques. Décentralisation. Répression des infractions. 4 janvier 1959, p. 246

235. Ordonnance n° 58-1447 du 31 décembre 1958. Diverses opérations d'urbanisme. 4 janvier 1959, p. 246

Ordonnance n° 58-1447 du 31 décembre 1958. Diverses opérations d'urbanisme (rectificatif). 5 juin 1959, p. 5651

236. Ordonnance n° 58-1448 du 31 décembre 1958. Urbanisme. Répression de certaines infractions. 4 janvier 1959, p. 247

237. Ordonnance n° 58-1449 du 31 décembre 1958. Établissements dangereux, insalubres ou incommodes dans les territoires faisant l'objet de plans d'urbanisme. Réglementation. Répression des infractions. 4 janvier 1959, p. 248

238. Ordonnance n° 58-1450 du 31 décembre 1958. Code de l'urbanisme et de l'habitation. Constatation de certaines infractions par les fonctionnaires et agents contractuels des Eaux et Forêts. 4 janvier 1959, p. 248

239. Ordonnance n° 58-1451 du 31 décembre 1958. Habitations à loyer modéré. Prêts et emprunts. 4 janvier 1959, p. 248
240. Ordonnance n° 58-1452 du 31 décembre 1958. Constructions légères préfabriquées à l'usage d'habitation. Vente et édification. Complément et modification. 4 janvier 1959, p. 248
241. Ordonnance n° 58-1453 du 31 décembre 1958. Dommages de guerre. Modification et complément. 4 janvier 1959, p. 249
Ordonnance n° 58-1453 du 31 décembre 1958. Dommages de guerre. Modification et complément (rectificatif). 17 janvier 1959, p. 979

2 janvier 1959 :

242. Ordonnance n° 59-1 du 2 janvier 1959. Haute Cour de justice (loi organique). 3 janvier 1959, p. 179
243. Ordonnance n° 59-2 du 2 janvier 1959. Lois de finances (loi organique). 3 janvier 1959, p. 180
Ordonnance n° 59-2 du 2 janvier 1959. Lois de finances (loi organique) (rectificatif). 11 janvier 1959, p. 756

3 janvier 1959 :

244. Ordonnance n° 59-7 du 3 janvier 1959. Algérie. Équipement économique et social. Concours financier de l'État. 4 janvier 1959, p. 250
245. Ordonnance n° 59-9 du 3 janvier 1959. Protocole franco-soviétique du 14 novembre 1958. Ratification. Autorisation. 6 janvier 1959, p. 308
246. Ordonnance n° 59-10 du 3 janvier 1959. Convention consulaire franco-italienne. Ratification. Autorisation. 6 janvier 1959, p. 309
247. Ordonnance n° 59-11 du 3 janvier 1959. Traité de commerce franco-paraguayen. Ratification. Autorisation. 6 janvier 1959, p. 309
248. Ordonnance n° 59-12 du 3 janvier 1959. Convention relative au régime fiscal et convention douanière (véhicules routiers, embarcations de plaisance, aéronefs et containers). Ratification. Autorisation. 6 janvier 1959, p. 309
249. Ordonnance n° 59-13 du 3 janvier 1959. Convention franco-grecque sur la sécurité sociale et accord complémentaire. Ratification. Autorisation. 6 janvier 1959, p. 309
250. Ordonnance n° 59-14 du 3 janvier 1959. Convention franco-belge sur la sécurité sociale et accord complémentaire à cette convention relatif à la situation des travailleurs frontaliers et saisonniers. Ratification. Autorisation. 6 janvier 1959, p. 309

251. Ordonnance n° 59-15 du 3 janvier 1959. Convention franco-portugaise sur la sécurité sociale et accord relatif aux prestations familiales des travailleurs migrants. Ratification. Autorisation. 6 janvier 1959, p. 310

252. Ordonnance n° 59-16 du 3 janvier 1959. Convention franco-espagnole sur la sécurité sociale et accord complémentaire relatif aux travailleurs frontaliers. Ratification. Autorisation. 6 janvier 1959, p. 310

253. Ordonnance n° 59-17 du 3 janvier 1959. Convention sur l'établissement d'un contrôle de sécurité dans le domaine de l'énergie nucléaire et convention relative à la constitution de la société « Eurochemic ». Ratification. Autorisation. 6 janvier 1959, p. 310

Ordonnance n° 59-17 du 3 janvier 1959. Convention sur l'établissement d'un contrôle de sécurité dans le domaine de l'énergie nucléaire et convention relative à la constitution de la société « Eurochemic ». Ratification. Autorisation (rectificatif). 10 février 1959, p. 1787

254. Ordonnance n° 59-18 du 3 janvier 1959. Conventions franco-suédoises relatives à l'aide mutuelle judiciaire. Ratification. Autorisation. 6 janvier 1959, p. 310

255. Ordonnance n° 59-19 du 3 janvier 1959. Convention franco-belge relative à l'aide mutuelle judiciaire en matière civile et commerciale. Ratification. Autorisation. 6 janvier 1959, p. 311

256. Ordonnance n° 59-20 du 3 janvier 1959. Convention européenne concernant la sécurité sociale des travailleurs des transports internationaux. Ratification. Autorisation. 6 janvier 1959, p. 311

257. Ordonnance n° 59-21 du 3 janvier 1959. Accord franco-yougoslave sur le règlement des créances financières françaises et documents annexes. Ratification. Autorisation. 6 janvier 1959, p. 311

258. Ordonnance n° 59-22 du 3 janvier 1959. Convention franco-belge relative aux pensions d'invalidité et de décès des victimes civiles de la guerre. Ratification. Autorisation. 6 janvier 1959, p. 311

259. Ordonnance n° 59-23 du 3 janvier 1959. Valeurs mobilières. Modification. 6 janvier 1959, p. 311

260. Ordonnance n° 59-24 du 3 janvier 1959. Fonctionnaires et militaires affectés ou détachés hors d'Europe. Institution en matière de loyers de diverses mesures de protection. 6 janvier 1959, p. 312

261. Ordonnance n° 59-25 du 3 janvier 1959. Code rural. Modification de l'article 434 (pêche fluviale). 6 janvier 1959, p. 312

262. Ordonnance n° 59-26 du 3 janvier 1959. Professions commerciales et industrielles. Représentation. 6 janvier 1959, p. 312
263. Ordonnance n° 59-27 du 3 janvier 1959. Entreprises de presse et d'information. Transfert et dévolution de biens et d'éléments d'actif. Complément. 6 janvier 1959, p. 313
264. Ordonnance n° 59-40 du 3 janvier 1959. Code civil. État civil. Modification. Extension aux territoires d'outre-mer. 7 janvier 1959, p. 372
265. Ordonnance n° 59-41 du 3 janvier 1959. Algérie. Institution d'un nouveau régime foncier applicable dans certains périmètres. 7 janvier 1959, p. 373
266. Ordonnance n° 59-61 du 3 janvier 1959. Tribunaux de commerce et chambres de commerce. 8 janvier 1959, p. 547
267. Ordonnance n° 59-62 du 3 janvier 1959. Répression des infractions au régime des servitudes aéronautiques. 8 janvier 1959, p. 547

5 janvier 1959 :

268. Ordonnance n° 59-28 du 5 janvier 1959. Accès des mineurs à certains établissements. Réglementation. 6 janvier 1959, p. 313
269. Ordonnance n° 59-29 du 5 janvier 1959. Syndicats de communes. 6 janvier 1959, p. 313
270. Ordonnance n° 59-30 du 5 janvier 1959. Institution des districts urbains dans les grandes agglomérations. 6 janvier 1959, p. 314
271. Ordonnance n° 59-31 du 5 janvier 1959. Limites territoriales des communes. Modification. 6 janvier 1959, p. 315
272. Ordonnance n° 59-32 du 5 janvier 1959. Allégement du contrôle administratif sur les départements et simplification de l'administration départementale. 6 janvier 1959, p. 315
273. Ordonnance n° 59-33 du 5 janvier 1959. Administration communale. Mesures de décentralisation et de simplification. 6 janvier 1959, p. 316

     Ordonnance n° 59-33 du 5 janvier 1959. Administration communale. Mesures de décentralisation et de simplification (rectificatif). 7 février 1959, p. 1692

     Ordonnance n° 59-33 du 5 janvier 1959. Administration communale. Mesures de décentralisation et de simplification (rectificatif). 4 mars 1959, p. 2674

     Ordonnance n° 59-33 du 5 janvier 1959. Administration communale. Mesures de décentralisation et de simplification (rectificatif). 12 juin 1959, p. 5827
274. Ordonnance n° 59-34 du 5 janvier 1959. Code de la santé publique. Maisons d'enfants à caractère sanitaire. Modification et complément. 6 janvier 1959, p. 318

275. Ordonnance n° 59-35 du 5 janvier 1959. Code de la famille et de l'aide sociale. Protection de l'enfance. Modification et complément. 6 janvier 1959, p. 319

Ordonnance n° 59-35 du 5 janvier 1959. Code de la famille et de l'aide sociale. Protection de l'enfance. Modification et complément (rectificatif). 20 janvier 1959, p. 1043

276. Ordonnance n° 59-42 du 5 janvier 1959. Institut des hautes études d'outre-mer. Création. 7 janvier 1959, p. 374

6 janvier 1959 :

277. Ordonnance n° 59-43 du 6 janvier 1959. Certaines catégories de personnels ayant servi ou appelés à servir hors d'Europe. Certaines dispositions. 7 janvier 1959, p. 375

278. Ordonnance n° 59-44 du 6 janvier 1959. Marchés d'intérêt national et Halles centrales de Paris. 7 janvier 1959, p. 376

279. Ordonnance n° 59-45 du 6 janvier 1959. Scolarité obligatoire. Prolongation. 7 janvier 1959, p. 376

280. Ordonnance n° 59-46 du 6 janvier 1959. Médecine du travail dans les mines, minières et carrières. 7 janvier 1959, p. 377

281. Ordonnance n° 59-47 du 6 janvier 1959. Associations syndicales. 7 janvier 1959, p. 377

282. Ordonnance n° 59-48 du 6 janvier 1959. Santé publique. Radiations ionisantes. 7 janvier 1959, p. 378

283. Ordonnance n° 59-63 du 6 janvier 1959. Réquisitions de biens et de services. 8 janvier 1959, p. 548

Ordonnance n° 59-63 du 6 janvier 1959. Réquisitions de biens et de services (rectificatif). 8 mars 1959, p. 2866

284. Ordonnance n° 59-104 du 6 janvier 1959. Armée de terre. Accession au grade de capitaine de réserve. Conditions. 9 janvier 1959, p. 613

285. Ordonnance n° 59-105 du 6 janvier 1959. Armée de mer. Personnels. Certaines dispositions. 9 janvier 1959, p. 613

286. Ordonnance n° 59-106 du 6 janvier 1959. Armée de l'air. Statut des cadres de réserve. Modification et complément. 9 janvier 1959, p. 614

Ordonnance n° 59-106 du 6 janvier 1959. Armée de l'air. Statut des cadres de réserve. Modification et complément (rectificatif). 5 février 1959, p. 1586

Ordonnance n° 59-106 du 6 janvier 1959. Armée de l'air. Statut des cadres de réserve. Modification et complément (rectificatif). 11 octobre 1959, p. 9810

7 janvier 1959 :

287. Ordonnance n° 59-64 du 7 janvier 1959. Code de la nationalité française. Certaines dispositions. Modification. 8 janvier 1959, p. 553

288. Ordonnance n° 59-65 du 7 janvier 1959. Permission pour certaines femmes étrangères d'acquérir, par déclaration, postérieurement à leur mariage, la nationalité française de leur mari ou de recouvrer la nationalité française. 8 janvier 1959, p. 553

289. Ordonnance n° 59-66 du 7 janvier 1959. Réparation des dommages subis en métropole par les personnels de police par suite des événements qui se déroulent en Algérie. 8 janvier 1959, p. 554

290. Ordonnance n° 59-67 du 7 janvier 1959. Jeu dans les casinos des stations balnéaires, thermales et climatiques. Règlement. Modification. 8 janvier 1959, p. 554

291. Ordonnance n° 59-68 du 7 janvier 1959. Création d'un registre matriciel des naissances des Français par acquisition nés à l'étranger. 8 janvier 1959, p. 555

292. Ordonnance n° 59-69 du 7 janvier 1959. Office national des anciens combattants et victimes de guerre. Réorganisation. 8 janvier 1959, p. 555

293. Ordonnance n° 59-70 du 7 janvier 1959. Situation des ressortissants ou anciens ressortissants de certains États. 8 janvier 1959, p. 556

294. Ordonnance n° 59-71 du 7 janvier 1959. Publicité foncière. Divers codes et lois particulières. Modification. 8 janvier 1959, p. 556

Ordonnance n° 59-71 du 7 janvier 1959. Publicité foncière. Divers codes et lois particulières. Modification (rectificatif). 15 janvier 1959, p. 882

Ordonnance n° 59-71 du 7 janvier 1959. Publicité foncière. Divers codes et lois particulières. Modification (rectificatif). 31 janvier 1959, p. 1474

Ordonnance n° 59-71 du 7 janvier 1959. Publicité foncière. Divers codes et lois particulières. Modification (rectificatif). 19 mars 1959, p. 3283

295. Ordonnance n° 59-72 du 7 janvier 1959. Accord monétaire européen et protocole additionnel. Ratification. Autorisation. 8 janvier 1959, p. 561

296. Ordonnance n° 59-73 du 7 janvier 1959. Prorogations de sociétés. 8 janvier 1959, p. 561

297. Ordonnance n° 59-74 du 7 janvier 1959. Départements d'outremer. Réforme du régime de l'émission. 8 janvier 1959, p. 561

298. Ordonnance n° 59-75 du 7 janvier 1959. Prévoyance collective et assurance. Certaines opérations. 8 janvier 1959, p. 562
299. Ordonnance n° 59-76 du 7 janvier 1959. Actions en réparation civile de l'État. 8 janvier 1959, p. 563
300. Ordonnance n° 59-77 du 7 janvier 1959. Centre national d'études judiciaires. 8 janvier 1959, p. 563
301. Ordonnance n° 59-78 du 7 janvier 1959. Taxe locale sur le chiffre d'affaires. 8 janvier 1959, p. 564
302. Ordonnance n° 59-79 du 7 janvier 1959. Décimes additionnels perçus par les chambres départementales d'agriculture et l'assemblée permanente de leurs présidents. 8 janvier 1959, p. 564
303. Ordonnance n° 59-80 du 7 janvier 1959. Monopoles fiscaux des tabacs et allumettes. Réorganisation. 8 janvier 1959, p. 564
304. Ordonnance n° 59-81 du 7 janvier 1959. Protection des membres des comités d'entreprise et des délégués du personnel dans les entreprises. 8 janvier 1959, p. 565
305. Ordonnance n° 59-107 du 7 janvier 1959. Code des mesures concernant les débits de boissons et la lutte contre l'alcoolisme. Modification. 9 janvier 1959, p. 619

Ordonnance n° 59-107 du 7 janvier 1959. Code des mesures concernant les débits de boissons et la lutte contre l'alcoolisme. Modification (rectificatif). 20 février 1959, p. 2146

306. Ordonnance n° 59-108 du 7 janvier 1959. Impositions perçues au profit des collectivités locales et de divers organismes. Réforme. 9 janvier 1959, p. 622

Ordonnance n° 59-108 du 7 janvier 1959. Impositions perçues au profit des collectivités locales et de divers organismes. Réforme (rectificatif). 29 janvier 1959, p. 1395

307. Ordonnance n° 59-109 du 7 janvier 1959. Produits pétroliers. Régime fiscal et douanier. Réforme. 9 janvier 1959, p. 627
308. Ordonnance n° 59-110 du 7 janvier 1959. Collectivités locales. Ressources. Aménagement. 9 janvier 1959, p. 631

Ordonnance n° 59-110 du 7 janvier 1959. Collectivités locales. Ressources. Aménagement (rectificatif). 13 février 1959, p. 1923

309. Ordonnance n° 59-111 du 7 janvier 1959. Fonctionnaires. Fusion entre cadres algériens et cadres métropolitains. Complément. 9 janvier 1959, p. 633
310. Ordonnance n° 59-112 du 7 janvier 1959. Fonds de garantie automobile. Modification. 9 janvier 1959, p. 633
311. Ordonnance n° 59-113 du 7 janvier 1959. Obligation d'assurance en matière de circulation de véhicules terrestres à moteur. 9 janvier 1959, p. 633

Ordonnance n° 59-113 du 7 janvier 1959. Obligation d'assurance en matière de circulation de véhicules terrestres à moteur (rectificatif). 20 janvier 1959, p. 1043

312. Ordonnance n° 59-114 du 7 janvier 1959. Préjudices de carrière subis par certains fonctionnaires et agents civils et militaires en service en Tunisie. Réparation. 9 janvier 1959, p. 634

313. Ordonnance n° 59-115 du 7 janvier 1959. Collectivités locales. Voirie. 9 janvier 1959, p. 634

Ordonnance n° 59-115 du 7 janvier 1959. Collectivités locales. Voirie (rectificatif). 7 février 1959, p. 1692

314. Ordonnance n° 59-116 du 7 janvier 1959. Crédits militaires. Modification. 9 janvier 1959, p. 636

315. Ordonnance n° 59-117 du 7 janvier 1959. Diverses dispositions d'ordre financier. 9 janvier 1959, p. 637

316. Ordonnance n° 59-118 du 7 janvier 1959. Carburants. Taxation. Modification. 9 janvier 1959, p. 638

Ordonnance n° 59-118 du 7 janvier 1959. Carburants. Taxation. Modification (rectificatif). 29 janvier 1959, p. 1395

317. Ordonnance n° 59-119 du 7 janvier 1959. Taxes sur le produit du poisson débarqué dans les ports maritimes. 9 janvier 1959, p. 638

318. Ordonnance n° 59-120 du 7 janvier 1959. Douanes. Droits d'importation sur les animaux vivants de l'espèce bovine destinés à la boucherie et sur leurs viandes. Rétablissement. Ratification du D. du 7 janvier 1959. 9 janvier 1959, p. 639

319. Ordonnance n° 59-121 du 7 janvier 1959. Électricité. Régime fiscal. 9 janvier 1959, p. 639

320. Ordonnance n° 59-122 du 7 janvier 1959. Gaz. Régime des taxes sur le chiffre d'affaires. 9 janvier 1959, p. 639

321. Ordonnance n° 59-123 du 7 janvier 1959. Sociétés par actions. Modifications des statuts. Conditions. 9 janvier 1959, p. 640

322. Ordonnance n° 59-124 du 7 janvier 1959. Armée de terre. Création de deux cadres spéciaux d'officiers. 9 janvier 1959, p. 640

323. Ordonnance n° 59-125 du 7 janvier 1959. Viticulture. Répression des infractions. 9 janvier 1959, p. 640

Ordonnance n° 59-125 du 7 janvier 1959. Viticulture. Répression des infractions (rectificatif). 15 janvier 1959, p. 882

324. Ordonnance n° 59-126 du 7 janvier 1959. Association et intéressement des travailleurs à l'entreprise. 9 janvier 1959, p. 641

325. Ordonnance n° 59-127 du 7 janvier 1959. Sécurité sociale. Diverses dispositions. 9 janvier 1959, p. 642

326. Ordonnance n° 59-128 du 7 janvier 1959. Institut national de recherches filmologiques. Création. 9 janvier 1959, p. 644

327. Ordonnance n° 59-129 du 7 janvier 1959. Action en faveur des travailleurs sans emploi. 9 janvier 1959, p. 644
328. Ordonnance n° 59-147 du 7 janvier 1959. Organisation générale de la défense. 10 janvier 1959, p. 691
329. Ordonnance n° 59-148 du 7 janvier 1959. Assignation en justice. Taux de l'intérêt légal. 10 janvier 1959, p. 694
330. Ordonnance n° 59-149 du 7 janvier 1959. Algérie. Divers décrets. Ratification. 10 janvier 1959, p. 694
331. Ordonnance n° 59-150 du 7 janvier 1959. Nouveaux ensembles d'habitation. Régime administratif provisoire. 10 janvier 1959, p. 695
332. Ordonnance n° 59-151 du 7 janvier 1959. Transports de voyageurs dans la région parisienne. Organisation. 10 janvier 1959, p. 696
333. Ordonnance n° 59-152 du 7 janvier 1959. Code du travail. Commission supérieure des conventions collectives. Complément. 10 janvier 1959, p. 696
334. Ordonnance n° 59-169 du 7 janvier 1959. Transport de produits agricoles normalisés. Institution de sanctions. 11 janvier 1959, p. 755
335. Ordonnance n° 59-170 du 7 janvier 1959. Alimentation en eau douce de la région parisienne par le captage et l'adduction d'eaux d'alluvions des vals de Loire. 11 janvier 1959, p. 756

V – *ERRATA** DES CINQ PREMIERS TOMES

Tome I : *La République des Illusions*

• P. 333. Dans la note en bas de page, j'indique que le rôle de Léon Delbecque lors du 13 mai 1958 sera traité dans le tome II ; il l'est dans le tome V...

• P. 648. Dans le gouvernement Ramadier (octobre-novembre 1947), le député radical-socialiste de l'Eure Albert Forcinal, secrétaire d'État aux Anciens Combattants et Victimes de guerre, est omis.

• Un manque : les mesures économiques et financières prises en 1948 sont passées sous silence...

Tome II : *La République des Contradictions*

• P. 634. Dans le gouvernement Laniel, Édouard Frédéric-Dupont n'est pas secrétaire d'État aux États associés, mais ministre des Relations avec les États associés du 3 au 19 juin 1954.

• P. 652. Il n'est pas indiqué qu'en décembre 1949, à la suite d'un différend avec Georges Bidault qui, selon lui, *« brise un des leviers essentiels de* [sa] *politique »*, Pierre Pflimlin démissionne du gouvernement (Pierre Pflimlin, *Mémoires d'un Européen, de la IVe à la Ve République*, *op. cit.*, p. 42). Il est remplacé au ministère de l'Agriculture par un autre républicain populaire, le député Gabriel Valay, spécialiste des questions agricoles.

• P. 722. « Gouvernement Pleven », lire : août 1951-janvier 1952. La présence dans ce gouvernement de Claude Lemaître-Basset, sénateur (R.G.R.) du Loiret, secrétaire d'État à l'Enseignement technique, à la Jeunesse et aux Sports, est omise. Le sénateur indépendant et paysan de Loir-et-Cher, secrétaire d'État à la présidence du Conseil, Bruyneel, est prénommé Robert, et non Jean.

• P. 727. Édouard Frédéric-Dupont ne figure pas parmi les ministres du gouvernement Laniel.

---

* Cette liste est certainement incomplète.

Tome III : *La République des Tourmentes. Métamorphoses et mutations*

• P. 59. Benjamin Disraeli n'a jamais été lord Disraeli. Lorsqu'il est anobli en 1876, il devient lord Beaconsfield.

• P. 180. Léo Hamon, et non Léon Hamon.

• P. 192. Dans la note : Jacques Duhamel ne devrait pas figurer dans la liste des jeunes et brillants inspecteurs des Finances ; il appartint au Conseil d'État.

• P. 310. Ce n'est pas un demi-siècle qui sépare 1830 et 1808, mais vingt-deux ans.

• P. 345. Renaud Denoix de Saint-Marc, et non Marc Denoix de Saint-Marc.

• P. 396. Le débarquement en Afrique du Nord a lieu en 1942 et non 1944.

• P. 404. Lire : « À l'automne 1943, au sein du C.F.L.N., présidé désormais... » et non « à partir du 6 novembre ».

• P. 513. Ce n'est pas sur un âne, mais sur un cheval que Habib Bourguiba fait son entrée dans Tunis le 1er juin 1955.

• P. 651. *Mexique, terre indienne*, le livre de J. Soustelle n'a pas été publié en 1934 mais en 1935.

• P. 653. Contrairement à ce qui est écrit, les annexes traditionnelles ne sont pas rassemblées à la fin du second tome de la *République des Tourmentes*, mais du troisième. Il est vrai que lorsque je terminais ce tome III, je n'imaginais pas qu'il serait suivi de trois autres volumes...

• P. 663. L'index confond Étienne Hirsch, commissaire au Plan, et son homonyme Robert Hirsch, directeur de la Sûreté, attribuant au premier l'intervention du second... Il convient donc de lire :

HIRSCH, Étienne, pp. 271 et 280.

HIRSCH, Robert, p. 298.

Tome IV : *La République des Tourmentes. Malentendu et passion*

• P. 124. C'est à tort que j'attribue à Guy Mollet la possession d'une version dactylographiée du livre du colonel Nasser, *La Philosophie de la Révolution.* Il en possède la brochure originale aux armes de l'aigle égyptien éditée en français au Caire (François Lafon, *Guy Mollet*, Paris, 2006, Fayard, p. 559).

• Pp. 159-165. C'est par erreur qu'un certain nombre de patronymes sont soulignés.

• P. 175. Le protocole de Sèvres, dont j'avais souligné la disparition, est maintenant connu : Denis Lefebvre en a publié la reproduction intégrale (*Les Secrets de l'expédition de Suez, 1956*, Paris, 2010,

Perrin, pp. 130-134. Cet ouvrage, qui divulgue d'autres documents, apporte de nombreuses précisions sur l'affaire de Suez).

• P. 263. Ce ne sont pas les Maures qui se réfugient dans les seules activités qui leur soient permises, à savoir le commerce et la brocante, mais les Juifs !

• P. 460. La station hivernale au-dessus de Blida s'appelle Chrea, et non Cerea.

• P. 461. C'est par erreur que certains noms propres sont soulignés.

• P. 501. Le volume suivant de l'*Histoire de la IV*[e] *République* est annoncé sous le titre « Survie et disparition ». En fait, il est intitulé « La Fin ».

• P. 531. Sous la Résistance, Maurice Bourgès-Maunoury a pour nom de code « Polygone », allusion à sa qualité d'ancien élève de l'École polytechnique, et non… « Polygame » !

Tome V : *La République des Tourmentes. La fin*

• P. 106. Deux erreurs que je n'ai pas relevées dans la citation qui commence à la 5e ligne :

1) Le prénom de Ben Bella est Ahmed, et non Mohammed.

2) Le patronyme du Marocain qui appartient au « Comité de commandement extérieur nord-africain » est Tod, et non Touad.

• P. 114. Deux erreurs dans la note * :

1) L'ancien secrétaire général du parti communiste algérien s'appelle Omar Ouzegan, et non Ouzegane.

2) En 1956, Mourad Didouche ne peut jouer aucun rôle. Premier des chefs historiques du F.L.N. à être tué depuis le début de la guerre d'Algérie, il est mort le 18 janvier 1955. C'est le militant H'Didouche, très actif, qui participe au « comité d'études ». Son objectif : rallier au F.L.N. les couches populaires dont il est issu.

• P. 151. Contrairement à ce qui est écrit dans la note, le congrès de la Soummam n'avait pas été prévu initialement dans les Aurès. En fait, les responsables des différentes zones avaient tous plaidé pour qu'il ait lieu chez eux. La proposition du Constantinois, qui proposait le massif de Collo, avait failli être retenue. Finalement, c'est pour des motifs de sécurité et de commodité que la Kabylie l'avait emporté.

• P. 298, 300, 314, 325. Le docteur Kovacs et non Kowacs. À partir de la page 545, ce patronyme est correctement orthographié

• P. 431. Simon Nora ne dirige pas le cabinet de Pierre Mendès France ; il y est conseiller technique.

• P. 651. François Giaccobi, Jacques Périer et Jacques Faggianelli ne sont pas secrétaires d'État dans le gouvernement Bourgès-Maunoury, mais sous-secrétaires d'État.

• P. 807. La lettre du général de Gaulle à Georges Boris peu avant la mort de celui-ci a été « révélée » par Roger Stéphane, *France-Observateur*, 24 août 1960. Nul ne la met alors en doute : *« Alain Boris et Geoffroy de Courcel avaient cru pouvoir garantir* [à Jean-Louis Crémieux-Brilhac] *son authenticité. »* En 2010, Mme Alain Boris, belle-fille de Georges Boris, retrouve la lettre manuscrite disparue depuis cinquante ans. Cette lettre n'a pas « la hauteur affectueuse et cruelle du texte longtemps accrédité par Roger Stéphane », souligne Jean-Louis Crémieux-Brilhac. C'est un message banal et bienveillant : *« Mon cher Boris, J'apprends que vous traversez une épreuve de santé. Je tiens à vous dire que je forme pour votre rapide rétablissement les vœux les plus ardents. Croyez à ma fidèle amitié. »* (Jean-Louis Crémieux-Brilhac, *Georges Boris. Trente ans d'influence. Blum, de Gaulle, Mendès France*, Paris, 2010, Gallimard, pp. 451-452.)

• P. 745. Jean Berthoin et non Berthouin.

• P. 890. La présence dans le gouvernement Guy Mollet de deux députés socialistes, Jean Le Coutaller et Kléber Loustau, est omise. Ils y sont sous-secrétaires d'État, le premier aux Anciens Combattants et Victimes de guerre, le second à l'Agriculture.

• P. 891. Dans le gouvernement Bourgès-Maunoury, la présence de cinq sous-secrétaires d'État n'est pas mentionnée : les trois « radicaux dissidents » cités p. 651 ; une élue de Seine-et-Oise, la conseillère de la République Jacqueline Thome-Patenôtre, nommée à la Reconstruction et au Logement ; et le député socialiste de Haute-Garonne Achille Auban, à l'Aviation civile.

• P. 908. Dans la bibliographie, c'est par erreur que le quotidien *L'Écho d'Alger* figure dans la presse hebdomadaire.

• Pp. 906-956. Ces pages sont destinées à être supprimées lors d'une éventuelle réimpression. Une bibliographie revue, complétée et corrigée figure dans ce volume, pp.

• P. 966. Le maréchal Lyautey est prénommé Hubert, et non Pierre.

• Il me faut signaler une omission importante dans ce livre. Je n'ai pas mentionné la parution en février 1958, aux éditions de Minuit, du livre d'Henri Alleg, *La Question*. Des journaux qui avaient signalé l'importance du texte furent saisis. Le 27 mars, sa septième réédition l'est aussi. *« Par sa brièveté même, son style nu, sa sécheresse de procès-verbal (...), La* Question *fut une météorite dont l'impact fit tressaillir des consciences bien au-delà des "chers professeurs", des intellectuels et des militants. À l'instar de* J'accuse*, ce livre a cheminé longtemps. Il est toujours au catalogue des éditions de Minuit »* (Jean-Pierre Rioux, « La torture au cœur de la République », *Le Monde*, 26-27 avril 1988).

VI – *ADDENDA*

Tome V : La République des Tourmentes. La fin

• P. 232. À Bône, en fin d'après-midi, Roger Le Doussal, commissaire des Renseignements généraux, informe le préfet de l'attentat et de l'émeute militaire qui s'était ensuivie : *« À ma grande surprise, au lieu d'appeler le commissariat central pour avoir un point actualisé, ou l'autorité militaire pour réclamer une intervention de la Place, il se fit mettre en communication avec le lieutenant-colonel Bigeard, qu'il obtint tout de suite. Je fus alors témoin d'une scène comme on n'en voit qu'au cinéma. D'un côté, un homme bredouillant quelques "Oui, mais...", et, de l'autre, des cascades de vociférations (...) pour accuser le laxisme du gouvernement et des civils, rendus responsables de l'attentat qui venait d'avoir lieu. Je n'imaginais pas qu'on pût parler à un préfet sur ce ton, et encore moins que ce soit le colonel qui lui raccroche au nez »* (Roger Le Doussal, *Commissaire de police en Algérie, 1952-1962*, Paris, 2011, Riveneuve éditions, p. 414).

• P. 743. C'est le 5 mai, et non le 6, que le général Ganeval transmet au lieutenant-colonel de Bonneval et à Olivier Guichard un message du président Coty pour le général de Gaulle.

À l'éphéméride de mai 1958 tenue par le lieutenant-colonel de Bonneval (dont j'avais été autorisée, durant l'été 1958, à faire une copie qui figure dans mes archives personnelles) est annexé le compte rendu de son entretien avec Ganeval, qu'il a remis au général de Gaulle – cette annexe ne m'avait pas été communiquée. Si cela avait été le cas, je l'aurais certainement publiée. Voici donc les propos du général Ganeval tels que le général de Gaulle en prend connaissance : *« Le président Coty m'a prié (...) de vous mettre au courant de la chose suivante : il est physiquement très fatigué et ne dort plus depuis le début de la crise. Devant la gravité de la crise qui s'accroît rapidement, il est décidé à aller jusqu'au bout des solutions constitutionnelles, conformistes et convenables (c'est-à-dire qu'il ne veut à aucun prix faire appel à Mitterand* [*sic*]*, dont il pense qu'il aurait l'investiture, mais qu'il juge néfaste). Il appelle Pleven ce soir – 5 mai – pour le prier de reprendre sa tâche. (...) S'il ne réussit pas, il reste peut-être Pflimlin, qui normalement refuserait, d'après ce que celui-ci lui a dit dans la journée (5 mai). Ensuite, il est décidé à faire le saut* (sic) *et à appeler le général de Gaulle... Dans l'esprit du président de la République, cela serait pour le début de la semaine prochaine. Voici pourquoi le président m'envoie. Il désire savoir :*

• S'il appelle le général de Gaulle, celui-ci accepterait-il de venir à l'Élysée, étant donné que ce serait en tant que président de la République qu'il l'appellerait, et pour, en lui faisant des propositions précises, exercer son rôle constitutionnel ?

• Si le Général accepte, M. Coty est décidé à lui demander quelles seraient ses conditions, et à en accepter la plus grande partie. Toutefois, de son point de vue, il serait souhaitable que le général de Gaulle acceptât d'aller à l'investiture... Si le général de Gaulle n'acceptait pas – et, de même, si le général de Gaulle, la sollicitant, n'obtenait pas l'investiture –, M. Coty démissionnerait. » (Archives départementales du Cher, 102J 215.)

• P. 806. Dès son retour de Colombey-les-Deux-Églises, le 23 mai, Georges Boris rédige un compte rendu détaillé de son entretien avec le général de Gaulle, resté secret jusqu'à la publication en 2010 de ce document. Nous savons maintenant que de Gaulle l'avait convoqué parce que les critiques de ce « vieux compagnon » avaient créé en lui « une sorte de choc émotif ». Les propos échangés portent essentiellement sur la situation en Algérie. Il y est fort peu question de Pierre Mendès France. C'est Georges Boris qui, le premier, cite son nom *« pour l'associer à [ses] réactions. "Je comprends qu'il soit passionné, reprit en substance le Général, mais pourquoi m'a-t-il attaqué ainsi ?" Je protestai que ce n'était pas une attaque, mais l'expression d'un déchirement que d'autres, comme moi, ressentaient... »* La conclusion de Georges Boris à son départ de la Boisserie : *« Il n'y avait pas d'ouverture, mais seulement un essai de justification... »* (Jean-Louis Crémieux-Brilhac, *Georges Boris. Trente ans d'influence. Blum, de Gaulle, Mendès France*, *op. cit.*, pp. 416-421.)

• P. 831. En lisant, au lendemain de sa parution, l'article annonçant le 28 février sa « prochaine rentrée politique », le général de Gaulle dit *« en grommelant à Olivier Guichard : "Mais où peuvent-ils donc trouver tout ça ?" »* (Jean Lacouture, *De Gaulle 2. Le Politique*, *op. cit.*, p. 442).

VII – INDEX GÉNÉRAL DES CINQ PREMIERS TOMES

On trouvera dans cet index les principaux acteurs de la IVe République, qu'ils soient français ou étrangers. Il m'a paru indispensable d'y faire figurer tous les membres des gouvernements successifs de la IVe République, ministres, secrétaires et sous-secrétaires d'État, le nombre de leurs fonctions étant précisé par un astérisque.
En revanche, il faut chercher dans les index en fin de chacun de ces six volumes les autres personnages cités, qu'il s'agisse de parlementaires, de syndicalistes, de fonctionnaires ou de simples citoyens français, qu'il s'agisse de civils ou militaires étrangers ou de ressortissants de l'ancien Empire français : ils ont en commun d'être intervenus à un moment quelconque de la IVe République. On y trouvera aussi les personnages historiques ou les écrivains qui ne sont plus de ce monde en 1945, ce qui ne les empêche pas d'être souvent mentionnés dans ces tomes.
Quant aux auteurs des nombreux livres et articles cités en note, ils ont leur place dans la bibliographie complétée, revue et corrigée : *cf. supra*, p. 427.

T.I : *La République des Illusions, 1945-1951*
T.II : *La République des Contradictions, 1951-1954*
T.III : *La République des Tourmentes, 1954-1959**
T.IV : *La République des Tourmentes, 1954-1959** Malentendu et passion*
T.V : *La République des Tourmentes, 1954-1959*** La fin*

VIII – INDEX DU PRÉSENT VOLUME*

Seuls figurent ici les acteurs et témoins
des événements relatés dans cet ouvrage.

* De Gaulle n'est pas indexé dans le présent index car il se trouve sur toutes les pages.

IX – TABLES DES MATIÈRES DES CINQ PREMIERS TOMES

TOME I
La République des Illusions, (1945-1951)

DEUXIÈME PARTIE
La République des mandarins
7 mai 1947-17 juin 1951

TOME II
La République des Contradictions, (1951-1954)

ANNEXES

TOME III
La République des Tourmentes, (t. 1 1954-1959)

DEUXIÈME PARTIE
L'art de la politique et ses limites
février 1955-mai 1957

TOME IV
La République des Tourmentes,
(t. 2 1954-1959)

Malentendu et passion

TROISIÈME PARTIE
Suez ou le malentendu de l'Histoire
(1956-1957)

QUATRIÈME PARTIE
La Passion
(1954-1956)

TOME V
La République des Tourmentes
(t. 3 1954-1959)

La fin

CINQUIÈME PARTIE
La décomposition
(1956-1957)

TABLE DES MATIÈRES DU PRÉSENT VOLUME

SIXIÈME PARTIE
Une résurrection ?

ANNEXES

Photocomposition Nord Compo
Villeneuve-d'Ascq
Achevé d'imprimer en décembre 2011
sur les presses numériques de l'Imprimerie Maury S.A.S.
Z.I. des Ondes – 12100 Millau

35-65-4890-6/01

Dépôt légal : janvier 2012
N° d'imprimeur : L11/47137 H

Imprimé en France

Pour l'éditeur, le principe est d'utiliser des papiers composés de fibres naturelles, renouvelables, recyclables et fabriquées à partir de bois issu de forêts qui adoptent un système d'aménagement durable.

En outre, l'éditeur attend de ses fournisseurs de papier qu'ils s'inscrivent dans une démarche de certification environnementale reconnue.